MODERNE DEUTSCHE
SPRACHLEHRE

MODERNE DEUTSCHE SPRACHLEHRE

THIRD EDITION

F. Alan DuVal Cornell College

Louise Miller DuVal

Klaus A. Mueller University of California, Berkeley

Herbert F. Wiese Coe College

RANDOM HOUSE NEW YORK

Third Edition

9876543

Copyright © 1967, 1975, 1980 by Random House, Inc.

Library of Congress Cataloging in Publication Data

Main entry under title:
Moderne deutsche Sprachlehre.

  Includes index.
    1. German language—Composition and exercises.   2. German language—Conversation and phrase books.   3. German language—Grammar—1950–   I.   DuVal, Francis Alan, 1916–
PF3111.M57   1980   438′.2′421   79–14194
ISBN 0–394–32345–9

Manufactured in the United States of America

Cover photo © Francisco Hidalgo/The Image Bank

Cover design: Jurek Wajdowicz

PREFACE

We are grateful once again to our colleagues in the many and varied colleges and universities all over the United States and in several foreign countries who have adopted **Moderne deutsche Sprachlehre** since the publication of the first edition in 1967 and the second edition in 1975. Their consistent use of our first two editions made possible and necessary this new revision, which we hope will continue to fill their instructional needs in the changing classroom situation. We especially appreciate all the comments and suggestions made by the teachers who responded to our questionnaire regarding the second edition; their instructive criticism was a valuable aid in the preparation of this edition.

The third edition retains the basic format of the second edition; however, several significant changes have been made. On the introductory page of each lesson, the **Grammatische Ziele** are briefly explained in English so that students are more readily informed about the target structures of the lesson. The **Einführende Beispiele**, the **Übungen,** the **Schriftliches,** and the **Ausspracheübungen** remain essentially unchanged. The changes in the **Dialoge** and the **Lesestücke** reflect revisions in areas where factual or cultural information was brought up to date.

The **Weitere Übungen** have been shortened by the deletion of some drills and by combining others with new drills in the **Sprechübungen**. This added section entitled **Sprechübungen** consists of exercises designed to stimulate student conversations on topics not necessarily related to the textual material. Sections in the **Verschiedenes** citing population figures have been updated, and one section of the **Verschiedenes** from the first edition has been reinstated at the suggestion of several users and reviewers of the text.

The **Grammatik** sections contain significant changes from the former editions. Grammatical explanations are more detailed and have been broadened to include more comparisons between English and German usage. This will maximize effective usage of the material by teachers and students. The **Self-testing** exercises included in the **Grammatik** are a new feature of the third edition. Each main topic in the **Grammatik** is followed by a **Self-testing** section; this enables students to test their learning and comprehension of new grammatical items immediately. The answers to **Self-testing** are included at the end of each **Grammatik** so that students can readily check their responses.

Many new photographs, together with some retained from earlier editions, illustrate the third edition. The **Arbeitsheft** has only minimal changes, and the new tapes for both the text and the workbook reflect the changes made in pertinent sections, such as the **Dialog** and the **Lesestück**.

We are indebted to Mr. Eirik Børve for constructive suggestions in the planning of this edition. Special credit is due Mr. Stephen Deitmer, Manuscript Editor, for his careful work in editing the manuscript. We appreciate the cooperation shown by him and Mr. Brent Collins, Manager, Editorial Operations, in steering the manuscript successfully through the complicated process of production at Random House, Inc.

We appreciate permission from the publisher to include "Mackie Messer" from *Die Dreigroschenoper*, by Bertolt Brecht (Copyright © 1955), Suhrkamp Verlag, Frankfurt am Main.

INHALTSVERZEICHNIS

Dritte Lektion 65

Vierte Lektion 85

Fünfte Lektion 105

Sechste Lektion   121

GRAMMATISCHE ZIELE: Präposition „in" mit Dativ und Akkusativ; Trennbare Verben; Der Dativ als indirektes Objekt

Siebte Lektion   147

GRAMMATISCHE ZIELE: Possessivattribute im Nominativ, Dativ und Akkusativ; Vertrauliche Anredeformen

Achte Lektion   169

GRAMMATISCHE ZIELE: Kein; Wiederholung der Possessivattribute; Zweitstellung des Verbs; Endstellung des Verbs mit den Konjunktionen „daß" und „weil"

Neunte Lektion   193

GRAMMATISCHE ZIELE: Modalverben—dürfen, sollen; Befehlsform; Zahlen

Zehnte Lektion   221

GRAMMATISCHE ZIELE: Wiederholung des Dativs; Präpositionen mit
Dativ—aus, bei, mit, nach, seit, von, zu

Elfte Lektion   243

GRAMMATISCHE ZIELE: Präpositionen mit Dativ und Akkusativ—an,
auf, hinter, in, neben, über, unter, vor, zwischen

Zwölfte Lektion   267

GRAMMATISCHES ZIEL: Das Imperfekt starker Verben

Dreizehnte Lektion   293

GRAMMATISCHE ZIELE: Das Imperfekt schwacher Verben; Das Imperfekt von Modalverben; Das Plusquamperfekt

„Die Moritat von Mackie Messer", von Bertolt Brecht

Transitive Verbs; Intransitive Verbs Requiring the Auxiliary **Sein**; Answers to Self-testing

Achtzehnte Lektion   399

GRAMMATISCHE ZIELE: Unterordnende Konjunktionen; Relativpronomen; Wortstellung bei unterordnenden Konjunktionen und bei Relativpronomen

Coordinating Conjunctions; Subordinating Conjunctions; Transposed Word Order; Relative Pronouns; Answers to Self-testing

Neunzehnte Lektion   419

GRAMMATISCHE ZIELE: Präpositionen mit dem Akkusativ—durch, für, gegen, ohne, um; Da-Verbindungen mit Präpositionen; Wo-Verbindugen mit Präpositionen; Das Futur

Prepositions with the Accusative Case; **Da**-Compounds; **Wo**-Compounds; The Future Tense; Answers to Self-testing

Zwanzigste Lektion   441

GRAMMATISCHE ZIELE: Das Passiv; Das Zustandspassiv; Reflexive Verben

Einundzwanzigste Lektion   465

GRAMMATISCHES ZIEL: Der Konjunktiv

Anhang   495

MODERNE DEUTSCHE SPRACHLEHRE

INTRODUCTION

The third edition of **Moderne deutsche Sprachlehre** is a multiobjective text designed to teach the fundamental skills of listening comprehension, speaking, reading, and writing, as well as to provide cultural information about Germany and, to a lesser extent, about other German-speaking nations. Some theories of programmed learning and individualized instruction have influenced the development of the text. The exercises are programmed so that the student will rarely make an error. Almost constant successes heighten motivation and learning efficiency. Because learning is effected in many small steps, systematic reinforcement must be provided. Thus exercises with constantly varying pattern sentences of gradually increasing complexity employ the target structures repeatedly, not only in the lesson introducing the new structures but also in subsequent lessons. In this way, each lesson reinforces previously learned material. Further reinforcement takes place in the workbook; the structures introduced in one lesson of the text are reviewed in at least three of the subsequent workbook units.

Among the major additions in this edition are the expanded sections on grammar. The **Grammatik** of each chapter now offers more detailed analysis of German structures. Grammatical summaries describe the newly introduced structures in English and provide German examples. The structures already perceived and practiced by the student are thus brought into focus at the end of each lesson.

Also new in the **Grammatik** are the **Self-testing** exercises, which follow the discussion of each major grammatical topic. Students may immediately assess their progress by checking their responses to the **Self-testing** exercises against the answers, which are provided at the end of each chapter.

Still another new feature is the **Sprechübungen**. These exercises encourage student conversations over a wide range of topics.

Although **Moderne deutsche Sprachlehre** has proved itself to be a flexible instrument that a college teacher can readily adapt to his personality and methods, we would like to discuss briefly the various sections within each lesson of the basic text as well as its supplementary materials and to make several suggestions concerning possible instructional procedures.

Components of the Basic Text

A. **Einführende Beispiele:** In the **Einführende Beispiele** the students hear the teacher use a new structure. Although their books are closed, familiar vocabulary and the context enable them to perceive it. Immediately after the students have perceived the new structure, they are required to reproduce it. The utterances of the teacher have prepared the students to employ the new structural item successfully. Attentiveness is assured; the students listen carefully to perceive the structure that they know they will reproduce immediately in choral response. However, the new structure is not yet learned, for at this point the students are capable of using it only within the highly restricted situation of the perception section itself; but they have perceived it and will soon master it thoroughly in subsequent exercises. Occasionally the students will not make the appropriate response; the teacher should then repeat the sentences and the question that provide the cue to the response. Rarely will the teacher find it necessary to supply the correct response.

Let us examine an actual example from the **Einführende Beispiele** of **Lektion** 6. Our immediate objective is to enable the students to perceive that the German preposition **in** is sometimes followed by the accusative case and sometimes by the dative case, or at least that it can be followed by two different cases:

The teacher says: **"Frau Neumann geht ins Haus."**
Then he/she asks: **"Wohin geht sie?"**
The students' answer is almost a repetition: **"Sie geht ins Haus."**

The second part of the exercise enables the students to perceive that **ins Haus** is not the only possibility:

The teacher says: **"Frau Neumann ist jetzt im Haus."**
Then he/she asks: **"Wo ist sie jetzt?"**
Now the students answer: **"Sie ist jetzt im Haus."**

In giving this reply the students perceive that sometimes **ins Haus** is replaced by **im Haus**. After further analogous examples they will deduce that **ins** is used with verbs denoting a change of location, whereas **im** accompanies verbs that do not denote a change of location. Somewhat later this difference will be recognized as a matter of case. The active role that the students have played in perceiving this difference increases retention and appears to be superior to a discussion of grammatical rules as a point of departure.

The **Einführende Beispiele** are always introduced orally in class in order to demonstrate from the outset the primacy, reality, and substance of the spoken language. For greatest effectiveness the students should respond in chorus.

B. **Übungen:** The **Übungen**, like the **Einführende Beispiele**, use familiar vocabulary. Their goal is to start the students on the way toward mastery of the new structures that they have recently perceived. In this section, too, the student's ability to learn by analogy is exploited. By repeating carefully programmed pattern drills, the students constantly reuse the new structures, but always in slightly changing contexts. Prolonged practice of the new constructions is thereby carried on without boredom; learning efficiency is maintained at a high level.

Exercise 2 in the **Übungen** of **Lektion** 2 may serve as a concrete example:

The teacher gives the **Beispiel**: **"Inge Jensen"** (pause) **"Wo wohnt Inge Jensen?"**
The teacher then repeats the cue: **"Inge Jensen."**
The students respond: **"Wo wohnt Inge Jensen?"**

As the teacher varies the cue, the students produce different sentences, all of which show that the present tense form of **wohnen** accompanying third person singular subjects is **wohnt**. Later drill sequences in the same lesson contain this structure in a number of variations:

The teacher cues the students: **"Er wohnt jetzt in Frankfurt. Wohnt der Professor jetzt auch in Frankfurt?"**
The students respond: **"Ja, der Professor wohnt jetzt auch in Frankfurt."**

The pattern utterances in the drills are purposely short. This enables the students to concentrate on and learn the new structures without being required to recall involved context material. The carefully ingrained linguistic habits developed by the **Übungen** minimize the possibility of errors in the students' responses.

C. **Fragen:** The **Fragen** offer the students an opportunity to give freer responses while using familiar vocabulary and structures. Because a variety of answers can be given, the **Fragen** are to be used only for individual responses. This change from choral to individual recitation provides a desirable variation in procedure.

D. **Dialog:** The **Dialog** contains some of the new words to be introduced in each lesson and utilizes the new structures perceived in the **Einführende Beispiele** and practiced in the **Übungen**. To determine correct pronunciation and intonation, the **Dialog** is typically assigned only after it has been introduced in class or in the language laboratory. The students listen to the entire **Dialog** being read by either the instructor or by the voices on the tape. Subsequently, the **Dialog** is reread with the students repeating individual phrases and sentences in the pauses until a satisfactory rendition is achieved. The **Dialog** is then assigned for memorization as homework or for work in the laboratory.

Fragen über den Dialog provide the first step in the variation of the dialogue material. Recitation of the **Dialog** or adaptations thereof in chorus or as a playlet can precede or follow the answering of the questions. After several dialogues have been carefully learned, students, with minimum effort, are able to form by analogy a large number of new combinations of words and phrases.

E. **Lesestück:** In the **Lesestück** more new vocabulary as well as further variations of the target structures of the lesson are introduced. Here the recently acquired structures, as well as those learned in previous lessons, appear in connected prose passages. The reading selections are followed by a **Wortschatz** that contains the new vocabulary of the lesson, thus minimizing reference to the vocabulary in the back of the book. Footnotes are limited to cultural glosses and to explanations of grammatical structures not yet formally introduced. The materials in the later **Lesestücke** contain progressively more cultural information, because students are able at that stage to begin reading for content. As the students' listening comprehension and speaking ability increase, the vocabulary of the **Lesestücke** is similarly increased. In the later portions of the text the emphasis is gradually shifted from speaking to reading. The complexity of the grammatical structures is also increased to enable the student to proceed without undue difficulty to more advanced reading materials in subsequent courses.

F. **Wortschatz:** Each **Lesestück** is followed by a **Wortschatz** containing all new lexical items introduced in the **Dialog** and in the **Lesestück**, with verbs listed separately. Lexical items considered to be of high frequency are printed in boldface. Beginning with **Lektion** 3, the irregular third person singular present and the past participle of strong verbs are included; and from **Lektion** 12 on, all principal parts of strong verbs are also given. Exceptions are those intransitive verbs requiring **sein** as the auxiliary verb in the compound tenses. The past participles of such verbs are not included until the use of **sein** as an auxiliary verb is introduced in **Lektion** 17. It is recommended that the **Wortschatz** be regarded as an aid to the student in reading the **Lesestück** rather than as an assignment for memorization.

G. **Weitere Übungen:** The **Weitere Übungen** include further reinforcement of the structures previously introduced in the lesson. They also contain new lexical items from the **Dialog** and the **Lesestück**. These exercises may be assigned as homework in preparation for individual class recitation.

H. **Sprechübungen:** The objective of this section is to provide the means by which students can initiate conversations and talk about themselves with other students. These directed dialogues permit freer expression in the context of the target structures and lexical items of the lesson.

I. **Schriftliches:** This section provides further practice in writing the forms that have already been mastered orally. The subject matter is restricted to lexical and structural items that the students can successfully employ.

J. **Aussprache and Ausspracheübungen:** The brief summary of German sounds following **Einführung: Lektion C** is intended chiefly as a reference section for the student. The **Ausspracheübungen** appearing in **Lektionen** 1 through 10 facilitate systematic practice in the sounds of the language. They supplement the pronounciation learned through imitation of the teacher and the tapes.

K. **Verschiedenes:** The **Verschiedenes** presents enrichment in the form of additional lexical items and cultural information. The material in each of these sections has been chosen for its topical relationship to the rest of the lesson.

L. **Grammatik:** Each lesson has a grammatical section, but the discussion of grammar should always be subordinated to the actual use of structures. The **Grammatik** reinforces what has already been learned through practice. The mastery of grammar appears to be most effective if the grammatical rules are first deduced by the student and only later confirmed by grammatical summaries. It is recommended that no part of this section be assigned as homework and that classroom discussion of grammar be minimal. However, outside of class, questions about grammar should be answered fully. The new **Self-testing** questions have been added to assure the students who are studying the **Grammatik** outside the classroom that they have fully understood and are able to apply the grammatical explanations. The answers to the **Self-testing** problems and exercises are placed at the end of each **Grammatik** section for easy reference.

M. **Anhang:** This section contains a detailed explanation of grammatical principles. It is considered to be primarily a reference tool rather than a teaching device.

N. **Wörterverzeichnis:** The German-English vocabulary contains all German words used in the text. The English-German vocabulary contains items required for the **Schriftliches** and other exercises employing English cues.

Supplementary Materials

A. **Tapes and Tapescript:** The tapes and printed tapescript prepared to accompany this text include the material from each lesson in the **Übungen, Dialog, Fragen über den Dialog,** the **Lesestück,** and the **Ausspracheübungen.** Any or all of the taped materials can be assigned at the discretion of the teacher. The needs of the individual class, the judgment of the teacher, and the availability of laboratory time should determine the use of the tapes.

B. **Arbeitsheft:** The **Arbeitsheft** provides written drills and exercises for each lesson as well as optional language laboratory work. Since the emphasis throughout much of the course is on the spoken language, the written exercises in the **Arbeitsheft** not only provide additional writing practice but also enable both teacher and student to verify mastery of lexical and structural items. The workbook lesson should be assigned after the completion of the corresponding lesson of the text.

C. **Lehrerheft:** The **Lehrerheft** contains a detailed discussion of the methodology suggested for use with **Moderne deutsche Sprachlehre.**

Individualized Instruction

The second edition of the **Individualized Instruction Program,** by Klaus A. Mueller, University of California, Berkeley, and Gerhard Clausing, University of Southern California, Los Angeles, is based on **Moderne deutsche Sprachlehre** and has been revised for use with the third edition. It is designed to provide an individualized program that enables students to complete the basic course at their own pace and to receive as much or as little individual attention from the teacher as their needs require. The practice tests in the student manual can serve as a helpful testing component in the course of study of any program using **Moderne deutsche Sprachlehre** without the individualized instruction. This edition of the individualized materials is again accompanied by a detailed **Instructor's Manual.**

EINFÜHRUNG
LEKTION A

Grammatische Ziele:

Pronomen — ich, Sie
Präsens — erste Person Singular
   und Sie-Form
Wortstellung

Pronouns — I, you
Present tense — first person singular
   and second person
Word order

Einführende Beispiele

1. Ich heiße (*instructor's name*).
  Sie heißen (*student's name*).
  Wie heißen Sie?
     Ich heiße _____ .

2. Sie heißen _____ .
  Wie heiße ich?
     Sie heißen _____ .

3. Ja, ich heiße _____ .
  Heiße ich _____?
     Ja, Sie heißen _____ .

4. Heißen Sie _____?
     Ja, ich heiße _____ .

Radrennen in Westberlin

5. Heiße ich Schmidt?
   Nein, ich heiße (*instructor's name*).
   Heiße ich Schmidt?
       Nein, Sie heißen _____.

Übungen

1. Beispiel: *Schönfeld*   **Ich heiße *Schönfeld*.**

   a. Schönfeld
   b. Schmidt

   c. Paul Schmidt
   d. Ursula Schmidt

2. Beispiel: *Jones*   Sie heißen *Jones*.

a. Jones
b. Schönfeld

c. Neustätter
d. Hermann Neustätter

3. Beispiel: *Paul Schmidt*   Heißen Sie *Paul Schmidt?*

a. Paul Schmidt
b. Neustätter

c. Anne Digby
d. Brown

4. Beispiel: *Ich heiße* Schmidt.   *Sie heißen* Schmidt.

a. Ich heiße Schmidt.
b. Ich heiße Schönfeld.

c. Ich heiße Erich Fischer.
d. Ich heiße Karl.

5. Beispiel: *Sie heißen* Neumann.   *Ich heiße* Neumann.

a. Sie heißen Neumann.
b. Sie heißen Hans Schönfeld.

c. Sie heißen Paul Schmidt.
d. Sie heißen Ursula Schmidt.

6. Beispiel: Heißen Sie Paul Schmidt?   Ja, ich heiße Paul Schmidt.

a. Heißen Sie Paul Schmidt?
b. Heißen Sie Erich Fischer?
c. Heißen Sie Anne Schmidt?

d. Heißen Sie Robert Brown?
e. Heißen Sie Schönfeld?
f. Heißen Sie Karl Neumann?

7. Beispiele: Heißen Sie Anne Schmidt?   Nein, ich heiße (*student's name*).
Heiße ich Neumann?   Nein, Sie heißen (*instructor's name*).

a. Heißen Sie Anne Schmidt?
b. Heiße ich Neumann?
c. Heißen Sie Karl Neumann?

d. Heißen Sie Robert Brown?
e. Heiße ich Friedrich Koch?
f. Heißen Sie Schönfeld?

EINFÜHRUNG
LEKTION B

Grammatische Ziele:

Pronomen — das, wer
Präsens — sein
Nicht

Pronouns — that, who
Present tense — the verb "to be"
The negation of sentences

Einführende Beispiele

1. Ich bin Herr (Frau, Fräulein) (*instructor's name*).
   Sie sind Herr (*student's name*).
   Sind Sie Herr _____?
       Ja, ich bin Herr _____ .
   Bin ich Herr (Frau, Fräulein) _____?
       Ja, Sie sind Herr (Frau, Fräulein) _____ .

2. Das ist Fräulein _____ .
   Wer ist das?
       Das ist Fräulein _____ .

3. Ich bin nicht Frau Schmidt.
   Sind Sie Frau Schmidt?
       Nein, ich bin nicht Frau Schmidt.

Goslar: Eine historische Gaststätte

4. Sie sind nicht Frau Reichmann.
   Bin ich Frau Reichmann?
       Nein, Sie sind nicht Frau Reichmann.

5. Wer bin ich?
       Sie sind Herr (Frau, Fräulein) ＿＿＿.

Übungen

1. **Beispiel:** *Robert Brown*   **Das ist** *Robert Brown.*

   a. Robert Brown   c. Professor Schönfeld
   b. Herr Schmidt   d. Erich Fischer

2. **Beispiel:** *Frau Schmidt*   **Ist das** *Frau Schmidt?*

   a. Frau Schmidt   c. Ursula Schmidt
   b. Fräulein Müller   d. Frau Schönfeld

3. **Beispiel:** *Herr Neustätter*   **Sind Sie** *Herr Neustätter?*

   a. Herr Neustätter   c. Frau Schmidt
   b. Fräulein Jones   d. Professor Hildebrand

4. **Beispiel:** *Fräulein Müller*   **Wer ist** *Fräulein Müller?*

   a. Fräulein Müller   d. Herr Brown
   b. Professor Schönfeld   e. das
   c. Frau Schmidt   f. Paul Jones

5. **Beispiel:** *Sie heißen*   *Sie heißen* **Karl Brown.**

   a. Sie heißen   d. wer ist (?)
   b. ich heiße   e. ist das (?)
   c. ich bin   f. sind Sie (?)

6. **Beispiel:** *Ich bin* **Herr Koch.**   *Sie sind* **Herr Koch.**

   a. Ich bin Herr Koch.   c. Ich bin Professor Schönfeld.
   b. Ich bin Herr Schmidt.   d. Ich bin Robert Brown.

7. **Beispiel:** *Das ist* **Herr Neumann.**   *Ich bin* **Herr Neumann.**

   a. Das ist Herr Neumann.   c. Das ist Professor Schönfeld.
   b. Das ist Fräulein Schmidt.   d. Das ist Karl Neumann.

8. **Beispiel:** **Sind Sie Professor Schönfeld?**   **Ja, ich bin Professor Schönfeld.**

   a. Sind Sie Professor Schönfeld?   c. Bin ich Herr Neustätter?
   b. Sind Sie Frau Schmidt?   d. Ist das Fräulein Müller?

9. Beispiel: Ist das Doktor Werner?   Nein, das ist nicht Doktor Werner.

a. Ist das Doktor Werner?

b. Bin ich Professor Schönfeld?

c. Sind Sie Frau Schmidt?

d. Sind Sie Fräulein Müller?

Fragen

1. Wie heißen Sie?

2. Wie heiße ich?

3. Wer ist das?

4. Wer bin ich?

5. Wer sind Sie?

6. Sind Sie Herr Neustätter?

EINFÜHRUNG
LEKTION C

Grammatische Ziele:

Pronomen — er, sie, wir, sie, was
Präsens — Ergänzung von
„heißen" und „sein"

Pronouns — he, she, we, they, what
Present tense — completion of the
verbs "to be called" and "to
be"

Einführende Beispiele

1. Er heißt (*student's name*).
   Wie heißt er?
    Er heißt _____ .

2. Wie heißt sie?
    Sie heißt _____ .

3. Ich bin Amerikaner.
   Herr (*student's name*) ist auch Amerikaner.
   Herr _____ und ich sind Amerikaner.
   Wir sind Amerikaner.
   Was sind wir?
    Sie sind Amerikaner.
   Sind wir alle Amerikaner?
    Ja, wir sind alle Amerikaner.

4. Fräulein _____ ist ein Mädchen.
   Fräulein _____, Fräulein _____ und Fräulein _____ sind auch Mädchen.
   Was sind Sie? (*only women students answer*)
   　　Wir sind Mädchen.

5. Herr _____ ist ein Mann.
   Er ist ein Mann.
   Herr _____ und Herr _____ sind auch Männer.
   Was sind Sie? (*only male students answer*)
   　　Wir sind Männer.

6. Fräulein _____ ist Amerikanerin.
   Ist Fräulein _____ auch Amerikanerin?
   　　Ja, Fräulein _____ ist auch Amerikanerin.

7. Fräulein _____ und Fräulein _____ sind Amerikanerinnen.
   Sind sie Amerikanerinnen?
   　　Ja, sie sind Amerikanerinnen.

8. Ich bin Amerikaner.
   Herr Brown und Herr Jones sind auch Amerikaner.
   Was sind sie?
   　　Sie sind Amerikaner.

Übungen

1. **Beispiel:** *er heißt*　　*Er heißt* auch Brown.

   a. er heißt
   b. Sie heißen
   c. ich heiße

   d. sie heißt
   e. wer heißt (?)
   f. heißen sie (?)

2. **Beispiel:** *Männer*　　Wir sind *Männer.*

   a. Männer
   b. alle Mädchen
   c. alle Männer

   d. Anne Schmidt und Hans Neumann
   e. Amerikaner
   f. Amerikanerinnen

3. Beispiel: *wir sind*   ***Wir sind*** hier.

a. wir sind

b. ich bin

c. sie sind

d. Herr Brown ist

e. sind Sie alle (?)

f. ist sie (?)

4. Beispiel: *er ist*   ***Er ist*** nicht Paul Schmidt.

a. er ist

b. er heißt

c. Sie sind

d. ich bin

e. ist das (?)

f. heißt er (?)

5. Beispiel: *er*   ***Er heißt*** Schmidt.

a. er

b. ich

c. sie (*she*)

d. Sie

e. wer (?)

f. sie (*they*)

6. Beispiel: *wir*   ***Wir sind*** auch hier.

a. wir

b. Sie

c. ich

d. sie (*she*)

e. er

f. sie (*they*)

7. Beispiel: Sind Sie Herr Brown?   Ja, ich bin Herr Brown.

a. Sind Sie Herr Brown?

b. Heißt er Robert Brown?

c. Ist das Professor Schönfeld?

d. Ist das Fräulein Müller?

e. Sind wir alle hier?

f. Heißen Sie Hans Neumann?

g. Sind wir Amerikaner?

h. Sind sie (*they*) alle Amerikaner?

8. Beispiel: Ist das Herr Neustätter?   Nein, das ist nicht Herr Neustätter.

a. Ist das Herr Neustätter?

b. Sind Sie Professor Schönfeld?

c. Ist Fräulein Schmidt hier?

d. Sind Sie Frau Schmidt?

e. Sind wir alle Männer?

f. Heißt sie Ursula?

g. Sind wir alle Mädchen?

h. Sind Sie Amerikanerin?

Fragen

1. Wie heißen Sie?

2. Wer ist das?

3. Wer bin ich?

4. Was sind wir?

5. Wie heißt sie?

6. Sind Sie nicht Herr Neumann?

7. Ist Professor Schönfeld Amerikaner?

8. Ist das Mädchen Amerikanerin?

9. Wie heißt der Professor?

10. Wie heißt die Amerikanerin?

11. Wie heißen die Amerikanerinnen?

12. Wie heißen die Amerikaner?

Wortschatz

alle (*plur.*) *all*
der **Amerikaner** (*masc.*) *American*; die **Amerikaner** *Americans*
die **Amerikanerin** (*fem.*) *American*; die **Amerikanerinnen** *Americans*
auch *also, too*
das **Beispiel** *example*; **einführende Beispiele** *introductory examples*
das (*pron.*) *that*
der, die, das (*def. art.*) *the*
der **Doktor, Dr.** *doctor, physician*
ein *a, an*
die **Einführung** *introduction*
er *he*
die **Frage** *question*; die **Fragen** *questions*
die **Frau** *Mrs.*; *woman*; *wife*
das **Fräulein** *Miss*; *young lady*
der **Herr** *Mr.*
hier *here*
ich *I*
ja *yes*
die **Lektion** *lesson*

das **Mädchen** *girl*; die **Mädchen** *girls*
der **Mann** *man*; die **Männer** *men*
nein *no*
nicht *not*
der **Professor** *professor*
Sie *you*
sie *she*
sie *they*
die **Übung** *exercise, drill*; die **Übungen** *exercises, drills*
und *and*
was *what*
wer *who*
wir *we*
der **Wortschatz** *vocabulary*

bin *am*
heißen *to be called, named*; **wie heißen Sie?** *what is your name?*
ist *is*
sind *are*

Beim Schachspiel auf der Ludwigstraße in München

Aussprache

A. Consonants

SOUND	NEAREST ENGLISH EQUIVALENT	GERMAN SPELLING	EXAMPLES
b	b in "boy"	b at the beginning of a syllable	Buch, Bleistift, haben, Brücke
Back-ch	no English equivalent	ch after a, au, o, or u	machen, auch, doch, Buch
Front-ch	no English equivalent	ch after ä, äu, e, ei, eu, i, ie, ö, ü, l, n, or r; ch at the beginning of a syllable; g in final position after i	Bäche, Gebräuche, schlecht, leicht, euch, ich, Griechenland, möchte, Bücher, welcher, mancher, durch, Chemie, richtig, wenig
d	d in "dog"	d at the beginning of a syllable	der, doch, finden, Hände
f	f in "fun"	f, v, or ph	Frau, Professor, von, viele, Geographie
g	g in "go"	g at the beginning of a syllable	gut, Geld, Glas, tragen
h	h in "hot"	h at the beginning of a syllable	Hand, heute, Herr, hier
		Note: silent h in the middle and at the end of a syllable, except in the combination ch	ihn, gehen, sehen, sieh, Sohn
k	ck in "back"	ck and k; g at the end of a syllable, except in the combinations ig and ng; g before final voiceless consonants	Barock, zurück, Amerika, kommen, Kneipe, Knopf, Berg, Tag, fragt, sagst
kv	no English equivalent	qu	Quadratkilometer, Quelle
l	no English equivalent	l, ll	Fräulein, Land, lernen, lesen, Ballade, Fall
m	m in "mouse"	m, mm	Amerika, im, immer, Mann
n	n in "no"	n, except in the combination ng; nn	Damen, Herren, in, nun, und, innerhalb, rennen

SOUND	NEAREST ENGLISH EQUIVALENT	GERMAN SPELLING	EXAMPLES
ng	ng in "singer"; never ng in "finger" or "ranger"	ng	bringen, England, hängen, lange
p	p in "pit"	p, pp; b at the end of a syllable or before final voiceless consonants	Post, Preis, spielen, Suppe, ab, abfahren, Abschied, gibt
pf	no English equivalent	pf	empfehlen, Pfeifen, Pferd
r	no English equivalents for German uvular r, tongue-trilled (rolled) r, or final vocalic r	r, rr	der, Frau, Professor, rot, Vater, Herr, errichten
s	s in "so"	s at the end of a syllable or before final voiceless consonants; ss, ß*	bis, das, es, ist, Wurst, essen, daß, heißen, muß
z	z in "zebra"	s at the beginning of a syllable, except in the combinations sch, sp, and st	sehr, Sie, so, wieso, Wiese
sh	sh in "ship"	sch, s in initial sp and st combinations	mischen, schlafen, schon, Tasche, sprechen, spät, stellen, Straße
t	t in "too"	t, dt, th, tt; d at the end of a syllable or before final voiceless consonants	mit, trägt, stehen, sandte, Schmidt, Goethe, Mathematik, Theater, Mutter, Bett, bitten, tritt, Land, Hand, fremd, und, Deutschlands
ts	ts in "rats"	ds, ts, tz, z; t before -ion and -ient	abends, gibt's, Wortschatz, Fritz, schwarz, vierzig, zusammen, Revolution, nationalistisch, Patient
v	v in "very"	w; v in words of foreign origin	schwarz, wann, was, zwei, Silva, Olivetti, Vanilleeis, Verb
x	x in "axe"	chs, x	wachsen, wächst, Max
y	y in "yes"	j	ja, jetzt, jeder, jung, Jugend

* The ss is written between two vowels if the first vowel is short; the ß is used in all other positions.

B. Vowels

German vowels are usually short if immediately followed by more than one consonant.
  sind, hatte, hoffentlich, können, müssen, Standpunkt

German vowels are long if
  a) the vowel symbol is doubled
      Heer, Saal, See
  b) they are followed by a silent **h**
      gehen, ihn, sah
  c) they occur in the stressed syllable and are immediately followed by no more than one consonant
      Bruder, leben, tragen
  d) they occur in a conjugational form of a verb whose infinitive contains a long vowel
      lest (*infinitive:* lesen), trägt (*infinitive:* tragen)

SOUND	NEAREST ENGLISH EQUIVALENT	EXAMPLES
Long **a**	**a** in "father"	habe, habt, nahmen, Name, Saal, Vater
Short **a**	**a** in "father" but very short in duration	Anne, Hans, Mann, fast
Long **e**	**a** in "gate"	gehe, Helene, See, Lehrer, wer, Dänemark, gäbe, Mädchen, trägt
Short **e**	**e** in "bed"	des, es, Essen, Helene, Professor, Hände, Männer, Neustätter
Unaccented **e** (occurs mainly in unstressed grammatical affixes)	**a** in "sofa" and "about"	beantworten, Brücke, gegeben, Helene, Lage
Long **i**	**ee** in "see"	die, hier, ihn, Kino, sieht, Maschine, wie
Short **i**	**i** in "sit"	bin, ich, mit, Schmidt, sind
Long **o**	**o** in "so"	so, Robert, rot, wo, wohnen
Short **o**	**o** in "for"	antwortet, doch, dort, hoffent- lich, kommen, Sonntag

SOUND	NEAREST ENGLISH EQUIVALENT	EXAMPLES
Long **u**	**oo** in "boot"	Bruder, Buch, gut, Hut, rufen, ruhig, tun
Short **u**	**u** in "put"	Hamburg, Stunde, durch, und, uns
Long **ö**	**a** in "gate" but with the lips rounded and protruded	hören, König, lösen, Möbel, schön
Short **ö**	**e** in "bed" but with the lips rounded and protruded	öffnen, öfter, möchte, Töchter, zwölf
Long **ü**	**e** in "see" but with the lips rounded and protruded	Bücher, Stühle, Tür, über, Übung
Short **ü**	**i** in "sit" but with the lips rounded and protruded	Brücke, fünf, Müller, müssen, Stück
Diphthong **ei**	**i** in "mice"	Bleistift, heißen, mein, nein, Mai, Haifisch
Diphthong **au**	**ow** in "cow"	auch, auf, aus, Frau, Paul
Diphthong **eu**	**oy** in "boy"	heute, Neumann, neun, Häuser, Fräulein

C. Word Stress

Most German words are stressed on the first syllable.
   Bre′men, fah′ren, le′sen, Blei′stift

Common exceptions are:
   a) verbs beginning with the unstressed (inseparable) prefixes **be-, emp-, ent-, er-, ge-, miß-, ver-,** and **zer-**
         bekom′men, empfeh′len, entfer′nen, erfah′ren, gefal′len, mißverste′hen, verste′hen, zerstö′ren
   b) nouns derived from inseparable verbs
         Bedeu′tung, Beglei′ter, Beweis′, Entfer′nung, Ergeb′nis, Erin′nerung, Verbre′cher, Vereh′rer, Vergleich′, Verklei′dung, Zerstö′rung
   c) verbs ending in **-ieren**
         akzeptie′ren, existie′ren, integrie′ren, studie′ren
   d) nouns of foreign origin with stress on the last syllable
         Hotel′, Ingenieur′, Natur′, Restaurant′

e) nouns with the stressed endings **-ent, -ei, -ie, -ion**, and **-ist**

　　　Stud**ent**′, Konditor**ei**′, Soziolog**ie**′, Präposit**ion**′, Spezial**ist**′

f) nouns ending in **-or** that are stressed on the next to last syllable in both singular and plural

SINGULAR	PLURAL
Dok′tor	Dokto′ren
Profes′sor	Professo′ren

1

ERSTE LEKTION

Grammatische Ziele:

Präsens regelmäßiger Verben	The present tense of regular verbs
Bestimmter Artikel im Nominativ	The definite article in the nominative case
Geschlecht der Substantive	The gender of nouns

In the dialogue, an American student in Germany introduces himself to an English girl who is also studying at the Institute for Foreign Students.

In the reading selection, students and their professor converse in a class at the Institute for Foreign Students.

Einführende Beispiele

1. Mein Name ist Schönfeld. Ich komme aus Deutschland.
   Sie kommen aus Amerika.
   Kommen Sie aus Amerika?
      Ja, ich komme aus Amerika.

2. Fräulein Olivetti kommt aus Italien.
   Woher kommt sie?
      Sie kommt aus Italien.

3. Komme ich aus England?
      Nein, Sie kommen nicht aus England.

4. Herr Jones kommt aus Amerika.
   Woher kommt er?
   Er kommt aus Amerika.

5. Ich bin Professor.
   Herr Brown ist Student.
   Ist Herr Silva auch Student?
   Ja, Herr Silva ist auch Student.

6. Fräulein Olivetti ist Studentin.
   Was ist Fräulein Digby?
   Fräulein Digby ist Studentin.

7. Anne Digby kommt aus England.
   Wie heißt das Mädchen aus England?
   Das Mädchen aus England heißt Anne Digby.

8. Wie heißt die Studentin aus England?
   Die Studentin aus England heißt Anne Digby.

9. Und wie heißt der Student aus Amerika?
   Der Student aus Amerika heißt Jones.

10. Die Herren kommen aus Amerika.
    Woher kommen sie?
    Sie kommen aus Amerika.

Übungen

1. **Beispiel:** *Schönfeld*   **Ich heiße** *Schönfeld.*

   a. Schönfeld   c. Anne Schmidt
   b. Schmidt   d. Paul Jones

2. **Beispiel:** *Amerika*   **Ich komme aus** *Amerika.*

   a. Amerika   c. England
   b. Deutschland   d. Hamburg

3. **Beispiel:** *Sie*   **Woher kommen *Sie*?**

    a. Sie   c. Fräulein Olivetti und Herr Silva
    b. die Männer   d. sie (*they*)

4. **Beispiel:** *Herr Schönfeld*   **Kommt *Herr Schönfeld* aus Deutschland?**

    a. Herr Schönfeld   d. sie (*she*)
    b. das Mädchen   e. der Professor
    c. die Studentin   f. er

5. **Beispiele:** *wir*   ***Wir sind* in Amerika.**
                     ich   ***Ich bin* in Amerika.**

    a. wir   d. der Professor
    b. ich   e. sie (*she*)
    c. Sie   f. er

6. **Beispiel:** *ich*   ***Ich heiße* Schmidt.**

    a. ich   d. sie (*they*)
    b. wir   e. die Studentin
    c. der Mann   f. Sie

7. **Beispiel:** *er*   ***Er kommt* aus Amerika.**

    a. er   d. Sie
    b. Herr Brown   e. Herr Jones und Herr Brown
    c. sie (*they*)   f. ich

8. **Beispiel:** **Heißt er Schmidt?**   **Ja, er heißt Schmidt.**

    a. Heißt er Schmidt?   d. Heißt der Professor Schönfeld?
    b. Heißen Sie Paul Jones?   e. Heißen die Herren Jones und Brown?
    c. Heißt die Studentin Anne Digby?   f. Heißt der Amerikaner Jones?

9. **Beispiel:** **Kommen Sie aus England?**   **Ja, ich komme aus England.**

    a. Kommen Sie aus England?   c. Kommen Sie aus Dänemark?
    b. Kommen Sie aus Rom?   d. Kommen Sie aus Spanien?

10. **Beispiel:** **Kommen Sie aus Dänemark?**   **Nein, ich komme nicht aus Dänemark.**

    a. Kommen Sie aus Dänemark?   c. Kommen Sie aus London?
    b. Kommen Sie aus Amerika?   d. Kommen Sie aus Paris?

11. Beispiel: Woher kommt *Herr Jones?* (*Amerika*)   *Er* **kommt aus Amerika.**

    a. Woher kommt Herr Jones? (Amerika)
    b. Woher kommt Fräulein Digby? (London)
    c. Woher kommen die Herren? (New York)
    d. Woher kommt Professor Schönfeld? (Deutschland)
    e. Woher kommen die Studentinnen? (Paris)

12. Beispiel: Ich komme aus England. Und Sie?   Ich komme auch aus England.

    a. Ich komme aus England. Und Sie?
    b. Er heißt Jones. Und Sie?
    c. Sie kommen aus Italien. Und Fräulein Olivetti?
    d. Der Student kommt aus Amerika. Und Herr Brown?
    e. Ich bin Student. Und Sie?

13. Beispiel: *Maria Olivetti*   Ich bin *Maria Olivetti*.

    a. Maria Olivetti   d. Professor
    b. Professor Schönfeld   e. Studentin
    c. Student   f. Amerikaner

14. Beispiel: *ich bin*   Ich bin auch Student.

    a. ich bin   d. der Herr aus Amerika ist
    b. Herr Jones ist   e. ist er (?)
    c. wer ist (?)   f. sind Sie (?)

Fragen

1. Wer ist das?
2. Wie heißen Sie?
3. Woher kommt sie?
4. Woher kommt der Professor?
5. Wie heißt der Student aus Amerika?
6. Wie heißen die Herren aus Amerika?
7. Ist Fräulein Jensen Studentin?
8. Ist Herr Schönfeld Professor?
9. Wer ist Student?
10. Woher kommen Sie?
11. Kommt Herr Brown aus Italien?
12. Kommen Sie aus Berlin?
13. Kommen sie alle aus Hamburg?
14. Wer sind die Studentinnen?

Dialog:

Die erste Unterrichtsstunde am Institut für Ausländer

JONES   Guten Tag!

DIGBY   Guten Tag!

JONES   Ich heiße Jones, Paul Jones. Und wie heißen Sie?

DIGBY   Ich heiße Anne Digby.

JONES   Sie kommen aus England, nicht wahr?

DIGBY   Ja, ich komme aus London. Und Sie?

JONES   Aus Amerika. Studieren Sie hier?

DIGBY   Ja, und Sie auch?

JONES   Richtig. Der Unterricht hier am Institut ist sehr interessant, nicht wahr?

DIGBY   Ja, sehr. Da kommt Professor Schönfeld. Jetzt beginnt der Unterricht. Also bis später, Herr Jones.

JONES   Auf Wiedersehen, Fräulein Digby.

Köln am Rhein

The First Class at the Institute for Foreigners

JONES   Hello.

DIGBY   Hello.

JONES   My name is Jones, Paul Jones. And what is your name?

DIGBY   My name is Anne Digby.

JONES   You come from England, don't you?

DIGBY   Yes, I'm from London. And you?

JONES   From America. Are you a student here? [Are you studying here?]

DIGBY   Yes, and you too?

JONES   That's right. The course work here at the Institute is very interesting, don't you think?

DIGBY   Yes, very. Here comes Professor Schönfeld. Class will begin now. Well, see you later, Mr. Jones.

JONES   Goodbye, Miss Digby.

Fragen über den Dialog

1. Wie heißt der Professor?
2. Wie heißt der Student aus Amerika?
3. Woher kommt Herr Jones?
4. Woher kommt Fräulein Digby?
5. Wie heißt die Studentin aus London?
6. Studiert Fräulein Digby am Institut?
7. Studiert Herr Jones auch am Institut?
8. Kommt Fräulein Digby aus Italien?
9. Kommt Herr Jones aus Spanien?
10. Wer ist Studentin?
11. Wer ist Professor?
12. Herr Jones kommt aus Amerika, nicht wahr?
13. Fräulein Digby studiert am Institut, nicht wahr?
14. Heißt der Student aus Amerika Schmidt?

Lesestück:

Das Institut für Ausländer

Herr Schönfeld kommt aus Deutschland. Er ist Professor. Fräulein Olivetti ist Studentin und kommt aus Italien. Ein Herr aus Mexiko ist auch Student am Institut. Er heißt Juan Silva. Pedro Segovia kommt aus Spanien.

Professor Schönfeld sagt: „Guten Morgen, meine Damen und Herren!" Die
5 Studenten antworten: „Guten Morgen, Herr Professor!"

Professor Schönfeld fragt Robert Brown: „Woher kommen Sie denn?" Der Student aus Kalifornien antwortet: „Ich komme aus Amerika."

Dann fragt er Fräulein Olivetti: „Kommen Sie aus Spanien oder aus Italien?"
– „Ich komme aus Italien, aus Rom", antwortet sie.

10 „Wie heißen Sie, bitte?" fragt der Professor. Der Student aus New York antwortet: „Ich heiße Jones, Paul Jones."

Der Professor fragt auch die Studentin aus London, wie sie heißt. Sie antwortet: „Mein Name ist Anne Digby." – „Und Sie wohnen in England, nicht wahr?" – „Ja, richtig, ich wohne in London", antwortet sie.

15 Professor Schönfeld fragt: „Wie geht es Ihnen, Herr Silva?" – „Danke, gut", antwortet der Student aus Mexiko. Dann fragt der Professor Fräulein Jensen: „Wie geht es Ihnen hier in Deutschland?" – „Danke, es geht mir sehr gut in Deutschland", antwortet sie.

Dann fragt Professor Schönfeld: „Was sehen Sie hier im Zimmer?" Da niemand
20 antwortet, sagt er: „Hier sind viele Dinge. Das ist ein Bleistift, das ist eine Uhr, und dort ist ein Buch. Hier ist eine Tür, da ist ein Fenster, und dort ist auch ein Fenster."

Wortschatz

also *well;* **also bis später** *well, see you later*
am *at the*
(das) **Amerika** *America*
auf Wiedersehen *goodbye*
aus *from*
der **Ausländer** *foreigner;* die **Ausländer** *foreigners*
die **Aussprache** *pronunciation*
bitte *please*
der **Bleistift** *pencil*
das **Buch** *book*
da (*adv.*) *there; here;* (*subord. conj.*) *since, inasmuch as*
die **Dame** *lady;* die **Damen** *ladies*
(das) **Dänemark** *Denmark*
danke *thank you*
dann *then, thereupon*
denn *anyway*
(das) **Deutschland** *Germany*
der **Dialog** *dialogue*
das **Ding** *thing;* die **Dinge** *things*
dort *there*
eine (*fem.*) *a, an*
(das) **England** *England*
erst- *first*
es *it*

das **Fenster** *window*
für *for*
die **Grammatik** *grammar*
gut *good, well, fine*
der **Herr** *man, gentleman;* die **Herren** *men, gentlemen*
im *in the*
in *in, into*
das **Institut** *institute*
interessant *interesting*
(das) **Italien** *Italy*
jetzt *now*
(das) **Kalifornien** *California*
das **Lesestück** *reading selection*
mein (*poss. adj.*) *my;* **meine Damen und Herren** *ladies and gentlemen*
(das) **Mexiko** *Mexico*
der **Morgen** *morning;* **guten Morgen** *good morning*
der **Name** *name*
nicht wahr? *don't you?, isn't that so?, don't you think so?, isn't it?*
niemand *no one*
oder *or*
richtig *right, correct*
(das) **Rom** *Rome*
sehr *very, very much*

(das) Spanien   *Spain*
  die **Sprechübung**   *oral drill*
  der **Student** (*masc.*)   *university student*;
      die **Studenten**   *university students*
  die **Studentin** (*fem.*)   *university student*;
      die **Studentinnen**   *university students*
  der **Tag**   *day*;   **guten Tag**   *hello*
  die **Tür**   *door*
    über   *about, concerning*
  die **Uhr**   *clock, watch*
  der **Unterricht**   *class, course work,*
    instruction
  die Unterrichtsstunde   *class*
    viele   *many*
    weiter(e)   *further*
    wie   *how*
    woher   *from where, from what place,*

whence
das **Zimmer**   *room*

antworten   *to answer*
beginnen   *to begin*
finden   *to find*
fragen   *to ask*
gehen   *to go*;   **es geht mir sehr gut**
  I am just fine;   **wie geht es Ihnen?**
  how are you?
kommen   *to come*
sagen   *to say*
sehen   *to see*
sein   *to be*
studieren   *to study at an institution of*
  higher learning
wohnen   *to live, reside*

Weitere Übungen

1. Complete the following sentences with a suitable verb:

    a. Er _____ : „Guten Morgen."
    b. Wir _____ Studenten am Institut.
    c. Was _____ Sie hier im Zimmer?
    d. Der Professor _____ Fräulein Jensen, wie sie heißt.
    e. Ich _____ in Rom.
    f. Hier _____ viele Dinge.
    g. „Mein Name ist Anne Digby", _____ sie.
    h. Wie _____ die Studenten aus Amerika?
    i. Wie _____ es Ihnen?
    j. Ich _____ aus Italien.
    k. _____ Sie in Schwarzhausen?
    l. Mein Name _____ Jensen.
    m. Ich _____ Student.
    n. Der Amerikaner _____ aus Boston.

2. Answer the following questions with complete sentences:

   a. Woher kommt der Professor?

   b. Woher kommt Fräulein Digby?

   c. Woher kommen Herr Jones und Herr Brown?

   d. Was sagt Professor Schönfeld?

   e. Was fragt er Fräulein Digby?

   f. Wie heißt der Student aus Spanien?

   g. Was fragt Professor Schönfeld die Studentin aus Rom?

   h. Wer ist Student?

   i. Was sind Herr Silva und Herr Jones?

   j. Wer kommt aus Italien?

   k. Ist der Unterricht interessant?

   l. Wer wohnt in England?

Hamburg: Hafen

Sprechübungen

1. Make appropriate responses to the following questions:

    a. Woher kommen Sie?

    b. Kommen Sie aus Chicago?

    c. Studieren Sie hier?

    d. Wie heißen Sie?

    e. Wie geht es Ihnen?

    f. Sind Sie Student/Studentin?

    g. Wohnen Sie in Kalifornien?

    h. Kommen Sie aus Deutschland?

2. Make appropriate responses to the following questions and statements:

    a. Guten Morgen.

    b. Ich heiße _____. Und Sie?

    c. Er kommt aus New York, nicht wahr?

    d. Beginnt der Unterricht jetzt?

    e. Ich bin Herr/Frau/Fräulein _____.

    f. Sie sind Amerikaner/Amerikanerin, nicht wahr?

    g. Fräulein _____ wohnt in Boston, nicht wahr?

    h. Also bis später.

Ausspracheübungen

Long a:	sagen, Dame, fragt, wahr, Tag, Italien, Name, ja
Short a:	danke, antworten, dann, England, niemand, das, was, Karl, Mann, alle
Long e:	Amerika, Amerikaner, Lesestück, sehr, gehen, sehen, geht, wer, woher
Short e:	Herr, Lektion, Schönfeld, denn, Fenster, jetzt, Student, Professor, England
Unaccented e:	bitte, Aussprache, Dame, eine, danke, Lesestück, sehen, Studenten, finden, Fenster

Grammatik

A. The Infinitive

The infinitive is the basic form of a verb; it appears as the first principal part of the verb in vocabularies. An English infinitive is often preceded by "to": "to answer," "to find," "to ask." A German infinitive consists of two parts, the infinitive stem and the ending **-en**, or occasionally **-n** only.

STEM	ENDING	INFINITIVE	
antwort-	-en	antworten	*to answer*
beginn-	-en	beginnen	*to begin*
find-	-en	finden	*to find*
geh-	-en	gehen	*to go*
heiß-	-en	heißen	*to be called, named*
sag-	-en	sagen	*to say*
sei-	-n	sein	*to be*
wohn-	-en	wohnen	*to live, reside*

B. The Present Tense

Most German verbs are conjugated in the present tense with the following personal endings:

ich	(*I*)	-e
er	(*he*)	
sie	(*she*)	-t
es	(*it*)	

wir	(*we*)	
Sie	(*you*)	-en
sie	(*they*)	

These endings are added to the infinitive stem as follows:

fragen   *to ask*

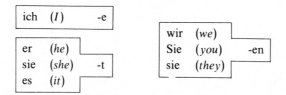

ich	frage
er	
sie	fragt
es	

wir	
Sie	fragen
sie	

If the infinitive stem ends in **-d** or **-t**, an **-e-** is usually inserted between the stem and the personal ending of the third person singular verb form.

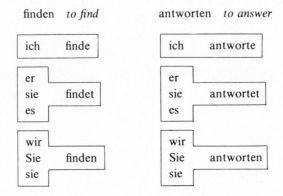

finden   *to find*   antworten   *to answer*

ich	finde
er	
sie	findet
es	
wir	
Sie	finden
sie	

ich	antworte
er	
sie	antwortet
es	
wir	
Sie	antworten
sie	

Self-testing 1

Give the conjugated form of the following verbs:

a. sie (*she*) _____ (kommen)
b. ich   _____ (kommen)
c. wir   _____ (beginnen)
d. Sie   _____ (arbeiten)
e. er   _____ (gehen)

f. es   _____ (beginnen)
g. sie (*they*) _____ (antworten)
h. es   _____ (gehen)
i. er   _____ (finden)
j. wir   _____ (sehen)

C. The Present Tense of **Sein**

The verb **sein** ("to be") is irregular in its conjugation. It should be noted that "to be" is similarly irregular in English, with forms like "be," "am," "are," "is," "was," "were," and "been." The conjugation of **sein** must be memorized.

sein   *to be*

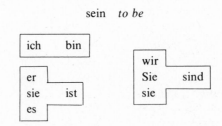

ich	bin
er	
sie	ist
es	

wir	
Sie	sind
sie	

D. The Nominative Case

The subject of a sentence is a noun or pronoun in the nominative case. The subject is usually the doer of the action expressed by the verb.

Herr Schönfeld kommt aus Deutschland.

The verb is **kommt.** The subject of the sentence is **Herr Schönfeld,** since he performs the action indicated by the verb **kommt. Herr Schönfeld** is therefore in the nominative case.

Self-testing 2

Indicate the subject in each of the following sentences:

a. Sie sind Studenten am Institut.
b. Woher kommt der Professor?
c. Der Unterricht ist sehr interessant.

A predicate nominative refers to the same person or thing as the subject of the sentence.

Er ist Professor.

Er is the subject. **Ist** is the verb. **Professor** refers to the same person as the subject. **Professor** is the predicate nominative and is therefore in the nominative case. The predicate nominative of a sentence is a noun or pronoun and usually follows a verb like **sein** or **heißen.**

Self-testing 3

Indicate any predicate nominatives that occur in the following sentences:

a. Ich heiße Jones.
b. Ich bin Student.
c. Fräulein Olivetti ist Studentin.
d. Wie heißt die Studentin aus England?

Berlin: Ein Zeitungskiosk

E. The Nominative Case of Personal Pronouns

	SINGULAR		PLURAL	
FIRST PERSON	ich	*I*	wir	*we*
SECOND PERSON	Sie	*you*	Sie	*you*
THIRD PERSON	er	*he*	sie	*they*
	sie	*she*		
	es	*it*		

Self-testing 4

1. Complete the following sentences with the German equivalent of the pronoun indicated:

   a. _____ bin Student. (*I*)
   b. Sind _____ Fräulein Olivetti? (*you*)
   c. Findet _____ es interessant? (*he*)
   d. _____ sind Amerikaner. (*they*)
   e. Kommt _____ aus Italien? (*she*)
   f. _____ kommen aus Deutschland. (*we*)

2. Replace the boldface nouns with a personal pronoun:

   a. Da ist **ein Fenster.**
   b. Hier sind **Herr Jones und Fräulein Olivetti.**
   c. Da kommt **Professor Schönfeld.**
   d. **Anne Digby** wohnt in England.

F. The Nominative Case of the Definite Article

In English, the definite article is always "the," but in German the form of the definite article in the nominative case changes according to the gender and number of the noun it precedes. Note that the nominative plural is **die** for all three genders.

MASCULINE	FEMININE	NEUTER	PLURAL
der Herr	die Dame	das Buch	die Herren
der Mann	die Tür	das Fenster	die Männer
			die Damen
			die Türen
			die Bücher
			die Fenster

G. The Gender of Nouns

In English, nouns have no apparent gender: the man, the girl, the chair. "The" is used for all three genders, and there is no grammatical indication of masculine, feminine, or neuter. But in German, every noun has gender, which is indicated by **der, die,** or **das.** Nouns referring to males are usually grammatically masculine; most nouns denoting females are feminine in gender.

MASCULINE	FEMININE
der Mann	die Frau
der Herr	die Dame

In German, nouns denoting inanimate objects may be masculine, feminine, or neuter, often without apparent reason. As a result of this, the gender of a German noun that denotes an inanimate thing must be learned with the noun.

MASCULINE	FEMININE	NEUTER
der Bleistift	die Frage	das Buch
der Morgen	die Lektion	das Ding
der Name	die Tür	das Fenster
der Tag	die Uhr	das Zimmer

Münchener Brezel und Brötchen

Certain suffixes or endings determine the gender of nouns. The suffix **-in** is often added to a masculine noun to form its feminine counterpart.

MASCULINE	FEMININE
der Amerikaner	die Amerikanerin
der Ausländer	die Ausländerin
der Student	die Studentin

Nouns ending in the diminutive suffixes **-chen** and **-lein** are always neuter, even if they denote males or females.

das Mädchen   das Fräulein

Self-testing 5

Supply the singular form of the definite article in the nominative case for the following nouns:

a. _____ Professor
b. _____ Dame
c. _____ Student
d. _____ Studentin

e. _____ Tür
f. _____ Buch
g. _____ Mädchen
h. _____ Uhr

i. _____ Morgen
j. _____ Fräulein
k. _____ Unterricht
l. _____ Zimmer

H. The Position of **Nicht** in a Sentence

Nicht frequently negates the entire sentence when it occurs at the end of the sentence.

> Ich sehe die Uhr **nicht.**
> Sie sagt das **nicht.**
> Er antwortet **nicht.**

Nicht usually precedes a predicate adjective or a predicate nominative.

> Das ist **nicht** gut.
> Ich heiße **nicht** Schmidt.
> Das ist **nicht** der Student aus Mexiko.

Nicht often precedes an adverb or a prepositional phrase.

> Das Buch ist **nicht** da.
> Ich komme **nicht** aus England.

Self-testing 6

Restate the following sentences with **nicht:**

a. Ich sehe die Uhr.
b. Der Unterricht ist interessant.
c. Sie kommt aus Italien.
d. Der Student antwortet.
e. Fräulein Olivetti ist da.

I. **Nicht Wahr**

Nicht wahr asks for confirmation of the statement it follows. It can have several meanings, depending on the statement that precedes it, such as: "isn't that so?" "don't you think so?" "wasn't it?" "won't it?"

> Sie wohnen in Hamburg, nicht wahr? (*. . . don't you?*)
> Sie kommt aus London, nicht wahr? (*. . . doesn't she?*)
> Der Unterricht ist interessant, nicht wahr? (*. . . isn't it?*)

Self-testing 7

Give the English translation of **nicht wahr** in each of the following sentences:

a. Herr Silva ist auch Student, nicht wahr?
b. Die Studentinnen kommen aus Dänemark, nicht wahr?
c. Herr Jones, Sie studieren hier, nicht wahr?
d. Hier sind viele Dinge, nicht wahr?
e. Der Unterricht ist interessant, nicht wahr?

J. Word Order

In simple sentences that begin with the subject, the verb is in second position in both English and German. Following the verb are adverbs and/or objects, predicate nominatives, and other elements. Unlike English, however, if a simple sentence in German begins with an element such as an adverb or an object, the verb remains in second position but is followed by the subject.

Miss Digby	*is*	*now*	*a student.*
Now	*Miss Digby*	*is*	*a student.*
Class	*begins*	*at the institute*	*then.*
Then	*class*	*begins*	*at the institute.*

VERB

Fräulein Digby	ist	jetzt	Studentin.
Jetzt	ist	Fräulein Digby	Studentin.
Der Unterricht	beginnt	dann	am Institut.
Dann	beginnt	der Unterricht	am Institut.

Expletives such as **ja** and **nein** do not change the word order of the sentence they precede:

Ja, Fräulein Digby ist jetzt Studentin.

Neuleiningen: Dorf und Burg an der Autobahn bei Grünstadt

The verb is also in second position in a question introduced by an interrogative.

INTERROGATIVE	VERB	
Was	ist	Fräulein Digby?
Wie	heißt	das Mädchen aus England?

The verb is in first position in a question without an interrogative.

VERB		
Ist	Herr Silva	auch Student?
Studiert	sie	am Institut?

Self-testing 8

Restate the following sentences by placing the boldface expression at the beginning:

a. Der Unterricht ist **jetzt** interessant.
b. Er fragt **dann** die Studentin, wie sie heißt.
c. Viele Dinge sind **im Zimmer.**
d. Es geht mir sehr gut **in Deutschland.**
e. Der Unterricht beginnt **später.**

Answers to Self-testing

Self-testing 1

a. kommt   f. beginnt
b. komme   g. antworten
c. beginnen   h. geht
d. arbeiten   i. findet
e. geht   j. sehen

Self-testing 2

a. Sie
b. der Professor
c. der Unterricht

Self-testing 3

a. Jones
b. Student
c. Studentin
d. _____

Self-testing 4

1. a. ich   2. a. es
   b. Sie   b. sie
   c. er   c. er
   d. sie   d. sie
   e. sie
   f. wir

Self-testing 5

a. der   e. die   i. der
b. die   f. das   j. das
c. der   g. das   k. der
d. die   h. die   l. das

München: Das Oktoberfest

Self-testing 6

a. Ich sehe die Uhr nicht.
b. Der Unterricht ist nicht interessant.
c. Sie kommt nicht aus Italien.
d. Der Student antwortet nicht.
e. Fräulein Olivetti ist nicht da.

Self-testing 7

a. isn't he?
b. don't they?
c. don't you?
d. aren't there?
e. isn't it?

Self-testing 8

a. Jetzt ist der Unterricht interessant.
b. Dann fragt er die Studentin, wie sie heißt.
c. Im Zimmer sind viele Dinge.
d. In Deutschland geht es mir sehr gut.
e. Später beginnt der Unterricht.

2

ZWEITE LEKTION

Grammatische Ziele:

Präsens von „haben" und
    anderen Verben

The present tense of the verb "to have"
    and other verbs

Unbestimmter Artikel im
    Nominativ und Akkusativ

The indefinite article in the nominative
    and the accusative cases

Pluralform einiger Substantive

The plural of several nouns

Geschlecht der Substantive

The gender of nouns

In the dialogue, an American boy and a French girl get acquainted.

The reading selection tells about a class at the Institute.

Einführende Beispiele

Anschauungsmaterial:
    zwei Bücher
    zwei Bleistifte
    eine Uhr

1. (*Instructor points at a student.*)
    Sie und ich kommen aus Amerika.
    Wir kommen alle aus Amerika.
    Woher kommen wir?
        Wir kommen aus Amerika.

2. Wir wohnen alle hier in Amerika.
   Wo wohnen wir?
   Wir wohnen in Amerika.

3. Professor Schönfeld wohnt in Schwarzhausen.
   Wer wohnt in Schwarzhausen?
   Professor Schönfeld wohnt in Schwarzhausen.

4. Ich wohne in _____.
   Sie wohnen auch in _____.
   Wo wohnen Sie?
   Ich wohne in _____.

5. Hier ist ein Buch.
   Ich habe ein Buch.
   Sie haben auch ein Buch.
   Was habe ich?
   Sie haben ein Buch.
   Haben Sie auch ein Buch?
   Ja, ich habe auch ein Buch.

6. Das ist eine Uhr.
   Herr _____ hat auch eine Uhr.
   Was hat er?
   Er hat eine Uhr.

7. Ich habe einen Bleistift, und Sie haben auch einen Bleistift.
   Wir haben Bleistifte.
   Wer hat die Bleistifte?
   Wir haben die Bleistifte.

8. (*Instructor gives a pencil to a female student.*)
   Fräulein _____ hat jetzt einen Bleistift in der Hand.
   Was hat sie in der Hand?
   Sie hat einen Bleistift in der Hand.

9. (*Instructor gives two books to a male student.*)
   Herr_____hat jetzt zwei Bücher.
   Was hat er?
   Er hat zwei Bücher.

Übungen

1. Beispiel: *Fräulein Jensen*   **Woher** *kommt Fräulein Jensen?*

a. Fräulein Jensen

b. er

c. die Studenten

d. die Männer

2. Beispiel: *Inge Jensen*   **Wo wohnt** *Inge Jensen?*

a. Inge Jensen

b. sie (*she*)

c. er

d. das Mädchen

3. Beispiel: *Inge und Annette*   **Dort wohnen** *Inge und Annette.*

a. Inge und Annette

b. die Studenten

c. wir

d. sie (*they*)

4. Beispiel: *einen Bleistift*   **Ich habe** *einen Bleistift* **in der Hand.**

a. einen Bleistift

b. zwei Bleistifte

c. eine Uhr

d. zwei Bücher

5. Beispiel: *die Bücher*   **Haben Sie** *die Bücher* **im Zimmer?**

a. die Bücher

b. eine Uhr

c. einen Bleistift

d. ein Buch

6. Beispiel: *eine Uhr*   **Er hat auch** *eine Uhr.*

a. eine Uhr

b. einen Bleistift

c. ein Buch

d. zwei Uhren

7. Beispiel: *wir*   **Was** *haben wir* **da?**

a. wir

b. Sie

c. ich

d. der Professor

e. er

f. sie (*they*)

8. Beispiel: **Ich wohne jetzt in Berlin. Wohnen Sie jetzt auch in Berlin?**   **Ja, ich wohne jetzt auch in Berlin.**

a. Ich wohne jetzt in Berlin. Wohnen Sie jetzt auch in Berlin?

b. Ich wohne jetzt in Stuttgart. Wohnen Sie jetzt auch in Stuttgart?

c. Wir wohnen jetzt in Bremen. Wohnt er jetzt auch in Bremen?

d. Er wohnt jetzt in Frankfurt. Wohnt der Professor jetzt auch in Frankfurt?

e. Der Student da wohnt jetzt in Heidelberg. Wohnen die Amerikaner jetzt auch in Heidelberg?

9. **Beispiel:** *Bücher*   **Im Zimmer sind zwei** *Bücher.*

   a. Bücher   d. Amerikaner
   b. Studenten   e. Fenster
   c. Männer   f. Amerikanerinnen

10. **Beispiel:** *Damen*   **Wo sind die** *Damen***?**

   a. Damen   d. Uhren
   b. Dinge   e. Professoren
   c. Studentinnen   f. Herren

Nördlingen: Brunnen und Fachwerkhäuser

11. Beispiel: Dort *ist ein Student.*   **Dort** *sind zwei Studenten.*

a. Dort ist ein Student.
b. Dort ist ein Mann.
c. Im Zimmer ist ein Buch.
d. Hier ist ein Bleistift.

e. Da ist ein Amerikaner.
f. Hier ist ein Herr.
g. Da ist eine Amerikanerin.
h. Hier wohnt ein Professor.

Fragen

1. Woher kommen wir?
2. Woher kommen Sie?
3. Wohnen Sie in Schwarzhausen?
4. Wer kommt aus England?
5. Wer hat eine Uhr?
6. Haben Sie die Bücher?

7. Hat das Zimmer zwei Fenster?
8. Ist der Unterricht hier interessant?
9. Was haben Sie in der Hand?
10. Wie heißt der Student aus Amerika?
11. Ist Fräulein Olivetti Studentin?
12. Wie geht es Ihnen?

Dialog:

Jetzt beginnt der Unterricht

BROWN   Guten Morgen, Fräulein Moreau! Sie kommen aus Frankreich, nicht wahr?
MOREAU   Ja, aus Paris. Und Sie? Sind Sie Amerikaner?
BROWN   Ja. Ich komme aus Kalifornien. Ich habe meine Uhr vergessen. Wie spät ist es?
MOREAU   Es ist fünf Minuten vor neun.
BROWN   Wann haben wir heute Deutsch?
MOREAU   Um neun Uhr – wie immer.
BROWN   Vielen Dank. Sie sprechen aber sehr gut Deutsch, Fräulein Moreau. Wo haben Sie es denn gelernt?
MOREAU   Ich habe es in der Schule gelernt.
BROWN   Ich lese alle Aufgaben, aber ich finde Deutsch sehr schwer. Machen Sie Ihre Hausaufgaben immer allein?
MOREAU   Fast immer. Professor Schönfeld geht schon ins Klassenzimmer. Jetzt beginnt der Unterricht.
BROWN   Jetzt schon? Nach dem Unterricht sehen wir uns wieder, nicht wahr?
MOREAU   Ja, bis später.
BROWN   Auf Wiedersehen . . . hoffentlich vergißt sie das nicht!

Class Will Begin Now

BROWN   Good morning, Miss Moreau. You're from France, aren't you?

MOREAU   Yes, from Paris. And you? Are you an American?

BROWN   Yes. I'm from California. I forgot my watch. What time is it?

MOREAU   It's five minutes to nine.

BROWN   When do we have German today?

MOREAU   At nine o'clock—as always.

BROWN   Thank you very much. You speak very good German, Miss Moreau. Where did you learn it (anyway)?

MOREAU   I learned it in school.

BROWN   I read all the lessons, but I find German very hard. Do you always do your homework alone?

MOREAU   Almost always. Professor Schönfeld is already going into the classroom. Class will begin now.

BROWN   Already? After class we'll see each other again, won't we?

MOREAU   Yes, see you later.

BROWN   Goodbye . . . I hope she doesn't forget!

Fragen über den Dialog

1. Kommt Fräulein Moreau aus Dänemark oder aus Frankreich?
2. Woher kommt Robert Brown?
3. Beginnt der Unterricht um neun Uhr?
4. Wo hat Fräulein Moreau Deutsch gelernt?
5. Macht sie die Hausaufgaben fast immer allein?
6. Findet Herr Brown Deutsch schwer?
7. Um wieviel Uhr (*at what time*) gehen Fräulein Moreau und Herr Brown ins Klassenzimmer?
8. Wann beginnt der Deutschunterricht?
9. Wer macht die Hausaufgaben fast immer allein?
10. Wer findet Deutsch schwer?
11. Wer fragt: „Wie spät ist es?"
12. Wer geht schon ins Klassenzimmer?
13. Um wieviel Uhr beginnt der Unterricht?

Lesestück:

Der Deutschunterricht

Fräulein Moreau und Herr Brown sprechen vor dem Unterricht miteinander. Fräulein Moreau ist jung und charmant, aber sie macht die Hausaufgaben fast immer allein. Sie spricht gut Deutsch. Sie hat es in der Schule gelernt. Herr Brown hat bis jetzt nur wenig Deutsch gelernt. Herr Brown findet Fräulein Moreau sehr nett. Vielleicht lernen sie
5 heute abend zusammen. Sie haben eine lange Aufgabe für morgen.

Fräulein Moreau sagt: „Professor Schönfeld geht schon ins Klassenzimmer. Jetzt beginnt der Unterricht." Der Professor und alle Studenten gehen ins Klassenzimmer.

Professor Schönfeld sagt: „Guten Morgen, meine Damen und Herren!" Er fragt alle Studenten, wie sie heißen. Er fragt sie auch, woher sie kommen. Dann sagt er: „Hier
10 haben wir viele Dinge. Das ist eine Tür und dort ist auch eine Tür. Hier haben wir zwei Türen. ‚Türen' ist die Pluralform von ‚Tür'. Verstehen Sie das?"

„Hier haben wir eine Landkarte von Deutschland, und da ist ein Fenster. Das Klassenzimmer hat drei Fenster. Dies ist die Wandtafel, und hier habe ich ein Stück Kreide. Ich schreibe mit der Kreide an die Wandtafel. Schreiben Sie auch mit Kreide?
15 Hier sind vier Bücher. Wir lesen die Bücher. Hier ist der Tisch, und da ist ein Stuhl. Wir haben hier viele Stühle, aber nur einen Tisch. ‚Stühle' ist natürlich die Pluralform von ‚Stuhl'. Das verstehen Sie jetzt, nicht wahr?"

Die Studenten antworten: „Ja, Herr Professor. Wir verstehen das." Nur Herr Brown antwortet: „Nein, ich verstehe das nicht."

Studenten an der Universität Bonn

Wortschatz

aber *but, however*
allein *alone*
an *on*
die **Aufgabe** *lesson, assignment*
die **Ausspracheübung** *pronunciation drill*
bis *until*
charmant *charming*
Dank: **vielen Dank** *thank you very much*
das **Deutsch(e)** *German language*
der **Deutschunterricht** *German course*
dies *this*
drei *three*
ein(en) *a, an; one*
fast *almost, nearly*
(das) Frankreich *France*
fünf *five*
die **Hand** *hand*; **in der Hand** *in one's hand*
die Hausaufgaben (*plur.*) *homework*
heute *today*; **heute abend** *this evening, tonight*
hoffentlich *I hope, it is hoped*
Ihr(e) (*poss. adj.*) *your*
immer *always*
ins = in das
jung *young*
das **Klassenzimmer** *classroom*
die **Kreide** *chalk*
die Landkarte *map*
lang(e) *long*
die **Minute** *minute*
mit *with*
miteinander *with one another, with each other*
morgen *tomorrow*
nach *after*
natürlich *naturally, of course*
nett *nice*
neun *nine*
nur *only*
die Pluralform *plural form*
schon *already*
die **Schule** *school*: **in der Schule** *in school*
schwer *difficult, hard*
sie *her*
sie *them*

spät *late*; **wie spät ist es?** *what time is it?*
das **Stück** *piece*; **ein Stück Kreide** *a piece of chalk*
der **Stuhl** *chair*
der **Tisch** *table*
um *at*; **um neun Uhr** *at nine o'clock*; **um wieviel Uhr?** *at what time?*
uns *each other; us, to us*
vielleicht *perhaps, maybe*
vier *four*
von *of; from*
vor *before, prior to*; **fünf Minuten vor neun** *five minutes to nine*; **vor dem Unterricht** *before (the) class*
die **Wandtafel** *blackboard*
wann *when*
wenig *(a) little*
wie *as, like; such as*
wieder *again, once more*
wieviel *how much, how many*; **wieviel Uhr ist es?** *what time is it?*
wo *where*
zusammen *together*
zwei *two*; **zweit-** *second*

haben *to have*; **hat** *has*
lernen *to learn, study*; **gelernt** *learned, studied*
lesen *to read*
machen *to do, make*
schreiben *to write*
sprechen *to speak*; **spricht** *speaks*
vergessen *to forget, forgotten*; **vergißt** *forgets*
verstehen *to understand*

Weitere Übungen

1. Read the following sentences, using the word in parentheses as the subject and changing the form of the verb if necessary:

    a. Er versteht das nicht.   (ich)

    b. Ich antworte nicht.   (sie: *she*)

    c. Hat der Herr eine Uhr?   (Sie)

    d. Die Damen gehen ins Klassenzimmer.   (ich)

    e. Ich lese die Übungen.   (wir)

    f. Er wohnt in Hamburg.   (die Studenten)

    g. Ich finde Deutsch nicht schwer. (er)

2. Complete the following sentences with a suitable expression:

    a. Fräulein Moreau kommt _____, nicht wahr?

    b. Ich habe Deutsch _____ gelernt.

    c. Der Professor sagt: _____.

    d. Das Klassenzimmer hat _____.

    e. Herr Brown findet Fräulein Moreau _____.

    f. Es ist fünf Minuten _____.

    g. Hier ist ein Stuhl, und dort ist _____.

    h. _____ beginnt um neun Uhr.

    i. Fräulein Digby wohnt _____.

    j. Die zwei Studenten sprechen _____ miteinander.

3. Give the singular definite article and supply the plural of the following nouns:

    a. Buch, Landkarte, Uhr, Name, Zimmer, Doktor

    b. Fräulein, Schule, Ausländer, Beispiel, Amerikanerin, Tisch

    c. Stuhl, Fenster, Student, Mädchen, Mann, Einführung

    d. Dame, Ding, Herr, Aufgabe, Morgen, Studentin

    e. Wandtafel, Amerikaner, Dialog, Übung, Tag, Lektion

4. Answer the following questions with complete sentences:

    a. Woher kommt Fräulein Digby?

    b. Schreibt der Professor mit Bleistift oder Kreide?

    c. Wer macht die Hausaufgaben fast immer allein?

    d. Was hat Herr Brown vergessen?

    e. Hat das Klassenzimmer eine Landkarte von Italien oder von Deutschland?

    f. Hat das Klassenzimmer zwei oder drei Fenster?

    g. Wer ist sehr nett?

    h. Hat das Klassenzimmer viele Stühle?

    i. Hat das Klassenzimmer viele Tische?

Tübingen am Neckar

Sprechübungen

1. Ask the student next to you:

    a. how he/she is
    b. what time it is
    c. when class begins
    d. whether he/she finds German difficult
    e. whether he/she speaks German well
    f. whether he/she does the homework alone
    g. the name of another student
    h. whether the classroom has one or two doors

2. Make appropriate responses to the following questions and statements:

    a. Guten Tag, Herr/Fräulein _____. Wie geht es Ihnen?
    b. Ich heiße _____.
    c. Ich bin Student/Studentin. Und Sie?
    d. Ich habe meine Uhr vergessen. Wieviel Uhr ist es?
    e. Lernen Sie immer allein?
    f. Ich finde Deutsch nicht schwer.
    g. Verstehen Sie den Professor?
    h. Ich habe bis jetzt wenig Deutsch gelernt.
    i. Sie sprechen sehr gut Deutsch.
    j. Was machen Sie nach dem Unterricht?

Ausspracheübungen

Long ä:	Mädchen, Dänemark, spät, später
Short ä:	Ausländer, Ausländerin, Männer, Hände
Long i:	die, hier, Sie, auf Wiedersehen, niemand, wieviel, dies, Ihnen
Short i:	bin, ich, ist, nicht, sind, bitte, Ding, im, richtig, Zimmer
Long o:	oder, Rom, woher, wohnen, schon, also, Dialog
Short o:	Doktor, antworten, dort, kommen, hoffentlich, morgen, von
Long u:	Buch, gut, Student, studieren, Uhr, Minute, Schule, Stuhl, nur
Short u:	Übung, und, Unterricht, jung, um, uns
Diphthong ei:	Beispiel, ein, heißen, nein, Bleistift, sein, schreiben, vielleicht, zwei
Diphthong au:	auch, Frau, aus, Aussprache, Aufgabe
Diphthong eu, äu:	Deutsch, neun, heute, Fräulein, Häuser

Grammatik

A. The Present Tense of **Haben**

The conjugation of **haben** in the present tense is irregular. As with English "has," the third person singular does not use the entire stem of the infinitive.

haben   *to have*

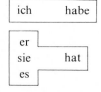
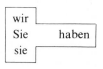

Self-testing 1

Supply the correct form of **haben** in the following sentences:

a. Er _____ eine Uhr.
b. Wir _____ zwei Bücher.
c. Das Klassenzimmer _____ nur eine Tür.
d. _____ Sie jetzt Unterricht?
e. Ich _____ auch eine Uhr.
f. Sie (*she*) _____ eine lange Aufgabe für morgen.

B. The Accusative Case and the Direct Object

The direct object of a sentence indicates the person or thing receiving the action expressed by the verb; that is, the action of the verb directly affects the direct object.

> *I am reading* **the lesson.**
>   (*dir. obj.*)
>
> *We saw* **the film** *yesterday.*
>   (*dir. obj.*)
>
> *Do you have* **a watch?**
>   (*dir. obj.*)
>
> *I saw* **a student** *in the classroom.*
>   (*dir. obj.*)
>
> *Are you writing* **some drills?**
>   (*dir. obj.*)

In German, the direct object of a sentence is in the accusative case.

> Wir haben **eine Landkarte** im Klassenzimmer.
>   (*acc.*)
>
> Ich lese jetzt **ein Buch.**
>   (*acc.*)
>
> Ich finde **einen Bleistift.**
>   (*acc.*)

C. The Indefinite Article

In English, the indefinite article is "a" or "an." In German, the indefinite article is **ein**. The form of **ein** changes according to the gender and case of the noun it precedes. The forms of the indefinite article in the nominative and accusative cases are:

	MASCULINE	FEMININE	NEUTER
NOMINATIVE	ein	eine	ein
ACCUSATIVE	einen	eine	ein

	NOMINATIVE	ACCUSATIVE
MASCULINE	Das ist **ein Stuhl.**	Das Zimmer hat nur **einen Tisch.**
FEMININE	Hier ist **eine Studentin.**	Ich habe **eine Uhr.**
NEUTER	Da ist **ein Mädchen.**	Wir lesen für morgen **ein Lesestück.**

Österreich: In den Bergen

Self-testing 2

Supply the correct form of the indefinite article in the following:

a. Das Klassenzimmer hat _____ Wandtafel.
b. Ich habe _____ Bleistift.
c. Da ist _____ Stück Kreide.
d. _____ Student geht ins Klassenzimmer.
e. Haben Sie _____ Buch?
f. _____ Studentin kommt aus England.

D. The Gender of Nouns

In **Lektion** 1, you observed that German nouns may be masculine, feminine, or neuter in gender and that certain endings indicate gender. Additional rules concerning endings follow.

Most nouns ending in **-er** or **-or** are masculine.

der Amerikaner	*exceptions:*	das Fenster
der Ausländer		das Zimmer
der Doktor		
der Professor		

Most nouns ending in **-e** are feminine.

die Aufgabe	*exception:* der Name
die Aussprache	
die Frage	
die Kreide	
die Landkarte	
die Minute	
die Schule	

Nouns ending in **-ik, -in, -ion,** and **-ung** are feminine.

die Grammatik
die Studentin
die Lektion
die Übung

Most place names are neuter. Usually such nouns are used without the definite article.

(das) Amerika	Ich komme aus Amerika.
(das) Frankreich	Ich wohne in Frankreich.
(das) Berlin	Berlin ist in Deutschland.

Self-testing 3

Indicate the gender of the following nouns by the definite article:

a. _____ Mädchen

b. _____ Aufgabe

c. _____ Amerikanerin

d. _____ Herr

e. _____ Fräulein

f. _____ Einführung

g. _____ Ausländer

h. _____ Grammatik

i. _____ Lektion

j. _____ Stuhl

k. _____ Uhr

l. _____ Frage

E. The Plural of Nouns

Since there is variation in the plural formation of German nouns, it is necessary for you to memorize the plural of each noun together with its singular form and its gender. The following rules will assist you in learning the plural formation of several types of nouns. All nouns, except proper names, that have appeared through **Lektion** 2 are listed below.

Nouns ending in **-er** do not usually change in the plural.

SINGULAR	PLURAL
der Amerikaner	die Amerikaner
der Ausländer	die Ausländer
das Fenster	die Fenster
das Klassenzimmer	die Klassenzimmer
das Zimmer	die Zimmer

Nouns ending in **-or** form their plural with the ending **-en.** They are stressed on the next to the last syllable in both the singular and the plural.

SINGULAR	PLURAL
der Dóktor	die Doktóren
der Proféssor	die Professóren

Nouns ending in **-in** form the plural by adding **-nen.**

SINGULAR	PLURAL
die Amerikanerin	die Amerikanerinnen
die Studentin	die Studentinnen

Nouns ending in **-e** form the plural by adding **-n.**

SINGULAR	PLURAL
die Aufgabe	die Aufgaben
die Aussprache	—
die Dame	die Damen
die Frage	die Fragen
die Kreide	—
die Landkarte	die Landkarten
die Minute	die Minuten
der Name	die Namen
die Schule	die Schulen
die Unterrichtsstunde	die Unterrichtsstunden

Nouns ending in **-ik, -ion,** and **-ung** form the plural by adding the ending **-en.**

SINGULAR	PLURAL
die Ausspracheübung	die Ausspracheübungen
die Einführung	die Einführungen
die Grammatik	die Grammatiken
die Lektion	die Lektionen
die Übung	die Übungen

Diminutive nouns ending in **-chen** and **-lein** do not change in the plural.

SINGULAR	PLURAL
das Mädchen	die Mädchen
das Fräulein	die Fräulein

The plural of any noun you have seen so far that does not fall into any of the above categories must simply be learned.

SINGULAR	PLURAL
das Beispiel	die Beispiele
der Bleistift	die Bleistifte
das Buch	die Bücher
das Deutsch(e)	—
der Deutschunterricht	—
der Dialog	die Dialoge
das Ding	die Dinge
die Frau	die Frauen
die Hand	die Hände
(seldom singular)	die Hausaufgaben
der Herr	die Herren
das Institut	die Institute
das Lesestück	die Lesestücke
der Mann	die Männer
der Morgen	die Morgen
die Pluralform	die Pluralformen
der Student	die Studenten
das Stück	die Stücke
der Stuhl	die Stühle
der Tag	die Tage
der Tisch	die Tische
die Tür	die Türen
die Uhr	die Uhren
der Unterricht	—
die Wandtafel	die Wandtafeln

Beginning with **Lektion** 3, the **Wortschatz** will indicate the plural of the nouns as follows:

der Ausländer, -   The dash indicates that there is no change in the plural: **die Ausländer.**

das Ding, -e   An **-e** is added in the plural: **die Dinge.**

der Mann, ⸚er   An umlaut is added to the stem vowel of the noun and the ending **-er** is added: **die Männer.**

die Uhr, -en   The ending **-en** is added: **die Uhren.**

Self-testing 4

Form the plural of the following nouns:

a. das Stück	f. die Amerikanerin	k. der Herr	p. die Schule
b. die Hand	g. die Dame	l. das Mädchen	q. die Wandtafel
c. der Ausländer	h. die Grammatik	m. die Lektion	r. der Student
d. das Zimmer	i. das Beispiel	n. das Lesestück	s. der Mann
e. der Professor	j. das Ding	o. die Übung	t. die Tür

Answers to Self-testing

Self-testing 1

a. hat	d. haben
b. haben	e. habe
c. hat	f. hat

Self-testing 2

a. eine	d. ein
b. einen	e. ein
c. ein	f. eine

Self-testing 3

a. das	e. das	i. die
b. die	f. die	j. der
c. die	g. der	k. die
d. der	h. die	l. die

Self-testing 4

a. die Stücke	f. die Amerikanerinnen	k. die Herren	p. die Schulen
b. die Hände	g. die Damen	l. die Mädchen	q. die Wandtafeln
c. die Ausländer	h. die Grammatiken	m. die Lektionen	r. die Studenten
d. die Zimmer	i. die Beispiele	n. die Lesestücke	s. die Männer
e. die Professoren	j. die Dinge	o. die Übungen	t. die Türen

3

DRITTE LEKTION

Grammatische Ziele:

Das Perfekt
Unregelmäßige Verben in der dritten
    Person Singular
Bestimmter Artikel im Akkusativ

The present perfect tense
Irregular verbs in the third person
    singular
The definite article in the accusative
    case

In the dialogue, students report on what they did the previous evening.

The reading selection consists of a report by a student from England on her activities.

Einführende Beispiele

Anschauungsmaterial:
    einige Geldstücke oder Scheine
    ein Buch

1. Wo ist der Bleistift?
   Der Bleistift ist nicht hier.
   Ich habe den Bleistift vergessen.
   Was habe ich vergessen?
      Sie haben den Bleistift vergessen.
   Warum (*why*) ist der Bleistift nicht hier?
      Sie haben den Bleistift vergessen.

2. Ich sehe heute Fräulein _____.
   Ich habe sie auch gestern (*yesterday*) gesehen.
   Haben Sie sie gestern gesehen?
        Ja, ich habe sie gestern gesehen.

3. Der Professor spricht Deutsch.
   Sie verstehen den Professor.
   Sie haben den Professor gestern verstanden.
   Haben Sie den Professor verstanden?
        Ja, ich habe den Professor verstanden.

4. Hier habe ich Geld.
   Ich habe das Geld gefunden.
   Was habe ich gefunden?
        Sie haben das Geld gefunden.

5. Ich trage (*carry*) einen Stuhl ins Klassenzimmer.
   Der Student trägt auch einen Stuhl ins Klassenzimmer.
   Was trägt er ins Klassenzimmer?
        Er trägt einen Stuhl ins Klassenzimmer.
   Was trage ich ins Klassenzimmer?
        Sie tragen einen Stuhl ins Klassenzimmer.

6. Ich lese ein Buch.
   Sie lesen auch ein Buch.
   Herr _____ liest die Aufgabe.
   Wer liest die Aufgabe?
        Herr _____ liest die Aufgabe.

7. Ich vergesse oft meine Aufgabe.
   Herr Brown vergißt den Unterricht.
   Was vergißt er?
        Er vergißt den Unterricht.

Übungen

1. **Beispiel:** *es*   **Sie haben *es* gefunden.**

   a. es   c. ein Buch
   b. den Mann   d. den Bleistift

2. Beispiel: *das Buch*   **Ich habe** *das Buch* **gefunden.**

a. das Buch

b. einen Bleistift

c. Geld

d. ein Stück Kreide

3. Beispiel: *den Professor*   **Er hat** *den Professor* **gesehen.**

a. den Professor

b. die Studentin

c. es

d. die Frau

4. Beispiel: *den Mann*   **Wir haben gestern** *den Mann* **gesehen.**

a. den Mann

b. das Institut

c. die Amerikaner

d. die Herren aus Amerika

e. Fräulein Digby

f. das Mädchen

5. Beispiel: *gesehen*   **Ich habe es gestern** *gesehen.*

a. gesehen

b. vergessen

c. gefunden

d. verstanden

e. gelernt

f. gelesen

6. Beispiel: *wir*   *Wir* **haben das Geld vergessen.**

a. wir

b. Sie

c. alle Studenten

d. viele Studenten

7. Beispiele: *er*   *Er hat* **das Buch im Klassenzimmer gefunden.**

ich   *Ich habe* **das Buch im Klassenzimmer gefunden.**

a. er

b. ich

c. sie (*she*)

d. Fräulein Moreau

8. Beispiel: *wir*   **Gestern** *haben wir* **das Buch gelesen.**

a. wir

b. ich

c. er

d. sie (*they*)

9. Mustersatz:

Wir	*haben*	*die Uhr*	*gefunden.*
a.			gefunden
b.			vergessen
c.		das Buch	
d.		den Unterricht	
e. ich			
f. er			
g. die Studenten			

10. Beispiel: Haben Sie die Uhr gefunden?   Ja, ich habe die Uhr gefunden.

a. Haben Sie die Uhr gefunden?
b. Vergißt er das?
c. Haben Sie das vergessen?
d. Trägt er die Stühle ins Haus?
e. Haben Sie Professor Schönfeld verstanden?
f. Haben Sie es ins Klassenzimmer getragen?
g. Spricht Fräulein Moreau gut Deutsch?
h. Verstehen Sie die Lektion?

11. Beispiel: Hat er es gefunden?   Nein, er hat es nicht gefunden.

a. Hat er es gefunden?
b. Haben Sie die Uhr vergessen?
c. Haben Sie den Mann verstanden?
d. Haben Sie die Uhr getragen?*
e. Hat er die Landkarte ins Klassenzimmer getragen?
f. Haben Sie das Geld gefunden?
g. Haben wir es gesehen?
h. Spricht der Student gut Deutsch?

12. Beispiel: Wo ist das Buch?   (*im Klassenzimmer*)   Das Buch ist im Klassenzimmer.

a. Wo ist das Buch?   (im Klassenzimmer)
b. Was hat er in der Hand?   (eine Uhr)
c. Was haben Sie vergessen?   (zwei Übungen)
d. Was sagt Professor Schönfeld?   (guten Morgen)
e. Was liest der Student?   (das Lesestück)
f. Was findet Herr Brown schwer?   (Deutsch)
g. Wo hat er die Landkarte gefunden?   (in der Schule)
h. Was tragen Sie fast immer?   (eine Uhr)

13. Beispiel: Ich *finde* das Geld.   Ich *habe* das Geld *gefunden*.

a. Ich finde das Geld.
b. Ich spreche Deutsch.
c. Ich sehe den Professor.
d. Ich verstehe es.
e. Ich vergesse mein Buch.
f. Ich lerne es in der Schule.

14. Beispiel: Wir *verstehen* den Professor.   Wir *haben* den Professor *verstanden*.

a. Wir verstehen den Professor.
b. Wir sehen es nicht.
c. Wir vergessen das auch.
d. Wir finden die Uhr.
e. Wir tragen die Stühle ins Klassenzimmer.

* Here **tragen** means "to wear."

Fragen

1. Haben Sie gestern eine Uhr getragen?
2. Haben Sie die Bücher vergessen?
3. Wo haben Sie den Professor gesehen?
4. Woher kommt Herr Brown?
5. Hat das Klassenzimmer zwei Türen?
6. Wieviel (*how many*) Fenster hat das Klassenzimmer?
7. Was hat er im Klassenzimmer gefunden?
8. Wer spricht gut Deutsch?
9. Wer trägt jetzt eine Uhr?
10. Wieviel Uhr ist es jetzt?
11. Hat das Klassenzimmer viele Stühle?
12. Wieviel Bücher haben Sie?
13. Hat das Klassenzimmer einen Tisch oder viele Tische?
14. Wieviel Bleistifte hat sie in der Hand?
15. Was haben Sie vergessen?

Dialog:

Was haben Sie gestern gemacht?

SCHÖNFELD   Heute sprechen wir im Perfekt.
            Fräulein Digby, was haben Sie gestern nach dem Unterricht gemacht?
DIGBY   Ich habe fleißig gearbeitet und alle Übungen geschrieben.
SCHÖNFELD   Sie haben heute die Aufgabe sehr gut gemacht. Was haben Sie gestern abend gemacht?
DIGBY   Ich habe einen Film gesehen.
SCHÖNFELD   Wie heißt der Film?
DIGBY   Der Film heißt „Die letzte Brücke".
SCHÖNFELD   Hat man im Film Deutsch gesprochen?
DIGBY   Ja, man hat Deutsch gesprochen, aber ich habe fast alles verstanden.
SCHÖNFELD   Sehr gut.

●●●

SCHÖNFELD   Und Herr Silva, was haben Sie um vier Uhr gemacht?
SILVA   Ich habe bis fünf Uhr geschlafen, dann habe ich die Aufgabe gelesen.
SCHÖNFELD   Haben Sie alles in der Aufgabe gelernt?
SILVA   Ja, Herr Professor, ich habe drei Seiten gelernt und sieben Übungen geschrieben.

What Did You Do Yesterday?

SCHÖNFELD   Today we are going to speak in the present perfect tense.
Miss Digby, what did you do yesterday after class?

DIGBY   I worked hard and wrote all the exercises.

SCHÖNFELD   You did the lesson very well today. What did you do last night?

DIGBY   I saw a film.

SCHÖNFELD   What is the name of the film?

DIGBY   The film is called *The Last Bridge*.

SCHÖNFELD   Was German spoken in the film?

DIGBY   Yes, German was spoken, but I understood almost everything.

SCHÖNFELD   Fine.

● ● ●

SCHÖNFELD   And Mr. Silva, what did you do at four o'clock?

SILVA   I slept until five o'clock, then I read the lesson.

SCHÖNFELD   Did you study everything in the lesson?

SILVA   Yes, sir, I studied three pages and wrote out seven exercises.

*Das älteste Gebäude
der Universität
Tübingen*

Fragen über den Dialog

1. Was hat Fräulein Digby gestern geschrieben?
2. Wer hat einen Film gesehen?
3. Wann hat sie den Film gesehen?
4. Wie hat der Film geheißen?
5. Was hat Fräulein Digby gut gemacht?
6. Wann hat sie die Aufgabe gelernt?
7. Hat man im Film Deutsch gesprochen?
8. Hat Fräulein Digby nach dem Unterricht geschlafen?
9. Wer hat fleißig gearbeitet?
10. Was hat Herr Silva gelesen?
11. Bis wann hat er geschlafen?
12. Wieviel Übungen hat Herr Silva geschrieben?
13. Hat Herr Silva den Film auch gesehen?
14. Wer hat bis fünf Uhr geschlafen?

Lesestück:

Was haben Sie gestern gemacht?

Diese Woche muß jeder Student einen Bericht vor der Klasse geben. Das ist eine gute Übung in der Sprache, obwohl jeder Bericht nur ganz kurz ist. Gestern morgen haben Herr Brown und einige andere Studenten gesprochen. Heute morgen gibt Fräulein Digby einen Bericht. Sie erzählt, was sie gestern gemacht hat:

5   „Um acht Uhr habe ich zu Hause gefrühstückt. Wie Sie schon wissen, frühstückt man, wo man wohnt. Nach dem Frühstück habe ich schnell einen Brief geschrieben. Um neun Uhr hat der Deutschunterricht begonnen, und um zwölf haben wir Mittagspause gemacht. Zu Mittag habe ich im Gasthaus gegessen, und dann habe ich zu Hause ein wenig geschlafen. Von zwei bis vier Uhr habe ich natürlich wieder Unterricht

10   gehabt. Ich habe von vier bis sechs fleißig gearbeitet, denn der Professor hat uns für morgen sehr viel aufgegeben.

Zu Abend habe ich wieder im Gasthaus gegessen; das Wiener Schnitzel mit Bratkartoffeln hat sehr gut geschmeckt. Von sieben bis neun haben wir im ‚Palast-Kino‘ einen Film gesehen. Der Film ist alt, heißt ‚Die letzte Brücke‘ und spielt in Jugoslawien.

15   Zu Hause habe ich bis zehn Uhr wieder gelernt.

Frau Pohlmann, meine Wirtin, ist sehr freundlich, spricht abends mit mir und gibt mir oft gute Ratschläge für das Leben. Manchmal essen wir ein Stück Kuchen und trinken zusammen im Eßzimmer eine Tasse Kaffee. Gestern abend hat Frau Pohlmann Kaffee gemacht. Wir haben Kuchen gegessen, Kaffee getrunken und über das Leben in

20   Deutschland gesprochen. Sie hat mir auch bei dem Bericht geholfen. Um elf Uhr haben wir gute Nacht gesagt – und dann, schnell zu Bett!"

Wortschatz

Beginning with this **Lektion,** the plural of each noun will be shown as follows:

der **Abend,** –e   das **Gasthaus,** ¨er

das **Bett,** –en   der **Kuchen,** –

The **–e** indicates that **Abende** is the plural form. The plural of **Bett** is **Betten,** and the plural of **Gasthaus** is **Gasthäuser. Kuchen** does not change in the plural. No plural is given for a noun that is seldom or never used in the plural.

der **Abend,** –e *evening;* zu Abend *in the evening;* zu Abend essen *to eat the evening meal*
  abends *in the evening*
  acht *eight*
  alles *everything*
  alt *old*
  ander- *other*
  bei *with*
der **Bericht,** –e *report*
das **Bett,** –en *bed;* **zu Bett** *to bed*
die **Bratkartoffel,** –n *fried potato*
der **Brief,** –e *letter*
die **Brücke,** –n *bridge*
  denn *for, because*
  dies- *this, these*
  dritt- *third*
  einig- *some, several, a few*
  elf *eleven*
das **Eßzimmer,** – *dining room*
der **Film,** –e *film, movie*
  fleißig *diligent(ly), industrious(ly)*
  freundlich *friendly*
das **Frühstück,** –e *breakfast*
  ganz *quite; complete(ly), entire(ly)*
das **Gasthaus,** ¨er *inn*
das **Geld** *money*
  gestern *yesterday;* **gestern abend** *yesterday evening, last night;* **gestern morgen** *yesterday morning*
das **Haus,** ¨er *house;* **zu Hause** *at home*
  heute morgen *this morning*
  jed- *each, every*
(das) **Jugoslawien** *Yugoslavia*
der **Kaffee** *coffee*
die **Klasse,** –n *class, grade*

der **Kuchen,** – *cake*
  kurz *short*
das **Leben** *life*
  letzt- *last*
  man *one, they, someone*
  manchmal *sometimes*
  mir *me, to me*
der **Mittag** *noon;* zu Mittag *at noon;* zu Mittag essen *to eat the noon meal*
(die) **Mittagspause machen** *to take a noon break*
der **Mustersatz,** ¨e *pattern sentence*
die **Nacht,** ¨e *night;* **gute Nacht** *good night*
  obwohl *although*
  oft *often*
das „**Palast-Kino**" *the Palace (movie theater)*
das **Perfekt** *present perfect tense*
die **Ratschläge** (*plur.*) *advice, counsel*
  schnell *fast, quick(ly)*
  Schriftliches *material to be written*
  sechs *six*
die **Seite,** –n *page*
  sieben *seven*
die **Sprache,** –n *language*
die **Tasse,** –n *cup*
  viel *much*
  warum *why*
das **Wiener Schnitzel,** – *veal cutlet*
die **Wirtin,** –nen *landlady, hostess, innkeeper*
die **Woche,** –n *week*
  zehn *ten*
  zu *to; at*
  zwölf *twelve*

The following list contains the irregular third person singular of the present tense and the past participle of all strong verbs used in **Lektion** 3 that require **haben** as the helping verb in the present perfect tense. Some of these verbs have already been listed in the **Wortschatz** of previous **Lektionen**.

arbeiten *to work*
aufgeben, aufgegeben *to assign*
beginnen, begonnen *to begin*
erzählen *to narrate, tell*
essen (ißt), gegessen *to eat*
finden (findet), gefunden *to find*
frühstücken *to eat breakfast*
geben (gibt), gegeben *to give*
heißen, geheißen *to be called, named*
helfen (hilft), geholfen (bei) *to help (with)*
lesen (liest), gelesen *to read*
muß *must*

schlafen (schläft), geschlafen *to sleep*
schmecken *to taste*
schreiben, geschrieben *to write*
sehen (sieht), gesehen *to see*
spielen *to play*
sprechen (spricht), gesprochen *to speak*
tragen (trägt), getragen *to carry; wear*
trinken, getrunken *to drink*
vergessen (vergißt), vergessen *to forget*
verstehen, verstanden *to understand*
wissen (weiß), gewußt *to know (a fact)*

Eine Litfaßsäule

Weitere Übungen

1. Read the following sentences in the present perfect tense:

   a. Ich gebe heute einen Bericht.
   b. Wir lernen das Perfekt.
   c. Lesen Sie das Lesestück?
   d. Die Studenten sprechen gut Deutsch.
   e. Ich verstehe die Wirtin nicht.
   f. Er vergißt den Bericht.
   g. Ich trage die Landkarte ins Klassenzimmer.
   h. Er findet Deutsch schwer.
   i. Wir schreiben heute die Übungen.
   j. Er macht das nicht oft.
   k. Die Wirtin spricht abends mit mir.
   l. Frühstücken Sie um acht Uhr?
   m. Ich sehe heute abend einen Film.
   n. Der Unterricht beginnt um neun Uhr.

2. Read the following sentences, using the expression in parentheses as the subject and changing the form of the verb if necessary:

   a. Ich spreche nicht oft mit Fräulein Digby.   (er)
   b. Wir geben heute einen Bericht.   (jeder Student)
   c. Die Studenten arbeiten bis vier Uhr.   (Herr Jones)
   d. Sie vergessen oft den Unterricht. (sie: *she*)
   e. Wir lesen viele Bücher. (die Wirtin)
   f. Ich trage die Stühle ins Zimmer. (der Herr)
   g. Essen Sie im Gasthaus? (die Studentin)
   h. Die Studenten finden die Sprache nicht schwer.   (der Amerikaner)

3. Answer the following questions with complete sentences:

   a. Wer ißt im Gasthaus?
   b. Wo ißt man zu Mittag?
   c. Wer hat mit Frau Pohlmann Kaffee getrunken?
   d. Wer spricht abends mit Fräulein Digby?
   e. Wann hat Fräulein Digby Unterricht gehabt?
   f. Wie hat das Wiener Schnitzel geschmeckt?
   g. Wer gibt heute morgen einen Bericht?
   h. Was hat Fräulein Digby nach dem Frühstück geschrieben?

Sprechübungen

1. Ask the student next to you:

    a. where he/she comes from
    b. whether he/she understood the instructor yesterday
    c. whether he/she saw a film yesterday
    d. what he/she forgot this morning
    e. where he/she ate yesterday evening
    f. how many exercises he/she wrote
    g. whether he/she wrote a letter yesterday evening

2. Exchange the following information with the student next to you:

    a. what was forgotten this morning
    b. where you and several others ate yesterday
    c. that you saw Miss Moreau this morning
    d. when German class begins
    e. how many pages you both have read

Schriftliches

1. Use each of the following groups of words in a sentence. Change the form of the verb if necessary.

    a. geben, diese Woche, jeder Student, einen Bericht
    b. der Deutschunterricht, begonnen, um neun Uhr, hat
    c. essen, heute abend, er, im Gasthaus
    d. haben, gestern abend, meine Wirtin, machen, Kaffee
    e. sehen, im „Palast-Kino", haben, wir, über Deutschland, einen Film

2. Write the following sentences in German:

    a. What time is it?
    b. He finds German very interesting.
    c. Miss Moreau learned German in school.
    d. My landlady talked with me (*mit mir*) about life in Germany.
    e. We understood almost everything in the film.

Ausspracheübungen

Long ö: Schönfeld, schön, hören, gewöhnlich, französisch, Möbel, Möbelfabrik, Söhne, Gasthöfe, Kartoffelklöße

Short ö: zwölf, öffnen, Dörfer, können, möchte, Sammelwörter, Köln

Long ü: Übung, Tür, natürlich, Stühle, Frühstück, über, grün, Deutschbücher, üben

Short ü: Lesestück, Stück, Brücke, Frühstück, kürzer, Fürst, Küche, müssen, fünfte, München, zurückkommen, Mütter, Zahnbürste

Werbung einer politischen Partei

Grammatik

A. The Past Participle of Strong Verbs

A strong verb is one that changes its stem in the various tenses. The following are examples of the past participle of strong verbs in English:

INFINITIVE	PAST PARTICIPLE
to find	found
to write	written
to see	seen
to speak	spoken

The past participle of a strong verb in German is usually formed by attaching the prefix **ge-** and the ending **-en** to the participial stem of the verb. Since the participial stem may or may not be identical to the infinitive stem, it is necessary for you to learn the past participle of each strong verb.

INFINITIVE	PREFIX		STEM		ENDING		PAST PARTICIPLE
finden	ge-	+	-fund-	+	-en	=	gefunden
schreiben	ge-	+	-schrieb-	+	-en	=	geschrieben
sehen	ge-	+	-seh-	+	-en	=	gesehen
sprechen	ge-	+	-sproch-	+	-en	=	gesprochen

In the **Wortschatz** of **Lektion** 3 and of subsequent **Lektionen,** the past participle of strong verbs is indicated after the infinitive, as follows:

schreiben, geschrieben

B. The Past Participle of Weak Verbs

A weak verb is one that uses the infinitive stem in all its tenses. The following are examples of the past participle of weak verbs in English:

INFINITIVE	PAST PARTICIPLE
to learn	learned
to work	worked

The past participle of a weak verb in German is usually formed by attaching the prefix **ge-** and the ending **-t** to the stem of the infinitive.

INFINITIVE	PREFIX		STEM		ENDING		PAST PARTICIPLE
lernen	ge-	+	-lern-	+	-t	=	gelernt
machen	ge-	+	-mach-	+	-t	=	gemacht

The past participle of a weak verb whose infinitive stem ends in **-d-** or **-t-** has the ending **-et** instead of **-t.**

INFINITIVE	PREFIX		STEM		ENDING		PAST PARTICIPLE
arbeiten	ge-	+	-arbeit-	+	-et	=	gearbeitet

In the **Wortschatz,** the past participle of weak verbs does not appear with the infinitive.

C. The Past Participle without the **Ge-** Prefix

Two types of verbs do not have the prefix **ge-** in the past participle:
(1) All verbs with the prefixes **be-, er-,** and **ver-**

INFINITIVE	PAST PARTICIPLE
beginnen	begonnen
erzählen	erzählt
verstehen	verstanden

(2) Verbs whose infinitives end in **-ieren.**

INFINITIVE	PAST PARTICIPLE
studieren	studiert

Self-testing 1

Give the past participle of the following verbs:

a. lernen	d. verstehen	g. spielen	j. helfen
b. haben	e. schreiben	h. trinken	k. vergessen
c. studieren	f. finden	i. erzählen	l. beginnen

D. The Present Perfect Tense

In English, the present perfect tense is formed with the present tense of "have" and the past participle of the main verb. "Have" is an auxiliary or helping verb.

> I **have** seen him often.
> He **has** forgotten his book.
> We **have** studied the dialogue.

All German verbs discussed in the previous **Lektionen** were in the present tense. However, you have also seen several verbs in the present perfect tense, which is the conversational past tense in German. This tense is frequently used in everyday conversations to express a past action. All examples of the present perfect tense that have been used so far are formed with the present tense of **haben** as the auxiliary or helping verb and with the past participle of the main verb. The conjugation of the present perfect tense is:

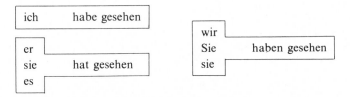

In a sentence with the present perfect tense, the helping verb **haben** is usually located just before or just after the subject. The past participle is typically at the end of the clause or simple sentence. Note the location of **haben** and the past participle in the following sentences:

> Ich habe fleißig gearbeitet.
> Man hat im Film Deutsch gesprochen.
> Gestern haben wir einen Film gesehen.
> Was hat er gestern gemacht?
> Wo haben Sie das gefunden?
> Haben Sie alles in der Aufgabe gelernt?
> Ich habe es nicht verstanden.

Self-testing 2

1. Supply the correct form of **haben** in the following sentences:

    a. Wir _____ es gesehen.
    b. Er _____ die Übungen geschrieben.
    c. Ich _____ die Uhr nicht gefunden.
    d. Herr Jones _____ das schon erzählt.

*Westberlin:
Am Kurfür-
stendamm*

2. Supply the past participle of the verb indicated:

   a. Er hat es nicht _____. (verstehen)
   b. Was haben Sie gestern _____? (machen)
   c. Hat man Deutsch _____? (sprechen)
   d. Sie haben fleißig _____. (arbeiten)

3. Supply the present perfect tense of the verb indicated:

   a. Wir _____ den Mann nicht _____. (sehen)
   b. _____ Sie einen Brief _____? (schreiben)
   c. _____ Fräulein Moreau einen Bericht _____? (geben)
   d. Er _____ die Aufgabe schon _____. (lesen)
   e. Ich _____ das nicht _____. (fragen)

E. Irregular Verb Forms in the Present Tense

The third person singular (**er-, sie-,** and **es**-form) of some strong verbs is irregular in the present tense. The following verbs illustrate several common vowel changes:

INFINITIVE	THIRD PERSON SINGULAR	
essen		ißt
lesen	er	liest
sprechen	sie	spricht
tragen	es	trägt

In the **Wortschatz,** the irregular third person singular of the present tense will be given in parentheses following the infinitive, as follows:

> essen (ißt), gegessen
> helfen (hilft), geholfen
> tragen (trägt), getragen

F. Summary of Verbs through **Lektion** 3

Strong Verbs

INFINITIVE	IRREGULAR THIRD PERSON SINGULAR	PAST PARTICIPLE
beginnen		begonnen
essen	ißt	gegessen
finden	findet	gefunden
geben	gibt	gegeben
gehen		*
heißen		geheißen
helfen	hilft	geholfen
kommen		*
lesen	liest	gelesen
schlafen	schläft	geschlafen
schreiben		geschrieben
sehen	sieht	gesehen
sprechen	spricht	gesprochen
tragen	trägt	getragen
trinken		getrunken
vergessen	vergißt	vergessen
verstehen		verstanden

Weak Verbs

INFINITIVE	IRREGULAR THIRD PERSON SINGULAR	PAST PARTICIPLE
antworten	antwortet	geantwortet
arbeiten	arbeitet	gearbeitet
erzählen		erzählt
fragen		gefragt
frühstücken		gefrühstückt
lernen		gelernt
machen		gemacht
sagen		gesagt
schmecken		geschmeckt
spielen		gespielt
studieren		studiert
wohnen		gewohnt

haben *and* **sein**

INFINITIVE	IRREGULAR THIRD PERSON SINGULAR	PAST PARTICIPLE
haben	hat	gehabt
sein	ist	*

* Past participles to be introduced in **Lektion** 17.

Self-testing 3

Supply the correct form of the verb in the present tense for the following pronoun subjects:

a. Er _____. (essen)

b. Wir _____. (sein)

c. Sie _____. (helfen)

d. Es _____. (gehen)

e. Ich _____. (sein)

f. Sie (she) _____. (antworten)

g. Er _____. (haben)

h. Er _____. (helfen)

i. Sie (she) _____. (schlafen)

j. Ich _____. (geben)

k. Sie (they) _____. (sehen)

l. Er _____. (sehen)

m. Wir _____. (sprechen)

n. Sie (she) _____. (sprechen)

G. The Definite Article

The German definite article varies in the singular depending on the gender and the case of the noun it precedes; **die** is the plural form for all genders in the nominative and accusative case.

	Singular			*Plural*
	MASCULINE	FEMININE	NEUTER	ALL GENDERS
NOMINATIVE	der	die	das	die
ACCUSATIVE	den	die	das	die

NOMINATIVE

MASCULINE	**Der Film** heißt „Die letzte Brücke".
FEMININE	Anne Digby ist **die Studentin** aus London.
NEUTER	**Das Mädchen** ist sehr freundlich.
PLURAL	**Die Berichte** sind sehr interessant.

ACCUSATIVE

MASCULINE	Er hat **den Bericht** schon gelesen.
FEMININE	Herr Brown hat **die Übung** geschrieben.
NEUTER	Haben Sie **das Gasthaus** gesehen?
PLURAL	Herr Schönfeld hat **die Bücher** ins Klassenzimmer getragen.

Self-testing 4

Supply the definite article in the following sentences:

a. Sie hat _____ Aufgabe nicht geschrieben.

b. _____ Buch heißt auch „ _____ letzte Brücke".

c. _____ Klassenzimmer haben vier Fenster.

d. Haben Sie _____ Mann verstanden?

e. Wo ist _____ Wirtin?

f. _____ Studentinnen arbeiten heute abend.

g. Ich habe _____ Bericht schon gelesen.

h. Wir machen jetzt _____ Hausaufgaben.

i. Das ist _____ Wandtafel.

j. Ich verstehe _____ Studenten (*plur.*) nicht.

k. Sie hat _____ Professor gesehen.

l. _____ Unterricht ist sehr interessant.

Answers to Self-testing

Self-testing 1

a. gelernt	d. verstanden	g. gespielt	j. geholfen
b. gehabt	e. geschrieben	h. getrunken	k. vergessen
c. studiert	f. gefunden	i. erzählt	l. begonnen

Self-testing 2

1.		2.		3.		
	a. haben		a. verstanden		a. haben	gesehen
	b. hat		b. gemacht		b. haben	geschrieben
	c. habe		c. gesprochen		c. hat	gegeben
	d. hat		d. gearbeitet		d. hat	gelesen
					e. habe	gefragt

Self-testing 3

a. ißt	e. bin	i. schläft	l. sieht
b. sind	f. antwortet	j. gebe	m. sprechen
c. helfen	g. hat	k. sehen	n. spricht
d. geht	h. hilft		

Self-testing 4

a. die	d. den	g. den	j. die
b. das, die	e. die	h. die	k. den
c. die	f. die	i. die	l. der

4

VIERTE LEKTION

Grammatisches Ziel:

Pronomen — Nominativ, Dativ
    und Akkusativ

Pronouns in the nominative, dative, and
    accusative cases

In the dialogue, a French student tells her landlady about her work at the Institute and about a friend.

In the reading selection, two students meet to study German together.

Einführende Beispiele

Anschauungsmaterial:
    ein gelber Bleistift
    ein rotes Buch
    eine Postkarte
    ein Kugelschreiber

1. Das Buch ist rot.
   Ist es rot?
      Ja, es ist rot.

2. Der Bleistift ist gelb.
   Ist er gelb?
      Ja, er ist gelb.

3. Die Tür ist braun.
   Ist sie rot oder braun?
        Sie ist braun.

4. Hier ist ein Bleistift.
   Ich habe ihn in der Hand.
   Habe ich ihn in der Hand?
        Ja, Sie haben ihn in der Hand.

5. Da ist ein Student.
   Ich sehe ihn.
   Sehen Sie ihn auch?
        Ja, ich sehe ihn auch.

6. Hier habe ich eine Postkarte.   (*Instructor gives student a postcard.*)
   Herr _____ hat sie jetzt.
   Wer hat sie jetzt?
        Herr _____ hat sie jetzt.

Kiel: Segelboote und Hochhäuser

7. Fräulein _____ hat ein Buch.
   Hat sie es in der Hand?
   > *Ja, sie hat es in der Hand.*

8. Herr _____ hat zwei Bücher.
   Wer hat sie?
   > *Herr _____ hat sie.*

9. Ein Student fragt mich, woher ich komme.
   Ich antworte: „Ich komme aus Amerika."
   Was fragt er mich?
   > *Er fragt Sie, woher Sie kommen.*

10. Ich habe Fräulein _____ das Buch gegeben.
    Jetzt gebe ich ihr den Bleistift.
    Was gebe ich ihr?
    > *Sie geben ihr den Bleistift.*

11. Ich schreibe Herrn* und Frau Schmidt einen Brief.
    Was schreibe ich ihnen?
    > *Sie schreiben ihnen einen Brief.*

12. Herr Brown ist mein Freund (*friend*).
    Ich schreibe ihm eine Postkarte.
    Was schreibe ich ihm?
    > *Sie schreiben ihm eine Postkarte.*

13. Herr _____, das ist ein Kugelschreiber.
    Geben Sie mir das Buch, und ich gebe Ihnen den Kugelschreiber.
    Hat er mir das Buch gegeben?
    > *Ja, er hat Ihnen das Buch gegeben.*
    Was habe ich ihm gegeben?
    > *Sie haben ihm den Kugelschreiber gegeben.*

14. Der Briefträger (*mailman*) bringt uns morgens die Post.
    Was bringt er uns?
    > *Er bringt uns die Post.*

---

* A few masculine nouns, sometimes referred to as "weak" masculines, have an unusual declension:

NOMINATIVE SINGULAR	Herr, Student
OTHER SINGULAR FORMS	Herrn, Studenten
PLURAL	Herren, Studenten

Übungen

1. Beispiel: *Der Bleistift* ist gelb.   *Er* ist gelb.

    a. Der Bleistift ist gelb.
    b. Der Film ist kurz.
    c. Der Kaffee ist warm.

    d. Der Student arbeitet fleißig.
    e. Der Professor spricht gut Deutsch.
    f. Der Tisch ist nicht braun.

2. Beispiel: *Das Haus* ist gelb.   *Es* ist gelb.

    a. Das Haus ist gelb.
    b. Hier ist das Gasthaus.
    c. Das Institut ist in Schwarzhausen.

    d. Das Frühstück schmeckt gut.
    e. Das Fenster ist offen.
    f. Da ist das Buch.

3. Beispiel: *Die Wirtin* wohnt hier.   *Sie* wohnt hier.

    a. Die Wirtin wohnt hier.
    b. Frau Schmidt wohnt dort.
    c. Die Aufgabe ist schwer.

    d. Wo ist die Uhr?
    e. Die Mittagspause ist sehr kurz.
    f. Die Uhr geht richtig.

4. Beispiel: *Die Bücher* sind da.   *Sie* sind da.

    a. Die Bücher sind da.
    b. Die Studenten haben alles gelernt.
    c. Die Herren kommen aus Amerika.

    d. Die Männer arbeiten heute nicht.
    e. Die Bleistifte sind kurz.
    f. Wo wohnen die Studenten?

5. Beispiele: Hier ist *das Gasthaus.*   Hier ist *es.*
               Die Bücher sind nicht hier.   *Sie* sind nicht hier.

    a. Hier ist das Gasthaus.
    b. Die Bücher sind nicht hier.
    c. Der Professor spricht lange.
    d. Wo ist das Geld?
    e. Die Tasse ist gelb.

    f. Das Buch ist rot.
    g. Die Fenster sind offen.
    h. Der Unterricht ist nicht schwer.
    i. Die Studenten haben das gefunden.
    j. Der Tisch ist braun.

6. Beispiel: Ich habe *den Studenten* gesehen.   Ich habe *ihn* gesehen.

    a. Ich habe den Studenten gesehen.
    b. Wir haben den Tisch gefunden.
    c. Sie haben den Kugelschreiber vergessen.

    d. Er hat den Film gesehen.
    e. Sie hat den Brief geschrieben.
    f. Ich habe den Kaffee nicht getrunken.

7. Beispiele: Ich lese *das Buch.*   Ich lese *es.*
               Er hat *die Uhr* gefunden.   Er hat *sie* gefunden.

    a. Ich lese das Buch.
    b. Er hat die Uhr gefunden.
    c. Ich verstehe die Frau nicht.
    d. Wir haben die Herren gesehen.

    e. Ich verstehe den Studenten nicht.
    f. Haben Sie die Bücher gefunden?
    g. Wir haben den Film gesehen.
    h. Wo hat er die Kreide gefunden?

8. Beispiel: Ist *das Buch* rot?   Ja, *es* ist rot.

a. Ist das Buch rot?
b. Ist der Bleistift gelb?
c. Ist der Professor da?
d. Sind die Stühle braun?
e. Arbeitet Herr Jones fleißig?

f. Studiert Fräulein Olivetti in Schwarzhausen?
g. Sind die Bücher braun?
h. Ist das Buch grün?

9. Beispiel: Hat er *den Bleistift* gefunden?   Ja, er hat *ihn* gefunden.

a. Hat er den Bleistift gefunden?
b. Haben Sie die Uhr vergessen?
c. Hat er die Bücher gelesen?

d. Vergißt sie oft den Kugelschreiber?
e. Haben Sie den Film gesehen?
f. Haben Sie das Gasthaus gefunden?

10. Beispiel: *mich*   Er hat *mich* nicht gefragt.

a. mich
b. uns
c. Sie

d. ihn
e. sie (*her*)
f. den Amerikaner

11. Beispiel: Ist *der Tisch* braun?   Nein, *er* ist nicht braun.

a. Ist der Tisch braun?
b. Ist die Wandtafel gelb?
c. Ist der Professor da?
d. Sind die Türen braun?

e. Arbeiten die Studenten fleißig?
f. Spricht die Wirtin gut Deutsch?
g. Haben Sie den Brief gelesen?
h. Haben Sie das Haus gesehen?

12. Beispiel: *Ihnen*   Man hat *Ihnen* einen Brief geschrieben.

a. Ihnen
b. mir
c. uns

d. ihr
e. ihnen (*them*)
f. ihm

13. Beispiel: *ihm*   Es geht *ihm* jetzt sehr gut.

a. ihm
b. Ihnen
c. mir

d. ihr
e. uns
f. ihnen (*them*)

14. Beispiel: Ich schreibe *Herrn Brown* einen Brief.   Ich schreibe *ihm* einen Brief.

a. Ich schreibe Herrn Brown einen Brief.
b. Er gibt Fräulein Digby den Kugelschreiber.
c. Der Briefträger bringt Herrn und Frau Schmidt die Post.
d. Ich habe Herrn Jones eine Postkarte geschrieben.
e. Ein Freund hat Fräulein Moreau einen Brief geschrieben.

15. Beispiel: Wie geht es *Herrn Schmidt?*   Es geht *ihm* gut, danke.

   a. Wie geht es Herrn Schmidt?   d. Wie geht es Frau Schmidt?

   b. Wie geht es Fräulein Olivetti?   e. Wie geht es Herrn Neumann?

   c. Wie geht es Paul und Robert?   f. Wie geht es Professor Schönfeld?

16. Beispiel: Was geben Sie mir? *(das Geld)*   Ich gebe Ihnen das Geld.

   a. Was geben Sie mir? (das Geld)

   b. Was schreiben Sie ihm? (einen Brief)

   c. Was gibt Ihnen die Wirtin? (gute Ratschläge)

   d. Was haben Sie mir geschrieben? (zwei Postkarten)

   e. Was bringt uns der Briefträger? (die Post)

Ein Kaffeehaus in Wien

Fragen

1. Haben Sie ihm einen Brief geschrieben?
2. Hier ist der Brief. Haben Sie ihn schon gelesen?
3. Hat er Ihnen gute Ratschläge gegeben?
4. Haben Sie sie gefragt, was das ist?
5. Sind die Stühle braun?
6. Ist die Tür braun oder gelb?
7. Ist der Unterricht schwer?
8. Hat er den Kaffee getrunken?
9. Was haben Sie ihr gegeben?
10. Haben Sie ihnen das Geld gegeben?
11. Schreibt sie Ihnen oft einen Brief aus Amerika?
12. Bringt er mir morgen das Geld?

Dialog:

Im Wohnzimmer

FRAU SCHMIDT, *die Wirtin*   Guten Abend, Fräulein Moreau!
MOREAU   Guten Abend, Frau Schmidt!
SCHMIDT   Wie geht es Ihnen?
MOREAU   Danke, es geht mir wirklich gut.
SCHMIDT   Nun, die erste Woche am Institut ist schon vorbei. Finden Sie den Deutschunterricht schwer?
MOREAU   Im Gegenteil, bis jetzt ist er sehr leicht.

• • •

SCHMIDT   Hat man Ihnen für morgen viel aufgegeben?
MOREAU   Ja, die Aufgabe ist etwas lang, aber ich lerne sie heute abend doch noch.
SCHMIDT   Kennen Sie schon viele Studenten am Institut?
MOREAU   Nicht viele, aber einen kenne ich schon ziemlich gut.
SCHMIDT (*mit Interesse*)   So?
MOREAU   Er kommt heute abend zu mir.
SCHMIDT   Wie heißt er denn?
MOREAU   Er heißt Robert Brown. Er kommt aus Amerika und ist sehr nett.

• • •

SCHMIDT   Haben Sie ihn vorher schon gekannt?
MOREAU   Nein, ich habe ihn erst vor einer Woche am Institut getroffen.
SCHMIDT   Spricht er gut Deutsch?
MOREAU   Noch nicht sehr gut, aber er spricht doch jeden Tag etwas besser. Ich helfe ihm* nämlich bei den Übungen.
SCHMIDT   Was Sie nicht sagen!... Es klingelt. Das ist sicher Herr Brown.

---

* **Helfen** is one of a small group of verbs that take only dative objects.

In the Living Room

MRS. SCHMIDT, *the landlady*   Good evening, Miss Moreau.
MOREAU   Good evening, Mrs. Schmidt.
SCHMIDT   How are you?
MOREAU   Thank you, I'm just fine.
SCHMIDT   Well, the first week at the Institute is already over. Are you finding the German course difficult?
MOREAU   On the contrary, so far it is very easy.

● ● ●

SCHMIDT   Did they assign you much for tomorrow?
MOREAU   Yes, the assignment is rather long, but I'll study it yet tonight.
SCHMIDT   Do you already know many students at the Institute?
MOREAU   Not many, but one I know rather well already.
SCHMIDT   (*with interest*)   Is that so?
MOREAU   He's coming to see me this evening.
SCHMIDT   Well, what's his name?
MOREAU   His name is Robert Brown. He's from America and is very nice.

● ● ●

SCHMIDT   Did you already know him before?
MOREAU   No, I just met him a week ago at the Institute.
SCHMIDT   Does he speak German well?
MOREAU   Not very well yet, but he does speak somewhat better every day. I'm helping him with the exercises, you know.
SCHMIDT   You don't say! . . . The doorbell is ringing. That must be Mr. Brown.

Fragen über den Dialog

1. Sagt Frau Schmidt guten Tag oder guten Abend?
2. Ist die erste Woche am Institut schon vorbei?
3. Ist der Deutschunterricht schwer?
4. Ist die Aufgabe für morgen lang oder kurz?
5. Kennt Fräulein Moreau schon viele Studenten am Institut?
6. Wer kommt heute abend?
7. Wer lernt heute abend mit Fräulein Moreau?
8. Wann lernen sie zusammen?
9. Was lernen sie zusammen?
10. Woher kommt Herr Brown?
11. Spricht er gut Deutsch?
12. Kennt Fräulein Moreau ihn schon lange?
13. Was ist jetzt vorbei?
14. Wie lange sind die Studenten schon am Institut?

Lesestück:

Was habe ich vergessen?

Der Unterricht ist für heute vorbei, und Fräulein Moreau ist jetzt zu Hause. Die Aufgabe für morgen ist nicht leicht, aber das Mädchen hat sie schon gelernt. Sie hat einen Brief bekommen. Sie liest ihn langsam, denn er ist von den Eltern, und sie will natürlich wissen, wie es ihnen geht. Sie hat nämlich ein wenig Heimweh, obwohl es ihr
5 in Schwarzhausen sehr gut geht.

Dann kommt Frau Schmidt ins Wohnzimmer. Die Wirtin spricht gewöhnlich ziemlich schnell, aber Fräulein Moreau versteht sie fast immer. Frau Schmidt fragt: „Was haben Sie heute in der Schule gelernt? Haben Sie Ihre Aufgabe gut gemacht?"

„Ja", antwortet Fräulein Moreau, „ich habe sie gut gemacht. Professor Schönfeld
10 hat uns alle gefragt, wie wir heißen. Dann hat er uns gefragt, woher wir kommen. Natürlich weiß er schon, wie wir heißen und woher wir kommen, aber wir müssen es ihm doch sagen, denn wir müssen die Verben üben. Wir haben ihm auf alle Fragen ziemlich gut geantwortet.[1] Herr Brown findet die Sprache schwer, aber für mich ist sie etwas leichter. Er besucht mich heute abend um acht Uhr, und ich helfe ihm bei der
15 Arbeit. Wir lernen die Deutschaufgabe für morgen zusammen."

Schon fünf Minuten vor acht klingelt es. Frau Schmidt trägt etwas in die Küche und kommt nicht wieder.[2] Fräulein Moreau geht an die Tür und öffnet sie. Herr Brown kommt mit ihr ins Wohnzimmer.

Herr Brown trägt ein Heft und viele Bücher, aber was hat er vergessen? Selbstver-
20 ständlich sein Deutschbuch! Die beiden setzen sich auf das Sofa und lesen aus Fräulein Moreaus Buch. Herr Brown liest die Übungen langsam, aber natürlich lernt er doch nicht viel. Deutsch findet er noch immer recht schwer, aber Fräulein Moreau findet er sehr interessant!

Wortschatz

an *to; at*
die **Arbeit,** –en *work*
    auf *on, upon*
    beide *both;* **die beiden** *the two, both*
    besser *better*
    braun *brown*
der **Briefträger,** – *mailman*

die **Deutschaufgabe,** –n *German lesson*
das **Deutschbuch,** ⸚er *German textbook*
    doch *(term lending emphasis)*
    nevertheless, certainly
    einer, einen *(pron.)* *one*
die **Eltern** *(plur. only)* *parents*
    er *(nom.)* *he, it*

---

[1] **wir ... geantwortet** we answered all his questions rather well

[2] **kommt ... wieder** doesn't return

erst   *just, only, not until*;   **erst vor einer
   Woche**   *just a week ago*
etwas   (*adv.*)   *somewhat*; (*pron.*)
   something
der **Freund, –e**   *friend*; die **Freundin, –nen**
   friend, girl friend
   Gegenteil: im Gegenteil   *on the
      contrary*
gelb   *yellow*
gewöhnlich   *usual(ly), customary*
grün   *green*
das **Heft, –e**   *notebook*
das **Heimweh**   *homesickness*
ihm (*dat.*)   *him, to him*; *it, to it*
ihn (*acc.*)   *him*; *it*
Ihnen (*dat.; formal, sing. and plur.*)
   you, to you
ihnen (*dat.*)   *them, to them*
ihr (*dat.*)   *her, to her*; *it, to it*
das **Interesse, –n**   *interest*
die **Küche, –n**   *kitchen*
der **Kugelschreiber, –**   *ballpoint pen*
lange   *for a long time*
langsam   *slow(ly)*
leicht   *easy, easily*; **leichter**   *easier*
mich (*acc.*)   *me*; *myself*
morgens   *in the morning*
nämlich   *you know*
noch   *still, yet*;   **noch immer, immer
   noch**   *still (continuing)*;   **noch nicht**
   not yet
nun   *well, now*
offen   *open*
die **Post**   *mail; post office*
die **Postkarte, –n**   *postcard*
recht   *very, quite*

rot   *red*
sein (*poss. adj.*)   *his, its*
selbstverständlich   *of course, naturally*
sich   *himself; herself; itself; oneself;
   yourself; yourselves; themselves*
sicher   *certain(ly), sure(ly)*
sie (*nom.*)   *she, it*; (*acc.*)   *her, it*
so?   *really? is that so?*
das **Sofa, –s**   *sofa*
uns (*dat. and acc.*)   *us; ourselves*
das **Verb, –en**   *verb*
viert-   *fourth*
vor   *ago*;   **vor einer Woche**   *a week
   ago*
vorbei   *over, past*
vorher   *before, previously, in advance*
warm   *warm*
wirklich   *real(ly)*
das **Wohnzimmer, –**   *living room*
ziemlich   *rather, somewhat*

bekommen, bekommen   *to receive,
   obtain*
besuchen   *to visit*
bringen, gebracht   *to bring*
kennen, gekannt   *to know, be
   acquainted with*
klingeln   *to ring*; es klingelt   *the
   doorbell is ringing*
müssen (muß), gemußt   *to have to, must*
öffnen   *to open*
sich **setzen**   *to sit down*
treffen (trifft), getroffen   *to meet*
üben   *to practice*
wollen (will), gewollt   *to want*

Weitere Übungen

1. Read the following sentences, replacing all the nouns with pronouns:

   a. Die Wirtin hat den Brief gelesen.
   b. Herr Brown findet die Sprache leicht.
   c. Es geht den Eltern gut.
   d. Die Studenten lesen die Übungen.
   e. Fräulein Moreau hat die Tür geöffnet.
   f. Die Amerikanerin hat die Bücher schon gelesen.

g. Das Buch ist rot.

h. Wo spielt der Film?

i. Die Studentinnen haben es Frau Pohlmann gesagt.

2. Complete the following sentences, using the correct form of the pronoun in parentheses:

a. Er hat _____ den Kugelschreiber gegeben.   (ich)

b. Ist _____ schwer? (es)

c. Ich habe _____ den Brief gegeben.   (sie: *she*)

d. Haben Sie _____ gesehen? (er)

e. Er versteht _____ nicht. (ich)

f. Ich schreibe _____ heute eine Postkarte.   (sie: *they*)

g. Ich bringe _____ das Heft. (Sie)

h. Besucht er _____ heute abend? (wir)

i. Hat er _____ verstanden? (Sie)

j. Er hat _____ gefragt, wie wir heißen.   (wir)

3. Answer the following questions, using complete sentences:

a. Ist Fräulein Moreau fleißig?

b. Wer hat die Aufgabe gut gelernt?

c. Wer kommt ins Wohnzimmer?

d. Spricht Frau Schmidt schnell oder langsam?

e. Geht Frau Schmidt oder Fräulein Moreau an die Tür?

f. Wer hat Heimweh?

g. Was hat Herr Brown vergessen?

h. Findet Fräulein Moreau Robert Brown nett?

i. Was hat sie von den Eltern bekommen?

j. Um wieviel Uhr klingelt es?

„Man frühstückt, wo man wohnt"

Sprechübungen

1. Ask the student next to you:

   a. when class begins
   b. when class is over
   c. whether he/she finds German easy
   d. whether he/she has written his/her parents a letter
   e. whether the professor has assigned much for today
   f. whether he/she already knows many students
   g. whether he/she has forgotten a notebook

2. Restate the following conversation in German:

   a. Have you studied the lesson for today?
   b. No, not yet. We'll study it now, won't we?

   a. Yes. Did you forget the German book?
   b. No, here it is.

   a. Good. Shall we do the exercises now?
   b. Yes, and then we'll read the reading passage later.

3. Make appropriate responses in German to the following:

   Beispiel: **Ich kenne einen Studenten/eine Studentin schon ziemlich gut.**
   So? Woher kommt er/sie?
   oder **Wie heißt er/sie?**
   oder **Lernt er/sie Deutsch?**
   oder **Ich kenne auch schon einen Studenten/eine Studentin ziemlich gut.**

   a. Der Unterricht ist für heute vorbei.
   b. Er besucht mich heute abend.
   c. Für mich ist der Deutschunterricht sehr leicht.
   d. Ich habe heute einen Brief bekommen.
   e. Ich habe heute abend im Gasthaus gegessen.

Schriftliches

1. Use each of the following groups of words in a sentence. Change the form of the verb if necessary.

   a. haben, das Mädchen, von den Eltern, bekommen, einen Brief
   b. kommen, zu, er, heute abend, mir
   c. lernen, heute, Sie, haben, was, in der Schule
   d. uns, bringen, der Briefträger, die Post, haben
   e. mir, Fräulein Moreau, helfen, bei den Übungen

2. Write the following sentences in German:

   a. He asked us what our names are.
   b. I just met her a week ago at the institute.
   c. Did you forget your notebook?
   d. She naturally wants to know how you are.
   e. The professor did not assign us much for tomorrow.

Ausspracheübungen

b: **b**in, **b**eginnen, **B**leistift, a**b**er, ha**b**en, **B**rief, **B**rücke

p: **P**erfekt, **P**ost, **P**luralform, Su**pp**e, s**p**ät, s**p**ielen, **S**prache, s**p**rechen, o**b**wohl, gel**b**, gi**b**t, O**b**stbäume, sie**b**zehn, Her**b**st, lie**b**t, a**b**fahren

d: **d**ann, **d**enn, **D**eutschland, **D**ing, **d**ort, Stu**d**ent, stu**d**ieren

t: **T**isch, mi**t**, na**t**ürlich, heu**t**e, ne**tt**, bi**tt**e, je**t**z**t**, **T**heater, Schmi**dt**, Han**d**, Lan**d**karte, un**d**, Gel**d**, Aben**d**, aben**d**s, Freun**d**, freun**d**lich, Mä**d**chen

g: **g**anz, **g**ehen, **g**ut, Auf**g**abe, be**g**innen, sa**g**en, mor**g**en, eini**g**e

k: **K**leid, **k**urz, **K**lasse, Dan**k**, Brü**ck**e, Frühstü**ck**, Dialo**g**, Ta**g**, **K**riegsfilm, Mittags- pause, trä**g**t, genu**g**, Bur**g**, unterwe**g**s

s like English z: Sie, sind, sagen, sehr, lesen, Lesestück, also

s: das, es, ist, fast, wissen, Klasse, essen, weiß, heißen, gewußt, fleißig

Münchener Geschäft

Grammatik

A. The Dative Case and the Indirect Object

In **Lektion** 2, you learned that the direct object represents the person or thing directly affected by the action of the verb and that the direct object is in the accusative case in German. The indirect object of a sentence indicates the person or thing indirectly affected by the action of the verb. The indirect object represents the person or thing benefiting from that action, that is, the person "to whom," "for whom," or the thing "to which," "for which" the action of the verb applies.

I am writing **him** **a letter.**
(indir. obj.) *(dir. obj.)*

As a check in determining the indirect object, the sentence can be restated as follows:

I am writing a letter **to him.**

In German, the indirect object is in the dative case.

Ich schreibe **ihm einen Brief.**
(dat.) *(acc.)*

B. Personal Pronouns

Pronouns, like nouns, function as the subject, the predicate nominative, the indirect object, and the direct object in sentences. In **Lektion** 2, personal pronouns in the nominative case were discussed. In this **Lektion**, you have also seen personal pronouns in the dative and the accusative case. The personal pronouns for these three cases are:

		SINGULAR				PLURAL		
NOMINATIVE	ich	Sie	er	sie	es	wir	Sie	sie
DATIVE	mir	Ihnen	ihm	ihr	ihm	uns	Ihnen	ihnen
ACCUSATIVE	mich	Sie	ihn	sie	es	uns	Sie	sie

Er ist Student.
(subj.)

Das ist **er.**
(subj.) *(pred. nom.)*

Ich habe **es** gelesen.
(subj.) *(dir. obj.)*

Wir	geben		ihm	gute Ratschläge.	
(*subj.*)			(*indir. obj.*)		
Hat	**er**		**Ihnen**	einen Brief	geschrieben?
	(*subj.*)		(*indir. obj.*)		
Ich	habe		**es**	**ihr**	gegeben.
(*subj.*)			(*dir. obj.*)	(*indir. obj.*)	

Self-testing 1

1. Identify the case of the pronouns in the following sentences:

   a. Ich habe ihn gesehen.
   b. Wie geht es Ihnen?
   c. Es geht mir gut.
   d. Sie hat uns einen Brief geschrieben.

   e. Sie gibt uns immer gute Ratschläge.
   f. Sie hat es ihm gegeben.
   g. Er besucht mich heute abend.
   h. Es geht ihr nicht sehr gut.

2. Supply the German pronouns as indicated:

   a. _____ habe _____ gesehen.   (*I*) (*them*)
   b. _____ hat _____ schon vorher gekannt.   (*she*) (*him*)
   c. _____ versteht _____ nicht.   (*he*) (*us*)
   d. _____ bringen _____ die Post.   (*we*) (*them*)
   e. Haben _____ _____ gesehen?   (*you*) (*her*)

The gender of the personal pronoun in the third person singular must be the same as that of its antecedent, the noun it represents; a masculine noun is represented by a masculine pronoun, a feminine noun by a feminine pronoun, and a neuter noun by a neuter pronoun. Thus the forms of **er** and **sie** mean "it" if they represent an inanimate object.

MASCULINE

Dort kommt **der Student** aus Mexiko. **Er** ist sehr nett, nicht wahr?
Hier ist **der Brief; er** ist von meinen Eltern. Ich habe **ihn** schon gelesen.

FEMININE

Kennen Sie **die Studentin** aus Frankreich? Ja, ich kenne **sie.** Ich finde **sie** auch sehr nett.
Die Aufgabe ist ziemlich lang, aber ich habe **sie** schon gelernt.

NEUTER

Wo ist **das Buch?** Ich habe **es** noch nicht gelesen.
Haben Sie **das Heft** gesehen? Ja, **es** ist im Klassenzimmer.

Self-testing 2

Restate the following sentences, substituting a pronoun for the noun:

a. Ich habe einen Brief bekommen.

b. Er hat Frau Schmidt nicht verstanden.

c. Lesen Sie die Übungen?

d. Hier ist das Gasthaus.

e. Ich habe die Uhr gefunden.

f. Wo ist der Bleistift?

g. Der Film ist kurz.

h. Ich habe den Film gesehen.

i. Die Tür ist braun.

j. Wir haben den Kuchen gegessen.

k. Er hat den Professor verstanden.

l. Die Wirtin spricht gut Deutsch.

C. The Indefinite Pronoun **Es**

Es can be used as an indefinite pronoun without a specific antecedent, just as "it" is often used in English.

Es ist fünf Minuten vor neun.	*It is five minutes to nine.*
Wie spät ist **es**?	*What time is it?*
Wie geht **es** Ihnen?	*How are you? (How goes it with you?)*
Es geht mir gut.	*I am fine.*
Es klingelt.	*The doorbell is ringing. (It is ringing.)*

D. Reflexive Pronouns

A reflexive pronoun receives the action of the verb and at the same time represents the same person or thing as the subject. A reflexive pronoun indicates that the action of the verb is reflected back to the subject. Since the reflexive pronoun and subject represent the same person or thing, the reflexive pronoun must agree with the person and number of the subject. In English, the suffix "-self" designates a reflexive pronoun.

I	*am washing*	*myself.*	
(subj.)		*(refl. pron.)*	
She	*is deceiving*	*herself.*	
(subj.)		*(refl. pron.)*	
The students	*seated*	*themselves*	*in the classroom.*
(subj.)		*(refl. pron.)*	
My friend	*injured*	*himself.*	
(subj.)		*(refl. pron.)*	

*Frankfurt: Das
Geburtshaus Goethes*

The reflexive pronouns in German are the following:

PERSONAL PRONOUNS (nominative case)	REFLEXIVE PRONOUNS	
ich	mich	*myself*
er		*himself*
sie	sich	*herself*
es		*itself*
wir	uns	*ourselves*
Sie	sich	*yourself, yourselves*
sie		*themselves*

Er setzt sich auf das Sofa.

Wir haben uns an den Tisch gesetzt.
Ich habe mich das oft gefragt.

He sits down on the sofa. (Literally: *He
seats himself on the sofa.*)
We sat down at the table.
I have often asked myself that.

Self-testing 3

Supply the correct personal pronoun, impersonal pronoun, or reflexive pronoun in the following sentences:

a. Dann hat _____ geklingelt.
b. Wir haben _____ auf das Sofa gesetzt.
c. Wo ist der Bleistift? Haben Sie _____ gefunden?
d. Wie geht _____ Fräulein Moreau?
e. Sehen Sie den Mann dort? Das Geld habe ich _____ gegeben.
f. Kennen Sie die Wirtin? Nein, ich kenne _____ nicht.
g. _____ ist jetzt ziemlich spät.
h. Die Studenten kommen ins Klassenzimmer und setzen _____ .
i. Wie geht _____ Ihnen?
j. Ich habe _____ auf das Sofa gesetzt.

Answers to Self-testing

Self-testing 1

1. a. ich, nominative; ihn, accusative
   b. es, nominative; Ihnen, dative
   c. es, nominative; mir, dative
   d. sie, nominative; uns, dative
   e. sie, nominative; uns, dative
   f. sie, nominative; es, accusative; ihm, dative
   g. er, nominative; mich, accusative
   h. es, nominative; ihr, dative

2. a. ich, sie
   b. sie, ihn
   c. er, uns
   d. wir, ihnen
   e. Sie, sie

Self-testing 2

a. Ich habe ihn bekommen.

b. Er hat sie nicht verstanden.

c. Lesen Sie sie?

d. Hier ist es.

e. Ich habe sie gefunden.

f. Wo ist er?

g. Er ist kurz.

h. Ich habe ihn gesehen.

i. Sie ist braun.

j. Wir haben ihn gegessen.

k. Er hat ihn verstanden.

l. Sie spricht es gut.

Self-testing 3

a. es

b. uns

c. ihn

d. es

e. ihm

f. sie

g. es

h. sich

i. es

j. mich

5

FÜNFTE LEKTION

Grammatische Ziele:

Modalverben — können, müssen,
    mögen (möchten), und wollen

Wissen

Modal auxiliary verbs — can, must,
    would like to, and to want to

The verb "to know"

The dialogue takes place between Paul Jones, an American student, and his landlady.

The reading selection tells about the Institute for Foreign Students, the town of Schwarzhausen, and the Neumann family, with whom Paul Jones is staying.

Einführende Beispiele

Anschauungsmaterial:
  ein Bleistift
  ein Buch
  ein Brief

1. Das ist ein Bleistift.
  Ich weiß, was das ist.
  Wir wissen alle, was das ist.
  Wissen wir, was das ist?
    Ja, wir wissen, was das ist.
  Wissen Sie, was das ist?
    Ja, ich weiß, was das ist.

2. Hier ist ein Buch.
   Ich kann es lesen.
   Sie können es auch lesen.
   Können Sie es lesen?
    Ja, ich kann es lesen.
   Kann ich es auch lesen?
    Ja, Sie können es auch lesen.

3. Hier ist ein Buch.
   Herr _____ kann es lesen.
   Kann er das Buch lesen?
    Ja, er kann das Buch lesen.

4. Das ist ein Brief.
   Ich kann ihn lesen.
   Sie können ihn auch lesen.
   Können wir ihn lesen?
    Ja, wir können ihn lesen.

5. Dieser Student muß Deutsch lernen.
   Ich muß Deutsch lernen.
   Sie müssen auch Deutsch lernen.
   Was müssen Sie lernen?
    Ich muß Deutsch lernen.
   Muß ich es lernen?
    Ja, Sie müssen es lernen.

6. Es ist acht Uhr abends.
   Wir wollen ins Kino gehen, aber wir müssen lernen.
   Was wollen wir tun?
    Wir wollen ins Kino gehen.
   Was müssen wir tun?
    Wir müssen lernen.

7. Herr _____ ist schläfrig (*sleepy*).
   Er will zu Bett gehen, aber er muß noch arbeiten.
   Was will er tun?
    Er will zu Bett gehen.
   Was muß er tun?
    Er muß noch arbeiten.

8. Ich habe Durst. (*I am thirsty.*)
   Sie haben auch Durst.
   Ich möchte ein Glass Wasser trinken.
   Sie möchten auch ein Glas Wasser.
   Was möchten wir?
       Wir möchten ein Glas Wasser.

Übungen

---

1. Beispiel: *die Aufgabe*   **Ich kann *die Aufgabe* lesen.**

    a. die Aufgabe   c. die Übung
    b. das Buch   d. den Brief

2. Beispiel: *alles*   **Sie können *alles* verstehen.**

    a. alles   c. ihn
    b. den Professor   d. mich

3. Beispiel: *er*   **Er kann es lesen.**

    a. er   c. ich
    b. die Studentin   d. der Student

4. Beispiel: *Sie*   **Sie können schnell lesen.**

    a. Sie   c. Fräulein Digby und Herr Silva
    b. wir   d. die zwei Mädchen

5. Beispiel: *wir können*   **Wir können es nicht finden.**

    a. wir können   d. Sie können
    b. er kann   e. kann sie (?)
    c. ich kann   f. können Sie (?)

6. Beispiel: *will*   **Er *will* die Aufgabe lernen.**

    a. will   c. muß
    b. kann   d. möchte

7. Beispiel: *lesen*   **Wir wollen die Aufgabe *lesen*.**

    a. lesen   c. schreiben
    b. lernen   d. an die Wandtafel schreiben

8. **Beispiel:** *Sie*   Müssen *Sie* den Brief schreiben?

    a. Sie   c. die Eltern
    b. wir   d. sie (*they*)

9. **Beispiel:** *ich*   **Ich muß die Verben üben.**

    a. ich   c. Fräulein Moreau
    b. sie (*she*)   d. man

10. **Beispiel:** *er*   *Er* möchte eine Tasse Kaffee trinken.

    a. er   c. ich
    b. Frau Schmidt   d. sie (*she*)

11. **Beispiel:** *eine Tasse Kaffee*   Möchten Sie *eine Tasse Kaffee?*

    a. eine Tasse Kaffee   d. ein Glas Milch
    b. ein Glas Wasser   e. das Buch lesen
    c. ein Stück Kuchen   f. mich besuchen

12. **Beispiel:** *möchten*   Wir *möchten* das lesen.

    a. möchten   c. wollen
    b. müssen   d. können

13. **Beispiel:** *Wir* müssen fleißig arbeiten.   *Sie* müssen fleißig arbeiten.

    a. Wir müssen fleißig arbeiten.
    b. Wir können das nicht verstehen.
    c. Wollen wir ihn jetzt besuchen?
    d. Wir wissen das schon.
    e. Wir können das schnell machen.
    f. Wir möchten den Film sehen, nicht wahr?

14. **Beispiel:** *Ich muß* das lesen.   *Wir müssen* das lesen.
    a. Ich muß das lesen.   e. Ich kann die Tür öffnen.
    b. Ich kann es nicht verstehen.   f. Muß ich das machen?
    c. Ich möchte eine Tasse Kaffee.   g. Ich möchte den Film sehen.
    d. Ich will die Verben üben.   h. Jetzt will ich den Brief lesen.

15. **Beispiel:** *Sie müssen* fleißig lernen.   *Er muß* fleißig lernen.

    a. Sie müssen fleißig lernen.
    b. Sie wollen fleißig arbeiten.
    c. Sie möchten eine Tasse Kaffee trinken, nicht wahr?
    d. Sie können viel lernen.

Fragen

1. Müssen Sie heute einen Brief schreiben?
2. Möchten Sie den Film sehen?
3. Muß er den Bericht lesen?
4. Wollen Sie heute abend im Restaurant essen?
5. Müssen wir das machen?
6. Kann er den Professor verstehen?
7. Möchten Sie eine Tasse Kaffee?
8. Weiß er, was das ist?
9. Wissen wir, wo das Haus ist?
10. Will Herr Brown allein arbeiten?
11. Muß ich die Übung schreiben?
12. Wollen die Studenten Deutsch lernen?

Dialog:

Material für einen Bericht

Herr Jones wohnt bei der Familie Neumann. Frau Neumann klopft an seine Tür, denn es ist Zeit, daß er aufsteht.

NEUMANN   Herr Jones! Sie müssen aufstehen! Der Wecker hat geklingelt.
JONES (*verschlafen*)   Wieviel Uhr ist es denn?
NEUMANN   Halb acht, und Sie müssen um halb neun ins Institut.*
JONES   Danke sehr, Frau Neumann.

• • •

Eine halbe Stunde später sitzt Herr Jones mit Frau Neumann am Tisch.

NEUMANN   Sie sind noch schläfrig, nicht wahr? Möchten Sie eine Tasse Kaffee? Ich habe ihn sehr stark gemacht.
JONES   Danke. Au! Heiß ist er auch!
NEUMANN   Sie müssen früher zu Bett gehen. Zwei Uhr ist zu spät.
JONES   Woher wissen Sie, daß es zwei Uhr war?
NEUMANN   Oh, ich weiß es; ich habe Sie gehört.
JONES   Ach so!... Um Himmels willen! Ich habe ganz vergessen, ich muß heute einen Bericht geben.
NEUMANN   Ist das die Aufgabe für den Deutschunterricht?
JONES   Ja. Hm... worüber kann ich nur sprechen?
NEUMANN (*lacht*)   Nennen Sie doch Ihren Bericht: „Was ich gestern abend gemacht habe"!

---

* Notice the absence of **gehen.** Verbs of motion are sometimes omitted after the various forms of **können, wollen, müssen,** and **möchten.**

Material for a Report

Mr. Jones lives with the Neumann family. Mrs. Neumann is knocking at his door because it is time for him to get up.

NEUMANN   Mr. Jones! You have to get up! The alarm has gone off.
JONES *(sleepily)*   What time is it?
NEUMANN   Seven-thirty, and you have to go to the Institute at eight-thirty.
JONES   Thank you very much, Mrs. Neumann.

● ● ●

Half an hour later Mr. Jones is sitting at the table with Mrs. Neumann.
NEUMANN   You're still sleepy, aren't you? Would you like a cup of coffee? I made it very strong.
JONES   Thank you. Ouch! It's hot too!
NEUMANN   You'll have to go to bed earlier. Two o'clock is too late.
JONES   How do you know that it was two o'clock?
NEUMANN   Oh, I know; I heard you.
JONES   Oh, I see. . . . For heaven's sake! I completely forgot—I have to give a report today.
NEUMANN   Is that the assignment for German?
JONES   Yes. Hm . . . I wonder what I can talk about?
NEUMANN *(laughs)*   Why don't you call your report "What I Did Last Night"?

Fragen über den Dialog

1. Wie heißt die Wirtin im Dialog?
2. Was hat geklingelt?
3. Um wieviel Uhr muß Herr Jones ins Institut?
4. Muß Herr Jones aufstehen?
5. Will er aufstehen?
6. Hat Frau Neumann Tee oder Kaffee gemacht?
7. Wie ist der Kaffee?
8. Ist er heiß oder kalt?
9. Wer muß heute einen Bericht geben?
10. Was hat Herr Jones vergessen?
11. Ist Herr Jones noch schläfrig?
12. Ist der Kaffee stark oder schwach?
13. Geht Herr Jones zu früh oder zu spät zu Bett?
14. Was muß er heute für den Deutschunterricht machen?

Lesestück:

Schwarzhausen und die Familie Neumann

Wie Sie schon wissen, ist das Institut für Ausländer in Schwarzhausen. Auf den Straßen Schwarzhausens[1] sieht man viele Ausländer. Sie sind fast alle Studenten am Institut. Es sind Leute aus Frankreich, Spanien, Italien, Amerika, Mexiko, England und den skandinavischen Ländern da, und man kann oft Sprachen wie Dänisch, Spanisch, Franzö-
5   sisch und Englisch auf der Straße hören. Einige Studenten kommen auch aus Afrika und Asien.

Schwarzhausen, eine Kreisstadt, hat ein Heimatmuseum, ein Kurhotel, einige Gasthäuser, eine Barockkirche,[2] ein Kloster, einen Marktplatz und einige kleine Fabriken. Oft besuchen Touristen Schwarzhausen, denn die Stadt und die umliegende
10 Landschaft sind außerordentlich schön, und viele Häuser sind alt und historisch. Die Straßen sind auch alt, malerisch und schmal.

Herr Jones wohnt bei der Familie Neumann. Ihr Haus steht auf einem Berg am Stadtrand, und um das Haus liegt ein Blumengarten. Im Garten sind nicht nur Blumen, sondern auch Obstbäume. Der Berg ist nicht hoch, aber von dort aus[3] kann man einige
15 Bauernhöfe, kleine Dörfer und in der Ferne die Alpen sehen.

Herr Neumann hat eine Möbelfabrik, und zwanzig Arbeiter sind bei ihm ein-gestellt. Wie überall in Westdeutschland haben die Fabriken in Schwarzhausen früher nicht genug Arbeiter gehabt und haben sie aus dem Ausland eingestellt. Jetzt gibt es immer noch einige Arbeiter aus Italien, Spanien und Griechenland in der Möbelfabrik.
20 Herr Neumann hat immer genug Arbeit für sie, denn er verkauft Möbel nicht nur in Deutschland, sondern auch im Ausland.

Die Familie Neumann hat zwei Kinder. Karl, der Sohn, ist ein Junge von siebzehn Jahren, und Anneliese, die Tochter, ist achtzehn Jahre alt. Karl geht in Schwarzhausen aufs Gymnasium.[4] Andere Jungen und Mädchen von Schwarzhausen besuchen auch
25 das Gymnasium, aber Anneliese besucht eine Mädchenschule in Rosenheim. Sie muß jeden Tag mit dem Zug zur Schule fahren, denn Schwarzhausen liegt neunzehn Kilo-meter von Rosenheim entfernt. Nur am Sonntag fährt sie nicht hin.

Karl und Anneliese sprechen gern Englisch. Die beiden lernen die Sprache in der Schule. Anneliese spricht es schon besonders gut, denn sie war einen Sommer lang[5] in
30 England. Sie hören auch gern Jazzmusik und wollen oft mit Herrn Jones über den Jazz in Amerika sprechen. Einmal möchten sie gern die Vereinigten Staaten besuchen.

---

[1] **Schwarzhausens** of Schwarzhausen
[2] **eine Barockkirche** Baroque is a heavy, ornate, dramatic style of art and architecture that prevailed in the seventeenth and early eighteenth centuries.
[3] **von . . . aus** from there
[4] **das Gymnasium** The **Gymnasium** is a secondary school that pupils attend for nine years, generally from the age of ten or eleven to nineteen or twenty. It is therefore roughly comparable to junior and senior high school and the first two years of college. The **Gymnasium** is the usual avenue leading to the university, which is highly specialized and is some-what similar to the graduate school of American universities.
[5] **war . . . lang** was an entire summer

Ehem. Zisterzienserkloster Bebenhausen

Wortschatz

ach so *oh, I see*
achtzehn *eighteen*
(das) Afrika *Africa*
die Alpen (*plur.*) *Alps*
der **Arbeiter**, – *worker*
(das) Asien *Asia*
au! *ouch!*
auf *to*; **aufs = auf das**
das **Ausland** *foreign country (countries)*;
aus dem Ausland *from foreign countries*
außerordentlich *extraordinary**
die Barockkirche, –n *baroque church*
der Bauernhof, ⁓e *farm*
bei *at the house of; at the business of;*
bei der Familie Neumann *with the Neumann family*

der **Berg**, –e *hill, mountain*
besonders *especially*
die **Blume**, –n *flower*
der Blumengarten, ⁓ *flower garden*
das Dänisch(e) *Danish language*
danke sehr *thank you very much*
daß (*conj.*) *that*
das **Dorf**, ⁓er *village*
der Durst *thirst*; Durst haben *to be thirsty*
eingestellt *employed*
einmal *once, one time; sometime, someday*
das **Englisch(e)** *English language*
entfernt *distant*; von Rosenheim entfernt *(away) from Rosenheim*
die **Fabrik**, –en *factory*

---

* In the **Wortschatz** of previous **Lektionen** translations of words that can be used as both adjectives and adverbs were given with (*ly*) if they were used as adverbs. Beginning with this **Lektion,** only the adjective form will be given.

die **Familie,** –n *family*; **die Familie Neumann** *the Neumann family*
die **Ferne** *distance*
das **Französisch(e)** *French language*
 früh *early*; **früher** *earlier; former*
 fünft- *fifth*
der **Garten,** –̈ *garden*
 genug *enough*
 gern(e) *gladly*; **ich möchte gern** *I would like very much*; **ich spreche gern Englisch** *I like to speak English*
das **Glas,** –̈er *glass*; **ein Glas Wasser** *a glass of water*
(das) **Griechenland** *Greece*
das **Gymnasium,** (*plur.*) **Gymnasien** *university preparatory school*
 halb(e) *half*; **halb acht** *seven-thirty*
das **Heimatmuseum,** (*plur.*) –**museen** *regional museum*
 heiß *hot*
der **Himmel,** – *heaven*; **um Himmels willen!** *for heaven's sake!*
 hin (*denotes direction away from the speaker*) *there, to that place*
 historisch *historic(al)*
 hoch *high*
 ihr (*poss. adj.*) *their*
das **Jahr,** –e *year*
der **Jazz** *jazz*
die **Jazzmusik** *jazz music*
der **Junge,** –n *boy*
 kalt *cold*
das **Kilometer,** – *kilometer (0.6 mile)*
das **Kind,** –er *child*
das **Kino,** –s *movie theater*; **ins Kino gehen** *to go to a movie*
die **Kirche,** –n *church*
 klein *small*
das **Kloster,** –̈ *cloister, monastery*
die **Kreisstadt,** –̈e *county seat*
das **Kurhotel,** –s *spa hotel*
das **Land,** –̈er *land, country*
die **Landschaft,** –en *landscape*
die **Leute** (*plur. only*) *people*
die **Mädchenschule,** –n *girls' school*
 malerisch *picturesque*
der **Marktplatz,** –̈e *marketplace, town square*
das **Material,** –ien *material*
die **Milch** *milk*

das **Möbel,** – *furniture*
die **Möbelfabrik,** –en *furniture factory*
 neunzehn *nineteen*
 nicht nur . . . sondern auch *not only . . . but also*
der **Obstbaum,** –̈e *fruit tree*
 oh! *oh!*
das **Restaurant,** –s *restaurant*
 schläfrig *sleepy*
 schmal *narrow, slender*
 schön *beautiful, pretty, lovely*
 schwach *weak*
 siebzehn *seventeen*
 skandinavisch (*adj.*) *Scandinavian*
der **Sohn,** –̈e *son*
der **Sommer,** – *summer*
 sondern (*used only after a negative statement*) *but, but on the contrary*
der **Sonntag** *Sunday*; **am Sonntag** *on Sunday*
das **Spanisch(e)** *Spanish language*
der **Staat,** –en *state*
die **Stadt,** –̈e *city, town*
der **Stadtrand,** –̈er *city limits, edge of town*
 stark *strong*
die **Straße,** –n *street, road*
die **Stunde,** –n *hour*
der **Tee** *tea*
die **Tochter,** –̈ *daughter*
der **Tourist,** –en *tourist*
 überall *everywhere*
die **Uhrenfabrik,** –en *clock or watch factory*
 um *around*
 umliegend *surrounding*
die **Vereinigten Staaten** (*plur. only*) *United States*
 verschlafen *sleepy, not fully awake*
das **Wasser** *water*
der **Wecker,** – *alarm clock*
 weit *far, distant*
(das) **Westdeutschland** *West Germany, Federal Republic of Germany*
 worüber *about what, concerning what*
die **Zeit,** –en *time*
 zu *too*
der **Zug,** –̈e *train*; **mit dem Zug** *by train*
 zur = zu der
 zwanzig *twenty*

Ein Bauernhaus in Österreich

†**aufstehen**   *to get up*
besuchen   *to attend (a school)*
einstellen   *to employ, hire*
†**fahren (fährt)**   *to ride, travel, go by vehicle*
geben: es gibt   *there is, there are*
hören   *to hear*
klopfen   *to knock*
können (kann), gekonnt   *to be able to, can, may*
lachen   *to laugh*

liegen, gelegen   *to lie, be situated*
möchte, möchten   *would like, should like*
nennen, genannt   *to name, call*
†**sein: es sind**   *there are*
sitzen, gesessen   *to sit*
stehen, gestanden   *to stand, be situated*
tun, getan   *to do, make*
verkaufen   *to sell*
war(en)   *was, were*

† Here and in the **Wortschatz** of subsequent **Lektionen**, the dagger identifies verbs not conjugated with **haben** in the present perfect tense. This class of verbs is discussed in **Lektion** 17; from then on the past participles for these verbs will be introduced.

Weitere Übungen

1. Read the following sentences, using the correct form of the verb in parentheses and making any other necessary changes:

    a. Sie besuchen die Vereinigten Staaten.   (wollen)
    b. Er hört gern Jazzmusik.   (möchten)
    c. Anneliese fährt jeden Tag mit dem Zug zur Schule.   (müssen)
    d. Der Sohn geht aufs Gymnasium.   (wollen)
    e. Herr Neumann verkauft Möbel im Ausland.   (können)
    f. Die Studenten hören Sprachen wie Dänisch und Französisch auf der Straße.   (können)
    g. Ich lerne heute die Übungen.   (müssen)
    h. Er weiß das.   (wollen)
    i. Wir geben heute einen Bericht vor der Klasse.   (müssen)
    j. Wissen Sie das?   (wollen)
    k. Ich verstehe das nicht.   (können)
    l. Gehen Sie heute abend ins Kino?   (möchten)

2. Answer the following questions with complete sentences:

    a. Spricht Anneliese Neumann gut Englisch?
    b. Wie oft fährt sie mit dem Zug?
    c. Wer muß nach Rosenheim zur Schule fahren?
    d. Hat Schwarzhausen viele Kirchen?
    e. Ist Schwarzhausen ein Dorf oder eine Stadt?
    f. Wer besucht ein Gymnasium in Schwarzhausen?
    g. Wo ist die Mädchenschule?
    h. Wie weit (*far*) liegt Schwarzhausen von Rosenheim entfernt?
    i. Wer will mit Herrn Jones über Jazzmusik sprechen?
    j. Hat Herr Neumann eine Uhrenfabrik oder eine Möbelfabrik?
    k. Steht das Haus, wo Herr Jones wohnt, auf einem Berg?

Sprechübungen

1. Ask the student next to you:

    a. when he/she has to get up
    b. when he/she would like to get up
    c. when he/she has to eat breakfast
    d. whether he/she would like a cup of coffee
    e. how old he/she is

Marktplatz in Trier

f. whether he/she likes to travel by train

g. whether he/she likes to listen to jazz

h. whether he/she would like to visit Germany

i. whether he/she wants to go to a movie tonight

j. whether he/she knows what a baroque church is

2. Make reponses in German to the following:

a. Ich bin noch schläfrig.

b. Ich habe den Bericht vergessen.

c. Sie kommen aus Mexiko, nicht wahr?

d. Schwarzhausen ist sehr malerisch.

e. In Schwarzhausen kommen die Arbeiter aus dem Ausland.

f. Herr Neumann hat eine Fabrik.

g. Mein Haus steht auf einem Berg.

h. Ich möchte einmal Deutschland besuchen.

Schriftliches

1. Use each of the following groups of words in a sentence. Change the form of the verb if necessary.

   a. um halb neun, müssen, ins Institut, gehen, er
   b. haben, ganz, ich, den Bericht, vergessen
   c. sehen, einige, man, können, Bauernhöfe, von dort aus
   d. müssen, jeden, Tag, wir, fahren, zur Schule, mit dem Zug
   e. geben, für alle Fabriken, Arbeiter, es, in Schwarzhausen, genug

2. Write the following sentences in German:

   a. Did the professor assign you much for today?
   b. They like to speak German.
   c. I would like to visit Germany sometime.
   d. Karl attends a school in Schwarzhausen and is learning English.
   e. Anneliese has to go by train to school every day.
   f. The factories have to hire workers from foreign countries.
   g. Mr. Jones has to get up at 7:30.

Ausspracheübungen

Front **ch**: **ich**, Mäd**ch**en, ni**ch**t, ri**ch**tig, Unterri**ch**t, Frankrei**ch**, hoffentli**ch**, natürli**ch**, Beri**ch**t, fleißig, freundli**ch**, spre**ch**en, spri**ch**t, Kü**ch**e, mö**ch**te, zwanzig, wenig

Back **ch**: au**ch**, Ausspra**ch**e, Bu**ch**, a**ch**t, Ku**ch**en, ma**ch**en, Na**ch**t, Spra**ch**e, gespro**ch**en, Wo**ch**e, do**ch**, a**ch**, a**ch**tzehn, besu**ch**en, ho**ch**

Grammatik

Modal Auxiliary Verbs and **Wissen**

Most verbs describe the actual performance of an action. Modal auxiliary verbs are helping verbs that express ability, necessity or obligation, or desire to perform an action. The function of modal auxiliary verbs in German is similar to that of such English verb forms as "can," "must," "may," "should," and "would." In English, such verbs are fragmentary; that is, they do not have a complete conjugation in all tenses. The verb "must," for example, has no infinitive or past participle and exists only in the present tense. In German, the modal auxiliaries are not fragmentary; you will learn in a later **Lektion** that they have all the usual forms of verbs, such as the infinitive and the past participle. However, the conjugation of the modal auxiliary verbs in the present tense is unlike that of verbs you have learned so far. **Wissen** is not a modal auxiliary verb; but, since it is conjugated in the present tense like the modal auxiliaries, it is included here.

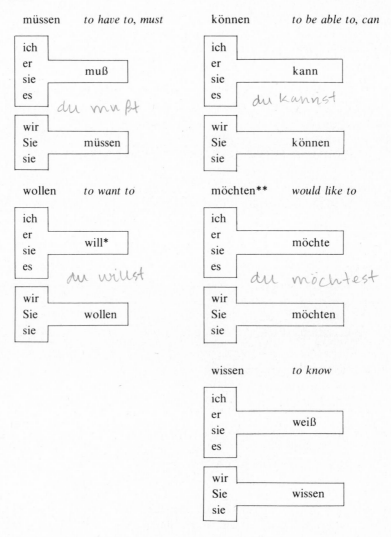

müssen   *to have to, must*

| ich er sie es | muß |
| du muß t |

| wir Sie sie | müssen |

können   *to be able to, can*

| ich er sie es | kann |
| du kannst |

| wir Sie sie | können |

wollen   *to want to*

| ich er sie es | will* |
| du willst |

| wir Sie sie | wollen |

möchten**   *would like to*

| ich er sie es | möchte |
| du möchtest |

| wir Sie sie | möchten |

wissen   *to know*

| ich er sie es | weiß |

| wir Sie sie | wissen |

---

  * German **will** is in the present tense and is not equivalent to the future auxiliary "will" in English.

** The infinitive of this verb is actually **mögen,** but only its present subjunctive II forms, **möchte** and **möchten,** are used with sufficient frequency to be included here. Their usage is similar to the present indicative of the other modal verbs.

A modal auxiliary verb is usually accompanied by an infinitive representing the main or action verb. The modal auxiliary verb is typically in first or second position in a simple sentence or independent clause; the infinitive of the main verb is at the end.

> Ich muß heute abend das Lesestück **lesen.**
> Die Wirtin will natürlich **wissen,** wie es ihnen geht.
> Möchten Sie einmal die Vereinigten Staaten **besuchen?**
> Sie müssen früher zu Bett **gehen.**

The modal auxiliary verbs are used occasionally without an infinitive if the sentence or clause has a direct object.

> Möchten Sie eine Tasse Kaffee? = Möchten Sie eine Tasse Kaffee **trinken?**
> Das will sie nicht. = Das will sie nicht **tun.**
> Ich kann gut Deutsch. = Ich kann gut Deutsch **sprechen.**

The infinitive of verbs of motion is sometimes omitted, but the meaning is implied.

> Sie müssen ins Institut. = Sie müssen ins Institut **gehen.**
> Ich will nicht ins Kino. = Ich will nicht ins Kino **gehen.**
> Er muß nach Rosenheim. = Er muß nach Rosenheim **fahren.**

Self-testing

Complete the following with the correct form of the modal auxiliary verb or **wissen,** as indicated:

a. Er _____ um halb fünf ins Institut. (*must*)
b. Die Studenten _____ heute einen Bericht geben. (*must*)
c. Frau Neumann _____ eine Tasse Kaffee. (*would like*)
d. Ich _____ ins Kino gehen. (*want to*)
e. In der Ferne _____ man die Alpen sehen. (*can*)
f. Wir _____ um acht Uhr aufstehen. (*must*)
g. _____ Sie mit dem Zug fahren? (*would like to*)
h. Er _____ mit ihr sprechen. (*wants to*)
i. _____ wir mit dem Zug fahren? (*can*)
j. Die Wirtin _____ schon, wie es ihm geht. (*knows*)
k. Das _____ wir alle. (*know*)
l. Einmal _____ sie (*they*) die Vereinigten Staaten besuchen. (*want to*)

Answers to Self-testing

a. muß	d. will	g. möchten	j. weiß
b. müssen	e. kann	h. will	k. wissen
c. möchte	f. müssen	i. können	l. wollen

6

SECHSTE LEKTION

Grammatische Ziele:

Präposition „in" mit Dativ und Akkusativ

The preposition "in" with the dative and the accusative cases

Trennbare Verben

Verbs with separable prefixes

Der Dativ als indirektes Objekt

The dative case for the indirect object

In the dialogue, three students who are waiting to eat at an inn discuss plans to attend a movie.

In the reading selection, the various kinds of eating establishments in Germany are discussed.

Einführende Beispiele

1. Frau Neumann geht ins Haus.
   Wohin geht sie?
   Sie geht ins Haus.

2. Frau Neumann ist jetzt im Haus.
   Wo ist sie jetzt?
   Sie ist jetzt im Haus.

3. Frau Schmidt geht in die Küche.
   Wohin geht sie?
   Sie geht in die Küche.

4. Meine Wirtin arbeitet in der Küche.
   Wo arbeitet sie?
       Sie arbeitet in der Küche.

5. Ich fahre heute in die Stadt.
   Wohin fahre ich heute?
       Sie fahren heute in die Stadt.
   Fahre ich heute ins Dorf oder in die Stadt?
       Sie fahren heute in die Stadt.

6. Mein Freund wohnt in der Stadt.
   Wo wohnt er?
       Er wohnt in der Stadt.
   Wohnt er im Dorf oder in der Stadt?
       Er wohnt in der Stadt.

7. Die Studenten sitzen im Garten und trinken Kaffee.
   Was trinken sie im Garten?
       Sie trinken Kaffee im Garten.
   Wo sitzen die Studenten?
       Die Studenten sitzen im Garten.

8. Die Wirtin kommt in den Garten.
   Wer kommt in den Garten?
       Die Wirtin kommt in den Garten.
   Geht sie in den Garten oder ins Haus?
       Sie geht in den Garten.
   Geht sie in die Küche oder in den Garten?
       Sie geht in den Garten.

● ● ●

9. Herr Brown und ich stehen auf der Straße.
   Eine Dame geht vorbei.
   Wer geht vorbei?
       Eine Dame geht vorbei.

10. Die Dame ist Frau Neumann, meine Wirtin.
    Frau Neumann redet mich an.
    Sie sagt: „Guten Morgen, Herr Jones."
    Wer redet mich an?
        Frau Neumann redet Sie an.

11. Ein Wagen fährt langsam vorbei.
    Der Wagen ist ein Mercedes.
    Herr Brown sieht den Mercedes an.
    Was sieht er an?
    Er sieht den Mercedes an.

12. Ich fahre morgen nach Rosenheim.
    Der Zug kommt um acht Uhr in Rosenheim an.
    Wann kommt er an?
    Er kommt um acht Uhr an.

13. Mein Freund besucht mich oft.
    Er kommt heute abend vorbei.
    Wann kommt er vorbei?
    Er kommt heute abend vorbei.

14. Mein Freund muß heute abend vorbeikommen, denn ich bin heute morgen nicht
    zu Hause.
    Wann muß er vorbeikommen?
    Er muß heute abend vorbeikommen.

● ● ●

15. Fräulein Moreau ist wieder zu Hause.
    Die Wirtin gibt ihr einen Brief.
    Was gibt die Wirtin der Studentin?
    Die Wirtin gibt der Studentin einen Brief.

16. Die Eltern haben Fräulein Moreau einen Brief geschrieben.
    Wer hat ihr einen Brief geschrieben?
    Die Eltern haben ihr einen Brief geschrieben.

17. Herr Brown hat sein Buch vergessen.
    Fräulein Moreau hat ein Buch.
    Sie gibt ihm das Buch.
    Was gibt sie ihm?
    Sie gibt ihm das Buch.

18. Herr Professor Schönfeld vergißt seinen Bleistift.
    Ein Student gibt dem Professor einen Bleistift.
    Wer gibt dem Professor einen Bleistift?
    Ein Student gibt dem Professor einen Bleistift.

19. Die Wirtin gibt den Studenten immer gute Ratschläge.
    Wer gibt ihnen gute Ratschläge?
        Die Wirtin gibt ihnen gute Ratschläge.

20. Die Eltern haben mir einen Brief geschrieben.
    In dem Brief habe ich einen Scheck bekommen.
    Die Eltern haben mir Geld gegeben.
    Geben Ihnen die Eltern auch Geld?
        Ja, die Eltern geben mir auch Geld.
    Was haben mir die Eltern gegeben?
        Die Eltern haben Ihnen Geld gegeben.

Übungen

1. Beispiel: *ins Haus*   **Herr Professor Schönfeld geht *ins Haus*.**

   a. ins Haus   d. ins Kino
   b. ins Institut   e. ins Klassenzimmer
   c. ins Wohnzimmer   f. ins Dorf

2. Beispiel: *Klassenzimmer*   **Wir gehen jetzt ins *Klassenzimmer*.**

   a. Klassenzimmer   d. Wohnzimmer
   b. Haus   e. Institut
   c. Dorf   f. Kino

3. Beispiele: **Fahren Sie ins Ausland?**   **Ja, ich fahre ins Ausland.**
               Geht er jetzt ins Haus?   **Ja, er geht jetzt ins Haus.**

   a. Fahren Sie ins Ausland?   e. Gehen Sie ins Wohnzimmer?
   b. Geht er jetzt ins Haus?   f. Gehen die Studenten morgen ins Institut?
   c. Gehen Sie heute abend ins Kino?   g. Kommt Frau Schmidt ins Zimmer?
   d. Fährt der Wirt ins Dorf?   h. Gehen alle Studenten ins Gasthaus?

4. Beispiel: **Wohin gehen Sie?** (*Dorf*)   **Ich gehe ins Dorf.**

   a. Wohin gehen Sie? (Dorf)
   b. Wohin geht die Studentin? (Klassenzimmer)
   c. Wohin geht die Wirtin? (Haus)
   d. Wohin gehen die Studenten? (Kino)
   e. Wohin geht Frau Schmidt? (Wohnzimmer)
   f. Wohin fährt der Student? (Ausland)

Saarbrücken: Der Hafen an der Saar

5. Beispiel: Ich *bin im* Wohnzimmer.   Ich *gehe ins* Wohnzimmer.

   a. Ich bin im Wohnzimmer.   d. Ich bin im Zimmer.

   b. Ich bin im Dorf.   e. Ich bin im Eßzimmer.

   c. Ich bin im Haus.   f. Ich bin im Gasthaus.

6. Beispiel: *in die Küche*   Karl geht jetzt *in die Küche.*

   a. in die Küche   d. in die Schule

   b. in die Stadt   e. in die Garage

   c. in die Kirche   f. in die Fabrik

7. Beispiele: Geht er jeden Tag in die Schule?   Ja, er geht jeden Tag in die Schule.
Fahren Sie jetzt in die Stadt?   Ja, ich fahre jetzt in die Stadt.

   a. Geht er jeden Tag in die Schule?

   b. Fahren Sie jetzt in die Stadt?

   c. Gehen Sie am Sonntag in die Kirche?

   d. Geht Frau Schmidt in die Küche?

   e. Gehen die Arbeiter morgens in die Fabrik?

8. Beispiel: Wohin gehen Sie heute? (*Fabrik*)   Ich gehe heute in die Fabrik.

    a. Wohin gehen Sie heute? (Fabrik)
    b. Wohin geht Anneliese Neumann? (Schule)
    c. Wohin fahren die Studenten morgen? (Stadt)
    d. Wohin gehen Sie am Sonntag? (Kirche)
    e. Wohin fährt Herr Neumann? (Stadt)

9. Beispiel: Er *ist* in *der* Schule.   Er *geht* in *die* Schule.

    a. Er ist in der Schule.   d. Er ist um zehn Uhr in der Kirche.
    b. Er ist jetzt in der Stadt.   e. Er ist um neun Uhr in der Möbelfabrik.
    c. Er ist heute in der Fabrik.   f. Er ist in der Küche.

10. Beispiele: *die Schule*   Ich gehe jetzt *in die Schule.*
              ** *das Dorf*   Ich gehe jetzt *ins Dorf.***

    a. die Schule   f. die Stadt
    b. das Dorf   g. das Institut
    c. die Kirche   h. das Haus
    d. das Kino   i. die Küche
    e. die Fabrik   j. das Eßzimmer

11. Beispiele: *Stadt*   Wir möchten *in die Stadt* gehen.
              ** *Wohnzimmer*   Wir möchten *ins Wohnzimmer* gehen.***

    a. Stadt   f. Dorf
    b. Wohnzimmer   g. Fabrik
    c. Möbelfabrik   h. Schule
    d. Kino   i. Haus
    e. Institut   j. Gasthaus

12. Beispiele: Ich *bin* in *der* Kirche.   Ich *gehe* in *die* Kirche.
              ** Ich *bin im* Dorf.   Ich *gehe ins* Dorf.**

    a. Ich bin in der Kirche.   e. Ich bin jetzt im Wohnzimmer.
    b. Ich bin im Dorf.   f. Ich bin morgens in der Schule.
    c. Ich bin in der Stadt.   g. Ich bin in der Küche.
    d. Ich bin in der Fabrik.   h. Ich bin oft im Gasthaus.

13. Beispiel: er sitzt (*Wohnzimmer*)   Er sitzt im Wohnzimmer.

    a. er sitzt (Wohnzimmer)   d. er arbeitet (Haus)
    b. er arbeitet (Zimmer)   e. er wohnt (Dorf)
    c. er ist (Kino)   f. er liegt (Bett)

14. Beispiel: wir wohnen (*Stadt*)   **Wir wohnen in der Stadt.**

a. wir wohnen (Stadt)   c. wir arbeiten (Fabrik)
b. wir sitzen (Kirche)   d. wir lernen (Schule)

15. Beispiele: *Schule*   **Ich arbeite** *in der Schule.*
                  Dorf   **Ich arbeite** *im Dorf.*

a. Schule   e. Stadt
b. Dorf   f. Küche
c. Wohnzimmer   g. Fabrik
d. Klassenzimmer   h. Zimmer

16. Beispiele: **Wohin geht er jeden Tag?** (*Fabrik*)   **Er geht jeden Tag in die Fabrik.**
                  Wo wohnt er jetzt? (*Dorf*)   **Er wohnt jetzt im Dorf.**

a. Wohin geht er jeden Tag? (Fabrik)   f. Wo arbeitet er oft? (Wohnzimmer)
b. Wo wohnt er jetzt? (Dorf)   g. Wohin geht er am Sonntag? (Kirche)
c. Wohin geht er oft? (Kino)   h. Wohin fährt er heute? (Dorf)
d. Wohin fährt er morgen? (Stadt)   i. Wo lernt er Englisch? (Schule)
e. Wo sitzt er jetzt? (Küche)   j. Wo ist er jetzt? (Haus)

17. Beispiel: *mir*   **Sie gibt** *mir* **das Geld.**

a. mir   d. ihm
b. uns   e. ihnen (*them*)
c. Ihnen   f. ihr

18. Beispiel: *dem Mann*   **Ich habe** *dem Mann* **einen Scheck gegeben.**

a. dem Mann   d. der Wirtin
b. der Frau   e. dem Wirt
c. dem Mädchen   f. meinem Wirt

19. Beispiele: **Ich habe** *der Frau* **einen Brief geschrieben.**   **Ich habe** *ihr* **einen Brief geschrieben.**

Ich habe *dem Mann* **einen Brief geschrieben.**   **Ich habe** *ihm* **einen Brief geschrieben.**

a. Ich habe der Frau einen Brief geschrieben.
b. Ich habe dem Mann einen Brief geschrieben.
c. Ich habe der Studentin einen Brief geschrieben.
d. Ich habe dem Amerikaner einen Brief geschrieben.
e. Ich habe den Leuten einen Brief geschrieben.
f. Ich habe den Studenten einen Brief geschrieben.

20. Beispiel: **Wem** (*to whom*) **haben Sie das Geld**   **Ich habe dem Mann das Geld**
              gegeben? (*Mann*)   **gegeben.**

   a. Wem haben Sie das Geld gegeben? (Mann)
   b. Wem haben Sie den Brief geschrieben? (Frau)
   c. Wem geben Sie den Scheck? (Wirtin)
   d. Wem möchten Sie einen Brief schreiben? (Eltern)
   e. Wem wollen Sie das Buch geben? (Studentin)
   f. Wem müssen Sie den Scheck geben? (Wirt)

21. Beispiel: *die Dame*   **Ich sehe** *die Dame* **an.**

   a. die Dame   d. die Leute
   b. den Wagen   e. ihn
   c. den Mann   f. sie (*her*)

22. Beispiele: *er*   *Er sieht* **den Volkswagen an.**
              wir   *Wir sehen* **den Volkswagen an.**

   a. er   d. sie (*they*)
   b. wir   e. sie (*she*)
   c. die Wirtin   f. die Studenten

23. Hören Sie zu (*listen*) **und beantworten Sie dann die Fragen!**

   a. Herr Brown will heute abend vorbeikommen.
      (1) Wer will heute abend vorbeikommen?
      (2) Wann will er vorbeikommen?
      (3) Kommt er heute abend oder morgen vorbei?
   b. Eine schöne Dame geht vorbei, und Herr Brown sieht sie an.
      (1) Wer geht vorbei?
      (2) Wen (*whom*) sieht Herr Brown an?
      (3) Sieht sie Herrn Brown an?

Fragen

1. Gehen Sie heute abend ins Kino oder in die Schule?
2. Wohin geht der Professor jetzt?
3. Wem haben Sie einen Brief geschrieben?
4. Arbeitet das Mädchen im Dorf oder in der Stadt?
5. Essen wir heute abend im Gasthaus?
6. Wohin gehen Sie heute abend?
7. Wohin fährt Herr Neumann jeden Tag?
8. Geben Sie dem Mädchen das Buch?
9. Was möchten Sie mir geben?
10. Wo essen Sie gern?
11. Wer geht jeden Tag vorbei?
12. Wo wohnen Sie?
13. Kommen Sie heute abend vorbei?
14. Ist die Wirtin im Garten oder in der Küche?
15. Wieviel geben Sie der Wirtin für das Zimmer?
16. Haben Sie die Landkarte angesehen?

Ein Kino

Dialog:

Im Gasthaus

Alle Studenten essen mittags und abends im Gasthaus „Zum Schwarzen Roß". An einem Tisch sitzen eines Abends Fräulein Moreau, Fräulein Jensen und Herr Brown. Sie warten schon lange auf den Kellner.

JENSEN   Es wird spät.

MOREAU   Ja, der Kellner geht immer an uns vorbei.

BROWN   Er ist sehr beschäftigt, denn es sind so viele Touristen heute abend im Gasthaus.

MOREAU   Hoffentlich kommen wir nach dem Essen noch rechtzeitig ins Kino.

JENSEN   Im „Palast" spielt ein Kriegsfilm. Möchten Sie ihn sehen?

MOREAU   Ich sehe ungern Kriegsfilme. Gehen wir lieber in den „Weltspiegel".

BROWN   Im „Weltspiegel" spielt ein Film aus Ägypten.

JENSEN   Eben kommt der Kellner.

● ● ●

KELLNER   Warten Sie schon lange?

JENSEN   Nicht zu lange, Herr Ober.

KELLNER   Es tut mir leid, daß . . .

JENSEN (*unterbricht ihn*)   Aber jetzt sind wir in Eile, denn um acht wollen wir ins Kino.

BROWN   Was empfehlen Sie, Herr Ober? Sie bieten uns wirklich eine große Auswahl an.

KELLNER   Es gibt sehr guten Sauerbraten und Kartoffelklöße.

BROWN   Das esse ich immer gern. Bringen Sie mir bitte Rotkohl dazu, aber vorher möchte ich gern eine Gemüsesuppe.

KELLNER   Und was bestellen die Damen?

MOREAU   Wir möchten dasselbe, bitte.

KELLNER   Und zum Nachtisch?

JENSEN   Bringen Sie uns bitte Vanilleeis und Kaffee.

At the Inn

All the students eat at noon and in the evening at the Black Horse Inn. One evening Miss Moreau, Miss Jensen, and Mr. Brown are sitting at a table. They have already waited a long time for the waiter.

JENSEN   It's getting late.

MOREAU   Yes, the waiter keeps going past us.

BROWN   He's very busy, because there are so many tourists in the inn this evening.

MOREAU   I hope we'll still get to the movie on time after eating.

JENSEN   A war film is playing at the Palace. Would you like to see it?

MOREAU   I don't like to see war films. Let's go to the World Mirror instead.

BROWN   An Egyptian film is playing at the World Mirror.

JENSEN   Here comes the waiter now.

● ● ●

WAITER   Have you been waiting long?

JENSEN   Not too long.

WAITER   I'm sorry that . . .

JENSEN (*interrupts him*)   But we are in a hurry now, because we want to go to the movie at eight.

BROWN   Waiter,* what do you recommend? You really offer us a wide choice.

WAITER   We have very good sauerbraten** and potato dumplings.

BROWN   I always like to eat that. Bring me some red cabbage with it, please; but first I would like some vegetable soup.

WAITER   And what will the ladies order?

MOREAU   We would like the same, please.

WAITER   And for dessert?

JENSEN   Please bring us some vanilla ice cream and coffee.

Fragen über den Dialog

1. Wo sitzen die drei Studenten?
2. Wird es spät?
3. Wer geht an den Studenten vorbei?
4. Ist der Kellner sehr beschäftigt?
5. Wo essen viele Touristen?
6. Gehen die Studenten nach dem Essen ins Theater oder ins Kino?
7. Wo spielt ein Kriegsfilm?
8. Was sieht Fräulein Moreau ungern?
9. Was spielt im „Weltspiegel"?
10. Was fragt der Kellner?
11. Was gibt es heute abend?
12. Bestellt Herr Brown Kartoffelsuppe oder Gemüsesuppe?

---

* There is no exact English equivalent for the expression **Herr Ober,** which is a shortened form for **Herr Oberkellner,** or "headwaiter." One should always address not only the headwaiter but all waiters as **Herr Ober.**

** **Sauerbraten** has no English equivalent. It is beef marinated in vinegar or wine and spices and then braised.

13. Ist die Auswahl groß oder klein?

14. Was bestellen die Mädchen zum Nachtisch?

15. Wer ißt gern Sauerbraten und Kartoffelklöße?

16. Wohin gehen die Studenten nach dem Essen?

Lesestück:

Das Gasthaus in Deutschland

In den Dörfern und Städtchen Deutschlands[1] steht das Gasthaus oder Wirtshaus noch immer im Mittelpunkt des[2] gesellschaftlichen Lebens. Nach dem Abendessen geht man gern ins Gasthaus. Dort findet man Freunde, Nachbarn und Arbeitskollegen. Man bestellt ein Glas Bier oder Wein, erzählt Witze und spricht den ganzen Abend über
5   Politik, die Jugend von heute und das Defizit bei der Bundesbahn.

Viele Männer gehen jahraus, jahrein ins Gasthaus. Man wird Stammgast, wenn man lange dasselbe Lokal besucht. Stammgäste sitzen immer an demselben Tisch, spielen Karten und trinken langsam ihr Bier oder ihren Wein. Man nennt diesen Tisch einen Stammtisch, und darauf sieht man eine Karte mit dem Wort „Stammtisch".
10   Andere Gäste müssen sich einen anderen Tisch suchen. In manchen Städtchen gibt es jetzt auch Stammtische für Frauen.

„Gaststätte" ist das Sammelwort für Speisewirtschaften aller Art. Ein Lokal ist dasselbe wie eine Gaststätte. Ein Wirtshaus ist gewöhnlich eine Bierwirtschaft. In der Schenke und in der Kneipe trinkt man meistens Getränke wie Bier und Wein. Das
15   Gasthaus und das Restaurant sind Speisewirtschaften, aber oft ist das Restaurant etwas eleganter als das Gasthaus. Im Hotel und im Gasthof kann man nicht nur essen und trinken, sondern auch übernachten.

Es gibt oft interessante und komische Namen für Gaststätten: „Zum Wilden Mann", „Zum Brand", „Zum Blauen Affen", „Die Goldene Rose", „Die Bunte Kuh",
20   „Die Bärenhöhle",[3] „Bach-Lenz" u.a.m. Der Wirt im Gasthaus „Bach-Lenz" heißt Lenz, und das Gasthaus steht an einem Bach.

Im Vergleich zu manchen amerikanischen Wirtschaften in kleinen Dörfern bietet der deutsche Gastwirt dem Gast oft eine größere Auswahl von Gerichten an. Der Ausländer sieht die Speisekarte an und ist über die Auswahl und die Verschiedenheit
25   der[4] Gerichte erstaunt. Auch ist die Weinkarte manchmal erstaunlich groß und weist auf viele Weinsorten im Keller. Zum Beispiel, das Gasthaus „Zum Blauen Affen" ist nur eine kleine süddeutsche Wirtschaft mit sechs oder sieben Tischen und hat nicht viele Gäste, aber man kann doch über fünfhundert Weinsorten auf der Weinkarte zählen.

---

[1] **Deutschlands**   of Germany
[2] **des**   of (the)
[3] **Zum Wilden ... Bärenhöhle**   Wild Man Inn,

Fire Inn, Blue Monkey Inn, The Golden Rose,
The Spotted Cow, The Bear's Den
[4] **der**   of (the)

Lokal in Heidelberg

Wortschatz

Abend: **eines Abends** *one evening*
das **Abendessen,** – *evening meal*
(das) Ägypten *Egypt*
als *than, as*
am = an dem
amerikanisch (*adj.*) *American*
an *by*
der Arbeitskollege, –n *fellow worker*
die **Art,** –en *kind, sort;* aller Art *of all kinds*
Ausland: **ins Ausland fahren** *to go abroad*
die Auswahl, –en *selection*
der **Bach,** ⸚e *brook, creek*
Beispiel: **zum Beispiel** *for example*
beschäftigt *busy, occupied*
das **Bier** *beer*
die Bierwirtschaft, –en *tavern*
die Bundesbahn *Federal Railway*
darauf *on it, them, or that*
dazu *in addition to, besides; with it*
das Defizit, –e *deficit*
derselbe, dieselbe, dasselbe,
  (*plur.*) **dieselben,** (*dat.*) **demselben**
  the same
deutsch(e) (*adj.*) *German*
eben *now, just now, just*
die Eile *haste;* **in Eile** *in a hurry*
elegant *elegant*
erstaunlich *surprising, astonishing*
erstaunt *astonished, surprised*

das **Essen,** – *meal*
fünfhundert *five hundred*
die Garage, –n *garage*
der **Gast,** ⸚e *guest, customer*
der Gasthof, ⸚e *hotel, inn*
die Gaststätte, –n *eating establishment, inn*
der Gastwirt, –e *innkeeper*
die **Gemüsesuppe** *vegetable soup*
das Gericht, –e *dish, course*
gesellschaftlich *social;* des gesellschaftlichen Lebens *of social life*
das **Getränk,** –e *drink, beverage*
groß *large, big, tall;* **größer** *larger*
her (*denotes direction toward the speaker*) *here, to this place, this way*
das **Hotel,** –s *hotel*
im = in dem
jahraus, jahrein *year in, year out*
die **Jugend** *youth, young people*
die **Karte,** –n *card*
der Kartoffelkloß, ⸚e *potato dumpling*
die **Kartoffelsuppe** *potato soup*
der **Keller,** – *cellar*
der **Kellner,** – *waiter;* die **Kellnerin,** –nen *waitress*
die Kneipe, –n *tavern*
komisch *funny, comical*
der **Kriegsfilm,** –e *war film*
leid: **es tut mir leid** *I am sorry*

[132]

lieber *rather, preferably*
das **Lokal,** -e *tavern, restaurant, nightclub*
manch(-er, -e, -es) *many a, many a one, some*
meistens *usually, generally*
der **Mercedes,** - *German automobile*
mittags *at noon*
der **Mittelpunkt,** -e *center, midpoint*
(das) München *Munich, capital of Bavaria*
nach *to; toward;* **ich fahre nach Rosenheim** *I am going to Rosenheim*
der **Nachbar,** -n/die **Nachbarin,** -nen *neighbor*
der **Nachtisch,** -e *dessert;* **zum Nachtisch** *for dessert*
der **Ober(kellner),** - *headwaiter, waiter*
der **Palast,** -e *palace*
die Politik *politics*
rechtzeitig *on time*
das **Roß,** (*plur.*) Rosse *horse, steed,* das Gasthaus „Zum Schwarzen Roß" *Black Horse Inn*
der **Rotkohl** *red cabbage*
das **Sammelwort,** -er *collective noun*
der **Sauerbraten** *sauerbraten*
der **Scheck,** -s *check*
die **Schenke,** -n *tavern*
schwarz *black*
sechst- *sixth*
die Speisekarte, -n *menu*
die Speisewirtschaft, -en *restaurant, eating establishment*
das **Städtchen,** - *small town*
der **Stammgast,** -e *regular customer of an inn*
der **Stammtisch,** -e *table reserved for regular customers of an inn*
süddeutsch (*adj.*) *South German*
das **Theater,** - *theater*
u.a.m. = und andere mehr *and many others*
über *at; over, above*
ungern(e) *unwillingly, reluctantly*
das **Vanilleeis** *vanilla ice cream*
der **Vergleich,** -e *comparison;* im Vergleich zu *in comparison to*
Verschiedenes *various things, miscellany*
die **Verschiedenheit,** -en *variety, diversity*
der **Volkswagen,** - (VW) *German automobile*
der **Wagen,** - *car, automobile*

der **Wein,** -e *wine*
die Weinkarte, -n *wine list*
die Weinsorte, -n *kind or variety of wine*
der „**Weltspiegel**" *World Mirror (movie theater)*
wenn *if, when, whenever*
wer: (*dat.*) **wem** *to or for whom;* (*acc.*) **wen** *whom*
der **Wirt,** -e *innkeeper, host, landlord*
die Wirtschaft, -en *inn, tavern*
das Wirtshaus, -er *inn*
der **Witz,** -e *joke*
wohin *where, where to, to what place, whither*
das **Wort,** -er *word*
zum = zu dem

anbieten, angeboten *to offer*
†**ankommen** *to arrive*
anreden *to address, speak to*
ansehen (sieht an), angesehen *to look at;* er sieht (sich) den Mercedes an *he is looking at the Mercedes*
beantworten *to answer*
bestellen *to order*
empfehlen (empfiehlt), empfohlen *to recommend*
†**herkommen** *to come here or to this place*
†**hinfahren (fährt hin)** *to drive, travel there or to that place*
†**hingehen** *to go there or to that place*
suchen (nach) *to seek, look for*
übernachten *to stay overnight*
unterbrechen (unterbricht), unterbrochen *to interrupt*
†**vorbeifahren (fährt vorbei)** *to drive past, ride past*
†**vorbeigehen** *to go past, go by;* wer geht an den Studenten vorbei? *who is going past the students?*
†**vorbeikommen** *to come past, stop in*
warten (auf) *to wait (for);* **sie warten auf den Kellner** *they are waiting for the waiter*
weisen, gewiesen (auf) *to indicate, point out*
†**werden (wird)** *to become, get;* **es wird spät** *it is getting late*
zählen *to count*
zuhören *to listen (to)*

Weitere Übungen

1. Read the following sentences, using the correct form of the verb in parentheses:

    a. Der Kellner steht an dem Tisch.   (vorbeigehen)

    b. Fräulein Moreau wohnt bei Frau Schmidt.   (vorbeikommen)

    c. Wann fährt der Zug?   (ankommen)

    d. Diese Gaststätte hat eine große Auswahl von Gerichten.   (anbieten)

    e. Wann will Herr Brown arbeiten?   (vorbeikommen)

    f. Wir haben die Landkarte gesehen.   (ansehen)

2. Answer the following questions with complete sentences, using the words in parentheses:

    a. Wohin gehen Sie?   (Kirche)

    b. Wo kann man übernachten?   (Wirtshaus)

    c. Wohin möchten Sie gehen?   (Gasthof)

    d. Wo ist die Wirtin?   (Küche)

    e. Ist er Kellner?   (ja, Schenke)

    f. Wo wollen Sie heute abend essen?   (Restaurant)

    g. Wo kann man ein Glas Bier bestellen?   (Kneipe)

    h. Wohin will er jetzt gehen?   (Schule)

    i. Gehen Sie ins Haus?   (nein, Garten)

3. Complete the following sentences, using the correct form of each of the words in parentheses:

    a. Ich schreibe _____ einen Brief.   (der Amerikaner, die Eltern, er)

    b. Der Gastwirt bietet _____ eine große Auswahl an.   (der Gast, die Gäste, ein Gast)

    c. Der Kellner bringt _____ die Gemüsesuppe.   (wir, die Studenten, die Studentinnen)

    d. Er hat _____ den Scheck gegeben.   (ein Mann, ich, die Wirtin)

    e. Ich kenne _____ im Lokal.   (die Leute, ein Kellner, der Stammgast)

    f. Wir möchten _____ ansehen.   (die Speisekarte, ein Volkswagen, eine Landkarte von Deutschland)

4. Answer the following questions with complete sentences:

    a. Worüber spricht man im Gasthaus?

    b. Wo spricht man über Politik?

    c. Was ist eine Kneipe?

    d. Was ist ein Sammelwort für Speisewirtschaften?

    e. Wo kann man Freunde und Arbeitskollegen finden?

    f. Ist eine Kneipe dasselbe wie eine Schenke?

    g. Was kann man im Gasthaus bestellen?

    h. Wer bringt dem Gast die Speisekarte?

    i. Wer sitzt immer an demselben Tisch?

    j. Wo sitzen die Stammgäste?

Sprechübungen

1. Tell the class that:

   a. you would like to go to a movie this evening
   b. you would like to eat in a restaurant this evening
   c. you are a waiter/waitress in a restaurant
   d. many tourists eat in the restaurant
   e. you are often very busy
   f. the restaurant offers a wide selection
   g. many customers (**Gäste**) are always in a hurry

2. Ask the student next to you:

   a. whether he/she likes war films
   b. whether he/she would like to go to a movie this evening
   c. whether a foreign film (**Film aus dem Ausland**) is playing
   d. whether he/she likes to eat sauerbraten
   e. whether he/she likes to talk about politics
   f. where he/she likes to eat
   g. what he/she likes to eat for dessert

*Das Parken wird immer
schwieriger*

Schriftliches

1. Use each of the following groups of words in a sentence. Change the form of the verb and add other words if necessary.

   a. Kino, rechtzeitig, kommen
   b. Kriegsfilm, „Weltspiegel", spielen
   c. möchte, vorher, Kartoffelsuppe
   d. Kneipe, sitzen, an demselben Tisch, Stammgäste
   e. Fabrik, um neun Uhr, gehen, müssen

2. Answer the following questions with complete sentences:

   a. Wer kommt heute abend bei Ihnen vorbei?
   b. Wohin gehen Sie gern nach dem Abendessen?
   c. Wem haben Sie gestern einen Brief geschrieben?
   d. Wohin gehen viele Männer jeden Abend?
   e. Was bietet der deutsche Gastwirt dem Gast an?

3. Write the following sentences in German:

   a. We have already waited a long time for the waiter.
   b. I would like to go to a movie tonight.
   c. We want to drive past the marketplace today.
   d. Did you look at the Volkswagen in front of the house?
   e. I work in a furniture factory, and my friend works in an inn.
   f. She doesn't like to see war films.
   g. Do you want to give the waiter the money now?

Ausspracheübungen

l: alle, Dialog, Italien, Lesestück, allein, viel, wohl, lange, vielleicht, alles

r: Frage, Frau, Fräulein, Aussprache, Amerika, richtig, sprechen, studieren, der, Doktor, Herr, wer, wir, er, dort, morgen, Uhr

ng: Übung, Übungen, Ding, jung, lang, lange, bringen, langsam

Verschiedenes

GASTHAUS ZUM SCHWARZEN ROSS

Schwarzhausen   Telefon: 08536–497

SPEISEKARTE

SUPPEN

Tagessuppe	DM	1,70
Fleischbrühe mit Ei		1,70
Gemüsesuppe		2,50
Hühnersuppe mit Reis		2,70
Schildkrötensuppe		3,40

SALATE

Kartoffelsalat	1,50
Kopfsalat oder Endiviensalat	2,–
Tomatensalat	2,–
Gurkensalat	2,30
Selleriesalat	2,80

FERTIGE SPEISEN

Kalbskopf gebacken mit Kartoffeln und Salatplatte	8,–
Schweinebraten mit Kartoffelklößen und Salatplatte	9,20
Kasseler Rippchen mit Sauerkraut und Pommes frites	9,70
Sauerbraten mit Kartoffelklößen und Rotkohl	10,40
Kalbshirn Wiener Art	10,60
Kalbfleisch mit Butterreis und Salat	11,30
Wiener Schnitzel mit Bratkartoffeln und Salatplatte	11,80
Rehschlegel mit Nudeln und Preiselbeeren	12,20
Omelette mit Geflügelleber und Salat	13,30
Rumpsteak mit Spätzle und gem. Salat	14,–
Forelle blau mit zerl. Butter und Salzkartoffeln	14,50

Für unsere kleinen Gäste:

Kinderschnitzel „Max und Moritz" mit Pommes frites und Salat	7,20
Kindergericht „Schneewittchen" (Kalbsgeschnetzeltes) mit Reis und Tomaten	7,20

WÜRSTE

Weißwürste, 1 Paar	2,40
Wiener Würste, 2 Paar	3,20
Bratwürste, 2 Paar	3,60
Schweinswürste, 2 Paar	3,80

EIERSPEISEN

Spiegeleier	2,30
Rühreier mit Schinken	3,50
Pfannkuchen - gefüllt	3,60
Speckpfannkuchen	4,40

NACHTISCHE

Apfelkompott	2,20
Aprikosen	2,40
Pfirsiche	2,80
Ananas mit Sahne	3,–
Frische Erdbeeren mit Sahne	4,50
Pflaumenkuchen	3,20
Obstkuchen	3,30
Nußtorte	3,70
Schwarzwälder Sahnetorte	3,80
Vanilleeis mit heißen Himbeeren	4,20
Eisbecher mit Früchten und Schlagsahne	4,80

zuzüglich Bedienung und Mehrwertsteuer

BLACK HORSE INN

Schwarzhausen

Telephone: 08536–497

MENU

SOUPS

Soup of the day	DM 1,70
Consommé with egg	1,70
Vegetable soup	2,50
Chicken soup with rice	2,70
Turtle soup	3,40

SALADS

Potato salad	1,50
Head lettuce or endive salad	2,00
Tomato salad	2,00
Cucumber salad	2,30
Celery root salad	2,80

READY TO SERVE

Baked calf's head with potatoes and salad plate	8,00
Roast pork with potato dumplings and salad plate	9,20
Smoked pork chops with sauerkraut and French fries	9,70
Sauerbraten with potato dumplings and red cabbage	10,40
Calf's brains Viennese style	10,60
Veal with buttered rice and salad	11,30
Breaded veal cutlet with fried potatoes and salad plate	11,80
Leg of venison with noodles and cranberries	12,20
Omelet with chicken livers and salad	13,30
Rumpsteak with noodles and mixed salad	14,00
Blue trout with melted butter and boiled potatoes	14,50

For our small guests:

Child's cutlet "Max and Moritz" with French fries and salad	7,20
Child's dish "Snow White" (chopped veal) with rice and tomatoes	7,20

SAUSAGES

White sausages, 2 links	2,40
Vienna sausages, 4 links	3,20
Fried pork sausages, 4 links	3,60
Pork sausages, 4 links	3,80

EGG DISHES

Fried eggs	2,30
Scrambled eggs with ham	3,50
Pancake with filling	3,60
Pancake with diced bacon	4,40

DESSERTS

Stewed apples	2,20
Apricots	2,40
Peaches	2,80
Pineapple with cream	3,00
Fresh strawberries with cream	4,50
Plum cake	3,20
Fruit cake	3,30
Nut torte	3,70
Black Forest cream torte	3,80
Vanilla ice cream with hot raspberries	4,20
Ice cream cup with fruit and whipped cream	4,80

Service and value-added tax additional

[138]

Grammatik

A. The Dative Case of the Definite and Indefinite Article

You have already seen the personal pronouns used in the dative case as indirect objects. Since nouns are also used as indirect objects, it is necessary for you to know the dative forms of the definite and indefinite articles that accompany nouns.

	Singular			*Plural*
	MASCULINE	FEMININE	NEUTER	ALL GENDERS
DEFINITE ARTICLE	dem	der	dem	den
INDEFINITE ARTICLE	einem	einer	einem	

Der Kellner bringt **dem Gast** die Speisekarte.
(*masc., dat.*)
Ich habe **einem Studenten** gute Ratschläge gegeben.
(*masc., dat.*)
Er hat **der Studentin** einen Brief geschrieben.
(*fem., dat.*)
Schreiben Sie **dem Mädchen** eine Postkarte?
(*neut., dat.*)
Das Gasthaus bietet **den Gästen** eine große Auswahl an.
(*plur., dat.*)

Self-testing 1

Complete the following sentences with the correct form of the expression in parentheses:

a. Wir haben _____ einen langen Brief geschrieben. (der Professor)
b. Ich habe _____ das Buch gegeben. (er)
c. Sie hat es _____ geschrieben. (ein Freund)
d. Er hat es _____ gesagt. (ich)
e. Ich empfehle es _____. (Sie)
f. Die Studenten haben es _____ geschrieben. (die Eltern)
g. Die Wirtin hat es _____ gesagt. (die Studenten)
h. Der Kellner bringt _____ die Speisekarte. (die Frau)
i. Ich habe _____ den Scheck gegeben. (eine Freundin)
j. Haben Sie _____ gute Ratschläge gegeben? (die Studentinnen)

B. Monosyllabic Nouns in the Dative Case

Monosyllabic (one-syllable) masculine and neuter nouns may add the ending **-e** in the dative case of the singular. The use of this ending is optional and does not change the meaning or function of the noun in the sentence.

	MASCULINE	NEUTER
DATIVE	dem Brief(**e**)	dem Land(**e**)
	einem Mann(**e**)	einem Haus(**e**)

C. The Dative Case of Plural Nouns

The ending **-n** is added to the plural of all nouns in the dative case except those nouns forming the plural with **-en, -n,** or **-s.**

PLURAL

NOMINATIVE	die Berichte	die Häuser	die Fenster
DATIVE	den Bericht**en**	den Häuser**n**	den Fenster**n**

Exceptions

NOMINATIVE	die Übungen	die Küchen	die Sofas
DATIVE	den Übungen	den Küchen	den Sofas

D. The Preposition **In**

In English the object of any preposition is in the objective case, regardless of the use of the preposition.

> *I did it for **her.***
> *He gave it to **me.***
> *He gave it to **John** and **me.***
> *We are going into **the house.***
> *I live in **Chicago.***

In German, there is a group of prepositions that can take an object in either the dative or the accusative case. The preposition **in** is typical of this group.* The accusative case is required for the prepositional object when the verb denotes motion toward a goal. When no motion toward a goal is expressed, the object of the preposition **in** is in the dative case.

MOTION   (accusative)

Wohin gehen Sie?	Ich gehe **in das Haus.**
Wohin fahren Sie?	Ich fahre **in die Stadt.**
Geht er jetzt **ins Dorf?**	Nein, er geht jetzt **in den Garten.**

NO MOTION   (dative)

Wo ist er?	Er ist **in dem Haus(e).**
Wo wohnen Sie jetzt?	Ich wohne **in der Blumenstraße.**
Wohnt die Familie **in der Stadt?**	Nein, die Familie wohnt **in einem Dorf(e).**

You will observe that the interrogative **wohin** is used in questions containing verbs of motion toward a goal; thus, the preposition **in** with its accusative object often answers a question beginning with **wohin**.

Wohin gehen Sie?   Ich gehe **in die Kirche.**

The interrogative **wo** is often used in questions containing verbs that do not express motion toward a goal; thus, the preposition **in** with its dative object often answers a question beginning with **wo**.

Wo ist Frau Schmidt?   Sie sitzt **in dem Wohnzimmer.**

The preposition **in** and the definite article often combine to form two contractions. The contractions do not change the meaning.

in + dem = im
in + das = ins

Er sitzt **in dem** Zimmer. = Er sitzt **im** Zimmer.
Wir gehen **in das** Theater. = Wir gehen **ins** Theater.

---

* The other prepositions in this group are discussed in **Lektion** 11.

In den Bayerischen Alpen

Self-testing 2

1. Introduce the following questions with **wo** or **wohin**:

   a. _____ geht er?

   b. _____ wohnen Sie jetzt?

   c. _____ arbeitet sie am Montag?

   d. _____ müssen wir morgen gehen?

   e. _____ ist meine Wirtin?

   f. _____ fährt der Zug?

   g. _____ haben Sie das gelesen?

   h. _____ wollen Sie übernachten?

2. Supply the correct form of the prepositional objects:

   a. Fährt sie in _____ ? (die Stadt)

   b. Wir fahren morgen in _____ . (das Dorf)

   c. Ich arbeite in _____ . (eine Fabrik)

   d. Wir wollen in _____ essen. (das Gasthaus)

   e. Ich habe in _____ übernachtet. (der Gasthof)

   f. Ich habe ihn in _____ gesehen. (das Kino)

   g. Er will morgen in _____ fahren. (die Stadt)

   h. Sie wartet in _____ . (das Wohnzimmer)

   i. Wir gehen morgen in _____ in _____ . (eine Kirche) (die Sonnenstraße)

   j. Haben Sie das in _____ gelesen? (ein Buch)

E. Verbs with Inseparable Prefixes

In **Lektion** 3, you learned that the past participle does not have the prefix **ge-** if the verb begins with **be-, er-,** or **ver-**. These are called inseparable prefixes and always appear as the first syllable of every form of the verb. All forms of **verstehen,** for example, will begin with **ver-**. Verbs with inseparable prefixes have the stress on the stem of the infinitive and not on the inseparable prefix: **besúchen, bekómmen, vergéssen, verkáufen.**

F. Verbs with Separable Prefixes

Some German verbs, such as **anbieten** and **vorbeigehen,** have stressed prefixes. These prefixes are often separated from the conjugated part of the verb and are called separable prefixes. The separable prefix is usually at the end of a simple sentence.

Der Gastwirt **bietet** dem Gast eine große Auswahl von Gerichten **an.**
Ich **gehe** an ihm **vorbei.**
Kommen Sie heute abend bei uns **vorbei**?
Sie **sieht** die Wirtin erstaunt **an.**
Wir **kommen** in Rosenheim um neun Uhr **an.**

In the formation of the infinitive and the past participle of separable verbs—that is, verbs with separable prefixes—the prefix remains attached.

INFINITIVE

Ich kann ihm eine große Auswahl **anbieten.**
Wir möchten an der Kirche **vorbeigehen.**
Wollen Sie bei uns **vorbeikommen**?
Er will es morgen **ansehen.**

PAST PARTICIPLE

Er hat mir alles **angeboten.**
Ich habe die Landkarte schon **angesehen.**
Der Professor hat uns für morgen viel **aufgegeben.**
Wir haben dem Bericht **zugehört.**

In English, the verb "go" used with "there" denotes motion away from the speaker. The verb "come" used with "here" suggests motion toward the speaker.

When are you going there (to that place)?
Please come here (to this place).

In German, the separable prefixes **hin** and **her** perform a similar function. **Hin** denotes motion away from the speaker, while **her** indicates motion toward the speaker. The location of **hin** and **her** in the sentence is like that of other separable prefixes.

hin

Wann **gehen** Sie **hin?**   *When are you going there (to that place)?*
Wir wollen heute **hinfahren.**   *We want to drive there today.*

her

Kommen Sie bitte **her!**   *Please come here (to this place).*
Wann **kommt** er **her?**   *When is he coming here?*

Self-testing 3

1. Give the infinitives of the verbs in the following sentences:

   a. Er hat die Landkarte schon angesehen.
   b. Sie sehen mich erstaunt an!
   c. Das Gasthaus bietet uns immer eine große Auswahl an.
   d. Wo kommen Sie her?
   e. Sie kommt heute abend vorbei.
   f. Ich möchte an dem Kloster vorbeifahren.
   g. Der Zug kommt um zehn Uhr an.

2. Using the following word groups, construct sentences with the correct form of the separable verb in the tense indicated:

   a. er/ ansehen (*present perfect*)/ das Haus/ nicht
   b. sie (*she*)/ vorbeikommen (*present*)/ heute abend/ bei mir
   c. der Arbeiter/ müssen (*present*)/ jeden Tag/ an dem Gasthof/ vorbeigehen
   d. wir/ anbieten (*present*)/ ihm/ viele Weinsorten
   e. wann/ ankommen (*present*)/ der Zug?
   f. ich/ anreden (*present perfect*)/ ihn/ nicht
   g. um wieviel Uhr/ hinfahren (*present*)/ er?
   h. wollen (*present*)/ herkommen/ Sie/ jetzt?

Answers to Self-testing

Self-testing 1

a. dem Professor
b. ihm
c. einem Freund
d. mir
e. Ihnen

f. den Eltern
g. den Studenten
h. der Frau
i. einer Freundin
j. den Studentinnen

Self-testing 2

1. a. wohin
   b. wo
   c. wo
   d. wohin

   e. wo
   f. wohin
   g. wo
   h. wo

2. a. die Stadt
   b. das Dorf
   c. einer Fabrik
   d. dem Gasthaus
   e. dem Gasthof

   f. dem Kino
   g. die Stadt
   h. dem Wohnzimmer
   i. eine Kirche, der Sonnenstraße
   j. einem Buch

Self-testing 3

1. a. ansehen
   b. ansehen
   c. anbieten
   d. herkommen

   e. vorbeikommen
   f. vorbeifahren
   g. ankommen

2. a. Er hat das Haus nicht angesehen.
   b. Sie kommt heute abend bei mir vorbei.
   c. Der Arbeiter muß jeden Tag an dem Gasthof vorbeigehen.
   d. Wir bieten ihm viele Weinsorten an.
   e. Wann kommt der Zug an?
   f. Ich habe ihn nicht angeredet.
   g. Um wieviel Uhr fährt er hin?
   h. Wollen Sie jetzt herkommen?

7

SIEBTE LEKTION

Grammatische Ziele:

Possessivattribute im Nominativ, Possessive adjectives in the nominative,
    Dativ und Akkusativ   the dative, and the accusative cases
Vertrauliche Anredeformen   The familiar forms of address

In the dialogue, Paul Jones and Robert Brown talk about Annette Moreau and also discuss a trip to Munich.

In the reading selection, Annette answers her landlady's questions about Robert and tells of her plans to go to Salzburg with Inge Jensen.

Einführende Beispiele

Anschauungsmaterial:
    ein Buch
    eine Uhr
    zwei Bleistifte
    ein Kugelschreiber

1. Hier ist ein Buch.
   Es ist mein Buch.
   Da ist Ihr Buch.
   Ist das mein Buch?
      Ja, das ist Ihr Buch.

2. Hier sitzt Herr _____.
   Das ist sein Buch.
   Ist das sein Buch?
   Ja, das ist sein Buch.

3. Herr _____, da ist Ihre Uhr.
   Hier ist meine Uhr.
   Ist das meine Uhr?
   Ja, das ist Ihre Uhr.

4. Hier ist mein Bleistift.
   Herr _____, das ist Ihr Bleistift.
   Ist das Ihr Bleistift?
   Ja, das ist mein Bleistift.
   Ist das mein Bleistift oder sein Bleistift?
   Das ist Ihr Bleistift.

5. Meine Bleistifte sind auf dem Tisch.
   Ich weiß nicht, wo Ihre Bleistifte sind.
   Wo sind meine Bleistifte?
   Ihre Bleistifte sind auf dem Tisch.

6. Ich habe einen Kugelschreiber
   Ich gebe Fräulein _____ meinen Kugelschreiber.
   Wer hat jetzt meinen Kugelschreiber?
   Fräulein _____ hat jetzt Ihren Kugelschreiber.

7. Meine Frau und ich haben einen Wagen.
   Unser Wagen ist blau.
   Ist unser Wagen grün oder blau?
   Ihr Wagen ist blau.

8. Fräulein _____ hat ein Buch und eine Uhr.
   Sie hat auch einen Bleistift.
   Das ist ihr Buch, ihre Uhr und ihr Bleistift.
   Ist das mein Bleistift oder ihr Bleistift?
   Das ist ihr Bleistift.
   Ist das ihre Uhr?
   Ja, das ist ihre Uhr.

9. Herr und Frau Schmidt haben einen Sohn und eine Tochter.
   Ihre Tochter heißt Ursula.
   Wie heißt ihre Tochter?
   > *Ihre Tochter heißt Ursula.*
   Ihr Sohn arbeitet fleißig.
   Wer arbeitet fleißig?
   > *Ihr Sohn arbeitet fleißig.*

● ● ●

10. Herr Jones kennt Robert Brown jetzt schon sehr gut.
    Sie sind gute Freunde.
    Paul Jones nennt ihn Robert und sagt „du" zu ihm.
    Er fragt Robert: „Wohin gehst du heute abend?"
    Was fragt er Robert?
    > *Er fragt Robert: „Wohin gehst du heute abend?"*

11. Karl Neumann sagt zu Anneliese: „Ich habe dich gestern im Kino gesehen."
    Was sagt Karl zu ihr?
    > *Karl sagt zu ihr: „Ich habe dich gestern im Kino gesehen."*

12. Er fragt: „Kommt Paul heute abend zu dir?"
    Was fragt er?
    > *Er fragt: „Kommt Paul heute abend zu dir?"*

13. Herr und Frau Neumann kommen eben von dem Kino.
    Karl fragt seine Mutter und seinen Vater: „Habt ihr einen guten Film gesehen?"
    Was fragt Karl seine Eltern?
    > *Karl fragt seine Eltern: „Habt ihr einen guten Film gesehen?"*

14. Herr Neumann fragt Karl und Anneliese: „Wohin geht ihr heute abend?"
    Was fragt Herr Neumann seine Kinder?
    > *Herr Neumann fragt seine Kinder: „Wohin geht ihr heute abend?"*

15. Robert sagt zu Anneliese und Paul: „Ich habe euch im Kino gesehen."
    Was sagt Robert zu ihnen?
    > *Robert sagt zu ihnen: „Ich habe euch im Kino gesehen."*

Übungen

1. Beispiel: *mein*   Das ist *mein* Buch.

a. mein   d. ein
b. sein   e. dein
c. ihr (*her*)   f. unser

2. Beispiel: *sein*   Hier ist *sein* Wagen.

a. sein   d. mein
b. unser   e. Ihr
c. ihr (*their*)   f. ihr (*her*)

3. Beispiel: *Ihre*   Wo ist denn *Ihre* Uhr?

a. Ihre   d. deine
b. seine   e. meine
c. ihre (*her*)   f. ihre (*their*)

4. Beispiel: *Wagen*   Mein *Wagen* ist nicht da.

a. Wagen   c. Buch
b. Nachbar   d. Freund

5. Beispiele: *Freund*   Wo ist *unser Freund?*
                   Aufgabe   Wo ist *unsere Aufgabe?*

a. Freund   d. Wirtin
b. Aufgabe   e. Buch
c. Wagen   f. Kellnerin

6. Beispiel: *deinen*   Hast du *deinen* Kugelschreiber gefunden?

a. deinen   c. einen
b. seinen   d. ihren (*her*)

7. Beispiel: *Ein* Wagen steht vor dem Hause.   *Sein* Wagen steht vor dem Hause.

a. Ein Wagen steht vor dem Hause.
b. Ein Hotel steht in der Blumenstraße.
c. Eine Frau geht an uns vorbei.
d. Ein Kind spielt auf der Straße.

8. **Beispiel: Ich habe *eine* Uhr gefunden.   Ich habe *meine* Uhr gefunden.**

    a. Ich habe eine Uhr gefunden.
    b. Ich habe heute ein Buch gelesen.
    c. Ich schreibe jetzt eine Übung.
    d. Ich habe einen Stuhl in die Küche getragen.

9. **Beispiel: Wir haben *einen* Freund in Bonn besucht.   Wir haben *unseren* Freund in Bonn besucht.**

    a. Wir haben einen Freund in Bonn besucht.
    b. Wir haben ein Hotel in der Gartenstraße gefunden.
    c. Wir wollen jetzt eine Aufgabe lesen.
    d. Wir haben einen Kellner im Gasthaus gefragt.

10. **Beispiel: Ich habe gestern *einen* Brief bekommen.   Ich habe gestern *deinen* Brief bekommen.**

    a. Ich habe gestern einen Brief bekommen.
    b. Eine Frau geht eben ins Haus.
    c. Ein Kind spielt vor dem Hause.
    d. Wir haben am Sonntag einen Freund besucht.

11. **Beispiel: Haben Sie Ihr Buch gefunden?   Ja, ich habe mein Buch gefunden.**

    a. Haben Sie Ihr Buch gefunden?
    b. Kennen Sie meinen Professor?
    c. Heißt deine Wirtin Schmidt?
    d. Versteht ihr eure Aufgabe für morgen?
    e. Ist das Ihr Wagen vor dem Hause?
    f. Hat er seinen Wagen gefahren (*driven*)?
    g. Steht euer Haus in der Gartenstraße?
    h. Haben Sie seinen Brief bekommen?
    i. Haben die Gäste ihren Kaffee getrunken?
    j. Wissen Sie, wo unser Freund ist?
    k. Weißt du, wo sein Wagen steht?

12. **Beispiel: Haben Sie meine Kellnerin gesehen?   Nein, ich habe Ihre Kellnerin nicht gesehen.**

    a. Haben Sie meine Kellnerin gesehen?
    b. Steht Ihr Haus am Stadtrand?
    c. Fährst du mit deinem Wagen?
    d. Sind deine Nachbarn zu Hause?
    e. Hat er unseren Wagen gefunden?
    f. Weißt du, wie seine Wirtin heißt?
    g. Kennen Sie unseren Professor?
    h. Wißt ihr, wo sein Haus steht?

13. Beispiele: Er fährt *den* Wagen.   Er fährt *seinen* Wagen.
**   Ich fahre *den* Wagen.   Ich fahre *meinen* Wagen.**

   a. Er fährt den Wagen.
   b. Ich fahre den Wagen.
   c. Wir haben den Wagen gefahren.
   d. Du hast die Arbeit gut gemacht.
   e. Ich habe mit der Nachbarin gesprochen.
   f. Ihr habt die Aufgabe nicht gelesen.
   g. Die Wirtin hat mit der Freundin gesprochen.
   h. Er will die Eltern besuchen.
   i. Ich muß die Übungen schreiben.

14. Beispiel: *verstehst*   *Verstehst* du deine Aufgabe?

   a. verstehst   c. hast
   b. schreibst   d. liest

15. Beispiel: *dir*   Hat er mit *dir* gesprochen?

   a. dir   c. ihm
   b. Ihnen   d. euch

16. Beispiel: *ins Kino*   Geht ihr zwei *ins Kino?*

   a. ins Kino   c. mit mir
   b. ins Lokal   d. in die Küche

17. Beispiel: *dich*   Die Wirtin kennt *dich* nicht.

   a. dich   c. euch
   b. mich   d. uns

18. Beispiel: *Du verstehst* ihn nicht.   *Ihr versteht* ihn nicht.

   a. Du verstehst ihn nicht.   f. Liest du alle Lesestücke?
   b. Du hast das gesehen, nicht wahr?   g. Trinkst du gern Kaffee?
   c. Willst du ins Kino gehen?   h. Du kennst meinen Professor, nicht wahr?
   d. Fährst du in die Stadt?   i. Du weißt schon, was das ist.
   e. Du hast die Aufgabe nicht gelesen.   j. Du gibst ihm das Geld, nicht wahr?

Fragen

1. Was haben Sie eben gefunden?
2. Was möchten Sie jetzt essen?
3. Ist Ihre Wirtin nett?
4. Lernen Sie gern Deutsch?
5. Was haben Sie in der Hand?
6. Haben Sie einen Brief oder eine Postkarte bekommen?
7. Haben Sie meinen Volkswagen gesehen?
8. Kennen Sie seine Nachbarn?
9. Ist das sein Haus oder ihr Haus?
10. Steht Ihr Wagen vor seinem Haus?
11. Was müssen Sie heute abend lernen?
12. Was lesen Sie gern?
13. Haben Sie den Scheck bekommen?
14. Was haben Sie geschrieben?

Dialog:

Was gibt es in München zu sehen?

JONES   Was hast du denn heute abend gemacht?

BROWN   Ich habe meine Deutschaufgabe gelernt. Unsere Schularbeiten werden jetzt wirklich sehr schwer.

JONES   Ja, sie nehmen viel Zeit in Anspruch. Hast du sie ganz allein gemacht?

BROWN   Nicht *ganz* allein . . . Meine Freundin hat mir ein bißchen geholfen.

JONES   Deine Freundin?

BROWN   Ja, Annette Moreau.

JONES   Ach so! Wie nett! Sie ist Französin, nicht wahr?

BROWN   Ja, Pariserin.

JONES   Hm . . . Sie ist aber charmant.

BROWN   Ja, das meine ich auch.   ● ● ●

JONES   Übrigens, ich fahre morgen nach München. Möchtest du mitkommen?

BROWN   Was gibt's* denn in München zu sehen?

JONES   Oh, das Deutsche Museum, die Frauenkirche, das Hofbräuhaus. Pedro Segovia fährt auch mit, denn er will dort seinen Vetter besuchen.

BROWN   Wann kommt ihr zurück? Samstag oder Sonntag?

JONES   Am Sonntag.

BROWN   Wie wollt ihr hinfahren? Mit dem Zug oder mit dem Wagen?

JONES   Mit dem Zug, denn mein Wagen muß in die Reparatur. Um zwei Uhr fährt ein D-Zug, womit viele Studenten oft fahren. Pack'** doch deine Zahnbürste ein und komm' mit!

BROWN   Danke, aber leider kann ich diesmal nicht, denn ich habe wirklich keine Zeit. Annette und ich . . . ich meine, *ich* muß dieses Wochenende mein Lehrbuch gründlich durcharbeiten.

---

* In colloquial speech, **es** is often contracted. The apostrophe indicates that a letter is omitted

** Again in colloquial speech, the final -e is often omitted from a verb used imperatively in the **du**-form.

What Is There to See in Munich?

JONES   What did you do tonight?

BROWN   I studied my German lesson. Our schoolwork is really getting very hard now.

JONES   Yes, it takes a lot of time. Did you do it all alone?

BROWN   Not *all* alone . . . My girl friend helped me a little.

JONES   Your girl friend?

BROWN   Yes, Annette Moreau.

JONES   Oh, I see! How nice! She's French, isn't she?

BROWN   Yes, Parisian.

JONES   Hm . . . She's very charming.

BROWN   Yes, I think so too.

● ● ●

JONES   By the way, I'm going to Munich tomorrow. Would you like to come along?

BROWN   What is there to see in Munich?

JONES   Oh, the German Museum, the Church of Our Lady, the **Hofbräuhaus.** Pedro Segovia is going too, because he wants to visit his cousin there.

BROWN   When are you coming back? Saturday or Sunday?

JONES   On Sunday.

BROWN   How are you going? By train or by car?

JONES   By train, because my car needs repairs. At two o'clock there is an express train that lots of students often take. Pack your toothbrush and come along!

BROWN   Thanks, but unfortunately I can't this time, because I really have no time. Annette and I . . . I mean, *I* have to review my textbook thoroughly this weekend.

Fragen über den Dialog

1. Hat Herr Brown seine Deutschaufgabe gelernt?
2. Hat er sie gestern abend oder heute abend gelernt?
3. Hat er seine Schularbeiten ganz allein gemacht?
4. Wer ist Pariserin?
5. Woher kommt Fräulein Moreau?
6. Was nimmt viel Zeit in Anspruch?
7. Was wird schwer?
8. Wen findet Herr Jones charmant?
9. Wer fährt nach München?
10. Wann fährt Herr Jones zurück?
11. Wer fährt mit?
12. Fährt Herr Brown auch mit?
13. Fährt Herr Jones mit dem Zug oder mit seinem Wagen?
14. Was muß in die Reparatur?
15. Kommen Herr Segovia und Herr Jones am Samstag zurück?
16. Gibt es in München viel zu sehen?
17. Was kann man in München sehen?
18. Wo ist die Frauenkirche?

Lesestück:

Was machen Sie am Wochenende?

Fräulein Moreau sitzt allein im Wohnzimmer. Auf dem Kaffeetisch liegt ihr Deutsch-
buch, aber sie liest es nicht. Sie denkt an ihren Freund, Robert Brown. Dann kommen
Herr und Frau Schmidt ins Zimmer. Sie haben im „Weltspiegel" einen Film gesehen.
Herr Schmidt muß früh aufstehen, denn er muß morgen um sieben Uhr in sein Geschäft
5   gehen. Er sagt: „Gute Nacht, schlafen Sie wohl!" und geht zu Bett. Seine Frau bleibt im
Wohnzimmer, denn sie will noch mit Fräulein Moreau sprechen.

    Frau Schmidt ist sehr neugierig und fragt: „Nun, wie gefällt Ihnen Herr Brown? Ist
er nett? Versteht er Deutsch? Arbeitet er fleißig? Ist er reich? Hat er einen Cadillac?
Hat er Sie gern?"

10   Das Mädchen lacht über ihre freundliche Neugierde und antwortet: „Ja, er ist nett.
Ich glaube, er versteht schon ziemlich gut Deutsch. Er ist intelligent, und ich weiß, er
arbeitet gern hier. Vielleicht ist er reich – vielleicht auch nicht; ich habe ihn noch nicht
gefragt. Wenigstens hat er hier keinen Wagen. Hat er mich gern? Das weiß ich auch
noch nicht . . . "

15   „Sehen Sie Ihren Freund am Wochenende wieder?" will Frau Schmidt wissen.

    „Nein, ich glaube nicht", antwortet Fräulein Moreau. „Am Freitagnachmittag will
ich nach Salzburg fahren. Die Festspiele haben gestern dort angefangen."

    „Fahren Sie allein hin?" fragt die Frau.

    „Nein, Inge Jensen fährt mit. Am Freitagabend gehen wir in die Oper. Wir hören
20   ‚Die Hochzeit des Figaro'.[1] Wir beide lieben Mozarts[2] Musik. Am Samstag sehen wir
uns die Stadt an, denn wir kennen sie nicht. Wir wollen so viel wie möglich sehen."

    „Salzburg ist nicht nur schön, es ist auch eine Kunststadt", unterbricht Frau
Schmidt.

    „Das habe ich oft gehört", antwortet die Französin. „Am Samstagabend gehen wir
25   ins Konzert, und am Sonntagnachmittag sehen wir ‚Jedermann',[3] ein Drama von Hugo
von Hofmannsthal. Die Aufführung findet im Freien vor dem Dom statt."

    „Herrlich", bemerkt Frau Schmidt, „und wann fahren Sie zurück?"

    „Erst am Montagmorgen, weil wir nächsten Montag keinen Unterricht haben. Erst
am Dienstag fängt unsere Arbeit wieder an."

30   Sie reden noch lange zusammen, aber schließlich werden sie beide müde. Fräulein
Moreau sagt zu ihrer Wirtin: „Gute Nacht, schlafen Sie wohl", gibt ihr die Hand[4] und
geht auf ihr Zimmer.

---

[1] „**Die Hochzeit des Figaro**" *The Marriage of Figaro,*
opera by the Austrian composer Wolfgang Amadeus
Mozart (1756-1791)
[2] **Mozarts** Mozart's
[3] „**Jedermann**" *Everyman,* drama by the Austrian

poet Hugo von Hofmannsthal (1874-1929)
[4] Handshaking is much more prevalent in Germany than
in the United states. In some families each member
shakes hands with the others in the morning and before
going to bed.

Am Stammtisch

Wortschatz

Anspruch: viel Zeit in Anspruch nehmen
  to take much time
der **April**   *April*
  auch nicht   *not (either)*;   **auch noch
  nicht**   *not yet either*
die Aufführung, –en   *performance*
der **August**   *August*
  bißchen: **ein bißchen**   *a little*
  blau   *blue*
die Blumenstraße   *name of a street*
  dein (*poss. adj.; fam. sing.*)   *your*
der **Dezember**   *December*
  dich (*acc.; fam. sing.*)   *you; yourself*
der **Dienstag**   *Tuesday*
  diesmal   *this time*
  dir (*dat.; fam. sing.*)   *you, to you;
  yourself*
der **Dom**, –e   *cathedral*
der **Donnerstag**   *Thursday*
das **Drama**, (*plur.*) Dramen   *drama*

du (*nom.; fam. sing.*)   *you*
der **D-Zug**, ̈e = der Durchgangszug,
  Schnellzug   *express train*
  euch (*dat. and acc.; fam. plur.*)   *you, to
  you; yourselves*
  euer (*poss. adj.; fam. plur.*)   *your*
der **Februar**   *February*
das **Festspiel**, –e   *festival play, performance*
der **Franzose**, –n   *Frenchman*; die
  Französin, –nen   *Frenchwoman*
die Frauenkirche   *Church of Our Lady,
  Munich*
  frei   *free*;   **im Freien**   *in the open*
der **Freitag**   *Friday*
der **Freitagabend**   *Friday evening*
der **Freitagnachmittag**   *Friday afternoon*
der **Frühling**, –e   *spring*
die Gartenstraße   *name of a street*
  gern(e): **gern(e) haben**   *to like*;   **hat er
  Sie gern?**   *does he like you?*

das **Geschäft,** –e   *store; business*
   gründlich   *thoroughly*
   Hand: **sie gibt ihm die Hand**   *she shakes hands with him*
der **Herbst,** –e   *fall, autumn*
   herrlich   *splendid, fine, magnificent*
die **Hochzeit,** –en   *wedding*
das **Hofbräuhaus**   *name of well-known beer hall in Munich*
   ihr *(nom.; fam. plur.)*   *you*
   ihr *(poss. adj.)*   *her, its*
   intelligent   *intelligent*
die **Jahreszeit,** –en   *season (of the year)*
das **Jahrhundert,** –e   *century*
das **Jahrzehnt,** –e   *decade*
der **Januar**   *January*
der **Juli**   *July*
der **Juni**   *June*
der **Kaffeetisch,** –e   *coffee table*
   kein(e)   *no, not a, not any*
das **Konzert,** –e   *concert;* **ins Konzert gehen**   *to go to the concert*
die **Kunststadt,** ̈e   *city of the arts*
das **Lehrbuch,** ̈er   *textbook*
   leider   *unfortunately*
der **Mai**   *May*
der **März**   *March*
   maskulin   *masculine*
der **Mittwoch**   *Wednesday*
   möglich   *possible*
der **Monat,** –e   *month*
der **Montag**   *Monday*
der **Montagmorgen**   *Monday morning*
   müde   *tired*
das **Museum,** *(plur.)* **Museen**   *museum*
die **Musik**   *music*
die **Mutter,** ̈   *mother*
   nächst-   *next, nearest;* **nächsten Montag**   *next Monday*
die **Neugierde**   *curiosity*
   neugierig   *inquisitive, curious*
der **November**   *November*
der **Oktober**   *October*
die **Oper,** –n   *opera;* **in die Oper gehen**   *to go to the opera*
der **Pariser,** – / die **Pariserin,** –nen   *native of Paris*
   reich   *rich, wealthy*
die **Reparatur,** –en   *repair(s);* **mein Wagen muß in die Reparatur**   *my car needs repairs*
der **Samstag**   *Saturday*
der **Samstagabend**   *Saturday evening*

   schließlich   *finally, at last, in conclusion*
die **Schularbeiten** *(plur.)*   *schoolwork*
die **Sekunde,** –n   *second (time expression)*
der **September**   *September*
   siebt-   *seventh*
   so . . . wie   *as . . . as*
der **Sonnabend**   *Saturday*
der **Sonntagnachmittag**   *Sunday afternoon*
   übrigens   *by the way*
   unser *(poss. adj.)*   *our*
der **Vater,** ̈   *father*
der **Vetter,** –n   *male cousin*
   von   *by*
   weil   *because*
   wenigstens   *at least, in any case*
der **Winter,** –   *winter*
das **Wochenende,** –n   *weekend*
   wohl   *well; indeed; probably*
   womit   *with what, with which, by what means*
die **Zahnbürste,** –n   *toothbrush*
das **Zeitsubstantiv,** –e   *noun expressing time*

   anfangen (fängt an), angefangen   *to begin*
   bemerken   *to observe, remark*
†**bleiben**   *to remain, stay*
   denken, gedacht (an) *(with acc.)*   *to think (of)*
   durcharbeiten, durchgearbeitet   *to review, work through*
   einpacken, eingepackt   *to pack*
   fahren (fährt), hat gefahren   *to drive*
   gefallen (gefällt), gefallen   *to please;* **wie gefällt Ihnen Herr Brown?**   *how do you like Mr. Brown?*
   glauben   *to believe*
   lieben   *to love*
   meinen   *to mean, be of the opinion*
†**mitfahren (fährt mit)**   *to accompany, travel with someone*
†**mitkommen**   *to accompany*
   nehmen (nimmt), genommen   *to take*
   reden   *to speak, talk*
   schlafen: schlafen Sie wohl!   *sleep well!*
   stattfinden, stattgefunden   *to take place, occur*
†**zurückfahren (fährt zurück)**   *to return by vehicle*
†**zurückkommen**   *to return, come back*

München: Das Deutsche Museum

Weitere Übungen

1. Read the following sentences, replacing the indefinite article with the correct form of the possessive adjective in parentheses:

    a. Auf dem Kaffeetisch liegt ein Deutschbuch. (ihr)
    b. Ein Freund kommt aus München zu mir. (mein)
    c. Ich habe mit einer Nachbarin gesprochen. (sein)
    d. Wir fahren mit einem Wagen nach Salzburg. (unser)
    e. Eine Freundin hat dir geholfen, nicht wahr? (dein)
    f. Ich habe heute einen Brief bekommen. (euer)
    g. Er arbeitet in einem Geschäft. (ihr: *their*)
    h. Am Montag fährt er zu einem Freund in Ulm. (sein)
    i. Ich warte auf einen Kellner. (mein)
    j. Denkst du an einen Freund? (dein)

2. Read the following sentences, replacing the indefinite article with the correct form of the possessive adjective referring to the subject:

    a. Haben Sie ein Heft vergessen?
    b. Ich habe eine Aufgabe geschrieben.

    c. Ich packe eine Zahnbürste ein und komme mit.

    d. Hast du einen Freund in München getroffen?

    e. Er wohnt auf einem Bauernhof.

    f. Wir warten auf eine Kellnerin.

    g. Fahren Sie mit einem Wagen?

    h. Habt ihr gestern einen Wagen gefahren?

3. Read the following sentences, changing all nouns to the plural and making any other necessary changes:

    a. Ich habe seinen Brief gelesen.

    b. Sie hat unser Geschäft gesehen.

    c. Er will unseren Bauernhof ansehen.

    d. Ich möchte eure Fabrik sehen.

    e. Sein Gast bleibt nicht lange hier.

    f. Mein Haus steht nicht weit von hier entfernt.

    g. Ich kenne deinen Nachbarn nicht.

4. Answer the following questions with complete sentences:

    a. Sitzt Fräulein Moreau in der Küche oder im Wohnzimmer?

    b. Wer muß früh aufstehen?

    c. Denkt Fräulein Moreau an einen jungen Amerikaner?

    d. Was fragt Frau Schmidt?

    e. Wohin fährt Fräulein Moreau am Wochenende?

    f. Wann kommt sie zurück?

    g. Kennt sie schon die Stadt?

    h. Wann haben die Studenten keinen Unterricht?

    i. Wie heißt das Drama von Hugo von Hofmannsthal?

    j. Wie heißt die Oper von Mozart?

Sprechübungen

1. Using the familiar form of address, ask the student next to you:

    a. whether he/she saw a movie last night

    b. the name of the movie theater

    c. whether he/she is going to a concert tonight

    d. whether Salzburg is a city of the arts

    e. whether he/she would like to visit Salzburg

    f. what he/she would like to see in Salzburg

    g. whether he/she likes Mozart's music

2. Ask the following questions of several other students near you:

a. Was machst du heute abend?
b. Wo wohnst du?
c. Hast du einen Wagen?
d. Muß dein Wagen in die Reparatur?
e. Wohin fährst du am Wochenende?

f. Was ißt du gern?
g. Wann willst du deinen Eltern schreiben?
h. Um wieviel Uhr gehst du zu Bett?
i. Wann stehst du gewöhnlich auf?
j. Lernst du immer allein?

Schriftliches

1. Rewrite the following sentences, using the word in parentheses as the subject and making any other necessary changes. Change the possessive adjective so that it agrees with the subject.

a. Fahren Sie mit Ihrem Wagen nach München?   (du)
b. Er denkt oft an seine Freundin.   (ich)
c. Hast du mit deiner Wirtin über deine Schularbeiten gesprochen?   (ihr)
d. In München will er seinen Vetter besuchen.   (wir)
e. Sie sind jetzt sehr müde, nicht wahr?   (ihr)

2. Write the following sentences in German:

a. Are you (*formal*) thinking of your friend?
b. He has to get up early and go to his store.
c. I am going to see my friend on Friday evening.
d. How do you (*fam. plur.*) like your landlady?
e. We have to review our textbook this weekend.
f. Are you (*fam. sing.*) going to Salzburg by train?
g. My schoolwork (*plur.*) is getting hard and is taking too much time.
h. Does he like you (*fam. sing.*)?
i. You (*fam. sing.*) like to speak German, don't you?
j. "Did you see a film tonight?" Karl asked his parents.
k. Mr. Neumann asked his son and his daughter, "Where are you going today?"

Ausspracheübungen

sch:	Deutschland, **sch**on, **sch**reiben, **sch**wer, Engli**sch**, histori**sch**, **sch**mal, **sch**wach
sp:	Bei**sp**iel, S**p**rache, S**p**anisch, s**p**ät, s**p**rechen, s**p**richt, s**p**ielen, S**p**eisekarte
initial **st:**	Blei**st**ift, **St**ück, **St**udent, **St**uhl, ver**st**ehen, auf**st**ehen, **St**aat, **St**adt, **st**ark
st in other positions:	fa**st**, i**st**, iß**t**, vergiß**t**, er**st**, Po**st**, Dur**st**, Ob**st**bäume
x:	se**chs**, wa**chs**en, Ma**x**

Ein Alphorn

Verschiedenes

Die Jahreszeiten		*Die Monate*	
Frühling	Herbst	Januar	Juli
Sommer	Winter	Februar	August
		März	September
		April	Oktober
		Mai	November
		Juni	Dezember

der

der

Die Tage der Woche

Sonntag	Donnerstag
Montag	Freitag
Dienstag	Samstag (auch Sonnabend)
Mittwoch	

Alle Jahreszeiten, Monate und Tage der Woche sind maskulin.

Andere Zeitsubstantive

das Jahrhundert	der Tag
das Jahrzehnt	die Stunde
das Jahr	die Minute
der Monat	die Sekunde
die Woche	

Grammatik

A. The Forms of Address

In older English, the familiar pronouns "thou," "thee," and "ye" were used to address close relatives and friends. The pronoun "you" was used with more formality in addressing less familiar persons. In modern English, of course, the familiar forms have been lost. In German, on the contrary, both the familiar and the formal—that is, polite—forms of address are still in common use. The formal pronoun **Sie**, its declensional forms, and its possessive adjective **Ihr** are used in addressing strangers and acquaintances. **Sie** and its declensional forms as well as the possessive adjective **Ihr** are always capitalized. Like "you" in English, **Sie** is used both as a singular and as a plural pronoun, but its accompanying verb always has a plural ending.

SINGULAR

Herr Schmidt, **gehen Sie** heute abend ins Kino?

PLURAL

Meine Damen und Herren! Hier **sehen Sie** viele Dinge.

The familiar forms of the second person, **du** and **ihr**, are used in addressing members of the family, relatives and close friends, children, pets, and anyone else with whom one is very familiar. **Du** is singular, and **ihr** is plural. These familiar forms of address are not capitalized except in correspondence.

	Formal Address	*Familiar Address*	
	SINGULAR AND PLURAL	SINGULAR	PLURAL
NOMINATIVE	Sie	du	ihr
DATIVE	Ihnen	dir	euch
ACCUSATIVE	Sie	dich	euch

The forms **dich, dir,** and **euch** may be used as reflexive pronouns.

Willst du **dich** auf das Sofa setzen?
Setzt **euch** bitte!

The possessive adjective of **du** is **dein;** the possessive adjective of **ihr** is **euer.** As indicated in Section B of this **Lektion,** these adjectives have the same endings as **ein.**

Self-testing 1

1. Supply the familiar form of address as indicated in the following:

   a. Hast _____ (*sing.*) ihn heute schon gesehen?
   b. Er hat _____ (*sing.*) im Kino gesehen.
   c. Hat er es _____ (*sing.*) geschrieben?
   d. Wer hat es _____ (*plur.*) gegeben?
   e. _____ (*plur.*) seid spät, nicht wahr?
   f. Wir wollen _____ (*plur.*) bald besuchen.

2. Determine whether **Sie, du,** or **ihr** should be used in addressing the following:

   a. your brother
   b. your teacher
   c. the mayor of your town
   d. your grandparents
   e. your dog
   f. your roommate
   g. a stranger of whom you ask directions
   h. a waiter in a restaurant

Verbs with **du** as the subject usually have the ending **-st.** The stem of the verb is the same as that of the third person singular, sometimes called the **er**-form.

> du bekomm**st,** fähr**st,** gib**st,** hör**st,** sieh**st,** versteh**st,** will**st**
> er **bekomm**t,   **fähr**t,   **gib**t,   **hör**t,   **sieh**t,   **versteh**t,   **will**

If, however, the verb stem ends in **-s, -ss,** or **-ß,** only **-t** is added as the personal ending for **du.**

> du muß**t,** weiß**t,** iß**t**
> er **muß,   weiß,   iß**t

If the stem of the verb ends in **-d** or **-t,** an **-e-** is inserted between the stem and the ending **-st.**

> du finde**st,** arbeite**st**
> er **finde**t,   **arbeite**t

The **du**-forms of **haben, sein,** and **werden** are irregular.

> | | haben | sein | werden |
> |--------|-------|------|--------|
> | du | hast | bist | wirst |

The ending of a verb that has **ihr** as its subject is usually **-t.** The **-t** is added to the infinitive stem. This is the same stem as that used with **Sie, wir,** and **sie** (*they*).

> **bekomm**en **fahr**en **geb**en **hör**en **seh**en **versteh**en **woll**en
> ihr bekomm**t,**   fahr**t,**   geb**t,**   hör**t,**   seh**t,**   versteh**t,**   woll**t**

If the stem of the verb ends in **-d** or **-t,** an **-e-** is inserted between the stem and **-t.**

finden, **arbeit**en
ihr findet, arbeitet

The **ihr**-form of **sein** is irregular.

sein
ihr seid

Self-testing 2

1. Change the **er**-form of the verbs into the **du**-form:

a. er gefällt   du _____   g. er ist   du _____
b. er findet   du _____   h. er arbeitet   du _____
c. er glaubt   du _____   i. er wird   du _____
d. er nimmt   du _____   j. er schläft   du _____
e. er heißt   du _____   k. er ißt   du _____
f. er weiß   du _____   l. er hat   du _____

2. Supply the **ihr**-form of the following verbs:

a. fahren   ihr _____   f. vorbeikommen   ihr _____
b. kommen   ihr _____   g. haben   ihr _____
c. sein   ihr _____   h. werden   ihr _____
d. mitfahren   ihr _____   i. wissen   ihr _____
e. arbeiten   ihr _____   j. können   ihr _____

B. Possessive Adjectives

The possessive adjectives are often called **ein**-words because their declensional endings in the singular are the same as those of the indefinite article **ein.** The following are the German possessive adjectives:

SINGULAR		PLURAL	
mein	*my*	unser	*our*
dein (*familiar*)	*your*	euer (*familiar*)	*your*
sein	*his*	ihr	*their*
ihr	*her*		
sein	*its*		

SINGULAR AND PLURAL

Ihr (*formal*)   *your*

The nominative, dative, and accusative endings of the indefinite article and of **ein**-words are as follows:

	Singular			*Plural*
	MASCULINE	FEMININE	NEUTER	ALL GENDERS
NOMINATIVE	ein	eine	ein	—
DATIVE	ein**em**	ein**er**	ein**em**	—
ACCUSATIVE	ein**en**	eine	ein	—
NOMINATIVE	dein	deine	dein	deine
DATIVE	dein**em**	dein**er**	dein**em**	dein**en**
ACCUSATIVE	dein**en**	deine	dein	deine
NOMINATIVE	unser	unsere	unser	unsere
DATIVE	unser**em**	unser**er**	unser**em**	unser**en**
ACCUSATIVE	unser**en**	unsere	unser	unsere

Singular

Ein Freund besucht mich morgen.
Mein Freund besucht mich morgen.

Ich habe mit **einem** Kind gesprochen.
Ich habe mit **ihrem** Kind gesprochen.

Ich habe heute **einen** Brief bekommen.
Ich habe heute **seinen** Brief bekommen.

Plural

Unsere Freunde wohnen in Mülheim.
Sehen Sie **Ihre** Freunde morgen wieder?
Ich spreche oft mit **seinen** Eltern.
Wir haben gestern **deine** Freunde gesehen.
Habt ihr **euren** Eltern einen Brief geschrieben?

When an ending is added to the possessive adjectives **unser** and **euer**, the -e- at the end of the stem is usually omitted, producing forms like the following: **unsre, unsren, unsrer, eure, euren, eurer.**

The definite article sometimes replaces the possessive adjective when possession or relationship is obvious. This is especially true in reference to relatives, parts of the body, and clothing.

Hast du von **der** Mutter gehört? = Hast du von **deiner** Mutter gehört?

Ich habe einen Brief von **den** Eltern ± Ich habe einen Brief von **meinen** Eltern bekommen.   bekommen.

Self-testing 3

Supply the correct form of the possessive adjectives indicated:

a. Das ist _____ Haus. (*his*)
b. Ich habe es _____ Wirt gesagt. (*my*)
c. _____ Kellner hat uns den Sauerbraten empfohlen. (*our*)
d. Er hat _____ Garten nicht gesehen. (*her*)
e. _____ Landkarte habe ich nicht gefunden. (*your: fam. sing.*)
f. _____ Bücher liegen auf dem Tisch da. (*your: fam. plur.*)
g. Kennt ihr _____ Wirtin? (*our*)
h. Dort steht _____ Wagen. (*your: fam. plur.*)
i. Gehst du jetzt in _____ Zimmer? (*your: fam. sing.*)
j. Er hat _____ Bericht nicht gelesen. (*my*)

Answers to Self-testing

Self-testing 1

1. a. du   d. euch
   b. dich   e. ihr
   c. dir   f. euch

2. a. du
   b. Sie
   c. Sie
   d. ihr

   e. du
   f. du
   g. Sie
   h. Sie

Self-testing 2

1. a. gefällst
   b. findest
   c. glaubst
   d. nimmst
   e. heißt
   f. weißt

   g. bist
   h. arbeitest
   i. wirst
   j. schläfst
   k. ißt
   l. hast

2. a. fahrt
   b. kommt
   c. seid
   d. fahrt mit
   e. arbeitet

   f. kommt vorbei
   g. habt
   h. werdet
   i. wißt
   j. könnt

Self-testing 3

a. sein
b. meinem
c. unser
d. ihren
e. deine

f. eure
g. unsere
h. euer
i. dein
j. meinen

8

ACHTE LEKTION

Grammatische Ziele:

Kein	The use of the negative adjective
Wiederholung der Possessivattribute	Review of the possessive adjectives
Zweitstellung des Verbs	The verb in second place
Endstellung des Verbs mit den Konjunktionen „daß" und „weil"	The placement of verbs at the end of clauses begun by the conjunctions "that" and "because"

The dialogue takes place in a railway station where Paul Jones and Pedro Segovia buy tickets and prepare to board a train for Munich.

The reading selection deals with the girls' trip to Salzburg and the interesting things to see there.

Einführende Beispiele

1. Mein Buch ist zu Hause.
   Es ist nicht hier.
   Ich habe mein Buch vergessen.
   Ich habe hier kein Buch.
   Habe ich hier ein Buch?
   Nein, Sie haben hier kein Buch.

2. Am Montag haben wir Unterricht.
   Am Sonntag gehen wir nicht zur Schule.
   Am Sonntag haben wir keinen Unterricht.
   Haben wir am Sonntag Unterricht?
   Nein, am Sonntag haben wir keinen Unterricht.
   Wann haben wir keinen Unterricht?
   Am Sonntag haben wir keinen Unterricht.

3. Ist das ein Bleistift?
   Nein, das ist kein Bleistift.

4. Ist das eine Landkarte?
   Nein, das ist keine Landkarte.

5. Ist das eine Uhr?
   Nein, das ist keine Uhr.

6. Herr _____ hat keine Uhr.
   Wer hat keine Uhr?
   Herr _____ hat keine Uhr.

7. Um neun Uhr gehe ich in die Schule.
   Gehen Sie auch um neun Uhr in die Schule?
   Ja, um neun Uhr gehe ich auch in die Schule.

8. Morgen haben wir keinen Unterricht.
   Wann haben wir keinen Unterricht?
   Morgen haben wir keinen Unterricht.

9. Fräulein Moreau fährt am Freitag nach Salzburg.
   Sie hat es ihrer Wirtin gesagt.
   Die Wirtin weiß, daß sie nach Salzburg fährt.
   Weiß die Wirtin, daß sie nach Salzburg fährt?
   Ja, die Wirtin weiß, daß sie nach Salzburg fährt.
   Was weiß ihre Wirtin?
   Ihre Wirtin weiß, daß sie nach Salzburg fährt.
   Weiß ihre Wirtin, daß Fräulein Moreau nach Salzburg fahren will?
   Ja, ihre Wirtin weiß, daß Fräulein Moreau nach Salzburg fahren will.

10. Fräulein Moreau und Fräulein Jensen fahren nach Salzburg, denn sie lieben Mozarts Musik.
Sie fahren nach Salzburg, weil sie Mozarts Musik lieben.
Warum fahren sie nach Salzburg?
   Sie fahren nach Salzburg, weil sie Mozarts Musik lieben.

11. Fräulein Moreau fährt nach Salzburg, weil die Festspiele angefangen haben.
Fährt sie nach Salzburg, weil die Festspiele angefangen haben?
   Ja, sie fährt nach Salzburg, weil die Festspiele angefangen haben.
Warum fährt sie nach Salzburg?
   Sie fährt nach Salzburg, weil die Festspiele angefangen haben.

Übungen

1. **Beispiel:** *kein*   **Ich habe *kein* Buch gefunden.**

   a. kein   c. unser
   b. mein   d. ihr (*her*)

2. **Beispiel:** *eine*   **Das ist *eine* Uhr.**

   a. eine   c. keine
   b. unsere   d. seine

3. **Beispiel:** *die*   **Ich habe *die* Aufgabe gelernt.**

   a. die   c. meine
   b. keine   d. unsere

4. **Beispiel:** *keinen*   **Dort habe ich *keinen* Wagen gesehen.**

   a. keinen   c. deinen
   b. einen   d. unseren

5. **Beispiel:** *kein*   **Am Sonntag ist *kein* Geschäft offen.**

   a. kein   c. mein
   b. sein   d. ihr (*her*)

6. Beispiel: *viele*   Wir kennen *viele* Leute aus Berlin.

a. viele   c. keine
b. die   d. einige

7. Beispiel: *Zeit*   Heute habe ich keine *Zeit*.

a. Zeit   d. Schularbeit
b. Aufgabe   e. Übung
c. Arbeit   f. Post

8. Beispiel: Ich habe *eine* Uhr.   Ich habe *keine* Uhr.

a. Ich habe eine Uhr.   f. Du hast einen Brief bekommen.
b. Wir haben einen Wagen.   g. Ich habe einen Tisch im Zimmer.
c. Ich habe ein Buch gelesen.   h. Ein Geschäft ist heute offen.
d. Er hat eine Postkarte geschrieben. i. Das ist eine Kirche.
e. Wir haben einen Freund besucht. j. Ich möchte einen Film sehen.

9. Beispiel: Er fährt *heute* nach München. (*heute*)   *Heute* fährt er nach München.

a. Er fährt heute nach München. (heute)
b. Ihr habt morgen keine Aufgabe. (morgen)
c. Ich gehe heute abend in die Oper. (heute abend)
d. Meine Freunde haben gestern einen Film gesehen. (gestern)
e. Er geht um acht Uhr ins Geschäft. (um acht Uhr)
f. Wir fahren am Donnerstag nach Salzburg. (am Donnerstag)
g. Es gibt heute abend Wiener Schnitzel. (heute abend)
h. Wir fahren im April nach Deutschland. (im April)
i. Ich gehe von jetzt an in die Schule. (von jetzt an)
j. Er hat dann die Arbeit gemacht. (dann)

10. Beispiel: Gehen Sie *heute* ins Kino?   Ja, *heute* gehe ich ins Kino.

a. Gehen Sie *heute* ins Kino?
b. Verstehen Sie es *jetzt*?
c. Fährt er *am Mittwoch* mit?
d. Arbeitet Herr Neumann *am Samstag*?
e. Fahren Sie *nächsten Sommer* nach Deutschland?
f. Hat er *gestern* das Drama gesehen?

11. Beispiel: Geht er *heute* ins Kino?   Nein, *heute* geht er nicht ins Kino.

a. Geht er *heute* ins Kino?
b. Kommen die Eltern *am Donnerstag* vorbei?
c. Haben Sie *gestern* das Drama gesehen?

    d. Ißt du *zu Abend* im Gasthaus?

    e. Haben Sie *gestern* einen Brief geschrieben?

    f. Arbeitet Herr Neumann *am Sonntag?*

12. Beispiele: *Uhr*   **Das ist *keine Uhr.***

                Stuhl   **Das ist *kein Stuhl.***

a. Uhr	f. Drama
b. Stuhl	g. Hotel
c. Mann	h. Übung
d. Wagen	i. Gaststätte
e. Gasthaus	j. Kirche

13. Beispiel: **Wir haben hier *keinen Stuhl.***   **Wir haben hier *keine Stühle.***

    a. Wir haben hier keinen Stuhl.

    b. Er hat kein Gasthaus gesehen.

    c. Du hast heute keinen Brief bekommen.

    d. Diese Woche habe ich keinen Film gesehen.

    e. Das Klassenzimmer hat keine Landkarte von Deutschland.

    f. Wir haben keine Gaststätte im Dorf gefunden.

14. Beispiel: **Hat er *eine* Landkarte in der Hand?**   **Nein, er hat *keine* Landkarte in der Hand.**

a. Hat er eine Landkarte in der Hand?	e. Haben Sie ein Museum besucht?
b. Hat der Student ein Zimmer gefunden?	f. Ist das eine Landkarte?
c. Haben wir eine Aufgabe für morgen?	g. Ist das ein D-Zug?
d. Hat sie eine Oper gehört?	h. Hat er einen Sohn?

15. Beispiel: *ich*   **Du weißt, daß *ich* nach Salzburg *fahre.***

a. ich	c. dein Freund
b. wir	d. mein Freund

16. Beispiel: *Sie ist hier.*   **Ich weiß, daß *sie hier ist.***

a. Sie ist hier.	e. Du willst das Drama sehen.
b. Er ist nicht da.	f. Sie haben das Museum besucht.
c. Er fährt nach Salzburg.	g. Sie wollen das Museum besuchen.
d. Deine Eltern kommen zu uns.	h. Du mußt schwer arbeiten.

17. Beispiel: *wir*   **Wir fahren nach Salzburg, weil *wir* die Stadt sehen *wollen.***

a. wir	d. du
b. er	e. unser Freund
c. die Mädchen	f. ich

18. Beispiel: Wir fahren nach Salzburg, *denn*   Wir fahren nach Salzburg, *weil* wir die
            wir *lieben* die Stadt.   Stadt *lieben.*

a. Wir fahren nach Salzburg, denn wir lieben die Stadt.
b. Er fährt nach Salzburg, denn er liebt Mozarts Musik.
c. Ich fahre nach Salzburg, denn ich habe keinen Unterricht.
d. Ich fahre nach Salzburg, denn ich will „Jedermann" sehen.
e. Sie fahren nach Salzburg, denn die Festspiele haben angefangen.
f. Wir fahren nach Salzburg, denn wir wollen die Festspiele sehen.
g. Du fährst nach Salzburg, denn du willst die Festspiele sehen, nicht wahr?

Fragen

1. Möchten Sie heute abend einen Film sehen?
2. Haben Sie heute Ihren Freund besucht?
3. Haben wir am Sonntag Unterricht?
4. Haben Sie heute abend Unterricht?
5. Wissen Sie, daß Fräulein Jensen nach Salzburg fährt?
6. Weiß ihre Wirtin, daß sie nach Salzburg fährt?
7. Fährt Fräulein Moreau nach Salzburg, weil die Festspiele angefangen haben?
8. Warum fährt Fräulein Moreau nach Salzburg?

München: Hauptbahnhof

9. Haben Sie gewußt, daß die beiden Mädchen Mozarts Musik lieben?
10. Wissen Sie, daß die Aufführung im Freien stattfindet?
11. Was hat Fräulein Moreau ihrer Wirtin gesagt?
12. Wissen Sie, daß man in Schwarzhausen die Alpen sehen kann?

Dialog:

Auf dem Bahnhof

BEAMTER AM FAHRKARTENSCHALTER Wohin bitte?

JONES Ich möchte eine Fahrkarte nach München kaufen, hin und zurück.

BEAMTER Erster oder zweiter Klasse?

JONES Ich möchte mit keinem Personenzug fahren. Darf man zweiter Klasse mit dem Eilzug fahren?

BEAMTER Natürlich. Sie dürfen auch mit dem D-Zug fahren, aber mit keinem TEE-Zug.

JONES Gut. Also zweiter Klasse bitte.

BEAMTER Und Sie?

SEGOVIA Das gleiche, bitte.

BEAMTER Hier sind Ihre Fahrkarten. In zehn Minuten kommt der Zug auf Gleis acht an und fährt in fünf Minuten wieder ab.

SEGOVIA Wo ist Gleis acht?

BEAMTER Dort drüben.

SEGOVIA Danke sehr.

BEAMTER Bitte sehr.

• • •

SEGOVIA Gehen wir jetzt auf den Bahnsteig, sonst bekommen wir keinen Platz im Zug.

JONES Übrigens – wo können wir übernachten? In München kenne ich kein Hotel.

SEGOVIA Ich kenne ein Hotel nicht weit vom Bahnhof.

JONES Aber vielleicht finden wir kein Zimmer. Was machen wir dann?

SEGOVIA Mache dir keine Sorgen. In München kann man immer etwas finden.

WEIBLICHE STIMME IM LAUTSPRECHER D-Zug Wien-Frankfurt. Über München-Ost, München Hauptbahnhof, Augsburg, Ulm, Stuttgart, Pforzheim, Karlsruhe, Heidelberg, Mannheim, Darmstadt, Frankfurt/Main Hauptbahnhof. Bitte einsteigen und die Türen schließen! Vorsicht bei der Abfahrt! Wir wünschen eine gute Reise!

At the Railway Station

OFFICIAL AT THE TICKET WINDOW   Where to, please?

JONES   I would like to buy a ticket to Munich, round trip.

OFFICIAL   First or second class?

JONES   I wouldn't want to go by local train. Can you (may one) go second class by ordinary passenger train?

OFFICIAL   Of course. You may also go by express train, but not by TEE-train.

JONES   Good. Well then, second class, please.

OFFICIAL   And you?

SEGOVIA   The same, please.

OFFICIAL   Here are your tickets. The train will arrive in ten minutes on track eight and leave again five minutes later.

SEGOVIA   Where is track eight?

OFFICIAL   Over there.

SEGOVIA   Thank you very much.

OFFICIAL   You're very welcome.

• • •

SEGOVIA   Let's go to the platform now, otherwise we won't get a seat on the train.

JONES   By the way, where can we stay overnight? I don't know any hotels in Munich.

SEGOVIA   I know a hotel not far from the railway station.

JONES   But perhaps we won't find a room. What'll we do then?

SEGOVIA   Don't worry about it. You can always find something in Munich.

FEMALE VOICE OVER THE LOUDSPEAKER   Express Vienna to Frankfurt. Via Munich East, Munich: Main Station, Augsburg, Ulm, Stuttgart, Pforzheim, Karlsruhe, Heidelberg, Mannheim, Darmstadt, Main Station—Frankfurt on the Main. All aboard and close the doors! Watch out when the train starts! We wish you a pleasant trip!

Fragen über den Dialog

1. Was möchten die Studenten kaufen?
2. Wo kauft man eine Fahrkarte?
3. Darf man zweiter Klasse mit dem D-Zug fahren?
4. Kommt der Zug in zehn Minuten an?
5. Kommt der Zug auf Gleis vier an?
6. Kennt Herr Jones ein Hotel in München?
7. Fahren die Studenten nach München hin und zurück?
8. Fahren sie erster oder zweiter Klasse?
9. Wohin gehen die Studenten vom Fahrkartenschalter?
10. Was hören sie im Lautsprecher?
11. Fährt der Zug nach Wien oder nach Frankfurt?
12. Fährt er über München?
13. Fahren die Studenten auch über München?
14. Fährt der Zug über Stuttgart?
15. Muß man die Türen schließen, wenn man einsteigt?

Lesestück:

Salzburg

Am Freitagnachmittag sind Annette Moreau und Inge Jensen mit dem Zug von Rosenheim nach Salzburg unterwegs. Schwarzhausen liegt ganz in der Nähe von Rosenheim, einer Stadt an der Eisenbahnlinie zwischen München und Salzburg. Die Eisenbahn fährt durch die Alpen, und Fräulein Jensen findet die Landschaft in Süddeutschland
5 höchst interessant, weil Dänemark, ihre Heimat, keine Berge hat.

Die Fahrt mit dem Schnellzug dauert etwas länger als eine Stunde. An der Grenze zwischen Deutschland und Österreich hält der Zug einige Minuten für die Zoll- und Paßkontrolle, und fünfzehn Minuten später kommt er im Salzburger Hauptbahnhof an.

Die beiden Mädchen steigen aus und nehmen vor dem Bahnhof ein Taxi zum
10 Hotel „Stein", weil sie ihr Gepäck im Hotelzimmer lassen wollen. Zuerst gehen sie in ein Kaffeehaus, und nach dem Essen gehen sie in die Oper.

Am nächsten Tag sehen sie sich die Stadt an. In Salzburg, einer Stadt aus der Römerzeit, sieht man fast keine Hochhäuser und keine Schwerindustrie. Wahrscheinlich hat keine andere Stadt auf der Welt so viele Festspiele und Konzerte wie diese
15 Kunst- und Musikstadt; und keine andere Stadt zeigt dem Gast mehr Freundlichkeit.

Diese alte Bischofsstadt liegt mitten in den Bergen. Auf einem Berg steht die alte Burg, Hohensalzburg, im Mittelalter gebaut. Die Studentinnen steigen langsam zur Burg hinauf. Von der Burg aus hat man eine herrliche Aussicht, denn man kann die Stadt, die Berge, den Fluß und die schöne Landschaft in der Nähe sehen. Dann be-
20 suchen sie das Geburtshaus Mozarts[1] in der Getreidegasse. Nachher sehen sie sich die Katakomben an, wo die Christen in der Römerzeit Zuflucht gefunden haben.

Mitten in der Stadt steht die Residenz, ein Schloß im Barockstil. Im Schloß hören die zwei Ausländerinnen am Abend ein Mozartkonzert. Das Konzert findet im Rittersaal statt. Drei Musiker spielen bei Kerzenlicht Violine, Cello[2] und Cembalo.[2] Die zwei
25 Studentinnen wissen schon, daß Mozart selbst vor vielen Jahren seine Kompositionen in diesem Saal gespielt hat.

Am letzten Nachmittag sehen die Studentinnen eine Aufführung von „Jedermann" auf dem Platz vor dem Dom. Am nächsten Morgen müssen sie den Zauber Salzburgs[3] verlassen – müde, aber von der Schönheit, Musik und Freundlichkeit der[4] Stadt
30 begeistert.

---

[1] **Mozarts** Mozart's
[2] **c** pronounced like English "ch" in "chin"
[3] **Salzburgs** of Salzburg
[4] **der** of the

Salzburg: Eine Aufführung von „Jedermann"

Wortschatz

Abend: **am Abend** *in the evening*
die **Abfahrt**, -en *departure*
acht- *eighth*
also *so, thus*
auf *at*
die **Ausländerin**, –nen *foreigner (fem.)*
die Aussicht, –en *view, prospect*
der **Bahnhof**, ¨e *railway station*
der Bahnsteig, –e *railway platform*
der Barockstil *baroque style*
der **Beamte**, –n *employee, official*
begeistert (von) *inspired, enraptured (by)*
die Bischofsstadt, ¨e *seat of a bishopric, episcopal city*
bitte sehr *you're very welcome*
die **Burg**, –en *fortress, castle*
das Cello, –s *cello*

das Cembalo, –s *harpsichord*
der Christ, –en *Christian*
drüben, dort drüben *over there, on the other side*
durch *through*
der Eilzug, ¨e *ordinary passenger train*
die **Eisenbahn**, –en *railway*
die Eisenbahnlinie, –n *railway line*
die **Fahrkarte**, –n *ticket*
der Fahrkartenschalter, – *ticket window*
die **Fahrt**, –en *trip, drive*
der **Fluß**, (*plur.*) Flüsse *river*
(das) Frankfurt/Main = Frankfurt am Main
die **Freundlichkeit** *friendliness*
fünfzehn *fifteen*
das Geburtshaus, ¨er *birthplace*
das **Gepäck** *luggage*

die Getreidegasse *name of a street*
    (die Gasse, –n *narrow street, alley*)
gleich(e) *same*
das Gleis, –e *track*
die **Grenze,** –n *frontier, border*
der Hauptbahnhof, ⸚e *main railway
    station*
die **Heimat** *homeland, native region,
    hometown*
hin und zurück: eine Fahrkarte hin und
    zurück *round-trip ticket*
das Hochhaus, ⸚er *high rise building*
    höchst *highly, extremely*
die Hohensalzburg *name of medieval
    fortress in Salzburg*
das **Hotelzimmer,** – *hotel room*
das Kaffeehaus, ⸚er *coffeehouse*
die Katakombe, –n *catacomb*
das Kerzenlicht *candlelight*; bei
    Kerzenlicht *by candlelight*
die Komposition, –en *musical
    composition*
länger *longer*
der Lautsprecher, – *loudspeaker*
mehr *more*
das **Mittelalter** *Middle Ages*
mitten *in the midst of*; mitten in den
    Bergen *surrounded by mountains*
das Mozartkonzert, –e *concert of
    Mozart's music*
der Musiker, – *musician*
die Musikstadt, ⸚e *music center, city of
    music*
nachher *afterward*
der **Nachmittag,** –e *afternoon*; am
    Nachmittag *in the afternoon*
die Nähe *nearness, proximity*; in der
    Nähe von *in the vicinity of*
(das) **Österreich** *Austria*
die Paßkontrolle, –n *passport inspection*
der Personenzug, ⸚e *local train*
der **Platz,** ⸚e *seat; place; square,
    marketplace*
die Reise, –n *trip, journey*
die Residenz, –en *residence of an
    ecclesiastical or temporal prince, seat
    of a court*
der Rittersaal, (plur.) –säle *Knights' Hall*
die Römerzeit *Roman period*
der Saal, (plur.) Säle *hall, assembly room*
    Salzburger (adj.) *Salzburg*
das **Schloß,** (plur.) Schlösser *castle*

der Schnellzug, ⸚e *express train*
die **Schönheit,** –en *beauty*
die Schwerindustrie, –n *heavy industry*
selbst *myself; yourself; himself; herself;
    itself; ourselves; yourselves; themselves*
sonst *else, otherwise*
die Sorge, –n *care, worry*; mache dir
    keine Sorgen *don't worry*
der Stein, –e *stone*
die Stimme, –n *voice*
(das) Süddeutschland *South Germany*
das Taxi, –s *taxi*
der TEE-Zug = der Trans-Europ-Expreß
    TEE-train, Trans-Europe-Express
über *via, by way of*
unterwegs *en route, on the way*
die Violine, –n *violin*
vom = von dem
von jetzt an *from now on*
die Vorsicht *caution*; Vorsicht bei der
    Abfahrt! *watch out when the train
    starts!*
wahrscheinlich *probably, likely*
weiblich *female, feminine*
die **Welt,** –en *world*; auf der Welt *in
    the world*
wie viele *how many*
(das) Wien *Vienna*
der Zauber *charm, magic*
die Zollkontrolle, –n *customs inspection*
zuerst *first, at first*
die Zuflucht *refuge, shelter*
zurück *back*
zwischen *between, among*

†**abfahren (fährt ab)** *to depart, leave*
†**aussteigen** *to get off or out of a vehicle*
bauen *to build*
dauern *to last*
dürfen (darf), gedurft *to be allowed to,
    be permitted to*
†**einsteigen** *to get into a vehicle, board*
halten (hält), gehalten *to stop, halt*
†**hinaufsteigen** *to climb up, go up*
kaufen *to buy*
lassen (läßt), gelassen *to leave, let*
schließen, geschlossen *to close*
verlassen (verläßt), verlassen *to leave,
    abandon, forsake*
wünschen *to wish, desire*
zeigen *to show, indicate*

Weitere Übungen

1. Complete the following sentences, using the correct form of **kein:**

   a. Ich habe noch _____ Fahrkarte gekauft.
   b. Heute haben wir _____ Übungen zu schreiben.
   c. In Schwarzhausen gibt es _____ Schloß.
   d. Dänemark hat _____ Berge.
   e. Er hat sich _____ Sorgen gemacht.
   f. Ich kenne _____ Hotel in München.
   g. _____ Student weiß das.
   h. _____ andere Stadt hat so viele Festspiele wie Salzburg.
   i. Ich habe noch _____ Brief von ihm bekommen.
   j. In _____ anderen Land ist die Landschaft so schön wie hier.

2. Answer the following sets of questions on the basis of the statements that precede them:

   a. Herr Jones und Herr Segovia fahren mit dem D-Zug nach München.
      (1) Wer fährt nach München?
      (2) Fahren sie mit dem Personenzug oder mit dem D-Zug?
      (3) Wohin fahren sie?
   b. Mitten in der Stadt steht die Residenz, ein Schloß im Barockstil.
      (1) Wo steht die Residenz?
      (2) Was steht mitten in der Stadt?
      (3) Was ist die Residenz?
   c. Der Zug kommt um zehn Uhr an und fährt um zehn Uhr fünfzehn wieder ab.
      (1) Was kommt um zehn Uhr an?
      (2) Um wieviel Uhr fährt er ab?
      (3) Wann kommt der Zug an?

3. Read the following sentences, substituting **weil** for **denn:**

   a. Wir sind jetzt in Eile, denn der Zug fährt in zehn Minuten ab.
   b. Ich warte auf den D-Zug, denn ich will mit keinem Personenzug fahren.
   c. Sie findet die Landschaft sehr interessant, denn es gibt hier so viele Berge.
   d. Der Zug hält, denn wir sind jetzt an der Grenze.
   e. Die Aussicht von der Burg aus ist so herrlich, denn man kann den Fluß und die umliegende Landschaft sehen.
   f. Salzburg ist besonders schön, denn man hat dort noch fast keine Hochhäuser gebaut.

4. Read the following sentences, connecting them with **daß:**

   a. Wissen Sie? Der Zug kommt in zehn Minuten an.
   b. Ich habe gewußt. Sie wollen heute abend in die Oper gehen.

c. Ich glaube. Der Zug muß an der Grenze halten.

d. Weißt du? Die Festspiele haben gestern angefangen.

e. Es gefällt mir nicht. Er hat das schon getan.

5. Answer the following questions with complete sentences:

    a. Wohin fährt Herr Jones?

    b. Wohin fahren Fräulein Jensen und Fräulein Moreau?

    c. Gibt es Schwerindustrie in Salzburg?

    d. Wo hat Mozart oft seine Kompositionen gespielt?

    e. Was ist die Residenz?

    f. Wohin fährt der D-Zug Wien-Frankfurt?

    g. Was muß man tun, wenn man einsteigt?

    h. Gibt es Berge in Österreich oder in Dänemark?

    i. Was steht auf einem Berg in Salzburg?

    j. Wo findet das Mozartkonzert statt?

Sprechübungen

1. Ask the student next to you questions in the following pattern:

   Beispiel: Weißt du, daß ... ?   Ich lerne Deutsch.

             Weißt du, daß ich Deutsch lerne?

             Ja, ich weiß, daß du Deutsch lernst.

    a. Weißt du, daß ... ?

       (1) Ich finde Deutsch leicht.

       (2) Ich möchte einmal nach München fahren.

       (3) Ich möchte die Festspiele sehen.

       (4) Ich habe Freunde in Salzburg.

       (5) Ich will im Sommer nach Deutschland fahren.

       (6) Ich fahre morgen nach München.

    b. Weiß der Professor, daß ... ?

       (1) Wir arbeiten schwer.

       (2) Du arbeitest schwer.

       (3) Das Lesestück ist leicht.

       (4) Du möchtest einmal Deutschland besuchen.

       (5) Du mußt die Aufgabe durcharbeiten.

       (6) Du hast Freunde in Deutschland.

2. Ask several students near you the following questions. Their answers based on the statements below should begin with **weil.**

    a. Warum willst du nach Salzburg fahren?
       (1) Ich will die Stadt ansehen.
       (2) Ich habe gehört, daß die Stadt sehr malerisch ist.
       (3) Ich möchte eine Aufführung von „Jedermann" sehen.
       (4) Ich habe einen Freund/eine Freundin dort.
       (5) Die Berge in Österreich sind so schön.
       (6) Meine Familie hat einmal in Salzburg gewohnt.

    b. Warum mußt du am Wochenende hier bleiben?
       (1) Ich muß arbeiten.
       (2) Mein Freund/meine Freundin bleibt hier.
       (3) Mein Freund/meine Freundin und ich gehen ins Kino.
       (4) Ich habe zu viel zu tun.
       (5) Ich habe kein Geld.

Salzburg

Schriftliches

1. Rewrite the following sentences, using **nicht** or the correct form of **kein**:

    a. Ich kenne ein Hotel in Salzburg.
    b. Wir haben unser Gepäck im Hotelzimmer gelassen.
    c. In dieser Stadt sieht man Hochhäuser.
    d. Hast du Platz im Zug gefunden?
    e. Ich habe jetzt Zeit, dir zu helfen.
    f. Am Samstag haben wir Unterricht.
    g. Er fährt heute nach München.

2. Using complete sentences, write negative responses to the following questions:

    a. Hast du heute Zeit, mir zu helfen?
    b. Hat er Ihnen viel Freundlichkeit gezeigt?
    c. Kennt ihr Süddeutschland?
    d. Gibt es Berge in deiner Heimat?
    e. Fährt diese Linie durch die Alpen?
    f. Hat die Stadt ein Schloß?

3. Write the following sentences in German:

    a. The performance took place in the square in front of the church.
    b. Here one doesn't see any high rise buildings or heavy industry.
    c. Today I didn't receive any mail.
    d. We didn't buy a ticket, because (*weil*) we had no time.
    e. Probably no other city has as many festival plays as Salzburg.
    f. On Saturday afternoon we are going to hear a concert in the Knights' Hall.
    g. Does he know that you (*fam. sing.*) now live in Salzburg?

Ausspracheübungen

f: abfahren, auf, fünf, für, Festspiel, von, vor, Vorsicht, Vater, Vetter, vier, Vergleich, wieviel

w: wahrscheinlich, Welt, wieviel, Wien, wer, wir, wohl, Volkswagen, was

Verschiedenes

Österreich und seine Länder

Land	Regierungssitz	Fläche km^2	Bevölkerung (im Jahre 1976)
Burgenland	Eisenstadt	3 965	267 800
Kärnten	Klagenfurt	9 534	528 800
Niederösterreich, Wien (Stadtstaat)	Wien	19 584	3 002 100
Oberösterreich	Linz	11 978	1 240 500
Salzburg	Salzburg	7 154	421 700
Steiermark	Graz	16 384	1 191 500
Tirol	Innsbruck	12 649	569 600
Vorarlberg	Bregenz	2 602	291 000
	Insgesamt	83 850	7 513 000

Grammatik

A. Kein

Kein ("no," "not a," "not any") is an **ein**-word like the possessive adjectives **mein, dein, sein, ihr, unser, euer,** and **Ihr** discussed in **Lektion** 7. Like them, **kein** takes the endings of **ein** in the singular. **Kein** is normally used in place of **nicht ein**.

	Singular			Plural
	MASCULINE	FEMININE	NEUTER	ALL GENDERS
NOMINATIVE	kein	keine	kein	keine
DATIVE	keinem	keiner	keinem	keinen
ACCUSATIVE	keinen	keine	kein	keine

Keine Aufgabe ist leicht.	*No assignment is easy.*
Kein D-Zug hält in diesem Dorf.	*No express train stops in this village.*
Mit **keinem** TEE-Zug kann man zweiter Klasse fahren.	*One can't go second class by TEE-train.*
Ich habe jetzt **kein** Geld.	*I have no money now.*
Er hat gestern **keine** Post bekommen.	*He received no mail yesterday.*
Hier halten **keine** D-Züge.	*No express trains stop here.*
In meiner Heimat gibt es **keine** Berge.	*In my home region there are no mountains.*

Self-testing 1

Negate the following sentences by using the correct form of **kein:**

a. Ich kenne ein Hotel in Salzburg.
b. Er hat jetzt Zeit.
c. Ein Student fährt heute nach Frankfurt.
d. Es gibt dort Berge.
e. Ich habe in einem Restaurant in Nürnberg gegessen.
f. Er hat Freunde in Mülheim.
g. Ein D-Zug hält in diesem Dorf.
h. Wir haben einen Wagen gekauft.

B. Normal Word Order

As you have already observed, several kinds of word order are possible in German sentences. Normal word order in a German sentence is called "normal" because it is similar to the word order in simple English sentences; that is, the sentence begins with the subject, which is then followed by the verb. Other sentence elements such as objects, prepositional phrases, and adverbs follow the verb. In German, normal word order occurs frequently in statements and has the following sequence of sentence elements:

Subject	*Conjugated Verb*	*Predicate Elements*	
		OBJECTS, ADVERBS, PREPOSITIONS	INFINITIVES, PAST PARTICIPLES
Ich	lese	es heute abend.	
Er	will	jetzt den Bericht	lesen.
Sie	hat	heute ihre Fahrkarte	vergessen.
Herr Brown	spricht	nicht gut Deutsch.	
Wir	haben	mit seinen Freunden	gesprochen.

Expressions such as **ach, ja,** and **nein** do not change the word order of the sentence they precede.

EXPLETIVE	SUBJECT	CONJUGATED VERB	PREDICATE ELEMENTS
Ach,	das	kann	nicht richtig sein.
Ja,	er	geht	um acht Uhr ins Kino.
Nein,	ich	kann	das nicht verstehen.

The coordinating conjunctions **aber, denn, oder,** and **und** cause no change in the word order of clauses they connect.

FIRST CLAUSE	CONJUNCTION	SECOND CLAUSE
Ich gehe ins Kino,	**aber**	meine Freunde bleiben zu Hause.
Er kommt nicht mit,	**denn**	er muß sein Lehrbuch durcharbeiten.
Sie fährt nach Köln,	**und**	wir fahren nach Bonn.

Self-testing 2

Using the expressions below, form sentences with normal word order:

a. gekauft/ich/habe/keine Fahrkarte
b. gibt/in Schwarzhausen/viele Ausländer/es
c. mit keinem D-Zug/fahren/die Studenten/können
d. seine Mutter/keinen Brief/bekommen/von ihm/hat
e. an der Grenze/hält/für die Paßkontrolle/unser Zug
f. den Zauber Salzburgs/sie/verlassen/müssen

Aussicht von der Hohensalzburg auf die Stadt

C. Inverted Word Order

Inverted word order means that the conjugated verb precedes the subject of the sentence. In both German and English, inverted word order is usually used in questions.

Gehen Sie nach Hause?	*Are you going home?*
Hat er einen Wagen gekauft?	*Did he buy a car?*
Möchtest du eine Tasse Kaffee?	*Would you like a cup of coffee?*
Um wieviel Uhr beginnt das Konzert?	*At what time does the concert begin?*
Wohin wollt ihr heute fahren?	*Where do you want to go today?*
Wann kommen Sie zu uns?	*When are you coming (to see) us?*

In English, inverted word order is seldom used in declarative statements; however, the following example illustrates this type of word order:

Thus began the saga.

In German, inverted word order is used frequently in declarative statements in which an emphasized predicate element precedes the subject. The emphasized element may be an object, an adverb, or a prepositional phrase. Inverted word order consists of the following sequence of sentence elements:

OBJECT	CONJUGATED VERB	SUBJECT	OTHER PREDICATE ELEMENTS
Den Mann	kenne	ich	sehr gut.
Mich	hat	er	natürlich nicht gefragt.
Mir	haben	sie	nichts gesagt.

ADVERB			
Heute	fahren	wir	in die Stadt.
Hier	liegen	die Briefe.	
Natürlich	kannst	du	es heute machen.

PREPOSITIONAL PHRASE			
Am Abend	haben	wir	die Aufführung gesehen.
Auf einem Berg	steht	die alte Burg.	
In zehn Minuten	fährt	mein Zug	ab.

Self-testing 3

1. Restate the following sentences, placing the boldface expressions first:

    a. Er hat mir **viel Freundlichkeit** gezeigt.
    b. Er hat **mir** viel Freundlichkeit **gezeigt.**
    c. Es gibt **viele Berge** in meiner Heimat.
    d. Es gibt keine Berge **in meiner Heimat.**
    e. Ich will nicht **mit dem Wagen** nach München fahren.
    f. Wir gehen **am Sonntag** nicht in die Schule.
    g. Ich kenne ein Hotel **nicht weit vom Bahnhof.**
    h. Die Mädchen gehen **nach dem Essen** ins Konzert.
    i. Wir haben **gestern** das Geburtshaus Mozarts gesehen.
    j. Die Residenz liegt **mitten in der Stadt.**

2. Change the following statements into questions:

    a. Du hast das Gepäck im Hotelzimmer gelassen.
    b. Es hat gestern keinen Unterricht gegeben.
    c. Fräulein Moreau fährt nach Salzburg.   (Warum ... ?)
    d. Wir können in München übernachten.   (Wo ... ?)
    e. Der Zug kommt auf Gleis zehn an.
    f. Die Studentinnen sehen eine Aufführung von „Jedermann". (Wann ... ?)

D. Transposed Word Order

In transposed word order, the conjugated verb occurs at the end of the clause. Such word order is used in subordinate clauses introduced by the subordinating conjunctions **daß, weil,** and several other conjunctions discussed in **Lektion** 18.

Independent Clause	*Subordinate Clause*		
	SUBORDINATING CONJUNCTION	SUBJECT	PREDICATE ELEMENTS	CONJUGATED VERB
Wir müssen warten,	**weil**	der Kellner	beschäftigt	**ist.**
Ich weiß,	**daß**	du	keine Zeit	**hast.**
Er hat es mir nicht gesagt,	**weil**	er	schon	**weiß,**
	daß	es	mir nicht	**gefällt.**

If the conjugated verb has a separable prefix, the prefix is attached to the verb in transposed word order.

Independent Clause		*Subordinate Clause*
Ich gehe auf den Bahnsteig,	**weil**	der Zug in zehn Minuten **ankommt.**
Wissen Sie,	**daß**	mein Freund heute abend **vorbeikommt?**

If an infinitive or a past participle is present in the subordinate clause, the conjugated verb follows them.

Independent Clause		*Subordinate Clause*
Ich weiß,	**daß**	er heute nicht arbeiten **kann.**
Hast du gewußt,	**daß**	sie ihm gestern geschrieben **hat?**
Ich will zu Hause bleiben,	**weil**	ich den Film schon gesehen **habe.**

Ein Restaurant in Rittersaal eines Schlosses

Self-testing 4

Combine the following pairs of sentences with the conjunction indicated:

a. Ich weiß. (daß) Die Residenz steht mitten in der Stadt.

b. Wir wissen. (daß) Man hat in der kleinen Stadt schon drei Hochhäuser gebaut.

c. Es gibt keine Hotelzimmer mehr in der Stadt. (weil) Die Festspiele haben gestern angefangen.

d. Die Stadt ist nicht mehr so schön. (weil) Es gibt dort viele Fabriken.

e. Er kommt heute abend nicht bei uns vorbei. (weil) Er weiß. (daß) Wir müssen unser Lehrbuch durcharbeiten.

f. Weißt du. (daß) Ich muß um zwei Uhr abfahren.

g. Ich habe ihm schon gesagt. (daß) Ich fahre morgen ab.

h. Ich will meinen Freunden sagen. (daß) Das Konzert findet im Rittersaal statt.

Answers to Self-testing

Self-testing 1

a. Ich kenne kein Hotel in Salzburg.

b. Er hat jetzt keine Zeit.

c. Kein Student fährt heute nach Frankfurt.

d. Es gibt dort keine Berge.

e. Ich habe in keinem Restaurant in Nürnberg gegessen.

f. Er hat keine Freunde in Mülheim.

g. Kein D-Zug hält in diesem Dorf.

h. Wir haben keinen Wagen gekauft.

Self-testing 2

a. Ich habe keine Fahrkarte gekauft.

b. Es gibt viele Ausländer in Schwarzhausen.

c. Die Studenten können mit keinem D-Zug fahren.

d. Seine Mutter hat keinen Brief von ihm bekommen.

e. Unser Zug hält an der Grenze für die Paßkontrolle.

f. Sie müssen den Zauber Salzburgs verlassen.

Self-testing 3

1. a. Viel Freundlichkeit hat er mir gezeigt.
   b. Mir hat er viel Freundlichkeit gezeigt.
   c. Viele Berge gibt es in meiner Heimat.
   d. In meiner Heimat gibt es keine Berge.
   e. Mit dem Wagen will ich nicht nach München fahren.
   f. Am Sonntag gehen wir nicht in die Schule.
   g. Nicht weit vom Bahnhof kenne ich ein Hotel.
   h. Nach dem Essen gehen die Mädchen ins Konzert.
   i. Gestern haben wir das Geburtshaus Mozarts gesehen.
   j. Mitten in der Stadt liegt die Residenz.

2. a. Hast du das Gepäck im Hotelzimmer gelassen?
   b. Hat es gestern keinen Unterricht gegeben?
   c. Warum fährt Fräulein Moreau nach Salzburg?
   d. Wo können wir in München übernachten?
   e. Kommt der Zug auf Gleis zehn an?
   f. Wann sehen die Studenten eine Aufführung von „Jedermann"?

Self-testing 4

a. Ich weiß, daß die Residenz mitten in der Stadt steht.
b. Wir wissen, daß man in der kleinen Stadt schon drei Hochhäuser gebaut hat.
c. Es gibt keine Hotelzimmer mehr in der Stadt, weil die Festspiele gestern angefangen haben.
d. Die Stadt ist nicht mehr so schön, weil es dort viele Fabriken gibt.
e. Er kommt heute abend nicht bei uns vorbei, weil er weiß, daß wir unser Lehrbuch durcharbeiten müssen.
f. Weißt du, daß ich um zwei Uhr abfahren muß?
g. Ich habe ihm schon gesagt, daß ich morgen abfahre.
h. Ich will meinen Freunden sagen, daß das Konzert im Rittersaal stattfindet.

9

NEUNTE LEKTION

Grammatische Ziele:

Modalverben — dürfen, sollen
Befehlsformen
Zahlen

Modal auxiliary verbs — "to be allowed to" and "to be obligated to"
The imperative forms of verbs
Numbers

In the dialogue, two students find out how to go by streetcar to the German Museum in Munich.

The reading selection deals with the history and attractions of the city of Munich.

Einführende Beispiele

1. Mein Freund hat eine Fahrkarte zweiter Klasse gekauft.
   Er darf nur zweiter Klasse und nicht erster Klasse fahren.
   Darf er erster Klasse fahren?
   Nein, er darf nicht erster Klasse fahren.

2. Herr Schmidt und ich haben keine Fahrkarten erster Klasse gekauft.
   Wir dürfen also mit keinem TEE-Zug fahren.
   Dürfen wir mit dem Personenzug fahren?
   Ja, Sie dürfen mit dem Personenzug fahren.

3. Ich soll in fünf Minuten dort sein.
   Herr _____ soll auch in fünf Minuten dort sein.
   Wann sollen Herr _____ und ich dort sein?
   Sie sollen in fünf Minuten dort sein.

● ● ●

4. Eins, zwei, drei, vier, fünf.
   Wiederholen Sie!
   Eins, zwei, drei, vier, fünf.
   Zählen Sie bis fünf!
   Eins, zwei, drei, vier, fünf.

5. Sechs, sieben, acht, neun, zehn.
   Wiederholen Sie!
   Sechs, sieben, acht, neun, zehn.
   Zählen Sie von sechs bis zehn!
   Sechs, sieben, acht, neun, zehn.

6. Elf, zwölf, dreizehn, vierzehn, fünfzehn.
   Wiederholen Sie!
   Elf, zwölf, dreizehn, vierzehn, fünfzehn.
   Zählen Sie von elf bis fünfzehn!
   Elf, zwölf, dreizehn, vierzehn, fünfzehn.

7. Sechzehn, siebzehn, achtzehn, neunzehn, zwanzig.
   Wiederholen Sie!
   Sechzehn, siebzehn, achtzehn, neunzehn, zwanzig.
   Zählen Sie von sechzehn bis zwanzig!
   Sechzehn, siebzehn, achtzehn, neunzehn, zwanzig.

8. Jetzt sage ich die Zehnerreihe. Hören Sie zu!
   Zehn, zwanzig, dreißig, vierzig, fünfzig, sechzig, siebzig, achtzig, neunzig, hundert.
   Wiederholen Sie die Zehnerreihe!
   Zehn, zwanzig, dreißig, vierzig, fünfzig, sechzig, siebzig, achtzig, neunzig, hundert.

9. Ich sage die Fünferreihe. Hören Sie zu!
   Fünf, zehn, fünfzehn, zwanzig, fünfundzwanzig, dreißig, fünfunddreißig, vierzig, fünfundvierzig, fünfzig.
   Sagen Sie die Fünferreihe!
   Fünf, zehn, fünfzehn, zwanzig, fünfundzwanzig, dreißig, fünfunddreißig, vierzig, fünfundvierzig, fünfzig.

10. Zwei plus zwei ist vier.
    Zwei plus drei ist fünf.
    Wieviel ist zwei plus drei?
    Zwei plus drei ist fünf.

11. Zehn weniger neun ist eins.
    Wieviel ist zehn weniger neun?
    Zehn weniger neun ist eins.

12. Zwei mal drei ist sechs.
    Zwei mal vier ist acht.
    Wieviel ist zwei mal vier?
    Zwei mal vier ist acht.

13. Sechs geteilt durch drei ist zwei.
    Zehn geteilt durch zwei ist fünf.
    Wieviel ist zehn geteilt durch zwei?
    Zehn geteilt durch zwei ist fünf.

14. Zwei geteilt durch vier ist null Komma fünf (0,5).
    Wieviel ist drei geteilt durch sechs?
    Drei geteilt durch sechs ist null Komma fünf.

15. Halb acht Uhr ist dreißig Minuten vor acht.
    Halb neun Uhr ist dreißig Minuten vor neun.
    Was ist halb zehn?
    Halb zehn ist dreißig Minuten vor zehn.

16. Ein Viertel nach zwei ist fünfzehn Minuten nach zwei Uhr.
    Was ist ein Viertel nach zehn?
    Ein Viertel nach zehn ist fünfzehn Minuten nach zehn Uhr.

● ● ●

17. Karl Neumann will nicht aufstehen, weil er noch schläfrig ist.
    Seine Mutter sagt zu ihm: „Karl, steh' auf!"
    Was sagt Frau Neumann zu ihm?
    Frau Neumann sagt zu ihm: „Karl, steh' auf!"

18. Karl und Anneliese wollen ins Kino gehen, aber sie haben noch Schularbeiten zu machen.
    Ihr Vater sagt zu ihnen: „Macht zuerst eure Schularbeiten, dann geht ins Kino!"
    Was sagt Herr Neumann zu ihnen?
    Herr Neumann sagt zu ihnen: „Macht zuerst eure Schularbeiten, dann geht ins Kino!"

München: Schloß Nymphenburg

Übungen

---

1. Beispiel: *in elf Minuten*   **Er soll *in elf Minuten* abfahren.**

  a. in elf Minuten

  b. in zwanzig Minuten

                            c. in dreißig Minuten

                            d. um fünf Minuten vor acht

2. Beispiel: *einsteigen*   **Wir sollen um halb drei *einsteigen*.**

  a. einsteigen

  b. beginnen

                            c. abfahren

                            d. ankommen

3. Beispiel: *um zwölf Uhr*   **Du sollst *um zwölf Uhr* dort sein.**

  a. um zwölf Uhr

  b. um Viertel nach zehn

                            c. um Viertel vor sieben

                            d. um halb acht

4. Beispiel: *um neun Uhr*   **Sie sollen *um neun Uhr* in München sein.**

  a. um neun Uhr

  b. um halb neun

  c. um Viertel nach elf

                            d. um Viertel vor sieben

                            e. in dreißig Minuten

                            f. vor ein Uhr

5. Beispiel: *ich*   *Ich soll* **hier bleiben.**

a. ich
b. der Professor
c. die Studentin
d. wir

e. er
f. die Studentinnen
g. sie (*they*)
h. du

6. Beispiel: *soll*   **Er** *soll* **in zehn Minuten abfahren.**

a. soll
b. will
c. muß

d. möchte
e. darf
f. kann

7. Beispiel: *sollen*   **Sie** *sollen* **nach Ulm fahren.**

a. sollen
b. dürfen
c. müssen

d. wollen
e. möchten
f. können

8. Beispiel: *Ich soll* **sie heute besuchen.**   *Wir sollen* **sie heute besuchen.**

a. Ich soll sie heute besuchen.
b. Ich muß in zwei Minuten abfahren.
c. Ich darf morgen mitfahren.
d. Ich finde das Haus nicht.
e. Ich kann die Sonnenstraße nicht finden.
f. Ich möchte hier wohnen.
g. Ich verstehe ihn sehr gut.
h. Ich will nach München fahren.

9. Beispiel: **Muß er jetzt abfahren?**   **Ja, er muß jetzt abfahren.**

a. Muß er jetzt abfahren?
b. Sollen wir jetzt abfahren?
c. Dürfen wir jetzt einsteigen?
d. Soll ich auf den Bahnsteig gehen?
e. Können Sie mitkommen?
f. Kannst du das lesen?
g. Liest er Deutsch?
h. Wir sollen in zwei Stunden ankommen, nicht wahr?
i. Das Konzert gefällt Ihnen, nicht wahr?
j. Das Buch gefällt ihm, nicht wahr?
k. Habt ihr die Burg schon gesehen?
l. Wissen Sie, wer das ist?

10. Beispiel: *kommen   Kommen* **Sie mit uns!**

a. kommen   d. arbeiten
b. essen   e. frühstücken
c. fahren   f. gehen

11. Beispiel: *ins Kino gehen   Gehen* **Sie** *ins Kino!*

a. ins Kino gehen   e. bis fünfzig zählen
b. die Aufgabe lernen   f. mit dem Zug fahren
c. ein Taxi nehmen   g. die Aufgabe schreiben
d. hier bleiben   h. mit uns kommen

12. Beispiel: *einsteigen   Steigen* **Sie** *ein!*

a. einsteigen   d. anfangen
b. mitkommen   e. aussteigen
c. hinaufsteigen   f. hinfahren

13. Beispiel: *hier aussteigen   Steigt hier aus!*

a. hier aussteigen   d. in den Zug einsteigen
b. am Karlsplatz einsteigen   e. vorbeigehen
c. die Dame ansehen   f. jetzt abfahren

14. Beispiel: *Kommen Sie* **zu mir!**   *Komm(e)* **zu mir!**

a. Kommen Sie zu mir!   e. Kommen Sie doch mit!
b. Stehen Sie jetzt auf!   f. Steigen Sie hier aus!
c. Gehen Sie an die Tür!   g. Tun Sie das nicht!
d. Machen Sie die Schularbeiten!   h. Warten Sie auf uns!

15. Beispiel: Wieviel Uhr ist es?  **Es ist zehn Uhr.**

a. Wieviel Uhr ist es?

b. Wann beginnt der Unterricht?

c. Wann sollen wir abfahren?

d. Wann kommt der Zug an?

e. Wann müssen Sie dort sein?

f. Wann kommen Sie zurück?

g. Um wieviel Uhr essen Sie zu Abend?

h. Um wieviel Uhr müssen wir morgen aufstehen?

*,,Wo ist das Deutsche
Museum?"*

Fragen

1. Soll der D-Zug um vierzehn oder um fünfzehn Uhr abfahren?*
2. Soll der Zug aus München um zwanzig oder um zweiundzwanzig Uhr ankommen?
3. Müssen Sie heute oder morgen abfahren?
4. Gehen wir auf Bahnsteig fünfzehn oder sechzehn?
5. Beginnt das Konzert um sieben oder um acht Uhr?
6. Haben Sie in München oder in Heidelberg studiert?

7. Haben Sie das in der Küche oder im Wohnzimmer gefunden?
8. Haben Sie die Burg oder den Palast gesehen?
9. Hat er eine Oper von Mozart oder Wagner gehört?
10. Gehen Sie um halb acht oder halb neun in die Oper?
11. Beginnt das Konzert ein Viertel vor oder nach sieben?
12. Wann haben Sie ihn gesehen? Um zwölf oder um eins?

* The Federal Railway of Germany uses a twenty-four-hour system of time: 8:00 P.M. is **zwanzig Uhr**; 9:45 P.M. is **einundzwanzig Uhr fünfundvierzig.**

Dialog:

Wo ist das Deutsche Museum?

SEGOVIA	Entschuldigen Sie bitte.
POLIZIST	Ja, bitte?
SEGOVIA	Können Sie mir sagen, wo das Deutsche Museum ist?
POLIZIST	Ja, gewiß. Es ist bei der Ludwigsbrücke. Sie können aber nicht zu Fuß gehen, weil es zu weit ist.
SEGOVIA	Sollen wir also mit der Straßenbahn fahren?
POLIZIST	Ja. Gehen Sie hier geradeaus bis zur Kirche, dann sehen Sie links die Haltestelle. Nehmen Sie dort Linie vierzehn.
SEGOVIA	Geht Linie vierzehn direkt zum Museum?
POLIZIST	Nein. Am Karlsplatz müssen Sie umsteigen. Dort können Sie Linie zweiundzwanzig oder achtundzwanzig nehmen.
SEGOVIA	Wo sollen wir aussteigen?
POLIZIST	An der Haltestelle vor dem Museum.
SEGOVIA	Danke sehr. Übrigens, dürfen wir im Museum Aufnahmen machen?
POLIZIST	Oh nein, das darf man nicht, denn das ist streng verboten.

• • •

SEGOVIA	Um Viertel nach fünf schließt das Museum. Wir dürfen nicht länger hier bleiben.
JONES	Wo sollen wir jetzt hingehen?
SEGOVIA	Ich möchte die Frauenkirche sehen. Du auch?
JONES	Gerne. Aber weißt du, wo sie ist?
SEGOVIA	Ja, hier geht man rechts um die Ecke und dann noch acht Straßen weiter, dann links.
JONES	Aber kann man so spät noch kommen?
SEGOVIA	Soviel ich weiß, soll sie bis halb zehn offen bleiben.

Where is the German Museum?

SEGOVIA   Pardon me, please.

POLICEMAN   Yes?

SEGOVIA   Can you tell me where the German Museum is?

POLICEMAN   Yes, certainly. It's near the Ludwig Bridge. But you can't go on foot because it's too far.

SEGOVIA   So should we take a streetcar?

POLICEMAN   Yes. From here keep going straight ahead to the church and then on the left you'll see the car stop. Take Number 14 there.

SEGOVIA   Does Number 14 go directly to the museum?

POLICEMAN   No. You have to transfer at Karl's Square. There you can take Number 22 or 28.

SEGOVIA   Where should we get off?

POLICEMAN   At the car stop in front of the museum.

SEGOVIA   Thank you very much. By the way, are we permitted to take photographs in the museum?

POLICEMAN   Oh no, you aren't allowed to do that, because it's strictly forbidden.

● ● ●

SEGOVIA   The museum closes at a quarter after five. We can't stay here any longer.

JONES   Where should we go now?

SEGOVIA   I'd like to see the Church of Our Lady. How about you?

JONES   Very much. But do you know where it is?

SEGOVIA   Yes, we go around the corner here and then eight blocks farther, then left.

JONES   But can you still go there so late?

SEGOVIA   As far as I know, it's supposed to stay open until nine-thirty.

Fragen über den Dialog

1. Weiß der Polizist, wo das Deutsche Museum ist?
2. Gehen die Studenten zu Fuß zum Museum?
3. Nehmen sie ein Taxi oder die Straßenbahn?
4. Fahren sie mit Linie sieben oder Linie vierzehn?
5. Wo sollen sie umsteigen?
6. Steigen sie am Karlsplatz oder am Marienplatz um?
7. Geht Linie vierzehn direkt zum Museum?
8. Bis wann ist das Museum offen?
9. Um wieviel Uhr schließt das Museum?
10. Steigen die Studenten vor dem Museum aus?
11. Wo sollen sie aussteigen?
12. Ist die Haltestelle vor dem Museum?
13. Wo nimmt man die Straßenbahn?
14. Was möchte Herr Segovia sehen?
15. Bis wann soll die Frauenkirche offen bleiben?

Lesestück:

München

Am Freitagnachmittag fahren Herr Jones und Herr Segovia nach München. Vom Münchener Hauptbahnhof haben sie ein Taxi zum Hotel „Adler" genommen. Dieses Hotel steht mitten in der Stadt nicht weit vom Marienplatz und von der Frauenkirche.

Die Studenten kennen die Hauptstadt von Bayern nicht und müssen oft um Aus-
5 kunft bitten. Sie verstehen die Münchener nicht besonders gut, weil man in München, wie auch in ganz Bayern, selten Hochdeutsch spricht, sondern Bayrisch, einen oberdeutschen (süddeutschen) Dialekt. Zwei- oder dreimal muß der Bayer eine Auskunft wiederholen, und die Studenten müssen immer wieder sagen: „Bitte, sprechen Sie langsam. Wir verstehen noch kein Bayrisch!"

10 Am Samstag haben sie das Rathaus, das Siegestor, das Hofbräuhaus, das Deutsche Museum und die Frauenkirche besichtigt. Alle Touristen wollen das Hofbräuhaus besuchen, weil es eine große, weltberühmte Gaststätte ist; aber das Bier schmeckt dort nicht besser als in anderen Wirtshäusern. Die Frauenkirche ist zwar im gotischen Stil gebaut, aber sie hat zwei Zwiebeltürme. Solche Türme sind nicht gotisch, sondern
15 byzantinisch, und man sieht sie oft in Bayern und Österreich. Am Samstagabend haben die Studenten im Prinzregententheater eine Aufführung von Goethes „Faust"[1] gesehen.

Am nächsten Tag wollen die Freunde noch die Universität München, das Schloß Nymphenburg und die Oper besuchen. Das Schloß Nymphenburg liegt mitten in einem Park. Im Park sind viele Blumen, Bäume, Springbrunnen und ein See. Im See schwim-
20 men weiße Schwäne ruhig hin und her. Dieses Schloß war die Residenz der[2] Könige von Bayern. Bis zu seinem Tod im Jahre 1955 hat Kronprinz Ruprecht[3] dort gewohnt. Hier hat auch der berühmte bayrische König, Ludwig der Zweite,[4] gewohnt. Er war geisteskrank, aber das Volk hat ihn doch sehr geliebt. Er hat wie ein Märchenprinz gelebt, glänzende Schlösser gebaut und das Land beinahe bankrott gemacht. Er war von der
25 Romantik in Richard Wagners[5] Musikdramen begeistert und hat ihm geholfen, das Festspielhaus in Bayreuth[6] zu bauen.

Unsere zwei Studenten haben viel in der Landeshauptstadt gesehen und haben alles sehr sehenswert gefunden. In München kann man lange bleiben und jeden Tag etwas Neues sehen, aber die zwei Freunde haben jetzt zu wenig Zeit. Sie können nicht
30 alles sehen, weil sie am Montagmorgen wieder aufs Institut gehen müssen.

---

[1] „Faust" long dramatic poem by Johann Wolfgang von Goethe (1749–1832), famous German lyric poet and dramatist

[2] der of the

[3] Ruprecht (1869–1955), crown prince of Bavaria and son of the last Bavarian king

[4] Ludwig der Zweite Ludwig the Second (1845–1886)

[5] Richard Wagners of Richard Wagner (1813–1883), famous German romantic composer

[6] Bayreuth Bavarian city where annual Wagnerian music festivals are held

Wortschatz

achtundzwanzig *twenty-eight*
achtzehnhundertachtundvierzig *1848*
achtzig *eighty*
der Adler, – *eagle*
die **Aufnahme, –n** *photograph;*
 Aufnahmen machen *to take*
 photographs
die Auskunft, ¨e *information*
bankrott *bankrupt*
der **Baum, ¨e** *tree*
der Bayer, –n *native of Bavaria*
(das) **Bayern** *Bavaria, a federal state*
 bayrisch (*adj.*) *Bavarian;* das
 Bayrisch(e) *Bavarian, dialect*
 spoken in Bavaria
 bei *near, at*
 beinahe *almost, nearly*
 berühmt *famous*
 bis zu *up to, until*
 byzantinisch *Byzantine*
der Dialekt, –e *dialect*
 direkt *direct*
 dreimal *three times*
 dreißig *thirty*
 dreiundzwanzig *twenty-three*
 dreizehn *thirteen*
 durch *by*
die Ecke, –n *corner*
 eins (*card. num.*) *one*
 einundzwanzig *twenty-one*
 etwas Neues *something new*
der Fahrplan, ¨e *timetable*
das Festspielhaus, ¨er *festival theater*
die Fünferreihe *(counting by) fives;*
 sagen Sie die Fünferreihe! *count by*
 fives!
 fünfunddreißig *thirty-five*
 fünfundvierzig *forty-five*
 fünfundzwanzig *twenty-five*
 fünfzehnhundertsiebzehn *1517*
 fünfzig *fifty*
der **Fuß, ¨e** *foot;* zu Fuß *on foot*
 geisteskrank *mentally ill*
 geradeaus *straight ahead*
 gewiß *certain*
 glänzend *brilliant, splendid*
 gotisch *Gothic*
die Haltestelle, –n *car stop*
die Hauptstadt, ¨e *capital (city)*

hin und her *back and forth, to and fro*
das Hochdeutsch(e) *High German,*
 standard German
hundert *hundred*
hunderteins *one hundred one*
hunderteinundzwanzig *one hundred*
 twenty-one
immer wieder *again and again*
der Karlsplatz *Karl's Square, Munich*
das Komma, –s *comma; decimal point*
der **König, –e** *king;* die **Königin, –nen**
 queen
der Kronprinz, –en *crown prince*
die Landeshauptstadt, ¨e *state capital*
die **Linie, –n** *streetcar line;*
 Linie vierzehn *Number 14*
links *left, on the left*
die Ludwigsbrücke *Ludwig Bridge,*
 Munich
 mal *times* (*math.*)*;* zwei mal drei ist
 sechs *two times three is six*
der Märchenprinz, –en *fairy-tale prince*
der Marienplatz *St. Mary's Square,*
 Munich
die **Milliarde, –n** *billion*
die **Million, –en** *million*
der **Münchener, –** *native of Munich;*
 Münch(e)ner (*adj.*) *Munich*
das Musikdrama, (*plur.*) –dramen *opera,*
 music drama
neunt- *ninth*
neunundneunzig *ninety-nine*
neunzehnhundert *1900*
neunzehnhundertfünfundfünfzig *1955*
neunzig *ninety*
null *zero*
die Nymphenburg *name of eighteenth-*
 century palace in Munich
oberdeutsch *Upper German, South*
 German
der **Park, –s** *park*
plus *plus*
der **Polizist, –en** *policeman*
das Prinzregententheater *Prince Regent*
 Theater, Munich
das **Rathaus, ¨er** *city hall*
rechts *right, on the right*
die Romantik *romanticism, romantic*
 period

ruhig *calm, quiet, tranquil*
der **Schwan, ⸚e** *swan*
  sechzehn *sixteen*
  sechzig *sixty*
der **See, –n** *lake*
  sehenswert *worth seeing*
  selten *seldom, infrequent*
  siebzig *seventy*
das **Siegestor** *Victory Gate, Munich*
  so *so, thus*
  solch(–er, –e, –es) *such, such a*
die **Sonnenstraße** *name of a street*
  soviel *as much as, as far as*
der **Springbrunnen, –** *fountain*
der **Stil, –e** *style*
  Straße: acht Straßen *eight blocks*
die **Straßenbahn, –en** *streetcar, street railway*
  streng *stern, severe, strict*
  tausend *thousand*
der **Tod, –e** *death*
der **Turm, ⸚e** *tower, spire*
die **Universität, –en** *university*
das **Viertel, –** *quarter;* ein Viertel vor acht *a quarter to eight*
  vierundzwanzig *twenty-four*
  vierzehn *fourteen*
  vierzig *forty*

das **Volk, ⸚er** *people, nation*
  weiß *white*
  weltberühmt *world-famous*
  weniger *less, minus*
die **Zehnerreihe** *(counting by) tens;* sagen Sie die Zehnerreihe! *count by tens!*
  zwar *indeed, to be sure*
  zweihunderteins *two hundred one*
  zweimal *twice*
  zweiundzwanzig *twenty-two*
der **Zwiebelturm, ⸚e** *onion-shaped tower*

  besichtigen *to see, survey, do sightseeing*
  bitten, gebeten (um) *to ask for, request*
  entschuldigen *to excuse, pardon*
  leben *to live*
  †schwimmen *to swim*
  sollen (soll), gesollt *to be obligated to, be supposed to, shall, should*
  teilen *to divide, separate;* geteilt durch *divided by*
  †umsteigen *to transfer from one vehicle to another*
  verbieten, verboten *to forbid*
  wiederholen *to repeat, do again*

Weitere Übungen

1. Read the following sentences, using the word in parentheses and making any other necessary changes:

   a. Dürfen wir ins Schloß gehen? (man)
   b. Jetzt dürfen Sie einsteigen. (wir)
   c. Im Museum darf man keine Aufnahmen machen. (sollen)
   d. Hier soll man umsteigen. (müssen)
   e. Du sollst an der Haltestelle vor dem Museum aussteigen. (müssen)
   f. Man soll das Hofbräuhaus besuchen. (ihr)
   g. Jetzt dürfen wir einsteigen. (ich)
   h. Hier kann sie ein Taxi nehmen. (sollen)
   i. Du sollst das Museum sehen. (können)
   j. Hier dürft ihr Aufnahmen machen. (du)

2. Restate the following expressions as imperatives of the formal, the familiar singular, and the familiar plural forms of address:

a. bleiben
b. hier bleiben
c. jetzt aussteigen
d. am Karlsplatz einsteigen
e. alle Übungen lesen
f. ins Zimmer gehen
g. ein Taxi nehmen
h. morgen um neun Uhr abfahren
i. nicht so neugierig sein
j. mir bei den Schularbeiten helfen

3. Read the following expressions of time in German:

a. 10.15
b. 12.30
c. 4.00
d. 9.20
e. 8.30
f. 4.15
g. 14.15
h. 12.50
i. 20.18

4. Read the following decimals in German:

a. 0,5
b. 0,7
c. 0,55
d. 2,65
e. 88,15
f. 23,45
g. 887,88
h. 8 839,01
i. 132 056,99

5. Read and solve the following problems in German (: is the German sign for division):

a. $4 \times 4 = ?$
b. $4 \times 6 = ?$
c. $4 \times 20 = ?$
d. $3 \times 8 = ?$
e. $20 + 2 = ?$
f. $100 + 55 = ?$
g. $100 : 2 = ?$
h. $50 : 2 = ?$
i. $25 - 5 = ?$
j. $100 - 10 = ?$
k. $10 : 20 = ?$
l. $10 : 10 = ?$

6. Answer the following questions with complete sentences:

a. Wie heißt die Hauptstadt von Bayern?
b. Wohin geht jeder Tourist?
c. Ist die Frauenkirche im Barockstil gebaut?
d. Hat die Frauenkirche gotische Türme?
e. Wie heißt die große, weltberühmte Gaststätte in München?
f. Verstehen die Studenten Bayrisch?
g. Wie heißt die Universität in der Landeshauptstadt?
h. Was haben die Studenten im Prinzregententheater gesehen?

Sprechübungen

1. State in German:

a. when you were born (**neunzehnhundert– ...**)
b. the year you started school
c. when you entered college
d. the year you expect to graduate
e. when your parents were born
f. how many miles from home your school is

  g. how far you live from Chicago
  h. the population of your home state
  i. the population of your hometown
  j. your age and the ages of other members of the family

2. Explain in German:

  a. how to go from the downtown area to your home
  b. how to go to the nearest gas station
  c. how to go from this building to your dormitory or residence
  d. how to find the city hall from this building

Schriftliches

1. Use each of the following groups of words in a sentence. Change the form of the verb if necessary.

  a. an der Haltestelle, müssen, umsteigen, ihr, vor dem Dom
  b. möchten, ich, ins Hofbräuhaus, gehen, heute abend
  c. Aufnahmen machen, dürfen, hier, man
  d. du, geben, wann, sollen, vor der Klasse, den Bericht

2. Write the familiar singular, the familar plural, and the formal imperative of the following expressions:

  a. bitte entschuldigen
  b. am Karlsplatz Linie zwei nehmen

  c. hier anfangen
  d. keine Aufnahmen machen

3. Write the following sentences in German:

  a. You (*fam. sing.*) aren't supposed to take photographs in the church.
  b. When do you (*formal*) have to arrive there?
  c. The **Hofbräuhaus** is supposed to be world-famous.
  d. I know that we are permitted to take photographs in the castle.
  e. You (*fam. plur.*) must get up earlier tomorrow.
  f. Do you (*fam. sing.*) want to go to Munich with me?
  g. We can't understand the Bavarians, because they speak a dialect.
  h. I am to get off in front of the city hall.

Ausspracheübungen

ts: achtzig, zehn, dreizehn, glänzend, Polizist, Patient, nationalistisch, Revolution, revolutionär, Rationalismus, Prinz, zwei, zwar, Zwiebelturm, jetzt, zu, zur, zum, ziemlich, Französisch, sitzen, Zug, dazu, zählen

17 München—Stuttgart—Karlsruhe und Heidelberg/Mannheim—Frankfurt (Main)

Auto-Reisezug Villach — Hbf-Düsseldorf

Dalmatia-Express

PARIS — MÜNCHEN
Neue Tagesverbindung mit Kurswagen im D 165 / D 112

Anschlüsse vom Balkan und von Jugoslawien siehe D 3, von Italien und Österreich D 4, D 5, und D 6, von Ungarn D 2

km		Zug Nr	D 651	D 447	E 608			E 522				E 4828	E 535	E 461	D 165	D 112

Salzburg Hbf — ab 21.42 / 23.40
Berchtesgaden Hbf — ab 20.37
München Hbf — an 23.37 } 428
München Hbf — ab 22.20 / 23.30 } 428
Kufstein — ab 21.40 / 22.50
Garmisch-Partenkirchen — an 21.18 / 23.20 } 402
München Hbf Starnberger Bf — ab 21.18 / 23.20

Weitere Fernzüge siehe 18 — 410

km	Station									
0	München Hbf									
7	München-Pasing									
31	Nannhofen									
46	Mering									
62	Augsburg Hbf									
62	Garmisch-Partenkirchen 402									
	Weilheim (Oberbay) — 404									
	Augsburg Hbf									
62	Augsburg Hbf — 410									
108	Burgau (Schwab)									
	Regensburg Hbf — 75									
	Ingolstadt Hbf									
118	Neuoffingen									
123	Günzburg — 410									
146	Neu Ulm									
148	Ulm Hbf									
	Oberstdorf — 67									
	Ulm Hbf									
	Lindau Hbf — 72									
	Friedrichshafen Stadt									
	Ulm Hbf									
148	Ulm Hbf — 320									
	Tübingen Hbf 325									
175	Amstetten (Württ)									
181	Geislingen (Steige)									
200	Göppingen									
210	Plochingen									
228	Eßlingen (Neckar) — 32J									
238	Stuttgart-Bad Cannstatt									
242	Stuttgart Hbf									
	Nürnberg Hbf 420 — 65									
	Stuttgart Hbf 323, 324									

	Zug Nr	E 553	E 741	E 522	E 622	F 23	D 201	D 401	+128	E 4828	E 535	D 112

									🛏		☕	🛏	🍴	→					🍴		🍴
242 Stuttgart Hbf		ab	3.00		...	5 30	5 30	6.29	6 37	7.02	7.09	7.15	7.15	+7 41	7.57	8.22		: 9.35	9 39	9 47	...	...
255 Ludwigsburg	320	▼		(	5 43	5 43	6.42	6 42		7.22	⤫	□ 0 6	7 55	8.09	8.35			9.51		...	...
265 Bietigheim (Württ)					5 52	5 52	6 50	6 58		7.30			8.04	8 17	8.43			9.59		...	...
Heilbronn Hbf 322		an			6 21	6 21	7.38	7.38		7.59				9.39	9.39			10.54			
278 Vaihingen (Enz) Nord	320	ab		(	...	...			7.11	7.18		7.49	7.49	8 24	8.30	9.02			10 12	10.24		
288 Mühlacker		▼			...	...									8 39				10 20			
288 Mühlacker	319	ab		(	...	...			7.19					8.25	8 41				10.25			
301 Pforzheim Hbf		an			...	...			7.29					8.36	8 51				10.34			
Wildbad 302 a		an			...	...			8.39					+9 18	9 48	...			11 40			
327 Karlsruhe-Durlach	319	an			...	...			7.52						9.14							
332 **Karlsruhe** Hbf		an			...	...			7.58						9 20				10.59			
Karlsruhe Hbf		ab			...	...			8.26						9 48			11.07	11.44		...	...
Offenburg	16.	an			...	...			9.10						10.33				12.23		...	...
Freiburg (Breisgau) Hbf	301	an			...	...			9.51						11.12			12.17	13.03		...	...
Basel Bad Bf 🚉		an			...	...			10.39						11.57			12.55	13.45		...	...
Zug Nr				: D 136				E 1941				E 595	D 283		E 883			D 612	TEE 77	D 143
Klasse				: 1. 2.				1. 2.				1. 2.	1. 2		1. 2			: 1. 2.		1. 2
288 Mühlacker	320	ab		(	...	...			7.13			7.50	7.50	⤫	9.03			10.21		...	
305 Bretten		▼			...	...			7.28						9 18			10.37			
321 Bruchsal		an			...	...			7.41						9.31			10.49			
Bruchsal	301	ab			...	...			8.07						10.06			11.12			
Karlsruhe Hbf		an			...	...			8.20						10.28			11.35			
321 Bruchsal 300 f.	320	ab			...	...			7.42						9.32			10.50			
340 Wiesloch-Walldorf		▼			...	...									9.45						
353 Heidelberg Hbf		an	4.25		...	8.03	✓ 8.02	: 8.18	9.51	8.34	8.34		9 18	9.55	: 10.53	11.11				
17 Mannheim Hbf		an	4.29	:	4.33	8.13	8.07	: 8.19	10.03	8.46	8.38		9 21	9.58	10.03	: 10.57	11.15	: 11.06			
		an	4.42			8.20		: 8.31	10.17	8.58	8.51		10 17			: 11.18			11.19	11.27
		ab	4.52					: 8.32		9.02	9.04								11.22	11.29
363 Mannheim-Friedrichsfeld	Weitere	▼		(						⤫		10.06	D 465				11.23			11.27	
376 Weinheim (Bergstr)	Züge				4.53	8.29						10.16	1.2. 0 6				11.33				
386 Heppenheim (Bergstr)	siehe				5.02	8.36						10.24	🚗				11.41				
391 Bensheim	16				5.08	8.41						10.29					11.46				
413 Darmstadt Hbf	315. 315a				5.27	8.57	→		9.04							an				
427 Langen (Hess)									9.13		9.14		9.59	10.46	: 11.46	: 11.34	12.02				
440 **Frankfurt** (Main) Hbf			7.35	5.50	9.40			9 25				9.32	10.12	10 18	11.08	: 12.05		12.21		12.11	: 12.26
Frankfurt (Main) Hbf	10.	ab	...	...	6.27	X 10.00						X 10.00						13.11			13.11
Wiesbaden Hbf	250	an	...	...	6.57	X 10.32	9.31					X 10.32		X 11.16	12.04	13.07		13.45			13.45
Frankfurt (Main) Hbf	10.	ab	...	...	6.14	10.08						10.08	...	10.34	11.26	12.33					
Mainz Hbf	249	an	5.43		6.43	10.41		: 9.16		: 10.05		10.41	...	11.13	11.58	13.06	: 12.06		12.21	: 12.51
Bonn			7.54		8.24	...		: 10.50		: 11.55						15.12	: 13.48		12.48	13.21
Köln Hbf 250			8.16	10.35	8.50	...	12.36	: 11.12		: 12.20						15.40	14.11		14.21	15.18
Frankfurt (Main) Hbf	14	ab	...	X 6.04	7.00	10.28						10.28	: 10.28			12.16				X 14.14
Kassel Hbf			9.30	9.11	13.16							13.16	: 13.16			15.07				X 17.27

Ⓐ Sa/So vom 2./3. VI. bis 29./30. IX., nur Schlafwagen 1. 2., Liegewagen 2. Klasse und Autotransportwagen; siehe besondere Übersicht
① So und Mo vom 1. VII. bis 30. IX.
② So und Mo vom 3. VI. bis 24. IX.
③ auch 1. 12., 22. VI., 18. VIII., nicht 11. VI.
⑤ X vor ✝, † und X nach †

□ D 401 mit D 201 von Stuttgart bis Heidelberg vereinigt
□ E 553 mit E 741 von Stuttgart bis Heilbronn vereinigt
§ Sonntagsausflugzug
⦿ Neu Isenburg an 7.35; Köln-Deutz an 10.35

◆ F 1. Klasse
□ auch 15. VIII.
■ nicht 15. VIII.

Ⓑ Beuel
◇ Schreibabteil

🚌 🚃 🍴 🔨 X siehe Zug- und Wagenverzeichnis

Grammatik

A. Modal Auxiliary Verbs

You have now seen the following commonly used forms of the modal auxiliary verbs:

INFINITIVE	müssen	können	wollen	mögen	sollen	dürfen
ich	muß	kann	will	möchte	soll	darf
du	mußt	kannst	willst	möchtest	sollst	darfst
er sie es	muß	kann	will	möchte	soll	darf
wir	müssen	können	wollen	möchten	sollen	dürfen
ihr	müßt	könnt	wollt	möchtet	sollt	dürft
sie Sie	müssen	können	wollen	möchten	sollen	dürfen

The modal verbs differ from other verbs you have learned because in the modals the first person singular (**ich**-form) is always identical to the third person singular (**er-, sie-, es**-form). But, as in other verbs, the first person plural (**wir**-form) is identical to the plural **sie-** and **Sie**-form, and to the infinitive.

Self-testing 1

Supply the correct form of the modal auxiliary verbs indicated:

a. Ich _____ morgen die Stadt verlassen. (*must*)
b. Du _____ hier bleiben, nicht wahr? (*want to*)
c. Ihr _____ bis morgen auf ihn warten. (*are supposed to*)
d. _____ Sie jetzt Ihre Schularbeiten machen? (*can*)
e. Er _____ das Hofbräuhaus besuchen. (*would like to*)
f. Hier _____ man keine Aufnahmen machen. (*is allowed to*)
g. Wir _____ nicht in den Dom gehen. (*are allowed to*)
h. Meine Freunde _____ ins Schloß gehen. (*want to*)
i. _____ man auf die Straßenbahn warten? (*must*)
j. Du _____ zu Fuß gehen. (*are supposed to*)

B. The Imperative

The imperative of formal address is the same as the **Sie**-form of the verb in the present tense. Since inverted word order is required, **Sie** follows the verb. Emphatic imperatives are punctuated by an exclamation point. You should note that a separable prefix is at the end of the imperative sentence.

> **Nehmen Sie** hier an der Haltestelle die Straßenbahn!
> **Steigen Sie** hier **aus!**
> **Zählen Sie** von null bis zehn!
> **Bleiben Sie** bitte bei mir.
> **Packen Sie** doch Ihre Zahnbürste **ein** und **kommen** Sie **mit!**

Self-testing 2

Supply the **Sie**-form of the imperative for the verbs indicated:

a. _____ bitte im Gasthaus mit mir.   (essen)
b. _____ hier in Stuttgart bei uns.   (bleiben)
c. _____ es mir! (sagen)
d. _____ dort am Karlsplatz! (umsteigen)
e. _____ es nicht. (vergessen)
f. _____ doch! (mitkommen)

The imperative of the familiar singular (**du**-form) is usually composed of the infinitive stem and the ending **-e.** The pronoun **du** is normally omitted. A separable prefix is at the end of the imperative sentence.

Familiar Singular

INFINITIVE	IMPERATIVE
arbeiten	**Arbeite** fleißig!
zählen	**Zähle** von null bis hundert!
mitkommen	**Komme** doch **mit!**
aussteigen	**Steige** an der Haltestelle **aus!**

In colloquial speech, the ending -e is often omitted.

> **Geh'** in die Küche!
> **Komm'** mit mir!
> **Mach'** deine Schularbeiten!

Strong verbs that change the infinitive stem vowel -e- to -i- or -ie- in the second person familiar singular (du-form) and in the third person singular (er-form) of the present tense also have this vowel change in the familiar singular (du-form) imperative. These verbs do not have an ending in the du-form of the imperative.

Familiar Singular

INFINITIVE	PRESENT TENSE	IMPERATIVE
essen	du ißt	**Iß** dein Frühstück!
vergessen	du vergißt	**Vergiß** das nicht!
geben	du gibst	**Gib** mir bitte den Scheck!
helfen	du hilfst	**Hilf** mir bei den Schularbeiten!
nehmen	du nimmst	**Nimm** Linie zehn!
sprechen	du sprichst	**Sprich** Deutsch!
treffen	du triffst	**Triff** mich vor dem Museum!
lesen	du liest	**Lies** doch deine Hausaufgaben!
sehen	du siehst	**Sieh** das Mädchen dort!

Other strong verbs do not retain the vowel change in the formation of the imperative of the du-form. The imperative of such verbs is based on the stem of the infinitive.

Familiar Singular

INFINITIVE	PRESENT TENSE	IMPERATIVE
anfangen	du fängst an	**Fang(e)** jetzt an!
fahren	du fährst	**Fahr(e)** meinen Wagen!
halten	du hältst	**Halt(e)!**
lassen	du läßt	**Lass(e)** das Gepäck hier.
schlafen	du schläfst	**Schlaf(e)** wohl.
verlassen	du verläßt	**Verlass(e)** mich nicht!

The imperative of the du-form in weak verbs is based on the stem of the infinitive.

Familiar Singular

INFINITIVE	PRESENT TENSE	IMPERATIVE
zählen	du zählst	**Zähle** deine Bleistifte.
wiederholen	du wiederholst	**Wiederhole** die Verben!
sagen	du sagst	**Sage** es ihm doch nicht!
einpacken	du packst ein	**Packe** das auch **ein.**

Self-testing 3

Supply the imperative of the **du**-form for the verbs indicated:

a. _____ nicht so schnell! (sprechen)

b. _____ doch deine Hausaufgaben! (anfangen)

c. _____ mit ihm nach Hause! (gehen)

d. _____ die Einführung; du findest sie vielleicht interessant. (lesen)

e. _____ doch! (mitkommen)

f. _____ nicht so schnell! (essen)

g. _____ dein Gepäck im Hotelzimmer, bis wir zurückkommen. (lassen)

h. _____ nicht, deine Fahrkarte zu kaufen. (vergessen)

Richard Wagner

The imperative of the familiar plural (**ihr**-form) is the same as the present tense of the verb for the **ihr**-form. The pronoun **ihr** is normally omitted in the imperative. A separable prefix is at the end of the imperative sentence.

Familiar Plural

PRESENT TENSE	IMPERATIVE
ihr geht	**Geht** nach Hause!
ihr fangt an	**Fangt** eure Schularbeiten **an!**
ihr eßt	**Eßt** doch euren Sauerbraten!
ihr sprecht	**Sprecht** bitte morgen mit ihm.
ihr gebt	**Gebt** ihm gute Ratschläge!
ihr steigt aus	**Steigt** vor dem Dom **aus!**

Self-testing 4

Supply the imperative of the **ihr**-form for the verbs indicated:

a. _____ mit euren Freunden! (arbeiten)
b. _____ doch bei uns bis morgen! (bleiben)
c. _____ doch mit mir in die Stadt! (kommen)
d. _____ recht wohl! (schlafen)
e. _____ nicht, daß er heute abend vorbeikommt. (vergessen)
f. _____ vor dem Rathaus. (umsteigen)
g. _____ am Karlsplatz Linie sechzehn. (nehmen)
h. _____ heute abend bei uns. (vorbeikommen)

The imperative forms of the verb **sein** are:

Sie	**Seien Sie** um acht Uhr da, Herr Schmidt!
du	**Sei** recht fleißig!
ihr	**Seid** nicht so neugierig!

Self-testing 5

Supply the imperative form of the verb **sein** for the pronouns indicated:

a. _____ nicht so begeistert von ihm! (Sie)
b. _____ um elf Uhr zurück! (ihr)
c. _____ am Samstagabend um zwölf zu Hause! (du)
d. _____ nicht so in Eile! (ihr)

C. Cardinal Numbers*

The numbers with which we count and perform problems in mathematics are called cardinal numbers. Most of the cardinal numbers follow predictable patterns; however, you should note these irregularities: the final **-s** is omitted from **sechs** in the numbers **sechzehn** and **sechzig**; in **siebzehn** and **siebzig**, **-en** is omitted from **sieben.**

0	null	14	vierzehn	60	sechzig
1	eins	15	fünfzehn	70	siebzig
2	zwei	16	sechzehn	80	achtzig
3	drei	17	siebzehn	90	neunzig
4	vier	18	achtzehn	100	hundert
5	fünf	19	neunzehn	101	hunderteins
6	sechs	20	zwanzig	116	hundertsechzehn
7	sieben	21	einundzwanzig	121	hunderteinundzwanzig
8	acht	22	zweiundzwanzig	134	hundertvierunddreißig
9	neun	23	dreiundzwanzig	200	zweihundert
10	zehn	24	vierundzwanzig	201	zweihunderteins
11	elf	30	dreißig	1 000	tausend
12	zwölf	40	vierzig	1 000 000	eine Million
13	dreizehn	50	fünfzig	1 000 000 000	eine Milliarde

The comma used in English for numbers above 999 is usually replaced in German by a space.

ENGLISH	GERMAN
1,025	1 025
12,294,698	12 294 698

The English decimal point is usually represented by a comma in German.

ENGLISH	GERMAN
12.69	12,69

The above number should be read in German as **zwölf Komma neunundsechzig.**

---

* After this **Lektion,** cardinal numbers will not appear in the **Wortschatz.**

Self-testing 6

Pronounce the names of the following cardinal numbers:

a. 1	f. 16	k. 17	p. 1 000
b. 2	g. 19	l. 100	q. 3 458
c. 3	h. 11	m. 176	r. 6 872,47
d. 4	i. 31	n. 222	s. 273 409,85
e. 5	j. 66	o. 882	t. 2 607 919

Festspielhaus in Bayreuth

D. Dates and Mathematical Signs

Dates are given as follows:

800	achthundert
1517	fünfzehnhundertsiebzehn
1848	achtzehnhundertachtundvierzig
1955	neunzehnhundertfünfundfünfzig

Mathematical signs are the same as those in English, except that division is represented by a colon.

$4 + 6 = 10$ Vier und sechs ist zehn.
$7 - 2 = 5$ Sieben weniger zwei ist fünf.
$17 : 2 = 8,5$ Siebzehn geteilt durch zwei ist acht Komma fünf.
$9 \times 11 = 99$ Neun mal elf ist neunundneunzig.
$0,5 \times 2,5 = 1,25$ Null Komma fünf mal zwei Komma fünf ist eins Komma fünfundzwanzig.

Self-testing 7

1. Read the following dates in German:

   a. 900
   b. 1066
   c. 1492

   d. 1776
   e. 1812
   f. 1945

2. In German, read the following problems and give their solution:

   a. $10 - 8 = ?$
   b. $12 - 11 = ?$
   c. $6 \times 7 = ?$

   d. $100 : 10 = ?$
   e. $10 : 20 = ?$

Answers to Self-testing

Self-testing 1

a. muß
b. willst
c. sollt
d. können
e. möchte

f. darf
g. dürfen
h. wollen
i. muß
j. sollst

Self-testing 2

a. essen Sie

b. bleiben Sie

c. sagen Sie

d. Steigen Sie dort am Karlsplatz um!

e. vergessen Sie

f. Kommen Sie doch mit!

Self-testing 3

a. sprich

b. Fange doch deine Hausaufgaben an!

c. gehe

d. lies

e. Komme doch mit!

f. iß

g. laß

h. vergiß

Self-testing 4

a. arbeitet

b. bleibt

c. kommt

d. schlaft

e. vergeßt

f. Steigt vor dem Rathaus um!

g. nehmt

h. Kommt heute abend bei uns vorbei!

Self-testing 5

a. seien Sie

b. seid

c. sei

d. seid

Self-testing 6

a. eins

b. zwei

c. drei

d. vier

e. fünf

f. sechzehn

g. neunzehn

h. elf

i. einunddreißig

j. sechsundsechzig

k. siebzehn

l. hundert

m. hundertsechsundsiebzig

n. zweihundertzweiundzwanzig

o. achthundertzweiundachtzig

p. tausend

q. dreitausendvierhundertachtundfünfzig

r. sechstausendachthundertzweiundsiebzig Komma siebenundvierzig

s. zweihundertdreiundsiebzigtausendvierhundertneun Komma fünfundachtzig

t. zwei Millionen sechshundertsiebentausendneunhundertneunzehn

Self-testing 7

1. a. neunhundert
   b. tausendsechsundsechzig
   c. vierzehnhundertzweiundneunzig
   d. siebzehnhundertsechsundsiebzig
   e. achtzehnhundertzwölf
   f. neunzehnhundertfünfundvierzig

2. a. Zehn weniger acht ist zwei.
   b. Zwölf weniger elf ist eins.
   c. Sechs mal sieben ist zweiundvierzig.
   d. Hundert geteilt durch zehn ist zehn.
   e. Zehn geteilt durch zwanzig ist null Komma fünf.

10

ZEHNTE LEKTION

Grammatische Ziele:

Wiederholung des Dativs
Präpositionen mit Dativ — aus, bei, mit,
   nach, seit, von, zu

Review of the dative case
Prepositions that take the
   dative case

In the dialogue, the students answer questions in class about their families.

The reading selection tells why Robert Brown, who is of German descent, is studying in Germany.

Einführende Beispiele

Anschauungsmaterial:

   ein Buch

1. Nach dem Konzert kommt mein Freund vorbei.
   Wann kommt er vorbei?
       Nach dem Konzert kommt er vorbei.

2. Nach der Arbeit bin ich sehr müde.
   Wann bin ich müde?
       Nach der Arbeit sind Sie müde.

3. Nach dem Abendessen gehen wir nach Hause.
   Wohin gehen wir nach dem Abendessen?
      Nach dem Abendessen gehen wir nach Hause.

4. Herr Stucki ist Schweizer und wohnt in Zürich.
   Er kommt aus der Schweiz.
   Woher kommt Herr Stucki?
      Herr Stucki kommt aus der Schweiz.

5. Herr Brown kommt eben aus dem Haus.
   Wer kommt aus dem Haus?
      Herr Brown kommt aus dem Haus.

6. Fräulein Jensen hat einen Brief von den Eltern bekommen.
   Von wem hat sie einen Brief bekommen?
      Sie hat einen Brief von den Eltern bekommen.

7. Die Familie Neumann wohnt schon zwölf Monate in Schwarzhausen.
   Die Familie Neumann wohnt seit einem Jahr in Schwarzhausen.
   Wie lange wohnt die Familie Neumann schon in Schwarzhausen?
      Die Familie Neumann wohnt seit einem Jahr in Schwarzhausen.

8. Nach der Oper geht Herr Jones zu seinen Freunden.
   Zu wem geht er nach der Oper?
      Nach der Oper geht er zu seinen Freunden.

9. Nach dem Abendessen kommen zwei Studenten zu mir.
   Wer kommt nach dem Abendessen zu mir?
      Nach dem Abendessen kommen zwei Studenten zu Ihnen.

10. Herr Jones wohnt bei der Familie Neumann.
    Bei wem wohnt er?
       Er wohnt bei der Familie Neumann.

11. Frau Schmidt fährt heute mit dem Wagen in die Stadt.
    Fährt sie mit dem Wagen oder mit der Straßenbahn?
       Sie fährt mit dem Wagen.

12. Ich habe ein Buch in der Hand.
    Ich gebe es Fräulein _____.
    Wem gebe ich es?
        Sie geben es Fräulein _____.
    Gebe ich es einem Studenten oder einer Studentin?
        Sie geben es einer Studentin.
    Was gebe ich ihr?
        Sie geben ihr ein Buch.
    Wer hat das Buch von mir bekommen?
        Fräulein _____ hat das Buch von Ihnen bekommen.

13. Fräulein _____, geben Sie dem Studenten neben Ihnen das Buch.
    Was gibt sie dem Studenten?
        Sie gibt dem Studenten das Buch.
    Hat sie ihm das Buch gegeben?
        Ja, sie hat ihm das Buch gegeben.

14. Dies ist mein Buch.
    Das Buch ist sehr interessant.
    Ich lese es gern.
    Das Buch gefällt mir.
    Gefällt mir das Buch?
        Ja, das Buch gefällt Ihnen.
    Sie lesen das Buch auch gern.
    Gefällt Ihnen das Buch?
        Ja, das Buch gefällt mir.

Übungen

1. Beispiel: *dem Mann*   Geben Sie *dem Mann* die Fahrkarte, bitte!

a. dem Mann
b. diesem Mann

c. dem Mädchen
d. meinem Freund

2. Beispiel: *der Frau*   Ich habe es *der Frau* schon gesagt.

a. der Frau
b. dieser Frau

c. meiner Frau
d. seiner Frau

3. Beispiel: *Ihnen*   Er hat *Ihnen* den Bleistift gegeben.

a. Ihnen
b. uns
c. mir

d. ihr
e. ihnen (*them*)
f. ihm

4. Beispiel: *ihm*   Wir haben es *ihm* schon gegeben.

a. ihm
b. ihnen (*them*)
c. ihr
d. Ihnen

e. dem Kellner
f. unserem Kellner
g. einem Kellner
h. Ihrem Freund

5. Beispiel: *dem Wagen*   Wir fahren heute mit *dem Wagen*.

a. dem Wagen
b. meinem Wagen
c. unserem Wagen
d. dem Zug

e. meinem Freund
f. seinem Freund
g. meiner Freundin
h. Ihrer Freundin

6. Beispiel: *mir*   Er spricht oft mit *mir*.

a. mir
b. uns
c. ihr
d. der Frau

e. dieser Frau
f. meiner Wirtin
g. den Eltern
h. meinen Eltern

7. Beispiel: *uns*   Können Sie *uns* Auskunft geben?

a. uns
b. ihm
c. mir
d. der Studentin

e. unserem Freund
f. den Leuten
g. diesen Leuten
h. ihr

8. **Beispiel:** *ihm*   **Wir haben eben einen Brief von *ihm* bekommen.**

a. ihm
b. ihr
c. meinem Professor
d. seinem Professor

e. seiner Freundin
f. Ihrer Freundin
g. Ihnen
h. den Eltern

9. **Beispiel:** *mir*   **Es tut *mir* leid.**

a. mir
b. ihm
c. uns allen

d. meinem Freund
e. seinem Freund
f. ihr

10. **Beispiel:** *dem Haus*   **Er kommt eben aus *dem Haus*.**

a. dem Haus
b. dem Dorf
c. der Stadt
d. der Schule

e. seinem Haus
f. unserem Haus
g. diesem Haus
h. meinem Zimmer

11. **Beispiel:** **Ich gebe *dem Mann* den Brief.**   **Ich gebe *ihm* den Brief.**

a. Ich gebe dem Mann den Brief.
b. Ich gebe meinem Freund die Fahrkarte.
c. Ich gebe der Frau das Geld.
d. Ich gebe den Touristen die Landkarte.
e. Ich gebe meiner Freundin gute Ratschläge.

12. **Beispiel:** **Er hat es *seinem Sohn* gesagt.**   **Er hat es *ihm* gesagt.**

a. Er hat es seinem Sohn gesagt.
b. Er hat es dem Beamten gesagt.
c. Er hat es der Studentin gesagt.
d. Er hat es Herrn Schmidt gesagt.
e. Er hat es den Studentinnen gesagt.
f. Er hat es den Kindern nicht gesagt.

Fragen

1. Was haben Sie von Ihrem Freund bekommen?
2. Was hat er von seinen Eltern bekommen?
3. Wem haben Sie das gesagt?
4. Wem hat sie das Geld gegeben?
5. Wer hat es ihr gesagt?
6. Wer kommt aus dem Eßzimmer?
7. Fährt er heute mit dem Wagen oder mit der Straßenbahn?
8. Wollen Sie mit dem Eilzug oder mit dem Personenzug fahren?
9. Wohin gehen Sie nach dem Abendessen?
10. Haben Sie ihm einen Brief geschrieben?

In Deutschland gibt es viele Feste

Dialog:

Wieder im Klassenzimmer

PROFESSOR SCHÖNFELD   Heute wollen wir über das Familienleben sprechen. Herr Silva, fangen Sie bitte an und erzählen Sie uns doch etwas von Ihrer Familie!

SILVA   Ich habe vier Geschwister.

SCHÖNFELD   Wie viele Schwestern haben Sie?

SILVA   Zwei. Die eine ist Juristin bei der Regierung und ist verheiratet. Die andere ist ledig und studiert noch. Sie will Ärztin werden.

SCHÖNFELD   Sie haben also zwei Brüder, nicht wahr?

SILVA   Ja. Ein Bruder ist Ingenieur bei einer Baufirma. Der andere ist Bibliothekar an der Universität.

● ● ●

SCHÖNFELD   Und Fräulein Jensen, was können Sie von Ihrer Familie erzählen?

JENSEN   Mein Vater ist im Außenministerium, und meine Mutter ist Wirtschaftsberaterin. Meine Eltern wohnen seit zwei Jahren in Afrika.

SCHÖNFELD   Aber Sie selbst wohnen doch in Dänemark, nicht wahr?

JENSEN   Ja, bei meinen Großeltern. Das macht besonders Großmutter viel Freude, weil sie oft allein im Hause ist.

SCHÖNFELD   Wieso?

JENSEN   Mein Großvater ist Geschäftsmann und reist viel.

SCHÖNFELD   Fahren Sie im Sommer zu den Eltern?

JENSEN   Nein. Im Sommer bin ich gewöhnlich einen Monat auf einem Bauernhof bei meinem Onkel und meiner Tante.

● ● ●

SCHÖNFELD   Und Fräulein Moreau, Ihr Vater ist Arzt, nicht wahr?

MOREAU   Ja, Spezialist für Herzkrankheiten. Er hat immer sehr viel zu tun.

SCHÖNFELD   Hat er eine große Praxis?

MOREAU   Ja, denn andere Ärzte schicken ihm viele Patienten.

SCHÖNFELD   Haben Sie auch Geschwister?

MOREAU   Nein, aber mein Vetter und meine Kusine stehen mir so nahe wie Geschwister.

In the Classroom Again

PROFESSOR SCHÖNFELD   Today we are going to talk about family life. Mr. Silva, will you begin, please, and tell us something about your family.

SILVA   I have four brothers and sisters.*

SCHÖNFELD   How many sisters do you have?

SILVA   Two. One is a lawyer with the government and is married. The other one is single and is still a student. She wants to become a doctor.

SCHÖNFELD   Then you have two brothers, don't you?

SILVA   Yes. One brother is an engineer with a construction firm. The other is a librarian at the university.

● ● ●

SCHÖNFELD   And Miss Jensen, what can you tell about your family?

JENSEN   My father is in the foreign service, and my mother is an economic adviser. My parents have lived in Africa for two years.

SCHÖNFELD   But you yourself live in Denmark, don't you?

JENSEN   Yes, with my grandparents. That especially makes grandmother very happy, because she is often alone in the house.

SCHÖNFELD   Why is that?

JENSEN   My grandfather is a businessman and travels a great deal.

SCHÖNFELD   Do you go to see your parents during the summer?

JENSEN   No. In the summer I usually spend a month on a farm with my uncle and aunt.

● ● ●

SCHÖNFELD   And Miss Moreau, your father is a doctor, isn't he?

MOREAU   Yes, a specialist in heart disease. He is always very busy.

SCHÖNFELD   Does he have a large practice?

MOREAU   Yes, because other doctors send him many patients.

SCHÖNFELD   Do you have any brothers and sisters?

MOREAU   No, but my cousins are as close to me as a brother and sister.

Fragen über den Dialog

1. Wie viele Geschwister sind in der Familie Silva?
2. Wie viele Schwestern hat Herr Silva?
3. Sind seine Schwestern beide verheiratet?
4. Wer ist Juristin bei der Regierung?
5. Ist der Ingenieur bei einer Autofirma oder einer Baufirma?
6. Wer ist Bibliothekar?
7. Wer ist im Außenministerium?
8. Ist Fräulein Jensens Vater Wirtschaftsberater?
9. Wo wohnen Fräulein Jensens Eltern?
10. Wie lange sind ihre Eltern schon in Afrika?

---

* There is no English equivalent for **die Geschwister** except the technical expression "siblings."

11. Bei wem wohnt Fräulein Jensen?
12. Wem macht das viel Freude?
13. Ist ihr Großvater Arzt oder Geschäfts-
    mann?

14. Was ist Fräulein Moreaus Vater?
15. Wer schickt ihm viele Patienten?

Lesestück:

Ein Amerikaner in Deutschland

Herr Brown ist in What Cheer, im amerikanischen Bundesstaat Iowa, geboren. In diesem Städtchen hat er vom sechsten bis zum achtzehnten Lebensjahr die Schule besucht. Sein Vater war dort in einer Bank angestellt, aber vor einigen Jahren hat er die Heimat im Mittelwesten verlassen und eine Stellung als Personaldirektor bei einer
5 Chemiefirma im Westen angenommen. Jetzt wohnt die Familie Brown in Kalifornien. Dort hat der Sohn auf der Staatsuniversität mit dem Deutschstudium angefangen. Das hat seinem Vater gefallen, denn er selbst ist deutscher Abstammung und hat noch Verwandte in Deutschland. Ursprünglich hat die Familie den Namen „Braun" geschrieben.
10 Herrn Browns[1] Vater kennt Deutschland sehr gut, weil seine Firma ihn auf mehrere Geschäftsreisen nach Europa geschickt hat. Seine Firma verkauft einer Firma in Düsseldorf Chemikalien für Medikamente. Er spricht fließend Deutsch, denn er hat es immer zu Hause gehört, aber er hat immer noch einen amerikanischen Akzent. Auf der Universität hat der Sohn besonders gute Zensuren bekommen, und das hat seinem
15 Vater auch sehr gefallen. Darum hat er nun seinem Sohn eine Deutschlandreise versprochen.
Herr Brown hat die Reise mit seinem Professor für Germanistik besprochen. Der Professor hat ihm geraten, im Sommer das Institut für Ausländer zu besuchen. Auf dem Institut studiert man nur Deutsch, deutsche Literatur und deutsche Geschichte. Das
20 Leben am Institut ist im großen und ganzen nicht sehr formell. Dozenten und Studenten essen im Gasthaus zusammen, und jeder Student wohnt bei einer Familie. Mit der deutschen Familie muß der Student aus dem Ausland Deutsch sprechen, weil wenige Leute sich in einer Fremdsprache unterhalten können. Man hat viel Kontakt mit den Deutschen und kann deswegen große Fortschritte in der Sprache machen.
25 Herr Brown ist jetzt am Institut in Schwarzhausen. Die Studenten aus Europa können besser Deutsch als er, denn im Durchschnitt lernen sie es schon seit dem elften Lebensjahr. Er nutzt jede Gelegenheit aus, mit den Leuten im Städtchen Deutsch zu sprechen. Besonders gern unterhält er sich mit seinem Wirt über Sport, Politik und wirtschaftliche Fragen. Durch seinen Fleiß und sein Interesse für die deutsche Sprache
30 kann er die anderen Studenten bald einholen.

---

[1] **Herrn Browns** Mr. Brown's

Wortschatz

die Abstammung, –en   *origin, descent, ancestry*;   er ist deutscher Abstammung   *he is of German descent*
achtzehnt-   *eighteenth*
der Akzent, –e   *accent*
das Alphabet, –e   *alphabet*
als   *as*;   als Kind   *as a child*
angestellt   *employed*
der Arzt, ⸚e / die Ärztin, –nen   *physician*
auf deutsch   *in German*
aus   *out, out of*
das Außenministerium, (*plur.*) –ministerien   *foreign ministry, state department*
außer   *besides, except*
die Autofirma, (*plur.*) –firmen   *automobile company*
bald   *soon*
die Bank, –en   *bank, banking establishment*
die Baufirma, (*plur.*) –firmen   *construction firm*
beim = bei dem
der Bibliothekar, –e / die Bibliothekarin, –nen   *librarian*
der **Bruder**, ⸚   *brother*
der Buchstabe, –n   *letter of the alphabet*
der Bundesstaat, –en   *federal state, state belonging to a federation*
die Chemiefirma, (*plur.*) –firmen   *chemical firm*
die Chemikalien (*plur.*)   *chemicals*
darum   *therefore, for that reason*
deswegen   *for that reason, for that purpose*
der **Deutsche**, –n / die **Deutsche**, –n   *native of Germany*
die Deutschlandreise, –n   *trip to Germany*
das Deutschstudium, (*plur.*) –studien   *study of German*
der Dozent, –en   *instructor, lecturer at the university*
durch   *by means of*
der Durchschnitt, –e   *average*;   im Durchschnitt   *on the average*
elft-   *eleventh*
englisch (*adj.*)   *English*
(das) **Europa**   *Europe*
das Familienleben   *family life*

die **Firma**, (*plur.*) Firmen   *firm, business, company*
der Fleiß   *diligence, industry*
fließend   *fluent*
formell   *formal*
der Fortschritt, –e   *progress*
die Fremdsprache, –n   *foreign language*
die **Freude**, –n   *joy, pleasure*;   das macht Großmutter viel Freude   *that makes grandmother very happy*
geboren   *born*;   ist geboren   *was born*
gegenüber   *opposite, across from*
die **Gelegenheit**, –en   *opportunity*
die Germanistik   *German studies, German philology*
der Geschäftsmann, (*plur.*) Geschäftsleute   *businessman*
die Geschäftsreise, –n   *business trip*
die **Geschichte**, –n   *history*;   *story*
die Geschwister (*plur. only*)   *brothers and sisters, siblings*
groß   *great, large*;   im großen und ganzen   *in general*
die **Großeltern** (*plur. only*)   *grandparents*
die **Großmutter**, ⸚   *grandmother*
der **Großvater**, ⸚   *grandfather*
Haus: **nach Hause gehen**   *to go home*
die Herzkrankheit, –en   *heart disease*
der **Ingenieur**, –e   *engineer*
Interesse für   *interest in*
der Jurist, –en / die Juristin, –nen   *lawyer*
der Kontakt, –e   *contact*
die **Kusine**, –n   *female cousin*
das Lebensjahr, –e   *year of life*
ledig   *unmarried, single*
die Literatur   *literature*
das Medikament, –e   *drug, medicine*
mehrere (*plur. only*)   *several, a number of*
der Mittelwesten   *Middle West*
nah(e)   *near, close*
neben   *beside, next to, near, close to*
nun   *now, at present*
der **Onkel**, –   *uncle*
der Patient, –en   *patient*
der Personaldirektor, –en   *personnel director*
die Praxis   *practice*

die **Regierung,** –en *government, administration*
die **Schweiz** (*always accompanied by def. art.*) *Switzerland*
der **Schweizer,** – *native of Switzerland*
die **Schwester,** –n *sister*
 seit *since, for* (*with expressions of time*)
der **Spezialist,** –en *specialist*
der **Sport,** –e *sport(s)*
die **Staatsuniversität,** –en *state university*
die **Stellung,** –en *position*
die **Tante,** –n *aunt*
 ursprünglich *original*
 verheiratet *married*
der **Verwandte,** –n *relative*
 von *about*
 wenige *few, a few*
der **Westen** *west, West*
 wieso *why, why is that*
 wirtschaftlich *economic*
der **Wirtschaftsberater,** – / die Wirtschaftsberaterin, –nen *economic adviser*

zehnt- *tenth*
die Zensur, –en *grade (mark) in school*

 annehmen (nimmt an), angenommen *to accept, assume*
 anstellen *to employ*
 ausnutzen *to take advantage of* (*an opportunity*); *exploit*
 besprechen (bespricht), besprochen *to discuss*
 einholen *to overtake*
†**folgen** *to follow*
 können: **er kann Deutsch** *he knows German*
 nahestehen, nahegestanden *to be close to, be on very friendly terms with*
 raten (rät), geraten *to advise, give counsel*
†**reisen** *to travel*
 schicken *to send*
 sich unterhalten (unterhält sich), sich unterhalten (mit) *to converse* (*with*)
 versprechen (verspricht), versprochen *to promise*

München: Am Marienplatz vor dem Rathaus

Weitere Übungen

1. Read the following sentences, replacing all nouns with pronouns. Note the word order of the pronoun objects.

   Beispiel: Ich habe *dem Briefträger die Postkarte* gegeben.   Ich habe *sie ihm* gegeben.

   a. Mein Freund hat dem Beamten die Fahrkarte gezeigt.
   b. Ich habe der Schwester eine Postkarte geschickt.
   c. Sie gibt der Wirtin das Geld.
   d. Die Schwester ist jetzt bei den Großeltern.
   e. Die Studenten unterhalten sich gern mit dem Gastwirt.
   f. Es tut meiner Freundin leid.
   g. Der Wagen hat meinem Freund gefallen.

2. Complete the following sentences with the correct form of the expression in parentheses:

   a. Er hat es mit _____ besprochen.   (sein Vater)
   b. Wir müssen es _____ sagen.   (die Leute)
   c. Ich komme aus _____   (der Mittelwesten)
   d. Kommen Sie heute abend zu _____?   (ich)
   e. Sie ist bei _____ angestellt.   (die Regierung)
   f. Nach _____ gehen wir ins Kino.   (das Abendessen)
   g. Ich habe das Geld von _____ bekommen.   (eine Tante)
   h. Wir wohnen seit _____ in Afrika.   (ein Jahr)
   i. Er fährt heute mit _____.   (sein Wagen)
   j. Sie unterhält sich gern mit _____.   (du)
   k. Ich habe _____ von der Reise erzählt.   (er)
   l. Wer wohnt bei _____?   (Sie)

3. Restate the following dialogue in German:

   a. Is your (*fam. sing.*) father with a construction firm?
   b. No, he is with a chemical firm.
   a. What does his company sell?
   b. Chemicals for drugs.
   a. Does it sell its chemicals in Germany?
   b. Yes, to a company in Düsseldorf.

4. Read the following sentences, supplying the correct preposition:

   a. Er geht jetzt _____ den Eltern.
   b. Ich wohne _____ der Großmutter.

   c. Wir sind schon _____ zwei Jahren in Amerika.

   d. Kommen Sie _____ München?

   e. Wir fahren jeden Tag _____ die Stadt.

   f. Er hat eine Stellung _____ der Bundesbahn.

   g. Ich fahre selten _____ dem Zug.

   h. _____ dem Unterricht gehen die Studenten ins Gasthaus.

   i. Ich habe einen Brief _____ meinen Eltern bekommen.

   j. Wir gehen heute abend _____ unseren Freunden.

   k. Wollen Sie heute abend _____ das Wirtshaus gehen?

5. Answer the following questions with complete sentences:

   a. Wo ist Herr Brown geboren?

   b. Liegt das Städtchen im Westen oder im Mittelwesten?

   c. War sein Vater bei der Bank oder bei einer Fabrik dort angestellt?

   d. Wo hat Herr Brown sein Deutschstudium angefangen?

   e. Wie hat man ursprünglich den Namen Brown geschrieben?

   f. Was verkauft die Chemiefirma?

   g. Hat Herr Brown gute Zensuren bekommen?

   h. Was hat der Vater seinem Sohn versprochen?

   i. Mit wem hat der Sohn die Reise besprochen?

   j. Mit wem hat der Student in Schwarzhausen viel Kontakt?

   k. Bei wem wohnt der Student aus dem Ausland?

   l. Wer hat noch Verwandte in Deutschland?

   m. Wer geht oft auf Geschäftsreisen nach Europa?

Sprechübungen

1. Sagen Sie,

   a. wie alt Sie sind

   b. wie viele Geschwister Sie haben

   c. wie alt Ihre Geschwister sind

   d. wie viele Schwestern Sie haben

   e. wie viele Brüder Sie haben

   f. bei wem Ihre Mutter angestellt ist

   g. bei wem Ihr Vater angestellt ist

   h. was Sie werden wollen

2. Antworten Sie auf die Fragen!

    a. Bei wem wohnen Sie?
    b. Zu wem fahren Sie im Sommer?
    c. Wie lange sind Sie schon hier in diesem Bundesstaat?
    d. Fahren Sie mit dem Zug oder mit dem Wagen nach Hause?
    e. Gehen Sie oft zum Arzt?
    f. Kennen Sie eine Ärztin?
    g. Was haben Sie von Ihren Eltern bekommen?
    h. Besuchen Sie gern Ihren Onkel und Ihre Tante?

König Ludwig der Zweite von Bayern

Schriftliches

Write the following sentences in German:

a. My father is employed in a bank.
b. My brother is with a construction firm.
c. My cousin comes to (see) me often.
d. I received good grades in German, and that pleased my parents.
e. You (*fam. plur.*) must take advantage of every opportunity to speak German with the people in the inn.
f. He likes to converse with the innkeeper and with the customers.
g. After the evening meal I would like to go to a movie.
h. Can you (*formal*) give me (some) information? I would like to go to the museum.
i. I just received a letter from your (*fam. sing.*) sister. Would you (*fam. sing.*) like to read it?
j. In the villages one has much contact with (the) Germans.

Ausspracheübungen

Some Difficult Consonant Clusters

zw: zwei, zweite, zwar, zwölf, zwanzig, zwischen, Zwiebelturm

spr: sprechen, spricht, Sprache, Springbrunnen, gesprochen, versprechen

zt: jetzt, Arzt, Ärzte, letzte

schl: schlafen, schlecht, schläfrig, Schloß, schließen

schr: schreiben, Kugelschreiber, geschrieben, schriftlich

pf: empfehlen, Pfeifen, Pferd, Strumpf

str: Straße, Straßenbahn, streng, stritt, strömen, Strumpf

schw: Geschwister, Schwester, Schwan, schwer, schwarz, Schweiz, schwimmen

chts: nichts, Lichts

Verschiedenes

Das Alphabet

Buchstabe	Name auf deutsch	Buchstabe	Name auf deutsch
a	ā	n	ĕn
b	bē	o	ō
c	tßē	p	pē
d	dē	q	kū
e	ē	r	ĕr
f	ĕf	s	ĕß
g	gē	ß	ĕßtßĕt
h	hā	t	tē
i	ī	u	ū
j	jŏt	v	fau
k	kā	w	wē
l	ĕl	x	ĭkß
m	ĕm	y	üpßilŏn
		z	tßĕt

Übungen

1. Spell your first and last name in German.
2. Read the following abbreviations in German:

BUCHSTABEN	DEUTSCHE NAMEN	ENGLISCHE NAMEN
VW	Volkswagen	Volkswagen
BRD	Bundesrepublik Deutschland	Federal Republic of Germany
DDR	Deutsche Demokratische Republik	German Democratic Republic
DM	Deutsche Mark	German mark
DKW	Deutsche Kraftwagen-Werke	German Automobile Works
AEG	Allgemeine Elektrizitätsgesellschaft	General Electric Company
LKW	Lastkraftwagen	truck
PKW	Personenkraftwagen	automobile
CDU	Christlich-Demokratische Union	Christian Democratic Union
SPD	Sozialdemokratische Partei Deutschlands	Social Democratic Party of Germany
CSU	Christlich-Soziale Union	Christian Socialist Union
AG	Aktiengesellschaft	stock company
G.m.b.H.	Gesellschaft mit beschränkter Haftung	company with limited liability (ltd.)
EWG	Europäische Wirtschaftsgemein-schaft	European Economic Community (Common Market)
DFB	Deutscher Fußball-Bund	German Soccer League

Grammatik

A. The Dative Case as the Indirect Object

The indirect object of German verbs is in the dative case. Dative forms of the definite article, the indefinite article, and examples of possessive adjectives are given below:

	Singular			*Plural*
	MASCULINE	FEMININE	NEUTER	ALL GENDERS
DEFINITE ARTICLE	dem Mann	der Frau	dem Kind	den Männern, Frauen, Kindern
INDEFINITE ARTICLE	einem Mann	einer Frau	einem Kind	Männern, Frauen, Kindern
POSSESSIVE ADJECTIVES	meinem Bruder unserem Wagen seinem Freund	meiner Mutter unserer Wirtin seiner Firma	meinem Haus unserem Dorf seinem Kind	meinen Brüdern unseren Büchern seinen Freunden

As noted in the **Grammatik** of **Lektion 6**, the ending **-n** is added to the plural of all nouns in the dative case except those nouns forming the plural with **-en, -n** or **-s**. Observe the use of the dative case in the following sentences:

> Ich habe es **dem Mann** gesagt.
> Morgen geben wir **der Wirtin** das Geld.
> Er hat **seinen Eltern** einen Brief geschrieben.
> Ich habe **unserem Briefträger** den Brief gegeben.
> Ich will **meinen Freunden** von der Reise erzählen.

Self-testing 1

Supply the correct form of the word in parentheses:

a. Ich habe es _____ Studentin gesagt. (die)
b. Sie hat _____ Eltern nur eine Postkarte geschrieben. (mein)
c. Er hat es _____ Studenten gesagt. (ein)
d. Wir haben _____ Mädchen schon oft geschrieben. (das)
e. Sie gibt _____ Sohn immer gute Ratschläge. (unser)
f. Das habe ich _____ Eltern nicht gesagt. (die)
g. Er will _____ Freunden von der Reise erzählen. (sein)
h. Die Wirtin hat das _____ Frau erzählt. (mein)

B. Prepositions with the Dative Case

In **Lektion** 6, you learned that the object of the preposition **in** may be in either the dative or the accusative case. Some prepositions take objects only in the dative case. When the dative case becomes the prepositional object, it is, of course, no longer an indirect object. The objects of the following common prepositions are always in the dative case:

aus	*out, out of, from*	mit	*with; by*
außer	*besides, except*	nach	*to, toward; after*
bei	*with, at the house of, at*	seit	*since, for* (*with expressions of time*)
	the business of, by, at; near	von	*of, from, by; about*
gegenüber*	*opposite, across from*	zu	*to; at; for*

Er kommt **aus dem Haus.**

Außer der Wirtin wohnen noch zwei Studenten in dem Haus.

Er ist heute **bei seiner Mutter.**

Ich wohne **dem Bahnhof gegenüber.**

Er fährt oft **mit dem D-Zug.**

Viele Touristen fahren **nach dem Westen.**

Nach dem Essen gehe ich ins Konzert.

Morgen fahre ich **nach Hause.**

Ich gehe um zwei Uhr **zu dem Arzt.**

Er geht oft **zu seinen Eltern.**

Mein Onkel ist morgen nicht **zu Hause.**

The prepositions **bei, von,** and **zu** may combine with the definite article to form contractions without changing the meaning.

$$bei + dem = beim$$
$$von + dem = vom$$
$$zu \ + dem = zum$$
$$zu \ + der = zur$$

Er ist jetzt **bei dem** Arzt.	= Er ist jetzt **beim** Arzt.
Sie kommt eben **von dem** Rathaus.	= Sie kommt eben **vom** Rathaus.
Wir gehen um acht **zu dem** Museum.	= Wir gehen um acht **zum** Museum.
Gehst du zu Fuß **zu der** Haltestelle?	= Gehst du zu Fuß **zur** Haltestelle?

---

* The preposition **gegenüber** often follows its object.

Self-testing 2

1. Complete the following sentences with the correct form of each of the words indicated:

   a. Nach _____ Arbeit ist er etwas müde. (die, sein)
   b. Sie kommt eben aus _____ Zimmer. (ihr, das, unser)
   c. Außer _____ Freundin ist niemand da. (die, mein, dein)
   d. In Berlin wohnt er bei _____ zwei Freunden. (die, sein, unser)
   e. Er schreibt mit _____ Kugelschreiber. (ein, sein, der, mein)
   f. Sie hat den Brief von _____ Mutter bekommen. (mein, die, ihr, unser)
   g. Seit _____ Reise habe ich zu viel Arbeit. (die, mein, unser)
   h. Mein Freund ist von _____ Aufführung sehr begeistert. (die, sein, euer)
   i. Ich fahre morgen zu _____ Verwandten in Frankfurt. (die, mein, unser, ihr)

2. Restate the following sentences by contracting the preposition with the definite article:

   a. Geh' zu der Mutter!
   b. Kommst du eben von dem Rathaus?
   c. Geht er morgen zu dem Arzt?
   d. Ich war gestern bei dem Wirt.

„Am Karlsplatz müssen Sie umsteigen"

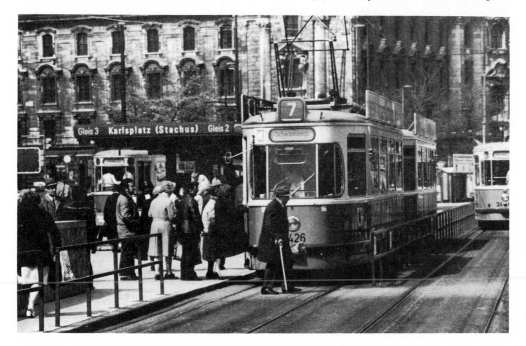

C. Verbs Taking Objects in the Dative Case

Some verbs take a dative object, although that object may appear to the speaker of English to be a direct object. Among the verbs in this group are the following:

antworten	*to answer*	glauben	*to believe*
*folgen	*to follow*	helfen	*to help*
gefallen	*to please*	raten	*to advise*

Er antwortet mir.   *He answers me.*
      (*dat.*)

Das Buch gefällt dem Mädchen.   *The girl likes the book.*
              (*dat.*)

Wir haben ihnen bei der Arbeit geholfen.   *We helped them with the work.*
    (*dat.*)

Self-testing 3

Complete the following sentences with the correct form of each of the words indicated:

a. Er hat _____ Professor nicht geantwortet.   (der, sein)
b. Ich glaube _____ nicht.   (er, der Mann, Sie)
c. Sie haben _____ bei den Übungen geholfen.   (ich, meine Freundin, wir)
d. Ich rate _____, fleißig zu lernen.   (du, ihr, die Studenten)
e. Das hat _____ nicht gefallen.   (wir, die Französin, mein Kind, ich)
f. Ich will _____ helfen.   (ihr, die Arbeiter, deine Mutter, er)

D. Order of Direct and Indirect Objects

When both a direct object (accusative case) and an indirect object (dative case) occur in the predicate, the word order is as follows:

1. A pronoun object precedes a noun object.
   Ich gebe **ihm** kein **Geld** mehr.
   Er gibt **es** dem **Kind.**

2. If both objects are pronouns, the direct object precedes.
   Wir haben **es ihnen** schon gesagt.
   Der Kellner bringt **sie mir.**

---

* **Folgen** has not appeared in the text so far.

3. If both objects are nouns, the indirect object precedes.

Ich schreibe den **Eltern** eine **Postkarte.**

Wir haben seiner **Firma** die **Chemikalien** verkauft.

Self-testing 4

Restate the following sentences, using the indirect object indicated:

a. Ich habe es gegeben.   (dem Studenten)

b. Sie hat gute Ratschläge gegeben.   (ihrem Sohn)

c. Er hat einen Brief geschrieben.   (ihr)

d. Sie hat es oft gesagt.   (mir)

e. Du mußt das Geld schicken.   (deiner Wirtin)

f. Ich habe es gesagt.   (unserem Briefträger)

Answers to Self-testing

Self-testing 1

a. der

b. meinen

c. einem

d. dem

e. unserem

f. den

g. seinen

h. meiner

Self-testing 2

1. a. der, seiner

   b. ihrem, dem, unserem

   c. der, meiner, deiner

   d. den, seinen, unseren

   e. einem, seinem, dem, meinem

   f. meiner, der, ihrer, unserer

   g. der, meiner, unserer

   h. der, seiner, eurer

   i. den, meinen, unseren, ihren

2. a. Geh' zur Mutter!

   b. Kommst du eben vom Rathaus?

   c. Geht er morgen zum Arzt?

   d. Ich war gestern beim Wirt.

Self-testing 3

a. dem, seinem

b. ihm, dem Mann, Ihnen

c. mir, meiner Freundin, uns

d. dir, euch, den Studenten

e. uns, der Französin, meinem Kind, mir

f. euch, den Arbeitern, deiner Mutter, ihm

Self-testing 4

a. Ich habe es dem Studenten gegeben.

b. Sie hat ihrem Sohn gute Ratschläge gegeben.

c. Er hat ihr einen Brief geschrieben.

d. Sie hat es mir oft gesagt.

e. Du mußt deiner Wirtin das Geld schicken.

f. Ich habe es unserem Briefträger gesagt.

11

ELFTE LEKTION

Grammatische Ziele:

Präpositionen mit Dativ und Akkusativ
— an, auf, hinter, in, neben, über,
unter, vor, zwischen

Prepositions that can take
both the dative and the
accusative case

The dialogue is between two students at a dance.

German youth, past and present, is the topic of the reading selection

Einführende Beispiele

Anschauungsmaterial:

ein Buch
ein Papierkorb
ein Kugelschreiber

1. Fräulein Moreau ist im Wohnzimmer.
   Wo ist Fräulein Moreau?
        Fräulein Moreau ist im Wohnzimmer.

2. Frau Schmidt kommt ins Wohnzimmer.
   Wer kommt ins Wohnzimmer?
        Frau Schmidt kommt ins Wohnzimmer.

3. Ich lege das Buch auf den Tisch.
   Wohin lege ich das Buch?
   > *Sie legen das Buch auf den Tisch.*

4. Das Buch liegt jetzt auf dem Tisch.
   Wo liegt es?
   > *Es liegt auf dem Tisch.*

5. Hier ist ein Papierkorb.
   Ich stelle den Papierkorb vor die Tür.
   Wohin habe ich den Papierkorb gestellt?
   > *Sie haben den Papierkorb vor die Tür gestellt.*
   Ist der Papierkorb jetzt vor der Tür?
   > *Ja, der Papierkorb ist jetzt vor der Tür.*

6. Steht der Papierkorb vor oder hinter der Tür?
   > *Der Papierkorb steht vor der Tür.*

7. Herr _____, gehen Sie ans Fenster!
   Wohin geht Herr _____?
   > *Herr _____ geht ans Fenster.*

8. Herr _____, bleiben Sie am Fenster stehen!
   Wo steht er jetzt?
   > *Er steht jetzt am Fenster.*

9. Fräulein _____, gehen Sie an die Tür!
   Wohin geht sie?
   > *Sie geht an die Tür.*

10. Fräulein _____, bleiben Sie an der Tür stehen!
    Wo steht sie?
    > *Sie steht an der Tür.*

11. Ich lege den Kugelschreiber neben das Buch.
    Wohin lege ich den Kugelschreiber?
    > *Sie legen den Kugelschreiber neben das Buch.*

12. Jetzt liegt der Kugelschreiber neben dem Buch.
    Wo liegt er?
    > *Er liegt neben dem Buch.*

13. Hängt die Landkarte über der Wandtafel?
    Ja, die Landkarte hängt über der Wandtafel.

14. Fahren Sie jeden Tag über die Brücke?
    Ja, ich fahre jeden Tag über die Brücke.

15. Ich stelle den Korb unter den Tisch.
    Was habe ich unter den Tisch gestellt?
      Sie haben den Korb unter den Tisch gestellt.
    Wo steht der Korb jetzt?
    Der Korb steht unter dem Tisch.
    Habe ich den Korb auf den Tisch oder unter den Tisch gestellt?
      Sie haben den Korb unter den Tisch gestellt.

16. Herr _____, stehen Sie auf!
    Stellen Sie sich zwischen den Stuhl und das Fenster!
    Wer hat sich zwischen den Stuhl und das Fenster gestellt?
      Herr _____ hat sich zwischen den Stuhl und das Fenster gestellt.

17. Herr _____ steht jetzt zwischen dem Stuhl und dem Fenster.
    Wo steht er jetzt?
      Er steht jetzt zwischen dem Stuhl und dem Fenster.

Übungen

1. **Beispiele:** *er*   **Er geht** ins Wohnzimmer.
                   wir   **Wir gehen** ins Wohnzimmer.

   a. er   d. ich
   b. wir   e. meine Freunde
   c. sie (*they*)   f. die Wirtin

2. **Beispiel:** *ins Kino*   **Wir möchten** *ins Kino* **gehen.**

   a. ins Kino   c. ins Wohnzimmer
   b. ins Theater   d. ins Haus

3. **Beispiel:** *in die Oper*   **Ich gehe jetzt** *in die Oper.*

   a. in die Oper   c. in die Küche
   b. in die Stadt   d. in die Gaststätte

4. Beispiel: *auf das Sofa*   **Sie legt das Buch** *auf das Sofa.*

    a. auf das Sofa   c. auf einen Stuhl
    b. auf den Tisch   d. auf einen Tisch

5. Beispiel: *auf*   **Ich lege es** *auf* **den Tisch.**

    a. auf   c. vor
    b. unter   d. neben

6. Beispiel: *über*   **Wir gehen** *über* **die Brücke.**

    a. über   c. unter
    b. auf   d. an

7. Beispiel: *die Mutter*   **Haben Sie einen Brief an** *die Mutter* **geschrieben?**

    a. die Mutter   c. die Eltern
    b. Ihre Tante   d. den Vater

8. Beispiel: *die Tür*   **Gehen Sie an** *die Tür!*

    a. die Tür   c. den Tisch
    b. das Fenster   d. die Wandtafel

9. Beispiel: *am Nachmittag*   **Wir müssen** *am Nachmittag* **arbeiten.**

    a. am Nachmittag   c. am Samstag
    b. am Abend   d. am Montagmorgen

10. Beispiel: *hinter*   **Der Garten liegt** *hinter* **dem Haus.**

    a. hinter   c. neben
    b. vor   d. nicht weit von

11. Beispiele: *der Stuhl*   **Der Stuhl steht** **an dem Fenster.**
              wir   **Wir stehen** **an dem Fenster.**

    a. der Stuhl   d. er
    b. wir   e. ich
    c. der Tisch   f. die Großmutter

12. Beispiel: *Dorf*   **Heute gehen wir ins** *Dorf.*

    a. Dorf   c. Gasthaus
    b. Kino   d. Museum

13. Beispiele: *Dorf*   Ich wohne *im Dorf.*

  Stadt   Ich wohne *in der Stadt.*

a. Dorf
b. Stadt
c. Hotel
d. Blumenstraße

e. Mittelwesten
f. Bergen
g. Schweiz
h. Gasthof

14. Beispiele: *Stadt*   Ich will morgen *in die Stadt* gehen.

  Kino   Ich will morgen *ins Kino* gehen.

a. Stadt
b. Kino
c. Hotel
d. Schule

e. Berge
f. Oper
g. Kirche
h. Geschäft

15. Beispiele: Ich *bin im* Dorf.   Ich *gehe ins* Dorf.

  Ich *bin* in *der* Stadt.   Ich *gehe* in *die* Stadt.

a. Ich bin im Dorf.
b. Ich bin in der Stadt.
c. Ich bin heute in der Schule.

d. Ich bin heute nicht im Institut.
e. Ich bin morgen nicht im Museum.
f. Ich bin in meinem Zimmer.

16. Beispiel: Er *steht* an *der* Tür.   Er *geht* an *die* Tür.

a. Er steht an der Tür.
b. Er steht an dem Fenster.
c. Er steht an der Haltestelle.

d. Er steht an der Brücke.
e. Er steht an seinem Tisch.
f. Er steht jetzt am Fahrkartenschalter.

17. Beispiel: Gehen Sie auf die Post?   Ja, ich gehe auf die Post.

a. Gehen Sie auf die Post?
b. Geht er an die Tür?
c. Gehen Sie in Ihr Zimmer?
d. Fährt er jeden Tag in die Berge?
e. Muß man an der Haltestelle warten?
f. Hängt die Landkarte über der Wandtafel?
g. Gehen Sie heute abend in ein Hotel?
h. Essen Sie gewöhnlich im Restaurant?
i. Ist die Haltestelle vor Ihrem Haus?
j. Steigt man vor dem Museum aus?
k. Gehen Sie am Sonntag in die Kirche?
l. Steht Ihr Wagen vor dem Haus?
m. Liegt der Garten hinter dem Haus?
n. Steht der Stuhl neben dem Tisch?

18. Beispiele: **Wohin gehen Sie jetzt?**   (*Zimmer*)   **Ich gehe ins Zimmer.**
           Wo muß man warten?   (*Haltestelle*)   **Man muß an der Haltestelle warten.**

    a. Wohin gehen Sie jetzt?   (Zimmer)
    b. Wo muß man warten?   (Haltestelle)
    c. Wo arbeiten Sie heute?   (Schule)
    d. Wohin fahren Sie morgen?   (Stadt)
    e. Wo wohnt Ihr Freund?   (Hotel)
    f. Wann müssen Sie das Lesestück durcharbeiten?   (Abend)
    g. Wohin geht er?   (Tür)
    h. Wo essen wir heute abend?   (Gasthaus)
    i. Wo soll ich aussteigen?   (Museum)
    j. Wo wohnen Sie jetzt?   (Stadt)
    k. Wo steht der Stuhl?   (Fenster)
    l. Wohin fährt er jeden Tag?   (Stadt)

Fragen

1. Hängt die Landkarte über der Wandtafel oder über dem Fenster?
2. Steht der Professor hinter dem Tisch?
3. Wer steht vor der Klasse?
4. Sitzen Sie neben einem Mädchen?
5. Was hängt über der Wandtafel?
6. Gehen Sie am Sonntag in die Kirche oder ins Geschäft?
7. Arbeitet Ihr Vater in einer Fabrik?
8. Wo essen die Studenten zu Mittag?
9. Ist die Haltestelle vor der Schule oder vor dem Dom?
10. Wo arbeitet Ihr Vater?
11. Hält die Straßenbahn vor der Schule?
12. Wer geht an die Tür, wenn es klingelt?
13. Wohnen Sie in einem Dorf oder einer Stadt?
14. Wohin geht man am Sonntag?
15. Gehen Sie auf die Post oder auf die Bank?

16. Wohin geht man, wenn es klingelt?
17. Geht man auf den Bahnsteig, wenn der
    Zug ankommt?
18. Was steht vor Ihrem Haus?
19. Wer sitzt neben Ihnen?
20. Wo kauft man eine Fahrkarte?

Dialog:

Der Tanzabend

Paul Jones und Anneliese Neumann gehen auf den Tanzabend.

PAUL   Gehst du oft tanzen, Anneliese?
ANNELIESE   Oh ja, denn ich tanze sehr gern.
PAUL   Gibt es oft Gelegenheit zum Tanzen hier im Kurhotel?
ANNELIESE   In der Saison jeden Samstagabend.
PAUL   Immer im Hotel?
ANNELIESE   Ja, der Saal ist sehr groß dort. Viele Kurgäste tanzen auch gern.
PAUL   Aber die Gäste sind doch krank, nicht wahr?
ANNELIESE   (*lacht*) Nein, sie baden so oft im Wasser aus der Heilquelle, daß sie gleich
              wieder gesund werden!
PAUL   Kaum zu glauben!

● ● ●

ANNELIESE   Tanzt du gern zu bayrischer Musik?
PAUL   Sehr gern, aber manchmal werden die Tänzer ein bißchen wild.
ANNELIESE   Ja, du hast recht. Ich tanze persönlich viel lieber Jazz und Rock.
PAUL   Kennst du die neusten Schlager?
ANNELIESE   Ja, weil wir in unserem Jazzklub oft Platten aus Amerika bekommen.

● ● ●

PAUL   Kommt dein Bruder denn nicht zum Tanz?
ANNELIESE   Nein, er geht heute abend ins Gemeindehaus. Eine Gruppe von Gymna-
              siasten hat dort eine Sitzung über die Wasserverseuchung in dieser
              Gegend.
PAUL   Ist der Fluß denn wirklich so schmutzig?
ANNELIESE   Ja, bei der Stahlfabrik am Stadtrand kommen zu viele Chemikalien in den
              Fluß.
PAUL   Dann können die Jungen also nicht mehr im Fluß schwimmen gehen.
ANNELIESE   Das stimmt. Viel schlimmer aber ist die Tatsache, daß durch die Chemika-
              lien viele Fische umkommen.

The Dance

Paul Jones and Anneliese Neumann are going to a dance.

PAUL   Do you often go dancing, Anneliese?

ANNELIESE   Oh yes, because I like to dance very much.

PAUL   Are there many opportunities to dance in the spa hotel?

ANNELIESE   During the season, every Saturday night.

PAUL   Always in the hotel?

ANNELIESE   Yes, the hall is very large. Many guests also like to dance.

PAUL   But the guests are sick, aren't they?

ANNELIESE   (*laughs*)   No, they bathe so often in water from the mineral spring that they get well again right away!

PAUL   Hard to believe!

• • •

ANNELIESE   Do you like to dance to Bavarian music?

PAUL   Very much, but sometimes the dancers get a little wild.

ANNELIESE   Yes, you're right. Personally, I much prefer dancing to jazz and rock.

PAUL   Do you know the latest hits?

ANNELIESE   Yes, because in our jazz club we often get records from America.

• • •

PAUL   Isn't your brother coming to the dance?

ANNELIESE   No, he's going to the community house tonight. A group of **Gymnasium** pupils is having a meeting there about water pollution in this region.

PAUL   Is the river really so dirty?

ANNELIESE   Yes, at the steel mill on the edge of town, too many chemicals are getting into the river.

PAUL   Then the boys can't go swimming in the river anymore.

ANNELIESE   That's right. But much worse is the fact that many fish are dying because of the chemicals.

Fragen über den Dialog

1. Wann geht man in Schwarzhausen tanzen?
2. Wer geht mit Paul tanzen?
3. Wo ist der Tanzabend?
4. Wer geht gern tanzen?
5. Wer wird gleich wieder gesund?
6. Tanzt Anneliese gern zu Jazzmusik?
7. Kennt sie die neusten Schlager?
8. Wer hat Platten mit den neusten Schlagern?
9. Was bekommt der Jazzklub aus Amerika?
10. Ist Karl Neumann auch auf dem Tanzabend?
11. Ist er in dem Gemeindehaus oder im Wirtshaus?
12. Wer hat eine Sitzung im Gemeindehaus?
13. Was ist schmutzig?
14. Was kommt bei der Stahlfabrik in den Fluß?
15. Was kommt im Fluß um?

Schwerindustrie am Rhein

Lesestück:

Die deutsche Jugend

Die deutsche Jugend spielt seit Jahrhunderten eine wichtige Rolle in der deutschen Kultur. Eine Jugendbewegung im achtzehnten Jahrhundert war der „Sturm und Drang".[1] Die Stürmer und Dränger[2] haben gegen den französischen Einfluß auf die deutsche Literatur und auf das deutsche Denken gekämpft. Sie haben Shakespeare,
5   Homer, die Bibel und die alte deutsche Volksdichtung „entdeckt". Wie manche jungen

---

[1] der „Sturm und Drang" Storm and Stress, a German literary movement of the eighteenth century

[2] die Stürmer und Dränger the Storm and Stress poets

Leute von heute haben sie den Rationalismus abgelehnt und das Irrationelle, das „Gefühl", das „Herz", die Freiheit und die Natur betont. Junge Dichter wie Goethe und Schiller[3] haben revolutionäre Gedanken in ihren Werken ausgedrückt und gegen die politische Tyrannei gepredigt.

10   Im vorigen Jahrhundert haben die Studenten an der Revolution von 1848 teilgenommen und an den Barrikaden gegen die Soldaten gekämpft. In jener Revolution hat das Volk um die Einigung Deutschlands[4] gekämpft, denn Deutschland war damals noch kein einheitliches Land, sondern eine Menge von fast völlig unabhängigen König-, Herzog- und Fürstentümern. Die Fürsten haben gegen Einigung gekämpft, denn keiner

15 hat seine Macht an eine demokratische Regierung verlieren wollen.[5] Carl Schurz,[6] ein Student an der Universität Bonn, hat an der Revolution teilgenommen. Man hat einen beliebten Professor ins Gefängnis geworfen, und Schurz hat ihn dann befreit – ein sehr gefährliches Unternehmen.

     Um die Jahrhundertwende ist eine Jugendbewegung, die „Wandervögel",[7]

20 entstanden[8] und hat sich einen Lebensstil mit Volkstanz und Volksmusik gebildet. Mit Wandern aufs Land und durch die Felder haben die Wandervögel das einfache, gesunde Leben im Freien betont und das Stadtleben abgelehnt.

     Unter dem Nazi-Regime war der militaristische und nationalistische Einfluß auf die junge Generation außerordentlich stark. Nach dem Zusammenbruch von 1945, am

25 Kriegsende, war die Haltung der[9] Jugend zu den deutschen politischen und sozialen Problemen zynisch und gleichgültig – ja sogar antipolitisch. Viele Jugendliche waren eltern- und heimatlos, und waren oft im Schwarzhandel tätig. Die Jugendkriminalität hat sich damals erstaunlich schnell erhöht, weil es viel Arbeitslosigkeit unter der Jugend gegeben hat.

30   Heute ist es ganz anders. Der junge Deutsche kann eine Stellung in einem Geschäft, im Handel oder in der Industrie finden. Das gilt nicht nur für Jungen, sondern auch für Mädchen. Wie auch in den USA, arbeiten Mädchen schon lange als Stenotypistinnen im Büro oder sind als Krankenschwestern im Krankenhaus oder in einer Klinik tätig. Heute finden sie Stellungen in der Industrie, bei der Regierung, der Bundesbahn, der

35 Lufthansa u.a.m. Ein Mädchen kann sich auf der Universität als Lehrerin, Architektin, Juristin, Apothekerin, Naturwissenschaftlerin, Technikerin, Ärztin, Tierärztin und zu vielen anderen Berufen ausbilden lassen.

     Genau wie die Jugend in anderen Ländern waren manche Jugendlichen in den sechziger Jahren oft unruhig, radikal und rebellisch, und wollten die soziale Ordnung

40 umstürzen. Die heutige Jugend aber weiß, daß Krieg, Armut, Wasser-, Boden- und Luftverseuchung Probleme bleiben, die unglaublich schwer zu lösen sind.[10]

---

[3] **Friedrich von Schiller** (1759–1805), famous German lyric poet and dramatist
[4] **Deutschlands** of Germany
[5] **hat ... verlieren wollen** wanted to lose
[6] **Carl Schurz** (1829–1906), German-American statesman

[7] **die „Wandervögel"** "Migratory Birds," name given to members of a German youth movement
[8] **ist ... entstanden** arose
[9] **der** of the
[10] **die ... sind** which are unbelievably difficult to solve

Wortschatz

anders *different*
ans = an das
antipolitisch *antipolitical*
der Apotheker, – / die Apothekerin, –nen
    pharmacist
die Arbeitslosigkeit *unemployment*
der Architekt, –en / die Architektin, –nen
    architect
die **Armut** *poverty*
die Barrikade, –n *barricade*
beliebt *popular*
der **Beruf,** –e *profession, vocation;*
    zu vielen anderen Berufen *for many*
    other professions
die Bibel, –n *Bible*
die Bodenverseuchung *soil pollution*
die **Bundesrepublik Deutschland (BRD)**
    Federal Republic of Germany
das **Büro,** –s *office*
damals *at that time, in those days*
demokratisch *democratic*
das Denken *thinking, thought*
der **Dichter,** – / die **Dichterin,** –nen *poet*
einfach *simple*
der **Einfluß,** (*plur.*) –flüsse *influence*
einheitlich *unified*
die Einigung, –en *unification*
elternlos *without parents, orphaned*
der **Fisch,** –e *fish*
französisch (*adj.*) *French*
die **Freiheit,** –en *freedom*
der Fürst, –en *prince*
das Fürstentum, ̈er *principality*
der Gedanke, –n *thought*
gefährlich *dangerous*
das Gefängnis, –se *prison*
das **Gefühl,** –e *feeling*
gegen *against, contrary to*
die Gegend, –en *region*
das Gemeindehaus, ̈er *community house*
genau *exact, precise*
die Generation, –en *generation*
gesund *healthy, well*
gleich *at once, immediately*
gleichgültig *indifferent*
die Gruppe, –n *group*
der Gymnasiast, –en *pupil in a **Gymnasium***
die Haltung, –en *attitude; conduct*
der Handel *commerce*

die Heilquelle, –n *mineral spring*
heimatlos *homeless*
das **Herz,** –en *heart*
das Herzogtum, ̈er *duchy*
heutig- *present, present-day*
hinter *behind*
die **Industrie,** –n *industry*
das Irrationelle *the irrational*
ja *indeed*
die Jahrhundertwende *turn of the century*
der Jazzklub, –s *jazz club*
jen(-er, –e, –es) *that, that one, those*
die Jugendbewegung, –en *youth movement*
die Jugendkriminalität *juvenile crime*
der **Jugendliche,** –n *young person from*
    fourteen to eighteen
kaum *scarcely;* kaum zu glauben!
    hard to believe!
keiner (*pron.*) *no one*
die Klinik, –en *clinic*
das Königtum, ̈er *kingdom*
der Korb, ̈e *basket*
krank *sick, ill*
das **Krankenhaus,** ̈er *hospital*
die **Krankenschwester,** –n *nurse*
der **Krieg,** –e *war*
das Kriegsende *end of the war, war's end*
die Kultur, –en *culture*
der Kurgast, ̈e *patient, guest at a spa*
    hotel
Land: **aufs Land** *to the country*
der Lebensstil, –e *life style*
der **Lehrer,** – / die **Lehrerin,** –nen *teacher*
die Lufthansa *name of a German airline*
die Luftverseuchung *air pollution*
die **Macht,** ̈e *power*
die **Menge,** –n *mass, large number, large*
    quantity
militaristisch *military, militaristic*
nationalistisch *nationalistic*
die **Natur,** –en *nature*
der Naturwissenschaftler, – / die
    Naturwissenschaftlerin, –nen *scientist*
das Nazi-Regime *Nazi regime*
neu *new;* **neu(e)st-** *newest*
nicht mehr *no longer*
die **Ordnung,** –en *order*
der Papierkorb, ̈e *wastepaper basket*
persönlich *personal*

die Platte, –n *record*
politisch *political*
das **Problem,** –e *problem*
radikal *radical*
der Rationalismus *rationalism*
rebellisch *rebellious*
recht haben *to be right*
die Revolution, –en *revolution*
revolutionär *revolutionary*
der Rock *rock music*
die **Rolle,** –n; **eine Rolle spielen** *to
play a role, be a factor*
die Saison, –s *season (theater season,
tourist season etc.)*
der Schlager, – *popular song, hit*
schlimm *bad*
schmutzig *dirty*
der Schwarzhandel *black market*
der Schwarzwald *Black Forest*
sechziger: in den sechziger Jahren *in
the sixties*
die Sitzung, –en *meeting, session*
sogar *even*
der **Soldat,** –en *soldier*
sozial *social*
das Stadtleben *city life*
die Stahlfabrik, –en *steel mill*
die Stenotypistin, –nen *stenographer*
der Tanz, ⸚e *dance*
der Tanzabend, –e *dance, evening of
dancing*
das Tanzen *dancing*
der Tänzer, – *dancer*
tätig *active, busy*
die Tatsache, –n *fact*
der Techniker, – / die Technikerin, –nen
technician
der Tierarzt, ⸚e / die Tierärztin, –nen
veterinarian
die Tyrannei *tyranny*
übers = über das
unabhängig *independent*
unglaublich *unbelievable*
unruhig *restless*
unter *under; between, among*
das Unternehmen, – *undertaking, enterprise*
die Volksdichtung *folk literature*

die Volksmusik *folk music*
der Volkstanz, ⸚e *folk dance*
völlig *complete, entire*
vorig- *previous, former*
der **Wald,** ⸚er *forest, woods*
das Wandern *hiking*
die Wasserverseuchung *water pollution*
das **Werk,** –e *(artistic, literary) work*
wichtig *important*
wild *wild*
der Zusammenbruch, ⸚e *collapse*
zynisch *cynical*

ablehnen *to refuse, reject*
ausbilden *to train, educate;* sich
ausbilden lassen *to be educated, get
an education*
ausdrücken *to express*
baden *to bathe*
befreien *to free*
betonen *to emphasize*
bilden *to form*
entdecken *to discover*
†entstehen *to arise, originate*
erhöhen *to raise, increase*
gelten (gilt), gegolten (für) *to apply
(to), be valid (for)*
hängen, gehangen *to hang*
kämpfen (um) *to fight (for), struggle,
combat*
legen *to put, place, lay*
lösen *to solve*
predigen *to preach*
†schwimmen gehen *to go swimming*
†stehenbleiben *to stop*
stellen *to put, place, locate;* sich
stellen *to place oneself, take a position*
stimmen: das stimmt *that's true*
tanzen *to dance;* tanzen gehen *to go
dancing*
teilnehmen (nimmt teil), teilgenommen
(an) (with dat.) *to take part,
participate (in)*
†umkommen *to perish, die*
umstürzen *to overthrow*
verlieren, verloren *to lose*
werfen (wirft), geworfen *to throw*

Friedrich von Schiller

Weitere Übungen

1. Read the following sentences, using the correct form of the verb in parentheses and making any other necessary changes:

    a. Er steht an der Tür. (gehen)

    b. Arbeitest du heute im Büro? (gehen)

    c. Viele junge Leute gehen auf die Universität. (studieren)

    d. Fährst du aufs Land? (wohnen)

    e. Wir gehen an den Stadtrand. (bauen)

    f. Ich steige an der Haltestelle aus. (gehen)

    g. Der Lehrer geht hinter seinen Tisch. (stehen)

    h. Mein Freund wohnt in den Bergen. (fahren)

    i. Der Wagen fährt jetzt vor das Haus. (stehen)

    j. Ich arbeite in seinem Geschäft. (gehen)

2. Read the following sentences, using each of the words in parentheses as prepositional objects:

    a. Er hat an der Tür gewartet.   (Haltestelle, Fahrkartenschalter, Fenster)

    b. Ich habe einen Brief an seinen Freund geschrieben.   (Tante, Vater, Freunde)

    c. Wir wohnen neben meinem Geschäft.   (Eltern, Schule, Büro)

    d. Der Park liegt hinter der Schule.   (Dom, Häuser, Gymnasium)

    e. Wir fahren heute in die Stadt.   (Berge, Schweiz, Dorf)

    f. Gehen Sie heute aufs Land?   (Rathaus, Bahnhof, Burg)

3. Answer the following questions with complete sentences:

    a. Was war der „Sturm und Drang"?

    b. Was lehnen heutzutage viele Jugendliche ab?

    c. Wer hat heute oft revolutionäre Gedanken?

    d. Wer hat an der Revolution von 1848 teilgenommen?

    e. Wer hat um die Einigung Deutschlands gekämpft?

    f. Wen hat Carl Schurz befreit?

    g. Welche Jugendbewegung hat das Stadtleben abgelehnt?

    h. Warum hat sich die Jugendkriminalität nach dem Zusammenbruch von 1945 erhöht?

    i. Wo können Mädchen heute eine Stellung finden?

    j. Welche Probleme sucht die Jugend von heute zu lösen?

Sprechübungen

1. Ask other students in the class the following:

    a. Tanzt du gern?

    b. Wie oft gehst du auf den Tanzabend?

    c. Wanderst du gern aufs Land?

    d. Hast du letzten Sommer eine Stellung gehabt?

    e. Wo hast du letzten Sommer gearbeitet?

    f. Was willst du werden?

    g. Gibt es viel Verseuchung in deiner Heimat?

    h. Sind die Flüsse in deiner Heimat verseucht?

    i. Ist die Jugendkriminalität in deiner Heimat ein Problem?

    j. Möchtest du eine Stellung in einer Fabrik finden?

2. Give in German the names of several vocations and professions.

3. Mention in German several problems that afflict modern, industrial societies today.

4. Indicate items in the second column that are associated in some way with those in the first column:

a. die Fürsten	(1) viele Jugendliche waren elternlos
b. die Armut	(2) für die Einigung kämpfen
c. die Revolution von 1848	(3) das Stadtleben ablehnen
d. die Stürmer und Dränger	(4) einen Professor befreit
e. das Irrationelle	(5) die Jugend war zynisch
f. Carl Schurz	(6) revolutionäre Gedanken
g. nach dem Zusammenbruch von 1945	(7) das Gefühl
h. die Wandervögel	(8) antipolitisch
i. die Jugend in den sechziger Jahren	(9) ein Lebensstil mit Volksmusik
j. die Jugend von heute	(10) gegen die Einigung kämpfen
	(11) die soziale Ordnung umstürzen
	(12) kann leicht eine Stellung finden
	(13) gegen den französischen Einfluß
	(14) ein Problem, das schwer zu lösen ist
	(15) den Rationalismus ablehnen
	(16) das Leben im Freien betonen
	(17) unruhig und radikal

Schriftliches

1. Rewrite the following sentences, using the correct form of the verb in parentheses and making any other necessary changes:

a. Mein Bruder geht heute abend ins Gemeindehaus. (sein)

b. Ich gehe am Samstag nicht in mein Geschäft. (arbeiten)

c. Wir wohnen auf dem Land. (fahren)

d. Seid ihr in der Küche? (gehen)

e. Zu viele Chemikalien kommen in die Flüsse. (sein)

f. Ein Wagen steht vor Ihrem Hause. (fahren)

g. Wir sollen an die Haltestelle gehen. (umsteigen)

2. Using complete sentences, write answers to the following questions as indicated by the expressions in parentheses:

a. Wo liegt der Blumengarten?   (*in front of the house*)
b. Wohin gehst du jetzt?   (*to the office*)
c. Wo sind Ihre neuen Platten?   (*in my room*)
d. Wo muß man aussteigen?   (*in front of the opera*)
e. Wo ist die Post?   (*next to the railway station*)
f. Wo hängt die Landkarte?   (*between the window and the blackboard*)
g. Wo wohnt Ihre Familie? (*in the mountains*)
h. Wo liegt das Gymnasium?   (*behind the city hall*)
i. Wohin haben Sie meine Bücher gelegt?   (*on the table near the door*)
j. Wo hat Goethe revolutionäre Gedanken ausgedrückt?   (*in his works*)
k. Wo kann man sich ausbilden lassen?   (*at the university*)
l. Wo liegt die Stahlfabrik?   (*on the edge of town*)

Ein Ostberliner Geschäft

Grammatik

Prepositions with the Dative and the Accusative Case

In **Lektion** 6, you learned that the object of the preposition **in** may be in either the dative or the accusative case. **In** is typical of a group of prepositions that takes the dative case when no motion toward a goal is expressed, that is, when the prepositional phrase answers the question **wo**. These prepositions require the accusative case when motion toward a goal is expressed, that is, when the prepositional phrase answers the question **wohin**. The following prepositions are in this group:

an	*at, by, near, on; to*	über	*over; about; via*
auf	*at, on, upon, to*	unter	*under; between, among*
hinter	*behind*	vor	*before, in front of; ago*
in	*in, into*	zwischen	*between*
neben	*beside, near, next to*		

wo? (dative)	**wohin?** (accusative)
Wir sind jetzt **im Klassenzimmer.**	Frau Schmidt kommt eben **in das Haus.**
Das Buch liegt **auf dem Stuhl.**	Er legt das Buch **auf den Tisch.**
Er steht **am Fenster.**	Sie geht **an die Wandtafel.**
Der Baum steht **vor dem Haus.**	Sie stellt den Papierkorb **vor die Tür.**
Der Bleistift liegt **neben dem Buch.**	Ich stelle den Stuhl **neben das Fenster.**
Die Landkarte hängt **über der Wandtafel.**	Er hängt die Landkarte **über die Wandtafel.**
	Fahren wir **über die Brücke?**
	In zehn Minuten fährt der Zug **über die Grenze.**
Der Garten liegt **hinter dem Haus.**	Ich gehe **hinter das Haus.**
Der Papierkorb steht **unter dem Tisch.**	Der Zug fährt **unter die Brücke.**
Der Stuhl steht **zwischen dem Sofa und der Tür.**	Wir wollen den Tisch **zwischen das Sofa und die Tür** stellen.

Self-testing 1

Complete the following sentences with the correct form of the words indicated:

a. Ich fahre in _____ Stadt.   (die)
b. Er wohnt in _____ Haus in _____ Sonnenstraße.   (ein) (die)
c. Wir gehen heute abend in _____ Gemeindehaus.   (das)
d. Ich habe den Stuhl zwischen _____ Tür und _____ Tisch gestellt.   (die) (der)
e. Die Kirche steht hinter _____ Schule.   (mein)

f. Ich baue ein Haus an _____ Stadtrand.   (der)

g. In zehn Minuten fahren wir über _____ Grenze.   (die)

h. Stelle den Papierkorb unter _____ Tisch.   (dein)

i. Die Haltestelle ist vor _____ Rathaus.   (das)

j. Legen Sie das Buch auf _____ Tisch.   (Ihr)

You will note that the prepositions below have more than one meaning in English. Observe carefully their use in the following sentences:

MEANING

an

on	**Am Donnerstag** fahre ich nach München.
at, near	Das Rathaus ist **am Marienplatz.**
	An der Brücke ist eine Haltestelle.
to	Sie geht **an den Tisch.**

auf

on	Der Kugelschreiber liegt **auf dem Tisch.**
at, upon	**Auf der Burg** gibt es eine herrliche Aussicht **auf die Stadt.**
to	Wir gehen morgen **auf die Burg.**
	Ich gehe **auf den Bahnhof,** weil ich eine Fahrkarte kaufen will.

über

over	Die Landkarte hängt **über der Wandtafel.**
about	Er spricht heute abend **über das Defizit** bei der Bundesbahn.
via	Der Zug von München nach Frankfurt fährt **über Augsburg.**

unter

under	Der Brief ist **unter dem Buch** da.
between	Ich sage das nur **unter uns.**
among	**Unter den Studenten** waren ein Amerikaner und drei Französinnen.

vor

before	**Vor dem Krieg** haben wir in Köln gewohnt.
in front of	**Vor dem Rathaus** liegt der Marienplatz.
ago	**Vor zwei Jahren** haben wir Berlin besucht.

It should be stressed that **vor zwei Jahren** means "two years ago," whereas **seit zwei Jahren** means "for two years."

In der Lehre bei einem Hand-
werksmeister

Self-testing 2

Complete the following sentences with the German prepositions as indicated:

a. _____ dem Rathaus steht die Kirche. (*behind*)

b. Nur _____ uns darf man das sagen. (*between*)

c. Er will immer _____ Sport sprechen. (*about*)

d. Die Burg steht _____ einem Berg _____ der Stadt. (*on*) (*behind*)

e. Geh' _____ die Tür! (*to*)

f. Nein, ich fahre nicht _____ Münster. (*via*)

g. Die Haltestelle ist _____ der Brücke _____ dem Museum. (*at*) (*in front of*)

h. Ich muß _____ dem Bahnhof unsere Fahrkarten kaufen. (*at*)

i. _____ dem Fenster ist dein Stuhl. (*near*)

j. Der Garten liegt _____ meinem Hause. (*in front of*)

k. Mein Freund hat mich _____ drei Wochen besucht. (*ago*)

l. _____ der Reise haben wir einen neuen Wagen gekauft. (*before*)

m. _____ der Reise haben wir unsere Eltern besucht. (*on*)

n. Was hängt _____ dem Fenster _____ dem Sofa? (*beside*) (*over*)

o. Was liegt _____ der Straße _____ deinem Wagen? (*on*) (*in front of*)

p. _____ den Touristen waren drei Leute aus Italien. (*among*)

The following contractions are commonly used:

$$an + dem = am \qquad in + das = ins$$
$$an + das = ans \qquad über + das = übers$$
$$auf + das = aufs \qquad vor + das = vors$$
$$in + dem = im$$

The dative/accusative prepositions usually take the dative case in expressions of time.

Am Nachmittag sehen sie eine Aufführung von „Jedermann".
Im Herbst fahren wir nach Deutschland.
Vor dem Krieg war er in Amerika.
Kommen Sie **in einem Monat** wieder?

An exception is **über,** which takes the accusative case in expressions of time.

Übers Wochenende fahren sie nach Frankfurt.
Er war **über sechs Jahre** dort im Schwarzwald.

Über requires the accusative case when it means "about."

Er spricht oft **über die Politik** in Deutschland.
Ich schreibe **über das Leben** in Europa.

Self-testing 3

1. Give the contractions of the following expressions:

   a. an dem Fluß
   b. vor das Museum
   c. in dem Zug
   d. über das Wochenende
   e. an das Gemeindehaus
   f. in das Kino
   g. auf das Sofa

2. Complete the following sentences with the proper prepositions, using contractions if possible:

a. _____ dem Abend gehen wir gern _____ das Theater.
b. _____ dem Krieg hat die Familie _____ Würzburg gewohnt.
c. Man spricht oft _____ das Defizit bei der Post.
d. _____ dem Winter fahren viele Leute nach Italien.
e. Er hat einen Bericht _____ die Jugend geschrieben.
f. Der Dichter hat _____ die Revolution _____ seinen Werken gepredigt.
g. Er kommt _____ einer Woche wieder.
h. Wir haben ihn _____ drei Monaten gesehen.

In prepositional phrases that do not express location, change of position, or time, the case taken by the dative/accusative prepositions does not follow a consistent pattern.

> Es hat viel Arbeitslosigkeit **unter der Jugend** gegeben.
> Dieser Einfluß **auf die Jugend** ist sehr stark.
> Wenige Leute können sich **in einer Fremdsprache** unterhalten.
> Hier hat man eine schöne Aussicht **auf die Stadt.**

In English, certain verbs require specific prepositions, as in the following examples:

to think of	*I think of you often.*
to worry about	*We worry about his progress.*
to be angry about	*He was angry about the suggestion.*
to be angry at	*I was very angry at him.*

Just as in English, the combination of a verb and a required preposition is common in German.

antworten	+ auf	(*acc.*)	*to answer* (*a question*)
denken	+ an	(*acc.*)	*to think of, about*
schreiben	+ an	(*acc.*)	*to write to*
sprechen	+ über	(*acc.*)	*to talk about*
teilnehmen	+ an	(*dat.*)	*to take part in*
warten	+ auf	(*acc.*)	*to wait for*

Ich habe ihm **auf** alle Fragen **geantwortet.**
Ich **denke** oft **an** unsere Mutter.
Er hat selten **an** seine Eltern **geschrieben.**
Er hat **über** die Luft- und Wasserverseuchung **gesprochen.**
Die Studenten haben **an** der Revolution **teilgenommen.**
Wir **warten auf** die Straßenbahn.

Self-testing 4

Complete the following sentences with the correct prepositions:

a. Er hat gegen den nationalistischen Einfluß _____ die Jugend gekämpft.
b. Sie hat schon oft _____ mich geschrieben.
c. Hier gibt es keine gute Aussicht _____ die Burg.
d. Viele Dichter haben _____ der Jugendbewegung teilgenommen.
e. Er spricht heute abend _____ Jugendkriminalität _____ den Städten.
f. _____ dem Bahnsteig müssen wir _____ unseren Zug warten.
g. Ich soll ihr _____ alle Fragen antworten.
h. Wir denken oft _____ unsere Jugendlichen.

Answers to Self-testing

Self-testing 1

a. die	f. dem
b. einem, der	g. die
c. das	h. deinen
d. die, den	i. dem
e. meiner	j. Ihren

Self-testing 2

a. hinter	i. neben
b. unter	j. vor
c. über	k. vor
d. auf, hinter	l. vor
e. an	m. auf
f. über	n. neben, über
g. an, vor	o. auf, vor
h. auf	p. unter

Self-testing 3

1. a. am Fluß
   b. vors Museum
   c. im Zug
   d. übers Wochenende

   e. ans Gemeindehaus
   f. ins Kino
   g. aufs Sofa

2. a. am, ins
   b. vor, in
   c. übers
   d. im

   e. über
   f. über, in
   g. in
   h. vor

Self-testing 4

a. auf
b. an
c. auf
d. an

e. über, in
f. auf, auf
g. auf
h. an

12

ZWÖLFTE LEKTION

Grammatisches Ziel:

Das Imperfekt starker Verben

The past tense of strong verbs

In the dialogue, Robert Brown and Annette Moreau meet Dr. Lüdeke, a teacher in the local secondary school.

The reading selection describes the German school system.

Einführende Beispiele

1. Wir sind heute im Klassenzimmer.
   Wir waren auch gestern hier.
   Wo waren wir gestern?
   Wir waren gestern hier.

2. Ich war gestern abend im Kino.
   Waren Sie gestern abend auch im Kino?
   Ja, ich war gestern abend auch im Kino.
   War der Film interessant?
   Ja, der Film war interessant.

3. Ich ging am Samstag ins Konzert.
   Gingen Sie auch ins Konzert?
   Ja, ich ging auch ins Konzert.

4. Ihr Freund ging am Freitag ins Theater.
   Wohin ging er?
   Er ging ins Theater.

5. Herr _____ fuhr letzte Woche nach München.
   Ich fuhr mit.
   Wann fuhr ich nach München?
   Sie fuhren letzte Woche nach München.

6. Mein Freund und ich blieben zwei Tage in Stuttgart.
   Wie lange blieben wir dort?
   Sie blieben zwei Tage dort.

7. Jetzt verstehe ich Bayrisch, aber zuerst verstand ich es nicht. Verstanden Sie es zuerst?
   Nein, zuerst verstand ich es nicht.

8. Herr Brown und ich sprachen gestern mit Herrn Neumann.
   Mit wem sprach ich?
   Sie sprachen mit Herrn Neumann.
   Sprach Herr Brown auch mit Herrn Neumann?
   Ja, Herr Brown sprach auch mit Herrn Neumann.

9. Meine Eltern waren letzte Woche in Frankfurt.
   Sie kamen am Sonntag zurück.
   Wann kamen sie zurück?
   Sie kamen am Sonntag zurück.

10. Ich habe heute meine Bücher vergessen.
    Ich vergaß sie auch gestern.
    Was vergaß ich gestern?
    Sie vergaßen gestern Ihre Bücher.

11. Meine Freunde standen lange an der Haltestelle.
    Wo standen sie?
    Sie standen an der Haltestelle.

12. Robert fragt seinen Freund: „Gingst du gestern ins Kino?"
    Was fragt Robert seinen Freund?
    Robert fragt seinen Freund: „Gingst du gestern ins Kino?"

Übungen

1. **Beispiel:** *ins Gasthaus*   **Er ging** *ins Gasthaus.*

   a. ins Gasthaus
   b. ins Hotel

   c. zum Arzt
   d. nach Hause

2. **Beispiel:** *in die Schule*   **Ich kam zu spät** *in die Schule.*

   a. in die Schule
   b. ins Kino

   c. zur Haltestelle
   d. ins Geschäft

3. **Beispiel:** *nach Köln*   **Wir kamen schließlich** *nach Köln.*

   a. nach Köln
   b. zum Fluß

   c. nach Hause
   d. an die Grenze

4. **Beispiel:** *die Kinder*   *Die Kinder* **gingen zu Fuß in die Berge.**

   a. die Kinder
   b. meine Freunde
   c. Sie

   d. die zwei Mädchen
   e. sie (*they*)
   f. wir

5. **Beispiele:** *wir*   *Wir gingen* **gestern in die Oper.**
   er   *Er ging* **gestern in die Oper.**

   a. wir
   b. er
   c. ich

   d. meine Freunde
   e. sie (*they*)
   f. sie (*she*)

6. **Beispiel:** *ich*   *Ich* **sprach gestern mit ihnen.**

   a. ich
   b. mein Freund
   c. er

   d. sie (*she*)
   e. Herr Schönfeld
   f. ich

7. **Beispiel:** *wir*   *Wir sprachen* **lange über die soziale Ordnung.**

   a. wir
   b. die Freunde
   c. die Studenten

   d. ich
   e. er
   f. Sie

8. **Beispiel:** *du*   *Du verstandest* **das Problem nicht.**

   a. du
   b. die Studenten
   c. wir

   d. er
   e. das Kind
   f. ich

9. **Beispiel:** *sie* (*she*)   *Sie fuhr* **letzte Woche nach München.**

   a. sie (*she*)

   b. ich

   c. meine Eltern

   d. meine Wirtin

   e. wir

   f. sie (*they*)

10. **Beispiel:** *an der Haltestelle*   **Ich stand lange** *an der Haltestelle.*

   a. an der Haltestelle

   b. auf dem Bahnsteig

   c. vor dem Museum

   d. vor dem Geschäft

11. **Beispiel:** *er*   **Er blieb eine Woche in Wien.**

   a. er

   b. mein Bruder

   c. ich

   d. meine Tante

12. **Beispiel:** *du*   **Wie lange** *bliebst du* **dort?**

   a. du

   b. Ihre Freunde

   c. die Leute

   d. wir

   e. die Eltern

   f. sie (*they*)

13. **Beispiel:** *wir*   *Wir blieben* **nicht lange in der Schweiz.**

   a. wir

   b. sie (*they*)

   c. ich

   d. meine Freunde

   e. du

   f. sie (*she*)

14. **Beispiel:** *ich*   *Ich vergaß* **gestern die Sitzung.**

   a. ich

   b. wir

   c. mein Vater

   d. sie (*they*)

   e. er

   f. die Studenten

15. **Beispiel:** *wir*   *Wir aßen* **zu Mittag im Gasthaus.**

   a. wir

   b. meine Freunde

   c. die Studenten

   d. er

   e. ich

   f. sie (*they*)

16. **Beispiel:** *meine Mutter*   *Meine Mutter schrieb* **am Montag den Brief.**

   a. meine Mutter

   b. meine Eltern

   c. ich

   d. der Geschäftsmann

17. **Beispiel:** *ich*   **Im Herbst** *sah ich* **seine Eltern.**

   a. ich

   b. er

   c. wir

   d. meine Freunde

18. Beispiel: *wir hatten*   ***Wir hatten*** **damals keine Zeit.**

a. wir hatten   d. unsere Freunde hatten
b. ich hatte   e. du hattest
c. der Beamte hatte   f. Sie hatten

19. Beispiel: *mein Freund*   ***Mein Freund hatte*** **zu viel zu tun.**

a. mein Freund   d. du
b. man   e. ich
c. wir   f. alle Leute

20. Beispiel: *Ich fuhr* **letzte Woche nach München.**   *Wir fuhren* **letzte Woche nach München.**

a. Ich fuhr letzte Woche nach München.
b. Ich ging gestern tanzen.
c. Ich war einen Monat bei meinem Onkel.
d. Ich gab ihm kein Geld.
e. Ich sprach gestern mit ihr.
f. Ich trank eine Tasse Kaffee im Restaurant.
g. Ich vergaß unsere Fahrkarten.
h. Ich fuhr am Montag nach Bamberg.
i. Ich fuhr um acht Uhr ab.
j. Ich kam eine Stunde später an.
k. Ich fand meinen Freund nicht zu Hause.
l. Ich schrieb einen Brief an meine Eltern.
m. Ich sah den Film in Stuttgart.
n. Ich besprach die Jugendbewegung mit ihm.
o. Ich las von der Luftverseuchung in Düsseldorf.
p. Ich fand alles in Ordnung.
q. Ich trug die Tassen in die Küche.
r. Ich wurde bald wieder gesund.

21. Beispiel: **Ich** *verstehe* **die Jugend nicht.**   **Ich** *verstand* **die Jugend nicht.**

a. Ich verstehe die Jugend nicht.
b. Ich gebe ihm kein Geld mehr.
c. Ich bekomme gute Zensuren.
d. Ich gehe am Abend ins Theater.
e. Ich bleibe übers Wochenende bei ihm.
f. Ich vergesse den Fahrplan nicht.
g. Ich spreche gern mit den Bayern.
h. Ich komme um zehn Uhr in Regensburg an.
i. Ich gehe nach der Arbeit zur Sitzung.
j. Ich bin morgens im Krankenhaus tätig.

22. Beispiel: Sie *gehen* gleich auf die Post.   Sie *gingen* gleich auf die Post.

a. Sie gehen gleich auf die Post.
b. Sie lesen über das Leben in Amerika.
c. Sie trinken zu viel Bier im Hofbräuhaus.
d. Sie fahren mit dem Schnellzug nach Nürnberg.
e. Sie werden gleich wieder gesund.
f. Sie stehen lange vor dem Gemeindehaus.
g. Sie verstehen die Jugendlichen sehr gut.
h. Sie kommen am Freitag zurück.
i. Sie bekommen im Deutschunterricht gute Zensuren.
j. Sie tragen eine Uhr, nicht wahr?

23. Beispiele: Er *versteht* mich nicht.   Er *verstand* mich nicht.
Wir *fahren* einmal nach Basel.   Wir *fuhren* einmal nach Basel.

a. Er versteht mich nicht.
b. Wir fahren einmal nach Basel.
c. Ich bin auf Geschäftsreisen.
d. Deine Eltern kommen am Mittwoch zurück.
e. Der Zug kommt auf Gleis sieben an.
f. Ich sehe mir die Stadt an.
g. Die zwei Mädchen bleiben eine Woche dort.
h. Er liest das Lesestück nicht.
i. Meine Eltern sind im Sommer in Deutschland.
j. Mein Bruder ist bei einer Autofirma.
k. Der Professor vergißt meinen Namen.
l. Schreibst du einen Brief an deinen Vetter?

Fragen

1. Waren Sie letzten Sommer in Deutschland?
2. Fuhren Sie im Herbst nach Kalifornien?
3. Um wieviel Uhr kam der Zug an?
4. Wann stand er heute morgen auf?
5. Was bekamen Sie gestern von Ihren Eltern?
6. Sie trugen gestern eine Uhr, nicht wahr?
7. Blieb er lange bei Ihnen?

8. Lasen Sie den Artikel über die Luftverseuchung in Düsseldorf?
9. Aßen Sie im Gasthaus zu Mittag?
10. Traf sie ihren Freund an der Haltestelle?
11. Fanden Sie die Aufgabe für gestern
    schwer oder leicht?
12. Vergaß er gestern die Sitzung?

Dialog:

Eine neue Bekanntschaft

*Eines Abends gingen Fräulein Moreau und Herr Brown ins Gasthaus. Ein Herr saß allein
und bat sie, an seinem Tisch Platz zu nehmen.*

LÜDEKE   Guten Abend! Möchten Sie an meinem Tisch Platz nehmen?

BROWN   Danke schön! Gern! Das ist sehr nett von Ihnen.

LÜDEKE   Sie sind Studenten am Institut, nicht wahr?

BROWN   Ja. Woher wußten Sie das eigentlich?

LÜDEKE   Das sah ich sofort, als Sie hereinkamen. Sie sehen nicht bayrisch aus.

MOREAU   Sie sind gewiß auch kein Bayer. Das kann ich schon an Ihrer Aussprache
          hören.

LÜDEKE   Da haben Sie ganz recht. Ich bin Lehrer hier am Gymnasium.

● ● ●

BROWN   Welches Fach unterrichten Sie, Herr Dr. Lüdeke?

LÜDEKE   Mathematik und Naturwissenschaften.

BROWN   Das Gymnasium ist unserer Mittelschule oder *high school* sehr ähnlich, nicht
          wahr?

LÜDEKE   Nein, im Gegenteil. Der Unterschied ist sehr groß.

BROWN   Wie lange geht ein Schüler eigentlich aufs Gymnasium?

LÜDEKE   Gewöhnlich neun Jahre, und am Ende seiner Schulzeit macht er das Abitur.
          Erst dann geht er auf die Universität.

● ● ●

MOREAU   In welchem Jahr haben Sie Ihren Doktor gemacht?

LÜDEKE   Meinen Doktor machte ich vor einem Jahr. Zuerst war ich ein Jahr auf der
          Universität Köln, aber dann ging ich nach München. Dort schrieb ich meine
          Doktorarbeit.

MOREAU   Wann kamen Sie nach Schwarzhausen?

LÜDEKE   Erst letzten Herbst.

A New Acquaintance

One evening Miss Moreau and Mr. Brown went to the inn. A gentleman was sitting alone and asked them to sit at his table.

LÜDEKE   Good evening. Would you like to sit down at my table?
BROWN   Thank you. I'd be glad to. That's very nice of you.
LÜDEKE   You're students at the Institute, aren't you?
BROWN   Yes. How did you (actually) know that?
LÜDEKE   I saw that as soon as you entered. You don't look Bavarian.
MOREAU   You're certainly not a Bavarian either. I can already tell that by your pronunciation.
LÜDEKE   There you are quite right. I'm a teacher here at the **Gymnasium.**

● ● ●

BROWN   Which subject do you teach, Dr. Lüdeke?
LÜDEKE   Mathematics and natural sciences.
BROWN   The **Gymnasium** is very similar to our secondary school or high school, isn't it?
LÜDEKE   No, on the contrary, there's a great difference.
BROWN   How long does a student (actually) go to the **Gymnasium?**
LÜDEKE   Usually nine years, and at the end of his schooling he passes the qualifying examination. Only then does he go to the university.

● ● ●

MOREAU   When did you receive your Ph.D.?
LÜDEKE   I received my Ph.D. a year ago. First I was at the University of Cologne for a year, but then I went to Munich. I wrote my dissertation there.
MOREAU   When did you come to Schwarzhausen?
LÜDEKE   Just last fall.

Fragen über den Dialog

1. Wer ging eines Abends ins Gasthaus?
2. Wer saß allein an einem Tisch?
3. Hatte Herr Dr. Lüdeke eine bayrische Aussprache?
4. Sah Herr Brown bayrisch aus?
5. Wann kam Herr Dr. Lüdeke nach Schwarzhausen?
6. Wo hatte er eine Stellung?
7. Ist das Gymnasium unserer *high school* ähnlich?
8. Was macht der Schüler am Ende seiner Schulzeit?
9. Wann machte Herr Dr. Lüdeke seinen Doktor?
10. Machte er seinen Doktor in München oder Köln?
11. Wo war er zuerst?
12. Wo schrieb er seine Doktorarbeit?
13. Welche Fächer unterrichtet er?

Lesestück:

Das deutsche Schulwesen

Fräulein Moreau und Herr Brown hatten eines Abends keine Schulaufgaben für den nächsten Tag und entschlossen sich, ins Gasthaus „Zum Schwarzen Roß" zu gehen. Es waren[1] immer viele Leute aus der Nachbarschaft da. Die Gäste unterhielten sich mit Kartenspielen und mit Geschwätz über das schlechte Benehmen der[2] Nachbarskinder
5 und andere wichtige Lebensprobleme. Die Unterhaltung mit den anderen Gästen bot den Studenten vom Institut eine gute Gelegenheit, sich in der deutschen Sprache zu üben.

An diesem Abend sahen die zwei jungen Leute einen Tisch, an dem[3] ein Herr allein saß. Es stand kein Stammtischschild darauf;[4] daher wußten sie, daß die übrigen Plätze
10 frei waren. Der Mann bat sie höflich, doch an seinem Tisch Platz zu nehmen. Die Studenten erfuhren, daß er Lehrer war. Er hieß Lüdeke und hatte eine Stellung am Gymnasium in Schwarzhausen.

Die Studenten nahmen Interesse an dem Schulwesen in Deutschland, und es war sehr leicht, ein Gespräch darüber anzufangen.[5] Herr Brown fand es schwer, das
15 deutsche Schulwesen zu begreifen, weil es dem amerikanischen System gar nicht ähnlich ist. Wie fast alle Amerikaner in Deutschland, hielt Herr Brown das deutsche Schulwesen für sehr kompliziert. Im Gegensatz dazu schienen ihm die amerikanischen Schulen sehr logisch und systematisch aufgebaut, aber durch die Unterhaltung mit dem Lehrer gewann er einen Einblick in den deutschen Schulaufbau.
20 Die allgemeine Schulpflicht gilt vom sechsten bis zum achtzehnten Lebensjahr. Die Schulwoche umfaßt sechs Tage, und der Unterricht findet in den meisten Schulen nur vormittags statt. Ehe die Schulpflicht beginnt, können Kinder einen Kindergarten besuchen, aber er ist nicht immer öffentlich wie in Amerika, sondern oft eine Einrichtung von Kirchen, Gemeinden oder Privatgruppen.
25 Das Kind verbringt die ersten vier Schuljahre in der Grundschule. Dann stehen dem Schüler je nach seiner Fähigkeit und seinem Berufsinteresse drei Möglichkeiten offen:

1. Er kann noch vier oder fünf Jahre in der Grundschule bleiben. Dann besucht er eine Berufsschule. Gleichzeitig kann er bei einer Firma oder einem Handwerksmeister in die Lehre treten und ein Handwerk erlernen.
30 2. Der Schüler kann die Realschule, früher oft Mittelschule genannt, besuchen. In der Regel umfaßt diese Schule sechs Klassen oder Stufen. Von der Mittelschule kann der Jugendliche in die Verwaltungen, das Wirtschaftsleben oder auf eine Fachschule für

---

[1] **es waren**   there were
[2] **der**   of the
[3] **an dem**   at which
[4] **es . . . darauf**   there was no **Stammtischschild** on
it. The **Stammtischschild** is a sign on the table of
an inn reserving it for regular customers.

[5] **anzufangen**   When **zu** is used with the infinitive
of a verb with a separable prefix, it is placed between the prefix and the main part of the verb.

Fußballspiel

Berufsausbildung gehen. Die Fachschulen sind technische Schulen für Forstwirtschaft, Landwirtschaft, Bergbau, Architektur, Handel, Maschinenbau usw.

35   3. Etwa fünfunddreißig Prozent aller Schüler[6] besuchen das Gymnasium, die früher sogenannte höhere Schule. Der Unterricht auf dem Gymnasium dauert neun Jahre, und am Schluß macht der Gymnasiast das Abitur. Erst wenn er sein Abitur bestanden hat, darf er die Universität oder andere Hochschulen besuchen. Den Ausdruck „Hochschule" kann man nicht mit *high school* übersetzen, da die Universität

40   z.B. eine Hochschule ist und etwa der amerikanischen *graduate school* entspricht.

---

[6] **aller Schüler**   of all pupils

Wortschatz

das Abitur   *university qualifying examination*; das Abitur machen, bestehen *to take, pass the qualifying examination*

ähnlich   *similar, resembling, like*

allgemein   *general, universal*

die Architektur   *architecture*

aufgebaut   *structured*

der Ausdruck, ¨-e   *expression*

die Bekanntschaft, –en   *acquaintance*

das Benehmen   *behavior, conduct*

der Bergbau   *mining*

die Berufsausbildung   *vocational training*

das Berufsinteresse, –n   *vocational interest*

die Berufsschule, –n   *trade school, vocational school*

daher   *thus, therefore*

danke schön   *thank you*

darüber   *over or about it, them or that*

dazu   *to or for it, them or that*

Doktor: ich machte meinen Doktor *I received my Ph.D.*

die Doktorarbeit, –en   *doctoral dissertation*

ehe   *before*

eigentlich   *real, actual*

der Einblick, –e   *insight*

die Einrichtung, –en   *arrangement, establishment*

das **Ende,** –n   *end*

etwa   *approximately, about, somewhat*

das **Fach,** ¨-er   *subject, specialty, major area of study*

die Fachschule, –n   *technical school*

die Fähigkeit, –en   *capability, ability*

die Forstwirtschaft   *forestry*

frei   *free; not reserved, vacant*

gar nicht   *not at all*

der Gegensatz, ¨-e   *contrast*

die Gemeinde, –n   *community, parish*

das Geschwätz   *gossip*

das Gespräch, –e   *conversation*

gleichzeitig   *simultaneous*

die Grundschule, –n   *elementary school*

das Handwerk, –e   *trade, craft*; ein Handwerk erlernen   *to learn a trade*

der Handwerksmeister, –   *master craftsman, artisan*

hoch (hoh-), höher, höchst-   *high, higher, highest*

die Hochschule, –n   *university, institution of higher learning (**not** high school)*

höflich   *courteous*

Interesse nehmen (an) (*with dat.*)   *to take an interest (in)*

je nach   *according to*

das Kartenspielen   *card playing*

der Kindergarten, ¨   *kindergarten*

(das) Köln   *Cologne*

kompliziert   *complicated*

die **Landwirtschaft**   *agriculture*

das Lebensproblem, –e   *problem of life*

die Lehre   *apprenticeship*; in die Lehre treten   *to enter apprenticeship*

logisch   *logical*

der Maschinenbau   *mechanical engineering*

die Mathematik   *mathematics*

meist-   *most*

die Mittelschule, –n   *type of secondary school*

die **Möglichkeit,** –en   *possibility*

die Nachbarschaft, –en   *neighborhood*

das Nachbarskind, –er   *neighbor's child, child next-door*

die Naturwissenschaft, –en   *natural science*

öffentlich   *public*

Platz nehmen   *to sit down*

die Privatgruppe, –n   *private group*

das **Prozent,** –e   *percent*

die Realschule, –n   *type of secondary school*

die Regel, –n   *rule*; in der Regel   *as a rule*

schlecht   *bad*

der **Schluß,** (*plur.*) Schlüsse   *conclusion, end*; am Schluß   *at the end*

der Schulaufbau   *school structure and organization*

die **Schulaufgabe,** –n   *lesson, schoolwork*

der **Schüler,** –   *pupil, student (below university level)*

das Schuljahr, –e   *school year*

die Schulpflicht, –en *obligation or requirement to attend school*
das Schulwesen *school system*
die Schulwoche, –n *school week*
die Schulzeit, –en *schooling, school days*
sofort *immediately*
sogenannt *so-called*
die Stufe, –n *grade, level, class*
das System, –e *system*
systematisch *systematic*
technisch *technical*

übrig *left, left over, remaining*
die Unterhaltung, –en *conversation*
der **Unterschied**, –e *difference*
usw. = und so weiter *and so forth, etc.*
die Verwaltung, –en *administration*
vormittags *in the morning, in the forenoon*
welch(-er, –e, –es) *which, what*
das Wirtschaftsleben *business world*
z.B. = zum Beispiel *for example*
zwölft- *twelfth*

The following list contains the principal parts of all strong verbs used in this **Lektion;** many of these verbs have already appeared in the **Wortschatz** of previous **Lektionen.**

†**abfahren (fährt ab), fuhr ab** *to depart*
anbieten, bot an, angeboten *to offer*
anfangen (fängt an), fing an, angefangen *to begin*
†**ankommen, kam an** *to arrive*
(sich) **ansehen (sieht an), sah an, angesehen** *to look at*
†**aufstehen, stand auf** *to get up*
aussehen (sieht aus), sah aus, ausgesehen *to look, appear*
†**aussteigen, stieg aus** *to get off or out of a vehicle*
beginnen, begann, begonnen *to begin*
begreifen, begriff, begriffen *to comprehend, understand, conceive of*
bekommen, bekam, bekommen *to receive, obtain*
besprechen (bespricht), besprach, besprochen *to discuss*
bestehen, bestand, bestanden *to pass (a test)*
bieten, bot, geboten *to offer*
bitten, bat, gebeten (um) *to request, ask for*
†**bleiben, blieb** *to remain, stay*
†**einsteigen, stieg ein** *to get into a vehicle, board*
sich entschließen, entschloß sich, sich entschlossen *to decide*
entsprechen (entspricht), entsprach, entsprochen *to correspond to*
erfahren (erfährt), erfuhr, erfahren *to find out*
erlernen *to learn*
essen (ißt), aß, gegessen *to eat*

†**fahren (fährt), fuhr** *to ride, travel, go by vehicle;* **hat gefahren** *to drive a vehicle*
finden, fand, gefunden *to find*
geben (gibt), gab, gegeben *to give*
gefallen (gefällt), gefiel, gefallen *to please*
†**gehen, ging** *to go*
gelten (gilt), galt, gegolten (für) *to apply (to), be valid (for)*
gewinnen, gewann, gewonnen *to obtain, win*
haben (hat), hatte, gehabt *to have*
halten (hält), hielt, gehalten *to stop, halt; hold;* **halten für** *to consider, regard*
heißen, hieß, geheißen *to be called, be named*
helfen (hilft), half, geholfen *to help*
†**hereinkommen, kam herein** *to come in*
†**kommen, kam** *to come*
lesen (liest), las, gelesen *to read*
liegen, lag, gelegen *to lie, be situated*
†**mitfahren (fährt mit), fuhr mit** *to accompany, travel with someone*
nehmen (nimmt), nahm, genommen *to take*
offenstehen, stand offen, offengestanden *to be open, stand open*
raten (rät), riet, geraten *to advise*
scheinen, schien, geschienen *to seem, appear*
schreiben, schrieb, geschrieben *to write*
†**schwimmen, schwamm** *to swim*

sehen (sieht), sah, gesehen *to see*
†**sein (ist), war** *to be*
sitzen, saß, gesessen *to sit*
sprechen (spricht), sprach, gesprochen
to speak
stattfinden, fand statt, stattgefunden
to take place, occur
stehen, stand, gestanden *to stand*
teilnehmen (nimmt teil), nahm teil,
teilgenommen (an) (*with dat.*) *to
take part, participate (in)*
tragen (trägt), trug, getragen *to
carry; wear*
†**treten (tritt), trat** *to step, walk; enter*
trinken, trank, getrunken *to drink*
übersetzen *to translate*
umfassen *to include*
unterbrechen (unterbricht), unterbrach, unterbrochen *to interrupt*

sich unterhalten (unterhält sich),
unterhielt sich, sich unterhalten
(mit) *to converse (with);*
entertain oneself
unterrichten *to instruct*
verbringen, verbrachte, verbracht
to spend (time)
vergessen (vergißt), vergaß, vergessen
to forget
verlieren, verlor, verloren *to lose*
versprechen (verspricht), versprach,
versprochen *to promise*
verstehen, verstand, verstanden *to
understand*
†**werden (wird), wurde** *to become*
wissen (weiß), wußte, gewußt *to
know*
†**zurückkommen, kam zurück** *to
return, come back*

Deutsche Grundschule

Weitere Übungen

1. Read the following sentences in the past tense:

   a. Er verspricht mir alles.
   b. Ich schwimme gern im See.
   c. Wir gehen oft in den Park.
   d. Ich begreife den deutschen Schulaufbau nicht.
   e. Er bittet uns, an seinem Tisch Platz zu nehmen.
   f. Drei Möglichkeiten stehen dem Schüler offen.
   g. Der Gast nimmt an unserem Tisch Platz.
   h. Du bekommst gute Zensuren.
   i. Ich lese einen Bericht über die Grundschule.
   j. Es gibt heute abend Sauerbraten.
   k. Das deutsche Schulwesen scheint mir sehr kompliziert.
   l. Du verstehst den Unterschied nicht.
   m. Ich schreibe meine Doktorarbeit an der Universität Köln.
   n. Es sind viele Leute aus der Nachbarschaft da.
   o. Das Leben am Institut gefällt mir sehr.
   p. Die Aufführung findet vor dem Dom statt.
   q. Der Zug fährt sofort ab.
   r. Wir fangen gleich ein Gespräch mit ihm an.
   s. Der Bericht über die Grundschule liegt auf dem Tisch.
   t. Die allgemeine Schulpflicht beginnt mit dem sechsten Jahr.

2. Read the following sentences, using the past tense of the verb in parentheses:

   a. Der Zug stand auf Gleis sieben.   (halten)
   b. Ich saß am selben Tisch wie er.   (essen)
   c. Er fand die Fahrkarte nicht.   (vergessen)
   d. Wir waren gestern nicht zu Hause.   (bleiben)
   e. Er bekam einen Einblick in das deutsche Schulwesen.   (gewinnen)
   f. Mein Freund hatte kein Gepäck.   (tragen)
   g. Wir besprachen den Schulaufbau in Deutschland.   (verstehen)
   h. Es war kein Stammtischschild darauf.   (stehen)
   i. Wir saßen zu lange im Gasthaus.   (trinken)
   j. Ich fuhr um acht Uhr ab.   (ankommen)
   k. Wir erfuhren es von dem Lehrer.   (bekommen)
   l. Sprachen Sie mit ihm?   (sich unterhalten)
   m. Wir stiegen vor dem Rathaus aus.   (einsteigen)

3. Answer the following questions with complete sentences:

    a. Wohin gingen Fräulein Moreau und Herr Brown?
    b. Wer unterhielt sich mit Kartenspielen?
    c. Wer saß allein an einem Tisch?
    d. Wen bat Herr Dr. Lüdeke, an seinem Tisch Platz zu nehmen?
    e. Worüber sprachen die drei Leute?
    f. Wer fand es schwer, das deutsche Schulwesen zu begreifen?
    g. Wie hieß der Lehrer?
    h. Wann kam Herr Dr. Lüdeke nach Schwarzhausen?
    i. Was besprach der Lehrer mit den zwei Studenten?
    j. Wer hielt den deutschen Schulaufbau für kompliziert?

Sprechübungen

1. Supply the following information, using the past tense:

    a. where you were last night
    b. that you discussed the German school system
    c. that you went home at eleven o'clock
    d. that you traveled to Germany last summer
    e. whether you received a letter from your parents yesterday
    f. that you didn't understand the lesson yesterday
    g. where you were this morning
    h. whether you liked the film on Monday
    i. when you read the reading passage
    j. that you wrote a report yesterday

2. Ask several students what they did last night. They are to tell you that they did one of the following:

    a. stayed at home
    b. went to the inn
    c. went to the movie
    d. drove into the country
    e. read a book
    f. talked with the landlady
    g. wrote a letter
    h. talked about (**über**) the German school system

Schriftliches

1. Write the third person singular present, past tense, and past participle of each of the following verbs:

a. bieten	g. verstehen	m. verlieren
b. anbieten	h. essen	n. sich entschließen
c. unterbrechen	i. gewinnen	o. raten
d. erfahren	j. nehmen	p. liegen
e. geben	k. teilnehmen	q. helfen
f. stehen	l. sehen	r. gelten

2. Write the following sentences in German, using the past tense:

   a. The students were interested in the German school system.
   b. I was at the University of Munich for a year.
   c. When did you (*fam. sing.*) come to South Germany?
   d. In August we traveled to Austria by car.
   e. How long did you (*fam. sing.*) remain in Switzerland?
   f. We discussed the youth movement with the teacher.
   g. Did you (*formal*) read about the air and water pollution in Düsseldorf?
   h. The train arrived at 10:30 and departed at 10:45.
   i. We found it difficult to comprehend the school system.
   j. They found out soon what that was.
   k. He didn't look like an American.
   l. I sat down at his table; he spoke for a long time about the life style in Germany.

Grammatik

A. The Past Tense of Strong Verbs

In the early **Lektionen,** you learned the present tense and the present perfect tense. You also learned that the present perfect is the conversational past tense; that is, it is the tense of the verb frequently used in everyday conversations to describe past events. The past tense in German also describes past events but is used with low frequency in conversation. This tense suggests formality and is the usual tense for expressing past actions and events in literature, history, and in other areas of formal writing.

In English, a strong verb is one that changes the stem vowel to form the past tense and the past participle. Observe the stem changes in the principal parts of the following verbs:

INFINITIVE	PAST TENSE STEM	PAST PARTICIPLE
do	*did*	*done*
eat	*ate*	*eaten*
go	*went*	*gone*
run	*ran*	*run*
sing	*sang*	*sung*
sit	*sat*	*sat*
write	*wrote*	*written*

These verbs reveal a variety of ways in which the past tense and the past participle are formed. In German, the principal parts of strong verbs also present various patterns of vowel changes to form the stem of the past tense and the past participle.

INFINITIVE	PAST TENSE STEM	PAST PARTICIPLE
bitten	bat	gebeten
essen	aß	gegessen
nehmen	nahm	genommen
schreiben	schrieb	geschrieben
sehen	sah	gesehen
sitzen	saß	gesessen
sprechen	sprach	gesprochen
tun	tat	getan

The past tense of strong verbs is based on the second principal part, which is the past stem. The past tense of three typical strong verbs is as follows:

INFINITIVE	PAST TENSE STEM
gehen, schreiben, sehen	ging, schrieb, sah

PAST TENSE

ich ging,	schrieb,	sah

du gingst,	schriebst,	sahst

er		
sie ging,	schrieb,	sah
es		

wir gingen,	schrieben,	sahen

ihr gingt,	schriebt,	saht

sie		
Sie gingen,	schrieben,	sahen

Physikstunde im Gymnasium

Self-testing 1

Supply the correct past tense form of the following verbs, whose past stems are indicated:

a. Ich _____ mit ihm.   (ging)
b. Sie (*they*) _____ ihren Eltern viele Briefe aus Deutschland.   (schrieb)
c. Wir _____ zwei Wochen bei ihnen.   (blieb)
d. Er _____ übers Wochenende nach München.   (fuhr)
e. Mein Freund _____ mich um Geld.   (bat)
f. Wann _____ du nach Hause?   (kam)

B. Prefixes

Separable and inseparable prefixes usually change the meaning of the verb, but they do not affect the formation of the past tense. The same past tense stem is used regardless of whether a prefix is used. Thus, if you know that the past stem of **kommen** is **kam,** then you may be certain that the past stem of **bekommen** is **bekam** and that the past stem of **ankommen** is **kam an.** In the principal parts of strong verbs, the past stem is followed by the separable prefix.

INFINITIVE	PAST STEM	
kommen	kam	*to come*
ankommen	kam an	*to arrive*
bekommen	bekam	*to receive*
bieten	bot	*to offer*
anbieten	bot an	*to offer*
verbieten	verbot	*to forbid*
stehen	stand	*to stand*
aufstehen	stand auf	*to get up*
verstehen	verstand	*to understand*

In simple sentences and independent clauses, a separable prefix is separated from the main part of the verb in both the present and the past tense. The prefix is at the end of the simple sentence or independent clause.

PRESENT TENSE	PAST TENSE
Ich **steige** hier **aus.**	Ich **stieg** hier **aus.**
Wir **steigen** an der Haltestelle **ein.**	Wir **stiegen** an der Haltestelle **ein.**
Er **steht** immer früh **auf,** aber	Er **stand** immer früh **auf,** aber
ich **stehe** oft um zehn Uhr **auf.**	ich **stand** oft um zehn Uhr **auf.**
Der Zug **fährt** in zehn Minuten **ab.**	Der Zug **fuhr** in zehn Minuten **ab.**

A separable prefix is always attached to the infinitive and past participle. (See **Lektion** 6.) An inseparable prefix remains attached to the stem in all forms of the verb. (See **Lektion** 3.)

C. Strong Verbs Used through **Lektion** 12

The following list includes all strong verbs occurring through **Lektion** 12. Beginning with **Lektion** 12, the past stem of strong verbs will be given in the **Wortschatz.**

INFINITIVE	PAST STEM	
beginnen	begann	*to begin*
bieten	bot	*to offer*
anbieten	bot an	*to offer*
verbieten	verbot	*to forbid*
bitten	bat	*to request*
bleiben	blieb	*to remain*
stehenbleiben	blieb stehen	*to stop*
*brechen	brach	*to break*
unterbrechen	unterbrach	*to interrupt*
empfehlen	empfahl	*to recommend*
essen	aß	*to eat*

---

* Verbs with an asterisk have not appeared in the text so far, but are included here to show the stem of other verbs in the list.

INFINITIVE	PAST STEM	
fahren	fuhr	*to travel, drive*
abfahren	fuhr ab	*to depart*
erfahren	erfuhr	*to find out, experience*
hinfahren	fuhr hin	*to travel there, to that place*
mitfahren	fuhr mit	*to travel with someone*
vorbeifahren	fuhr vorbei	*to ride past*
zurückfahren	fuhr zurück	*to return by vehicle*
*fallen	fiel	*to fall*
gefallen	gefiel	*to please*
*fangen	fing	*to catch*
anfangen	fing an	*to begin*
finden	fand	*to find*
stattfinden	fand statt	*to take place*
gebären	gebar	*to give birth to*
geben	gab	*to give*
aufgeben	gab auf	*to assign*
gehen	ging	*to go*
hingehen	ging hin	*to go there, to that place*
vorbeigehen	ging vorbei	*to go past*
gelten	galt	*to apply, be valid*
gewinnen	gewann	*to win, obtain*
*greifen	griff	*to seize*
begreifen	begriff	*to comprehend*
halten	hielt	*to hold; stop*
sich unterhalten	unterhielt sich	*to converse; entertain oneself*
hängen	hing	*to hang*
heißen	hieß	*to be named*
helfen	half	*to help*
kommen	kam	*to come*
ankommen	kam an	*to arrive*
bekommen	bekam	*to receive, obtain*
hereinkommen	kam herein	*to come in*
herkommen	kam her	*to come here, to this place*

---

* Verbs with an asterisk have not appeared in the text so far, but are included here to show the stem of other verbs in the list.

INFINITIVE	PAST STEM	
mitkommen	kam mit	to accompany
umkommen	kam um	to die, perish
vorbeikommen	kam vorbei	to come past
zurückkommen	kam zurück	to return
lassen	ließ	to let, leave
verlassen	verließ	to leave
lesen	las	to read
liegen	lag	to lie, be situated
nehmen	nahm	to take
annehmen	nahm an	to accept, assume
teilnehmen	nahm teil	to take part
raten	riet	to advise
scheinen	schien	to seem
schlafen	schlief	to sleep
schließen	schloß	to close
sich entschließen	entschloß sich	to decide
schreiben	schrieb	to write
schwimmen	schwamm	to swim
sehen	sah	to see
ansehen	sah an	to look at
aussehen	sah aus	to appear
sitzen	saß	to sit
sprechen	sprach	to speak
besprechen	besprach	to discuss
entsprechen	entsprach	to correspond to
versprechen	versprach	to promise
stehen	stand	to stand
aufstehen	stand auf	to get up
bestehen	bestand	to pass (a test)
entstehen	entstand	to arise
nahestehen	stand nahe	to be close to
offenstehen	stand offen	to be open
verstehen	verstand	to understand
*steigen	stieg	to climb
aussteigen	stieg aus	to get out of a vehicle

INFINITIVE	PAST STEM	
einsteigen	stieg ein	*to get into a vehicle, board*
hinaufsteigen	stieg hinauf	*to climb up*
umsteigen	stieg um	*to transfer from one vehicle to another*
tragen	trug	*to carry; wear*
treffen	traf	*to meet*
treten	trat	*to step, walk*
trinken	trank	*to drink*
tun	tat	*to do*
vergessen	vergaß	*to forget*
verlieren	verlor	*to lose*
weisen	wies	*to indicate*
werden	wurde	*to become*
werfen	warf	*to throw*

Self-testing 2

1. Restate the following sentences, using the past tense of the verb:

   a. Die Schulpflicht beginnt mit dem sechsten Jahr.
   b. Wir fahren mit unseren Eltern in die Schweiz.
   c. Die Studenten nehmen Interesse an dem Schulwesen in Deutschland.
   d. Die Gäste unterhalten sich mit Kartenspielen.
   e. Der Zug hält nicht in dem Dorfe.
   f. Der Lehrer heißt Lüdeke.
   g. Die Schulpflicht gilt bis zum achtzehnten Lebensjahr.
   h. Unser Zug steht schon auf Gleis zehn.
   i. Er steht früh auf.
   j. Gehst du in die Mittelschule?

2. Restate the following sentences, using the past tense of the verbs indicated:

    a. Ich ———— früh ————. (aufstehen)
    b. Wir ———— an der Mittelschule ————. (vorbeifahren)
    c. Er ———— es schwer, das deutsche Schulwesen zu begreifen. (finden)
    d. Meine Eltern ———— lange über sein Benehmen. (sprechen)
    e. Wann ———— du gestern ————? (abfahren)
    f. ———— Sie den Dialekt in Bayern? (verstehen)
    g. Dieser Zug ———— an der Grenze. (halten)
    h. Der Herr ———— allein an einem Tisch. (sitzen)
    i. Wir ———— von ihm, daß er aus Darmstadt ————. (erfahren) (kommen)
    j. Das Schulwesen in Deutschland ———— mir sehr kompliziert. (scheinen)

D. The Present and Past Tenses of **Haben, Werden,** and **Sein**

PRESENT TENSE				PAST TENSE			
ich	habe,	werde,	bin	ich	hatte,	wurde,	war
du	hast,	wirst,	bist	du	hattest,	wurdest,	warst
er / sie / es	hat,	wird,	ist	er / sie / es	hatte,	wurde,	war
wir	haben,	werden,	sind	wir	hatten,	wurden,	waren
ihr	habt,	werdet,	seid	ihr	hattet,	wurdet,	wart
sie / Sie	haben,	werden,	sind	sie / Sie	hatten,	wurden,	waren

Self-testing 3

Restate the following sentences, using the past tense of the verb:

a. Ich habe am Montag keine Zeit.
b. Er wird Tierarzt, nicht wahr?
c. Warum hast du kein Interesse für Architektur?
d. Das ist eine Einrichtung von Kirchen und Gemeinden.
e. Habt ihr am Samstag Unterricht?
f. Diese Lebensprobleme werden kompliziert.
g. Ich bin bei einer Firma in Düsseldorf.
h. Viele Schüler sind bei der Sitzung über Bodenverseuchung.

Answers to Self-testing

Self-testing 1

a. ging
b. schrieben
c. blieben

d. fuhr
e. bat
f. kamst

Self-testing 2

1. a. begann
   b. fuhren
   c. nahmen
   d. unterhielten
   e. hielt

   f. hieß
   g. galt
   h. stand
   i. stand . . . auf
   j. gingst

2. a. stand . . . auf
   b. fuhren . . . vorbei
   c. fand
   d. sprachen
   e. fuhrst . . . ab

   f. verstanden
   g. hielt
   h. saß
   i. erfuhren, kam
   j. schien

Self-testing 3

a. hatte
b. wurde
c. hattest
d. war

e. hattet
f. wurden
g. war
h. waren

13

DREIZEHNTE LEKTION

Grammatische Ziele:

Das Imperfekt schwacher Verben	The past tense of weak verbs
Das Imperfekt von Modalverben	The past tense of modal auxiliary
Das Plusquamperfekt	verbs
	The past perfect tense

In the dialogue, Annette Moreau, Robert Brown, and Dr. Lüdeke go to a pastry shop.

The reading selection discusses the refugee problem after World War II and the problems of foreign workers in Germany in more recent times.

Einführende Beispiele

1. Gestern hatte ich keinen Unterricht und besuchte einen Freund.
   Er machte seine Schulaufgaben.
   Was machte er?
   Er machte seine Schulaufgaben.

2. Meine Eltern machten letztes Jahr eine Reise nach Deutschland.
   Wohin machten sie eine Reise?
   Sie machten eine Reise nach Deutschland.

3. Ich studierte letzten Winter in Bonn.
   Studierten Sie auch in Bonn?
   Ja, ich studierte auch in Bonn.

4. Herr Dr. Lüdeke studierte in München.
Wo studierte er?
   Er studierte in München.

5. Ich wohnte drei Jahre in Berlin.
Wie lange wohnte ich dort?
   Sie wohnten drei Jahre dort.

6. Meine Familie und ich machten eine Reise nach Salzburg.
Wohin reisten wir?
   Sie reisten nach Salzburg.

7. Ich reiste letzten Sommer nach Italien.
Reisten Sie auch nach Italien?
   Ja, ich reiste auch nach Italien.

8. Wir lernten gestern einige Verben.
Was lernten wir gestern?
   Wir lernten gestern einige Verben.

9. Ich arbeitete letzten Sommer in einer Fabrik.
Arbeiteten Sie auch in einer Fabrik?
   Ja, ich arbeitete auch in einer Fabrik.
Arbeitete Ihr Freund auch da?
   Ja, mein Freund arbeitete auch da.

10. Ich mußte fünfzehn Minuten auf den Zug warten.
Mußten Sie auch warten?
   Ja, ich mußte auch warten.
Wie lange mußte ich warten?
   Sie mußten fünfzehn Minuten warten.

11. Die Aufgabe war nicht schwer, und ich konnte sie schnell machen.
Konnten Sie sie auch schnell machen?
   Ja, ich konnte sie auch schnell machen.
Konnten die anderen Studenten die Aufgabe machen?
   Ja, die anderen Studenten konnten die Aufgabe machen.
Konnte Herr ——— die Aufgabe lesen?
   Ja, Herr ——— konnte die Aufgabe lesen.

12. Herr Brown ging gestern abend nicht ins Kino.
Er hatte den Film schon gesehen.
Warum ging er nicht ins Kino?
   Er hatte den Film schon gesehen.

13. Ich hatte die Aufgabe schon gemacht, bevor wir ins Kino gingen.
Hatten Sie die Aufgabe auch schon gemacht?
   Ja, ich hatte die Aufgabe auch schon gemacht.

Übungen

1. Beispiel: *machte*   **Er** *machte* **es gestern abend.**

a. machte   c. verkaufte
b. lernte   d. erzählte

2. Beispiel: *übersetzten*   **Gestern** *übersetzten* **wir die Verben.**

a. übersetzten   c. wiederholten
b. lernten   d. übten

3. Beispiel: *arbeitete*   **Gestern abend** *arbeitete* **ich mit ihr.**

a. arbeitete   c. lernte
b. tanzte   d. sprach

4. Beispiel: *zu Hause*   **Die Studenten arbeiteten lange** *zu Hause.*

a. zu Hause   c. in der Schule
b. zusammen   d. an dem Bericht

5. Beispiel: *ich*   *Ich* **arbeitete in einer Fabrik.**

a. ich   c. mein Freund
b. er   d. sie (*she*)

6. Beispiel: *meine Freunde*   *Meine Freunde* **wohnten in der Blumenstraße.**

a. meine Freunde   c. wir
b. sie (*they*)   d. seine Verwandten

7. **Beispiele:**   *wir*   *Wir warteten* zehn Minuten auf den Zug.

                ich   *Ich wartete* zehn Minuten auf den Zug.

a. wir   d. er
b. ich   e. sie (*she*)
c. diese Leute   f. Fräulein Moreau

8. **Beispiel:**   *mußte*   Sie *mußte* eine lange Reise machen.

a. mußte   d. konnte
b. sollte   e. wollte
c. durfte   f. möchte

9. **Beispiel:**   *durften*   Wir *durften* heute bei ihm bleiben.

a. durften   d. konnten
b. sollten   e. möchten
c. mußten   f. wollten

10. **Beispiele:**   *er*   *Er wollte* den Film nicht sehen.

                 wir   *Wir wollten* den Film nicht sehen.

a. er   d. Fräulein Moreau und Herr Brown
b. wir   e. ich
c. sie (*they*)   f. sie (*she*)

11. **Beispiel:**   *ich*   *Ich machte* im Frühling eine Reise nach Europa.

a. ich   d. sie (*she*)
b. wir   e. die drei Freunde
c. meine Eltern   f. wer (?)

12. **Mustersatz:**

     Meine Freunde   *wollten*   Berlin besuchen.

a.   wollten
b. er
c.   sollte
d. wir
e.   mußten
f. ich
g.   möchte
h. der Tourist
i.   durfte
j. diese Touristen
k.   konnten

13. **Beispiel:**   *I would like to*   ***Ich möchte*** **schwimmen gehen.**

    a. *I would like to*
    b. *they would like to*
    c. *they wanted to*

    d. *we wanted to*
    e. *we were permitted to*
    f. *I was permitted to*

14. **Beispiel:**   *several students wanted to*   ***Einige Studenten wollten*** **bei uns bleiben.**

    a. *several students wanted to*
    b. *several students could*
    c. *he could*
    d. *he should*

    e. *he would like to*
    f. *he had to*
    g. *they had to*
    h. *they should*

15. **Beispiele:**   **Er** *macht* **eine Reise nach Wien.**   **Er** *machte* **eine Reise nach Wien.**
                   Machst **du deine Schulaufgaben?**   *Machtest* **du deine Schulaufgaben?**

    a. Er macht eine Reise nach Wien.
    b. Machst du deine Schulaufgaben?
    c. Er arbeitet an seiner Doktorarbeit.
    d. Sie reist nach Würzburg.
    e. Ich lerne langsam die Sprache.
    f. Mein Freund verkauft seinen Volkswagen.
    g. Ich will im Mai das Abitur machen.
    h. Er hört jede Woche von seiner Schwester.

16. **Beispiele:**   **Wir** *machen* **eine Reise ins Ausland.**   **Wir** *machten* **eine Reise ins Ausland.**
                   Sie *hören* **gern Jazzmusik.**   **Sie** *hörten* **gern Jazzmusik.**

    a. Wir machen eine Reise ins Ausland.
    b. Sie hören gern Jazzmusik.
    c. Wir arbeiten oft zusammen.
    d. Meine Freunde lernen Deutsch.
    e. Sie machen im März das Abitur.
    f. Wir müssen an der Haltestelle warten.
    g. Wir wollen am Wochenende in die Berge fahren.
    h. Meine Eltern wollen mich besuchen.
    i. Wohnen deine Eltern in der Gartenstraße?
    j. Wir reisen im Juni nach Dänemark.

17. **Beispiele: Er** *will* **eine Reise nach Wien**   **Er** *wollte* **eine Reise nach Wien**
            machen.   **machen.**

            Wir *haben* **keine Arbeitslosigkeit**   **Wir** *hatten* **keine Arbeitslosigkeit**
            mehr.   **mehr.**

    a. Er will eine Reise nach Wien machen.
    b. Wir haben keine Arbeitslosigkeit mehr.

c. Wir arbeiten an dem Lesestück.

d. Ich will hier auf dich warten.

e. Er kann noch vier Jahre in der Grundschule bleiben.

f. Der Unterricht dauert zwei Stunden.

g. Meine Freunde warten schon auf mich.

h. Besuchen Sie ein Gymnasium?

i. Er unterrichtet Mathematik.

18. Beispiel: *gehört*   **Ich hatte das schon** *gehört*.

a. gehört	e. gewußt
b. gemacht	f. gesagt
c. gelernt	g. verkauft
d. gesehen	h. gelesen

19. Beispiele: *er*   *Er hatte die Aufgabe schon gemacht.*
              wir   *Wir hatten die Aufgabe schon gemacht.*

a. er	d. Fräulein Jensen
b. wir	e. alle Studenten
c. ich	f. sie (*they*)

20. Beispiel: **Er** *hat* **das schon gemacht.**   **Er** *hatte* **das schon gemacht.**

a. Er hat das schon gemacht.

b. Ich habe ihn einmal gesehen.

c. Mein Freund hat das nicht gewußt.

d. Wir haben den Mercedes verkauft.

e. Viele Leute haben die Oper gehört.

f. Mein Vater hat viele Arbeiter eingestellt.

Fragen

1. War Herr Brown gestern zu Hause?
2. Saß Herr Dr. Lüdeke allein an einem Tisch?
3. Waren Sie gestern bei der Großmutter?
4. Wer ging mit Herrn Jones tanzen?
5. Wo war der Tanzabend?
6. Wohin fuhren Herr Jones und Herr Segovia?
7. Fuhren sie mit dem Personenzug oder dem D-Zug?
8. Arbeiteten Sie im Sommer bei einer Chemiefirma?
9. Wer stellte den Papierkorb vor die Tür?
10. Haben Sie mit meinem Kugelschreiber geschrieben?
11. Hielt die Straßenbahn vor dem Museum?
12. Wie lange mußten Sie auf die Straßenbahn warten?
13. Spielten Sie eine neue Platte?
14. Hatten Sie das Lesestück schon gelesen, bevor Sie ins Kino gingen?

Eine Wiener Konditorei

Dialog:

In der Konditorei

*Am Sonntagnachmittag gingen **Herr Dr. Lüdeke**, Fräulein Moreau und Herr Brown in eine Konditorei. Sie bestellten Eis, ein Stück Torte und Kaffee mit Schlagsahne.*

MOREAU   Herr Dr. Lüdeke, ich möchte nun doch gerne wissen, woher Sie kommen.

LÜDEKE   Ich stamme aus Dresden in Ostdeutschland, aber wir wohnten vor dem Krieg einige Jahre in Berlin.

MOREAU   Wie kamen Sie eigentlich nach Westdeutschland?

LÜDEKE   Unter großen Schwierigkeiten verließ meine Familie Ostdeutschland und zog in den Westen. Ich war damals noch sehr klein.

BROWN   Was machten Sie dann in Westdeutschland?

LÜDEKE   Am Anfang mußten wir in einem Flüchtlingslager wohnen, bevor mein Vater eine Wohnung und Arbeit im Westen finden konnte.

● ● ●

LÜDEKE   Damals gab es viele Probleme; allerdings haben wir jetzt auch seit Jahren Sozialprobleme mit den Gastarbeitern.

BROWN   Wie viele Gastarbeiter gibt es in Westdeutschland?

LÜDEKE   Es gibt hier etwa zwei Millionen Arbeitnehmer aus dem Ausland, aber seit 1973 läßt die Regierung keine Gastarbeiter mehr in die Bundesrepublik kommen.

MOREAU   Brachten sie ihre Familien mit?

LÜDEKE   Ja, viele, und natürlich konnten sie alle kein Deutsch.

BROWN   Gehen ihre Kinder hier in die Schule?

LÜDEKE   Ja, aber für die meisten Kinder sind die Sprachschwierigkeiten sehr groß.

In the **Konditorei***

*On Sunday afternoon Dr. Lüdeke, Miss Moreau, and Mr. Brown went to a **Konditorei**.
They ordered ice cream, a piece of torte, and coffee with whipped cream.*

MOREAU   Dr. Lüdeke, I'd really like very much to know where you come from.

LÜDEKE   Originally I came from Dresden in East Germany, but we lived in Berlin for several years before the war.

MOREAU   How did you actually come to West Germany?

LÜDEKE   With great difficulty my family left East Germany and moved to the West. I was still very small at that time.

BROWN   What did you do in West Germany then?

LÜDEKE   In the beginning we had to live in a refugee camp before my father could find an apartment and work.

● ● ●

LÜDEKE   At that time there were many problems; of course now we have been having social problems with the foreign workers for years.

BROWN   How many foreign workers are there in West Germany?

LÜDEKE   There are approximately two million employees from abroad, but since 1973 the government hasn't let any more foreign workers come into the Federal Republic.

MOREAU   Did they bring their families along?

LÜDEKE   Yes, many, and naturally none of them knew German.

BROWN   Do the children go to school here?

LÜDEKE   Yes, but for most children the language difficulties are very great.

Fragen über den Dialog

1. Wo liegt Dresden?
2. Woher stammt Herr Dr. Lüdeke?
3. Wo wohnte die Familie Lüdeke vor dem Krieg?
4. Wohin zog die Familie Lüdeke?
5. Woher kamen viele Arbeitnehmer?
6. Mit wem gibt es seit Jahren Sozialprobleme?
7. Wie viele Gastarbeiter gibt es in Westdeutschland?
8. Wen brachten viele Gastarbeiter mit?
9. Sprachen die meisten Gastarbeiter Deutsch?
10. Wer hat Sprachschwierigkeiten?

---

* A **Konditorei** is a type of café or pastry shop in which cakes, pastries, ice cream, and a variety of confections are both served and sold over the counter.

Lesestück:

Flüchtlinge und Gastarbeiter

Die zwei Studenten fanden Herrn Dr. Lüdeke sehr freundlich, und er erzählte ihnen
folgendes von den Sozialproblemen in Westdeutschland seit dem Zweiten Weltkrieg:
    Am Kriegsende teilten die Siegermächte Deutschland in vier Zonen auf. Die
Russen besetzten den Osten und die Engländer den Norden. Frankreich bekam im
5 Westen das Gebiet am Rhein, und die Vereinigten Staaten übernahmen die Zone im
Süden. Mit Ausnahme der[1] sowjetischen Besatzungszone vereinigten sich später die
Zonen politisch und wirtschaftlich unter dem Namen „Bundesrepublik Deutschland".
Rußland bildete aus seiner Besatzungszone die „Deutsche Demokratische Republik".
    Am Kriegsende mußte die deutsche Bevölkerung in Polen, Rumänien, Jugosla-
10 wien, Ungarn, Ostpreußen und der Tschechoslowakei die Heimat verlassen und nach
Westdeutschland fliehen. Dazu flohen Tausende aus der Ostzone über die Grenze zur
Freiheit in den Westzonen. In den ersten zehn Jahren nach Kriegsende verließen über
zwölf Millionen Menschen ihre Heimat; so entstand die größte Völkerwanderung in der
westeuropäischen Geschichte.
15   Durch den Marshall-Plan[2] erholte sich die deutsche Wirtschaft nach dem Krieg,
und in wenigen Jahren waren die Flüchtlinge nicht mehr heimat- und arbeitslos. In den
drei Jahrzehnten nach Kriegsende wuchs die Industrie außerordentlich schnell und
brauchte immer mehr Arbeitskräfte. Bald gab es nicht mehr genug Arbeiter für die
Fabriken, die Baufirmen, die Hotels, den Bergbau, die Geschäfte und die Bundesbahn.
20 Dann begann eine neue Völkerwanderung. Aus fast allen Ländern am Mittelmeer
kamen Arbeiter, um in der Bundesrepublik eine Stellung zu finden. Auf den Straßen von
allen großen Städten in Westdeutschland sah man Menschen aus der Türkei, Syrien,
dem Libanon, Jordanien, Ägypten, Griechenland, Portugal, Spanien, Italien und Jugoslawien. Man nannte die Fremden „Gastarbeiter". Natürlich brachten sie viele Sozial-
25 probleme mit sich, denn sie brauchten besondere Wohnungen, Schulen, Kirchen, Ärzte
und Lehrer. Die Ausländer sprachen kein Deutsch, und viele lernten es nur ganz wenig
oder gar nicht.
    Viele Gastarbeiter gingen praktisch über Nacht von armen, unterentwickelten
Gebieten in eine moderne Industriewelt. Zum ersten Mal in ihrem Leben hatten sie ihre
30 Dörfer, Freunde und Familien verlassen und eine Großstadt gesehen. Für manche
waren der Zivilisationsschock und die Adaptationsschwierigkeiten zu groß, und sie
brachen psychisch zusammen.
    Bei der Arbeit war der Gastarbeiter zuerst oft ungeschickt und ohne Disziplin, aber
er konnte lernen und hatte ein Ziel. Das Ziel war, Geld zu verdienen. Er arbeitete

---

[1] **der** of the

[2] **der Marshall-Plan** The Marshall Plan was a U.S. program designed to aid the economic recovery of West European nations devastated by World War II. It was developed by George C. Marshall (1880–1959), secretary of state from 1947 to 1949.

Gastarbeiter in Deutschland

35 lange Stunden, oft Überstunden, und sparte sein Geld. Erst später kam die Familie nach.

Bald lebten über 600 000 Gastarbeiterfamilien in der Bundesrepublik. In diesen Familien gab es 1,7 Kinder pro Familie, also über eine Million Kinder. Diese Kinder hatten so gut wie keine Ausbildungsmöglichkeiten. Weniger als zehn Prozent konnten eine Schule besuchen, und das meistens nur auf kurze Zeit. Viele Kinder mußten die

40 Hausarbeit machen und auf die kleineren Geschwister aufpassen.

Es gab auch viele Wohnungsprobleme, denn die Fremden suchten immer billige Wohnungen. Oft wohnten mehrere Leute oder sogar eine ganze Familie in einem kleinen Zimmer. Unter diesen Verhältnissen entstanden nicht nur hygienische Probleme, sondern auch Frustration und Mißtrauen. Es ist kein Wunder, daß die Gastar-

45 beiter manchmal mit dem Gesetz in Konflikt kamen. Mit der Zeit bildete eine kleine Minderheit terroristische Gruppen mit politischen Zielen; die Araber, zum Beispiel, kämpften durch Gewalttaten um die „Befreiung" Palästinas,[3] und die Kroaten versuchten durch terroristische Methoden, Propaganda für die Befreiung Kroatiens[4] von Jugoslawien zu machen.

50 Manche Deutschen sahen ungern die vielen Ausländer auf ihren Straßen, in ihren Gasthäusern und in ihren Fabriken, und fanden es schwer oder unmöglich, die Fremden in ihre Gesellschaft aufzunehmen. Andere Deutsche waren bereit, die Gastarbeiter zu akzeptieren; aber die Sprachschwierigkeiten und der kulturelle Unterschied standen wie eine hohe Mauer zwischen ihnen.

55 Schließlich mußte die Regierung die Flut von Gastarbeitern dämmen. Seit November 1973 durften praktisch keine Arbeitnehmer mehr vom Ausland nach Westdeutschland kommen.

Nach dem Zweiten Weltkrieg mußten die Regierung, die Industrie und Privatgruppen versuchen, die Flüchtlinge gesellschaftlich zu integrieren. Zum zweiten Mal mußten

60 in späteren Jahren jene Institutionen versuchen, die Integration von Millionen Menschen durchzuführen.

---

[3] **Palästinas**   of Palestine   [4] **Kroatiens**   of Croatia, a province in Yugoslavia

Wortschatz

die Adaptationsschwierigkeit, –en
  difficulty in adjusting
allerdings   *to be sure, of course*
der **Anfang,** ¨e *beginning;* **am Anfang**
  in the beginning
der Araber, –   *Arab*
der Arbeitnehmer, –   *employee*
die Arbeitskräfte (*plur.*) *labor, labor
  force*
arbeitslos   *unemployed*
arm *poor*
die Ausbildungsmöglichkeit, –en
  educational opportunity
die **Ausnahme,** –n *exception*
die Befreiung   *liberation*
bereit *ready*
die Besatzungszone, –n *occupation zone*
besonder– *special, particular*
die Bevölkerung, –en *population*
bevor   *before*
billig *cheap, inexpensive*
die **Deutsche Demokratische Republik
  (DDR)** *German Democratic
  Republic (East Germany)*
die Disziplin   *discipline*
dreizehnt–   *thirteenth*
das **Eis** *ice cream*
der Engländer, –   *Englishman;* die
  Engländerin, –nen *Englishwoman*
die Fläche, –n *surface, area*
der **Flüchtling,** –e *refugee*
das Flüchtlingslager, – *refugee camp*
die Flut, –en *tide, flood*
folgendes   *the following*
der Fremde, –n *stranger*
die Frustration, –en *frustration*
ganz wenig *very little*
der **Gastarbeiter,** – *foreign worker,
  guest worker*
die Gastarbeiterfamilie, –n *foreign
  worker's family*
das **Gebiet,** –e *district, territory, area*
die **Gesellschaft,** –en *society*
das **Gesetz,** –e *law*
die Gewalttat, –en *act of violence*
die **Großstadt,** ¨e *metropolis*
größt– *biggest, greatest*
das Grundgesetz   *Basic Law (constitution) of the Federal Republic of
  Germany*

die **Hausarbeit** *housework*
hygienisch   *hygienic*
immer mehr *more and more*
die **Industriewelt** *industrial world*
insgesamt   *total, collectively*
die Institution, –en *institution*
die Integration   *integration*
(das) Jordanien   *Jordan*
  km² = das Quadratkilometer, –
  square kilometer
die Konditorei, –en *confectioner's shop,
  pastry shop*
der Konflikt, –e *conflict*
der Kroate, –n *Croat*
(das) Kroatien   *Croatia*
kulturell   *cultural*
der Libanon   *Lebanon*
das **Mal,** –e *time;* **zum ersten Mal**
  for the first time
die **Mauer,** –n *wall (of masonry)*
der **Mensch,** –en *man, person, human
  being*
die **Methode,** –n *method*
die Minderheit, –en *minority*
das **Mißtrauen** *distrust*
das Mittelmeer   *Mediterranean Sea*
modern *modern*
der **Norden** *north*
ohne *without*
(das) Ostdeutschland   *East Germany*
der **Osten** *east*
(das) Ostpreußen   *East Prussia*
die Ostzone   *East Zone*
(das) Palästina   *Palestine*
(das) Polen   *Poland*
(das) Portugal   *Portugal*
praktisch *practical*
pro   *per*
die Propaganda   *propaganda*
psychisch   *psychological, emotional*
der Regierungssitz, –e *seat of government, capital*
  Reise: **eine Reise machen** *to take a
  trip*
der **Rhein** *Rhine River*
(das) Rumänien   *Rumania*
der Russe, –n *native of Russia*
(das) Rußland   *Russia*
die Schlagsahne   *whipped cream*
die **Schwierigkeit,** –en *difficulty*

die **Siegermacht,** ⁔e *victorious power*
  sowjetisch *Soviet*
das **Sozialproblem,** –e *social problem*
die **Sprachschwierigkeit,** –en *language difficulty*
der **Stadtstaat,** –en *city-state*
der **Süden** *south*
(das) **Syrien** *Syria*
das **Tausend,** –e *thousand*
  terroristisch *terrorist*
die **Torte,** –n *torte (type of rich cake)*
die **Tschechoslowakei** (*always accompanied by def. art.*) *Czechoslovakia*
die **Türkei** (*always accompanied by def. art.*) *Turkey*
die **Überstunde,** –n *overtime*
  um ... zu (*with inf.*) *in order to*
(das) **Ungarn** *Hungary*
  ungeschickt *awkward, unskilled*
  unmöglich *impossible*
  unterentwickelt *underdeveloped*
das **Verhältnis,** –se *condition, circumstance, relationship*
die **Völkerwanderung,** –en *migration*
der **Weltkrieg,** –e *World War*; der **Zweite Weltkrieg** *World War II*
  westeuropäisch *West European*
die **Westzone,** –n *West Zone*
die **Wirtschaft,** –en *economy, economic system*
die **Wohnung,** –en *residence, apartment*
das **Wohnungsproblem,** –e *housing problem*
das **Wunder,** – *wonder, surprise*
  Zeit: auf kurze Zeit *for a short time;* **mit der Zeit** *in time*
das **Ziel,** –e *goal, objective*
der **Zivilisationsschock,** –s *or* –e *culture shock*
die **Zone,** –n *zone*

akzeptieren *to accept*
aufnehmen (nimmt auf), nahm auf, aufgenommen *to accept, assimilate*
aufpassen (auf) (*with acc.*) *to take care of, look after*
aufteilen *to divide*
besetzen *to occupy*
brauchen *to need*
bringen, brachte, gebracht *to bring*
dämmen *to stem, restrain*
durchführen *to carry out, accomplish*
dürfen (darf), durfte, gedurft *to be allowed to, be permitted to*
sich **erholen** *to recover*
†**fliehen, floh** *to flee*
integrieren *to integrate*
können (kann), konnte, gekonnt *can, to be able to*
mitbringen, brachte mit, mitgebracht *to bring along*
müssen (muß), mußte, gemußt *must, to have to*
†**nachkommen, kam nach** *to come after, follow*
nennen, nannte, genannt *to name, call*
sollen (soll), sollte, gesollt *to be obligated to, be supposed to, shall, should*
sparen *to save*
†stammen aus *to come from*
übernehmen (übernimmt), übernahm, übernommen *to assume control of, take over*
verdienen *to earn*
(sich) **vereinigen** *to unite*
versuchen *to try, attempt*
†**wachsen (wächst), wuchs** *to grow*
wollen (will), wollte, gewollt *to want*
†**ziehen, zog** *to move*
†**zusammenbrechen (bricht zusammen), brach zusammen** *to break down, collapse*

Weitere Übungen

1. Read the following sentences in the past tense:

   a. Die Siegermächte teilen Deutschland in vier Zonen auf.
   b. Frankreich bekommt das Gebiet am Rhein.
   c. Viele Menschen verlassen die Heimat.
   d. Die deutsche Bevölkerung muß das Gebiet verlassen.
   e. Die deutsche Wirtschaft erholt sich bald.
   f. Die Fremden suchen billige Wohnungen.
   g. Viele Deutsche wollen die Gastarbeiter akzeptieren.
   h. Weniger als zehn Prozent können eine Schule besuchen.
   i. Manche Leute akzeptieren die Fremden nicht.
   j. Mancher Gastarbeiter bricht psychisch zusammen.
   k. Die Kinder müssen auf die kleineren Geschwister aufpassen.
   l. Die Gastarbeiter gehen über Nacht in eine moderne Industriewelt.
   m. Ich will im Sommer ans Mittelmeer fahren.
   n. Mein Freund unterrichtet Mathematik.
   o. Woher wissen Sie das?

2. Read the following sentences in the present perfect and past perfect tenses:

   a. Ich sehe ihn sehr oft.
   b. Zum ersten Mal in ihrem Leben verlassen die Fremden ihre Dörfer.
   c. Die Wirtschaft erholt sich bald.
   d. In der Heimat haben die Gastarbeiter keine Ausbildungsmöglichkeiten.
   e. Ich weiß schon von den Problemen am Kriegsende.
   f. Manche Leute nehmen die Ausländer in ihre Gesellschaft nicht auf.

3. Answer the following questions with complete sentences:

   a. Wer teilte Deutschland am Kriegsende in vier Teile auf?
   b. Wer besetzte den Norden?
   c. Wie viele Menschen mußten nach dem Krieg die Heimat verlassen?
   d. Woher kamen die Gastarbeiter?
   e. Was brauchten die Gastarbeiter?
   f. Wen verließen die Gastarbeiter in ihren Dörfern?
   g. Welches Ziel hatten sie?
   h. Wie viele Gastarbeiterfamilien kamen nach?
   i. Hatten die Kinder Ausbildungsmöglichkeiten?
   j. Wer mußte die Hausarbeit machen?
   k. Welche Ziele hatten die terroristischen Gruppen unter den Gastarbeitern?
   l. Welche Institutionen versuchten, die Fremden gesellschaftlich zu integrieren?

Sprechübungen

1. Fragen Sie einen Studenten/eine Studentin,

   a. woher er/sie kommt
   b. woher seine/ihre Eltern kommen
   c. wo er/sie früher wohnte
   d. was er/sie gestern abend las
   e. was er/sie gestern machte
   f. wohin er/sie übers Wochenende ging
   g. was er/sie übers Wochenende machte

2. Supply the following information, using the past tense in German:

   a. where you went to school
   b. whether you worked during the summer (**im Sommer**)
   c. where you were living three years ago (**vor drei Jahren**)
   d. whether you lived in a village or in a city
   e. whether there were many foreigners in your native region (**die Heimat**)
   f. where you were last year (**letztes Jahr**)
   g. whether your family came from (**stammen aus**) a foreign country (**das Ausland**)

Schriftliches

1. Write the following sentences in the past tense:

   a. Vor drei Tagen hat er die Stadt verlassen.
   b. Damals hat es viel Arbeitslosigkeit gegeben.
   c. Am Kriegsende haben die Siegermächte das Land in vier Zonen aufgeteilt.
   d. Ich habe ihn in München gekannt.
   e. Die Gastarbeiter haben viele Sozialprobleme mit sich gebracht.
   f. Sie haben besondere Wohnungen gebraucht.
   g. Der Gastarbeiter hat oft Überstunden gearbeitet.
   h. Die Kinder haben praktisch keine Ausbildungsmöglichkeiten gehabt.
   i. Viele Gastarbeiter haben kein Deutsch gekonnt.
   j. Die terroristischen Gruppen haben durch Gewalttaten gekämpft.
   k. Viele Kinder haben auf ihre kleineren Geschwister aufgepaßt.
   l. Die Wirtschaft hat sich nach dem Krieg schnell erholt.

2. Write the following sentences in German, using the past tense:

a. Many refugees fled from the east after the war.
b. Over twelve million people had to leave their native region.
c. Sometimes the foreigners came into conflict with the law.
d. The foreign workers went from underdeveloped areas into an industrial world.
e. The foreigners spoke no German, and many did not learn it either.
f. The culture shock was often too great, and many broke down psychologically.
g. The strangers often brought their families along.
h. The foreign workers worked long hours in the businesses and the factories.
i. Many came originally from countries on the Mediterranean.
j. Were you (*fam. plur.*) permitted to leave the East Zone?

Verschiedenes

Die Bundesrepublik Deutschland und ihre Länder

Land	*Regierungssitz*	*Fläche km²*	*Bevölkerung (im Jahre 1977)*
Baden-Württemberg	Stuttgart	35 750	9 120 000
Bayern	München	70 550	10 819 000
Bremen (Stadtstaat)	Bremen	404	703 000
Hamburg (Stadtstaat)	Hamburg	747	1 680 000
Hessen	Wiesbaden	21 108	5 541 000
Niedersachsen	Hannover	47 386	7 224 000
Nordrhein-Westfalen	Düsseldorf	33 977	17 030 000
Rheinland-Pfalz	Mainz	19 831	3 639 000
Saarland	Saarbrücken	2 567	1 081 000
Schleswig-Holstein	Kiel	15 658	2 587 000
West-Berlin* (Stadtstaat)	Berlin-Schöneberg	481	1 927 000
	Insgesamt	248 459	61 351 000

* According to the **Grundgesetz** (Constitution) of the German Federal Republic, West Berlin is one of the federal states. However, its status is somewhat different from that of the other states. The three powers occupying West Berlin maintain certain nominal controls and jurisdiction, and its representatives in parliament are not empowered to vote.

Ein Gasthaus

Grammatik

A. The Past Tense of Weak Verbs

In English, weak verbs are those that do not change the stem vowel to form the past tense; instead, most of them add the ending "–ed" to the stem—that is, the infinitive—to form the past tense.

INFINITIVE	PAST TENSE
to learn	*learned*
to work	*worked*

Similarly in German, weak verbs do not change the stem to form the past tense; instead, they form the past tense by adding personal endings to the infinitive stem.

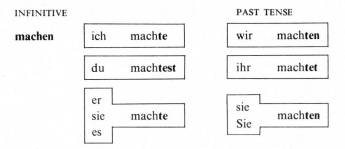

INFINITIVE		PAST TENSE	
machen	ich machte	wir machten	
	du mach**test**	ihr machtet	
	er sie machte es	sie Sie machten	

The personal endings are preceded by **-e-** if the infinitive stem of the weak verb ends in **-d** or **-t.**

INFINITIVE		PAST TENSE	
reden, arbeiten	ich redete, arbeitete	wir redeten, arbeiteten	
	du redetest, arbeitetest	ihr redetet, arbeitetet	
	er sie redete, arbeitete es	sie Sie redeten, arbeiteten	

Self-testing 1

Give the past tense of the weak verbs indicated:

a. Wir _____ bis zwei Uhr. (reden)
b. Der Professor _____ oft mit uns. (reden)
c. Wann _____ Herr Lüdeke den Doktor? (machen)
d. Ich _____ auf meinem Zimmer. (arbeiten)
e. _____ Sie schon lange auf mich? (warten)
f. Wie lange _____ du damals in Berlin? (wohnen)

B. The Past Tense of the Modal Auxiliary Verbs and of **Wissen**

The modal auxiliary verbs and **wissen** require the same endings in the past tense as weak verbs. However, note that unlike weak verbs, the past stem of most of these verbs is different from the infinitive stem.

INFINITIVE	dürfen	können	müssen	sollen	wollen	wissen
ich	durfte,	konnte,	mußte,	sollte,	wollte,	wußte
du	durftest,	konntest,	mußtest,	solltest,	wolltest,	wußtest
er / sie / es	durfte,	konnte,	mußte,	sollte,	wollte,	wußte
wir	durften,	konnten,	mußten,	sollten,	wollten,	wußten
ihr	durftet,	konntet,	mußtet,	solltet,	wolltet,	wußtet
sie / Sie	durften,	konnten,	mußten,	sollten,	wollten,	wußten

Self-testing 2

Give the past tense of the verbs indicated:

a. Ich _____ auch mit dem D-Zug fahren. (dürfen)
b. Er _____ mehr Leute anstellen. (müssen)
c. Das _____ Sie schon, nicht wahr? (wissen)
d. _____ du gestern abend ins Kino gehen? (wollen)
e. Wir _____ auf unseren Freund warten. (sollen)
f. Die Gastarbeiter _____ die Sprache nicht verstehen. (können)
g. Wir _____ eine Reise nach Frankreich machen. (wollen)
h. Von den Wohnungsproblemen _____ ich viel. (wissen)

Deutsch: eine Fremdsprache?

C. Irregular Weak Verbs

A small group of verbs take the same endings as the weak verbs but change the stem
vowel of the infinitive from **-e-** or **-i-** to **-a-** in the past tense and the past participle.

INFINITIVE	PAST TENSE	PAST PARTICIPLE	
*brennen	brannte	gebrannt	*to burn*
bringen	brachte	gebracht	*to bring*
denken	dachte	gedacht	*to think*
kennen	kannte	gekannt	*to be acquainted with*
nennen	nannte	genannt	*to name*
†*rennen	rannte	gerannt	*to run*
*senden	sandte	gesandt	*to send*
*wenden	wandte	gewandt	*to turn*

---

* Verbs with an asterisk have not yet appeared in the text.

Self-testing 3

Give the past tense of the verbs indicated:

a. Der Kellner ———— uns sofort den Nachtisch.   (bringen)
b. Ich ———— oft an meinen Vater.   (denken)
c. Er ———— die Gegend sehr gut.   (kennen)
d. Wir ———— das Kind Ännchen.   (nennen)
e. Wo ———— es gestern abend?   (brennen)
f. Du ———— gar nicht an die Kinder.   (denken)

D. The Past Perfect Tense

The past perfect, or pluperfect, tense is usually formed with the past tense of **haben** as the helping verb and the past participle of the main verb.

ich	hatte	gesehen, gehört

du	hattest	gesehen, gehört

er		
sie	hatte	gesehen, gehört
es		

wir	hatten	gesehen, gehört

ihr	hattet	gesehen, gehört

sie		
Sie	hatten	gesehen, gehört

The past perfect tense is used in German, as in English, to report an action that took place prior to some other past action.

Sie kam gestern um zwei Uhr an; wir **hatten** schon **gegessen**.   *She arrived yesterday at two o'clock; we **had** already **eaten**.*

Ich **hatte** die Aufgabe schon **gelernt**, bevor ich ins Kino ging.   *I **had** already **studied** the lesson before I went to the movie.*

Self-testing 4

Give the past perfect tense of the verbs indicated:

a. Diese Oper _____ wir schon im März in Frankfurt _____. (hören)
b. Sie _____ einen Kriegsfilm im „Palast" _____, dann gingen sie in ein Restaurant. (sehen)
c. Ich wollte das Mittagessen bestellen, aber der Kellner _____ mir noch keine Speisekarte _____. (bringen)
d. Als Kind _____ wir ihn immer Fritzchen _____. (nennen)

Answers to Self-testing

Self-testing 1

a. redeten
b. redete
c. machte

d. arbeitete
e. warteten
f. wohntest

Self-testing 2

a. durfte
b. mußte
c. wußten
d. wolltest

e. sollten
f. konnten
g. wollten
h. wußte

Self-testing 3

a. brachte
b. dachte
c. kannte

d. nannten
e. brannte
f. dachtest

Self-testing 4

a. hatten ... gehört
b. hatten ... gesehen
c. hatte ... gebracht
d. hatten ... genannt

14

VIERZEHNTE LEKTION

Grammatisches Ziel:

Der Genitiv   The genitive case

The reading selection describes the influence of other languages on German.

Einführende Beispiele

Anschauungsmaterial:

ein Bild eines Volkswagens
ein Bild einer Kirche

1. Mein Freund besuchte mich gestern.
   Sein Wagen ist neu.
   Der Wagen des Freundes ist ein Volkswagen.
   Ist der Wagen des Freundes ein Volkswagen?
   Ja, der Wagen des Freundes ist ein Volkswagen.

2. Hier ist ein Bild eines Volkswagens.
   Ist es das Bild eines Opels oder eines Volkswagens?
   Es ist das Bild eines Volkswagens.

3. Fräulein ———, geben Sie mir Ihren Kugelschreiber!
   Das ist der Kugelschreiber der Studentin da.
   Was ist das?
   > *Das ist der Kugelschreiber der Studentin da.*

4. Das ist der Wagen eines Freundes.
   Ist das der Wagen einer Freundin oder eines Freundes?
   > *Das ist der Wagen eines Freundes.*

5. Das ist die Tür des Klassenzimmers.
   Das ist die Tür dieses Klassenzimmers.
   Was ist das?
   > *Das ist die Tür dieses Klassenzimmers.*
   Ist das die Tür unseres Klassenzimmers?
   > *Ja, das ist die Tür unseres Klassenzimmers.*

6. Das Haus der Eltern steht in der Blumenstraße.
   Wo steht das Haus der Eltern?
   > *Das Haus der Eltern steht in der Blumenstraße.*
   Wessen (whose) Haus steht in der Blumenstraße?
   > *Das Haus der Eltern steht in der Blumenstraße.*

7. Der Wagen meiner Tante steht vor dem Haus.
   Wessen Wagen steht vor dem Haus?
   > *Der Wagen Ihrer Tante steht vor dem Haus.*

8. Das ist das Buch der Studentin da.
   Wessen Buch ist das?
   > *Das ist das Buch der Studentin da.*
   Ist das das Buch einer Studentin oder eines Studenten?
   > *Das ist das Buch einer Studentin.*

9. Haben Sie den neuen Wagen des Arztes gesehen?
   > *Ja, ich habe den neuen Wagen des Arztes gesehen.*

10. Ist das ein Bild einer Kirche oder eines Geschäfts?
    > *Das ist ein Bild einer Kirche.*

11. Ist das das Bild eines Volkswagens oder eines Opels?
    > *Das ist das Bild eines Volkswagens.*

Übungen

1. **Beispiel:**   *Lehrers*   **Dort steht der Wagen des *Lehrers*.**

   a. Lehrers   c. Wirts
   b. Professors   d. Arztes

2. **Beispiel:**   *Schwester*   **Ich habe den Brief der *Schwester* gelesen.**

   a. Schwester   c. Großmutter
   b. Freundin   d. Studentin

3. **Beispiel:**   *der*   **Haben Sie das Buch *der* Lehrerin gelesen?**

   a. der   c. seiner
   b. unserer   d. Ihrer

4. **Beispiel:**   *meines*   **Hier ist die Adresse *meines* Geschäfts.**

   a. meines   c. des
   b. seines   d. dieses

5. **Beispiel:**   *der*   **Wir fahren heute mit dem Wagen *der* Eltern.**

   a. der   c. seiner
   b. unserer   d. meiner

6. **Beispiel:**   *des Hauses*   **Die Tür *des Hauses* ist offen.**

   a. des Hauses   e. der Schule
   b. seines Hauses   f. meiner Schule
   c. meines Hauses   g. unserer Schule
   d. der Kirche   h. meines Zimmers

7. **Beispiel:**   *das Haus*   **Die Tür *des Hauses* ist geschlossen.**

   a. das Haus   d. mein Geschäft
   b. das Zimmer   e. unser Geschäft
   c. das Geschäft   f. dieses Geschäft

8. **Beispiel:**   *der Arzt*   **Haben Sie die Adresse *des Arztes* gefunden?**

   a. der Arzt   d. mein Lehrer
   b. der Ingenieur   e. Ihr Lehrer
   c. der Lehrer   f. unser Lehrer

Auch in der Bundesrepublik werden Big Mäcs gern gegessen

9. **Beispiel:** *die Frau*   **Dort steht das Gepäck *der Frau.***

    a. die Frau   d. diese Studentin
    b. die Dame   e. die Freundin
    c. diese Dame   f. meine Freundin

10. **Beispiele:** *der Lehrer*   **Ich habe den neuen Wagen *des Lehrers* gesehen.**
                die Familie Neumann   **Ich habe den neuen Wagen *der Familie Neumann***
                                          gesehen.

    a. der Lehrer   e. die Tante
    b. die Familie Neumann   f. mein Arzt
    c. der Ingenieur   g. die Wirtin
    d. die Eltern   h. das Geschäft

11. **Beispiel:** *my father's car*   **Ich habe *den Wagen meines Vaters* gefahren.**

    a. *my father's car*   c. *my uncle's car*
    b. *my brother's car*   d. *my friend's car*

12. **Beispiel:** *the teacher's house*   **Ich habe *das Haus des Lehrers* gefunden.**

    a. *the teacher's house*   c. *our teacher's house*
    b. *my teacher's house*   d. *her teacher's house*

[318]

13. Beispiel: *the coed's friend*   **Ich habe mit *dem Freund der Studentin* gesprochen.**

a. *the coed's friend*
b. *this coed's friend*

c. *his daughter's friend*
d. *our aunt's friend*

14. Beispiel: *I lost the address of the hotel.*   **Ich habe die Adresse *des Hotels* verloren.**

a. *I lost the address of the hotel.*
b. *I lost the address of my hotel.*
c. *I lost the address of his hotel.*
d. *I lost the address of his firm.*

e. *I lost the address of their firm.*
f. *I lost the address of their school.*
g. *I lost the address of your school.*
h. *I lost the address of your parents.*

15. Beispiel: **Wessen Gepäck ist das?** (*meines Vaters*)   **Das ist das Gepäck *meines Vaters.***

a. Wessen Gepäck ist das?   (meines Vaters)
b. Wessen Wagen ist das?   (einer Lehrerin)
c. Wessen Geschäft ist das?   (seiner Eltern)
d. Wessen Firma ist das?   (unseres Freundes)
e. Wessen Kinder sind das?   (unserer Nachbarn)
f. Wessen Kind ist das?   (meiner Nachbarn)

16. Beispiel: **Wessen Firma ist das?** (*mein Vater*)   **Das ist die Firma *meines Vaters.***

a. Wessen Firma ist das?   (mein Vater)
b. Wessen Geschäft ist das?   (unser Freund)
c. Wessen Wagen ist das?   (seine Eltern)
d. Wessen Haus ist das?   (der Lehrer)
e. Wessen Gepäck ist das?   (das Mädchen)
f. Wessen Volkswagen ist das?   (meine Nachbarn)

Fragen

1. Wessen Firma ist das?
2. Wessen Adresse ist das?
3. Wo ist die Haltestelle der Straßenbahn?
4. Ist das der Wagen Ihrer Eltern?
5. Wo steht das Haus seiner Wirtin?
6. Wo finde ich das Haus seiner Eltern?
7. Arbeiten Sie im Geschäft Ihres Bruders?
8. Mit wessen Kugelschreiber schreiben Sie?

Lesestück:

Deutsch – eine Fremdsprache?

Einige Studenten des Instituts saßen während einer Zigarettenpause bei Kaffee und Coca-Cola mit Herrn Professor Schönfeld zusammen. Sie besprachen die vielen Einflüsse des Auslands auf die Deutschen.

„Ich habe schon den Einfluß Amerikas auf die Deutschen bemerkt", sagte Herr
5 Jones. „Haben andere Länder auch so einen starken Einfluß auf Deutschland ausgeübt?"

„Deutschland steht doch schon lange unter dem Einfluß fremder[1] Ideen", antwortete Fräulein Moreau. Sie hatte europäische Geschichte gut gelernt.

„Sie haben recht", begann der Professor. „Der Einfluß des Auslands fing schon mit
10 den Germanen[2] an, denn sie hatten in alten Zeiten viel Kontakt mit den Römern. Im Mittelalter kreuzten die großen Handelsstraßen das Land und brachten nicht nur Waren, sondern auch neue Geistesströmungen mit sich. Die Kreuzzüge und später die Renaissance öffneten dem Volk die Kultur Italiens und des Ostens."

„Friedrich der Große[3] war ein Verehrer der Franzosen, nicht wahr?" fragte
15 Fräulein Jensen.

„Ja, im siebzehnten und achtzehnten Jahrhundert stand Deutschland politisch und kulturell fast völlig im Schatten Frankreichs. Während des Dreißigjährigen Krieges (1618–1648) wurden viele französische Wörter in die deutsche Sprache aufgenommen.[4] Friedrich, der größte König Preußens, sprach Französisch etwas besser
20 als seine Muttersprache. Unter ihm erreichte der Einfluß Frankreichs den Höhepunkt. Wie andere Deutsche verehrte er die Weltanschauung und den Rationalismus[5] der Franzosen, schrieb ein Buch auf französisch über deutsche Literatur und ließ sich in Potsdam ein Schloß im französischen Stil bauen.[6] Er nannte das Schloß ‚Sans Souci', d.h. ‚Ohne Sorge'."

25 „Gibt es viele Fremdwörter in der deutschen Sprache?" wollte einer der Studenten[7] wissen.

„Viele", fuhr der Professor fort, „die Priester, Mönche und Studenten des Mittelalters übernahmen viele Wörter aus dem Latein, und während des Zeitalters des großen Königs von Preußen erhielt unsere Sprache zahlreiche Ausdrücke aus dem Französi-
30 schen. Von Zeit zu Zeit versuchte man, die Fremdwörter zu entfernen, trotzdem gibt es aber heute noch viele in unserer Sprache.

Manche Fremdwörter sind natürlich fast unentbehrlich wie z.B. die Fachausdrücke

---

[1] **fremder** of foreign
[2] **die Germanen** Germanic tribes, ancestors of the Germans, Scandinavians, Dutch, and English
[3] **Friedrich der Große** Frederick the Great, king of Prussia from 1740 to 1786
[4] **wurden . . . aufgenommen** were assimilated

[5] **der Rationalismus** Rationalism, eighteenth-century movement in philosophy and literature that placed great emphasis on man's ability to reason, to think logically
[6] **ließ sich . . . ein Schloß . . . bauen** had a castle built
[7] **einer . . . Studenten** one of the students

Friedrich der Große, König von Preußen

in einem wissenschaftlichen Buch. Weiterhin sind viele Fremdwörter wie *Alkohol,*
Klima, Studium, Religion und *Maschine* schon lange ein fester Teil des deutschen
35 Wortschatzes.

    In den Jahren nach dem Zweiten Weltkrieg brachten die Soldaten der Sieger-
mächte und später die vielen Touristen, Studenten und Geschäftsleute aus Amerika
viele englische Ausdrücke ins Land. Bald wurde es bei uns Mode, im Geschäft, im
Handel und im Journalismus die neusten Wörter, oft Slang- oder Fachausdrücke, der
40 englischen Sprache zu verwenden. Auf beinahe jeder Seite der meisten Illustrierten und
der Nachrichten-Magazine erblickt man den neusten Slang aus Amerika. Manche
Ausdrücke verschwinden bald wieder, andere aber setzen sich fest, genau wie die lateini-
schen und französischen Wörter in früheren Zeiten.

    In den sechziger und siebziger Jahren strömten die kulturellen Tendenzen der
45 Jugend aus Amerika und England nach Deutschland. Aus der jugendlichen Nebenkultur der Hippie-Welt kamen Ausdrücke wie *Underground, Drop-out, Release, Joint,*
Fixer, bashed, fixe, bombed, Acid, ausflippen, Trip, to be cool, Tea-head, to kick a habit
u.a.m.“

    „Ich habe letztes Wochenende einen Studenten an der Universität Marburg
50 besucht“, bemerkte Herr Brown. „Dort hörte ich die Studenten fast immer Englisch
sprechen. Es scheint Mode zu sein, an der Universität Englisch zu sprechen.“

    „Ja“, sagte Herr Professor Schönfeld, „die meisten Studenten sprechen fließend
Englisch, und wenn sie Deutsch sprechen, verwenden sie viele englische Ausdrücke.
Eben fällt mir etwas ein: für die Aufgabe am Freitag bringen Sie eine Liste von engli-
55 schen Wörtern, welche Sie im Deutschen gelesen oder gehört haben!“

Wortschatz

Beginning with this **Lektion,** the **Wortschatz** will list the genitive singular ending of masculine and neuter nouns (feminine nouns do not add such an ending). The genitive ending will precede the plural ending, when one is given.

die **Adresse,** –n *address*
der Alkohol, –s, –e *alcohol*
   anstatt *instead of*
das **Bild,** –(e)s, –er *picture*
das Coca-Cola, –(s) *Coca-Cola*
   d.h. = das heißt *that is, i.e.*
der Dreißigjährige Krieg, des Dreißigjährigen Krieg(e)s *Thirty Years'*
   War
   europäisch (*adj.*) *European*.
der **Fachausdruck,** –(e)s, ¨e *technical*
   expression
   fest *firm, fixed*
   fremd *foreign, strange*
das **Fremdwort,** –(e)s, ¨er *foreign word*
die Geistesströmung, –en *intellectual*
   current
der Germane, –n, –n *Teuton, member of*
   an ancient Germanic tribe
die Handelsstraße, –n *trade route*
die Hippie-Welt *world of the hippies*
der **Höhepunkt,** –(e)s, –e *high point, peak*
die Idee, –n *idea*
die Illustrierte, –n *illustrated magazine*
der Journalismus, – *journalism*
   jugendlich (*adj.*) *youth*
das **Klima,** –s, –s *climate*
der Kreuzzug, –(e)s, ¨e *crusade*
das Latein, –s *Latin*
   lateinisch (*adj.*) *Latin*
die Liste, –n *list*
die **Maschine,** –n *machine*
die **Mode,** –n *fashion, style;* **Mode**
   sein, werden *to be, become the*
   fashion
der **Mönch,** –(e)s, –e *monk*
die **Muttersprache,** –n *mother tongue,*
   native language
das Nachrichten-Magazin, –s, –e *news*
   magazine
die Nebenkultur, –en *subculture*
der Opel, –s, – *German automobile*
(das) Preußen, –s *Prussia*
der Priester, –s, – *priest*

die Religion, –en *religion*
die Renaissance *Renaissance*
der Römer, –s, – *Roman*
der Schatten, –s, – *shadow*
   sechziger: in den sechziger und
      siebziger Jahren *in the sixties and*
      seventies
   siebzehnt- *seventeenth*
der **Slang,** –s, –s *slang*
der **Slangausdruck,** –(e)s, ¨e *slang*
   expression
   so *such*
   statt *instead of*
das **Studium,** –s, (*plur.*) Studien *course,*
   studies
der **Teil,** –(e)s, –e *part*
die Tendenz, –en *trend*
   trotz *in spite of*
   trotzdem *nevertheless, in spite of that*
   unentbehrlich *indispensable*
der Verehrer, –s, – *admirer*
   vierzehnt- *fourteenth*
   während *during*
die **Ware,** –n *ware, product*
   wegen *because of*
   weiterhin *furthermore*
die Weltanschauung, –en *philosophy of*
   life
   wessen (*gen.*) *whose*
   wissenschaftlich *scientific*
   zahlreich *numerous*
das **Zeitalter,** –s, – *era*
die Zigarettenpause, –n *cigarette break*

   ausflippen (*slang*) *to flip out*
   ausüben *to exert*
†einfallen (fällt ein), fiel ein (*with dat.*
   obj.) *to occur (in thought)*
   entfernen *to remove*
   erblicken *to see, catch sight of*
   erhalten (erhält), erhielt, erhalten *to*
   receive, obtain
   erreichen *to attain, reach*
sich festsetzen *to become permanent*

†**fortfahren (fährt fort), fuhr fort**   *to*
   continue
kreuzen   *to cross*
strömen   *to stream*
verehren   *to admire*
†**verschwinden, verschwand**   *to disappear*
verwenden   *to use*
zusammensitzen, saß zusammen,
   zusammengesessen   *to sit together*

Weitere Übungen

1. Complete the following sentences with the genitive of the expressions in parentheses:

   a. Das ist der Einfluß _____. (das Ausland, die Franzosen)
   b. Während _____ saßen die Studenten mit Herrn Professor Schönfeld zusammen. (eine Zigarettenpause, der Nachmittag)
   c. Damals erreichte der Einfluß _____ den Höhepunkt. (Frankreich, Amerika)
   d. Die Handelsstraßen _____ kreuzten das Land. (das Mittelalter, die Römer)
   e. Ich kenne das Haus _____. (seine Eltern, unser Nachbar)
   f. Sie arbeitet im Geschäft _____. (mein Vater, ihre Tante)
   g. So war damals die Weltanschauung _____. (die Jugend, die Jugendlichen)
   h. Vergessen Sie das Geschwätz _____. (die Frauen, solche Leute)
   i. Wir sprachen über die Einflüsse _____. (die Siegermächte, der Handel)
   j. Das gilt für die Jugend _____. (meine Zeit, dieses Zeitalter)
   k. Während _____ müssen wir schwer arbeiten. (die Woche, der Abend)
   l. Trotz _____ kamen jedes Jahr viele Gastarbeiter nach Deutschland. (der Zivilisationsschock, die Adaptationsschwierigkeiten)
   m. Das Benehmen _____ war nicht freundlich. (seine Kinder, diese Menschen)
   n. Die kulturellen Tendenzen _____ waren anders als heute. (jene Zeit, jenes Zeitalter)
   o. Fuhren Sie mit dem Wagen _____? (Ihr Onkel, Ihre Firma)

2. Answer the following questions with complete sentences, using the expressions in parentheses:

   a. Wessen Haus ist das? (seine Eltern)
   b. Wessen Adresse ist das? (meine Firma)
   c. Mit wessen Wagen fuhren Sie gestern? (unser Freund)
   d. Mit wessen Kindern haben Sie eben gesprochen? (die Nachbarn)
   e. Welcher Einfluß ist das? (das Ausland)
   f. In wessen Geschäft arbeiten Sie? (ein Freund)

3. Read the following sentences substituting the translation of the expressions in parentheses for the expressions in boldface:

    a. Ich habe **den Wagen meines Vaters** gefahren.   (*my brother's car, my uncle's car, my sister's car, his sister's car, his friends' car*)

    b. Ich habe **das Haus des Lehrers** gefunden.   (*our teacher's house, her teacher's house, your parents' house, your friends' house, my doctor's house*)

4. Answer the following questions with complete sentences:

    a. Was tranken die Studenten während einer Zigarettenpause?
    b. Steht Deutschland schon lange unter dem Einfluß fremder Ideen?
    c. Mit wem hatten die Germanen Kontakt?
    d. Aus welcher Sprache stammten viele Wörter im Mittelalter?
    e. Welche Fremdsprache hat heute großen Einfluß auf die deutsche Sprache?
    f. Was besprachen die Studenten bei Kaffee und Coca-Cola?
    g. Mit wem fing der Einfluß des Auslands an?
    h. Wer war ein Verehrer der Franzosen?
    i. Wer war Friedrich der Große?
    j. Was sieht man auf beinahe jeder Seite der Nachrichten-Magazine?

Sprechübungen

1. Tell in German where you might be if you heard the following expressions:

    a. Da kommt schon Linie sieben.
    b. Schnellzug München-Frankfurt fährt in zehn Minuten ab.
    c. Die Schüler haben Schwierigkeiten mit den englischen Verben.
    d. Guten Abend, Herr Dr. Lüdeke! Ist dieser Platz frei?
    e. Guten Morgen, Herr Schmidt! Gehen Sie auch in die Stadt?
    f. Entschuldigen Sie bitte. Können Sie mir sagen, wo das Deutsche Museum ist?
    g. Die Leute am Stammtisch da erzählen immer Witze.
    h. Es klingelt. Das ist ganz gewiß Ihr Freund.

2. List as many of the following as you can:

    a. English words and expressions in German
    b. German words of Latin or French origin
    c. German words used in English

3. Restate the following dialogue in German, using the past tense:

   a. Where did you (*fam. sing.*) come from?
   b. Originally I came from Düsseldorf.
   a. Did you go to school there?
   b. Yes, I attended the **Gymnasium** there for nine years.
   a. When did you leave Düsseldorf?
   b. Three years ago.
   a. Did you find a position?
   b. Yes, I worked in a bank.

Schriftliches

1. Using the genitive case, write phrases based on the following sentences:

Beispiel: *Die Jugendlichen reisten*   *die Reise der Jugendlichen*
        ins Ausland. (*die Reise*)   **ins Ausland**

   a. Der Wirt ist freundlich. (die Freundlichkeit)
   b. Man integriert die Gastarbeiter. (die Integration)
   c. Wir üben die Verben. (die Übung)
   d. Die Touristen fahren heute ab. (die Abfahrt)
   e. Er drückte seine Gefühle aus. (der Ausdruck)
   f. In solchen Schulen bildet man unsere Jugend aus. (die Ausbildung)
   g. Mein Freund ist sehr neugierig. (die Neugierde)
   h. Wir haben diese Tendenz angefangen. (der Anfang)
   i. Die Studenten unterhielten sich mit einem Lehrer. (die Unterhaltung)
   j. Die Jugendlichen waren arbeitslos. (die Arbeitslosigkeit)
   k. Unser Lehrer hat mich schon gefragt. (die Frage)
   l. Das Mädchen dachte an ihren Freund. (der Gedanke)

2. Write the following sentences in German:

   a. The influence of (the) foreigners began very early.
   b. During a cigarette break we discussed the influence of America on the Germans.
   c. The king of Prussia was an admirer of the French.
   d. In spite of their frustrations and housing problems, the foreign workers remained in the cities of Germany.
   e. The children of the foreign workers had no educational opportunities.
   f. I lost the address of my hotel.
   g. The technical expressions of (the) business people and of (the) commerce are now a part of our language.
   h. Instead of technical expressions, we got expressions from the subculture of (the) youth and of the hippie world from foreign countries.

München: Reklamen

Verschiedenes

Deutscher (?) Wortschatz

die Air-Couch
    apricot (Farbe)[1]
das Autoshampoo
das Badminton-Sport-Set

die Bar
der Bikini
die Blazer-Jacke
der Boyscout

---

[1] **die Farbe** color

der Caravan (Wohnwagen)[2]
die City-Mode
der City-Speeder (Schuhe)[3]
die Cocktail-Garnitur[4]
das Color-Gerät (Fernsehgerät)[5]
das Comeback
der Cord (Stoff)[6]
die Digital-Automatic (Uhr)
der elastische Cord-Stretch-Bezug[7] (für
    Stühle)
    exclusiv fashion
die Feincord-Shorts
das Go-Kart
die „Golden Style" Serie
der Heimtrainer (Fahrrad zum Abnehmen)[8]
ein heißer Tip
das HiFi-Stereo-Modell
das „High-Riser" Allroundrad[9]
die Ideal Topstar „Electronic"
    (Nähmaschine)[10]
der Jeans-Stil, der Jeansanzug[11]
der Jersey-Rock[12]
die Kabelbox
das Kaffeeservice
das Krocket-Familien-Set
die Lacksynthetic[13]
der Luxus-Party-Grill
der Military-Look
die Mini-Boy-Automatik (Regenschirm)[14]
der Mixer
die Moleskin-Qualität

der Original-Philips-Video-Recorder
der Overall
das Party-Kleid[15]
die Party-Stimmung[16]
das Portable (Fernsehgerät)
der Preis-Hit
der Pullover, Pulli
der Rockfan
sanitized (Socken)[17]
der Scotch Whiskey „The Tory's"
der Sling-pumps
der Slipper, Mokassinslipper
die Star-Qualität
die „Steakboy" Fleischwalze[18]
der Straight Bourbon
der Supergrill
der Super-Mini-Boy (Regenschirm)
der Super-Sound (Stereo-Plattenspieler)[19]
    Swiss made (Uhren)
der Teddybär
    tip-sheared (Teppich)[20]
der Top-Cassetten-Recorder
    topfit, top-modisch,[21] topschick[22]
    Trimm dich durch Sport
der Video-Adapter
    vollsynthetic[23]
    Wash and Wear
das Weekend
das Wintercamping
der Zuchtperlen-Choker[24]

---

[2] **der Wohnwagen** trailer, mobile home
[3] **der Schuh** shoe
[4] **die Garnitur** set, accessories
[5] **das Fernsehgerät** television set
[6] **der Stoff** fabric
[7] **der Bezug** cover, slipcover for furniture
[8] **das Fahrrad zum Abnehmen** bicycle for reducing
[9] **das Rad** wheel; bicycle
[10] **die Nähmaschine** sewing machine
[11] **der Anzug** suit
[12] **der Rock** skirt
[13] **der Lack** lacquer
[14] **der Regenschirm** umbrella
[15] **das Kleid** dress
[16] **die Stimmung** mood, atmosphere
[17] **die Socke** sock
[18] **die Fleischwalze** roller for tenderizing meat
[19] **der Plattenspieler** record player
[20] **der Teppich** carpet
[21] **modisch** stylish
[22] **schick** chic
[23] **voll** fully, entirely
[24] **die Zuchtperle** cultured pearl

Grammatik

A. The Genitive Case

In English, the possessive case is formed in the following ways:

> *the student's* parents
> *a child's* toy
> *the student's* teacher
> *our children's* dog
> the roof *of the house*
> tops *of the mountains*

In German, the possessive case is called the genitive case. The genitive case usually shows possession or relationship.

POSSESSION

der Bericht **der Studentin**	*the student's report*
der Wagen **des Professors**	*the professor's car*
das Haus **meines Freundes**	*my friend's house*

RELATIONSHIP

die Eltern **des Mädchens**	*the girl's parents*
die Frau **seines Freundes**	*the wife of his friend*
die Familie **der Frau**	*the woman's family*

The genitive forms of the definite article, the indefinite article, and **ein**-words are as follows:

	Singular			Plural
	MASCULINE	FEMININE	NEUTER	ALL GENDERS
DEFINITE ARTICLE	des	der	des	der
INDEFINITE ARTICLE	eines	einer	eines	—
ein-WORD	meines	meiner	meines	meiner

Most monosyllabic masculine and neuter nouns take the ending **-es** in the genitive singular; however, as indicated in the **Wortschatz** of this and subsequent lessons, the **-e-** is often optional. Most polysyllabic masculine and neuter nouns form the genitive singular with the ending **-s**.

MONOSYLLABIC	POLYSYLLABIC
des Mannes (*or* Manns)	des Mädchens
des Hauses	meines Vaters
eines Freundes (*or* Freunds)	unseres Professors

All masculine and neuter nouns ending in **-s, -ß,** or **-z** take the ending **-es** in the genitive singular.

des Glas**es**
des Einfluss**es**
des Gegensatz**es**

Feminine nouns in the singular and plural nouns of all genders take no genitive endings.

FEMININE SINGULAR	PLURAL
das Haus **meiner Tante**	das Problem **der Gastarbeiter**
die Adresse **der Familie**	der Einfluß **der Fremdsprachen**

The genitive is replaced by **von** if a noun is not preceded by an article, **ein**-word, or other adjective.

Die Probleme **von Leuten** ohne Ausbildungsmöglichkeiten sind schwer zu lösen.
Das ist der Einfluß **von Touristen** aus Amerika.

Self-testing 1

Supply the genitive case of the expressions in parentheses:

a. Das Ende _____ kam im Jahre 1945.   (der Krieg)
b. Die Gesetze _____ sind nicht immer leicht zu verstehen.   (ein Land)
c. Er ist der Bruder _____.   (ihr Vater)
d. Das war der Anfang _____ aus dem Ausland.   (der Einfluß)
e. Wir fahren heute mit dem Wagen _____.   (meine Schwester)
f. Das sind die Kinder _____.   (seine Nachbarn)
g. Siehst du den Turm _____ da?   (die Kirche)
h. Die Familien _____ kamen erst später nach.   (die Gastarbeiter)

Potsdam: Sans Souci

B. The Genitive Case of Personal and Geographical Names

Most personal names form the genitive with the ending **-s**, but without an apostrophe. If the personal name ends in **-s**, **-ß**, **-x**, or **-z**, usually only an apostrophe is added for the genitive.

<table>
<tr><td>WITH -s</td><td>WITH APOSTROPHE</td></tr>
<tr><td>Frau Schmidts Haus</td><td>Hans' Eltern</td></tr>
<tr><td>Karls Freund</td><td>Fritz' Vater</td></tr>
</table>

Geographical names usually form the genitive with **-s**.

der Einfluß Amerikas
Bremens Polizisten

The genitive of geographical names is sometimes replaced by the preposition **von**.

der König Preußens = der König von Preußen
die Hauptstadt Bayerns = die Hauptstadt von Bayern

C. Prepositions with the Genitive Case

Several prepositions take objects in the genitive case. Among them are the following:

anstatt *instead of*	während *during*
statt *instead of*	wegen *on account of*
trotz *in spite of*	

Während des Tages haben wir Unterricht.
Wegen der Arbeit mußten wir zu Hause bleiben.

D. The Genitive Case with Expressions of Indefinite Time

The genitive case may be used with expressions of indefinite time.

Eines Abends gingen die Studenten ins Gasthaus.	*One evening the students went to the inn.*
Wir wollen **eines Tages** nach Köln fahren.	*Someday we want to go to Cologne.*

Self-testing 2

Supply the genitive case of the expressions indicated:

a. Während ———— war ich in der Stadt. (der Tag)
b. Viele Fische kommen wegen ———— um. (die Wasserverseuchung)
c. Sie besprachen die Einflüsse ———— auf die Deutschen. (das Ausland)
d. ———— gingen wir ins Theater. (ein Abend)
e. Die Kreuzzüge öffneten dem Volk die Kultur ———— und ————. (Italien) (der Osten)
f. Das Benehmen ———— war nicht besonders gut. (seine Kinder)
g. Er antwortete nicht auf die Fragen ————. (dein Bruder)
h. Während ———— besprachen wir die Einflüsse ————. (eine Zigarettenpause) (Frankreich)
i. Der Wagen ———— mußte sofort in die Reparatur. (meine Tante)
j. Trotz ———— machte er viele Fortschritte in der Sprache. (seine Sprachschwierigkeiten)

E. Summary of Noun Declensions

In previous **Lektionen,** you have learned the functions of the nominative, dative, and accusative case. In this **Lektion,** you have become familiar with the genitive, the fourth case. The following are typical declensions using **der**-words and **ein**-words; these declensions provide you with an overview of the four cases of German nouns.

Singular

	MASCULINE	FEMININE	NEUTER
NOMINATIVE	der Wagen	die Frau	das Kind
GENITIVE	des Wagens	der Frau	des Kindes
DATIVE	dem Wagen	der Frau	dem Kind(e)
ACCUSATIVE	den Wagen	die Frau	das Kind

Plural

	MASCULINE	FEMININE	NEUTER
NOMINATIVE	die Wagen	die Frauen	die Kinder
GENITIVE	der Wagen	der Frauen	der Kinder
DATIVE	den Wagen	den Frauen	den Kindern
ACCUSATIVE	die Wagen	die Frauen	die Kinder

Singular

	MASCULINE	FEMININE	NEUTER
NOMINATIVE	unser Freund	keine Sorge	sein Haus
GENITIVE	unseres Freund(e)s	keiner Sorge	seines Hauses
DATIVE	unserem Freund(e)	keiner Sorge	seinem Haus(e)
ACCUSATIVE	unseren Freund	keine Sorge	sein Haus

Plural

	MASCULINE	FEMININE	NEUTER
NOMINATIVE	unsere Freunde	keine Sorgen	seine Häuser
GENITIVE	unserer Freunde	keiner Sorgen	seiner Häuser
DATIVE	unseren Freunden	keinen Sorgen	seinen Häusern
ACCUSATIVE	unsere Freunde	keine Sorgen	seine Häuser

Less typical is the declension of masculine nouns ending in **-ist** and **-ent,** and of several other masculine nouns such as **der Soldat** and **der Fürst. I**n this declension, nouns have the ending **-en** in all cases, singular and plural, except in the nominative singular.

Singular

NOMINATIVE	der Spezialist	der Student	der Soldat
GENITIVE	des Spezialist**en**	des Student**en**	des Soldat**en**
DATIVE	dem Spezialist**en**	dem Student**en**	dem Soldat**en**
ACCUSATIVE	den Spezialist**en**	den Student**en**	den Soldat**en**

Plural

NOMINATIVE	die Spezialist**en**	die Student**en**	die Soldat**en**
GENITIVE	der Spezialist**en**	der Student**en**	der Soldat**en**
DATIVE	den Spezialist**en**	den Student**en**	den Soldat**en**
ACCUSATIVE	die Spezialist**en**	die Student**en**	die Soldat**en**

Answers to Self-testing

Self-testing 1

a. des Krieges

b. eines Landes

c. ihres Vaters

d. des Einflusses

e. meiner Schwester

f. seiner Nachbarn

g. der Kirche

h. der Gastarbeiter

Self-testing 2

a. des Tages

b. der Wasserverseuchung

c. des Auslands

d. eines Abends

e. Italiens, des Ostens

f. seiner Kinder

g. deines Bruders

h. einer Zigarettenpause, Frankreichs

i. meiner Tante

j. seiner Sprachschwierigkeiten

15

FÜNFZEHNTE LEKTION

Grammatisches Ziel:

Pronomen als Attribute — dieser, jeder,
    jener, mancher, solcher, welcher

Pronouns as adjectives

The reading selection discusses the contributions of Rudolf Virchow, a great
German scientist.

Einführende Beispiele

Anschauungsmaterial:

    ein gelbes Buch
    ein rotes Buch

1. Dieser Student ist blond,
    aber jener* Student hat braune Haare.
    Wer hat braune Haare?
        Jener Student hat braune Haare.
    Wer hat blonde Haare?
        Dieser Student hat blonde Haare.
    Welcher Student ist nicht blond?
        Jener Student ist nicht blond.

---

* **Jener** is seldom used in colloquial speech. Instead of **jener Student,** one would say: **der Student da** or **der
Student dort.**

[335]

2. Das Buch auf dem Tisch da ist gelb.
Dieses Buch ist rot.
Ist dieses Buch rot oder gelb?
Dieses Buch ist rot.
Ist jenes Buch gelb?
Ja, jenes Buch ist gelb.
Welches Buch ist rot?
Dieses Buch ist rot.

3. Alle Studenten im Deutschunterricht sind fleißig.
Jeder Student im Deutschunterricht ist fleißig.
Ist jeder Student im Deutschunterricht fleißig?
Ja, jeder Student im Deutschunterricht ist fleißig.
Ist dieser Student fleißig?
Ja, dieser Student ist fleißig.

4. Nicht jeder Student bringt seinen Bleistift mit.
Manche Studenten bringen keinen Bleistift mit.
Manche Studenten vergessen ihren Bleistift.
Was vergessen manche Studenten?
Manche Studenten vergessen ihren Bleistift.

5. Diese Studentin ist blond.
Ist diese Studentin blond oder braunhaarig?
Diese Studentin ist blond.
Welche Studentin ist blond?
Diese Studentin ist blond.

6. Jene Studentin ist braunhaarig.
Ist jene Studentin blond oder braunhaarig?
Jene Studentin ist braunhaarig.
Ist jede Studentin blond?
Nein, nicht jede Studentin ist blond.
Ist jedes Mädchen blond?
Nein, nicht jedes Mädchen ist blond.

7. Manche Studenten bekommen gute Zensuren.
Solche Studenten arbeiten fleißig, nicht wahr?
Ja, solche Studenten arbeiten fleißig.

Übungen

1. Beispiel: *der*   *Der* Student arbeitet fleißig.

a. der
b. dieser

c. mancher
d. welcher (?)

2. Beispiel: *dieses*   *Dieses* Fremdwort hat er verstanden.

a. dieses
b. das

c. jedes
d. manches

3. Beispiel: *diese*   *Diese* Studentin ist aus Berlin.

a. diese
b. jene

c. die
d. welche (?)

4. Beispiel: *solche*   *Solche* Leute arbeiten gern.

a. solche
b. diese

c. manche
d. welche (?)

5. Beispiel: *Mann*   Ich kenne diesen *Mann* nicht.

a. Mann
b. Ausländer

c. Kellner
d. Geschäftsmann

6. Beispiel: *den*   Wir haben *den* Ausländer gesehen.

a. den
b. diesen

c. jenen
d. jeden

7. Beispiel: *diesem Zug*   Wir fahren selten mit *diesem Zug.*

a. diesem Zug
b. diesem Wagen
c. dieser Straßenbahn
d. dieser Linie

e. diesen Leuten
f. solchen Leuten
g. jenen Studenten
h. dem Zug

8. Beispiel: Ich kenne *den* Mann nicht.   Ich kenne *diesen* Mann nicht.

a. Ich kenne *den* Mann nicht.
b. Haben Sie *den* Brief gelesen?
c. Wir haben gestern *den* Film gesehen.
d. Er wohnt auf *dem* Bauernhof.
e. Wo haben Sie *den* Ausdruck gehört?

f. Wir fahren mit *dem* Zug.
g. Unser Lehrer hat an *dem* Tisch gestanden.
h. Ich habe mit *dem* Gastarbeiter gesprochen.
i. Wir warten auf *den* Zug.

9. **Beispiele:** **Er fährt mit** *der* **Straßenbahn.** **Er fährt mit** *dieser* **Straßenbahn.**

   Sie will *das* **Heft lesen.** **Sie will** *dieses* **Heft lesen.**

   a. Er fährt mit *der* Straßenbahn.
   b. Sie will *das* Heft lesen.
   c. *Die* Leute sind Touristen.
   d. Meine Wirtin wohnt in *dem* Haus.
   e. Er nimmt heute *die* Straßenbahn.
   f. Kennen Sie *die* Stadt?
   g. Wir haben einmal in *dem* Dorf gewohnt.
   h. Mit *den* Leuten kann man nichts machen.
   i. Er hat *das* Geschäft verkauft.
   j. Gehen Sie in *das* Haus?
   k. Meine Schule steht neben *der* Kirche.
   l. *Die* Studentinnen kommen aus England.

10. **Beispiel:** **Ich kenne** *den* **Lehrer nicht.** (*dieser*) **Ich kenne** *diesen* **Lehrer nicht.**

   a. Ich kenne *den* Lehrer nicht. (dieser)
   b. Ich sehe noch *den* Zug. (kein)
   c. Wir verstehen *das* Buch nicht. (dieser)
   d. *Der* Einfluß fing mit den Germanen an. (jener)
   e. Ich kenne *die* Leute aus Berlin. (mancher)
   f. Mit *den* Leuten kann man nichts machen. (solcher)
   g. Wir haben *die* Studenten gern. (solcher)
   h. Ich lese gern *die* Illustrierten. (solcher)
   i. *Den* Wein trinkt er oft. (solcher)
   j. *Die* Studenten sind krank. (mancher)
   k. *Der* Mensch kann das verstehen. (welcher?)

11. **Beispiele:** *Dieser Student arbeitet* **immer.** *Diese Studenten arbeiten* **immer.**

   Welches Kind hat **das gesagt?** *Welche Kinder haben* **das gesagt?**

   a. Dieser Student arbeitet immer.
   b. Welches Kind hat das gesagt?
   c. Jene Frau ist sehr fleißig.
   d. Diese Idee gefiel ihm nicht.
   e. Welche Kirche gefällt Ihnen besser?
   f. Diese Fabrik ist sehr modern.
   g. Dieser Ausländer versteht kein Deutsch.
   h. Jenes Haus ist im Barockstil.
   i. Mancher Zug hält nicht im Dorf.

12. Beispiel: Hat jeder Student einen Bleistift?   Ja, jeder Student hat einen Bleistift.

 a. Hat jeder Student einen Bleistift?
 b. Hat jede Firma eine Fabrik?
 c. Gehen Sie in dieses Geschäft?
 d. Ist das der Freund dieses Mädchens?
 e. Sind solche Touristen immer Amerikaner?
 f. Ist dieses Haus neu?
 g. Fahren Sie mit dieser Linie?
 h. Entstehen solche Geistesströmungen in Italien?
 i. Kennt er diese Stadt?
 j. Haben Sie den Dialekt dieses Mannes verstanden?
 k. Es gibt überall solche Leute, nicht wahr?
 l. Ist dieser Platz frei?
 m. Jene Ausländer sind Studenten, nicht wahr?
 n. Ist dieser Unterricht interessant?

Fragen

1. Gehen Sie oft in dieses Geschäft?
2. Kennen Sie diesen Mann aus Amerika?
3. Kennen Sie jeden Studenten und jede Studentin hier?
4. Welcher Student kommt aus Spanien?
5. Welche Studentin kommt aus England?
6. Welches Mädchen hat Deutsch in Paris gelernt?
7. Mit welchem Mann haben Sie gesprochen?
8. Solche Leute kommen ganz sicher aus England, nicht wahr?
9. Kennen Sie diese Stadt?
10. Sind jene Leute Studenten oder Touristen?
11. Haben Sie schon mit diesen Leuten gesprochen?
12. Fahren Sie heute mit diesem oder mit jenem Wagen?

Carl Schurz

Lesestück:

Medizin und Soziologie

Herr Brown hatte sich erkältet, bekam eine Halsentzündung und hatte jeden Tag auch etwas Fieber. Daher mußte er einige Male zum Arzt gehen. Im Laufe der ärztlichen Behandlung lernte er den Arzt, Herrn Dr. Werner, gut kennen. Erich Werner, der Sohn des Arztes, war Schüler auf dem Gymnasium und wollte nach dem Abitur Soziologie in
5   Amerika studieren. Um Erich mit Herrn Brown bekannt zu machen, hatte Herr Dr. Werner den Amerikaner und Fräulein Moreau eingeladen, eines Abends einen Besuch bei der Familie Werner zu machen. Erich und sein Vater stellten ausführliche Fragen über verschiedene amerikanische Hochschulen und über die Möglichkeiten und Kosten eines Studienjahres in den Vereinigten Staaten. Auch besprachen sie den Stand der
10 Medizin und der Sozialwissenschaften in Deutschland und in Amerika. Die jungen Leute erfuhren, daß die medizinischen Fakultäten in Deutschland und in Österreich im neunzehnten Jahrhundert weltberühmt waren.
   „Damals waren diese Fakultäten in Wien und in Berlin wahrscheinlich die besten in der Welt", bemerkte Dr. Werner, „und im vorigen Jahrhundert waren solche berühm-
15 ten Forscher wie Rudolf Virchow in Berlin tätig."
   „Virchow hatte etwas mit der Zellentheorie zu tun, nicht wahr?" fragte Herr Brown.

„Er entwickelte eine Zellentheorie", fuhr der Arzt fort. „Er war in allem sehr revolutionär. Zu jener Zeit war die sogenannte ‚wissenschaftliche' Methode unter den
20 Wissenschaftlern nicht so hochgeschätzt. Anstatt ein Experiment im Laboratorium genau zu beobachten,[1] waren sie oft geneigt, lange über ein wissenschaftliches Problem nachzudenken. Oft entstand eine Theorie auf diese Weise, aber manchmal bewies man sie nicht durch Experimente und direkte Beobachtung. In Virchow aber sprach der Geist des wahren Wissenschaftlers: Forschung und klinische Beobachtung.

25 Die Wissenschaftler wußten schon, daß die Zelle existierte, und man stellte Theorien über die Entstehung und Funktion der Zelle auf, aber solche Theorien waren mehr oder weniger falsch. Virchows Theorie aber beschrieb die Rolle der Zelle, und in seinem Buch über zellulare Pathologie erklärte er das Zellgewebe: Die Zelle ist die kleinste Form des Lebens. Die Zellen des Körpers bilden eine Gemeinde oder Gesellschaft. Jede
30 Zelle ist lebendig, und jede Zelle bringt neue Zellen hervor. Wenn die Zellen normal funktionieren, ist das Leben normal. Krankheiten entstehen, wenn die Zellen nicht richtig funktionieren . . ."

„Mein Vater ist Arzt und bekommt viele medizinische Zeitschriften", unterbrach Fräulein Moreau. „Ich las einmal einen Artikel über Virchow. Er war nicht nur sehr
35 revolutionär in seinen wissenschaftlichen Theorien, sondern auch in seinen Gedanken über Politik. Während einer Typhusepidemie untersuchte er die Gesundheitsverhältnisse der Bevölkerung in Oberschlesien. Dort sah er viele kranke, halb verhungerte Menschen. Solche Menschen waren arm und litten unter den schlechtesten wirtschaftlichen Verhältnissen jener Zeit. In seinem Bericht über die Lage dieser Menschen hielt
40 er die Regierung verantwortlich für das Unglück der Bevölkerung."

„Sie haben recht", antwortete der Arzt, „Er nahm an der Revolution von 1848 teil und kämpfte für Demokratie, Einigung der deutschen Staaten, allgemeine Ausbildung, Freiheit und Wohlstand der Bevölkerung."

„Ich habe auf der Universität ‚Die Weber' von Gerhart Hauptmann[2] gelesen",
45 unterbrach Herr Brown. „Dieses Drama beschreibt die Armut und das traurige Schicksal der Weber in Schlesien zu jener Zeit. Ihr Lohn war gering, und sie mußten lange Stunden am Webstuhl arbeiten. Sogar kleine Kinder arbeiteten in der Weberei. Diese Menschen wurden sehr leicht krank, weil sie eben schwach waren."

„Ja, damals herrschte unter den Arbeitern die tiefste Armut", fuhr Dr. Werner fort,
50 „es ist kein Wunder, daß ein Mann wie Virchow gegen die Monarchie kämpfte. Wegen seiner Teilnahme an der Revolution mußte er, wie Richard Wagner, Carl Schurz und manche anderen Revolutionäre, ins Ausland fliehen. Erst im Jahre 1856 lud man ihn ein, nach Berlin zurückzukehren."

Am Ende des angenehmen und lehrreichen Abends erkannten die Studenten, daß
55 die Medizin und die Sozialwissenschaften in manchen Hinsichten wirklich alliierte Fächer sind. Beide haben das gleiche Ziel: die Verbesserung des menschlichen Lebens und des menschlichen Daseins.

---

[1] **anstatt . . . beobachten** instead of observing
[2] **„Die Weber" von Gerhart Hauptmann** *The Weavers* by Gerhart Hauptmann (1862–1946),
German poet and dramatist

Wortschatz

alliiert   *allied*
angenehm   *pleasant, nice*
der Artikel, –s, –   *article*
ärztlich   *medical*
die **Ausbildung**, –en   *training, education*
ausführlich   *detailed, extensive*
die **Behandlung**, –en   *treatment*
die **Beobachtung**, –en   *observation*
best-   *best*
der **Besuch**, –(e)s, –e   *visit, visitor(s);*
     bei einer Familie einen Besuch
     machen   *to pay a family a visit*
blond   *blond*
braunhaarig   *brunette*
das Dasein, –s   *existence*
die **Demokratie**, –n   *democracy*
dies(–er, –e, –es)   *the latter*
die Entstehung   *origin*
das Experiment, –(e)s, –e   *experiment*
die Fakultät, –en   *school or college*
     within a university
falsch   *false, wrong*
das **Fieber**, –s, –   *fever*
die **Form**, –en   *form*
der Forscher, –s, –   *researcher*
die Forschung, –en   *research*
     Frage: **eine Frage stellen** (über) (*with*
     acc.) *to ask a question (about)*
fünfzehnt-   *fifteenth*
die Funktion, –en   *function*
der **Geist**, –es, –er   *spirit, mind, intellect*
gering   *small, slight*
das Gesundheitsverhältnis, –ses, –se
     condition(s) of sanitation
das **Haar**, –(e)s, –e   *hair*
die Halsentzündung, –en   *inflammation of
     the throat*
die Hinsicht, –en   *respect;* in manchen
     Hinsichten   *in some respects*
hochgeschätzt   *esteemed, highly
     valued*
jen(–er, –e, –es)   *the former*
kleinst-   *smallest*
klinisch   *clinical*
der **Körper**, –s, –   *body*
die **Kosten** (*plur.*)   *cost(s), expenses*
die **Krankheit**, –en   *disease*
das Laboratorium, –s, (*plur.*) Labora-

torien   *laboratory*
die **Lage**, –n   *situation, position*
der **Lauf**, –(e)s, ¨e   *course*
lebendig   *alive*
lehrreich   *instructive*
der **Lohn**, –(e)s, ¨e   *pay, wage(s)*
die **Medizin**, –en   *medicine*
medizinisch   *medical*
menschlich   *human*
die Monarchie, –n   *monarchy*
neunzehnt-   *nineteenth*
normal   *normal*
(das) Oberschlesien, –s   *Upper Silesia*
die Pathologie   *pathology*
der Revolutionär, –s, –e   *revolutionist*
das **Schicksal**, –(e)s, –e   *fate*
schlechtest-   *worst*
(das) Schlesien, –s   *Silesia*
die Sozialwissenschaft, –en   *social science*
die Soziologie   *sociology*
der **Stand**, –(e)s, ¨e   *status, condition*
das Studienjahr, –(e)s, –e   *year of study*
die Teilnahme, –n (an) (*with dat.*)
     participation (in)
die **Theorie**, –n   *theory*
tief   *deep;* tiefst-   *deepest*
traurig   *sad*
die Typhusepidemie, –n   *typhus epidemic*
das **Unglück**, –(e)s, –e   *misfortune*
verantwortlich   *responsible*
die Verbesserung, –en   *improvement*
verhungert   *starved*
verschieden   *various, different*
wahr   *true, real*
der Weber, –s, –   *weaver*
die Weberei, –en   *textile mill*
der Webstuhl, –(e)s, ¨e   *loom*
die **Weise**, –n   *way, manner;* **auf diese
     Weise**   *in this way*
der **Wissenschaftler**, –s, –   *scientist*
der **Wohlstand**, –(e)s   *prosperity*
     Zeit: **zu jener Zeit**   *at that time*
die **Zeitschrift**, –en   *journal, magazine*
die Zelle, –n   *cell*
die Zellentheorie, –n   *cell theory*
das Zellgewebe, –s, –   *cell tissue*
zellular   *cellular*

aufstellen *to formulate, set up*
bekannt machen *to introduce, acquaint*
beobachten *to observe*
beschreiben, beschrieb, beschrieben *to describe*
beweisen, bewies, bewiesen *to prove*
einladen (lädt ein), lud ein, eingeladen *to invite*
entwickeln *to develop*
sich erkälten *to catch cold*
erkennen, erkannte, erkannt *to recognize*
erklären *to explain*
existieren *to exist*

funktionieren *to function*
herrschen *to prevail, rule, predominate*
hervorbringen, brachte hervor, hervorgebracht *to produce, bring forth*
kennenlernen *to become acquainted with, get to know*
leiden, litt, gelitten *to suffer*
nachdenken, dachte nach, nachgedacht (über) (*with acc.*) *to reflect, contemplate, think (about)*
neigen *to incline*
untersuchen *to investigate, examine*
†zurückkehren *to return*

Revolution von 1848: Kampf für Demokratie

Weitere Übungen

1. Read the following sentences, replacing the definite article with the correct form of the word in parentheses:

   a. Er entwickelte **die** Zellentheorie.   (dieser)
   b. Ich kenne **die** Wissenschaftler.   (solcher)
   c. Er war zu **der** Zeit in Berlin.   (jener)
   d. Er erklärte **das** Zellgewebe.   (solcher)
   e. Sie schrieb es in **dem** Brief.   (jeder)
   f. **Die** Zelle bringt neue Zellen hervor.   (jeder)
   g. Haben Sie **den** Bericht gelesen?   (dieser)
   h. Damals entstand **die** Zellentheorie.   (mancher)
   i. So war es am Anfang **des** Jahrhunderts.   (dieser)
   j. Wir waren oft während **des** Jahres in Berlin.   (dieser)
   k. Wir besprachen **die** Möglichkeit.   (jeder)
   l. Aus **der** Forschung entstanden viele Theorien.   (dieser)
   m. Ich las **den** Artikel.   (jeder)
   n. Aus **den** Gesundheitsverhältnissen entstehen viele Krankheiten.   (solcher)

2. Read the following sentences, using the plural of the bold-faced expressions and making any other necessary changes:

   a. Ich kenne **diesen Wissenschaftler.**
   b. Er denkt lange über **ein solches Problem** nach.
   c. Wir lasen gestern **diesen Artikel.**
   d. **Solche Forschung** beweist nichts.
   e. **Diese Zelle** ist lebendig.
   f. Er entwickelte **jene Methode.**
   g. **Solche Möglichkeit** existiert nicht mehr.
   h. Die Theorien **dieses Wissenschaftlers** waren falsch.
   i. **Welches Drama** haben Sie gelesen?
   j. **Ein solcher Student** muß fleißig arbeiten.
   k. **Mancher Revolutionär** floh ins Ausland.
   l. Er hatte mit **diesem Experiment** wenig zu tun.

3. Complete the following sentences on the basis of the **Lesestück:**

   a. . . . der Geist des wahren Wissenschaftlers.
   b. Virchow kämpfte für . . .
   c. Anstatt ein Experiment im Laboratorium genau zu beobachten, . . .
   d. In seinem Buch über . . .

e. Wenn die Zellen normal funktionieren, . . .

f. . . . in Deutschland und Österreich . . . weltberühmt.

g. Dieses Drama beschreibt . . .

h. Solche Menschen litten . . .

i. . . . am Webstuhl arbeiten.

j. Er hielt die Monarchie . . .

k. Virchow nahm . . . teil.

l. . . . die tiefste Armut.

4. Answer the following questions with complete sentences:

a. Wer hatte sich erkältet?

b. Wen besuchte Herr Brown?

c. Welches Fach wollte Erich Werner in Amerika studieren?

d. Welche medizinischen Fakultäten waren im neunzehnten Jahrhundert weltberühmt?

e. Wo war Rudolf Virchow tätig?

f. Was erklärte Virchow?

g. Was bringt jede Zelle hervor?

h. Was untersuchte Virchow in Oberschlesien?

i. Wo brach eine Typhusepidemie aus?

j. Wie war die wirtschaftliche Lage der Bevölkerung in Oberschlesien?

k. Wer mußte lange Stunden am Webstuhl arbeiten?

l. Was beschreibt das Drama von Gerhart Hauptmann?

m. Wer nahm an der Revolution von 1848 teil?

n. Wann durfte Virchow nach Berlin zurückkommen?

Sprechübungen

1. Assume that the following questions are being asked by a doctor you are consulting; provide answers as indicated:

a. Wann haben Sie sich erkältet? (vor . . . Tagen)

b. Haben Sie auch Halsentzündung? (Ja, . . .)

c. Wie lange schon? (seit . . . Tagen)

d. Haben Sie Medizin gegen Halsentzündung genommen? (Nein, . . .)

2. Supply answers that the doctor might give in response to your questions:

   a. Habe ich Fieber? (Ja, . . .)
   b. Muß ich ins Krankenhaus gehen? (Nein, . . . nach Hause)
   c. Wie lange muß ich zu Hause bleiben? (. . . Tage)
   d. Soll ich im Bett bleiben? (Ja, . . .)
   e. Was darf ich essen? (nur . . .)

Schriftliches

1. Write the following sentences, inserting the correct form of the expressions in parentheses:
   a. _____ entstand auf _____ . (jede Theorie) (diese Weise)
   b. _____ waren damals weltberühmt. (diese Fakultäten)
   c. Mit _____ wollte er nichts zu tun haben. (solche Menschen)
   d. Während _____ gab es viel Armut. (jenes Zeitalter)
   e. Sie sprachen lange über _____ . (solche Möglichkeiten)
   f. Die wirtschaftlichen Verhältnisse _____ waren schlecht. (jene Zeit)
   g. _____ trinkt man immer gern. (solcher Wein)
   h. Erich, der Sohn _____ , war Schüler auf dem Gymnasium. (dieser Arzt)
   i. Die Gesundheitsverhältnisse _____ wurden besser. (solche Menschen)
   j. _____ sind in _____ alliiert. (solche Fächer) (manche Hinsichten)
   k. Aus _____ entstehen neue Zellen. (jede Zelle)
   l. Aus _____ kommen Sie? (welche Stadt)
   m. Das Schicksal _____ ist nicht sicher. (mancher Gastarbeiter)
   n. In _____ _____ wohnen Sie? (welcher Teil) (diese Stadt)

2. Write the following sentences in German:
   a. The scientists could not prove this theory.
   b. To which doctor did you (*formal*) go?
   c. This drama described the fate of the weavers at that time.
   d. We discussed every possibility of such research.
   e. Each cell is a part of such cell tissue.
   f. These people easily became sick, because they were simply weak.
   g. Such theories were more or less wrong.
   h. Virchow took part in that revolution and fought for the freedom and prosperity of these people.

Verschiedenes

Der menschliche Körper

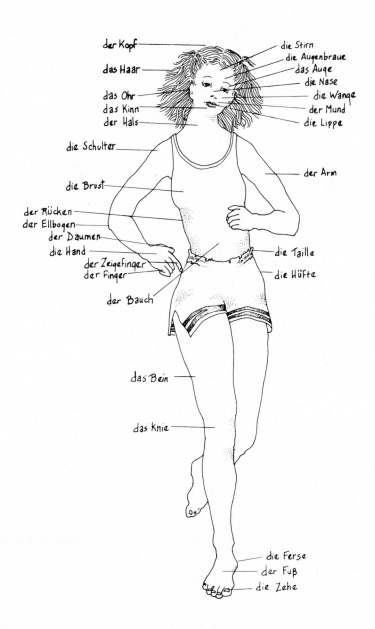

der Kopf

das Haar

das Ohr
das Kinn
der Hals

die Schulter

die Brust

der Rücken
der Ellbogen
der Daumen
die Hand
der Zeigefinger
der Finger

der Bauch

das Bein

das Knie

die Stirn
die Augenbraue
das Auge
die Nase
die Wange
der Mund
die Lippe

der Arm

die Taille
die Hüfte

die Ferse
der Fuß
die Zehe

Grammatik

A. Der-words

The following adjectives are usually called **der**-words, because their declensional endings are similar to those of the definite article:

dieser	*this, these; the latter*	mancher	*many a; some*
jeder	*each, every*	solcher	*such a, such*
jener	*that, those; the former*	welcher	*which, what*

The Definite Article

	Singular			*Plural*
	MASCULINE	FEMININE	NEUTER	ALL GENDERS
NOMINATIVE	der	die	das	die
GENITIVE	des	der	des	der
DATIVE	dem	der	dem	den
ACCUSATIVE	den	die	das	die

der-*word*

	MASCULINE	FEMININE	NEUTER	ALL GENDERS
NOMINATIVE	dies**er**	dies**e**	dies**es**	dies**e**
GENITIVE	dies**es**	dies**er**	dies**es**	dies**er**
DATIVE	dies**em**	dies**er**	dies**em**	dies**en**
ACCUSATIVE	dies**en**	dies**e**	dies**es**	dies**e**

Mancher and **solcher** may be used with **ein** as follows:

	MASCULINE	FEMININE	NEUTER
NOMINATIVE	solch ein Lohn	solch eine Theorie	solch ein Kind
GENITIVE	solch eines Lohnes	solch einer Theorie	solch eines Kindes
DATIVE	solch einem Lohn(e)	solch einer Theorie	solch einem Kind(e)
ACCUSATIVE	solch einen Lohn	solch eine Theorie	solch ein Kind

In the singular **solcher** may follow **ein**.

ein solcher Mann, eine solche Frau, ein solches Kind

In the plural **mancher** and **solcher** are not used with **ein**, and they retain the **der**-word endings.

PLURAL

NOMINATIVE	manche Leute
GENITIVE	mancher Leute
DATIVE	manchen Leuten
ACCUSATIVE	manche Leute

The **der**-words may be used as pronouns, and they retain their declensional endings.

> Früher waren die deutschen medizinischen Fakultäten bekannt; **manche** waren sogar weltberühmt.
> Gestern besuchten die Studenten des Instituts das Museum; **jeder** fand es sehr interessant.
> Fünf Züge fahren jeden Tag nach München. Mit **welchem** möchten Sie fahren?

When used pronominally, **dieser** and **jener** have the meaning "the latter," "the former." In the following sentence, **diese** refers to **Fräulein Neumann**, and **jener** refers to **Herr Jones**:

> Herr Jones besuchte oft Fräulein Neumann. **Diese** war die Tochter der Familie Neumann in Schwarzhausen; **jener** war ein Student aus Amerika.

Self-testing 1

Supply the necessary endings for the **der**-words:

a. Dies_____ Student hatte sich erkältet und konnte nicht mitfahren.
b. Er dachte lange über jen_____ Experiment nach.
c. Mit welch_____ Problem ist er jetzt beschäftigt?
d. Trotz manch_____ Krankheit lebte sie bis zum Ende des Krieges.
e. Jed_____ Student kannte Virchows Theorie.
f. Jen_____ Studentin studiert am Institut.
g. Ich habe schon mit dies_____ Wissenschaftlern gesprochen.
h. Damals hatten manch_____ Dichter revolutionäre Gedanken.
i. Solch_____ eine Theorie kann man nicht beweisen.
j. Mit solch_____ Leuten kann man nicht viel machen.
k. Nach dies_____ Behandlung wurde ich gleich wieder gesund.
l. In jed_____ Dorf gibt es solch_____ Menschen.

B. Alle, Einige, Viele

All-, einig-, and **viel-** are not uniform in endings in the singular; however, they have the endings of **der**-words in the plural. They may appear as adjectives modifying plural nouns or as pronouns.

Plural

	ADJECTIVE	PRONOUN
NOMINATIVE	alle Studenten	viele
GENITIVE	aller Studenten	vieler
DATIVE	allen Studenten	vielen
ACCUSATIVE	alle Studenten	viele

ADJECTIVE

Er hat mit **allen Kindern** gesprochen.
Einige Leute warteten schon auf uns.
Das war damals die Theorie **vieler Wissenschaftler.**

PRONOUN

Viele Leute hatten Fieber, und **einige** bekamen auch Halsentzündung.
Das war damals die Theorie **vieler** (*of many*).
Man stellte viele Theorien über die Zelle auf, aber **alle** waren mehr oder weniger falsch.

Self-testing 2

Supply the necessary endings for the blanks:

a. Viel_____ arbeiteten in der Möbelfabrik.
b. Dort sind Annette Moreau und Robert Brown; jen_____ kommt aus Frankreich, und dies_____ kommt aus Amerika.
c. Welches Buch willst du kaufen, dies_____ oder jen_____?
d. Nicht all_____ waren gestern abend bei der Sitzung, weil einig_____ krank waren.
e. Es war noch nicht die Theorie all _____, daß die Zellen eine Gemeinde bildeten.

Rudolf Virchow

Answers to Self-testing

Self-testing 1

a. dieser

b. jenes

c. welchem

d. mancher

e. jeder

f. jene

g. diesen

h. manche

i. solch

j. solchen

k. dieser

l. jedem, solche

Self-testing 2

a. viele

b. jene, dieser

c. dieses, jenes

d. alle, einige

e. aller

16

SECHZEHNTE LEKTION

Grammatische Ziele:

Beugung des Adjektivs
Steigerung des Adjektivs und
    des Adverbs

The declension of adjectives
The forms of comparison for
    adjectives and adverbs

The reading selection deals with German holidays.

Einführende Beispiele I

Anschauungsmaterial:

    ein rotes Buch
    ein grünes Buch
    ein roter Kugelschreiber
    ein blauer Kugelschreiber
    ein Brief

1. Dieses Buch ist rot, und jenes Buch ist grün.
    Das ist das rote Buch.
    Was ist das?
        Das ist das rote Buch.

2. Ist das das grüne Buch?
   Ja, das ist das grüne Buch.

3. Diese Studentin ist blond,
   aber jene Studentin ist braunhaarig.
   Ist das die blonde Studentin?
   Ja, das ist die blonde Studentin.
   Ist das die blonde oder die braunhaarige Studentin?
   Das ist die braunhaarige Studentin.

4. Auf der Straße stehen zwei Wagen.
   Der große Wagen ist ein Mercedes,
   und der kleine Wagen ist ein Volkswagen.
   Ist der große Wagen ein Mercedes?
   Ja, der große Wagen ist ein Mercedes.
   Welcher Wagen ist der kleine Wagen?
   Der kleine Wagen ist der Volkswagen.

5. Kennen Sie das junge Mädchen dort?
   Ja, ich kenne das junge Mädchen dort.

6. Sehen Sie die blonde Studentin?
   Ja, ich sehe die blonde Studentin.

7. Dieser Student hat den roten Kugelschreiber,
   und ich habe den blauen Kugelschreiber.
   Hat er den roten Kugelschreiber?
   Ja, er hat den roten Kugelschreiber.
   Welchen Kugelschreiber habe ich?
   Sie haben den blauen Kugelschreiber.

8. Ich habe diesen langen Brief von einem Freund bekommen.
   Von wem habe ich den langen Brief bekommen?
   Sie haben den langen Brief von einem Freund bekommen.

9. Dort sitzen Fräulein ———— und Fräulein ————.
   Kennen Sie diese jungen Mädchen?
   Ja, ich kenne diese jungen Mädchen.

Übungen I

1. Beispiel: *der rote*   Dort liegt *der rote* Kugelschreiber.

  a. der rote
  b. der gelbe

  c. der blaue
  d. der lange

2. Beispiel: *das junge Mädchen*   Das junge Mädchen versteht mich nicht.

  a. das junge Mädchen
  b. die junge Frau

  c. der junge Mann
  d. dieses kleine Kind

3. Beispiel: *Frau*   Diese junge *Frau* wohnt neben uns.

  a. Frau
  b. Apothekerin

  c. Lehrerin
  d. Dame

4. Beispiel: *Wagen*   Ich habe den neuen *Wagen* schon gesehen.

  a. Wagen
  b. Mercedes

  c. Volkswagen
  d. Opel

5. Beispiel: *Brücke*   Kennen Sie die alte *Brücke?*

  a. Brücke
  b. Kirche

  c. Frau
  d. Burg

6. Beispiel: *neu*   Wir vekauften das *neue* Geschäft am Marktplatz.

  a. neu
  b. groß

  c. alt
  d. klein

7. Beispiel: Der Bleistift ist *rot.*   Das ist der *rote* Bleistift.

  a. Der Bleistift ist rot.
  b. Der Wagen ist neu.
  c. Die Kirche ist alt.
  d. Das Mädchen ist jung.
  e. Die Dame ist verheiratet.
  f. Der Bruder ist ledig.
  g. Die Theorie ist bewiesen.
  h. Das Buch ist klein.
  i. Die Methode ist wissenschaftlich.
  j. Die Burg ist alt.

8. Beispiele: Ich habe den Wagen gefahren. *(rot)*   Ich habe den *roten* Wagen gefahren.

Wir kennen das Mädchen. *(jung)*   Wir kennen das *junge* Mädchen.

a. Ich habe den Wagen gefahren. (rot)

b. Wir kennen das Mädchen. (jung)

c. Wir haben das Geschäft verkauft. (groß)

d. Ich verstehe diese Theorie. (neu)

e. Ich habe den Bericht geschrieben. (lang)

f. Wir kauften das Haus. (weiß)

g. Er verstand den Mann nicht. (alt)

h. Sie besuchten den Arzt. (jung)

i. Wir fuhren durch die Landschaft. (schön)

j. Wir gingen auf die Burg. (alt)

Einführende Beispiele II

1. Die Studenten waren gestern im neuen Museum.
   Wo waren sie?

   Sie waren im neuen Museum.

2. Herr Brown ging zum jungen Arzt.
   Zu welchem Arzt ging er?

   Er ging zum jungen Arzt.

3. Ich habe der alten Frau Geld gegeben.
   Wem habe ich Geld gegeben?

   Sie haben der alten Frau Geld gegeben.

4. Hans hat mit den kleinen Kindern gespielt.
   Mit wem hat er gespielt?

   Er hat mit den kleinen Kindern gespielt.

Übungen II

1. Beispiel: *alt*   Wir waren gestern in der *alten* Kirche.

a. alt   c. groß

b. neu   d. gotisch

2. Beispiel: *Mann*   **Ich habe oft mit dem jungen *Mann* gesprochen.**

a. Mann

b. Mädchen

c. Lehrer

d. Arzt

3. Beispiel: *den neuen Gästen*   **Er sprach lange mit *den neuen Gästen*.**

a. den neuen Gästen

b. den kleinen Kindern

c. den alten Frauen

d. den anderen Studenten

e. den jungen Damen

f. der jungen Dame

g. dem alten Mann

h. der netten Kellnerin

4. Beispiele: *das kleine Kind*   **Ich habe *dem kleinen Kind* das Buch gegeben.**

die junge Dame   **Ich habe *der jungen Dame* das Buch gegeben.**

a. das kleine Kind

b. die junge Dame

c. die alte Frau

d. der gute Freund

e. das kleine Mädchen

f. der junge Amerikaner

5. Beispiel: Ich war gestern in der Kirche. *(neu)*   **Ich war gestern in der *neuen* Kirche.**

a. Ich war gestern in der Kirche. (neu)

b. Ich sprach mit der Dame. (jung)

c. Wir fuhren mit dem Wagen. (neu)

d. Er hat dem Kind geholfen. (klein)

e. Wir saßen alle an dem Tisch. (lang)

f. Sie saß am Tisch. (groß)

g. Er kam aus dem Haus. (groß)

h. Wir hielten an der Grenze. (deutsch)

i. Ich wartete an der Brücke. (alt)

j. Es liegt am Fluß. (klein)

Einführende Beispiele III

Anschauungsmaterial:

zwei Bücher von verschiedener Größe

1. Sie sind neunzehn Jahre alt,
   und Herr _____ ist auch neunzehn Jahre alt.
   Sie sind so alt wie er, aber ich bin älter als Sie.
   Ich bin der älteste (die älteste) in diesem Zimmer.
   Wer ist der älteste (die älteste) in diesem Zimmer?
   Sie sind der älteste (die älteste) in diesem Zimmer.

2. Bin ich älter als Sie?
   Ja, Sie sind älter als ich.

3. Bin ich jünger oder älter als Herr _____?
   Sie sind älter als Herr _____ .

4. Sind Sie jünger als ich?
   Ja, ich bin jünger als Sie.

5. Sind Sie so alt wie Herr _____?
   Ja, ich bin so alt wie Herr _____ .

6. Ist dieses Buch kleiner als jenes Buch?
   Ja, dieses Buch ist kleiner als jenes Buch.

7. Ist das das kleinere Buch?
   Ja, das ist das kleinere Buch.

8. Ein Personenzug fährt schnell, aber ein D-Zug fährt schneller.
   Der D-Zug fährt schneller als der Personenzug.
   Welcher Zug fährt schneller?
   Der D-Zug fährt schneller.
   Welcher Zug fährt langsamer?
   Der Personenzug fährt langsamer.

9. Der TEE-Zug fährt schneller als andere Züge.
   Von allen Zügen fährt der TEE-Zug am schnellsten.
   Welcher Zug fährt am schnellsten?
   Der TEE-Zug fährt am schnellsten.
   Welcher von den drei Zügen fährt am langsamsten?
   Der Personenzug fährt am langsamsten.

Übungen III

1. Beispiel: *groß*   **Er ist nicht so *groß* wie ich.**

   a. groß
   b. jung
   c. klein

   d. alt
   e. fleißig
   f. müde

2. Beispiel: *größer*   **Ich bin *größer* als er.**

   a. größer
   b. kleiner
   c. fleißiger

   d. jünger
   e. älter
   f. freundlicher

3. Beispiel: *groß*   **Sie sind *größer* als ich.**

   a. groß
   b. klein
   c. jung

   d. alt
   e. langsam
   f. freundlich

4. Beispiel: **Der Mercedes fährt *schnell*. (am schnellsten)   Der Mercedes fährt**
                                                     am schnellsten.

   a. Der Mercedes fährt schnell. (am schnellsten)
   b. Der Volkswagen fährt langsam. (am langsamsten)
   c. Ich esse gern Sauerbraten. (am liebsten)
   d. Robert Brown lernt fleißig. (am fleißigsten)
   e. Fräulein Moreau spricht gut Deutsch. (am besten)

5. Beispiel: *Welcher Wagen* **fährt am schnellsten? (der Mercedes)   *Der Mercedes* fährt**
                                                           am schnellsten.

   a. Welcher Wagen fährt am schnellsten? (der Mercedes)
   b. Welcher Wagen fährt am langsamsten? (der Volkswagen)
   c. Welcher Zug fährt am schnellsten? (der TEE-Zug)
   d. Welcher Student bleibt am längsten in Deutschland? (Herr Brown)
   e. Welche Studentin arbeitet am wenigsten? (Annette Moreau)
   f. Welcher Student kommt am frühesten zur Schule? (Herr Jones)
   g. Was essen Sie am liebsten? (Sauerbraten)
   h. Was studieren die Studenten am liebsten? (Deutsch)
   i. Wer lernt am fleißigsten? (Robert Brown)

6. Hören Sie zu und beantworten Sie dann die Fragen!

Karl, Liese und Max sind Geschwister. Karl ist zehn Jahre alt, Liese ist fünfzehn und Max ist zwanzig Jahre alt.

   a. Wer ist das jüngste Kind in der Familie?
       (Karl ist das jüngste Kind in der Familie.)
   b. Wer ist das älteste Kind in der Familie?
       (Max ist das älteste Kind in der Familie.)
   c. Wer ist älter als Liese?
       (Max ist älter als Liese.)
   d. Wer ist jünger als Liese?
       (Karl ist jünger als Liese.)
   e. Wer ist älter als Karl?
       (Liese und Max sind älter als Karl.)
   f. Ist Max älter oder jünger als Karl?
       (Max ist älter als Karl.)
   g. Ist Karl so alt wie Liese?
       (Nein, Karl ist nicht so alt wie Liese.)
   h. Ist Max das älteste oder das jüngste Kind in der Familie?
       (Max ist das älteste Kind in der Familie.)
   i. Welcher Bruder ist der jüngere?
       (Karl ist der jüngere.)
   j. Welches Kind ist das älteste?
       (Max ist das älteste.)

Fragen

1. Sind Sie jünger als ich?
2. Wer ist der älteste hier?
3. Ist das Rathaus größer oder kleiner als die neue Schule?
4. Haben Ihre Eltern das weiße oder das grüne Haus gekauft?
5. Wohnen Sie in einem großen oder in einem kleinen Haus?
6. Mußten Sie an der deutschen Grenze halten?
7. Kennen Sie den jungen Mann da?
8. Wie heißt das schöne Mädchen aus Frankreich?
9. Die junge Dame ist die jüngste Tochter des Professors, nicht wahr?
10. Haben Sie eine schwere oder eine leichte Aufgabe für morgen?
11. Wie heißt der junge Mann aus Amerika?
12. Sie haben eine alte Tante in Hamburg, nicht wahr?
13. Was essen Sie am liebsten?
14. Welcher von den deutschen Zügen fährt am schnellsten?

Karneval

Lesestück:

Deutsche Feste

In den kleineren deutschen Städten und Dörfern gibt es im Sommer Volksfeste, und
Schwarzhausen war keine Ausnahme. Die ausländischen Studenten am Institut waren
alle sehr neugierig, das Volksfest zu sehen. Herr Jones hatte Fräulein Neumann
eingeladen, mit ihnen zu gehen.

5   Alles im Städtchen schien zum Stillstand zu kommen, als das Fest begann. Auf
einer großen Wiese am Rande der kleinen Stadt standen die bunten Zelte, Stände und
Buden des Festes. In der Mitte stand das große Zelt, und ringsherum waren ein Karussell, ein Puppentheater, eine Bude mit Glücksrad, eine Schießbude, ein Riesenrad und
Erfrischungsbuden. In diesen Buden konnte man Getränke, Eis, Würste und belegtes
10 Brot kaufen. Die breite Wiese wimmelte von fröhlichen Menschen; überall hörte man
den typischen Lärm des Rummelplatzes.

Unter dem großen Zelt waren Tische und Bänke. Die vielen Gäste saßen an den
langen Tischen und tranken Bier aus großen Krügen. Mehrere Männer trugen die bunte
Tracht des Bayern: Lederhose, grünen Jägerhut, weiße Strümpfe und grüne Jacke mit
15 silbernen Knöpfen. Die meisten Mädchen und Frauen trugen bayrische Dirndltracht.
An einem Ende des Zelts war eine Bühne. Darauf spielte eine kleine Kapelle die bekann-
testen bayrischen Lieder.

Fräulein Neumann, Herr Jones und die anderen Studenten verließen um Mitternacht den bunten Platz und gingen langsam nach Hause. Als Paul Jones um ein Uhr zu
20 Bett ging, hörte er aus der Ferne immer noch den Lärm der Kapelle und „Ein Prosit, ein Prosit der Gemütlichkeit".[1]

Am nächsten Tag ging Herr Jones in die Bibliothek und forschte nach Information über die Entstehung und Geschichte der deutschen Feste. Wie er von Anneliese Neumann am vorigen Abend erfahren hatte, spielten das Volksfest, die Messe, der Karneval
25 und der Jahrmarkt eine bedeutende Rolle in der Entwicklung der deutschen Kultur.

Der Ursprung des Festes oder Karnevals ist heidnisch. Dieses Fest entstand in den grauen vergangenen Zeiten der alten Germanen. In seiner ursprünglichen Form war Karneval wahrscheinlich ein Bauernfest. Man feierte im Frühling die wiederkehrende Fruchtbarkeit der Erde. Um eine reiche Ernte von den grünenden Feldern zu bekom-
30 men, stellte man ein Schiff auf einen Wagen und fuhr damit durch die Straßen des Dorfes und die Felder der Bauern. Das Schiff war das Symbol der Götter der Fruchtbarkeit und wurde von vermummten Tänzern begleitet.[2] Die tanzenden Gestalten der Vermummten trugen Kleider aus grünen Blättern als Symbol der neuen Lebenskräfte der Erde. Als Überbleibsel dieses Gebrauchs trägt man heute etwas Grünes am *Saint*
35 *Patrick's Day.*

In der Pantomime des Tanzes um den Festwagen stellten die Vermummten den Konflikt in der Natur zwischen dem Guten und dem Übel dar, d.h. zwischen Frühling und Winter, zwischen dem neuerwachten Leben und dem Tod. Manche Tänzer trugen groteske Masken; andere hatten schwarze Gesichter als Symbol der bösen Geister, und
40 noch andere trugen Glocken an den Kleidern. Aus solchen grotesken Gestalten entstand im Mittelalter der Narr; und aus dem Tanz entstand schließlich das Karnevalspiel.

Im Frühmittelalter verbreitete sich das Christentum über das ganze Land, und das Volk mischte die neuen christlichen Elemente mit den älteren heidnischen. Man feierte
45 nun Karneval, das heidnische Frühlingsfest, vor den vierzig Fasttagen vor Ostern.

Heute gibt es in vielen deutschen Städten ein Fest vor der Fastenzeit. Das Fest hat verschiedene Namen wie Fasching (in Süddeutschland), Karneval und Fastnacht. In Köln, Mainz und noch anderen Städten feiert man Rosenmontag,[3] eigentlich Rasenmontag; an diesem Tag darf das Volk „rasen". Es gibt auch Feste zu anderen Jahreszeiten,
50 das Weinfest im September in den Dörfern und kleineren Städten am Rhein und an der Mosel entlang und das berühmte Oktoberfest in München.

Der *Homecoming*-Festzug an amerikanischen Schulen, das *Mardi Gras*-Fest in New Orleans und der Rosenfestzug in Pasadena am Neujahrstag haben alle einen heidnischen Ursprung. So lebt der Natursymbolismus der alten Germanen im zwanzig-
55 sten Jahrhundert weiter, nicht nur in den Volksfesten Deutschlands, sondern auch in Amerika.

---

[1] „Ein ... Gemütlichkeit" "A Toast to Congeniality," a famous German drinking song
[2] wurde von ... begleitet was accompanied by

[3] der Rosenmontag festival in Cologne and other places along the Rhine on the Monday before Lent; rosen is dialectal for rasen, "to rave, participate in frenzied activity."

Wortschatz

als *when, than*
ausländisch *foreign, from abroad*
die **Bank,** ⸚e *bench, seat*
der **Bauer,** –n, –n *peasant, farmer;* die
Bäuerin, –nen *peasant woman*
das Bauernfest, –(e)s, –e *rural festival*
bedeutend *significant*
bekannt *known, well-known*
belegtes Brot *open-faced sandwich*
die **Bibliothek,** –en *library*
das **Blatt,** –(e)s, ⸚er *leaf*
böse *bad, evil*
breit *broad, wide*
das **Brot,** –(e)s, –e *bread*
die Bude, –n *booth*
die **Bühne,** –n *stage*
bunt *colorful, multicolored*
das Christentum, –(e)s *Christianity*
christlich *(adj.) Christian*
damit *with it, them or that*
die Dirndltracht, –en *Bavarian and
Austrian costume for women*
einundzwanzigst- *twenty-first*
das Element, –(e)s, –e *element*
entlang *along;* am Rhein entlang
along the Rhine
die Entwicklung, –en *development*
die **Erde** *earth, land*
die Erfrischungsbude, –n *refreshment
booth*
die **Ernte,** –n *harvest*
etwas Grünes *something green*
der Fasching, –s *Shrovetide festival*
die Fastenzeit *time of fasting, Lent*
die Fastnacht *Shrove Tuesday*
der Fasttag, –(e)s, –e *day of fasting;*
die vierzig Fasttage vor Ostern
Lent
das **Feld,** –(e)s, ⸚er *field*
das **Fest,** –es, –e *festival, celebration*
der Festwagen, –s, – *festival wagon,
float*
der Festzug, –(e)s, ⸚e *festival parade*
fröhlich *joyous*
die Fruchtbarkeit *fertility*
das Frühlingsfest, –(e)s, –e *spring
festival*
das Frühmittelalter, –s *early Middle
Ages*

der **Gebrauch,** –(e)s, ⸚e *custom, usage*
das **Gesicht,** –(e)s, –er *face*
die **Gestalt,** –en *figure, form*
die **Glocke,** –n *bell*
das **Glücksrad,** –(e)s, ⸚er *wheel of
fortune*
der **Gott,** –es, ⸚er *god*
grau *gray;* die grauen vergangenen
Zeiten *the dim ages of the past*
grotesk *grotesque*
grünend *becoming green*
das **Gute,** –n *good*
heidnisch *pagan*
die Information, –en *information*
das Italienisch(e), –en *Italian language*
die **Jacke,** –n *jacket, coat*
der **Jägerhut,** –(e)s, ⸚e *hunting hat*
der Jahrmarkt, –(e)s, ⸚e *annual fair*
die Kapelle, –n *band*
der Karneval, –s, –e *or* –s *Shrovetide
festival*
das Karnevalspiel, –(e)s, –e *Shrovetide
play*
das Karussell, –s, –e *or* –s *merry-go-
round*
die **Kleider** *(plur.) clothes*
der **Knopf,** –(e)s, ⸚e *button*
der Krug, –(e)s, ⸚e *mug, pitcher*
der **Lärm,** –(e)s *noise*
die Lebenskraft, ⸚e *vitality*
die Lederhose, –n *leather pants*
das **Lied,** –(e)s, –er *song*
die Maske, –n *mask*
die Messe, –n *fair*
die **Mitte,** –n *middle, midst*
die **Mitternacht** *midnight*
die Mosel *Moselle River*
der **Narr,** –en, –en *fool*
der Natursymbolismus, – *nature
symbolism*
neuerwacht *newly awakened*
der Neujahrstag, –(e)s, –e *New Year's
Day*
das Oktoberfest, –es *October festival*
das *or* die *(plur.)* Ostern *Easter*
die Pantomime, –n *pantomime*
das Puppentheater, –s, – *puppet theater*
der Rand, –(e)s, ⸚er *edge, border,
outskirts*

das Riesenrad, –(e)s, ¨er *Ferris wheel*
    ringsherum *around (it)*
der Rosenfestzug, –(e)s, ¨e *Tournament of Roses Parade*
der Rummelplatz, –es, ¨e *amusement park*
die Schießbude, –n *shooting gallery*
das **Schiff**, –(e)s, –e *ship, boat; float*
    sechzehnt- *sixteenth*
    silbern *silver, of silver*
der Stand, –(e)s, ¨e *stand, booth*
der Stillstand, –(e)s *stop, standstill*
der **Strumpf**, –(e)s, ¨e *stocking*
das Symbol, –s, –e *symbol*
    tanzend *dancing*
die **Tracht**, –en *costume*
    typisch *typical*
das Übel, –s *evil*
das Überbleibsel, –s, – *remainder, relic*
der Umlaut, –(e)s, –e *umlaut, modification of a vowel*
der Ursprung, –(e)s *origin*
    vergangen *past*

vermummt *masked, disguised;*
    der Vermummte, –n, –n *mummer, person in masquerade costume*
das Volksfest, –es, –e *carnival, festival*
das Weinfest, –es, –e *wine festival*
    wiederkehrend *returning*
die **Wiese**, –n *meadow*
die **Wurst**, ¨e *sausage*
das **Zelt**, –(e)s, –e *tent*
    zwanzigst- *twentieth*

begleiten *to accompany*
darstellen *to represent, portray*
feiern *to celebrate*
forschen (nach) *to do research, search (for)*
mischen *to mix*
(sich) verbreiten *to spread*
weiterleben *to continue to live*
†**wiederkehren** *to return*
wimmeln (von) *to teem (with)*

Weitere Übungen

1. Read the following sentences, using the correct form of the adjectives in parentheses:

    a. Ich wohne in einer Stadt. (bayrisch)
    b. Wir wohnten in einem Dorf. (klein)
    c. Arbeitest du in dieser Fabrik? (groß)
    d. Ich kenne den Mann dort. (jung)
    e. Wollt ihr an der Haltestelle auf mich warten? (nächst-)
    f. In diesen Buden konnte man alles kaufen. (klein)
    g. Haben Sie die Studenten gesehen? (ausländisch)
    h. Das Zelt stand auf einer Wiese. (groß, breit)

2. Read the following sentences in accordance with the models given:

Beispiele: Das ist die Wohnung des Freundes.   (*gut*)   Das ist die Wohnung des *guten* Freundes.

   Das ist das Haus der Lehrerin.   (*jung*)   Das ist das Haus der *jungen* Lehrerin.

a. Das ist die Wohnung des Freundes.   (gut)
b. Das ist das Haus der Lehrerin.   (jung)
c. Das ist die Theorie der Wissenschaftler.   (modern)
d. Das ist das Ende des Berichts.   (lang)
e. Hast du den Wagen des Professors gesehen?   (neu)
f. Kennst du die Frau meines Bruders?   (älter)
g. Wo ist die Heimat dieser Leute?   (jung)
h. Er schrieb über die Entstehung dieses Festes.   (deutsch)
i. So sind die Gebräuche der Bayern.   (meist-)
j. Das sind die Kinder meines Verwandten.   (deutsch)

3. Give the positive degree of the following adjectives and adverbs:

a. besser
b. früher
c. älter
d. jünger
e. schneller
f. moderner
g. größer
h. höher
i. langsamer
j. länger
k. breiter
l. schöner
m. mehr
n. ärmer
o. geringer
p. wichtiger
q. kürzer
r. kleiner
s. stärker
t. kälter
u. lieber
v. neuer
w. näher
x. wärmer

4. Read the following expressions, changing the adjective to the superlative form:

Beispiel: *jung*   das *jüngste* Kind

a. jung   die _____ Tochter
b. klein   das _____ Haus
c. lang   der _____ Fluß
d. lang   am _____ Tag
e. schnell   mit dem _____ Zug
f. alt   die _____ Tante
g. wichtig   das _____ Problem
h. modern   für die _____ Theorien
i. hoch   neben dem _____ Turm
j. hoch   die _____ Türme
k. schlecht   auf der _____ Straße
l. gering   der _____ Lohn
m. arm   zu den _____ Flüchtlingen
n. nahe   in der _____ Straße

o. wenig   das ——— Geld
p. kalt   die ——— Tage
q. warm   an den ——— Tagen
r. neu   im ——— Kleid
s. alt   die ——— Kleider
t. viel   die ——— Menschen
u. schön   mit den ——— Mädchen
v. schön   mit dem ——— Mädchen
w. krank   zum ——— Mann
x. klein   des ——— Kindes
y. jung   bei der ——— Tochter
z. klein, jung das ——— Kind der ——— Schwester
aa. kurz   mit der ——— Linie
bb. stark   die ——— Medizin
cc. viel   bei den ——— Leuten

5. Read the following sentences, supplying the missing word:

   a. Er ist viel ——— als ich. (*older*)
   b. Sie sind etwas ——— als mein Bruder. (*younger*)
   c. Ich bin nicht ganz so ——— wie meine Kusine. (*old*)
   d. Um Mitternacht wurde der Lärm des Rummelplatzes ———. (*less*)
   e. Heute ist der ——— Tag im Jahr. (*longest*)
   f. Elsa ist meine ——— Schwester. (*youngest*)
   g. Der Personenzug fährt ——— als der D-Zug. (*more slowly*)
   h. Die Türme der Frauenkirche sind ——— als das Rathaus. (*higher*)
   i. Die ——— deutschen Berge sind in Süddeutschland. (*highest*)
   j. Das ——— deutsche Schiff ist die „Esso Deutschland". (*largest*)
   k. Der ——— deutsche Zug ist der „Rheingold-Expreß". (*fastest*)
   l. Der „Dompfeil" fährt ——— als die ——— deutschen Züge. (*faster*) (*most*)
   m. Die ——— Leute machen den ——— Lärm. (*smallest*) (*most*)
   n. Der Rhein ist der ——— Fluß in Deutschland. (*longest*)
   o. Von den zwei Ländern, Deutschland und Österreich, ist jenes das ———. (*larger*)
   p. In der Schweiz, einem der ——— europäischen Länder, spricht man nicht nur Deutsch, sondern auch Italienisch und Französisch. (*smaller*)

6. Answer the questions following each statement:

   a. Auf einer großen Wiese am Rande der kleinen Stadt standen die bunten Zelte.
       (1) Was stand auf der großen Wiese?
       (2) Wie waren die Zelte?
       (3) Wo war die große Wiese?

b. In den Erfrischungsbuden auf der breiten Wiese konnte man Getränke und Würste kaufen.
   (1) Wo konnte man Würste bekommen?
   (2) In welchen Buden konnte man Würste kaufen?
   (3) Wie war die Wiese?
c. Die vielen Gäste saßen an den langen Tischen und tranken Bier aus großen Krügen.
   (1) Wo saßen die vielen Gäste?
   (2) Was tranken sie?
   (3) Wer trank aus großen Krügen?
d. Man feierte im Frühling die wiederkehrende Fruchtbarkeit der Erde.
   (1) Was feierte man im Frühling?
   (2) Wann kehrt die Fruchtbarkeit der Erde wieder?
   (3) Kehrt die Fruchtbarkeit der Erde jeden Frühling wieder?

Salzburger Karneval:
Perchtengestalt und
Polizist

Sprechübungen

1. Supply the following information about a **Volksfest** you attended:

   a. location
   b. who went with you
   c. location of the big tent
   d. what was in the big tent
   e. what you ate and drank
   f. booths that you saw
   g. type of music

2. Initiate the following conversation with a student near you:

   a. Tell him/her that you are going to the **Volksfest.**
   b. Invite him/her to go with you.
   c. He/she inquires as to the time you expect to go, and you reply.
   d. He/she inquires what a **Volksfest** is, and you provide a brief description.
   e. He/she states that he/she has no time because of work that must be done.
   f. You offer to help him/her with the lessons, and then your invitation is accepted.

3. Supply questions to which the following expressions might be responses:

   a. Es ist auf einer großen Wiese nicht weit vom Rande der Stadt.
   b. Dort drüben ist die Schießbude.
   c. Das nennt man Dirndltracht.
   d. „Ein Prosit, ein Prosit der Gemütlichkeit".
   e. Ursprünglich war Karneval ein Bauernfest unter den Germanen.
   f. Es war ursprünglich das Symbol der Fruchtbarkeit der Erde.
   g. Sie stellten den Konflikt zwischen Winter und Frühling dar.

Schriftliches

1. Write answers to the following questions, using complete sentences:

   a. Sind Sie das älteste Kind in Ihrer Familie?
   b. Ist Ihre Mutter älter als Ihr Vater?
   c. Haben Sie einen jüngeren Bruder?
   d. Wer ist das jüngste Kind in Ihrer Familie?
   e. Welcher Berg ist der höchste auf der Welt?
   f. Fährt der Schnellzug, der Eilzug oder der Personenzug am schnellsten?
   g. Welcher amerikanische Fluß ist länger als der Rhein?

   h. Welcher amerikanische Bundesstaat ist der größte?

   i. Welcher amerikanische Bundesstaat ist der kleinste?

   j. Ist Chicago größer als New York?

   k. Welche deutsche Stadt ist die größte?

   l. Ist Bremen, München oder Berlin die größte deutsche Stadt?

   m. Ist die Schweiz so groß wie Österreich?

2. Write the following sentences in German:

   a. In the summer there are carnivals in the smaller German cities.

   b. The people drank beer under the big tent.

   c. The foreign students heard the typical noise of a German carnival.

   d. Some of the men wore the colorful Bavarian costume.

   e. This long drama describes the sad fate of the poor workers in the nineteenth century.

   f. The cell is the smallest form of life.

   g. The exact observation of a new experiment is very important in the scientific laboratory of the twentieth century.

   h. In its original form the Shrovetide festival probably celebrated the returning fertility of the cold earth.

   i. At that time most scientists reflected on a scientific problem and then formulated a new theory.

   j. At one end of the big tent a small band played the well-known Bavarian songs.

Grammatik

A. The Use of Adjective Endings

English no longer uses adjective endings that change with the grammatical uses of the nouns modified. Rare exceptions such as the following do exist in a few fixed expressions:

> *in olden times*
> *the old oaken bucket*

In German, descriptive adjectives that precede the noun they modify do have endings; the endings are determined not only by the gender, number, and case of the noun modified, but also by whether the adjective stands alone or is preceded by a **der**-word or an **ein**-word.

> Berlin ist eine große Stadt.
> Dieses alte Fest entstand in den grauen vergangenen Zeiten der alten Germanen.
> Eine kleine Kapelle spielte die bekannten bayrischen Lieder.

B. Weak Adjective Endings

German adjective endings are classified as weak or strong (see section D). The weak adjective endings are:

	Singular			Plural
	MASCULINE	FEMININE	NEUTER	ALL GENDERS
NOMINATIVE	-e	-e	-e	-en
GENITIVE	-en	-en	-en	-en
DATIVE	-en	-en	-en	-en
ACCUSATIVE	-en	-e	-e	-en

Descriptive adjectives have weak endings when they follow

1) the definite article
   Das große Zelt stand auf der breiten Wiese neben dem kleinen Dorf.
2) a **der**-word
   Kennen Sie diese jungen Leute?

Self-testing 1

Supply the weak adjective endings:

a. Der neu_____ Professor hieß Schönfeld.
b. Der klein_____ Wagen stand vor jenem alt_____ Hause.
c. Er hatte schon lange an diesem groß_____ Problem gearbeitet.
d. Unter dem groß_____ Zelt saßen die viel_____ Gäste an den lang_____ Tischen.
e. Die Kleider der tanzend_____ Gestalten waren aus grünen Blättern.
f. Überall hörte man den typisch_____ Lärm des Rummelplatzes.
g. Die breit_____ Wiese wimmelte von den viel_____ fröhlich_____ Menschen.
h. An der grün_____ Jacke des jung_____ Mannes waren silberne Knöpfe.

C. Adjective Endings after the Indefinite Article and **Ein**-words

The following are the adjective endings used when the adjective follows **ein** or an **ein**-word. This group of endings is sometimes called the mixed declension, because some of the endings are from the weak declension while several others are from the strong declension.

	Singular			*Plural*
	MASCULINE	FEMININE	NEUTER	ALL GENDERS
NOMINATIVE	**-er**	-e	**-es**	-en
GENITIVE	-en	-en	-en	-en
DATIVE	-en	-en	-en	-en
ACCUSATIVE	-en	-e	**-es**	-en

These endings are identical to those of adjectives following **der**-words, *except in three positions*: the masculine nominative singular, the neuter nominative singular, and the neuter accusative singular—that is, in those positions where the preceding **ein**-word has no ending.

	MASCULINE	NEUTER
NOMINATIVE	ein jung**er** Mann	ein klein**es** Kind
	mein alt**er** Wagen	euer neu**es** Haus
ACCUSATIVE		kein groß**es** Kind
		unser klein**es** Geschäft

Self-testing 2

Supply the endings for the following adjectives:

a. Er war ein gut_____ Freund von mir.
b. Mein alt_____ Wagen fährt nicht mehr so schnell.
c. Meine alt_____ Freunde kommen oft zu mir.
d. Eine alt_____ Kirche steht um die Ecke von seinem schön_____ Hause.
e. Sie fanden ein sehr interessant_____ Gasthaus.
f. Ich komme aus einem ganz klein_____ Dorfe.
g. Unter einem groß_____ Zelt waren Tische.
h. Karneval ist ein alt_____ deutsch_____ Fest.
i. Der Bauer wollte eine reich_____ Ernte bekommen.
j. Hinter unserer breit_____ Wiese liegt sein groß_____ Bauernhof.

D. Strong Adjective Endings

The following are called strong adjective endings and are used when neither an **ein**-word nor a **der**-word precedes the adjective:

	Singular			*Plural*
	MASCULINE	FEMININE	NEUTER	ALL GENDERS
NOMINATIVE	-er	-e	-es	-e
GENITIVE	-en	-er	-en	-er
DATIVE	-em	-er	-em	-en
ACCUSATIVE	-en	-e	-es	-e

You will note that these endings are like those of **der**-words except in the masculine genitive singular and the neuter genitive singular. Observe the use of endings in this group in the following examples:

> Alter Wein ist nicht immer gut.
> In alten Zeiten feierte man viele Feste.
> Dieses Fest hat verschiedene Namen.
> Viele Tänzer trugen groteske Masken, andere Tänzer hatten schwarze Gesichter.
> Deutsches Bier schmeckt anders als amerikanisches Bier.

E. Predicate Adjectives

Predicate adjectives do not have declensional endings.

> Die Zelle ist sehr **klein.**
> Diese Theorie ist nicht **neu.**
> Das Zelt war **bunt.**
> Seine Strümpfe waren **weiß.**

Self-testing 3

Supply the endings for the following adjectives:

a. In klein_____ deutsch_____ Städten gibt es viel_____ Volksfeste.
b. Auf der breit_____ Wiese standen bunt_____ Zelte und klein_____ Buden.
c. Mehrer_____ Männer trugen weiß_____ Strümpfe.
d. Viel_____ Mädchen trugen bayrisch_____ Dirndltracht.
e. Der Ursprung des Festes ist heidnisch_____.

f. Das Fest hat verschieden———— Namen.

g. In einig———— Städten feiert man Rosenmontag.

h. Neu———— Wein schmeckt nicht so gut wie alt ———— Wein.

i. Alt———— Leute sind oft krank————.

j. Ich spreche immer gern mit jung———— Leuten.

F. Numbers Used as Adjectives

The cardinal numbers, except **ein,** do not usually have adjective endings. **Ein** has **ein**-word endings when used either as the indefinite article or as the cardinal number.

The ordinal numbers are adjectives and are formed as follows:

> erst-, zweit-, dritt-, viert-, fünft-, sechst-, siebt-, acht-, neunt-, zehnt-, elft-, zwölft-, dreizehnt-, vierzehnt-, fünfzehnt-, sechzehnt-, siebzehnt-, achtzehnt-, neunzehnt-, zwanzigst-, einundzwanzigst-

> Ich habe ihn heute zum **ersten** Mal gesehen.
> Wir lesen für morgen die **dritte** Aufgabe.
> Am **vierten** Juli fahren wir nach Hause.
> Die **zwanzigste** Übung ist schwer.

Ordinal numbers are often written with a period after the numeral as follows:

> am 10. März = am zehnten März
> der 8. Januar = der achte Januar

Self-testing 4

1. Read the following expressions:

    a. der 3. Februar

    b. der 10. Juli

    c. am 21. März

    d. vor dem 30. April

    e. am 16. November

2. Supply in German the ordinal numbers indicated:

    a. Der ———— Tag war sehr schön.   (*second*)

    b. Am ———— Tag fuhren wir wieder nach Hause.   (*eighth*)

    c. Ich habe es gestern zum ———— Mal gelesen.   (*first*)

    d. Ich wohne in dem ———— Hause von der Ecke.   (*fifth*)

Ein Maifest in. Wien

G. The Positive Degree of Adjectives and Adverbs

An adjective in the positive degree takes an ending when it precedes the noun it modifies.

> Wir wohnen in einem weiß**en** Haus.
> Köln ist eine alt**e** Stadt.
> Der groß**e** Wagen ist ein Mercedes.
> Was ist die Adresse Ihres neu**en** Geschäfts?
> Die jung**en** Leute tanzten den ganz**en** Abend.
> Ich habe meine alt**e** Tante besucht.

Predicate adjectives and adverbs in the positive degree do not take endings.

> Der Wagen ist **neu.**
> Das Haus ist nicht sehr **groß.**
> Er lief **schnell** auf die Straße.
> Mein Freund ist **oft** bei uns.

H. The Comparative Degree of Adjectives and Adverbs

The comparative form of an adjective or adverb usually has the suffix **-er.** If the adjective precedes the noun it modifies, the adjective ending is attached to the suffix.

> In den klein**eren** Dörfern sieht man das oft.
> Der ält**ere** Mann ist mein Onkel.

Adverbs and predicate adjectives in the comparative degree take no ending besides the suffix **-er.**

> Der D-Zug fährt schnell**er** als der Personenzug.
> Der Volkswagen ist klein**er** als der Mercedes.

I. The Superlative Degree of Adjectives and Adverbs

The superlative form of most adjectives has the suffix **-st.** If the adjective precedes the noun it modifies, the adjective ending is attached to the suffix.

> Der Rhein ist der läng**ste** deutsche Fluß.
> Heidelberg ist eine der schön**sten** Städte Deutschlands.

The superlative form of a predicate adjective or of an adverb is preceded by **am** and ends in the suffix **-sten.**

> Von allen Kirchen der Welt ist der Turm des Doms in Ulm **am höchsten.**
> Unter allen Studenten des Instituts spricht Herr Jones **am besten** Deutsch.
> Von allen deutschen Zügen fährt der „Helvetia" **am schnellsten.**

The superlative form of a predicate adjective may also take the following form:

> Welcher Zug ist **der schnellste?**
> Diese Frau ist **die schönste** von allen.
> Dieses Kind ist **das jüngste** in der ganzen Schule.
> Diese Schüler sind **die besten** in der Schule.

Adjectives with stems ending in **d, t, z, s,** or **ß** form the superlative with the suffix **-est.**

> Heute ist der kürz**est**e Tag im Jahr.
> Die meisten Gastarbeiter wohnten in den schlecht**est**en Wohnungen.

J. The Umlaut and Irregularities in the Comparative and Superlative Degrees

Some adjectives and adverbs, most of them monosyllabic, have an umlaut on the stem vowel in the comparative and superlative degrees.

> Hans ist älter als Marie, aber Fritz ist das älteste Kind in der Familie.
> München ist größer als Heidelberg, aber kleiner als Berlin.

The following common adjectives and adverbs occurring through **Lektion** 16 take an umlaut or are irregular in their comparison:

POSITIVE	COMPARATIVE	SUPERLATIVE
alt	älter	der, die, das älteste
		am ältesten
arm	ärmer	der, die, das ärmste
		am ärmsten
gern	lieber	—
		am liebsten
gesund	gesünder	der, die, das gesündeste
		am gesündesten
groß	größer	der, die, das größte
		am größten
gut	besser	der, die, das beste
		am besten
hoch, hoh-	höher	der, die, das höchste
		am höchsten
jung	jünger	der, die, das jüngste
		am jüngsten
kalt	kälter	der, die, das kälteste
		am kältesten
krank	kränker	der, die, das kränkste
		am kränksten
kurz	kürzer	der, die, das kürzeste
		am kürzesten
lang	länger	der, die, das längste
		am längsten
nah(e)	näher	der, die, das nächste
		am nächsten
oft	öfter	—
		am öftesten
rot	röter	der, die, das röteste
		am rötesten

POSITIVE	COMPARATIVE	SUPERLATIVE
schmal	schmäler	der, die, das schmälste
		am schmälsten
schwach	schwächer	der, die, das schwächste
		am schwächsten
schwarz	schwärzer	der, die, das schwärzeste
		am schwärzesten
stark	stärker	der, die, das stärkste
		am stärksten
viel	mehr	der, die, das meiste
		am meisten
warm	wärmer	der, die, das wärmste
		am wärmsten

Hoch is the form of the predicate adjective, but **hoh-** is the form preceding a noun.

> Der Turm ist sehr **hoch.**
> Der **hohe** Turm steht heute noch.

The forms of **gern** can function only as adverbs, never as adjectives.

> Zum Nachtisch esse ich **gern** Kuchen, aber Torte esse ich **lieber**; doch **am liebsten** esse ich Vanilleeis.

Fastnacht in Bad Waldsee

Self-testing 5

1. Supply the comparative form of the adjectives and adverbs. Add an umlaut to the stem vowel if necessary; on adjectives, be sure to use the correct ending in addition to the comparative suffix.

    a. Das Volk mischte die _____ christlichen Elemente mit den _____ heidnischen Elementen. (neu, alt)

    b. Heute morgen stand ich _____ auf als gestern. (früh)

    c. Das Oktoberfest ist _____ als die meisten anderen Feste. (groß)

    d. Diese Wohnung ist viel _____ als meine _____ Wohnung. (gut, früh)

    e. Annette ist _____ als Robert. (jung)

    f. Die _____ Kinder gehen noch nicht zur Schule. (klein)

    g. Der Rhein ist _____ als der Main. (lang)

    h. Der Kirchturm ist _____ als das Rathaus. (hoch)

2. Supply the superlative form of the adjectives and adverbs. Add an umlaut to the stem vowel if necessary; on adjectives, be sure to use the correct ending in addition to the superlative suffix.

    a. In Ulm steht der _____ Kirchturm auf der Welt. (hoch)

    b. Hans ist mein _____ Bruder; Lisa ist meine _____ Schwester. (alt, jung)

    c. Von allen deutschen Zügen fährt der TEE-Zug am _____ . (schnell)

    d. Heute ist der _____ Tag im Jahre. (kurz)

    e. Die _____ Leute im Dorf sind in der Möbelfabrik eingestellt. (viel)

    f. Hier kann man die _____ Würste bekommen. (gut)

    g. Wir essen am _____ Vanilleeis. (gern)

    h. Anne ist das _____ und _____ Kind der Familie. (klein, schön)

Answers to Self-testing

Self-testing 1

a. neue	e. tanzenden
b. kleine, alten	f. typischen
c. großen	g. breite, vielen, fröhlichen
d. großen, vielen, langen	h. grünen, jungen

Self-testing 2

a. guter	f. kleinen
b. alter	g. großen
c. alten	h. altes, deutsches
d. alte, schönen	i. reiche
e. interessantes	j. breiten, großer

Self-testing 3

a. kleinen, deutschen, viele
b. breiten, bunte, kleine
c. mehrere, weiße
d. viele, bayrische
e. heidnisch

f. verschiedene
g. einigen
h. neuer, alter
i. alte, krank
j. jungen

Self-testing 4

1. a. der dritte Februar
   b. der zehnte Juli
   c. am einundzwanzigsten März

   d. vor dem dreißigsten April
   e. am sechzehnten November

2. a. zweite
   b. achten

   c. ersten
   d. fünften

Self-testing 5

1. a. neueren, älteren
   b. früher
   c. größer
   d. besser, frühere

   e. jünger
   f. kleineren
   g. länger
   h. höher

2. a. höchste
   b. ältester, jüngste
   c. schnellsten
   d. kürzeste

   e. meisten
   f. besten
   g. liebsten
   h. kleinste, schönste

17

SIEBZEHNTE LEKTION

Grammatisches Ziel:

Intransitive Verben mit „sein" als Hilfsverb im Perfekt

Intransitive verbs that use **sein** in the present perfect tense

The reading selection describes the life of Bertolt Brecht, a famous German dramatist, and tells about his "Three Penny Opera."

Einführende Beispiele

1. Ich gehe heute abend zum Volksfest.
   Herr Brown hat das Volksfest schon gesehen.
   Er ist gestern zum Volksfest gegangen.
   Wohin ist er gegangen?
   　　Er ist zum Volksfest gegangen.
   Wann ist er zum Volksfest gegangen?
   　　Er ist gestern zum Volksfest gegangen.

2. Sie sind letzte Woche nach Salzburg gefahren,
   aber ich bin nach München gefahren.
   Wohin sind Sie gefahren?
   　　Ich bin nach Salzburg gefahren.
   Wohin bin ich gefahren?
   　　Sie sind nach München gefahren.

3. Herr Jones ist auch nach München gefahren.
   Wer ist auch nach München gefahren?
   Herr Jones ist auch nach München gefahren.

4. Mein Freund und ich sind am nächsten Tag zurückgekommen.
   Wann sind wir zurückgekommen?
   Sie sind am nächsten Tag zurückgekommen.

5. Herr Jones ist ins Ausland gereist.
   Zwei Freunde sind mit ihm gereist.
   Wer ist mit ihm gereist?
   Zwei Freunde sind mit ihm gereist.

6. Ich blieb nur zwei Tage in München,
   aber Herr Silva ist bis gestern geblieben.
   Wer ist bis gestern geblieben?
   Herr Silva ist bis gestern geblieben.

7. Ich war nur einmal in Berlin,
   aber Fräulein Jensen ist oft in Berlin gewesen.
   Wer ist oft in Berlin gewesen?
   Fräulein Jensen ist oft in Berlin gewesen.

8. Sind Sie schon in Chicago gewesen?
   Ja, ich bin schon in Chicago gewesen.

9. Ist der D-Zug schon angekommen?
   Ja, der D-Zug ist schon angekommen.

Übungen

1. **Beispiel:** *lange*   **Wir sind *lange* in Frankfurt geblieben.**

   a. lange   c. drei Monate
   b. eine Woche   d. in einem kleinen Hotel

2. Beispiel: *mit ihm*   **Ich bin oft *mit ihm* gefahren.**

a. mit ihm
b. mit diesem Zug

c. nach Köln
d. auf der Autobahn

3. Beispiel: *in diesem kleinen Hotel*   **Sind Sie schon oft *in diesem kleinen Hotel* gewesen?**

a. in diesem kleinen Hotel
b. in der Schweiz

c. in Regensburg
d. bei der Familie Schmidt

4. Beispiel: *von der Schule*   **Er ist um ein Uhr *von der Schule* gekommen.**

a. von der Schule
b. vom Geschäft

c. vom Volksfest
d. von der Arbeit

5. Beispiel: *gereist*   **Wann sind Sie nach Berlin *gereist*?**

a. gereist
b. gekommen

c. gefahren
d. abgefahren

6. Beispiele: *er*   ***Er ist* mit unseren Freunden in die Stadt gefahren.**
　　　　　　wir   ***Wir sind* mit unseren Freunden in die Stadt gefahren.**

a. er
b. wir

c. ich
d. die Kinder

7. Beispiel: ***Ich bin* nach Köln gefahren.   *Wir sind* nach Köln gefahren.**

a. Ich bin nach Köln gefahren.
b. Ich bin nur eine Stunde dort geblieben.
c. Ich bin in Frankfurt umgestiegen.
d. Ich bin um neun Uhr abgefahren.

8. Beispiel: ***Er ist* hier ausgestiegen.   *Sie sind* hier ausgestiegen.**

a. Er ist hier ausgestiegen.
b. Er ist eine Woche bei mir geblieben.
c. Er ist nach Hause gefahren.
d. Er ist mit dem letzten Zug angekommen.
e. Er ist letztes Jahr in Hannover gewesen.

9. Beispiel: ***Mein Freund ist* heute morgen bei mir   *Meine Freunde sind* heute morgen bei**
　　　　　　gewesen.   　　mir gewesen.

a. Mein Freund ist heute morgen bei mir gewesen.
b. Der Mann ist eben eingestiegen.
c. Dieser Student ist nicht ins Kino gegangen.
d. Der junge Herr ist gestern zurückgekommen.

10. **Beispiel: Wir** *stehen* **um halb acht** *auf.*   **Wir** *sind* **um halb acht** *aufgestanden.*

    a. Wir stehen um halb acht auf.   c. Wir reisen im Sommer in die Schweiz.
    b. Wir kommen um zwei Uhr an.   d. Wir gehen um zwei Uhr schwimmen.

11. **Beispiel: Er** *fährt* **mit seinem neuen Wagen.**   **Er** *ist* **mit seinem neuen Wagen** *gefahren.*

    a. Er fährt mit seinem neuen Wagen.   c. Er bleibt bis Samstag bei uns.
    b. Er geht eben hin.   d. Er geht heute abend in die Oper.

12. **Beispiel: Ich** *gehe* **in die Stadt.**   **Ich** *bin* **in die Stadt** *gegangen.*

    a. Ich gehe in die Stadt.
    b. Ich bin schon hier.
    c. Ich fahre mit dem Schnellzug nach Mainz.
    d. Ich reise oft allein.
    e. Ich steige in Stuttgart um.

13. **Beispiele: Sie** *gehen* **zu Fuß.**   **Sie** *sind* **zu Fuß** *gegangen.*
                Mein Freund *steigt* **in Frankfurt** *um.*   **Mein Freund** *ist* **in Frankfurt**
                                                      umgestiegen.

    a. Sie gehen zu Fuß.
    b. Mein Freund steigt in Frankfurt um.
    c. Diese Gastarbeiter kommen aus Italien.
    d. Er bleibt am Dienstag zu Hause.
    e. Seine Eltern fahren am Freitag ab.
    f. Wir sind am Mittwoch bei der Mutter.
    g. Sie fährt mit dem nächsten Zug ab.
    h. Am Marienplatz steigen wir aus.
    i. Ich gehe jeden Tag hin.
    j. Im Sommer gehe ich oft schwimmen.
    k. Herr Neumann ist am Freitag nicht in der Fabrik.

Fragen

1. Sind Sie zu Fuß in die Stadt gegangen?
2. In welcher Stadt sind Sie umgestiegen?
3. Wohin sind Ihre Eltern gezogen?
4. Wie lange wollte er in Köln bleiben?
5. Ist er eine Woche in Köln geblieben?
6. Haben Sie gestern abend gut geschlafen?
7. Wann sind Sie heute morgen aufgestanden?

8. Sind seine Freunde mit dem Zug oder mit ihrem Wagen gefahren?
9. Wollen Sie im Sommer in die Schweiz reisen?
10. Ist Ihre Familie letzten Sommer nach Italien gereist?

Bertolt Brecht

Lesestück:

Mackie Messer[1]

In der Mitte des Ausländerkurses sind die Studenten während einer viertägigen Pause unter der Leitung des Instituts nach Berlin geflogen. Pünktlich ist das Flugzeug in der ehemaligen Hauptstadt Preußens und des Deutschen Reiches gelandet. Vom Flughafen sind die Studenten mit dem Omnibus zu einer Pension gefahren. Nach dem Mittagessen
5 in der Pension sind einige der Studenten mit Herrn Professor Hildebrand, einem der Professoren am Institut, auf dem Kurfürstendamm spazierengegangen. Nach dem Zweiten Weltkrieg war der „Kudamm" zur Hauptstraße Westberlins geworden. Bald sind die Studenten vom Spaziergang müde geworden und sind in ein Restaurant gegangen. Sie nahmen an einem Tisch im Freien Platz und bestellten Kaffee und Eis.
10   Nicht weit vom Restaurant stand der halbzerstörte Turm der Kaiser-Wilhelm-Gedächtniskirche, und neben dem Turm stand eine neue, moderne Kirche.
     „Den Turm ließ man als Mahnmal an den Krieg stehen", erklärte Professor Hildebrand, „als Erinnerung an die Grausamkeit des Krieges. Heute abend müssen Sie ihn beim Mondlicht sehen. Die Ansicht bei Nacht ist sehr eindrucksvoll."
15   Am selben Abend ist die ganze Gruppe ins Schillertheater gegangen, um eine Aufführung der „Dreigroschenoper" von Bertolt Brecht zu sehen. Die Musik, die Inszenierung und die Kunst der Schauspieler machten einen großen Eindruck auf die Studenten. Nach der Aufführung sind sie in eine Konditorei gegangen und haben den Dichter und seine Werke besprochen.
20   Im Jahre 1928 führte man zum ersten Mal diese berühmte Oper auf. Die Erstaufführung fand im „Theater am Schiffbauerdamm" statt. Die ursprüngliche Handlung ist in dem Werk „*Beggar's Opera*" von John Gay, einem bedeutenden englischen Dichter

---

[1] **Mackie Messer** "Mac the Knife"

des achtzehnten Jahrhunderts, zu finden.[2] Brecht bearbeitete das Werk Gays und fügte
neue Szenen und Balladen bei. Kurt Weill, Komponist und Freund Brechts, kompo-
25   nierte die Musik zu dem Stück. In dieser Oper versuchte Weill, Jazz und moderne Musik
zum Rang einer ernsten Kunst zu erheben.

Die Handlung spielt am Ende des vorigen Jahrhunderts in einem elenden Vorort
Londons. Herr Macheath, Räuber und Mörder, heiratet Polly Peachum. Pollys Vater
ist der Besitzer der Firma „Bettlers Freund". Bei ihm ist das Betteln ein Geschäft, und
30   von ihm bekommen die Straßenbettler der ganzen Stadt allerlei Verkleidungen; als
Besitzer der Firma bekommt er einen hohen Prozentsatz des Bettelgeldes. Herr
Peachum läßt die Polizei wissen, wo Macheath, alias „Mackie Messer", zu finden ist,
denn er ärgert sich sehr über die Heirat seiner Tochter mit einem Verbrecher. Jenny,
Freudenmädchen und eine der vielen Geliebten Mackies, hilft Herrn Peachum. Sie
35   verrät Mackie aus Rache, denn sie liebt ihn, und er hat sie verlassen. Die Polizei fängt
ihn und führt ihn ins Gefängnis, aber er entflieht. Zum zweiten Mal verhaftet man ihn,
und das Gericht verurteilt ihn zum Tode. Im letzten Augenblick begnadigt ihn die
Königin von England und erhebt ihn in den Adelstand.

Anstatt eines konventionellen Dramas stellte Brecht eine Reihe von satirischen
40   Bildern dar. Durch den Schock dieser dramatischen Bilder versuchte der Dichter, den
Zuschauer zum Denken zu bringen. Die Charaktere, die Handlung, die Lieder (Brecht
nannte sie *songs*) und Balladen betonen das Übel im Menschen: „Die Welt ist arm, der
Mensch ist schlecht", und „Erst kommt das Fressen, dann kommt die Moral". Das
Werk kritisierte das Bürgertum und den Kapitalismus; der bürgerliche Geschäftsmann
45   ist ein Räuber, und der Räuber ist ein Geschäftsmann: Bürger = Geschäftsmann =
Räuber. Als Kritiker der Sozialordnung war Brecht ein Meister; er stellte das soziale
Problem dar, aber er gab keine Lösung zu diesem Problem. Der Zuschauer sollte selber
nach der Lösung suchen.

Von Anfang an hatte das Werk großen Erfolg und spielte lange in Berlin und
50   anderen Städten. Dann übernahmen die Nazis die Regierung des Reiches, und Brecht
war sofort in großer Gefahr, denn wegen seiner politischen Anschauungen stand sein
Name sehr weit oben auf der Verhaftungsliste. Am 27. Februar 1933 brannte das
Reichstagsgebäude nieder. Für die Nazis war der Brand das Signal, ihre Feinde zu
verfolgen und zu verhaften. Am nächsten Tag floh Brecht mit Frau und Söhnchen nach
55   Wien und dann in die Schweiz. Er mußte seine kleine Tochter in Augsburg lassen. Sie
war dort bei seinem Vater, aber es war für Brecht zu gefährlich, in die Heimat zu reisen.
Schließlich ist eine Engländerin über die Grenze gefahren und hat das zweijährige Kind
in die Schweiz geschmuggelt – ein sehr gefährliches Unternehmen.

Als Flüchtling lebte Brecht auch in Dänemark, Schweden und Finnland, bis er im
60   Jahre 1941 über Rußland, Sibirien und den Pazifik nach den Vereinigten Staaten gezogen ist. Trotz seiner scharfen Kritik am Kapitalismus ist er bis zum Jahre 1948 im
kapitalistischen Amerika geblieben. Dann ist er nach Ostberlin zurückgekehrt, wo er
1956 im Alter von achtundfünfzig Jahren gestorben ist.

---

[2] **zu finden**   to be found

Wortschatz

der Adelstand, –(e)s *nobility, rank of
    nobility*
alias *alias*
allerlei *all sorts of things, a variety*
das **Alter,** –s, – *age*
die Anschauung, –en *philosophy, attitude,
    view*
die Ansicht, –en *view, sight*
der **Augenblick,** –(e)s, –e *moment*
der Ausländerkurs, –es, –e *course for
    foreigners*
die **Autobahn,** –en *autobahn, super-
    highway*
die Ballade, –n *ballad*
der Besitzer, –s, – *owner*
das Bettelgeld, –(e)s *alms*
das Betteln, –s *begging*
der Bettler, –s, – *beggar*
der **Bürger,** –s, – *member of the middle
    class, bourgeois*
bürgerlich *bourgeois*
das **Bürgertum,** –s *bourgeoisie, middle
    class*
der Charakter, –s, –e *character*
dramatisch *dramatic*
„Die Dreigroschenoper" *The Threepenny
    Opera*
ehemalig *former*
der **Eindruck,** –(e)s, ⁻e *impression*
eindrucksvoll *impressive*
elend *wretched, miserable*
der **Erfolg,** –(e)s, –e *success*
die **Erinnerung,** –en *reminder, remem-
    brance*
ernst *serious*
die Erstaufführung, –en *premiere*
der **Feind,** –(e)s, –e *enemy*
(das) Finnland, –s *Finland*
der Flughafen, –s, ⁻ *airport*
das **Flugzeug,** –(e)s, –e *airplane*
das Fressen, –s *eating (refers to animals
    eating; vulgar when applied to
    human beings)*
das Freudenmädchen, –s, – *prostitute*
die **Gefahr,** –en *danger*
die Geliebte, –n *girl friend*
das **Gericht,** –(e)s, –e *court of justice*
gewesen (*see* sein)

die Grausamkeit *cruelty, brutality*
halbzerstört *half-destroyed*
die Handlung, –en *plot, action*
die Hauptstraße, –n *main street*
die Heirat, –en *marriage*
die Inszenierung *staging, sets*
die Kaiser-Wilhelm-Gedächtniskirche
    *Kaiser William Memorial Church,
    West Berlin*
der Kapitalismus, – *capitalism*
kapitalistisch *capitalistic*
der Komponist, –en, –en *composer*
konventionell *conventional*
die Kritik (an) (*with dat.*) *criticism (of)*
der Kritiker, –s, – *critic*
die **Kunst,** ⁻e *art*
der Kurfürstendamm, –(e)s *name of
    famous boulevard in West Berlin*
die Leitung *direction*
die Lösung, –en *solution*
das Mahnmal, –(e)s, –e *memorial,
    reminder*
der **Meister,** –s, – *master*
das **Mittagessen,** –s, – *noon meal, lunch*
das Mondlicht, –(e)s *moonlight*
die Moral *moral(s)*
der Mörder, –s, – *murderer*
der Nazi, –s, –s *Nazi*
Nr. = die Nummer, –n *number*
oben *up, above*
der Omnibus, –ses, –se *bus*
(das) Ostberlin, –s *East Berlin, communist
    sector of Berlin*
die **Pause,** –n *pause, recess*
der Pazifik, –s *Pacific Ocean*
die Pension, –en *boardinghouse*
die **Polizei** *police*
der Prozentsatz, –es, ⁻e *percentage*
pünktlich *punctual*
die Rache *revenge*
der Rang, –(e)s, ⁻e *rank*
der Räuber, –s, – *robber*
das **Reich,** –(e)s, –e *empire*
das Reichstagsgebäude, –s *Parliament
    Building, West Berlin*
die **Reihe,** –n *row, series*
satirisch *satirical*
scharf, schärfer, schärfst- *sharp*

Ostberlin: Theater am Schiffbauerdamm

der **Schauspieler,** –s, – *actor*
der Schiffbauerdamm, –(e)s *name of street in East Berlin*
das Schillertheater, –s *Schiller Theater, West Berlin*
der Schock, –(e)s, –e *or* –s *shock*
(das) Schweden, –s *Sweden*
  selb- *same*
  selber *self, myself, yourself, himself, herself, itself, ourselves, yourselves, themselves*
(das) Sibirien, –s *Siberia*
das Signal, –s, –e *signal*
das Söhnchen, –s, – *small son*
die Sozialordnung *social order*
der **Spaziergang,** –(e)s, ⸚e *walk, stroll*
der Straßenbettler, –s, – *street beggar*
das **Stück,** –(e)s, –e *play, drama*
die Szene, –n *scene*
der Verbrecher, –s, – *criminal*
die Verhaftungsliste, –n *list of people to be arrested*
die Verkleidung, –en *disguise*
  viertägig *four-day, of four days' duration*
der Vorort, –(e)s, –e *suburb*
(das) Westberlin, –s, *also* West-Berlin *West Berlin, a federal city-state*
der Zuschauer, –s, – *spectator*
  zweijährig *two-year-old*

sich **ärgern** *to become annoyed, irritated*
aufführen *to perform, produce (a play)*
bearbeiten *to rework, revise*
begnadigen *to pardon*
beifügen *to add to*
entfliehen, entfloh, ist entflohen *to escape*
erheben, erhob, erhoben, *to raise, elevate*
fangen (fängt), fing, gefangen *to catch*
fliegen, flog, ist geflogen *to fly*
führen *to lead, guide*
heiraten *to marry*
komponieren *to compose*
kritisieren *to criticize*
landen, ist gelandet *to land*
niederbrennen, brannte nieder, ist niedergebrannt *to burn down*
schmuggeln *to smuggle*
sein (ist), war, ist gewesen *to be*
spazierengehen, ging spazieren, ist spazierengegangen *to go for a walk*
sterben (stirbt), starb, ist gestorben *to die*
verfolgen *to persecute, pursue*
verhaften *to arrest*
verraten (verrät), verriet, verraten *to betray*
verurteilen *to condemn*

Weitere Übungen

1. Read the following sentences in the present perfect tense:

   a. Das Flugzeug landet pünktlich auf dem Flughafen.
   b. Bei ihm ist das Betteln ein Geschäft.
   c. Die Handlung des Dramas spielt in einem elenden Vorort.
   d. Er wird gleich müde.
   e. Wir landen um elf Uhr.
   f. Ich steige an der Haltestelle am Marienplatz aus.
   g. Im Jahre 1956 kehrt er nach Ostberlin zurück.
   h. Jenny verrät Mackie aus Rache.
   i. Schließlich kommen wir am Ziel an.
   j. Die Studenten gehen auf dem Kurfürstendamm spazieren.
   k. Ich fahre oft mit dem D-Zug.
   l. Der Baum wächst langsam.
   m. Manche Gastarbeiter brechen psychisch zusammen.
   n. Er fährt heute seinen neuen Wagen in die Stadt.
   o. Solche Gebräuche entstehen auf dem Land.
   p. Die Aufführung gefällt mir sehr.
   q. Ich wohne bei der Tante in der Gartenstraße.
   r. Ich reise zu Ostern in die Berge.
   s. Das Werk kritisiert das Bürgertum.
   t. Wie lange bleiben Sie in Berlin?
   u. Das Gericht verurteilt den Mörder zum Tode.
   v. Wir steigen vor dem Schillertheater um.

2. Give either a positive or a negative reponse to the following questions:

   a. Sind Sie in Berlin gelandet?
   b. Ist er zu Fuß gegangen?
   c. Haben Sie in Berlin gewohnt?
   d. Sind die Studenten auf dem Kudamm spazierengegangen?
   e. Haben Sie Eis bestellt?
   f. Haben Sie lange auf uns gewartet?
   g. Ist Ihr Freund in die Schweiz geflogen?
   h. Sind Sie schon in Wien gewesen?
   i. Ist sie vom Spaziergang müde geworden?
   j. Sind Sie in Köln umgestiegen?

3. Answer the following questions with complete sentences:

    a. In welchem Theater führte man zum ersten Mal die „Dreigroschenoper" auf?

    b. Warum ließ man den Turm der Kaiser-Wilhelm-Gedächtniskirche stehen?

    c. In welches Theater sind die Studenten gegangen?

    d. Was hat einen großen Eindruck auf die Studenten gemacht?

    e. In welchem Jahre fand die Erstaufführung der „Dreigroschenoper" statt?

    f. Wer ist Mackie Messer?

    g. Was kritisiert die „Dreigroschenoper"?

    h. Wo spielt die Handlung der Oper?

    i. Wessen Name stand sehr weit oben auf der Verhaftungsliste der Nazis?

    j. Wer war ein großer Kritiker der Sozialordnung?

    k. Was versuchte der Dichter durch dramatische Bilder zu tun?

    l. Wann und wo ist Brecht gestorben?

Sprechübungen

1. Assume that the student next to you has just returned from a visit to Berlin. Using the present perfect tense, elicit the following information:

    a. what mode of transportation he/she used to get to Berlin (**fliegen**)

    b. how long he/she stayed there   (**bleiben**)

    c. where he/she stayed in Berlin   (**übernachten**)

    d. whether he/she saw the tower of the Kaiser Wilhelm Memorial Church   (**sehen**)

    e. whether he/she went to the Schiller Theater   (**gehen**)

    f. when he/she returned to Munich   (**zurückkehren**)

2. Tell in German where you might be if you were to hear the following:

    a. Der Turm neben der schönen, neuen Kirche ist ein Mahnmal an den Krieg.

    b. Stimme im Lautsprecher: D-Zug Nr. 217 kommt auf Gleis sieben an.

    c. Hier darf man keine Aufnahmen machen.

    d. Wie gefällt Ihnen die Inszenierung?

    e. Sollen wir es mit dem Karussell versuchen?

    f. Ich möchte eine Fahrkarte erster Klasse nach München kaufen.

    g. Die Schauspieler spielen heute abend sehr gut, nicht wahr?

    h. Vanilleeis und Kaffee, bitte.

    i. Vorsicht bei der Abfahrt! Wir wünschen eine gute Reise!

    j. Das Puppentheater ist dort in der Bude.

    k. Nehmen Sie bitte an meinem Tisch Platz!

    l. Hier findet die Aufführung von „Jedermann" statt.

Schriftliches

1. Complete the following sentences, replacing each blank with one or more words:

    a. Das Flugzeug _____ pünktlich gelandet.
    b. Am selben Abend _____ gegangen.
    c. Wann sind Sie _____ geflohen?
    d. Er ist _____ D-Zug _____.
    e. Wir _____ heute abend _____ gegessen.
    f. Ich bin _____ Flugzeug nach _____.
    g. Nach dem Mittagessen _____ spazierengegangen.
    h. Bist _____ müde _____?

2. Write the following sentences in German, using only the present perfect tense:

    a. We flew to Berlin yesterday.
    b. I have been in Heidelberg frequently.
    c. He went by train to Düsseldorf and then flew to Munich.
    d. They have been in Salzburg only once.
    e. Have you (*fam. plur.*) seen the tower of the Kaiser William Memorial Church by moonlight?
    f. The students have gone for a walk on the **Kurfürstendamm.**
    g. I stayed a whole month in Bad Reichenhall.
    h. We got up early this morning and departed at seven o'clock.
    i. We got out at the car stop in front of the Schiller Theater.
    j. They went to a **Konditorei** and discussed the poet and his works.

Verschiedenes

Die Moritat[1] von Mackie Messer
aus dem Vorspiel[2] der „Dreigroschenoper"

Und der Haifisch,[3] der hat Zähne[4]
Und die[5] trägt er im Gesicht
Und Macheath, der hat ein Messer
Doch das Messer sieht man nicht.

---

[1] **die Moritat** ballad about murder and other forms of violence
[2] **das Vorspiel** prologue
[3] **der Haifisch** shark
[4] **der hat Zähne** it has teeth
[5] **die** these

Ach, es sind des Haifischs Flossen[6]
Rot, wenn dieser[7] Blut vergießt![8]
Mackie Messer trägt 'nen[9] Handschuh[10]
Drauf[11] man keine Untat[12] liest.

An der Themse[13] grünem Wasser
Fallen plötzlich[14] Leute um![15]
Es ist weder Pest noch[16] Cholera
Doch es heißt:[17] Macheath geht um.[18]

An 'nem schönen blauen Sonntag
Liegt ein toter[19] Mann am Strand,[20]
Und ein Mensch geht um die Ecke
Den[21] man Mackie Messer nennt.

Und Schmul Meier[22] bleibt verschwunden
Und so mancher reiche Mann
Und sein Geld hat Mackie Messer
Dem[23] man nichts beweisen kann.

Jenny Towler[24] ward[25] gefunden
Mit 'nem Messer in der Brust[26]
Und am Kai[27] geht Mackie Messer
Der von allem nichts gewußt.[28]

Wo ist Alfons Glite,[29] der Fuhrherr?[30]
Kommt das je[31] ans Sonnenlicht?[32]
Wer es immer wissen könnte –
Mackie Messer weiß es nicht.

---

[6] **die Flosse** fin
[7] **dieser** it, the latter (the shark)
[8] **Blut vergießen** to shed blood
[9] **'nen** = einen
[10] **der Handschuh** glove
[11] **drauf** = darauf
[12] **die Untat** crime
[13] **die Themse** Thames River
[14] **plötzlich** suddenly
[15] **umfallen (fällt um), fiel um, ist umgefallen** to fall over
[16] **weder Pest noch** neither plague nor
[17] **es heißt** they say
[18] **umgehen, ging um, ist umgegangen** to make the rounds

[19] **tot** dead
[20] **der Strand** name of a street in London
[21] **den** whom
[22] **Schmul Meier** proper name
[23] **dem** (against) whom
[24] **Jenny Towler** proper name
[25] **ward** archaic and poetic form of **wurde**
[26] **die Brust** breast
[27] **der Kai** quay
[28] **der von allem nichts gewußt** who knew nothing about it
[29] **Alfons Glite** proper name
[30] **der Fuhrherr** drayman
[31] **je** ever
[32] **das Sonnenlicht** sunlight

Und das große Feuer[33] in Soho[34]
Sieben Kinder und ein Greis[35] –
In der Menge[36] Mackie Messer, den
Man nicht fragt und der nichts weiß.

Und die minderjährige[37] Witwe[38]
Deren[39] Namen jeder weiß
Wachte auf[40] und war geschändet[41] –
Mackie, welches war dein Preis?[42]

Bertolt Brecht (1898–1956)

---

[33] **das Feuer** fire
[34] **Soho** section of London
[35] **der Greis** old man
[36] **die Menge** crowd
[37] **minderjährig** minor, not of age

[38] **die Witwe** widow
[39] **deren** whose
[40] **aufwachen, ist aufgewacht** to awaken
[41] **schänden** to dishonor, violate
[42] **der Preis** price; prize

Die „Dreigroschenoper": „Im letzten Augenblick begnadigt ihn die Königin von England."

Grammatik

A. Transitive Verbs

Most verbs form the present perfect tense with the present tense of **haben** in combination with the past participle of the verb. They form the past perfect tense with the past tense of **haben** and the past participle of the verb.

PRESENT PERFECT TENSE

Ich **habe** heute mein Buch **vergessen.**
Wir **haben** die nächste Aufgabe **angefangen.**
Ich **habe** mir einen neuen Wagen **gekauft.**
Sie **hat** auf der Universität Heidelberg **studiert.**

PAST PERFECT TENSE

Ich **hatte** schon zu Mittag **gegessen,** als er zu mir kam.
Er **hatte** seinen Doktor schon **gemacht,** bevor er nach Schwarzhausen kam.
Meine Freunde **hatten** vor dem Krieg auf der Universität Heidelberg **studiert.**

B. Intransitive Verbs Requiring the Auxiliary **Sein**

An intransitive verb is one that cannot take a direct object. Intransitive verbs expressing motion, that is, change of location or position, and another small but important group of intransitive verbs form the present perfect tense with the present tense of **sein** as the auxiliary verb in combination with the past participle. These verbs form the past perfect tense with the past tense of **sein** in combination with the past participle.

PRESENT PERFECT TENSE

Gestern **ist** er auf Besuch **gekommen.**
Ich **bin** letzte Woche nach Köln **gefahren.**
Eben **sind** sie **eingestiegen.**
Wir **sind** kaum eine Stunde in Stuttgart **geblieben.**
Er **ist** im Juli des vergangenen Jahres **gestorben.**

PAST PERFECT TENSE

Wir **waren** schon **abgefahren,** bevor der Brief ankam.
Er **war** schon **aufgestanden,** ehe ich in die Schule ging.

The following list contains all verbs used so far that require **sein** as the helping verb in the perfect tenses:

abfahren	ist abgefahren	*to depart*
ankommen	ist angekommen	*to arrive*
aufstehen	ist aufgestanden	*to get up*
aussteigen	ist ausgestiegen	*to get off or out of a vehicle*
bleiben	ist geblieben	*to remain, stay*
einfallen	ist eingefallen	*to occur* (in thought)
einsteigen	ist eingestiegen	*to get into a vehicle, board*
entfliehen	ist entflohen	*to escape*
entstehen	ist entstanden	*to arise, originate*
fahren	ist gefahren	*to ride, travel, go by vehicle*
fallen	ist gefallen	*to fall*
fliegen	ist geflogen	*to fly*
fliehen	ist geflohen	*to flee*
folgen	ist gefolgt	*to follow*
fortfahren	ist fortgefahren	*to continue*
gehen	ist gegangen	*to go*
hereinkommen	ist hereingekommen	*to come in*
herkommen	ist hergekommen	*to come here or to this place*
hinaufsteigen	ist hinaufgestiegen	*to climb up, go up*
hinfahren	ist hingefahren	*to travel there or to that place*
hingehen	ist hingegangen	*to go there or to that place*
kommen	ist gekommen	*to come*
landen	ist gelandet	*to land*
mitfahren	ist mitgefahren	*to accompany, travel with someone*
mitkommen	ist mitgekommen	*to accompany*
nachkommen	ist nachgekommen	*to come after, follow*
niederbrennen	ist niedergebrannt	*to burn down*
reisen	ist gereist	*to travel*
schwimmen	ist geschwommen	*to swim*
schwimmen gehen	ist schwimmen gegangen	*to go swimming*
sein	ist gewesen	*to be*
spazierengehen	ist spazierengegangen	*to go walking*
stammen	ist gestammt	*to come from, originate*
stehenbleiben	ist stehengeblieben	*to stop*
steigen	ist gestiegen	*to climb*
sterben	ist gestorben	*to die*
treten	ist getreten	*to step, walk*
umkommen	ist umgekommen	*to perish*
umsteigen	ist umgestiegen	*to transfer from one vehicle to another*
verschwinden	ist verschwunden	*to disappear*
vorbeifahren	ist vorbeigefahren	*to drive past, ride past*

vorbeigehen	ist vorbeigegangen	*to go past*
vorbeikommen	ist vorbeigekommen	*to come past, stop in*
wachsen	ist gewachsen	*to grow*
werden	ist geworden	*to become*
wiederkehren	ist wiedergekehrt	*to return*
ziehen	ist gezogen	*to move*
zurückfahren	ist zurückgefahren	*to return by vehicle*
zurückkehren	ist zurückgekehrt	*to return*
zurückkommen	ist zurückgekommen	*to return, come back*
zusammenbrechen	ist zusammengebrochen	*to break down, collapse*

Self-testing

1. Complete the following sentences with the correct form of the appropriate auxiliary verb to form the present perfect tense:

   a. Wir _____ erst gestern angekommen.
   b. _____ du die Mauer gesehen?
   c. Wann _____ du heute morgen aufgestanden?
   d. Ich _____ schon dreimal in Berlin gewesen.
   e. Das Buch _____ vom Tisch verschwunden.
   f. _____ Sie gestern mitgefahren?
   g. Am Nachmittag _____ wir den Dom besichtigt.
   h. Das Kind _____ im letzten Jahre schnell gewachsen.

2. Complete the following sentences in the present perfect tense with the verb indicated:

   a. Ich (aufstehen) um halb sieben.
   b. Wir (bleiben) bis elf Uhr beim Professor; dann (gehen) wir nach Hause.
   c. Zuerst (verstehen) er mich nicht.
   d. Im Jahre 1832 (sterben) Goethe.
   e. Das Flugzeug (landen) pünktlich.
   f. Der D-Zug nach Köln (abfahren) schon.
   g. Ihr (fahren) mit euerem Wagen, nicht wahr?
   h. Nach dem Essen (machen) wir einen Spaziergang.

3. Complete the following sentences in the past perfect tense with the verb indicated:

   a. Er (sein) schon zweimal hier, bevor er uns endlich zu Hause fand.
   b. Brecht (schreiben) die „Dreigroschenoper", ehe die Nazis die Regierung übernahmen.
   c. Ich (werden) schon müde, ehe wir zu Hause ankamen.
   d. Meine Eltern (fahren) nach Deutschland, ehe ich ihre Postkarte bekam.
   e. Die Studenten (essen) schon, als ich von der Schule kam.

Answers to Self-testing

1. a. sind
   b. hast
   c. bist
   d. bin

   e. ist
   f. sind
   g. haben
   h. ist

2. a. bin . . . aufgestanden
   b. sind . . . geblieben; sind . . . gegangen
   c. hat . . . verstanden
   d. ist . . . gestorben
   e. ist . . . gelandet
   f. ist . . . abgefahren
   g. seid . . . gefahren
   h. haben . . . gemacht

3. a. war . . . gewesen
   b. hatte . . . geschrieben
   c. war . . . geworden
   d. waren . . . gefahren
   e. hatten . . . gegessen

18

ACHTZEHNTE LEKTION

Grammatische Ziele:

Unterordnende Konjunktionen
Relativpronomen
Wortstellung bei unterordnenden
    Konjunktionen und bei
    Relativpronomen

Subordinating conjunctions
Relative pronouns
Word order with subordinating
    conjunctions and with relative
    pronouns

The reading selection provides information about Berlin, past and present.

Einführende Beispiele

1. Die Studenten fliegen nach Berlin.
   Haben Sie gewußt, daß die Studenten nach Berlin fliegen?
       Ja, ich habe gewußt, daß die Studenten nach Berlin fliegen.

2. Man macht keine Aufnahmen, weil es hier verboten ist.
   Warum macht man keine Aufnahmen?
       Man macht keine Aufnahmen, weil es hier verboten ist.

3. Herr Brown fuhr nach München, als er in Deutschland war.
   Wohin fuhr er, als er in Deutschland war?
       Er fuhr nach München, als er in Deutschland war.

• • •

4. Herr Brown ist der Student, der aus Amerika kommt.
Ist Herr Brown der Student, der aus Amerika kommt?
Ja, Herr Brown ist der Student, der aus Amerika kommt.
Wer ist Herr Brown?
Herr Brown ist der Student, der aus America kommt.

5. Die Studentin, die aus Frankreich kommt, ist Fräulein Moreau.
Ist Fräulein Moreau die Studentin, die aus Frankreich kommt?
Ja, Fräulein Moreau ist die Studentin, die aus Frankreich kommt.

6. Das Mädchen, das hier wohnt, heißt Inge Jensen.
Welches Mädchen heißt Inge Jensen?
Das Mädchen, das hier wohnt, heißt Inge Jensen.

7. Die Filme, die im „Palast" spielen, sind Kriegsfilme.
Welche Filme sind Kriegsfilme?
Die Filme, die im „Palast" spielen, sind Kriegsfilme.

8. Der Arzt, den Herr Brown besucht, heißt Werner.
Wie heißt der Arzt, den Herr Brown besucht?
Der Arzt, den Herr Brown besucht, heißt Werner.
Ist das der Arzt, den Sie besuchen?
Ja, das ist der Arzt, den ich besuche.

9. Der Freund, dem er das Geld gab, heißt Silva.
Wie heißt der Freund, dem er das Geld gab?
Der Freund, dem er das Geld gab, heißt Silva.

10. Die Studentin, mit der er sprach, war Fräulein Moreau.
Wer war die Studentin, mit der er sprach?
Die Studentin, mit der er sprach, war Fräulein Moreau.

11. Das Mädchen, von dem Herr Jones spricht, ist Anneliese.
Wer ist das Mädchen, von dem Herr Jones spricht?
Das Mädchen, von dem Herr Jones spricht, ist Anneliese.

12. Die Leute, denen er das sagte, waren Touristen.
Wer waren die Leute, denen er das sagte?
Die Leute, denen er das sagte, waren Touristen.

Übungen

1. **Beispiel:** *ich weiß*   *Ich weiß*, **daß er heute nach Berlin fliegt.**

   a. ich weiß
   b. ich glaube
   c. ich habe gewußt
   d. wissen Sie (?)

2. **Beispiel: Ich glaube, er fliegt nach Berlin.   Ich glaube, *daß* er nach Berlin fliegt.**

   a. Ich glaube, er fliegt nach Berlin.
   b. Ich glaube, er fliegt heute nach Berlin.
   c. Ich glaube, er ist in Berlin.
   d. Ich glaube, er ist seit einem Jahr in Berlin.
   e. Ich glaube, er wohnt seit einem Jahr in Berlin.

3. **Beispiel: Ich glaube, mein Freund bleibt zu Hause.   Ich glaube, *daß* mein Freund**
                    zu Hause bleibt.

   a. Ich glaube, mein Freund bleibt zu Hause.
   b. Ich glaube, mein Freund bleibt heute abend zu Hause.
   c. Ich glaube, mein Freund geht nach Hause.
   d. Ich glaube, meine Freunde gehen nach Hause.
   e. Ich glaube, meine Freunde gehen heute abend nach Hause.

4. **Beispiel: Ich habe keine Zeit.   Ich muß lernen.   Ich habe keine Zeit, *weil* ich lernen muß.**

   a. Ich habe keine Zeit.   Ich muß lernen.
   b. Wir haben keine Zeit.   Wir müssen lernen.
   c. Wir hatten keine Zeit.   Wir mußten lernen.
   d. Wir haben keine Zeit gehabt.   Wir haben gearbeitet.
   e. Er hat keine Zeit gehabt.   Er hat gearbeitet.
   f. Er hat keine Zeit verloren.   Er hat gearbeitet.

5. **Beispiel: *Er war hier.*   Ich habe mit ihm gesprochen, *als er hier war.***

   a. Er war hier.
   b. Er war bei uns.
   c. Er war gestern hier.
   d. Er arbeitete an einem Bericht.
   e. Er fing mit der Arbeit an.

6. **Beispiel: *der bei uns wohnt*   Das ist der Mann, *der bei uns wohnt.***

   a. der bei uns wohnt
   b. der hier wohnt
   c. der aus Amerika kommt
   d. der meinen Vater kennt

7. **Beispiel:** *Kennen Sie den Mann ...*   *Kennen Sie den Mann*, der auf uns wartet?

    a. Kennen Sie den Mann ...   c. Ist das der Student ...
    b. Wo ist der Mann ...   d. Ist das der Professor ...

8. **Beispiel:** *Mann*   Das ist ein *Mann*, den ich nicht kenne.

    a. Mann   c. Dichter
    b. Student   d. Schauspieler

9. **Beispiel:** *Mann*   Kennen Sie den *Mann*, der dort arbeitet?

    a. Mann   c. Beamten
    b. Kellner   d. Ingenieur

10. **Beispiel:** *Frau*   Das ist die *Frau*, die ich oft hier gesehen habe.

    a. Frau   c. Amerikanerin
    b. Studentin   d. Lehrerin

11. **Beispiele:** *Mann*   Hier ist *der Mann, der* mit uns nach Bonn fährt.
               Studentin   Hier ist *die Studentin, die* mit uns nach Bonn fährt.

    a. Mann   c. Frau
    b. Studentin   d. Student

12. **Beispiele:** *Freund*   Der Freund, *den* ich besuchen wollte, war krank.
               Tante   Die Tante, *die* ich besuchen wollte, war krank.

    a. Freund   f. Frau
    b. Tante   g. Lehrerin
    c. Student   h. Lehrer
    d. Dame   i. Vetter
    e. Onkel   j. Kusine

13. **Beispiel:** *Dorf*   Das ist das *Dorf*, das so berühmt ist.

    a. Dorf   d. Hotel
    b. Haus   e. Restaurant
    c. Schloß   f. Museum

14. **Beispiele:** *Mädchen*   Das Mädchen, *das* wir besucht haben, heißt Neumann.
               Arzt   Der Arzt, *den* wir besucht haben, heißt Neumann.

    a. Mädchen   e. Schauspieler
    b. Arzt   f. Mädchen
    c. Dame   g. Jurist
    d. Nachbar   h. Tante

15. Beispiele: *ein Buch*   **Er hat *ein Buch, das* ich sehen möchte.**
              einen Freund   **Er hat *einen Freund, den* ich sehen möchte.**

a. ein Buch
b. einen Freund
c. ein Bild
d. eine Fabrik

e. einen neuen Mercedes
f. ein Haus
g. ein Geschäft
h. eine Aufnahme

16. Beispiel: *Leute*   **Kennen Sie die *Leute, die* heute abend kommen?**

a. Leute
b. Studenten

c. Mädchen
d. Amerikaner

17. Beispiele: *Ärztin*   **Das *ist die Ärztin, die* wir gestern gesehen haben.**
              Leute   **Das *sind die Leute, die* wir gestern gesehen haben.**

a. Ärztin
b. Leute
c. Drama
d. Touristen
e. Arzt

f. Kirche
g. Haus
h. Häuser
i. Dame
j. Film

18. Beispiele: *Wagen*   **Dies ist *der Wagen*, mit *dem* ich in die Stadt gefahren bin.**
              Linie   **Dies ist *die Linie*, mit *der* ich in die Stadt gefahren bin.**

a. Wagen
b. Linie
c. Nachbarin
d. Omnibus
e. Freund

f. Familie
g. Straßenbahn
h. Zug
i. Mädchen
j. Nachbar

19. Beispiel: *Leute*   **Haben Sie die *Leute* gesehen, mit denen ich gesprochen habe?**

a. Leute
b. Studenten

c. Schauspieler
d. Kinder

20. Beispiel: **Das *ist ein Mann, den* wir gut kennen.**   **Das *sind Männer, die* wir gut kennen.**

a. Das ist ein Mann, den wir gut kennen.
b. Das ist eine Frau, die wir gut kennen.
c. Das ist ein Kind, das wir gut kennen.
d. Das ist ein Student, den wir gut kennen.
e. Das ist ein Schauspieler, den wir gut kennen.
f. Das ist ein Mädchen, das wir gut kennen.
g. Das ist eine Studentin, die wir gut kennen.
h. Das ist ein Herr, den wir gut kennen.

21. **Beispiel:**   Kennen Sie *das Mädchen*, von *dem* ich   Kennen Sie *die Mädchen*, von *denen*
       spreche?   ich spreche?

    a. Kennen Sie das Mädchen, von dem ich spreche?

    b. Das ist der Mann, von dem Sie das kauften.

    c. Dort ist das Kind, das von der Schule kommt.

    d. Das ist das Kind, mit dem ich oft spiele.

    e. Das ist die Studentin, mit der er sprach.

    f. Das ist der Mann, dem ich die Fahrkarte zeigte.

    g. Die Dame, die hier wohnt, unterrichtet am Institut.

    h. Ich habe das Buch gefunden, das Sie verloren haben.

    i. Das ist der Freund, von dem er so oft spricht.

Das Brandenburger Tor. Vor dem Tor die Mauer

ACHTUNG!
Sie verlassen jetzt
WEST-BERLIN

Fragen

1. Kennen Sie den Studenten, der hier war?
2. Ist das das Haus, das Ihre Familie gekauft hat?
3. Wer war der Arzt, zu dem Sie gingen?
4. Wie hieß die Oper, die Sie gestern hörten?
5. Ist Rothenburg die Stadt, von der er erzählte?
6. Wer ist der Dichter, der das geschrieben hat?
7. Sind das die Leute, mit denen Sie heute fahren?
8. Haben Sie den Bericht verstanden, den Sie gelesen haben?

Lesestück:

Berlin und das Brandenburger Tor

Einige Studenten wollten das Brandenburger Tor sehen, während sie in Berlin waren. In der S-Bahn machten sie die Bekanntschaft eines jungen Mannes namens Schoening, der sie bis an die Sektorengrenze begleitete. Herr Schoening unterrichtete an einer Berliner Schule Geschichte und sprach gern über den historischen Hintergrund seiner
5 Heimatstadt.

Im Vergleich zu manchen anderen deutschen Städten ist Berlin keine alte Stadt. Köln, zum Beispiel, ist über neunzehnhundert Jahre alt, während Mainz sogar zweitausend Jahre alt ist. Die beiden sind schon zur Zeit Christi römische Festungsstädte gewesen. Im Jahre 1237 ist aber der Name „Berlin" zum ersten Mal in einem alten
10 Dokument erschienen. Im Jahre 1648, als der Dreißigjährige Krieg zu Ende ging, hat die Stadt nur fünftausend Einwohner gehabt. Obwohl es die Hauptstadt der Mark Brandenburg[1] war, hatte Berlin damals wenig Bedeutung in der Weltpolitik; erst mehr als fünfzig Jahre später ist es die Hauptstadt des Königreichs Preußen[2] geworden, und in der Bismarckzeit[3] des vorigen Jahrhunderts wurde es der Regierungssitz des Deut-
15 schen Reiches und gleichzeitig eine bedeutende Weltstadt. Nach der Zerstörung im Zweiten Weltkrieg haben die Siegermächte die Stadt in vier Sektoren geteilt. 1948 spaltete sich die bis dahin gemeinsame Stadtverwaltung in zwei getrennte West- und Ostberliner Stadtregierungen. Ostberlin wurde der Regierungssitz der Deutschen Demokratischen Republik, während die Stadt Bonn die provisorische Hauptstadt West-
20 deutschlands wurde.

Das Stadtviertel, in dem das Brandenburger Tor steht, war vor dem Krieg das Zentrum Berlins. In der Nähe standen damals das Reichstagsgebäude, die Reichskanzlei, die Universität Berlin, Museen und andere bekannte Gebäude. Mit Ausnahme des

---

[1] **die Mark Brandenburg** Province of Brandenburg, an old frontier province ruled by the Hohenzollern princes, united in 1701 with the Duchy of Prussia to form the Kingdom of Prussia.

[2] **das Königreich Preußen** Prussia remained a kingdom until the end of World War I.

[3] **die Bismarckzeit** era of Bismarck. Otto von Bismarck (1815–1898) was a Prussian statesman, known as the Iron Chancellor, whose skillful manipulation of power and diplomacy effected the union of German states and the founding of the German Empire in 1871.

Reichstagsgebäudes waren all diese Bauten in einem Viertel, das seit 1945 zum Ostsek-
25 tor gehört.

Nachdem die Studenten und Herr Schoening an der letzten S-Bahnstation vor der
Sektorengrenze ausgestiegen waren, sahen sie das wiederhergestellte Reichstagsgebäude. Seit dem Brand im Jahre 1933[4] hatte es fünfundzwanzig Jahre lang als Ruine
gestanden – ein Symbol des ruhmlosen Endes der Weimarer Republik, der deutschen
30 Regierung von 1919 bis zur Machtübernahme durch die Nazi-Partei. Einer der Neubauten, die man in einiger Entfernung sehen konnte, war die Kongreßhalle, ein sehr
modernes Gebäude, das die Ford-Stiftung errichtet hatte.

Während Herr Schoening von Berlin redete, war die Gruppe zum Brandenburger
Tor gekommen. Dieser Bau, den man 1791 im klassischen Stil errichtete, hatte im Laufe
35 der deutschen Geschichte viele Siegesparaden und auch Niederlagen gesehen. Kaiser
Napoleon war 1806 als Sieger durch das Tor gezogen; die Revolutionen von 1848 und
1918, sowie den Luftkrieg, die Beschießung der Stadt, die totale Zerstörung des Nazi-
Regimes und im Jahre 1953 den Aufstand des Volkes im Ostsektor hatte das Tor
überstanden.

40 Das frühere Siegessymbol stand an der Sektorengrenze, und zu beiden Seiten
erstreckte sich die Mauer, die im Jahre 1961 den Flüchtlingsstrom plötzlich zum Stillstand gebracht hatte. In vergangenen Zeiten bauten Länder und Städte Mauern, damit
niemand hereinkonnte, aber diese Mauer, die ein ganzes Land in ein Gefängnis verwan-
delt hatte, ist wahrscheinlich die einzige (außer Strafanstalten), die niemanden außer
45 Rentnern herausläßt.

Wie die jungen Leute von ihrem Begleiter hörten, liegt Berlin mitten in der Deutschen Demokratischen Republik. Es ist wahrscheinlich das einzige Stück Erde, das eine
Insel ist, ohne von Wasser umgeben zu sein. Obwohl die Flüchtlinge nichts mitnehmen
durften, sind in den Jahrzehnten nach dem Zweiten Weltkrieg jedes Jahr Tausende von
50 Menschen aus der Ostzone geflohen, denn das Leben war schon damals viel leichter
und freier im Westen. Im Jahre 1961 aber errichteten die Ostdeutschen die Mauer.
Solche Maßnahmen waren vom Standpunkt der Deutschen Demokratischen Republik
aus sehr nötig. So viele Ärzte, Lehrer, Arbeiter und Fachleute waren geflohen, daß die
Volkswirtschaft, die ohnehin sehr schwach war, und der allgemeine Wohlstand der
55 ostdeutschen Bevölkerung in Gefahr gerieten. Ohne Arbeiter konnten die Fabriken
nicht in Betrieb bleiben; ohne Ärzte konnte die Regierung die Gesundheit der Bevölkerung nicht mehr schützen; ohne Fachleute konnte die Industrie nicht weiter bestehen,
und ohne Lehrer konnte das Schulwesen seine Aufgabe der Jugendbildung nicht
erfüllen.

60 Erst in den frühen siebziger Jahren wurde die Spannung des „kalten Krieges"
zwischen der BRD und der DDR, eigentlich zwischen den westlichen Ländern und den
kommunistischen Ländern, etwas geringer. Durch kleine aber wichtige diplomatische
Maßnahmen haben die führenden Staatshäupter versucht, die Spannungspolitik zwischen den zwei politischen Weltteilen abzubauen, was in der weiten Zukunft zu der
65 Verwirklichung des alten Traumes von „einer Welt" führen könnte.

---

[4] **der Brand im Jahre 1933** The burning of the Parliament Building was an act of arson probably
instigated by the Nazis.

Wortschatz

als ob *as if*

der Aufstand, –(e)s, ⸚e *revolt, uprising*

der **Bau,** –(e)s, (*plur.*) Bauten *building, structure*

die **Bedeutung,** –en *significance*

der **Begleiter,** –s, – *companion, escort*

Berliner (*adj.*) *Berlin*

die Beschießung, –en *bombardment*

der **Betrieb,** –(e)s, –e *operation*

bis: **bis an** *as far as*; **bis dahin** *up to that time*

der Brand, –(e)s, ⸚e *fire, conflagration*

das Brandenburger Tor, –(e)s *Brandenburg Gate, Berlin*

die **BRD** = die Bundesrepublik Deutschland *Federal Republic of Germany*

Christus, (*gen.*) Christi *Christ*; zur Zeit Christi *at the time of Christ*

dahin *to that time; to that place*

damit *in order that*

die **DDR** = die Deutsche Demokratische Republik *German Democratic Republic (East Germany)*

der, die, das (*rel. pron.*) *who, which, that*

diplomatisch *diplomatic*

das Dokument, –(e)s, –e *document*

der **Einwohner,** –s, – *inhabitant*

einzig *single, only*

Ende: zu Ende gehen *to end*

die **Entfernung,** –en *distance*; in einiger Entfernung *at some distance*

entweder ... oder *either ... or*

die Fachleute (*plur.*) *skilled workers, specialists*

die Festungsstadt, ⸚e *fortified city*

der Flüchtlingsstrom, –(e)s, ⸚e *stream of refugees*

die Ford-Stiftung *Ford Foundation*

führend *leading*

das **Gebäude,** –s, – *building*

gemeinsam *common, in common*

die **Gesundheit** *health*

die **Heimatstadt,** ⸚e *hometown*

der Hintergrund, –(e)s *background*

indem *while, while at the same time*

die Insel, –n *island*

die Jugendbildung *education of youth*

der **Kaiser,** –s, – *kaiser, emperor*

klassisch *classical*

kommunistisch *communist*

die Kongreßhalle *Convention Hall, West Berlin*

das Königreich, –(e)s, –e *kingdom*

der Luftkrieg, –(e)s, –e *aerial warfare*

die Machtübernahme *seizure of power*

die Maßnahme, –n *measure*

nachdem *after*

namens *by the name of*

die Nazi-Partei *Nazi Party*

der Neubau, –(e)s, (*plur.*) –bauten *building under construction, new structure*

nichts *nothing*

die Niederlage, –n *defeat*

nötig *necessary*

ohne ... zu (*with inf.*) *without*

ohnehin *anyway, moreover*

Ostberliner (*adj.*) *East Berlin*

ostdeutsch (*adj.*) *East German*

der **Ostdeutsche,** –n, –n *East German*

der Ostsektor, –s *East Sector*

plötzlich *sudden*

provisorisch *provisional, temporary*

die Reichskanzlei *Imperial Chancellery*

der Rentner, –s, – *pensioner*

römisch (*adj.*) *Roman*

ruhmlos *infamous, inglorious*

die Ruine, –n *ruin(s)*

die S-Bahn, –en = die Stadtbahn *municipal railway*

die S-Bahnstation, –en *municipal railway station*

seitdem *since*

die **Seite,** –n *side*

der Sektor, –s, –en *sector*

die Sektorengrenze, –n *sector boundary*

der **Sieger,** –s, – / die **Siegerin,** –nen *victor, conqueror*

die Siegesparade, –n *victory parade*

das Siegessymbol, –s, –e *symbol of victory*

sobald *as soon as*

sowie *as well as*

die Spannung, –en *tension*

die Spannungspolitik *politics of tension*

das Staatshaupt, –(e)s, ⸚er *head of state*

die **Stadtregierung,** –en *municipal government*

die Stadtverwaltung, –en *municipal administration*
das Stadtviertel, –s, – *section of a city*
der Standpunkt, –(e)s, –e *standpoint*
die Strafanstalt, –en *penal institution*
total *total*
der **Traum**, –(e)s, ¨e *dream*
die Verwirklichung *realization, materialization*
das **Viertel**, –s, – *section of a city*
die **Volkswirtschaft** *national economy*
während *while*
weder . . . noch *neither . . . nor*
die Weimarer Republik *Weimar Republic*
die Weltpolitik *world politics*
die Weltstadt, ¨e *metropolis*
der Weltteil, –(e)s, –e *part of the world*
Westberliner (*adj.*) *West Berlin*
westlich *west, westerly, western*
das **Zentrum**, –s, (*plur.*) Zentren *center, downtown area*
die **Zerstörung**, –en *destruction*
die Zukunft *future*

abbauen *to reduce*
bestehen, bestand, bestanden *to exist*

erfüllen *to fulfill*
errichten *to erect, construct*
erscheinen, erschien, ist erschienen *to appear*
sich erstrecken *to extend*
gehören (*with dat. obj.*) *to belong to*
geraten (gerät), geriet, ist geraten *to get into, fall into;* in Gefahr geraten *to run into danger*
herauslassen (läßt heraus), ließ heraus, herausgelassen *to let out*
hereinkönnen (kann herein), konnte herein, hereingekonnt *to be able to enter*
mitnehmen (nimmt mit), nahm mit, mitgenommen *to take along*
schützen *to protect*
(sich) spalten, spaltete (sich), (sich) gespaltet or gespalten *to split*
trennen *to separate*
überstehen, überstand, überstanden *to survive*
umgeben (umgibt), umgab, umgeben *to surround*
verwandeln *to change, transform*
wiederherstellen *to restore*

Weitere Übungen

1. Combine the following pairs of sentences by using a relative pronoun:

Beispiele: Kennen Sie den Mann? Er war hier.   Kennen Sie den Mann, *der* hier war?
Das ist die Frau. Ich habe mit ihr   Das ist die Frau, mit *der* ich
gesprochen.   gesprochen habe.

a. Wir machten die Bekanntschaft eines jungen Mannes. Er begleitete uns bis an die Sektorengrenze.
b. Wir wohnen in einem Stadtviertel. Es liegt in der Nähe des Zentrums.
c. Die Kongreßhalle ist einer der Neubauten. Man kann sie in einiger Entfernung sehen.
d. Die Studenten gingen durch ein Stadtviertel. In dem Stadtviertel standen nicht viele Gebäude.
e. Köln ist eine alte Stadt. Köln liegt am Rhein.

f. Die Studenten begleiteten einen Mann. Von ihm lernten sie vieles über die Geschichte Berlins.

g. Wo ist der Zug? Wir sollen mit dem Zug fahren.

h. Ich kenne die Leute. Sie warten an der Haltestelle.

i. Das ist die Frage. Ich kann auf die Frage nicht antworten.

j. Das ist das Drama. Er sprach von dem Drama.

k. Ich kenne den Mann. Sein Wagen steht vor der Tür.

l. Wir essen heute abend in dem Gasthaus. Mein Freund arbeitet in dem Gasthaus.

m. Das sind die Nachbarn. Ihre Kinder spielen oft auf der Straße.

n. Kennen Sie die Studenten? Herr Schoening spricht mit ihnen.

o. Das sind die Kinder. Ihr Benehmen ist sehr gut.

p. Ist das die Frau? Ihr Mann arbeitet bei der Bundesbahn.

2. Combine the following pairs of sentences, using the conjunction indicated:

a. Berlin hatte damals wenig Bedeutung. Es war die Hauptstadt der Mark Brandenburg. (obwohl)

b. Ich bleibe zu Hause. Ich will einen Brief schreiben. (denn)

c. Er ist in die Stadt gefahren. Er wollte einen Freund besuchen. (weil)

d. Wissen Sie? Diese Mauer trennt die Stadt. (daß)

e. Ich wollte das Brandenburger Tor sehen. Er wollte in den Ostsektor fahren. (aber)

f. Berlin ist der Regierungssitz der DDR. Bonn ist die provisorische Hauptstadt der BRD. (während)

g. Die Studenten gingen zu Fuß weiter. Sie waren ausgestiegen. (nachdem)

h. Es stand an der Sektorengrenze. Zu beiden Seiten erstreckte sich eine Mauer. (und)

i. Sie machten die Bekanntschaft eines Lehrers. Sie fuhren mit der S-Bahn. (als)

j. Man errichtete die Mauer. Das Volk konnte nicht fliehen. (damit)

k. Die Studenten fuhren nicht über die Sektorengrenze. [Sie] stiegen an der letzten S-Bahnstation aus. (sondern)

l. Man kann das Reichstagsgebäude sehen. Man geht zum Brandenburger Tor. (wenn)

3. Answer the following questions with complete sentences:

a. Wie heißt das Tor, das an der Sektorengrenze steht?

b. Welche Stadt ist der Regierungssitz der Deutschen Demokratischen Republik?

c. Wie heißt die provisorische Hauptstadt Westdeutschlands?

d. Was war das Stadtviertel, in dem das Brandenburger Tor steht, vor dem Zweiten Weltkrieg?

e. Wie heißt der Neubau, den die Ford-Stiftung errichtet hatte?

f. Wie alt ist Köln?

g. Ist Köln älter als Berlin?

h. Ist Köln, Mainz oder Berlin die älteste Stadt?

i. In welchem Jahr errichtete man die Mauer in Berlin?

j. Wie hieß der Lehrer, dessen Bekanntschaft die Studenten in der S-Bahn gemacht hatten?

Sprechübungen

1. Fragen Sie einen Studenten/eine Studentin,

   a. was er/sie gestern gelesen hat
   b. was er/sie heute abend tun will
   c. ob das Buch, das er/sie gestern gelesen hat, auf deutsch ist
   d. ob er/sie den Film gesehen hat, der jetzt im Kino spielt
   e. ob er/sie einmal Berlin besuchen will

2. Fragen Sie andere Studenten/Studentinnen folgendes. Fangen Sie jede Frage mit „**Wissen Sie,**
   ..." an.
   Beispiel: Wissen Sie, wo Berlin liegt?   Ja, ich weiß, daß Berlin mitten in Ostdeutschland
   **   liegt.**

   a. Was trennt Westberlin von Ostberlin?
   b. Was ist das Brandenburger Tor?
   c. War die Mauer sehr nötig für den allgemeinen Wohlstand Ostdeutschlands?
   d. Ist das Reichstagsgebäude wiederhergestellt?
   e. Wer hat Berlin in vier Sektoren geteilt?
   f. Was hat den Flüchtlingsstrom plötzlich zum Stillstand gebracht?
   g. Welches Werk von Brecht wurde berühmt?
   h. Wie lange war die Pause am Institut für Ausländer?

Schriftliches

1. Rewrite the following sentences, substituting **weil** for **denn.** Make all necessary grammatical
   changes.

   a. Hier darf man das nicht tun, denn es ist zu gefährlich.
   b. Ich kenne diese Gegend sehr gut, denn ich habe früher hier gewohnt.
   c. Ich muß das heute noch machen, denn ich fahre morgen um acht Uhr ab.
   d. Er muß zu Hause bleiben, denn sein Freund soll heute morgen von Köln ankommen.
   e. Ich habe keinen Bericht geschrieben, denn ich bin gestern ins Kino gegangen.
   f. Wir können nicht länger auf ihn warten, denn der Zug fährt in zehn Minuten.

2. Write the following sentences in German:

a. Is that the house in which you (*formal*) lived while you were working for the chemical firm?

b. That wall which the East Germans erected in 1961 suddenly brought the stream of refugees to a stop.

c. The factories which had no workers could not remain in operation.

d. When the Thirty Years' War ended, Berlin had five thousand inhabitants.

e. Bertolt Brecht, whose *Threepenny Opera* we heard yesterday, had lived in the United States for several years before he returned to Germany.

f. The man with whom the students spoke was a teacher.

g. The friends whom I wanted to visit were not at home.

h. The students did not know that the Parliament Building stood near the sector boundary.

Westberlin: Das Reichstagsgebäude vor dem Brand

Grammatik

A. Coordinating Conjunctions

Coordinating conjunctions are words that connect similar sentence parts, such as two nouns, two verbs, two phrases, or two clauses. Often they connect two independent clauses. The following coordinating conjunctions occur frequently:

aber	*but*
denn	*for, because*
entweder ... oder	*either ... or*
oder	*or*
sondern	*but, but on the contrary*
und	*and*
weder ... noch	*neither ... nor*

A clause following a coordinating conjunction has normal word order.

Ich muß zu Hause bleiben, **denn** ich muß den ganzen Abend arbeiten.

Sondern introduces a correction of a preceding negative statement.

Wir fuhren nicht nach München, **sondern** nach Berlin.

B. Subordinating Conjunctions

Subordinating conjunctions introduce subordinate or dependent clauses. The following subordinating conjunctions occur frequently:

als	*than, when*	obwohl	*although*
als ob	*as if*	seitdem	*since*
bevor	*before*	sobald	*as soon as*
bis	*until*	sowie	*as well as*
da	*since*	während	*while*
damit	*in order that*	warum	*why*
daß	*that*	weil	*because*
ehe	*before*	wenn	*if, when*
indem	*while, while at the same time*	wie	*as, how*
ob	*whether*	wo	*where*

C. Transposed Word Order

In normal word order, the conjugated verb form is usually the second element of the sentence or coordinate clause. Most German subordinate clauses require transposed word order. In transposed word order, the conjugated verb form is placed at the end of the subordinate clause.

NORMAL WORD ORDER	TRANSPOSED WORD ORDER
Er **ist** jetzt hier.	Ich weiß, **daß** er jetzt hier **ist.**
Sie **muß** gleich ins Geschäft gehen.	Er weiß, **daß** sie gleich ins Geschäft gehen **muß.**
Er **ist** krank.	Er ist im Krankenhaus, **weil** er krank **ist.**
Du **hast** heute einen Brief bekommen.	Wir wissen schon, **daß** du heute einen Brief bekommen **hast.**

When a verb with a separable prefix is used in normal word order, the conjugated verb form appears in the second position with the separable prefix at the end of the sentence or coordinate clause. In transposed word order, the separable prefix and the conjugated part of the verb are joined at the end of the subordinate clause.

NORMAL WORD ORDER	TRANSPOSED WORD ORDER
Ich fahre heute **ab.**	Wissen Sie, **daß** ich heute **abfahre?**
Er kam gestern **zurück.**	Er hat mir alles erzählt, **sobald** er gestern **zurückkam.**
Die Oper fing um acht Uhr **an.**	Wir hatten nicht mehr viel Zeit, **weil** die Oper um acht Uhr **anfing.**

Self-testing 1

1. Connect the pairs of sentences with the conjunction indicated:

   a. Wir wollten länger bleiben. (aber) Der Zug fuhr schon um sechs Uhr ab.
   b. Er blieb noch ein Jahr in Bayern. (weil) Er wollte etwas länger an der Universität studieren.
   c. Sie dürfen meinen Bericht lesen. (sobald) Ich schreibe ihn.
   d. Das Wasser ist sehr schmutzig geworden. (und) Die Kinder dürfen nicht mehr schwimmen gehen.
   e. Ich weiß. (daß) Er ist sehr krank geworden.
   f. Wir fahren in die Schweiz. (aber) Die anderen Studenten wollen nach Österreich fahren.
   g. Die Stadt hatte nur wenig Einwohner. (als) Der Krieg ging zu Ende.
   h. Wir sind mit der S-Bahn zurückgefahren. (nachdem) Wir haben das Reichstagsgebäude besichtigt.

2. Connect the pairs of sentences with the conjunction indicated:

 a. Er wollte zum Bahnhof gehen. (ehe) Der Zug fuhr ab.

 b. Ich weiß nicht. (ob) Er fängt morgen mit der Arbeit an.

 c. Sie hat uns geschrieben. (daß) Sie nimmt uns das nächste Mal mit.

 d. Es war in den siebziger Jahren. (daß) Die Regierungen bauten die Spannungspolitik zwischen dem Osten und dem Westen ab.

 e. Mein Freund fuhr nach Hause. (aber) Ich stieg vor dem Museum aus.

D. Relative Pronouns

A relative pronoun usually relates a subordinate clause to a noun in the main clause. The gender and number of the relative pronoun are determined by its antecedent, the word to which it refers; the case of the relative pronoun is determined by its function in its own clause. The clause introduced by a relative pronoun requires transposed word order.

ANTECEDENT	RELATIVE PRONOUN	REMAINDER OF MAIN CLAUSE
Der Mann,	**den** wir besuchten,	wohnt schon lange in Berlin.
(*masc., sing., nom.*)	(*masc. sing., acc.*)	

The common declension of the relative pronoun is as follows:

	Singular			*Plural*
	MASCULINE	FEMININE	NEUTER	ALL GENDERS
NOMINATIVE	der	die	das	die
GENITIVE	dessen	deren	dessen	deren
DATIVE	dem	der	dem	denen
ACCUSATIVE	den	die	das	die

German relative pronouns make no distinction between persons and things.

 Das Brandenburger Tor ist ein Bau, **den** man 1791 errichtete.
       (*that*)
 Der Mann, **den** die Studenten kennenlernten, war Lehrer.
   (*whom*)
 Hast du die Mauer gesehen, **die** diese Stadt trennt?
    (*that*)

Fraulein Moreau ist die Studentin, **die** aus Paris kommt.

(*who*)

Das Stadtviertel, in **dem** das Tor steht, war früher das Zentrum.

(*which*)

Das Mädchen, mit **dem** er oft spricht, studiert hier.

(*whom*)

Was is used as a relative pronoun when the antecedent is an entire clause.

Herr Schoening ging mit den Studenten zum Brandenburger Tor, was sehr nett von ihm war.
Er wollte nicht länger hier bleiben, was ich natürlich gut verstehen konnte.

Was is used as a relative pronoun when the antecedent is **alles, das, etwas,** or **nichts.**

Das ist **alles, was** ich jetzt habe.
Das, was er mir gesagt hat, ist nicht wahr.

Self-testing 2

Connect the two clauses with the German relative pronoun as indicated:

a. Er ist der Wissenschaftler, _____ diese Zellentheorie entwickelte. (*who*)
b. Sie ist das Mädchen, _____ wir voriges Jahr in Karlsruhe kennenlernten. (*whom*)
c. Das sind die Arbeiter, _____ Schicksal so traurig ist. (*whose*)
d. Die Studentin, _____ er bei den Übungen half, kommt aus der Schweiz. (*whom*)
e. Die Weber mußten lange Stunden am Webstuhl arbeiten, _____ zu schlechten Gesundheitsverhältnissen führte. (*which*)
f. Dieser Bau, _____ man in Jahre 1791 errichtet hatte, hatte viele Siegesparaden gesehen.
(*that*)
g. Ich habe beinahe nichts verstanden, _____ man im Lautsprecher gesagt hatte. (*that*)
h. Kennst du die Leute, _____ dort stehen? (*who*)
i. Die Studenten, mit _____ er eben spricht, sind aus dem Ausland. (*whom*)
j. Das ist die Nachbarin, _____ Wagen fast immer vor unserem Hause steht. (*whose*)

Berlin: Die Sektorengrenze

Answers to Self-testing

Self-testing 1

1. a. Wir wollten länger bleiben, aber der Zug fuhr schon um sechs Uhr ab.
   b. Er blieb noch ein Jahr in Bayern, weil er etwas länger an der Universität studieren wollte.
   c. Sie dürfen meinen Bericht lesen, sobald ich ihn schreibe.
   d. Das Wasser ist sehr schmutzig geworden, und die Kinder dürfen nicht mehr schwimmen gehen.
   e. Ich weiß, daß er sehr krank geworden ist.
   f. Wir fahren in die Schweiz, aber die anderen Studenten wollen nach Österreich fahren.
   g. Die Stadt hatte nur wenig Einwohner, als der Krieg zu Ende ging.
   h. Wir sind mit der S-Bahn zurückgefahren, nachdem wir das Reichstagsgebäude besichtigt haben.

2. a. Er wollte zum Bahnhof gehen, ehe der Zug abfuhr.

   b. Ich weiß nicht, ob er morgen mit der Arbeit anfängt.

   c. Sie hat uns geschrieben, daß sie uns das nächste Mal mitnimmt.

   d. Es war in den siebziger Jahren, daß die Regierungen die Spannungspolitik zwischen dem Osten und dem Westen abbauten.

   e. Mein Freund fuhr nach Hause, aber ich stieg vor dem Museum aus.

Self-testing 2

a. der

b. das

c. deren

d. der

e. was

f. den

g. was

h. die

i. denen

j. deren

19

NEUNZEHNTE LEKTION

Grammatische Ziele:

Präpositionen mit dem Akkusativ — durch, für, gegen, ohne, um	Prepositions that require the accusative case
Da-Verbindungen mit Präpositionen	Compound words formed by combining prepositions with **da-**
Wo-Verbindungen mit Präpositionen	Compound words formed by combining prepositions with **wo-**
Das Futur	The future tense

The reading selection describes German universities and their historical backgrounds.

Einführende Beispiele

1. Die Studenten gingen durch den Wald.
   Gingen die Studenten durch den Wald oder durch das Dorf?
   Die Studenten gingen durch den Wald.

2. Für die meisten Studenten ist Deutsch leicht.
   Für wen ist Deutsch leicht?
   Für die meisten Studenten ist Deutsch leicht.

3. Der Wagen ist gegen eine Mauer gefahren.
   Ist der Wagen gegen einen Baum oder eine Mauer gefahren?
   Der Wagen ist gegen eine Mauer gefahren.

4. Ohne Arbeiter kann eine Fabrik nicht in Betrieb bleiben.
   Ohne was kann eine Fabrik nicht in Betrieb bleiben?
   Ohne Arbeiter kann eine Fabrik nicht in Betrieb bleiben.

5. Um das Dorf steht eine Mauer.
   Wo steht die Mauer?
   Die Mauer steht um das Dorf.

• • •

6. Ich fuhr gestern mit der Straßenbahn.
   Fuhren Sie auch damit?
   Ja, ich fuhr auch damit.

7. Hinter dem Haus liegt ein schöner Garten.
   Was liegt dahinter?
   Ein schöner Garten liegt dahinter.

8. Ich warte auf die Straßenbahn.
   Warten Sie auch darauf?
   Ja, ich warte auch darauf.

9. Die Regierung will die politische Spannung mit dem Osten abbauen.
   Sind Sie dafür?
   Ja, ich bin dafür.
   Sind Sie dagegen?
   Nein, ich bin nicht dagegen.

10. Ich warte auf den Zug nach München.
    Worauf warten Sie?
    Ich warte auch auf den Zug nach München.

11. Durch den Marshall-Plan erholte sich die deutsche Wirtschaft.
    Wodurch erholte sich die deutsche Wirtschaft?
    Durch den Marshall-Plan erholte sich die deutsche Wirtschaft.

12. Viele Leute sprechen gern über die Politik.
Worüber sprechen viele Leute gern?
    Viele Leute sprechen gern über die Politik.

* * *

13. Gestern ging Herr Brown ins Institut.
Heute bleibt er zu Hause, aber morgen wird er nach München fahren.
Wohin wird er fahren?
    Er wird nach München fahren.
Wann wird er nach München fahren?
    Morgen wird er nach München fahren.

14. Ich werde nächstes Wochenende hier bleiben.
Werden Sie nächstes Wochenende auch hier bleiben?
    Ja, ich werde nächstes Wochenende auch hier bleiben.

15. Die Studenten werden für morgen einen Bericht schreiben.
Was werden sie für morgen schreiben?
    Sie werden für morgen einen Bericht schreiben.

16. Herr Brown will ins Kino gehen, aber er muß zu Hause bleiben.
Er wird nicht ins Kino gehen, denn er muß einen Bericht schreiben.
Wohin will er gehen?
    Er will ins Kino gehen.
Wird er ins Kino gehen?
    Nein, er wird nicht ins Kino gehen.
Wird er einen Bericht schreiben?
    Ja, er wird einen Bericht schreiben.

Übungen

1. Beispiel: *mich*   **Er tut das ohne *mich.***

a. mich
b. sie (*her*)

c. Geld
d. seinen Freund

2. Beispiel: *Frau*   Heute abend gehe ich ohne *meine Frau* ins Kino.

a. Frau   c. Freund
b. Freundin   d. Freunde

3. Beispiel: *Verwaltung*   Er ist gegen die *Verwaltung*.

a. Verwaltung   c. Gastarbeiter
b. Demokratie   d. Regierung

4. Beispiel: *Park*   Wir fuhren langsam durch *den Park*.

a. Park   d. Stadt
b. Dorf   e. Wald
c. Feld   f. Wälder

5. Beispiel: *Schloß*   Die Straße geht um *das Schloß*.

a. Schloß   d. Fabrik
b. Park   e. Tor
c. Kirche   f. Bahnhof

6. Beispiel: *Regierung*   Er spricht für *seine Regierung*.

a. Regierung   c. Firma
b. Verwaltung   d. Freund

7. Beispiel: **Für wen arbeitet er schon lange?** (*Volk*)   Er arbeitet schon lange für
                                                                  das Volk.

a. Für wen arbeitet er schon lange? (Volk)
b. Für wen hat er das getan? (Kinder)
c. Für wen will er das tun? (Jugend)
d. Ohne was ging er nach Hause? (Jacke)
e. Ohne was hat sie die Reise gemacht? (Gepäck)

8. Beispiel: **Wofür ist er?** (*Demokratie*)   Er ist *für die Demokratie*.

a. Wofür ist er? (Demokratie)
b. Wogegen ist er? (Verwaltung)
c. Wogegen sind Sie? (Regierung)
d. Wofür sind die meisten Amerikaner? (Demokratie)
e. Worüber spricht er? (Probleme des Schulwesens)
f. Womit schreiben Sie? (Kugelschreiber)
g. Worauf liegt der Bericht? (Tisch)
h. Wovon sprachen Sie eben? (Wirtschaft)
i. Worauf warten Sie? (Straßenbahn)
j. Woran denkt er immer? (Heimat)

9. Beispiel: Er ist *für die Demokratie*.   Er ist *dafür*.

a. Er ist für die Demokratie.

b. Das Volk ist für die Republik.

c. Wir sind gegen diese Theorie.

d. Er bat mich um Geld.

e. Ich denke oft an die Heimat.

f. Hast du schon von dem Drama gehört?

g. Mein Geschäft ist neben der Post.

h. Er schreibt mit dem Kugelschreiber.

i. Er sprach über die vielen Probleme Berlins.

j. Nach dem Volksfest ist alles wieder ruhig.

k. Der Tisch steht neben dem Fenster.

l. Deine Uhr liegt auf dem Tisch.

m. Der Garten liegt vor dem Hause.

n. Er sitzt schon im Wagen.

o. Wir warten auf den Zug.

10. Beispiel: Steht der Stuhl *neben dem Fenster?*   Ja, der Stuhl steht *daneben*.

a. Steht der Stuhl neben dem Fenster?

b. Warten Sie auf den nächsten Zug?

c. Liegt das Buch auf dem Tisch?

d. Haben Sie von dem Geschäft gehört?

e. Steht eine Mauer vor dem Schloß?

f. Liegt die Post zwischen dem Rathaus und der Kirche?

g. Denkt er oft an die Heimatstadt?

h. Hat er über die Probleme der Gastarbeiter gesprochen?

i. Steht der Dom hinter dem Park?

j. Sind Sie bei der Sitzung gewesen?

k. Hat er Sie um Geld gebeten?

l. Liegt das Buch unter der Zeitschrift?

m. Haben Sie das Problem in Ihrem Bericht erklärt?

n. Sind Sie gegen die Politik in der DDR?

11. Beispiel: *bleiben*   Wir werden nicht lange *bleiben*.

a. bleiben

b. warten

c. arbeiten

d. auf ihn warten

12. Beispiel: *verstehen*   Er wird es nicht *verstehen*.

a. verstehen

b. lesen

c. begreifen

d. tun

13. Beispiel: *nächste Woche*   **Meine Freunde werden** *nächste Woche* **zu uns kommen.**

a. nächste Woche   c. in drei Tagen
b. morgen   d. nächsten Monat

14. Beispiel: *studieren*   **Wirst du nächstes Jahr** *studieren?*

a. studieren   c. in die Schweiz reisen
b. nach Deutschland fahren   d. deinen Doktor machen

15. Beispiele: *wir*   **Wir werden bald in die Schweiz reisen.**
                     ihr   **Ihr werdet bald in die Schweiz reisen.**

a. wir   d. meine Freunde
b. ihr   e. du
c. er   f. ich

16. Beispiel: *ich*   **Ich werde es wohl nicht finden.**

a. ich   d. das Kind
b. wir   e. ihr
c. du   f. Sie

Fragen

1. Wie lange wird er hier bleiben?
2. Was werden Sie im Sommer zu Hause tun?
3. Werden Sie leicht krank?
4. Wird Ihr Freund gesund werden, wenn er zum Arzt geht?
5. Wollen Sie Arzt oder Professor werden?
6. Wann werden wir nach Berlin fliegen?
7. Wann wollen Sie in die Schweiz reisen?
8. Arbeiten Sie an dem Bericht?
9. Woran arbeitet er?
10. Worüber wird er heute abend sprechen?
11. Dort ist die Post. Ist das Geschäft daneben?
12. Bat er Sie um Geld?

Ein Teil der Vergangenheit in Norddeutschland

Lesestück:

Universität und Student

Herr Jones, der jetzt mit Anneliese Neumann gut befreundet war, war eines Abends bei
der Familie Neumann, als Ernst Neumann, ein Vetter von Anneliese, auf Besuch kam.
Ernst war Student an einer deutschen Universität. Paul Jones hatte, wie es oft bei
Amerikanern der Fall ist, eine romantische Vorstellung von der deutschen Universität
5 und dem Studentenleben. Durch seine neue Bekanntschaft mit Ernst lernte er vieles
über die deutsche Universität, und dabei war er über den großen Unterschied zwischen
den amerikanischen und den deutschen Universitäten erstaunt.

„Der Amerikaner", sagte Fräulein Neumanns Vetter, „der die Hochschulen
Deutschlands und Amerikas vergleichen will, wird nicht sofort verstehen, daß die
10 beiden kaum vergleichbar sind. Er wird wohl staunen, daß die Verwaltung der deutschen Universität so klein ist und daß es keine *quizzes, transcripts, credits* und selten
tests gibt. Er wird es kaum begreifen, daß ein deutscher Student selbst verantwortlich
dafür ist, seine Vorlesungen in sein Studienbuch einzutragen, weil die Verwaltung der
Universität nicht immer ein Verzeichnis davon führt. Oft wird das Studienbuch der
15 einzige Beweis sein, daß der Student sich überhaupt auf der Universität immatrikulieren
ließ."

[425]

Während des Gesprächs mit Ernst lernte Paul folgendes über die deutschen Universitäten:

Im Jahre 1348 entstand in Prag die erste Universität im Heiligen Römischen
20 Reich.[1] Darauf folgten 1365 Wien und 1386 Heidelberg. Kaum ein Jahrhundert später
waren es neunzehn Universitäten, die sich in deutschsprachigen Gebieten befanden.
Einer der Einflüsse, unter denen man im Spätmittelalter so viele Hochschulen gründete,
war der Humanismus, eine intellektuelle Bewegung, die sich von Italien aus über
Westeuropa ausbreitete. Der Humanismus führte zu einem Wiederaufleben der Antike
25 und brachte damit eine neue Lebensanschauung in den etwas beschränkten mittelalter-
lichen Gedankenkreis. Um die humanistische Wissenschaft zu verbreiten, gründete man
Unterrichtsstätten, die heute noch als berühmte Universitäten die humanistische Tradition aufrechterhalten.

Der Unterricht an der alten Universität bestand hauptsächlich aus Vorlesungen
30 und Disputationen. Der Professor disputierte mit seinen Kollegen und der Student mit
seinem Professor, denn man hielt die Disputation damals für sehr nützlich. Daraus
entstand die mündliche Doktorprüfung. Wenn man disputieren wollte, stellte man
Thesen auf und lud andere Gelehrte ein, darüber zu disputieren. Die berühmten fünfundneunzig Thesen, die Dr. Martin Luther an die Tür der Wittenberger Kirche an-
35 schlug und die den Anfang der Reformation bezeichneten, waren im Grunde nur
Lehrsätze, die der Professor gegen andere Geistliche zu verteidigen hoffte.

Wie der Mönch, der Ritter und der Bauer, ist auch der Student für das Mittelalter
stereotyp und erscheint immer wieder in der spätmittelalterlichen Dichtung. Dieser
wechselte oft seine Lehrstätte, wanderte auf der Suche nach Weisheit von einer
40 Universität zur anderen und lebte hauptsächlich vom Betteln und von seiner
Schlauheit.

Hans Sachs (1494–1576), Schuhmachermeister und Dichter, verfaßte eine Menge
Fastnachtspiele, kurze Dramen, deren Aufführungen an den Festtagen vor der Fastenzeit stattfanden. Eines seiner berühmtesten Fastnachtspiele heißt „Der Fahrend Schuler
45 im Paradeiß" (modernes Deutsch: „Der fahrende Schüler im Paradies"),[2] in welchem der
Student seine Schlauheit beweist:

Einmal wanderte ein Student von der Universität in die Heimat. Er hatte großen
Hunger· und kein Geld. Unterwegs erblickte er eine Bäuerin in ihrem Garten. Er ging zu
ihr und bat sie um etwas zum Essen. Sie wollte wissen, woher er kam. „Aus Paris",
50 antwortete er, aber die Frau, die wenige Kenntnisse in der Geographie hatte, hörte
„Paradies" anstatt „Paris". Dann fragte sie, ob er ihren verstorbenen Mann im Paradies
kannte, und beschrieb, wie er aussah. Natürlich antwortete der Student „ja" darauf.

„Es geht ihm sehr schlecht im Paradies", fuhr er fort, „weil er Hunger leidet und
schlechte Kleidung hat. Die anderen Seelen helfen ihm nur wenig."
55 Bei diesen Worten ging die Bäuerin ins Haus und brachte dem Studenten ein

---

[1] **das Heilige Römische Reich** the Holy Roman
Empire. Regarded as a continuation of the
Roman Empire, it endured from A.D. 962 until it
was dissolved by Napoleon in 1806.

[2] See page 571 for the following story printed in
Fraktur.

Bündel mit Lebensmitteln und Kleidern, das er ihrem verstorbenen Mann bringen sollte.

„Das wird Ihrem verstorbenen Mann ganz gewiß eine große Freude machen", bemerkte der Student.

60   Nach gegenseitigen Ausdrücken der Dankbarkeit machte sich der Student schnell auf den Weg ins „Paradies". Bald kam der zweite Mann der gescheiten Frau nach Hause. Als er von seiner Frau hörte, was eben geschehen war, stieg er zornig auf sein Pferd und ritt dem Studenten nach, um seine Kleider und Lebensmittel zurückzu-bekommen. Dieser hörte bald das Trapp-Trapp des Pferdes hinter sich, verbarg das

65   Bündel unter einem Busch und wartete auf den Bauern. Als der Bauer den Studenten erblickte, fragte er nach einem Studenten mit einem Bündel. Der hilfsbereite Student zeigte auf den nahen Wald und sagte: „Ich habe einen Studenten gesehen, der eben in dem Wald verschwunden ist. Er wird wohl noch da sein."

Nun bat ihn der Bauer darum, sein Pferd zu halten, und damit verschwand er auch

70   im Wald. Ohne weiteres holte der Student das verborgene Bündel hervor, stieg auf das Pferd und ritt schnell davon. Als der Bauer ohne Studenten und ohne Bündel zurück-kam und fand, daß jetzt auch sein Pferd verschwunden war, ging ihm plötzlich ein Licht auf. Langsam ging er zu Fuß nach Hause und sagte zu seiner Frau, die gespannt auf ihn gewartet hatte: „Ich habe den Studenten gefunden und ihm mein Pferd gegeben, damit

75   er schneller ins Paradies kommt."

Wortschatz

die Antike *classical antiquity*
   beschränkt *limited*
die **Bewegung,** –en *motion, movement*
der Beweis, –es, –e *proof, evidence*
das Bündel, –s, – *bundle, parcel*
der Busch, –es, ¨–e *bush*
   dabei *with, at or near it, them or that*
   dadurch *through it, them or that*
   dafür *for it, them or that*
   dagegen *against it, them or that*
   dahinter *behind it, them or that*
   danach *after or according to it, them or that*
   daneben *by or near it, them or that*
die Dankbarkeit *gratitude*
   daran *on, to, in, at or about it, them or that*
   daraus *out of or from it, them or that*
   darin *in it, them or that*
   darum *for or about it, them or that*

darunter *below or beneath it, them or that; among them*
davon *of, from or about it, them or that*
davor *in front of it, them or that*
dazwischen *between them*
deutschsprachig *German-speaking*
die **Dichtung,** –en *poetry, literature*
die Disputation, –en *debate*
die Doktorprüfung, –en *doctoral examination*
fahrend *traveling, wandering*
der **Fall,** –(e)s, ¨–e *case*
das Fastnachtspiel, –(e)s, –e *Shrovetide play or farce*
der Festtag, –(e)s, –e *holiday*
   ganz gewiß *most certainly*
der Gedankenkreis, –es, –e *range of ideas*
   gegenseitig *mutual, reciprocal*

der Geistliche, –n, –n *clergyman*
der Gelehrte, –n, –n *scholar*
die Geographie *geography*
   gescheit *clever*
   gespannt *in suspense, tense*
der **Grund**, –(e)s, ̈-e *reason, basis;*
   im Grunde *basically*
   hauptsächlich *principal, main, chief*
   hilfsbereit *helpful*
der Humanismus, – *humanism*
   humanistisch *humanistic*
der **Hunger**, –s *hunger;* Hunger leiden
   to suffer from hunger
   intellektuell *intellectual*
die **Kenntnis**, –se *knowledge;* wenige
   Kenntnisse *little knowledge*
die **Kleidung** *clothing*
der Kollege, –n, –n *colleague*
die Lebensanschauung *philosophy of life*
die Lebensmittel (*plur.*) *food, foodstuffs*
der Lehrsatz, –es, ̈-e *proposition, topic*
   for debate, thesis
die Lehrstätte, –n *place of instruction,*
   school
das **Licht**, –(e)s, –er *light;* es ging ihm
   ein Licht auf *it dawned on him*
der **Mann**, –(e)s, ̈-er *husband*
   mittelalterlich *medieval*
   mündlich *oral*
   nützlich *useful*
   ob *whether*
   ohne weiteres *without further ado*
das Paradies, –es *paradise*
das **Pferd**, –(e)s, –e *horse*
(das) Prag, –s *Prague*
die Reformation *Reformation*
der **Ritter**, –s, – *knight*
   romantisch *romantic*
die Schlauheit *slyness, cunning*
der Schuhmachermeister, –s, – *master*
   cobbler
die **Seele**, –n *soul*
das Spätmittelalter, –s *late Middle Ages*
   spätmittelalterlich *late medieval*
   stereotyp *stereotypic*
das Studentenleben, –s *student life*
das Studienbuch, –(e)s, ̈-er *course book*
die Suche *search;* auf der Suche nach
   in search of
die These, –n *thesis, proposition, topic*
die Tradition, –en *tradition*
das Trapp-Trapp *clip-clop*
   überhaupt *at all*

die Unterrichtsstätte, –n *place of instruc-*
   tion
   vergleichbar *comparable*
   verstorben *deceased*
das Verzeichnis, –ses, –se *record, index;*
   ein Verzeichnis führen *to keep a*
   record
die **Vorlesung**, –en *lecture*
die Vorstellung, –en *concept, notion*
der **Weg**, –(e)s, –e *way, path;* sich auf
   den Weg machen *to start out*
die **Weisheit** *wisdom*
(das) Westeuropa, –s *Western Europe*
das Wiederaufleben, –s *revival*
die **Wissenschaft**, –en *science; knowledge*
   Wittenberger (*adj.*) *Wittenberg*
   wobei *at which, at what*
   wodurch *through what, through which,*
   by what means
   wofür *for what, for which*
   wogegen *against what, against which*
   woran *at what, at which; about what;*
   woran denken Sie? *what are you*
   thinking about?
   worauf *on what, on which*
   woraus *out of what, out of which*
   wovon *of what, of which;* wovon
   sprechen Sie? *what are you talking*
   about?
   zornig *angry*

anschlagen (schlägt an), schlug an,
   angeschlagen *to affix, post, nail*
aufrechterhalten (erhält aufrecht),
   erhielt aufrecht, aufrechterhalten
   to maintain, support
sich ausbreiten *to spread out*
sich befinden, befand sich, sich befunden
   to be, be situated
befreundet sein (mit) *to be a friend*
   (of), be friends
bestehen, bestand, bestanden (aus) *to*
   consist (of)
bezeichnen *to mark, designate*
davonreiten, ritt davon, ist davongeritten *to ride away*
disputieren *to debate*
eintragen (trägt ein), trug ein, eingetragen *to record, make an entry*
fragen (nach) *to inquire (about)*
geschehen (geschieht), geschah, ist
   geschehen *to happen*
gründen *to found, establish*

hervorholen   *to bring forth, fetch*
hoffen   *to hope*
sich immatrikulieren lassen   *to register, matriculate*
nachreiten, ritt nach, ist nachgeritten   *to ride after*
staunen   *to be astonished, surprised*
steigen, stieg, ist gestiegen   *to climb*
verbergen (verbirgt), verbarg, verborgen   *to hide*

verfassen   *to write (a book, an article, etc.)*
vergleichen, verglich, verglichen   *to compare*
verteidigen   *to defend*
wandern, ist gewandert   *to wander*
wechseln   *to change*
zeigen auf (*with acc.*)   *to point at, point to*
zurückbekommen, bekam zurück, zurückbekommen   *to receive, get back*

Hans Sachs

Weitere Übungen

1. Read the following sentences, substituting the preposition in parentheses for the one in bold-face. Make any other necessary changes.

   a. Er fuhr **zum** Dorf. (durch)
   b. Ich bin **für** die neue Politik. (gegen)
   c. Willst du **mit** mir in die Stadt fahren? (ohne)
   d. Wir werden **in** die Berge fahren. (durch)
   e. **Nach** der Jahrhundertwende wurde der Stil anders. (um)
   f. Er hat oft **über** die Gastarbeiter geredet. (für)
   g. **An** dem Tisch standen einige Stühle. (um)
   h. **Vor** dem Museum liegt ein schöner Park. (um)

2. Read the following sentences, substituting a **da**-compound for the expression in boldface:

   a. Ich werde morgen **bei der Sitzung** sein.
   b. Der deutsche Student ist verantwortlich **für sein Studienbuch.**
   c. **Unter den Büchern** war eine Geschichte Berlins.
   d. Der Amerikaner hat eine romantische Vorstellung **von dem deutschen Studentenleben.**
   e. **Aus der Disputation** entstand die mündliche Doktorprüfung.
   f. Die Kirche war **gegen die Reformation.**
   g. Der Student erschien manchmal **in den Fastnachtspielen.**
   h. **Bei diesen Worten** ging die Frau ins Haus.
   i. **Nach dem Essen** gingen wir in die Oper.
   j. Der Bauer erblickte den Studenten **hinter einem Baum.**
   k. Der Student verbarg das Bündel **unter einem Busch.**
   l. Der Bauer bat ihn **um das Bündel.**
   m. Die Frau wartete **auf Auskunft von ihrem verstorbenen Mann.**
   n. **Durch seine neue Bekanntschaft** lernte er vieles über das Studentenleben.
   o. Wir sprachen lange **über die Probleme der Wasserverseuchung.**

3. Answer the following questions with complete sentences, using the expressions in parentheses and making any other necessary changes:

   a. Woran denken Sie? (die Freunde in der Heimat)
   b. Woraus entstand die mündliche Doktorprüfung? (die Disputation)
   c. Worüber wird er morgen sprechen? (das Problem des Schulwesens)
   d. Wodurch lernte er vieles über die deutsche Universität? (die neue Bekanntschaft)
   e. Wofür ist der deutsche Student verantwortlich? (sein Studienbuch)
   f. Wobei hat sie Ihnen geholfen? (die Arbeit)
   g. Wofür hielt man früher die Disputation? (sehr nützlich)
   h. Worauf hat er gewartet? (der nächste Zug)

4. Answer the following questions, using either a pronoun as the object of a preposition or a **da**-compound:

    a. Haben Sie mit der Frau gesprochen?

    b. Haben Sie mit dem Kugelschreiber geschrieben?

    c. Haben Sie lange auf diese Leute gewartet?

    d. Wie lange mußte er auf den Zug warten?

    e. Wann schrieb sie an ihre Eltern?

    f. War er gestern bei seinem Freund?

    g. Waren Sie gestern bei der Sitzung?

    h. Steht der Dom neben dem Kloster?

    i. Hat der Bauer nach dem Studenten gefragt?

    j. Fragten Sie nach seiner Gesundheit?

5. Read the following sentences in the future tense:

    a. Er versteht das nicht.

    b. Fahren Sie nächste Woche in die Schweiz?

    c. Du verstehst solche Theorien nicht.

    d. Ich studiere nächstes Jahr in Bonn.

    e. Arbeitet ihr morgen daran?

    f. Wir steigen an der nächsten Haltestelle aus.

    g. Mein Vetter fährt morgen ab.

    h. Der Bauer reitet dem Studenten nach.

6. Answer the following questions with complete sentences:

    a. Was bezeichnete den Anfang der Reformation?

    b. Was verfaßte Hans Sachs?

    c. Was mußte ein Gelehrter tun, wenn er mit anderen disputieren wollte?

    d. Erschienen der Mönch und der Ritter in der Dichtung des Mittelalters?

    e. Wohin wanderte ein Student einmal?

    f. Wen erblickte der Student in einem Garten?

    g. Wie ging es dem ersten Mann der Frau im Paradies?

    h. Was war in dem Bündel?

    i. Warum ritt der Bauer dem Studenten nach?

    j. Wer ist schnell davongeritten, sobald der Bauer im Walde verschwand?

Sprechübungen

1. Fragen Sie den Studenten/die Studentin neben Ihnen,

   a. was er/sie nächsten Sommer machen wird
   b. ob er/sie im Sommer hier bleiben wird
   c. ob er/sie nächstes Jahr nach Deutschland reisen wird
   d. was er/sie morgen machen wird
   e. was er/sie werden will
   f. ob er/sie heute abend mit anderen Studenten ins Kino gehen wird
   g. wann er/sie in die Heimat fahren wird

2. Fragen Sie einen Studenten/eine Studentin,

   a. womit er/sie das Schriftliche geschrieben hat   (Kugelschreiber)
   b. woran er/sie oft denkt   (Tage in der Heimat)
   c. an wen er/sie oft denkt   (Freundin/Freund)
   d. worauf er/sie heute morgen gewartet hat   (Omnibus)
   e. auf wen er/sie oft warten muß   (andere Studenten)
   f. wovon der mittelalterliche Student hauptsächlich lebte   (Betteln, seine Schlauheit)

Schriftliches

1. Write answers to the following questions, using a **da**-compound:

   a. Fahren Sie mit der S-Bahn in die Stadt?
   b. Entstand die mündliche Doktorprüfung aus der Disputation?
   c. Arbeitet er an den Übungen?
   d. Ist der Artikel in dieser Zeitschrift?
   e. Liegt die Post neben dem Rathaus?
   f. Waren Sie bei der letzten Sitzung?
   g. Bat er Sie um Geld?
   h. Sind die Fachleute gegen diese Theorie?

2. Write the following sentences in German:

   a. The street goes through the village and around the forest.
   b. Are you (*fam. plur.*) for it or against it?
   c. Tomorrow we are going to have visitors from Berlin.
   d. Did he ask (**bitten**) you (*formal*) for (**um**) money in order to buy a car?
   e. Here is the church, and my friend's house is next to it.

f. Since (**da**) we don't know when the mailman will come, we will ask the landlady about it.

g. You (*fam. sing.*) know where the post office and the inn are, don't you? My store is between them.

h. Will you (*fam. plur.*) visit us next summer?

Grammatik

A. Prepositions with the Accusative Case

The objects of the following prepositions are always in the accusative case:

durch	*through, by means of*	ohne	*without*
für	*for*	um	*around*; *at* (*with expressions of time*)
gegen	*against, toward*		

Wir gingen **durch den Wald.**

Durch diese Bekanntschaft lernte ich etwas von der Geschichte Berlins.

Durch schwere Arbeit kann man reich werden.

Für mich ist die deutsche Sprache sehr leicht.

Sein Wagen ist **gegen einen Baum** gefahren.

Wir sind **gegen die Politik** im Osten.

Gegen Abend kamen wir an die Grenze.

Ohne Geld kommt man nicht weiter.

Ohne solche Probleme ist das Leben schwer genug.

Um den Garten stehen viele Bäume.

Wir fuhren schnell **um den hohen Berg.**

Um acht Uhr bin ich zu ihm gegangen.

Self-testing 1

Supply the correct form of the prepositional objects indicated:

a. Sie fuhren durch ———— der kleinen Stadt.   (die Straßen)

b. Er hatte vor vielen Jahren für —————— gearbeitet.   (ich)

c. Die Kirche war gegen ————.   (seine Bücher)

d. Durch ———— haben wir viel über das Zellgewebe gelernt.   (dieser berühmte Forscher)

e. Ohne ———— haben sie wenig Fortschritte gemacht.   (ein festes Ziel)

f. Das habe ich für ———— gemacht.   (du)

g. Wir können nicht ohne ———— abfahren.   (er)

h. Es waren zu viele Bäume um ————.   (der Garten)

Ohne and **um** are used to introduce dependent infinitive phrases. With an infinitive, **ohne** retains the prepositional meaning "without," but **um** assumes the meaning "in order to."

Ich stieg in den Zug, **ohne zu wissen,** wohin er fuhr.

*I boarded the train **without knowing** where it was going.*

Der Bauer suchte lange, **ohne den Studenten zu finden.**

*The peasant searched a long time **without finding the student.***

Man gründete Universitäten, **um den Humanismus zu verbreiten.**

*Universities were founded **in order to** spread humanism.*

Ich fuhr in die Stadt, **um Kleidung zu kaufen.**

*I went to town **in order to buy some clothes.***

Self-testing 2

Supply the German translation of the following English phrases:

a. *Without drinking the wine*, verließ er das Gasthaus.
b. *Without going home*, gingen wir nach der Arbeit ins Kino.
c. *In order to understand him*, mußt du ihn gut kennen.
d. Wir fuhren gestern aufs Land, *in order to visit an old monastery*.
e. Ich will nicht nach Europa fahren, *without visiting Austria*.

Westberlin: Ein Seiltänzer

B. **Da**-Compounds

Da can be combined with most prepositions to replace prepositional phrases in which the object would be a pronoun with an inanimate antecedent. Exceptions are prepositions with objects in the genitive case, as well as **seit** and **ohne**.

> Hier ist der Bericht. Was halten Sie **davon?**
> Nicht weit vom Rathaus ist die Post, und mein Geschäft liegt gleich **daneben.**
> Dort steht sein Haus, und **dahinter** liegt ein schöner Garten.
> Die Regierung der BRD will die Spannung zwischen Ost- und Westdeutschland abbauen; manche Deutschen sind **dagegen,** während andere sehr **dafür** sind.
> Er war bei der Sitzung. Waren Sie auch **dabei?**
> Hier ist mein Kugelschreiber; Sie dürfen **damit** schreiben.

If the preposition begins with a vowel, **dar-** precedes it in the compound.

> Wartest du auf die Straßenbahn? Ja, ich warte **darauf.**
> Haben Sie den Bericht schon geschrieben? Nein, aber ich arbeite **daran.**
> Hier ist die neue Zeitschrift; lesen Sie den ersten Artikel **darin.**
> In den Städten mit viel Industrie gibt es oft Luftverseuchung, und man spricht oft **darüber.**

Self-testing 3

1. Replace the boldface prepositional phrase with a **da**-compound whenever possible. Otherwise, substitute a personal pronoun for the object of the preposition.

   a. **Nach dem Konzert** kommen die Studenten bei uns vorbei.
   b. Er bekam gestern einen Brief **von den Eltern.**
   c. Sie fährt jeden Tag **mit ihrem Wagen.**
   d. Goethe hat als Kind **in diesem Hause** gewohnt.
   e. Einige Schüler sind **ohne ihre Berichte** zur Schule gekommen.

2. Answer the following questions using a **da**-compound:

   a. Liegt das Buch auf dem Tisch?   (Nein, . . .)
   b. Hängt die Landkarte über der Wandtafel?   (Ja, . . .)
   c. Steht sein Haus neben der alten Kirche?   (Ja, . . .)
   d. Sind Sie für seine Politik?   (Nein, . . .)
   e. Wartest du schon lange auf den nächsten Zug?   (Ja, . . .)

C. Wo-Compounds

The formation of **wo**-compounds is similar to that of **da**-compounds. **Wo**-compounds are used in questions that in English often begin with "what" and end with a preposition. If the preposition begins with a vowel, **wor-** precedes it in the compound. Prepositions with objects in the genitive case and **seit** and **ohne** are not used in **wo**-compounds. **Seit** and **ohne** appear in questions as **seit wann** and **ohne was.**

> **Worauf** wartet ihr?   *What are you waiting **for?***
> **Womit** schreiben Sie?   *What are you writing **with?***
> **Worüber** hat der Professor gesprochen?
> **Wofür** ist er eigentlich?
> **Woran** hast du gedacht?
> **Wovon** spricht sie?

In colloquial speech the **wo**-compound is sometimes replaced by the preposition and **was.**

> **Womit** fährst du eigentlich? = **Mit was** fährst du eigentlich?

Self-testing 4

Translate the following sentences into German, using the verb indicated and forming a **wo**-compound with the preposition:

a. What did he ask for?   **(bitten) (um)**
b. What are the children playing with?   **(spielen) (mit)**
c. What are you talking about?   **(sprechen) (von)**
d. What are they against?   **(sein) (gegen)**
e. What did he write about?   **(schreiben) (über)**

D. The Future Tense

In German, events occurring in the future are often expressed by the present tense and an adverb of time.

> Wir **fliegen** morgen nach Wien.   *We **are flying** to Vienna tomorrow.*

The future tense is formed with the present tense of **werden** as the auxiliary verb and the infinitive of the main verb.

ich werde sehen   wir werden sehen
du wirst   sehen   ihr werdet sehen
er   sie
sie } wird sehen   Sie } werden sehen
es

Morgen **werde** ich zu Hause **bleiben.**
Wir **werden** nächste Woche nach Österreich **fahren.**
Wann **wirst** du in Köln **sein**?
Er **wird** noch ein Jahr in Bonn **studieren.**

The modal auxiliary **wollen** is not used as the conjugated verb in the formation of the future tense.

PRESENT TENSE WITH **wollen**   FUTURE TENSE

Er **will** hier bleiben.   Er **wird** hier **bleiben.**
*He **wants** to stay here.*   *He **will** stay here.*

Die Kinder **wollen** das Museum besuchen.   Die Kinder **werden** das Museum **besuchen.**
*The children **want** to visit the museum.*   *The children **will visit** the museum.*

The future tense used with the adverb **wohl** expresses probability.

Das wird **wohl** nicht so schlimm sein.   *That **probably** won't be so bad.*
Er wird **wohl** bald ankommen.   *He will **probably** arrive soon.*

Self-testing 5

Restate the following sentences in the future tense:

a. Wir fahren morgen in die Heimat.
b. Nächsten Sommer verbringt meine Familie zwei Wochen in den Bergen.
c. Mein Freund macht im Frühling sein Abitur.
d. Am Freitagabend gehen wir in die Oper.
e. Was machst du übers Wochenende?
f. Ihr lest heute abend das Lesestück, nicht wahr?
g. Er fängt bald an, seinen Bericht zu schreiben.

München: Karlstor am Karlsplatz (Stachus)

Answers to Self-testing

Self-testing 1

a. die Straßen

b. mich

c. seine Bücher

d. diesen berühmten Forscher

e. ein festes Ziel

f. dich

g. ihn

h. den Garten

Self-testing 2

a. ohne den Wein zu trinken

b. ohne nach Hause zu gehen

c. um ihn zu verstehen

d. um ein altes Kloster zu besuchen

e. ohne Österreich zu besuchen

Self-testing 3

1. a. danach

   b. von ihnen

   c. damit

d. darin

e. ohne sie

2. a. Nein, das Buch liegt nicht darauf.

   b. Ja, die Landkarte hängt darüber.

   c. Ja, sein Haus steht daneben.

d. Nein, ich bin nicht dafür.

e. Ja, ich warte schon lange darauf.

Self-testing 4

a. Worum bat er?

b. Womit spielen die Kinder?

c. Wovon sprechen Sie?

d. Wogegen sind sie?

e. Worüber schrieb er?

Self-testing 5

a. Wir werden morgen in die Heimat fahren.

b. Nächsten Sommer wird meine Familie zwei Wochen in den Bergen verbringen.

c. Mein Freund wird im Frühling sein Abitur machen.

d. Am Freitagabend werden wir in die Oper gehen.

e. Was wirst du übers Wochenende machen?

f. Ihr werdet heute abend das Lesestück lesen, nicht wahr?

g. Er wird bald anfangen, seinen Bericht zu schreiben.

20

ZWANZIGSTE LEKTION

Grammatische Ziele:

Das Passiv   The passive voice
Das Zustandspassiv   The statal passive
Reflexive Verben   Reflexive verbs

The reading selection tells of the experiences of two American students who visit friends in Switzerland.

Einführende Beispiele

1. Robert Brown ist sehr fleißig.
   Er macht jeden Tag seine Aufgaben.
   Seine Aufgaben werden jeden Tag gemacht.
   Was wird jeden Tag gemacht?
   Seine Aufgaben werden jeden Tag gemacht.

2. Heute machen Robert und Paul eine Reise in die Schweiz.
   Heute wird eine Reise in die Schweiz gemacht.
   Was wird heute gemacht?
   Heute wird eine Reise in die Schweiz gemacht.

3. Hier ist eine neue Brücke.
   Man baute letztes Jahr die Brücke.
   Sie wurde letztes Jahr gebaut.
   Wann wurde die Brücke gebaut?
   Die Brücke wurde letztes Jahr gebaut.

4. Die Studenten besichtigten gestern einen Dom.
   Sie haben viele Aufnahmen davon gemacht.
   Viele Aufnahmen sind gemacht worden.
   Sind viele Aufnahmen gemacht worden?
   Ja, viele Aufnahmen sind gemacht worden.

5. Ich gehe an die Tür und schließe sie.
   Die Tür wird geschlossen.
   Wird die Tür geschlossen?
   Ja, die Tür wird geschlossen.
   Wurde die Tür geschlossen?
   Ja, die Tür wurde geschlossen.
   Wurde die Tür von mir geschlossen?
   Ja, die Tür wurde von Ihnen geschlossen.

6. Ich habe die Tür geschlossen.
   Die Tür ist von mir geschlossen worden.
   Von wem ist die Tür geschlossen worden?
   Die Tür ist von Ihnen geschlossen worden.
   Ist die Tür jetzt geschlossen?
   Ja, die Tür ist jetzt geschlossen.

7. Eine Studentin hat das Fenster geöffnet.
   Von wem ist das Fenster geöffnet worden?
   Das Fenster ist von einer Studentin geöffnet worden.
   Ist das Fenster jetzt geöffnet?
   Ja, das Fenster ist jetzt geöffnet.

8. Herr Brown besuchte einen guten Freund.
   Der Freund sagte: „Setz' dich auf das Sofa!"
   Was sagte der Freund zu ihm?
   Der Freund sagte zu ihm: „Setz' dich auf das Sofa!"

9. Herr Brown setzte sich auf das Sofa.
   Wer setzte sich auf das Sofa?
       Herr Brown setzte sich auf das Sofa.

10. Ich habe mich erkältet.
    Haben Sie sich auch erkältet?
        Ja, ich habe mich auch erkältet.

11. Die Studenten entschlossen sich, in die Schweiz zu reisen.
    Wer entschloß sich, in die Schweiz zu reisen?
        Die Studenten entschlossen sich, in die Schweiz zu reisen.

Übungen

1. **Beispiel:** *gemacht*   **Die Aufgaben werden jeden Tag *gemacht*.**

   a. gemacht
   b. geschrieben

   c. gelesen
   d. durchgearbeitet

2. **Beispiel:** *hier*   ***Hier* wird Deutsch gesprochen.**

   a. hier
   b. im Klassenzimmer

   c. im Geschäft
   d. in der Schweiz

3. **Beispiel:** *ich*   ***Ich werde* eingeladen, ihn zu besuchen.**

   a. ich
   b. wir
   c. meine Eltern

   d. du
   e. Sie
   f. er

4. **Beispiel:** *die Fabrik*   ***Die Fabrik wurde* letztes Jahr gebaut.**

   a. die Fabrik
   b. dieses Haus

   c. das Geschäft
   d. die Geschäfte

5. **Beispiel:** *ihm*   **Ich wurde von *ihm* eingeladen, mitzufahren.**

   a. ihm
   b. seinem Freund

   c. seiner Familie
   d. meinen Freunden

6. Beispiel: *der Bericht*   *Der Bericht ist* schon geschrieben worden.

a. der Bericht

b. die Aufgabe

c. die Übungen

d. der Artikel

7. Beispiel: *er*   Der Bericht wurde von *ihm* geschrieben.

a. er

b. ich

c. sie (*they*)

d. der Wissenschaftler

8. Beispiel: *wir*   *Wir sind* sehr freundlich aufgenommen worden.

a. wir

b. Sie

c. ich

d. du

e. die Ausländer

f. ihr

9. Beispiel: Der Bericht *wird* geschrieben.   Der Bericht *wurde* geschrieben.

a. Der Bericht wird geschrieben.

b. Wir werden freundlich aufgenommen.

c. Alle Übungen werden geschrieben.

d. Ich werde eingeladen, mitzufahren.

e. Das Drama wird heute abend aufgeführt.

f. Ein neues Buch wird verfaßt.

g. Die Mauer wird errichtet.

h. Zwei neue Häuser werden hier gebaut.

i. Du wirst von ihm freundlich aufgenommen.

j. Die Tür wird geschlossen.

k. Wir werden eingeladen, zu ihm zu kommen.

l. Werdet ihr von den Leuten begleitet?

10. Beispiel: Das Drama *wird* am Donnerstag aufgeführt.   Das Drama *ist* am Donnerstag aufgeführt *worden*.

a. Das Drama wird am Donnerstag aufgeführt.

b. Der Wagen wird schnell verkauft.

c. Die Studenten werden von der Polizei verhaftet.

d. Wir werden eingeladen, in die Vorlesung zu gehen.

e. Die Mauer wird von den Ostdeutschen errichtet.

f. Mein Gepäck wird im Hotelzimmer gelassen.

g. Ich werde von der Bundesbahn angestellt.

h. Vieles wird darüber gesagt.

i. Wirst du von ihm begleitet?

11. Beispiel: die Fahrkarten . . . kaufen   Die Fahrkarten sind schon gekauft.

   a. die Fahrkarten . . . kaufen

   b. die Brücke . . . errichten

   c. ich . . . anstellen

   d. die Tür . . . öffnen

   e. der Wagen . . . verkaufen

   f. die Häuser . . . bauen

   g. die Aufnahmen . . . machen

   h. das Museum . . . schließen

   i. viele Gastarbeiter . . . bei der Firma einstellen

12. Beispiel: *Ich habe mich* erkältet.   *Er hat sich* erkältet.

   a. Ich habe mich erkältet.

   b. Ich habe mich schon erholt.

   c. Ich habe mich auf das Sofa gesetzt.

   d. Ich habe mich mit ihr unterhalten.

13. Beispiel: *Ich erholte mich* bald. (*wir*)   *Wir erholten uns* bald.

   a. Ich erholte mich bald. (wir)

   b. Er erkältete sich. (ich)

   c. Wir entschlossen uns, es zu kaufen. (sie: *she*)

   d. Unterhieltest du dich mit ihm? (ihr)

   e. Er befand sich in einer schweren Lage. (ich)

   f. Das Land vereinigte sich. (die Bundesstaaten)

   g. Wir übten uns zu lange in der Grammatik. (du)

   h. Wir unterhielten uns lange mit ihm. (meine Freunde)

14. Beispiel: Haben Sie sich mit dem Wirt unterhalten?   Ja, ich habe mich mit dem Wirt unterhalten.

   a. Haben Sie sich mit dem Wirt unterhalten?

   b. Hatte er sich gestern schon erkältet?

   c. Befanden Sie sich in einer schlechten Lage?

   d. Haben Sie sich dazu entschlossen?

   e. Entschloß sie sich, mit uns zu gehen?

   f. Möchten Sie sich auf das Sofa setzen?

   g. Erstreckte sich die Mauer zu beiden Seiten des Tores?

   h. Unterhalten Sie sich oft mit ihm?

Sankt Moritz, ein Kurort im Kanton Graubünden

Fragen

1. Haben Sie den Bericht geschrieben?
2. Wurde der Bericht schon gestern geschrieben?
3. Von wem ist die Mauer errichtet worden?
4. Wo sind die Aufnahmen gemacht worden?
5. Von wem ist die Tür geschlossen worden?
6. Ist die Tür jetzt geschlossen?
7. Wohin möchten Sie sich setzen?
8. Wurden Sie eingeladen, nach Berlin zu fahren?
9. Haben Sie sich schon von der Krankheit erholt?
10. Wo befindet sich das Brandenburger Tor?
11. Wann wurde das Brandenburger Tor errichtet?
12. Von wem ist dieser Bericht geschrieben worden?

Lesestück:

Die Schweiz

Da es am Ende des Monats eine Woche Ferien gab, entschloß sich Robert Brown, in die Schweiz zu fahren. In Zürich hatte er einen Freund, Hans Meyer, von dem er zu einem Besuch eingeladen wurde. Die beiden hatten sich an der Universität Kalifornien kennengelernt. Robert lud Paul Jones ein, mitzufahren, weil dieser in Sankt Gallen
5 einen jungen Schweizer besuchen wollte, der vor einigen Jahren als Austauschstudent ein Jahr in seiner Schule verbracht hatte.

Die beiden Amerikaner freuten sich über die Gelegenheit, die Schweiz zu besuchen. Sie mieteten sich einen Wagen und fuhren zuerst durch Süddeutschland nach Schaffhausen, einer schweizerischen Stadt, die am Rhein nicht weit von der Grenze liegt. In
10 der Schweiz fuhren sie dann durch eine Landschaft, die an den Mittelwesten erinnerte, weil es Bauernhöfe mit großen Mais- und Kornfeldern gab. Erst als sie in Zürich ankamen, sahen sie hinter dem Zürichsee die Berge, für die die Schweiz bekannt ist.

Von Hans erfuhren sie, daß vier Sprachen in der Schweiz gesprochen werden; von siebzig Prozent der Bevölkerung wird Deutsch, eigentlich „Schwyzerdütsch",
15 gesprochen, ein Dialekt, der eine Menge von Ortsmundarten umfaßt. Natürlich konnten die zwei Ausländer diesen Dialekt nicht verstehen. Jeder Schweizer im deutschen Sprachgebiet spricht auch Hochdeutsch. In den Gebieten, die im Westen an Frankreich grenzen, wird Französisch gesprochen, und in den Gebieten im Süden spricht man Italienisch. Die vierte Sprache ist Romantsch, von dem die Amerikaner nichts wußten.
20 „Was ist Romantsch?" wollte Robert wissen.

„Romantsch ist ein mittelalterlicher Dialekt aus dem Latein, den man nur im Kanton Graubünden spricht", antwortete Hans. „Viele Schweizer sprechen mehrere Sprachen, darunter wird Englisch gezählt, weil der Tourismus eine der Hauptquellen des schweizerischen Einkommens ist. Man braucht kaum zu sagen, daß für viele Eng
25 länder und Amerikaner die Schweiz ein ideales Ferienland ist."

Von Hans erfuhren sie auch, daß über sechs Millionen Menschen dieses kleine, bergige Land bewohnen, das ungefähr so groß ist wie die amerikanischen Bundesstaaten Massachusetts, Connecticut und Rhode Island. Dieses unglaublich schöne, saubere Land, das in sechsundzwanzig Kantone eingeteilt ist, gilt als eine der ältesten
30 Demokratien der Welt. Seit Jahrhunderten herrscht die Tradition des Stimmrechts aller Eidgenossen, d.h. Bürger, aber das galt nur für Männer. Erst in neuster Zeit gibt es auch das Frauenstimmrecht nicht nur in allen staatlichen, sondern auch in den Angelegenheiten der meisten Kantone.

Hans unterrichtete Englisch und Französisch in einem Gymnasium, das früher ein
35 Kloster gewesen war. Die Schule lag am Rande eines Vororts von Zürich und war von einer schönen Landschaft umgeben. Robert und Paul bemerkten, daß viele Klassenzimmer mit schönen Holzfiguren und Schnitzereien geschmückt waren. Während sie sich das Kloster und seine herrliche, barocke Kirche ansahen, sagte Hans, daß er bald einige Wochen im Dienst verbringen würde.

40 „Jedes Jahr muß ich drei Wochen Militärdienst leisten", fuhr er fort, „denn jeder Eidgenosse ist dazu verpflichtet, bis er fünfzig Jahre alt ist. Das schweizerische Heer ist in Wirklichkeit eine Miliz- oder Bürgerarmee, und dabei haben wir praktisch keine Berufssoldaten. Hier wird ein starkes Heer unterhalten, obwohl die Schweiz seit Napoleon an keinen Kriegen mehr teilgenommen hat."

45 Von Zürich aus wurde mit dem jungen Schweizer eine Tour durch die Alpen gemacht. Die Ausländer bewunderten die schönen, gut asphaltierten Straßen und Autobahnen in den Bergen, die herrliche Aussicht, die Bauernhöfe, Bergwiesen, Seen und die schneebedeckten Gipfel.

„Obwohl die Schweiz für ihre Naturschönheiten bekannt ist, hat sie auch viel 50 Industrie", bemerkte Hans, „und das Wasser in den vielen blauen Seen, die so sauber aussehen, ist leider von der Industrie so verschmutzt, daß man nicht mehr darin baden kann. Wir machen uns große Sorge um die Verschmutzung unserer Naturgebiete."

„Gibt es Gastarbeiter in der Schweiz?" wollte Robert wissen.

„Ja, gewiß. Wir haben Gastarbeiter aus Italien und anderen Ländern am Mittel-55 meer, weil immer noch viele Arbeitskräfte von der Industrie gebraucht werden", antwortete Hans. „Da sich hier keine Bodenschätze befinden, werden Rohstoffe importiert und Fertigwaren exportiert. In den Bergen haben wir viel Wasserkraft, und dadurch wird fast alle Elektrizität erzeugt, die wir verwenden. Schon früh in diesem Jahrhundert ist die schweizerische Bundesbahn elektrifiziert worden."

60 Am nächsten Abend sahen sie im Theater in Zürich eine Aufführung von Friedrich Dürrenmatts „Besuch der alten Dame". Nach der Aufführung sagte Paul: „Ich habe nicht gewußt, daß Dürrenmatt ein schweizerischer Schriftsteller ist."

„Ja", sagte Hans, „im Ausland meint man oft, daß bekannte Dichter wie Dürrenmatt und Max Frisch Deutsche sind, weil ihre Werke in deutscher Sprache verfaßt sind. 65 Es ist wahr, daß wir nicht so viele berühmte Dichter und Schriftsteller gehabt haben wie Deutschland, immerhin ist z.B. Gottfried Keller, ein schweizerischer Dichter des neunzehnten Jahrhunderts, durch seine Novellen von Seldwyla[1] beliebt geworden. ‚Kleider machen Leute‘[2] ist seine bekannteste Novelle, in welcher er im realistischen Stil und mit viel Humor das Leben in den schweizerischen Dörfern beschreibt."

70 Von Zürich aus fuhren die zwei Amerikaner auf der Autobahn nach Sankt Gallen, einer alten Stadt im östlichen Teil der Schweiz. Karl Stucki, der als Austauschstudent in den Vereinigten Staaten gewesen war, erwartete sie. Zuerst zeigte er ihnen die Stadt, die barocke Stiftskirche und die berühmte Stiftsbibliothek, die einer der schönsten Bauten in der Schweiz ist. Darin sind viele Dokumente aus dem Mittelalter aufbewahrt.

75 Von einem Hügel am Stadtrand aus erblickten sie in der Ferne einen großen See.

„Das ist der Bodensee", erklärte Karl. „Der Rhein hat seine Quelle in den Alpen und bildet die Grenze zwischen Deutschland und der Schweiz. Er fließt durch den Bodensee, der zugleich der größte und tiefste See Mitteleuropas ist. Der See liegt zwischen Deutschland, Österreich und der Schweiz, und hat an seinen Ufern viele beliebte 80 Ferienorte."

---

[1] **Seldwyla** fictitious Swiss village   [2] **Kleider machen Leute** clothes make the man

Karl war Ingenieur und führte seinen Besuch in die Berge zu einer Autobahnbrücke, deren Bauleitung er übernommen hatte. Die Brücke ragte in atemberaubender
Höhe über den Talboden. Dann fuhren sie zum Wochenendhaus seiner Eltern. Das
Haus stand auf einer prächtigen Alp, d.h. Bergweide, auf der große braune Kühe
85   weideten; jede Kuh trug eine Glocke um den Hals. Im Frühling streiten sich die Tiere,
wobei die Siegerin dann die Leitkuh der Herde wird und stolz die größte Glocke trägt.
Allein durch diese Leitkuh kann die Herde von dem Senn, d.h. Hirten, geführt werden.

Bei der Ankunft am Wochenendhaus erblickten die jungen Leute ein Reh, das
friedlich geweidet hatte und nun erschrocken im Walde verschwand. Während sie die
90   kleinen bunten Alpenblumen bewunderten, hörten sie das Pfeifen eines Murmeltieres,
das sich über das Betreten seines privaten Reiches ärgerte.

„Ich habe überall in der Schweiz Neubauten gesehen – sogar hier in den Bergen“,
bemerkte Robert.

„Ja“, antwortete der Schweizer, „die Industrie wurde immer größer, darum wurde
95   bis zur Zeit der Ölkrise viel gebaut. Das bedeutete nicht nur mehr Auto- und Eisenbah-
nen, sondern auch Maschinen und neue Fabriken. Dabei mußten wir ständig Wohnungen für die Arbeiter bauen. Heute hat man jedoch mit dem Bauen fast aufgehört, und
die Bauindustrie befindet sich in einem gewissen Stillstand.“

Am nächsten Morgen nahmen die jungen Amerikaner Abschied von ihrem Freund
100   und fuhren nach Deutschland zurück; nur ungern verließen sie das schöne, kleine Land
mit seinen hohen Bergen, seinen Wäldern, seinen rauschenden Bächen und vor allem
seinem tüchtigen und freundlichen Volk. Morgen aber gab es wieder Unterricht.

*Industrie im italienischen Teil
der Schweiz*

Wortschatz

der **Abschied**, –(e)s, –e *departure, farewell*; **Abschied nehmen** *to take leave*

die Alp(e), –en *mountain pasture*

die Alpenblume, –n *Alpine flower*

die Angelegenheit, –en *affair, matter*

die **Ankunft,** ¨e *arrival*

asphaltiert *asphalted, paved*

atemberaubend *breath-taking*

der Austauschstudent, –en, –en *exchange student*

die Autobahnbrücke, –n *autobahn bridge*

barock (*adj.*) *baroque*

das **Bauen**, –s *building, construction*

die Bauindustrie, –n *construction industry*

die Bauleitung *construction supervision*

bergig *hilly, mountainous*

die Bergweide, –n *mountain pasture*

die Bergwiese, –n *mountain meadow*

der Berufssoldat, –en, –en *professional soldier*

das Betreten, –s *entering, stepping into*

die Bodenschätze (*plur.*) *mineral resources*

der Bodensee, –s *Lake Constance*

der **Bürger**, –s, – *citizen*

die Bürgerarmee, –n *citizens' army, conscripted army*

der **Dienst**, –es, –e *service*

der Eidgenosse, –n, –n *confederate, citizen of a confederation*

das Einkommen, –s, (*plur.*) Einkünfte *income*

die Elektrizität *electricity*

die **Ferien** (*plur. only*) *vacation*

das Ferienland, –(e)s, ¨er *vacation land*

der Ferienort, –(e)s, –e *vacation spot*

die Fertigware, –n *finished product*

das Frauenstimmrecht, –(e)s, –e *woman suffrage*

friedlich *peaceful*

der Gipfel, –s, – *peak, summit*

der **Hals**, –es, ¨e *throat*

die Hauptquelle, –n *main source*

das **Heer**, –(e)s, –e *army*

die Herde, –n *herd*

der Hirt, –en, –en *herdsman, shepherd*

die **Höhe**, –n *height, summit*

die Holzfigur, –en *wooden figure*

der **Hügel**, –s, – *hill*

der **Humor**, –s *humor, wit*

ideal *ideal*

immerhin *nevertheless, anyway*

jedoch *however*

der Kanton, –s, –e *canton*

das Kornfeld, –(e)s, –er *grainfield*

die **Kuh**, ¨e *cow*

die Leitkuh, ¨e *lead cow*

das Maisfeld, –(e)s, –er *cornfield*

der Militärdienst, –es *military service*

die Milizarmee, –n *militia*

(das) **Mitteleuropa**, –s *Central Europe*

das Murmeltier, –(e)s, –e *marmot, dormouse*

das Naturgebiet, –(e)s, –e *natural area (land, lakes, streams, etc.)*

die Naturschönheit, –en *natural beauty*

neu: in neuster Zeit *recently*

die Novelle, –n *novella*

die Ölkrise, –n *oil crisis*

die Ortsmundart, –en *local dialect*

östlich *east, easterly, eastern*

das Pfeifen, –s *whistling*

prächtig *fine, grand*

privat *private*

die Quelle, –n *source*

rauschend *murmuring, rushing (sound of flowing water)*

realistisch *realistic*

das Reh, –(e)s, –e *deer*

die Rohstoffe (*plur.*) *raw materials*

das Romantsch, – *Romansh language*

(das) Sankt Gallen, –s *St. Gall*

sauber *clean*

schneebedeckt *snow-clad*

die Schnitzerei, –en *(wood) carving*

der **Schriftsteller**, –s, – *writer, author*

schweizerisch (*adj.*) *Swiss*

das Schwyzerdütsch *Swiss German*

der Senn, –s, –e *Alpine herdsman*

das Sprachgebiet, –(e)s, –e *linguistic area, region where a language is spoken*

staatlich *state, governmental*

ständig *steady, constant*
die Stiftsbibliothek, –en *cloister library*
die Stiftskirche, –n *cloister church, chapel*
das Stimmrecht, –(e)s, –e *right to vote*
   stolz *proud*
der Talboden, –s, –̈ *valley floor, bottom*
das **Tier,** –(e)s, –e *animal, creature*
die Tour, –en *tour*
der Tourismus, – *tourism*
   tüchtig *efficient, capable*
das **Ufer,** –s, – *bank, shore*
   ungefähr *approximately*
die Verschmutzung *pollution*
   vor allem *above all*
die Wasserkraft *water power*
die **Wirklichkeit** *reality*
das Wochenendhaus, –es, –̈er *weekend house*
   zugleich *at the same time*
der Zürichsee, –s *Lake Zurich*

   aufbewahren *to preserve, store*
   aufhören *to cease, stop*
   bedeuten *to mean, signify*
   bewohnen *to inhabit*
   bewundern *to admire*
   einteilen *to divide into*

elektrifizieren *to electrify*
erinnern *to remind;* **sich erinnern (an)** *(with acc.) to remember*
erschrecken (erschrickt), erschrak, ist erschrocken *to be startled*
erwarten *to expect, await*
erzeugen *to produce*
exportieren *to export*
fließen, floß, ist geflossen *to flow*
sich freuen (über) *(with acc.) to be happy (about)*
gelten (gilt), galt, gegolten *to prevail*
grenzen (an) *(with acc.) to adjoin, border (on)*
importieren *to import*
leisten *to perform, do*
(sich) mieten *to rent*
ragen *to tower, rise*
schmücken *to decorate*
(sich) streiten, stritt (sich), (sich) gestritten *to quarrel*
unterhalten (unterhält), unterhielt, unterhalten *to maintain, support*
verpflichten *to obligate*
verschmutzen *to soil, pollute*
weiden *to graze*
würde(n) *would*

Weitere Übungen

1. Read the following sentences in the passive voice:

Beispiel: Man schrieb gestern den Bericht.   Der Bericht wurde gestern geschrieben.

a. Man schrieb letzte Woche den Artikel.
b. Im Jahre 1386 gründete man die Universität Heidelberg.
c. Man hat Deutschland in vier Zonen aufgeteilt.
d. Man nennt die Fremden „Gastarbeiter".
e. Im achtzehnten Jahrhundert hat man in Deutschland die Franzosen verehrt.
f. Man nahm viele Fremdwörter in die Sprache auf.
g. Hier spricht man Englisch.
h. Man hat solche Probleme noch nicht gelöst.
i. Schon letzte Woche hatte man den Wagen verkauft.
j. Man hatte schon die Vorlesungen in das Studienbuch eingetragen.

2. Read the following sentences in the future tense of the passive voice:

**Beispiel: Die Vorlesungen werden in das   Die Vorlesungen werden in das Studienbuch
            Studienbuch eingetragen.   eingetragen werden.**

a. Die Gesundheitsverhältnisse der Bevölkerung werden untersucht.
b. Diese Methode wird nicht oft verwendet.
c. Theorien über die Entstehung der Zelle werden aufgestellt.
d. Viele Arbeiter werden bald angestellt.
e. Eine neue Schule wird hier gegründet.
f. Das Gepäck wird im Hotelzimmer gelassen.

3. Read the following sentences in the passive, introducing the agent or performer of the action
   with **von**:

Beispiel: Er schrieb schnell den Bericht.   Der Bericht wurde von ihm schnell geschrieben.

a. Die Firma baute letztes Jahr die Brücke.
b. Die Ärzte haben die Gesundheitsverhältnisse der Fremden untersucht.
c. Die Wissenschaftler stellen viele Theorien darüber auf.
d. Wir werden bald das Problem lösen.
e. Die Ostdeutschen errichteten im Jahre 1961 die Berliner Mauer.
f. Er lud mich ein, einen Besuch bei ihm zu machen.
g. Die Russen besetzten den Osten.
h. Sie wird uns eine große Auswahl anbieten.
i. Ich habe die Tür geschlossen.
j. Sie üben jeden Tag die Verben, nicht wahr?
k. Die Regierung schickte meinen Vetter nach Afrika.
l. Wird er dich einladen, zu ihm zu kommen?
m. Das Volk hatte den geisteskranken König sehr geliebt.
n. Im achtzehnten Jahrhundert verehrten die Deutschen die Franzosen.

4. Read the following sentences, using either the passive or the statal passive:

a. Die Tür _____ seit gestern geschlossen.
b. Der Wagen _____ schon gestern gekauft.
c. Ich _____ schon lange von seiner Musik begeistert.
d. _____ Sie in Köln geboren?
e. In der Schweiz _____ ein Dialekt gesprochen.
f. Diese Probleme _____ schon seit langem gelöst.
g. Der Dom _____ bald geöffnet.

5. Read the following sentences, using the correct reflexive construction in the tense indicated:

a. Er (sich setzen) langsam in den Stuhl. (*past*)
b. Wir (sich sehen) schon lange nicht mehr. (*present perfect*)
c. Du (sich üben) jeden Tag, nicht wahr? (*past perfect*)

d. Die Mauer (sich erstrecken) zu beiden Seiten des Tores. (*past*)

e. Nicht viele Gebäude (sich befinden) in der Nähe der Mauer. (*present*)

f. Die Studenten (sich unterhalten) schon seit fünf Uhr mit dem Fremden. (*past perfect*)

g. (sich entschließen) ihr dazu? (*present perfect*)

h. Du (sich erholen) bald davon. (*future*)

i. Ich (sich ärgern), weil ich in der Stiftsbibliothek keine Aufnahmen machen durfte. (*present perfect*)

6. Answer the following questions with complete sentences:

a. Was hat sich Robert Brown entschlossen zu tun?

b. Von wem wurde er eingeladen, in die Schweiz zu reisen?

c. Wer hatte sich an der Universität kennengelernt?

d. Worüber freuten sich die zwei Amerikaner?

e. Welche Sprachen werden in der Schweiz gesprochen?

f. Welche Sprache wird von den meisten Schweizern gesprochen?

g. In welchem Gebiet der Schweiz spricht man Französisch?

h. Aus welcher Sprache entstand Romantsch?

i. Wo befand sich die Schule, in der Hans unterrichtete?

j. Was muß jeder Eidgenosse leisten, bis er fünfzig Jahre alt ist?

k. Was wurde von den Amerikanern bewundert?

l. Wovon wird fast alle Elektrizität in der Schweiz erzeugt?

m. Wie heißt der große See, der sich zwischen Österreich, Deutschland und der Schweiz befindet?

n. Für wen mußten Wohnungen gebaut werden?

Kühe weiden auf der Alp

Sprechübungen

1. Fragen Sie einen Studenten/eine Studentin,

   a. ob er/sie einmal in die Schweiz fahren möchte

   b. ob er/sie nächstes Jahr nach Europa fahren wird

   c. ob viele Arbeitskräfte in seiner/ihrer Heimat gebraucht werden

   d. ob er/sie nächsten Sommer bei einer Firma angestellt wird

   e. ob seine/ihre Heimat von der Industrie verschmutzt wird

   f. ob er/sie eine Stellung bei einer Baufirma gehabt hat

2. Fragen Sie einen Studenten/eine Studentin folgendes:

   a. Wurdest du letzten Sommer von einer Firma angestellt?

   b. Wirst du jeden Sommer von derselben Firma angestellt?

   c. Von welcher Firma wurdest du letzten Sommer angestellt?

   d. Wird es nächsten Sommer möglich sein, eine gute Stellung zu finden?

   e. Welche Fremdsprachen werden in deiner Heimat gesprochen?

   f. Willst du von der Regierung angestellt werden, sobald du die Universität verläßt?

Schriftliches

Write the following sentences in German:

a. The new building that is being erected near the city hall will be the highest (**das höchste**) in the whole city.

b. English and French were taught in a school that had formerly been a monastery.

c. The classrooms were decorated (*statal passive*) with carvings.

d. In Switzerland a strong army is maintained.

e. Paul had been invited by a friend to visit Switzerland.

f. They decided to drive to Switzerland, although Paul had caught a cold.

g. In the canton of Graubünden, Romansh is spoken.

h. Robert was annoyed because he was not allowed (**dürfen**) to take photographs in the cloister church.

i. Almost all electricity is produced by means of water power in the Alps.

j. Many lakes have been polluted by the factories on their banks.

Verschiedenes

Die Schweiz und ihre Kantone

Kanton	Regierungssitz	Fläche km²	Bevölkerung (im Jahre 1978)
Aargau	Aarau	1 404,6	441 000
Appenzell-Außerrhoden	Herisau	243,2	46 400
Appenzell-Innerrhoden	Appenzell	172,1	13 200
Basel-Land	Liestal	428,1	218 500
Basel-Stadt	Basel	37,2	206 900
Bern	Bern	6 049,5	917 400
Freiburg	Freiburg	1 670,0	181 100
Genf	Genf	282,2	336 700
Glarus	Glarus	684,3	35 300
Graubünden	Chur	7 105,9	162 800
Jura	Delémont	837,4	68'000
Luzern	Luzern	1 492,2	291 600
Neuenburg	Neuenburg	796,6	161 100
Nidwalden	Stans	275,8	26 600
Obwalden	Sarnen	490,7	25 200
Sankt Gallen	Sankt Gallen	2 014,3	383 400
Schaffhausen	Schaffhausen	298,3	68 800
Schwyz	Schwyz	908,2	92 700
Solothurn	Solothurn	790,6	220 500
Tessin	Bellinzona	2 810,8	261 100
Thurgau	Frauenfeld	1 012,7	182 300
Uri	Altdorf	1 076,5	33 600
Waadt	Lausanne	3 219,0	520 800
Wallis	Sion	5 225,8	211 700
Zug	Zug	238,6	73 100
Zürich	Zürich	1 728,6	1 112 800
	Insgesamt	41 293,2	6 292 600

Grammatik

A. The Passive Voice

Most of the verbs you have seen thus far in German have been in the active voice. In a sentence containing a verb in the active voice, the subject of the sentence is "active" and performs the action expressed by the verb. In a sentence with a verb in the passive voice, the subject is "passive"; it does not act but is, instead, the recipient of the action of the verb. In English, the performer or agent of the action is used with the preposition "by". The passive voice of English verbs is constructed by the use of various forms of the verb "to be" with the past participle of the main, or action, verb.

Active Voice

SUBJECT	VERB	DIRECT OBJECT
The student	*writes*	*a short report.*

Passive Voice

SUBJECT	VERB	AGENT OR PERFORMER
A short report	*is being written*	*by the student.*

In German, the passive voice is formed by using **werden** as the auxiliary verb and the past participle of the main verb. The auxiliary verb shows the tense of the action, but the main verb expresses the action itself. Only transitive verbs, that is, verbs that can take a direct object in the active voice, can be used in the passive voice.

PRESENT TENSE

Der Brief wird geschrieben.   *The letter is being written.*

PAST TENSE

Der Brief wurde geschrieben.   *The letter was being written.*

In the present perfect and past perfect tenses, the participle of the helping verb **werden** is **worden**; it does not take the prefix **ge-**.

PRESENT PERFECT TENSE

Der Brief ist geschrieben worden.   *The letter has been written.*

PAST PERFECT TENSE

Der Brief war geschrieben worden.   *The letter had been written.*

The passive infinitive is formed with the past participle of the main verb followed by **werden.**

geschrieben werden	*to be written*
eingeladen werden	*to be invited*
vereinigt werden	*to be united*

The passive infinitive is used in the future tense and with modal auxiliary verbs.

FUTURE TENSE

Der Brief wird **geschrieben werden.**   *The letter will be written.*

WITH MODAL VERBS

Zu dieser Jahreszeit kann eine solche Reise nicht **gemacht werden.**   *During this season such a trip cannot be made.*

Die Kühe sollen auf die Alp **geführt werden.**   *The cows are to be led to the mountain pasture.*

The following is a synopsis of the passive voice in the third person singular:

PRESENT	er wird gesehen
PAST	er wurde gesehen
PRESENT PERFECT	er ist gesehen worden
PAST PERFECT	er war gesehen worden
FUTURE	er wird gesehen werden
FUTURE PERFECT	er wird gesehen worden sein (*rarely used*)

Self-testing 1

Form the passive by using the correct form of **werden** in the tenses indicated:

a. Meine Hausaufgaben _____ jeden Abend gemacht. (*present*)
b. Das Haus _____ erst voriges Jahr errichtet _____. (*present perfect*)
c. Fahrkarten _____ auf dem Bahnhof gekauft. (*present*)
d. Diese Briefe _____ in den ersten Jahren des achtzehnten Jahrhunderts geschrieben. (*past*)
e. Während die Studenten davor standen, _____ das große, schwere Tor geschlossen. (*past*)
f. Dieser alte Wagen _____ bald verkauft _____. (*future*)

B. The Agent and the Means

The agent, that is, the performer of an action expressed in the passive voice, is introduced with the preposition **von.**

Ich wurde **von einem Schweizer** eingeladen, ihn zu besuchen.	*I was invited **by a Swiss** to visit him.*
Die Herde wird **von dem Hirten** geführt.	*The herd is led **by the herdsman.***
Viele Neubauten sind **von meiner Firma** errichtet worden.	*Many new structures have been erected **by my firm.***

The means by which an action in the passive voice takes place is introduced with the preposition **durch.**

Man kann in vielen Seen nicht mehr baden, weil das Wasser **durch die Chemikalien** der Fabriken verschmutzt worden ist.	*One can no longer bathe in many lakes, because the water has been polluted **through (by means of) the chemicals** of the factories.*
Durch die Leitkuh kann die Herde geführt werden.	*The herd can be led **by (means of) the lead cow.***

Self-testing 2

Translate the expressions in parentheses to complete the passive constructions:

a. Dieser Dichter wurde _____ entdeckt. (*by Goethe*)
b. Dieses Lokal wird _____ oft besucht. (*by students*)
c. Diese schöne Schnitzerei wurde _____ gemacht. (*by Riemenschneider*)
d. Das Gebäude ist _____ errichtet worden. (*by my firm*)
e. Das Wasser in den Seen wird _____ verschmutzt. (*by chemicals*)
f. _____ wurde die Grenze geschlossen. (*by the wall*)

C. **Man** as a Substitute for the Passive

The pronoun **man** and the active form of the main verb can replace the passive voice when no agent is indicated.

PASSIVE		SUBSTITUTION WITH **man**
Einige Artikel wurden gelesen.	=	Man las einige Artikel.
Drei Übungen sind geschrieben worden.	=	Man hat drei Übungen geschrieben.

Self-testing 3

Change the passive sentences into active sentences, using **man** as the subject. Do not change the tense of the verbs.

a. Solche Ausbildungsmöglichkeiten wurden nicht oft ausgenutzt.
b. Das Drama ist vor dem herrlichen Dom aufgeführt worden.
c. Einige Studenten sind gestern abend verhaftet worden.
d. Am Abend werden die Herden wieder nach Hause geführt.
e. Diese Theorie war schon viel früher entwickelt worden.

D. The Impersonal Passive

In German, a sentence in the passive does not necessarily have an expressed subject. The impersonal pronoun **es** then functions as the subject.

| Es wird jeden Abend getanzt. | *There is dancing every evening.* |
| Es wurde gestern gegessen und getrunken. | *There was eating and drinking yesterday.* |

The pronoun **es** is omitted if it does not come first in the clause containing the passive construction.

Es wird jeden Abend getanzt. = **Jeden Abend** wird getanzt.
Es wurde gestern gegessen und getrunken. = **Gestern** wurde gegessen und getrunken.

E. The Statal Passive

The statal passive expresses a state or condition rather than an action. It is formed with **sein** as the helping verb and the past participle of the main verb. The statal passive is used predominantly in the present and past tenses.

Er **war** von Wagners Musik **begeistert.**   *He was enraptured by Wagner's music.*
Das Werk **ist** in deutscher Sprache **verfaßt.**   *The work is written in the German language.*

Viele Seen **sind** schon **verschmutzt.**   *Many lakes are already polluted.*
In der Stiftsbibliothek **sind** viele Dokumente **aufbewahrt.**   *In the cloister library, many documents are preserved.*

Self-testing 4

1. Complete the following sentences with impersonal passive construction in the tense indicated:

   a. *There was dancing* bis zwei Uhr morgens.   (*past tense*)
   b. Heute abend *there is drinking.*   (*present tense*)
   c. *There was too much eating* gestern abend bei uns.   (*past tense*)

2. Construct statal passive sentences, using the subject, verb, and tense indicated:

   a. Die Tür/öffnen   (*present tense*)
   b. Die Fenster/schon schließen   (*past tense*)
   c. Drei Studenten/schon verhaften   (*present perfect tense*)
   d. Viele Seen/schon lange verschmutzen   (*present tense*)

F. Reflexive Verbs

Reflexive verbs express actions originating with the subject and reflected back on the subject; that is, the subject is both the performer and the receiver of the action. In English, reflexive verbs are accompanied by the reflexive pronouns "myself," "yourself," "himself," and so forth.

> *I hurt myself.*
> *We seated ourselves.*

In German, reflexive verbs are also accompanied by reflexive pronouns. The accusative reflexive pronouns are illustrated below:

> ich setze mich wir setzen uns
> du   setzt dich ihr setzt euch
> er ⎫   sie ⎫
> sie ⎬ setzt sich Sie ⎭ setzen sich
> es ⎭

Some German verbs are always reflexive.

> sich erkälten
> sich entschließen

[461]

Some verbs can be used either reflexively or nonreflexively.

setzen

Ich **setzte** das Kind in den Stuhl.   *I seated the child in the chair.*

sich setzen

Ich **setzte mich** in den Stuhl.   *I seated myself in the chair.*

A few verbs assume a different meaning when they are used reflexively. For example, **erinnern** means "to remind"; **sich erinnern** means "to remember."

Die Landschaft **erinnerte** mich an den Mittelwesten.	*The landscape **reminded** me of the Middle West.*
Ich **erinnerte mich** an die Reise in die Schweiz.	*I **remembered** the trip to Switzerland.*

A few reflexive constructions require the reflexive pronoun in the dative case. **Sich** is both dative and accusative.

ich	mache mir Sorgen	wir	machen uns Sorgen
du	machst dir Sorgen	ihr	macht euch Sorgen
er		sie	
sie	macht sich Sorgen	Sie	machen sich Sorgen
es			

Self-testing 5

Complete the following sentences with the correct form of the reflexive pronoun:

a. Er unterhält ———— oft mit mir.

b. Wir haben ———— sehr gefreut.

c. Meine Eltern erinnern ———— oft an Ihren Besuch.

d. Ich habe ———— Sorgen um das Kind gemacht.   *(dative)*

e. Hast du ———— schon wieder erkältet?

f. Sie setzte ———— an das Cembalo.

g. Habt ihr ———— entschlossen, die Reise in die Schweiz zu machen?

h. Du machst ———— immer Sorgen.   *(dative)*

i. Die zwei Studenten mieteten ———— einen Wagen.   *(dative)*

j. Du brauchst ———— nicht zu ärgern.

k. Ich habe ———— sehr geärgert.

Answers to Self-testing

Self-testing 1

a. werden

b. ist . . . worden

c. werden

d. wurden

e. wurde

f. wird . . . werden

Self-testing 2

a. von Goethe

b. von Studenten

c. von Riemenschneider

d. von meiner Firma

e. durch Chemikalien

f. durch die Mauer

Self-testing 3

a. Man nutzte solche Ausbildungsmöglichkeiten nicht oft aus.

b. Man hat das Drama vor dem herrlichen Dom aufgeführt.

c. Man hat gestern abend einige Studenten verhaftet.

d. Am Abend führt man die Herden wieder nach Hause.

e. Man hatte diese Theorie schon viel früher entwickelt.

Self-testing 4

1. a. Es wurde bis zwei Uhr morgens getanzt.

   b. Heute abend wird getrunken.

   c. Es wurde gestern abend bei uns zu viel gegessen.

2. a. Die Tür ist geöffnet.

   b. Die Fenster waren schon geschlossen.

   c. Drei Studenten sind schon verhaftet gewesen.

   d. Viele Seen sind schon lange verschmutzt.

Self-testing 5

a. sich

b. uns

c. sich

d. mir

e. dich

f. sich

g. euch

h. dir

i. sich

j. dich

k. mich

21

EINUNDZWANZIGSTE LEKTION

Grammatisches Ziel:

Der Konjunktiv

The subjunctive

The reading selection tells of the plans of Robert Brown and Annette Moreau to remain in Germany to study at a university.

Einführende Beispiele I

1. Herr _____ ist heute nicht hier, weil er krank ist.
   Er würde hier sein, wenn er nicht krank wäre.
   Wo würde er sein, wenn er nicht krank wäre?
       Er würde hier sein, wenn er nicht krank wäre.
   Würde er im Deutschunterricht sein, wenn er nicht krank wäre?
       Ja, er würde im Deutschunterricht sein, wenn er nicht krank wäre.

2. Ich würde ins Krankenhaus gehen, wenn ich krank wäre.
   Wohin würden Sie gehen, wenn Sie krank wären?
       Ich würde ins Krankenhaus gehen, wenn ich krank wäre.

3. Würden wir zum Arzt gehen, wenn wir krank wären?
   Ja, wir würden zum Arzt gehen, wenn wir krank wären.

4. Ich würde nach Deutschland reisen, wenn ich viel Geld hätte.
   Würden Sie auch nach Deutschland reisen, wenn Sie viel Geld hätten?
   Ja, ich würde auch nach Deutschland reisen, wenn ich viel Geld hätte.

5. Ich würde viele Bücher lesen, wenn ich mehr Zeit hätte.
   Was würde ich tun, wenn ich mehr Zeit hätte?
   Sie würden viele Bücher lesen, wenn Sie mehr Zeit hätten.

Berlin: Bezirk Spandau

Übungen I

1. Beispiel: *ich würde zum Arzt gehen*   *Ich würde zum Arzt gehen*, **wenn ich Zeit hätte.**

a. ich würde zum Arzt gehen

b. ich würde heute spazierengehen

c. ich würde ins Kino gehen

d. ich würde Sie besuchen

e. ich würde meine Tante besuchen

f. ich würde meine Freunde besuchen

2. Beispiele: *wir würden länger hier bleiben*   *Wir würden länger hier bleiben*, **wenn** *wir* **mehr Geld** *hätten.*

er würde mitkommen   *Er würde mitkommen*, **wenn** *er* **mehr Geld** *hätte.*

a. wir würden länger hier bleiben

b. er würde mitkommen

c. sie würden uns helfen

d. ich würde einen neuen Wagen kaufen

e. wir würden in die Schweiz reisen

f. ich würde in Bonn studieren

3. Beispiele: *wir*   **Wir würden** ihm helfen, wenn es nötig wäre.

du   **Du würdest** ihm helfen, wenn es nötig wäre.

a. wir

b. du

c. ich

d. die Wirtin

e. meine Freunde

f. ihr

4. Beispiele: *ich*   **Ich würde** ins Krankenhaus gehen, wenn *ich* krank *wäre.*

man   **Man würde** ins Krankenhaus gehen, wenn *man* krank *wäre.*

a. ich

b. man

c. wir

d. sie (*they*)

e. er

f. du

5. Beispiele: *Er würde* arbeiten, wenn *er* nicht müde *wäre.*

Er würde eine Reise machen, wenn *er* viel Geld *hätte.*

Sie würden arbeiten, wenn *sie* nicht müde *wären.*

Sie würden eine Reise machen, wenn *sie* viel Geld *hätten.*

a. Er würde arbeiten, wenn er nicht müde wäre.

b. Er würde eine Reise machen, wenn er viel Geld hätte.

c. Er würde bei uns bleiben, wenn er Zeit hätte.

d. Er würde zum Arzt gehen, wenn er krank wäre.

e. Er würde das nicht sagen, wenn er keine Sorgen hätte.

f. Er würde zu uns kommen, wenn er in der Nähe wäre.

6. Beispiele: Ich *bin* gesund.   Wenn ich nur gesund *wäre*!

Ich *bin* nicht müde.   Wenn ich nur nicht müde *wäre*!

a. Ich bin gesund.

b. Ich bin nicht müde.

c. Ich bin nicht krank.

d. Ich bin nicht zu jung.

e. Ich bin reich.

f. Ich bin nicht so alt.

7. Beispiel: Wir *haben* Zeit.   Wenn wir nur Zeit *hätten*!

a. Wir haben Zeit.

b. Wir haben Geld.

c. Wir haben einen Wagen.

d. Wir haben Fahrkarten.

e. Wir haben Platz genug.

f. Wir haben viel Freiheit.

8. Beispiel: Wenn *Sie* nur genug Zeit *hätten*!   Wenn *du* nur genug Zeit *hättest*!

a. Wenn Sie nur genug Zeit hätten!

b. Wenn Sie nur dort wären!

c. Wenn Sie nur nicht krank wären!

d. Wenn Sie nur nicht so viel Arbeit hätten!

9. Beispiel: Wenn *du* nur fleißiger *wärest*!   Wenn *ihr* nur fleißiger *wäret*!

a. Wenn du nur fleißiger wärest!

b. Wenn du nur einen Volkswagen hättest!

c. Wenn du nur gescheit wärest!

d. Wenn du nur reich wärest!

Wittenberg (DDR): Luther-Stube

Einführende Beispiele II

1. Mein Freund muß heute abend zu Hause bleiben, weil er zu viel Arbeit hat, aber er würde zu mir kommen, wenn er spazierenginge.
   Würde er zu mir kommen, wenn er spazierenginge?
   Ja, er würde zu Ihnen kommen, wenn er spazierenginge.

2. Wenn er zu mir käme, würde ich nicht arbeiten.
   Würde ich arbeiten, wenn er zu mir käme?
   Nein, Sie würden nicht arbeiten, wenn er zu Ihnen käme.

3. Ich habe kein Geld und kann deswegen keinen Wagen mieten.
   Ich würde aber einen Wagen mieten, wenn ich einen Scheck bekäme.
   Was würde ich tun, wenn ich einen Scheck bekäme?
   Sie würden einen Wagen mieten, wenn Sie einen Scheck bekämen.

4. Herr Brown würde Bayrisch lernen, wenn er länger in Schwarzhausen bliebe.
   Was würde er lernen, wenn er länger in Schwarzhausen bliebe?
   Er würde Bayrisch lernen, wenn er länger in Schwarzhausen bliebe.

5. Ich würde München besuchen, wenn ich nach Deutschland reiste.
   Welche Stadt würden Sie besuchen, wenn Sie nach Deutschland reisten?
   Ich würde München besuchen, wenn ich nach Deutschland reiste.

Übungen II

1. **Beispiel:** *wenn er in der Stadt wäre*   **Mein Freund würde mich besuchen,** *wenn er in der Stadt wäre.*

   a. wenn er in der Stadt wäre   d. wenn er in die Schweiz reiste
   b. wenn er in die Stadt käme   e. wenn er nicht ins Theater ginge
   c. wenn er länger in München bliebe   f. wenn er einen Scheck bekäme

2. Beispiele: *Sie*   **Wir würden hier warten, wenn** *Sie* **in die Stadt** *kämen.*
           du   **Wir würden hier warten, wenn** *du* **in die Stadt** *kämest.*

   a. Sie   d. Ihr Freund
   b. du   e. ihr
   c. sie *(she)*   f. deine Eltern

3. Beispiel: *er*   **Ich würde mich freuen, wenn** *er* **hier** *bliebe.*

   a. er   d. sie *(they)*
   b. du   e. Sie
   c. meine Tante   f. Ihr Freund

4. Beispiel: *ihr*   **Ich würde mitfahren, wenn** *ihr* **nach Europa** *reistet.*

   a. ihr   d. deine Familie
   b. Sie   e. deine Freunde
   c. er   f. du

5. Beispiele: *er*   **Er würde es mir sagen, wenn** *er* **in die Stadt** *ginge.*
           Sie   **Sie würden es mir sagen, wenn** *Sie* **in die Stadt** *gingen.*

   a. er   c. sie *(she)*
   b. Sie   d. sie *(they)*

6. Beispiel: *bekäme*   **Wenn er es nur** *bekäme*!

   a. bekäme   g. sähe
   b. hätte   h. fände
   c. verstände   i. nähme
   d. läse   j. wüßte
   e. könnte   k. dürfte
   f. schriebe   l. täte

7. Beispiel: *das machte*   **Ich würde mich freuen, wenn sie** *das machte.*

   a. das machte   d. einen Wagen mietete
   b. mir antwortete   e. nicht so viel redete
   c. in Berlin studierte   f. das Geschwätz hörte

8. Beispiel: *hören*   **Wenn meine Eltern das nur** *hören*!

   a. hören   d. kaufen
   b. machen   e. fragen
   c. sagen   f. schicken

*Heidelberg: Karzer der Alten
Universität*

Einführende Beispiele III

1. Ich habe den Professor nicht verstanden, weil er zu schnell gesprochen hat.
   Aber ich hätte ihn verstanden, wenn er langsamer gesprochen hätte.
   Wen hätte ich verstanden?
   Sie hätten den Professor verstanden.
   Hätte ich ihn verstanden, wenn er langsamer gesprochen hätte?
   Ja, Sie hätten ihn verstanden, wenn er langsamer gesprochen hätte.

2. Herr Brown und Herr Jones sind in die Schweiz gefahren, weil sie Ferien gehabt
   haben.
   Sie wären aber nicht in die Schweiz gefahren, wenn sie keine Ferien gehabt hätten.
   Wären sie in die Schweiz gefahren, wenn sie keine Ferien gehabt hätten?
   Nein, sie wären nicht in die Schweiz gefahren, wenn sie keine Ferien gehabt hätten.
   Was hätten sie nicht getan, wenn sie keine Ferien gehabt hätten?
   Sie wären nicht in die Schweiz gefahren, wenn sie keine Ferien gehabt hätten.

3. Robert wäre länger in der Schweiz geblieben, wenn er mehr Zeit gehabt hätte.
   Was hätte er getan, wenn er mehr Zeit gehabt hätte?
   Er wäre länger in der Schweiz geblieben, wenn er mehr Zeit gehabt hätte.

Übungen III

1. Beispiel: *gewußt*   Wenn ich das *gewußt* hätte . . .

a. gewußt

b. getan

c. gesehen

d. gehört

e. gekauft

f. gelesen

2. Beispiele: *wir*   Wenn *wir* alles verstanden *hätten* . . .

du   Wenn *du* alles verstanden *hättest* . . .

a. wir

b. du

c. sie (*they*)

d. ich

e. ihr

f. eure Eltern

3. Beispiel: *ihn*   Ich hätte *ihn* verstanden, wenn er langsamer gesprochen hätte.

a. ihn

b. den Schauspieler

c. den Polizisten

d. den Mann

4. Beispiele: *wir*   *Wir hätten* ihn verstanden, wenn er langsamer gesprochen hätte.

ich   *Ich hätte* ihn verstanden, wenn er langsamer gesprochen hätte.

a. wir

b. ich

c. du

d. sie (*they*)

e. man

f. alle

5. Beispiele: *ich*   *Ich hätte* mit ihm gesprochen, wenn *ich* ihn gesehen *hätte.*

wir   *Wir hätten* mit ihm gesprochen, wenn *wir* ihn gesehen *hätten.*

a. ich

b. wir

c. sie (*they*)

d. sie (*she*)

e. du

f. Sie

6. Beispiel: Wir *haben* das gewußt.   Wenn wir das gewußt *hätten* . . .

a. Wir haben das gewußt.

b. Wir haben das verstanden.

c. Wir haben den Film gesehen.

d. Wir haben mit dem Beamten gesprochen.

e. Wir haben schon gegessen.

f. Wir haben sie nicht gekannt.

7. Beispiel: Ich *machte* gestern die Arbeit.   Wenn ich gestern die Arbeit *gemacht hätte* . . .

a. Ich machte gestern die Arbeit.

b. Ich besuchte das Gymnasium.

c. Ich schrieb an die Eltern.

d. Ich hatte einen Wagen.

e. Ich hatte kein Fieber.

f. Ich sah ihn nur einmai.

8. **Beispiele:** *er*   **Wäre er** **nach München gefahren, wenn ich dort gewesen wäre?**

                du   **Wärest du** **nach München gefahren, wenn ich dort gewesen wäre?**

a. er

b. du

c. sie (*they*)

d. sein Freund

e. die Eltern

f. ihr

9. **Beispiele:**   **Er** *ist* **mit mir gegangen.**   **Wenn er mit mir gegangen** *wäre* . . .

                Sie *sind* **bei den Eltern geblieben.**   **Wenn sie bei den Eltern geblieben**

                wären . . .

a. Er ist mit mir gegangen.

b. Sie sind bei den Eltern geblieben.

c. Ich bin mit dem Zug gefahren.

d. Du bist schon hier gewesen.

e. Sie sind gestern abgefahren.

f. Wir sind zu Fuß gegangen.

g. Ihr seid um acht Uhr angekommen.

h. Meine Eltern sind nach Deutschland gereist.

10. **Beispiele:**   **Ich** *ging* **nach Hause.**   **Wenn ich nach Hause** *gegangen wäre* . . .

                Wir *fuhren* **mit dem Wagen.**   **Wenn wir mit dem Wagen** *gefahren wären* . . .

a. Ich ging nach Hause.

b. Wir fuhren mit dem Wagen.

c. Er kam zu spät an.

d. Sie ging ins Kino.

e. Sie reisten in die Schweiz.

f. Wir blieben zwei Tage dort.

Fragen

1. Würden Sie eine Reise machen, wenn Sie viel Geld hätten?

2. Was würden Sie tun, wenn Sie mehr Zeit hätten?

3. Was würden Sie tun, wenn Sie Fieber hätten?

4. Würden Sie in die Schweiz reisen, wenn er mitführe?

5. Möchten Sie nach Deutschland reisen, wenn Sie Ferien hätten?

6. Würden Sie nach Berlin fliegen, wenn Sie die Gelegenheit hätten?

7. Wären Sie gestern abend ins Kino gegangen, wenn Sie viele Schulaufgaben gehabt hätten?

8. Würden Sie hier sein, wenn Sie Ihre Schulaufgaben nicht gemacht hätten?

9. Hätten Sie an die Eltern geschrieben, wenn Sie kein Geld gehabt hätten?

10. Was würden Sie tun, wenn Sie kein Geld hätten?

Heidelberg: Universitätsbibliothek

Lesestück:

Ende gut, alles gut[1]

Der Unterricht am Institut für Ausländer war jetzt bald zu Ende. Eines Abends blieben die Studenten nach dem Abendessen eine Weile sitzen und besprachen die Zukunft. Paul Jones wollte in Deutschland bleiben und an der Universität München studieren. Wenn er dort bliebe, würde er oft ein Wochenende bei der Familie Neumann in Schwarz-
5   hausen verbringen, da er und Anneliese sehr gut befreundet waren. München liegt nur eine Stunde mit dem Schnellzug von Schwarzhausen entfernt. Annette Moreau wollte sich im Herbst an der Universität Marburg in Hessen immatrikulieren lassen.

Paul wußte, daß Robert und Annette sehr ungern voneinander Abschied nehmen würden.
10   „Robert, warum bleibst du nicht ein Jahr in Deutschland wie ich? Du könntest an einer Universität studieren, und dabei hätte man von Zeit zu Zeit die Gelegenheit, dich zu sehen", sagte Paul.

---

[1] **Ende gut, alles gut**   all's well that ends well

Für Robert war dieser Gedanke zuerst neu, aber am nächsten Tag schrieb er an das Akademische Auslandsamt der Universität Marburg und schickte sein Zulassungs-
15 gesuch ein, obwohl es in Wirklichkeit schon fast zu spät war, um Zulassung für das nächste Semester zu erwarten. Jemand hatte ihm aber gesagt, daß die Universität Ausländer oft eher annähme.

Dann schrieb er auch gleich an seine Eltern, daß er große Fortschritte in der Sprache gemacht hätte und daß er nun länger in Deutschland bleiben möchte; er bliebe
20 gerne ein ganzes Jahr und wollte an der Universität Marburg studieren. Am Ende des Briefes bat er seine Eltern um ihre Zustimmung zu dem Plan und gab ihnen seine Adresse in München.

Einige der Studenten, die miteinander besonders gut befreundet waren, hatten sich nämlich entschlossen, am Schluß des Unterrichts am Institut einige Zeit in München zu
25 verbringen, ehe sie voneinander Abschied nehmen mußten. Unter ihnen waren Annette und Robert. Dieser hatte seiner Freundin noch nicht mitgeteilt, daß er hoffte, sich auch an der Universität Marburg immatrikulieren zu lassen, wenn seine Eltern zustimmten.

Sobald Roberts Eltern den Brief von ihm bekommen hatten, riefen sie ihn aus Kalifornien in München an und sagten, sie wären über seine Bitte erstaunt, noch länger
30 in Deutschland studieren zu dürfen. Sie teilten ihm aber auch mit, daß die Familie Ende Oktober nach Deutschland reisen würde, weil sein Vater dort der Leiter einer neuen Filiale seiner Chemiefirma werden sollte. Sie würden in Frankfurt wohnen, und da Marburg in der Nähe von Frankfurt läge, könnten sie einander von Zeit zu Zeit besuchen. Deswegen freuten sie sich, daß Robert in Marburg studieren wollte, und
35 gäben gerne ihre Zustimmung zu seinem Plan.

Robert war froh, ihnen sagen zu können, daß er seine Prüfungen glücklich bestanden hätte und sogar eine Zwei als Zensur bekommen hätte. Dann, am letzten Tag in München, bekam er einen Brief vom Akademischen Auslandsamt, in welchem ihm mitgeteilt wurde, daß er zugelassen worden wäre.

40 Denselben Abend, als Annette und Robert durch einen Münchener Park spazieren-gingen, freute sich Robert sehr, daß er ihr jetzt endlich alles erzählen konnte. Er war ziemlich sicher, daß sie sehr überrascht und auch froh darüber sein würde.

„Wann fährst du eigentlich nach Amerika zurück?" fragte Annette, ohne es wirk-lich wissen zu wollen, „es wäre doch so schön, wenn du noch länger in Europa bleiben
45 könntest."

„Was würdest du davon halten", fing er an, „wenn ich ein Jahr an der Universität Marburg verbrächte?"

„Aber du hast mir doch schon gesagt, daß du Ende September nach Hause fährst."

„Ich weiß es", fuhr Robert fort, „aber ich frage nur, ob du es gerne sähest, wenn ich
50 nach Marburg ginge."

„Naturlich sähe ich das gerne", antwortete sie ruhig, „wenn du aber in Kalifornien wärest, könntest du nicht zur gleichen Zeit in Marburg sein . . . oder?"

„Gewiß nicht", sagte Robert, „aber etwas ist inzwischen eingetreten, was meine Pläne sehr geändert hat."

55 „Wieso?" wollte Annette wissen.

„Meine Eltern haben mich angerufen und haben gesagt, daß sie im Herbst nach Deutschland zögen und daß mein Vater der Leiter einer neuen Filiale in Frankfurt würde", erklärte er.

„Herrlich! Und du? Was willst du machen?"

60 „Nun lies mal den Brief", sagte er, indem er ihr einen Brief überreichte, den er aus der Tasche gezogen hatte.

„Philipps-Universität Marburg, Büro des Akademischen Auslandsamts", las sie schnell und halblaut für sich, „wir haben Ihr Zulassungsgesuch . . . und wir freuen uns, Ihnen mitteilen zu können, daß Sie zum Studium zugelassen . . . Oh-la-la! C'est
65 formidable!"[2]

Wortschatz

das Akademische Auslandsamt, –(e)s, ⸚er
  academic foreign office
die **Bitte,** –n *request*
  eher *rather, preferably*
  einander *one another, each other*
  Ende: **zu Ende sein** *to be at an end,
  be finished;* **Ende Oktober** *at the
  end of October*
  endlich *finally*
die Filiale, –n *branch office, affiliate*
  froh *glad, happy*
  für sich *to himself, herself, yourself,
  themselves*
  gleich: **zur gleichen Zeit** *at the same
  time, simultaneously*
  glücklich *fortunate, happy, lucky*
  halblaut *in an undertone*
(das) Hessen, –s *Hesse, a federal state*
  inzwischen *meanwhile*
  jemand, (dat.) **jemandem,** (acc.)
  jemanden *someone*
der Leiter, –s, – *head, manager*
  mal *just, once;* lies mal den Brief
  just read the letter
der **Plan,** –(e)s, ⸚e *plan*
die **Prüfung,** –en *test, examination;* eine
  Prüfung bestehen *to pass a test*
das **Semester,** –s, – *semester*

die **Tasche,** –n *pocket*
  voneinander *from one another*
die **Weile,** –n *while, short time*
die Zulassung, –en *admission*
das Zulassungsgesuch, –(e)s, –e *application for admission*
die Zustimmung, –en *approval*
die **Zwei** *two (noun)*

  ändern *to change, alter*
  anrufen, rief an, angerufen *to telephone*
  einschicken *to send in*
  **eintreten (tritt ein), trat ein, ist
  eingetreten** *to occur*
  halten: halten von *to consider,
  regard;* was würdest du davon
  halten? *what would you think
  of it?*
  mitteilen *to inform*
  sitzen bleiben *to remain seated*
  überraschen *to surprise*
  überreichen *to hand over*
  ziehen, zog, gezogen *to pull, draw*
  zulassen, (läßt zu), ließ zu, zugelassen
  to admit, permit entry
  zustimmen *to agree, approve*

---

[2] **c'est formidable!** *that's wonderful!*

Weitere Übungen

1. Read the following sentences, using indirect discourse:

Beispiel: **Er sagt:** „*Ich fahre* nicht mit.“   Er sagt, *er führe* nicht mit.

   a. Er sagt: „Ich komme heute nicht zurück.“
   b. Er sagt: „Ich verstehe das nicht.“
   c. Er antwortete: „Ich kann das auch tun.“
   d. Sie antwortete: „Ich habe jetzt Zeit.“
   e. Er sagte: „Ich bin krank.“
   f. Sie sagte: „Ich bleibe ein Jahr in Marburg.“
   g. Er hat gesagt: „Ich muß wirklich schwer daran arbeiten.“
   h. Sie sagte zu uns: „Paul geht heute abend ins Kino.“
   i. Er hat geantwortet: „Meine Familie zieht nach Frankfurt.“
   j. Mein Freund schrieb in seinem Brief: „Die Familie Brown zieht nach Deutschland.“

2. Read the following sentences, using indirect discourse:

Beispiel: **Er sagt:** „*Ich habe* das Museum schon   Er sagt, *er hätte* das Museum schon
               besucht.“   besucht.

   a. Er sagt: „Ich habe das Bild schon gesehen.“
   b. Er sagte: „Ich verstehe den Bericht gar nicht.“
   c. „Ich war schon einmal dort“, sagte sie.
   d. Er wird wohl antworten: „Ich habe dir schon einmal dabei geholfen.‘
   e. „Ich flog letzte Woche nach Wien“, hat sie gesagt.
   f. „Das habe ich nicht verstanden“, sagte sie eben.
   g. Sie hat geantwortet: „Ich bin nur einmal in Heidelberg gewesen.“
   h. „Ich bin nicht in die Stadt gefahren“, antwortete er ruhig.
   i. „Meine Freunde sind auf Besuch gekommen“, hat sie mir gesagt.
   j. „Das hat mir nicht gefallen“, hat der Vater geschrieben.

3. Read the following sentences, using the conjunction **daß:**

   a. Sie sagte, sie ginge ins Theater.
   b. Er sagt, er müßte es anders machen.
   c. Man sagt, es wäre gefährlich.
   d. Der Polizist hat gesagt, man dürfte hier keine Aufnahmen machen.
   e. Paul antwortete, er verstände mich nicht.
   f. Meine Eltern haben mir geschrieben, sie führen nach Deutschland.
   g. Er sagte, er wäre schon in Berlin gewesen.
   h. Sie antwortete, sie hätte das schon getan.
   i. Er meinte, die deutsche Wirtschaft wäre gesund.
   j. Du hast mir doch gesagt, du kämest heute zu mir.

4. Read the following sentences, changing them into statements contrary to fact:

Beispiel: **Wenn ich Geld** *habe,* **gehe ich ins**   **Wenn ich Geld** *hätte,* **würde ich ins Theater**
          Theater.   *gehen.*

   a. Wenn ich Zeit habe, komme ich zu dir.
   b. Wenn ich zu Hause bin, arbeite ich wenig.
   c. Wenn es wärmer ist, reise ich in die Schweiz.
   d. Wenn er nach Berlin fliegt, nimmt er mich mit.
   e. Wenn wir nach Deutschland ziehen, lasse ich mich dort an einer Universität immatrikulieren.
   f. Wenn du daran gehst, kannst du es leicht tun.
   g. Wenn es kalt wird, fahren wir nach Italien.
   h. Wenn ihr nicht arbeitet, bekommt ihr schlechte Zensuren.

5. Answer the following questions with complete sentences:

   a. Was war jetzt bald zu Ende?
   b. Warum wollte Paul in München studieren?
   c. Wer würde ungern voneinander Abschied nehmen?
   d. Wer sagte, Robert sollte ein Jahr in Deutschland bleiben?
   e. Wo wollte sich Annette immatrikulieren lassen?
   f. Wo würde Robert studieren, wenn seine Eltern nichts dagegen hätten?
   g. Welche Auskunft bekam Robert von seiner Familie, als sie ihn anrief?
   h. Sagten die Eltern, daß sie ihre Zustimmung zu dem Plan gäben?
   i. Was wurde Robert vom Akademischen Auslandsamt mitgeteilt?
   j. Wollte er wissen, was Annette davon hielte, wenn er ein Jahr in Marburg verbrächte?

Sprechübungen

1. Fragen Sie einen Studenten/eine Studentin,

   a. ob er/sie nach Deutschland flöge, wenn er/sie genug Geld hätte
   b. was er/sie täte, wenn er/sie für morgen keine Schularbeiten hätte
   c. ob er/sie nach Hause führe, wenn morgen die Ferien anfingen
   d. ob er/sie letzten Sommer einen Wagen gekauft hätte, wenn er/sie genug Geld gehabt hätte
   e. was er/sie nächsten Sommer täte, wenn er/sie keine Stellung fände
   f. was geschehen würde, wenn er/sie keinen Scheck von zu Hause bekäme
   g. welche Zensur er/sie im Deutschen gerne bekäme
   h. was er/sie heute abend machen würde, wenn er/sie Zeit hätte

Schriftliches

Write the following sentences in German:

a. If he were only here, he would help you (*fam. sing.*).
b. If they were here, they would help you (*formal*).
c. If they had only been here, they would have helped you (*fam. plur.*).
d. He would not have done that if I had spoken with him about it.
e. He would do that if I were to speak with him about it.
f. You (*formal*) would not say that if you understood the problem.
g. You (*fam. sing.*) would not have said that if you had understood the problem.
h. He said he would visit you (*fam. plur.*) soon.
i. She said that she would have visited you (*formal*) if she had had time.
j. What would you (*fam. sing.*) do if he were to say that to you?
k. What would you (*formal*) have done if he had said that to you?
l. He will say he doesn't have the time.

Eine Schenke in Heidelberg

Verschiedenes

INSTITUT FÜR AUSLÄNDER

ZEUGNIS

Herr Robert Brown

aus   USA   geb.   26. Mai 1960

in   What Cheer, Iowa

hat in der Zeit vom 12. Juni bis 15. August 1979   einen

LEHRGANG DER DEUTSCHEN SPRACHE

in   Schwarzhausen/Oberbayern   besucht.

und die Prüfung der MITTELSTUFE bestanden. Das Ergebnis war

schriftlich: 2   mündlich: 2

Ziel des Lehrgangs war es, den Teilnehmer dahin zu führen, daß er auch mit wichtigen Besonderheiten der deutschen Grammatik vertraut ist, und im schriftlichen Ausdruck, in Gespräch und Lektüre frei über die erworbenen Sprachkenntnisse verfügen kann.

Schwarzhausen , den   17. August 1979

Der Prüfungsausschuß

H Schönfeld   *B. Hildebrand*   *R Meyer*
Lehrgangsleiter

Die Prädikate sind 1=sehr gut, 2=gut, 3=genügend. Andere Prädikate werden nicht erteilt.

---

das Zeugnis certificate   **geb. = geboren**   **der Lehrgang** course   **die Mittelstufe** intermediate class **das Ergebnis** result   **der Teilnehmer** participant   **die Besonderheiten** (*plur.*) details, particulars **vertraut** familiar   **die Lektüre** reading material   **daß er ... frei über die erworbenen Sprachkenntnisse verfügen kann** that he can readily put to use the language skills he has acquired   **der Prüfungsausschuß** examination committee   **der Lehrgangsleiter** course director   **das Prädikat** evaluation, grade   **genügend** satisfactory, adequate   **werden erteilt** are given

PHILIPPS-UNIVERSITÄT MARBURG

**Marburg/Lahn
Biegenstraße 10 L
F. 69 21 54**

Rektorat   **Akademisches Auslandsamt**

16.9.79

Herrn Robert Brown
Haus International
Jugendgästehaus
8 München 13
Elisabethstraße 87

Sehr geehrter Herr Brown!

Wir haben Ihr Zulassungsgesuch, Ihren in deutscher Sprache abgefaßten
Lebenslauf, die Photokopie des Zeugnisses der Universität Kalifornien und das
Zeugnis des Instituts für Ausländer erhalten und freuen uns, Ihnen mitteilen zu
können, daß Sie zum Studium an der Universität Marburg zugelassen sind.

Um die zur Aufnahme nötigen Formalitäten rechtzeitig erfüllen zu können,
ist es nötig, daß Sie spätestens am 15.10.79 in Marburg eintreffen. Noch vor
Beginn der Vorlesungen werden die deutschen Sprachkenntnisse der Bewerber
von der Universität überprüft. Studenten mit noch ungenügenden Sprach-
kenntnissen werden nur unter der Bedingung immatrikuliert, daß sie an einem
Sprachkurs teilnehmen. Eine Immatrikulation kann abgelehnt werden, wenn
zu geringe oder gar keine deutschen Sprachkenntnisse vorhanden sind. Ort und
Zeit der Sprachprüfung werden dem Studenten nach seiner Ankunft bekanntgegeben.
Sie werden daher gebeten, sich nach Ihrer Ankunft in unserem Büro zu melden.

Das Akademische Auslandsamt und das Studentenwerk werden bemüht
sein, Ihnen über Wohnverhältnisse Auskunft zu geben und Ihnen in ähnlichen
Angelegenheiten behilflich zu sein.

Mit freundlichen Grüßen

Ihr *Prof. Dr. A. Seifert*

(Prof. Dr. A. Seifert)

PHILIPPS UNIVERSITY OF MARBURG

Marburg on the Lahn
10 L Biegen Street
Office of the Rector   **Tel.: 69-21-54**   **Academic Foreign Office**

September 16, 1979

Mr. Robert Brown
House International
Youth Hotel
87 Elisabeth Street
8 Munich 13

Dear Mr. Brown:

We have received your application for admission, your autobiographical sketch written in German, the photostat of your transcript from the University of California, and the certificate from the Institute for Foreigners, and we are happy to be able to inform you that you are admitted to the work in course at the University of Marburg.

To be able to comply on time with the formalities required for admission, it is necessary for you to arrive in Marburg not later than October 15, 1979. Before the beginning of lectures the applicants' knowledge of German is tested by the University. Students with insufficient knowledge of the language are registered only on condition that they participate in a language course. Registration can be refused if knowledge of the language is too limited or nonexistent. The place and time of the language test will be announced to the student after his arrival. You are therefore requested to report to our office upon your arrival.

The Academic Foreign Office and the Office of Student Affairs will make every effort to provide you with information about lodging and to be helpful to you in similar matters.

Sincerely,

Dr A Seifert

Dr. A. Seifert

Grammatik

A. The Indicative Mood

The indicative mood of a verb is the mood of reality and actuality.

> Ich **fahre** heute in die Stadt.
> Wir **gingen** gestern ins Konzert.
> Er **war** vor zwei Stunden hier.
> Sie **wurde** sehr krank.
> Ich **bin** schon einmal in Frankfurt **gewesen.**
> **Habt** ihr Zeit dafür **gehabt?**
> Meine Eltern **haben** mich **angerufen.**
> Er **wird** im Herbst ins Ausland **fahren.**
> Du **kannst** das jetzt nicht tun.

B. The Subjunctive Mood

The subjunctive mood of a verb expresses desire, supposition, and conditions that are hypothetical, impossible, improbable, or contrary to fact. Indirect statements are also usually expressed in the subjunctive.

Wenn wir es nur **tun könnten.**	*If only we **could do** it.*
Wenn ich Zeit **hätte, würde** ich das **tun.**	*If I **had** time, I **would do** that.*
Wenn er hier **wäre, würde** er es **verstehen.**	*If he were here, he **would understand** it.*
Ich **würde** das Kleid **kaufen.** wenn ich genug Geld **hätte.**	*I **would buy** the dress if I **had** enough money.*
Wenn wir das **täten, müßten** wir es unserem Vater **sagen.**	*If we were to do that, we **would have to tell** our father.*
Wenn du das **gewußt hättest, hättest** du es ganz gewiß anders **gemacht.**	*If you **had known** that, you **would** certainly **have done** it differently.*
Paul sagte, er **ginge** morgen ins Dorf.	*Paul said he **was going** (**would go**) to the village tomorrow.*

C. Formation of the Subjunctive Mood

The endings of a verb in the subjunctive mood are:

ich	-e	wir	-en
du	-est	ihr	-et
er		sie	
sie	-e	Sie	-en
es			

There are two groups of tenses in the subjunctive, designated subjunctive I and subjunctive II. Each group has four tenses: present, past, future, and future perfect. The present subjunctive I is formed by attaching the subjunctive endings to the infinitive stem.

INFINITIVE STEM		ENDINGS		
geh-	+	-e	=	gehe
hör-	+	-e	=	höre
woll-	+	-e	=	wolle

The present subjunctive I of **sein** is irregular in the singular.

ich **sei**
du seiest
er **sei**

The present subjunctive II is formed by attaching the subjunctive endings to the stem of the past indicative.

	PAST INDICATIVE STEM		ENDINGS		
STRONG VERB	ging-	+	-e	=	ginge
WEAK VERB	hört-	+	-e	=	hörte
MODAL AUXILIARY VERB	wollt-	+	-e	=	wollte

If the past indicative of a strong verb contains the stem vowel **a, o,** or **u,** the vowel has an umlaut.

PAST INDICATIVE STEM		ENDINGS		
gab-	+	-e	=	gäbe
zog-	+	-e	=	zöge
fuhr-	+	-e	=	führe

The present subjunctive II of the modal auxiliary verbs is similarly formed. Note that **sollen** and **wollen** have no umlaut.

dürfte	müßte
könnte	sollte
möchte	wollte

The present subjunctive II of some irregular verbs is formed as follows:

INFINITIVE	PRESENT SUBJUNCTIVE II
bringen	brächte
denken	dächte
haben	hätte
sein	wäre
werden	würde

The past subjunctive I is derived from the present perfect tense of the indicative. The helping verb is in the subjunctive mood.

er habe gesehen
ich sei gefahren

The past subjunctive II is derived from the past perfect tense of the indicative.

er hätte gesehen
ich wäre gefahren

The future subjunctive I and II are formed as follows:

I	II
er werde sehen	er würde sehen

The future perfect subjunctive I and II are not discussed here because of their infrequent usage.

Kann der Hund wirklich die beiden Sprachen lesen?

D. Conjugation of the Subjunctive Mood

Present Subjunctive

	I			*II*		
	STRONG VERB	WEAK VERB	MODAL VERB	STRONG VERB	WEAK VERB	MODAL VERB
ich	gebe	höre	könne	gäbe	hörte	könnte
du	gebest	hörest	könnest	gäbest	hörtest	könntest
er sie es	gebe	höre	könne	gäbe	hörte	könnte
wir	geben	hören	können	gäben	hörten	könnten
ihr	gebet	höret	könnet	gäbet	hörtet	könntet
sie Sie	geben	hören	können	gäben	hörten	könnten

Past Subjunctive

	I			II	
ich	habe		ich	hätte	
du	habest		du	hättest	
er			er		
sie	habe	gegeben	sie	hätte	gegeben
es		gehört	es		gehört
wir	haben	gekonnt	wir	hätten	gekonnt
ihr	habet		ihr	hättet	
sie			sie		
Sie	haben		Sie	hätten	

ich	sei		ich	wäre	
du	seiest		du	wärest	
er			er		
sie	sei	gegangen	sie	wäre	gegangen
es		geblieben	es		geblieben
wir	seien	gewesen	wir	wären	gewesen
ihr	seiet		ihr	wäret	
sie			sie		
Sie	seien		Sie	wären	

Future Subjunctive

	I			II	
ich	werde		ich	würde	
du	werdest		du	würdest	
er			er		
sie	werde	geben	sie	würde	geben
es		hören	es		hören
wir	werden	können	wir	würden	können
ihr	werdet		ihr	würdet	
sie			sie		
Sie	werden		Sie	würden	

E. Uses of the Subjunctive Mood

Although there are many uses of the subjunctive mood, only the three principal ones will be discussed here: the contrary-to-fact condition, the unfulfillable wish, and indirect discourse.

Contrary-to-fact statements and questions usually contain a conditional clause and a result clause. The conditional clause usually is introduced by the conjunction "if" in English and **wenn** in German.

CONDITIONAL CLAUSE	RESULT CLAUSE
If he were here today,	*I would talk with him about it.*
Wenn er heute hier wäre,	würde ich mit ihm darüber sprechen.
If he had been here yesterday,	*I would have talked with him about it.*
Wenn er gestern hier gewesen wäre,	hätte ich mit ihm darüber gesprochen.

In German, if the conditional clause—that is, the **wenn**-clause—expresses an idea in present time, the present subjunctive II is used. A result clause expressing an idea in present time may use either the present subjunctive II or the future subjunctive II. In contrary-to-fact statements that express an idea in past time, the past subjunctive II can be used in both clauses.

PRESENT

Ich **würde** es **kaufen,** wenn ich
    genug Geld **hätte.**   I **would buy** it if I **had**
Ich **kaufte** es, wenn ich genug   enough money.
    Geld **hätte.**

PAST

Ich **hätte** es **gekauft,** wenn ich   I **would have bought** it, if I
    genug Geld **gehabt hätte.**   **had had** enough money.
Ich **wäre** nach Köln **gefahren,** wenn   I **would have traveled** to Cologne,
    er uns nicht **angerufen hätte.**   if he **had** not **called** us.

Self-testing 1

1. Complete the contrary-to-fact statements with the correct form of the verb in the present subjunctive II:

    a. Ich würde nach Deutschland fliegen, wenn ich Geld _____. (haben)
    b. Ich würde ihm alles erzählen, wenn er zu uns _____. (kommen)

   c. Er hätte mehr Freiheit, wenn er das Haus _____ . (verkaufen)

   d. Du würdest nicht viel sehen, wenn du mit dem Zug _____ · (fahren)

   e. Wir kämen öfter zu euch, wenn wir die Zeit _____ . (haben)

2. Restate the sentences by putting the verb in the result clause in the future subjunctive II:

   a. Ich **hätte** mehr Zeit, wenn ich nicht im Gasthaus arbeitete.

   b. Er **sagte** es mir sofort, wenn er das nicht verstände.

   c. Wir **führen** oft zu meinen Eltern, wenn sie in der Nähe wohnten.

   d. Du **sähest** nicht viel, wenn du mit dem Zug führest.

3. Complete the contrary-to-fact statements with the correct form of the verb in the past subjunctive II:

   a. Sie hätten uns angerufen, wenn er zu ihnen _____ . (kommen)

   b. Ich hätte dir alles erzählt, wenn du mich_____ . (anrufen)

   c. Ich hätte es gestern schon gemacht, wenn ich Zeit _____ . (haben)

   d. Wir wären bei euch vorbeigekommen, wenn wir meine Schwester nicht _____ . (besuchen)

   e. Ich hätte mich sehr gefreut, wenn deine Freunde bei mir _____ . (vorbeikommen)

4. Restate the following in the past, using the past subjunctive II:

   a. Wenn er das wüßte, käme er sofort zu uns.

   b. Wenn ich das Geld hätte, kaufte ich mir einen neuen Wagen.

   c. Wenn du das verständest, würdest du nicht so sprechen.

   d. Wenn das wahr wäre, ginge ich sofort zu ihm.

In unfulfillable wishes and wishes unlikely to be fulfilled, the subjunctive II is used. If the wish refers to present time, the present subjunctive II is used. If the wish refers to past time, the past subjunctive II is used.

PRESENT

Wenn ich nur genug Geld **hätte**!	*If I only **had** enough money!*
Wenn du nur hier **bliebest**!	*If only you **would stay** here!*
	or
	*If only you **were staying** here!*

PAST

Wenn ich nur genug Geld **gehabt hätte**!	*If only I **had had** enough money!*
Wenn du nur hier **geblieben wärest**!	*If only you **had stayed** here!*

The conditional clause—that is, the **wenn**-clause—can be expressed in either a contrary-to-fact condition or an unfulfillable wish without the conjunction **wenn.** The omission of **wenn** requires inverted word order.

Wenn ich nur genug Geld hätte!	=	Hätte ich nur genug Geld!
Wenn er zu mir gekommen wäre, hätte ich ihm geholfen.	=	Wäre er nur zu mir gekommen, hätte ich ihm geholfen.

Self-testing 2

1. Express the following unfulfillable wishes in German, using **wenn:**

   a. If I only had time!
   b. If only he had had enough time!
   c. If only the car were here.
   d. If only his car had not been so old.
   e. If only we had known that.

2. Express the preceding unfulfillable wishes in German, omitting **wenn.**

Direct discourse represents an exact quotation and requires quotation marks. Indirect discourse is an indirect report of what has been said. In indirect discourse, present time can be expressed either by the present subjunctive I or by the present subjunctive II.

DIRECT DISCOURSE	INDIRECT DISCOURSE
Er sagte: „Ich habe keine Zeit dafür."	Er sagte, **er habe** keine Zeit dafür. **er hätte** keine Zeit dafür.

Any indicative tense expressing a past event (past, present perfect, and past perfect) in direct discourse is replaced by the past subjunctive I or by the past subjunctive II in indirect discourse.

DIRECT DISCOURSE	INDIRECT DISCOURSE
Er sagte: „Ich **hatte** keine Zeit dafür." Er sagte: „Ich **habe** keine Zeit dafür **gehabt.**" Er sagte: „Ich **hatte** keine Zeit dafür **gehabt.**"	Er sagte, er **habe** keine Zeit dafür **gehabt.** Er sagte, er **hätte** keine Zeit dafür **gehabt.**

The future tense in direct discourse is replaced by the future subjunctive I or the future subjunctive II in indirect discourse.

DIRECT DISCOURSE	INDIRECT DISCOURSE
Er sagte: „Ich **werde** keine Zeit dafür **haben.**"	Er sagte, er **werde** keine Zeit dafür **haben.**
	Er sagte, er **würde** keine Zeit dafür **haben.**

Indirect questions are expressed with the same tenses as the indirect statements above. The subordinate clause containing the indirect question is introduced either by an interrogative adverb or by **ob.**

DIRECT DISCOURSE	INDIRECT DISCOURSE
Er fragte: „Wo **wohnt** die Familie?"	Er fragte, wo die Familie **wohne (wohnte).**
Sie fragte: „Wann **fuhr** er nach Österreich?"	Sie fragte, wann er nach Österreich **gefahren sei (wäre).**
Er fragte: „**Werden** Sie bald Ihre Schwester **besuchen?**"	Er fragte, ob ich bald meine Schwester **besuchen würde.**

Imperatives are usually expressed in indirect discourse with either the present subjunctive I or the present subjunctive II of **sollen.**

DIRECT DISCOURSE	INDIRECT DISCOURSE
Sie sagte: „**Gehen Sie** in die Küche!"	Sie sagte, ich **solle (sollte)** in die Küche **gehen.**

Self-testing 3

Change the following direct quotations to indirect discourse, using forms of the subjunctive II:

a. Er sagte: „Ich habe nicht genug Geld."   Er sagte, . . .

b. Er hat gesagt: „Sie hatte nicht genug Geld."   Er hat gesagt, . . .

c. „Ich bin schon zweimal in Berlin gewesen", antwortete sie.   Sie antwortete, . . .

d. „Wann haben die Studenten die Übungen geschrieben?" wollte der Professor wissen.   Der Professor wollte wissen, wann . . .

e. „Hat sie das schon gelesen?" fragte er.   Er fragte, ob . . .

f. „Treffen Sie mich um zwei Uhr!" sagte sie.   Sie sagte, ich . . .

g. „Lest für morgen das Lesestück!" sagte Herr Professor Schönfeld.   Herr Professor Schönfeld sagte, wir . . .

h. „Es geht uns allen sehr gut", hat sie geschrieben.   Sie hat geschrieben, . . . ihnen allen . . .

Answers to Self-testing

Self-testing 1

1. a. hätte
   b. käme
   c. verkaufte
   d. führest
   e. hätten

2. a. Ich würde mehr Zeit haben . . .
   b. Er würde es mir sofort sagen . . .
   c. Wir würden oft zu meinen Eltern fahren . . .
   d. Du würdest nicht viel sehen . . .

3. a. gekommen wäre
   b. angerufen hättest
   c. gehabt hätte
   d. besucht hätten
   e. vorbeigekommen wären

4. a. Wenn er das gewußt hätte, wäre er sofort zu uns gekommen.
   b. Wenn ich das Geld gehabt hätte, hätte ich mir einen neuen Wagen gekauft.
   c. Wenn du das verstanden hättest, hättest du nicht so gesprochen.
   d. Wenn das wahr gewesen wäre, wäre ich sofort zu ihm gegangen.

Self-testing 2

1. a. Wenn ich nur Zeit hätte!
   b. Wenn er nur genug Zeit gehabt hätte!
   c. Wenn der Wagen nur hier wäre.
   d. Wenn sein Wagen nur nicht so alt gewesen wäre.
   e. Wenn wir das nur gewußt hätten.

2. a. Hätte ich nur Zeit!

   b. Hätte er nur genug Zeit gehabt!

   c. Wäre der Wagen nur hier.

   d. Wäre sein Wagen nur nicht so alt gewesen.

   e. Hätten wir das nur gewußt.

Self-testing 3

a. . . . er hätte nicht genug Geld.

b. . . . sie hätte nicht genug Geld gehabt.

c. . . . sie wäre schon zweimal in Berlin gewesen.

d. . . . wann die Studenten die Übungen geschrieben hätten.

e. . . . ob sie das schon gelesen hätte.

f. . . . ich sollte sie um zwei Uhr treffen.

g. . . . wir sollten für morgen das Lesestück lesen.

h. . . . es ginge ihnen allen sehr gut.

ANHANG

Grammatik

A. Case

1. Nominative Case

The subject of a sentence, the predicate nominative, the nominative of address, and a noun in apposition to another nominative are in the nominative case.

SUBJECT OF SENTENCE	**Das Haus** steht in der Blumenstraße.
PREDICATE NOMINATIVE	München ist **die Hauptstadt** von Bayern.
NOMINATIVE OF ADDRESS	**Herr Brown,** wann kommen Sie zu uns?
NOMINATIVE OF APPOSITION	Frau Schmidt, **meine Wirtin,** hat zwei Söhne.

2. Genitive Case

The genitive case indicates possession or relationship; it is also used with certain prepositions. If unaccompanied by a preposition, expressions of indefinite time are in the genitive. Several adjectives, when used as predicate adjectives, may be accompanied by a noun or pronoun in the genitive case; among them are the following:

froh	*glad, happy*
müde	*tired*
sicher	*certain, sure*

An appositive of a word in the genitive is in the genitive case.

POSSESSION	Das ist das Haus **meiner Familie.**
RELATIONSHIP	Kennen Sie die Tochter **meines Freundes?**
OBJECT OF PREPOSITION	Trotz **der vielen Arbeit** gingen wir jeden Tag schwimmen.
INDEFINITE TIME	**Eines Tages** wird er das vergessen.
WITH PREDICATE ADJECTIVE	Der Gastarbeiter war **seiner Lage** nicht ganz sicher.
APPOSITION	Das Zeitalter Friedrichs des Zweiten, **des großen Königs** von Preußen, stand unter dem Einfluß der französischen Kultur.

3. Dative Case

The dative case is used for the indirect object, the object of some prepositions, the object of certain verbs, and for the dative of interest. An appositive of a word in the dative is in the dative case. Several adjectives, when used as predicate adjectives, may be accompanied by a noun or pronoun in the dative case; among them are the following:

ähnlich	*similar, resembling*	gleich	*same; equal; similar*
angenehm	*pleasant, nice*	leicht	*easy*
bekannt	*known, well-known*	nah(e)	*near, close to*
böse	*angry*	nützlich	*useful*
fremd	*foreign, strange*		

INDIRECT OBJECT	Ich habe es **ihm** gegeben.
OBJECT OF PREPOSITION	Wir sind mit **dem Zug** gefahren.
OBJECT OF VERB	Die Reise hat **ihm** nicht gefallen.
	Er hilft **mir** oft dabei.
DATIVE OF INTEREST	Die Sonne scheint **mir** ins Gesicht.
APPOSITION	Von ihm, **diesem alten Mann,** kann man nichts erwarten.
WITH PREDICATE ADJECTIVE	Das ist **ihr** nicht bekannt.

4. Accusative Case

The accusative is the case of the direct object, the object of some prepositions, of definite time expressions without a preposition, expressions of specific measurement or extent, and appositives of words in the accusative.

DIRECT OBJECT	Ich kenne **den Mann** nicht.
OBJECT OF PREPOSITION	Ist er für oder gegen **mich?**
DEFINITE TIME	Wir waren **eine ganze Woche** in Berlin.
MEASUREMENT AND EXTENT	Ich habe sie für zwei Mark **das Stück** gekauft.
	Wir fuhren **neunzig Kilometer die Stunde.**
APPOSITION	Kennen Sie Herrn Neumann, **meinen Nachbarn?**

B. Limiting Words Accompanying Nouns

1. Definite Article

The definite article reflects the gender, number, and case of the noun it precedes.

	Singular			*Plural*
	MASCULINE	FEMININE	NEUTER	ALL GENDERS
NOMINATIVE	der	die	das	die
GENITIVE	des	der	des	der
DATIVE	dem	der	dem	den
ACCUSATIVE	den	die	das	die

2. *Der*-Words

The following are usually called **der**-words, because their declensional endings are similar to those of the definite article:

dieser	*this, these*	mancher	*many a, some*
jeder	*each, every*	solcher	*such a, such*
jener	*that, those*	welcher	*which, what*

	Singular			*Plural*
	MASCULINE	FEMININE	NEUTER	ALL GENDERS
NOMINATIVE	dieser	diese	dieses	diese
GENITIVE	dieses	dieser	dieses	dieser
DATIVE	diesem	dieser	diesem	diesen
ACCUSATIVE	diesen	diese	dieses	diese

Solcher is declined like an adjective when preceded by **ein**; it has no ending when followed by **ein.**

	PRECEDED BY **ein**	FOLLOWED BY **ein**
NOMINATIVE	ein solcher Mann	solch ein Mann
GENITIVE	eines solchen Mannes	solch eines Mannes
DATIVE	einem solchen Mann	solch einem Mann
ACCUSATIVE	einen solchen Mann	solch einen Mann

3. Indefinite Article

The indefinite article agrees in gender and case with the noun it precedes. There are no plural forms of the indefinite article.

	Singular			*Plural*
	MASCULINE	FEMININE	NEUTER	
NOMINATIVE	ein	eine	ein	—
GENITIVE	eines	einer	eines	—
DATIVE	einem	einer	einem	—
ACCUSATIVE	einen	eine	ein	—

The indefinite article is omitted with unmodified predicate nominatives that indicate nationality, religion, rank, or profession.

UNMODIFIED PREDICATE NOMINATIVE	MODIFIED PREDICATE NOMINATIVE
Ich bin **Student.**	Ich bin **ein fleißiger Student.**
Er ist **Amerikaner.**	Er ist **ein junger Amerikaner.**
Mein Freund ist **Arzt.**	Mein Freund ist **ein guter Arzt.**

4. *Ein*-Words

The possessive adjectives and **kein** are usually called **ein**-words, because their declensional endings in the singular are identical to those of the indefinite article. In the plural, the endings are the same as those for the **der**-words. The possessive adjectives are:

SINGULAR		PLURAL	
mein	*my*	unser	*our*
dein	*your—familiar*	euer	*your—familiar*
Ihr	*your—formal*	Ihr	*your—formal*
sein (*masc.*)	*his, its*		
ihr (*fem.*)	*her, its*	ihr	*their*
sein (*neut.*)	*its*		

	Singular			*Plural*
	MASCULINE	FEMININE	NEUTER	ALL GENDERS
NOMINATIVE	mein	meine	mein	meine
GENITIVE	meines	meiner	meines	meiner
DATIVE	meinem	meiner	meinem	meinen
ACCUSATIVE	meinen	meine	mein	meine

When **unser** and **euer** have endings, they are frequently abbreviated by the omission of **-e-**.

unserer = unsrer	euere = eure
unserem = unsrem, userm	eueren = euren, euern

Nouns referring to parts of the body, clothing, and relatives are frequently accompanied by the definite article rather than the possessive adjective.

Er zog **die** Hand aus **der** Tasche.	*He drew his hand out of his pocket.*
Der Vater ging nicht ins Geschäft, während **die** Großeltern bei uns auf Besuch waren.	*My father did not go to the store while my grandparents were visiting us.*

C. Nouns

1. Declension of Nouns

a. *Typical Nouns*

Most masculine and neuter nouns end in **-es** in the genitive singular if they are monosyllabic; they end in **-s** if they are polysyllabic. Feminine nouns take no genitive singular endings. Monosyllabic masculine and neuter nouns may take an **-e** ending in the dative singular. Nouns add an **-n** in the dative plural if the nominative plural does not end in **-n, -en,** or **-s.**

	Singular	*Plural*
	MASCULINE	
NOMINATIVE	der Bleistift	die Bleistifte
GENITIVE	des Bleistifts	der Bleistifte
DATIVE	dem Bleistift	den Bleistiften
ACCUSATIVE	den Bleistift	die Bleistifte
	FEMININE	
NOMINATIVE	die Frau	die Frauen
GENITIVE	der Frau	der Frauen
DATIVE	der Frau	den Frauen
ACCUSATIVE	die Frau	die Frauen
	NEUTER	
NOMINATIVE	das Haus	die Häuser
GENITIVE	des Hauses	der Häuser
DATIVE	dem Haus(e)	den Häusern
ACCUSATIVE	das Haus	die Häuser

b. *Weak Masculine Nouns*

Weak masculine nouns take the endings **-en** or **-n** in all cases, singular and plural, except in the nominative singular. Such nouns as **der Bauer, der Bayer, der Herr, der Mensch, der Narr,** and **der Soldat,** as well as nouns with the endings **-ent** and **-ist,** belong to this declension.

	SINGULAR	PLURAL
NOMINATIVE	der Student	die Studenten
GENITIVE	des Studenten	der Studenten
DATIVE	dem Studenten	den Studenten
ACCUSATIVE	den Studenten	die Studenten
NOMINATIVE	der Bauer	die Bauern
GENITIVE	des Bauern	der Bauern
DATIVE	dem Bauern	den Bauern
ACCUSATIVE	den Bauern	die Bauern

Der Herr takes the endings **-n** in the singular and **-en** in the plural.

	SINGULAR	PLURAL
NOMINATIVE	der Herr	die Herren
GENITIVE	des Herrn	der Herren
DATIVE	dem Herrn	den Herren
ACCUSATIVE	den Herrn	die Herren

c. *N-Loss Nouns*

A few masculine nouns, such as **der Gedanke, der Glaube,** and **der Name,** appear to have lost **-n** in the nominative singular.

	SINGULAR	PLURAL
NOMINATIVE	der Name	die Namen
GENITIVE	des Namens	der Namen
DATIVE	dem Namen	den Namen
ACCUSATIVE	den Namen	die Namen

d. *Das Herz*

Das Herz is the only noun that has **-ens** in the genitive singular, **-en** in the dative singular, and no ending in the nominative and accusative singular.

	SINGULAR	PLURAL
NOMINATIVE	das Herz	die Herzen
GENITIVE	des Herzens	der Herzen
DATIVE	dem Herzen	den Herzen
ACCUSATIVE	das Herz	die Herzen

e. *Nouns Derived from Other Parts of Speech*

(1) Nouns Derived from Adjectives

Nouns derived from adjectives retain adjective endings and are capitalized. Some adjectives, such as **deutsch,** may be used as nouns in all genders and in the plural. The neuter of such nouns has no plural.

Singular

MASCULINE

NOMINATIVE	der Deutsche	ein Deutscher
GENITIVE	des Deutschen	eines Deutschen
DATIVE	dem Deutschen	einem Deutschen
ACCUSATIVE	den Deutschen	einen Deutschen

FEMININE   NEUTER

NOMINATIVE	die Deutsche	eine Deutsche	das Deutsche
GENITIVE	der Deutschen	einer Deutschen	des Deutschen
DATIVE	der Deutschen	einer Deutschen	dem Deutschen
ACCUSATIVE	die Deutsche	eine Deutsche	das Deutsche

Plural

NOMINATIVE	die Deutschen	keine Deutschen	Deutsche
GENITIVE	der Deutschen	keiner Deutschen	Deutscher
DATIVE	den Deutschen	keinen Deutschen	Deutschen
ACCUSATIVE	die Deutschen	keine Deutschen	Deutsche

Singular

MASCULINE

NOMINATIVE	der Jugendliche	ein Jugendlicher
GENITIVE	des Jugendlichen	eines Jugendlichen
DATIVE	dem Jugendlichen	einem Jugendlichen
ACCUSATIVE	den Jugendlichen	einen Jugendlichen

	FEMININE		NEUTER
NOMINATIVE	die Schöne	eine Schöne	das Gute
GENITIVE	der Schönen	einer Schönen	des Guten
DATIVE	der Schönen	einer Schönen	dem Guten
ACCUSATIVE	die Schöne	eine Schöne	das Gute

Plural

NOMINATIVE	die Jugendlichen	keine Schönen	Jugendliche
GENITIVE	der Jugendlichen	keiner Schönen	Jugendlicher
DATIVE	den Jugendlichen	keinen Schönen	Jugendlichen
ACCUSATIVE	die Jugendlichen	keine Schönen	Jugendliche

Adjectives used substantively after the pronouns **etwas, jemand, nichts,** and **niemand** are capitalized and require strong neuter singular endings. Such combinations do not occur in the genitive singular or in any plural form. The preposition **von** is used as a substitute for the genitive.

NOMINATIVE	etwas Grünes	nichts Gutes
GENITIVE	—	—
DATIVE	etwas Grünem	nichts Gutem
ACCUSATIVE	etwas Grünes	nichts Gutes

Adjectives used substantively after the indefinite pronoun **alles** are capitalized and require weak neuter singular endings. Those following **alle** have weak plural endings.

	Singular	Plural
NOMINATIVE	alles Neue	alle Jugendlichen
GENITIVE	alles Neuen	aller Jugendlichen
DATIVE	allem Neuen	allen Jugendlichen
ACCUSATIVE	alles Neue	alle Jugendlichen

(2) Nouns Derived from Infinitives

Infinitives may be used as nouns. Such nouns are neuter and are capitalized; they are used in the singular only.

NOMINATIVE	das Denken	*thinking*	das Tanzen	*dancing*
GENITIVE	des Denkens		des Tanzens	
DATIVE	dem Denken		dem Tanzen	
ACCUSATIVE	das Denken		das Tanzen	

(3) Nouns Derived from Past Participles

Nouns derived from past participles are capitalized and take adjective endings.

Singular

	MASCULINE	FEMININE	NEUTER
NOMINATIVE	der Gelehrte	die Geliebte	das Geschriebene
GENITIVE	des Gelehrten	der Geliebten	des Geschriebenen
DATIVE	dem Gelehrten	der Geliebten	dem Geschriebenen
ACCUSATIVE	den Gelehrten	die Geliebte	das Geschriebene

NOMINATIVE	ein Gelehrter	eine Geliebte
GENITIVE	eines Gelehrten	einer Geliebten
DATIVE	einem Gelehrten	einer Geliebten
ACCUSATIVE	einen Gelehrten	eine Geliebte

Plural

ALL GENDERS

NOMINATIVE	die Gelehrten	Gelehrte
GENITIVE	der Gelehrten	Gelehrter
DATIVE	den Gelehrten	Gelehrten
ACCUSATIVE	die Gelehrten	Gelehrte

f.   *Proper Nouns*

(1) Personal Names

Except in the genitive case, personal names do not take endings. In the genitive, **-s** is usually added.

Brechts Dramen, Karls Buch, Annes Bruder

If the personal name ends in **-s, -ß, -x,** or **-z,** an apostrophe is usually added to form the genitive. Such names may be used with **von** as a substitute for the genitive.

Leibnitz' Werke	=	die Werke von Leibnitz
Fritz' Eltern	=	die Eltern von Fritz
Hans' Freund	=	der Freund von Hans

(2) Names of Cities, States, and Countries

The neuter names of countries, as well as the names of cities, add -s in the formation of the genitive. Such names are often used with **von** as a substitute for the genitive.

die Geschichte Berlins⎫
Berlins Geschichte   ⎭   =   die Geschichte von Berlin
der größte König Preußens   =   der größte König von Preußen
die Bevölkerung Deutschlands   =   die Bevölkerung von Deutschland

The neuter names of cities, states, and countries are used without the definite article unless preceded by an adjective.

Berlin	das alte Berlin
Hessen	das schöne Hessen
Deutschland	das neue Deutschland

The feminine names **die Schweiz, die Tschechoslowakei,** and **die Türkei** are always used with the definite article.

NOMINATIVE	die Schweiz
GENITIVE	der Schweiz
DATIVE	der Schweiz
ACCUSATIVE	die Schweiz

The plural names of countries, such as **die Vereinigten Staaten,** are accompanied by the definite article.

(3) Names of Rivers

The names of rivers are declined according to their gender and are always used with the definite article.

	MASCULINE	FEMININE
NOMINATIVE	der Rhein	die Mosel
GENITIVE	des Rhein(e)s	der Mosel
DATIVE	dem Rhein	der Mosel
ACCUSATIVE	den Rhein	die Mosel

2. Gender of Nouns

a. *Sex*

Grammatical gender of nouns denoting persons usually agrees with natural sex.

der Vater, die Mutter, der Sohn, der Vetter, die Tante

Exceptions are nouns with diminutive suffixes **-chen** and **-lein.**

das Söhnchen, das Fräulein

b. *Seasons, Months, Days of the Week, and Compass Directions*

The names of the seasons, months, days of the week, and compass directions are masculine.

der Frühling, der Mai, der Mittwoch, der Norden

c. *Professions*

Almost all nouns denoting professions are masculine.

der Lehrer, der Student, der Arzt (*exception:* die Krankenschwester)

Nouns denoting female members of professions are feminine and require the suffix **-in.**

die Lehrerin, die Studentin, die Ärztin

d. *Cities, States, and Countries*

The names of cities, states, and most countries are neuter. **Die Schweiz, die Tschechoslowakei,** and **die Türkei** are feminine.

e. *Rivers*

The names of most German rivers are feminine.

die Donau, die Elbe, die Havel, die Oder, die Weser

Some German rivers are masculine.

der Inn, der Lech, der Main, der Neckar, der Rhein

The names of most foreign rivers are masculine.

der Amazonas, der Kongo, der Mississippi, der Missouri, der Nil

The names of foreign rivers ending in **-a** or **-e** are feminine.

die Seine, die Themse, die Wolga

f. *Masculine Suffixes*

Nouns with the suffixes **-ent, -eur, -iker, -ismus, -ist, -or,** and most nouns with the suffix **-er** are masculine.

der Patient, der Ingenieur, der Techniker, der Kapitalismus, der Spezialist, der Humor, der Dichter

g. *Feminine Suffixes*

Nouns with the suffixes **-ei, -ie, -ik, -in, -ion, -heit, -(ig)keit, -schaft, -tät, -ung,** and **-ur** are feminine.

> die Polizei, die Geographie, die Mathematik, die Lehrerin, die Tradition, die Freiheit, die Freundlichkeit, die Arbeitslosigkeit, die Wirtschaft, die Universität, die Behandlung, die Natur

A few nouns that end in **-er** are feminine.

> die Mutter, die Schwester

h. *Neuter Suffixes*

Nouns with the suffixes **-eum, -(i)um, -tel,** most nouns with **-tum,** and those with the diminutive suffixes **-chen** and **-lein** are neuter.

> das Museum, das Studium, das Viertel, das Christentum, das Mädchen, das Söhnchen, das Fräulein

i. *Compound Nouns*

The last element of a compound noun governs the gender.

> der Weltteil, die Mädchenschule, das Studentenleben

j. *Infinitives Used as Nouns*

Infinitives used as nouns are neuter.

> das Essen, das Kartenspielen

3. Plurals of Nouns

The principal plural formations of nouns are as follows:

TYPE OF NOUN	PLURAL FORMATION	SINGULAR	PLURAL
Masculines and neuters with endings **-el, -en, -er,** and neuters with **-chen** and **-lein**	No change from singular	das Viertel der Wagen der Lehrer das Fenster das Mädchen das Fräulein	die Viertel die Wagen die Lehrer die Fenster die Mädchen die Fräulein
Some polysyllabic masculines; two feminines: **die Mutter, die Tochter**	Umlaut on stem vowel	der Vater die Mutter die Tochter	die Väter die Mütter die Töchter

TYPE OF NOUN	PLURAL FORMATION	SINGULAR	PLURAL
Most monosyllabic masculines; many polysyllabic masculines; some monosyllabic feminines and neuters	Suffix **-e** and often umlaut on stem vowel	der Arzt der Brief der Tag der Freund der Besuch der Monat der Eindruck die Stadt das Jahr	die Ärzte die Briefe die Tage die Freunde die Besuche die Monate die Eindrücke die Städte die Jahre
Several monosyllabic masculines; many monosyllabic neuters	Suffix **-er** and often umlaut on stem vowel	der Mann der Wald das Haus das Dorf das Bild	die Männer die Wälder die Häuser die Dörfer die Bilder
All feminines with endings **-e**, **-ie**; several feminines with ending **-er**	Suffix **-n**	die Blume die Straße die Theorie die Schwester	die Blumen die Straßen die Theorien die Schwestern
All feminines ending in **-ei**, **-heit**, **-(ig)keit**, **-ion**, **-schaft**, **-tät**, **-ung**, **-ur**; masculines ending in **-ent**, **-ist**, **-or**; **die Frau**	Suffix **-en**	die Konditorei die Freiheit die Fähigkeit die Präposition die Wissenschaft die Universität die Wohnung die Kultur der Student der Spezialist der Professor die Frau	die Konditoreien die Freiheiten die Fähigkeiten die Präpositionen die Wissenschaften die Universitäten die Wohnungen die Kulturen die Studenten die Spezialisten die Professoren die Frauen
All feminines with suffix **-in**	Suffix **-nen**	die Lehrerin	die Lehrerinnen
Several neuters with endings **-eum** and **-ium**	Substitution of **-en** for **-um**	das Museum das Studium	die Museen die Studien
Many foreign nouns	Suffix **-s**	das Hotel das Kino der Park das Restaurant das Taxi	die Hotels die Kinos die Parks die Restaurants die Taxis
All nouns ending in **-nis**	Suffix **-se**	das Gefängnis	die Gefängnisse

D. Pronouns

1. Personal Pronouns

Singular

	FIRST PERSON	SECOND PERSON		THIRD PERSON		
		FAMILIAR	FORMAL			
NOMINATIVE	ich	du	Sie	er	sie	es
GENITIVE	meiner	deiner	Ihrer	seiner	ihrer	seiner
DATIVE	mir	dir	Ihnen	ihm	ihr	ihm
ACCUSATIVE	mich	dich	Sie	ihn	sie	es

Plural

	FIRST PERSON	SECOND PERSON		THIRD PERSON
NOMINATIVE	wir	ihr	Sie	sie
GENITIVE	unser	euer	Ihrer	ihrer
DATIVE	uns	euch	Ihnen	ihnen
ACCUSATIVE	uns	euch	Sie	sie

The gender of personal pronouns in the third person singular is determined by the grammatical gender of the antecedent.

> Wo ist **der Wagen?** Steht **er** vor dem Hause?
> Hier ist **der Bericht.** Haben Sie **ihn** schon gelesen?
> Ich habe **die rote Jacke** gekauft, weil **sie** Herrn Brown gefallen hat.

The genitive personal pronoun occurs infrequently; it should not be confused with the possessive adjectives, which it resembles.

2. Reflexive Pronouns

In the first person and in the second person familiar, singular and plural, the reflexive pronouns are identical to the dative and accusative personal pronouns. **Sich** is the reflexive pronoun for the second person formal and the third person, singular and plural.

Singular

	FIRST PERSON	SECOND PERSON		THIRD PERSON
		FAMILIAR	FORMAL	ALL GENDERS
DATIVE	mir	dir	sich	sich
ACCUSATIVE	mich	dich	sich	sich

Plural

	FIRST PERSON	SECOND PERSON		THIRD PERSON
DATIVE	uns	euch	sich	sich
ACCUSATIVE	uns	euch	sich	sich

Ich kann **mir** nicht helfen.
Du hast **dich** erkältet, nicht wahr?
Er hat **sich** auf das Sofa gesetzt.
Ich erinnere **mich** nicht an die Dame.

3. Interrogative Pronouns *Wer* and *Was*

NOMINATIVE	wer	was
GENITIVE	wessen	—
DATIVE	wem	—
ACCUSATIVE	wen	was

Was does not commonly occur in the genitive and dative cases; its function as the object of prepositions is usually carried out by **wo**-compounds.

4. Relative Pronouns

The gender and number of the relative pronoun agree with its antecedent; its case is determined by its function in the relative clause. Transposed word order is used in relative clauses.

	Singular			*Plural*
	MASCULINE	FEMININE	NEUTER	ALL GENDERS
NOMINATIVE	der	die	das	die
GENITIVE	dessen	deren	dessen	deren
DATIVE	dem	der	dem	denen
ACCUSATIVE	den	die	das	die

Die Familie, bei **der** ich jetzt wohne, heißt Neumann.
Kennen Sie den Mann, **der** mit mir gesprochen hat?
Der Student, **dem** ich oft helfe, ist Amerikaner.
Hier ist die Adresse des Herrn, **dessen** Firma eine Filiale gekauft hat.

The declensional forms of **welcher** constitute an alternative set of relative pronouns in all but the genitive case.

	Singular			*Plural*
	MASCULINE	FEMININE	NEUTER	ALL GENDERS
NOMINATIVE	welcher	welche	welches	welche
GENITIVE	(dessen)	(deren)	(dessen)	(deren)
DATIVE	welchem	welcher	welchem	welchen
ACCUSATIVE	welchen	welche	welches	welche

In English, "that" and forms of "who" are used to represent persons, while "that" and "which" are used to represent things. In German, the forms of the relative pronoun show no distinction between antecedents representing persons and those representing things.

> Das ist die Straßenbahn, mit **der** ich jeden Morgen fahre.
> Die Nachbarin, mit **der** ich gestern abend in die Oper ging, ist Frau Neumann.

5. *Wer* and *Was* as Relative Pronouns

Wer can be used as a relative pronoun in the meaning "he who" or "whoever."

> **Wer** nicht für mich ist, (der) ist gegen mich.

Was may be used as a relative pronoun when it refers to indefinite pronouns such as **alles, etwas, manches, nichts,** and **vieles.**

> **Alles, was** er bekam, hat er wieder verloren.
> Er sagt **vieles, was** nicht wahr ist.

The antecedent of **was** may also be a clause instead of a single word.

> Herr Brown hatte Pläne, ein Jahr in Marburg zu studieren, **was** ihr sehr gefiel, da sie ihn gern hatte.

6. Demonstrative Pronouns

a. *Das, Dieser, and Jener*

Das is used as a demonstrative pronoun when a noun antecedent is not previously specified.

> **Das** ist unsere neue Kirche.
> **Das** sind die Studenten vom Institut.

A clause or sentence may be the antecedent of **das.**

> Ich bekam gestern einen Brief von den Eltern, **das** hat mir Freude gemacht.

Dieser and **jener** may be used as demonstrative pronouns, but they retain the declensional endings of **der**-words. When the antecedent of **dieser** is unspecified or is a clause, the shortened neuter form **dies** is often used in the nominative and accusative singular. **Dieser** can also mean "the latter" and **jener** "the former."

> **Dies** ist Herr Schmidt.
> Von den zwei Zügen ist **dieser** der schnellere.
> Vor dem Hause stehen ein Volkswagen und ein Mercedes; **jener** (*the former*)
>   gehört mir und **dieser** (*the latter*) gehört meinem Wirt.

b. *Der as Demonstrative Pronoun*

Der may be used as a demonstrative pronoun and is usually stressed. Its declensional forms are like those of **der** as a relative pronoun.

Der ist aber ein guter Mann!	*He is really a good man!*
Mit **der** kann man nichts machen.	*One can't do a thing with **her**.*
Von **denen** habe ich schon oft gehört.	*I have often heard of **them**.*
Nur intelligente Leute können das tun, und **die** gibt es nicht überall.	*Only intelligent people can do that, and **they** are not found everywhere.*

E. Adjectives and Adverbs

1. Weak Adjective Endings

Descriptive adjectives have weak endings when they follow:

(a) the definite article
(b) a **der**-word
(c) the indefinite article with an ending
(d) an **ein**-word with an ending

	Singular			*Plural*
	MASCULINE	FEMININE	NEUTER	ALL GENDERS
NOMINATIVE	-e	-e	-e	-en
GENITIVE	-en	-en	-en	-en
DATIVE	-en	-en	-en	-en
ACCUSATIVE	-en	-e	-e	-en

2. Strong Adjective Endings

Descriptive adjectives have strong endings when they are preceded by:

(a) no **ein**- or **der**-word
(b) the indefinite article without an ending
(c) an **ein**-word without an ending

	Singular			*Plural*
	MASCULINE	FEMININE	NEUTER	ALL GENDERS
NOMINATIVE	-er	-e	-es	-e
GENITIVE	-en	-er	-en	-er
DATIVE	-em	-er	-em	-en
ACCUSATIVE	-en	-e	-es	-e

Except for the masculine and neuter endings in the genitive singular, the strong adjective endings are identical to the **der**-word endings.

3. Descriptive Adjectives Derived from City Names

Descriptive adjectives derived from city names are capitalized and require **-er** as the ending for all cases in all genders, singular and plural.

der Salzburg**er** Dom	die Berlin**er** Straßen
im München**er** Bahnhof	das Berlin**er** Schloß

4. Demonstrative *Derselbe*

The demonstrative adjective **derselbe** contains two components; the first is declined like the definite article while the second takes weak adjective endings.

	Singular			*Plural*
	MASCULINE	FEMININE	NEUTER	ALL GENDERS
NOMINATIVE	derselbe	dieselbe	dasselbe	dieselben
GENITIVE	desselben	derselben	desselben	derselben
DATIVE	demselben	derselben	demselben	denselben
ACCUSATIVE	denselben	dieselbe	dasselbe	dieselben

Das ist **derselbe** Mann, der gestern hier war.
Ich habe mit **demselben** Mann gesprochen, der gestern hier war.
Dieselben Leute gehen immer ins Kino.
Wir wohnen beide in **derselben** Stadt.

The first component of **derselbe** may be contracted with a preposition; the contraction is separated from **selb-.**

Mein Freund und ich kamen **zur selben** Zeit an.
1976 fuhr mein Bruder nach Amerika; **im selben** Jahre machte ich das Abitur.

5. Comparison of Adjectives and Adverbs

a. *Normal Comparison*

In normal comparison, the stem of the adjective does not change. The comparative suffix is **-er,** and the superlative suffix is **-st.** Adjective endings are added according to the number, gender, and case of the noun modified.

POSITIVE	COMPARATIVE	SUPERLATIVE
schnell	schneller	der, die, das schnellste
		am schnellsten
schön	schöner	der, die, das schönste
		am schönsten
wichtig	wichtiger	der, die, das wichtigste
		am wichtigsten

The superlative form is used with the definite article when the adjective precedes the noun it modifies. This form may also be used as a predicate adjective.

Der schnellste Wagen ist nicht immer **der beste.**

The superlative form of the adjective that is preceded by **am** and has the suffix **-sten** is indeclinable and is used only as a predicate adjective; the superlative form of the adverb has the same construction.

PREDICATE ADJECTIVE   Von allen Kirchen der Welt ist der Turm des Doms in Ulm **am höchsten.**

ADVERB   Von allen deutschen Zügen fährt der „Helvetia" **am schnellsten.**

Adjectives and adverbs with the stems ending in **-d, -t, -s, -sch,** or **-z** take **-est-** as the superlative suffix.

POSITIVE	COMPARATIVE	SUPERLATIVE
stolz	stolzer	der, die, das stol**zeste**
		am stol**zesten**
weit	weiter	der die, das wei**teste**
		am wei**testen**

b. *Comparison with Umlaut*

Some common monosyllabic adjectives add an umlaut to the stem vowel in the comparative and superlative degrees.

POSITIVE	COMPARATIVE	SUPERLATIVE
alt	älter	der, die, das älteste
		am ältesten
arm	ärmer	der, die, das ärmste
		am ärmsten
gesund	gesünder	der, die, das gesündeste
		am gesündesten
groß	größer	der, die, das größte
		am größten
jung	jünger	der, die, das jüngste
		am jüngsten
kalt	kälter	der, die, das kälteste
		am kältesten
krank	kränker	der, die, das kränkste
		am kränksten
kurz	kürzer	der, die, das kürzeste
		am kürzesten

POSITIVE	COMPARATIVE	SUPERLATIVE
lang	länger	der, die, das längste am längsten
oft	öfter	— am öftesten
rot	röter	der, die, das röteste am rötesten
scharf	schärfer	der, die, das schärfste am schärfsten
schmal	schmäler	der, die, das schmälste am schmälsten
schwach	schwächer	der, die, das schwächste am schwächsten
schwarz	schwärzer	der, die, das schwärzeste am schwärzesten
stark	stärker	der, die, das stärkste am stärksten
warm	wärmer	der, die, das wärmste am wärmsten

c. *Irregular Comparison*

A few common adjectives and adverbs change the stem in comparison.

POSITIVE	COMPARATIVE	SUPERLATIVE
gern(e)	lieber	— am liebsten
gut	besser	der, die, das beste am besten
hoch, hoh-	höher	der, die, das höchste am höchsten
nah(e)	näher	der, die, das nächste am nächsten
viel (*sing.*)	mehr	der, die, das meiste am meisten
viele (*plur.*)	mehr	die meisten am meisten

Gern(e) exists only as an adverb and has, therefore, only the superlative form with **am.**
Hoch is a predicate adjective and adverb; **hoh-** can be used only as an adjective
preceding a noun.

F. Prepositions

1. Prepositions with the Dative Case

aus   *out, out of, from*
außer   *besides, except*
bei   *with, at the house of, at the business of, at, near, by*
gegenüber   *opposite, across from*
mit   *with, by*
nach   *to, toward; after; according to*
seit   *since, for (with expressions of time)*
von   *of, from; by; about*
zu   *to; at; for*

Ich komme **aus Köln.**	*I come from Cologne.*
Außer mir waren nur noch zwei Leute im Geschäft.	*Besides me, there were only two other people in the store.*
Er war gestern **beim Arzt.**	*He was at the doctor's yesterday.*
Ich wohne im Sommer **bei einer Tante.**	*I reside with an aunt during the summer.*
Wir fahren oft **mit dem TEE-Zug.**	*We often travel by TEE-train.*
Er hat gestern **mit mir** darüber gesprochen.	*He spoke with me about it yesterday.*
Fährst du morgen **nach München?**	*Are you going to Munich tomorrow?*
Nach dem Essen werden wir ins Kino gehen.	*After the meal we will go to the movie.*
Sie ist schon **seit einem Jahr** in Deutschland.	*She has already been in Germany for a year.*
Habt ihr **von euren Eltern** gehört?	*Did you hear from your parents?*
Ich komme eben **vom Büro.**	*I am just coming from the office.*
Die Brücke wurde letztes Jahr **von meiner Firma** gebaut.	*The bridge was built last year by my firm.*
Er geht oft **zum Arzt.**	*He often goes to the doctor.*
Zum Frühstück trinken wir immer Kaffee.	*For breakfast we always drink coffee.*
Zu Köln am Rhein steht ein großer Dom.	*At Cologne on the Rhine there stands a great cathedral.*

Gegenüber usually follows its object.

> **Dem Rathaus gegenüber** steht der Dom.

Nach, in the meaning of "according to," usually follows its object.

> **Dem Brief nach** werden die Eltern nach Europa kommen.

2. Prepositions with the Accusative Case

bis   *until, up to, as far as*
durch   *through, by means of, by*
für   *for*
gegen   *against; toward*
ohne   *without*
um   *around; at (with expressions of time)*

Wir waren **bis Abend** bei ihm.	*We were at his place until evening.*
Der Wagen fuhr langsam **durch das Dorf.**	*The car drove slowly through the village.*
Er hat es **für mich** getan.	*He did it for me.*
Der Wagen ist **gegen eine Mauer** gefahren.	*The car ran against a wall.*
Er ist **gegen den Kapitalismus.**	*He is against capitalism.*
Gegen Abend kam er nach Hause.	*Toward evening he came home.*
Ohne meine Ratschläge hat er das getan.	*He did that without my advice.*
Ohne Gepäck kann man nicht weit fahren.	*Without luggage one can't travel far.*
Um das Rathaus liegt ein schöner Park.	*A beautiful park lies around the city hall*
Um zehn Uhr fährt der Zug ab.	*The train departs at ten o'clock.*

3. Prepositions with the Dative and Accusative Cases

Prepositions that can take either the dative or the accusative are used with the dative when they express location, that is, when the prepositional phrase answers the question **wo?** They are used with the accusative when they accompany a verb denoting motion toward a goal, that is, when the prepositional phrase answers the question **wohin?** These prepositions usually require the dative case in time expressions; **über,** however, is an exception and is used with the accusative.

an   *at, by, near, on; to*
auf   *at; on, to, upon; in*
hinter   *behind*
in   *in, into; to*
neben   *beside, next to, near, close to*
über   *over, above; about, concerning; via*
unter   *under; between, among*
vor   *before, prior to; ago; in front of, ahead of*
zwischen   *between, among*

DATIVE

Am folgenden Tag kehrte er zurück.	*He returned on the following day.*
Die Fabrik liegt **an einem Fluß.**	*The factory is situated on a river.*
Am Bahnhof kann man immer ein Taxi finden.	*At the railway station one can always find a taxi.*

Die Kinder dürfen nicht **auf der Straße** spielen.

The children are not permitted to play in the street.

Deine Uhr liegt **auf dem Tisch.**

Your watch is lying on the table.

Hinter der Mauer ist ein schöner Garten.

Behind the wall there is a beautiful garden.

In diesem Gebiet ist die Landschaft sehr bergig.

In this region the landscape is very mountainous.

Er stand die ganze Zeit **neben mir.**

He stood beside me the whole time.

Neben der Kirche steht ein altes Kloster.

Next to the church stands an old monastery.

Das Bild hängt **über der Wandtafel.**

The picture is hanging over the blackboard.

Unter der hohen Brücke liegt ein kleines Schiff.

A small ship is lying under the high bridge.

Vor dem letzten Krieg war das Leben ganz anders.

Before the last war life was quite different.

Ich war **vor zwei Jahren** in Wien.

I was in Vienna two years ago.

Wessen Wagen steht **vor unserem Hause?**

Whose car is standing in front of our house?

Der Bodensee liegt **zwischen der Schweiz und Deutschland.**

Lake Constance lies between Switzerland and Germany.

ACCUSATIVE

Gehen Sie **ans Fenster!**

Go to the window.

Gestern ging ich **auf den Bahnhof.**

Yesterday I went to the railway station.

Der Lehrer trat **hinter seinen Tisch.**

The teacher stepped behind his table.

Fährst du bald **in die Stadt?**

Are you going to town soon?

Heute abend gehen wir **ins Kino.**

Tonight we are going to a movie.

Er stellte den Stuhl **neben den Tisch.**

He placed the chair by the table.

Unterwegs sind wir **über den Rhein** geflogen.

En route we flew over the Rhine.

Ich will das Bild **über die Wandtafel** hängen.

I want to hang the picture over the blackboard.

Wir fuhren langsam **unter die Brücke.**

We drove slowly under the bridge.

Dürfen wir mit dem Wagen **vor das Haus** fahren?

Are we permitted to drive (up) in front of the house?

Ich legte den Brief **zwischen die Seiten** eines Buches.

I put the letter between the pages of a book.

The following sentences illustrate some of the special functions of several of these prepositions.

DATIVE

an	Sie ging langsam **an mir** vorbei.	*She went slowly past me.*
	Er nahm **an der Revolution** teil.	*He took part in the revolution.*
	Die Schweiz liegt **am Bodensee.**	*Switzerland lies on Lake Constance.*
auf	Wir wohnen **auf dem Land.**	*We live in the country.*

in	Das Reh verschwand **im Wald.**	*The deer disappeared into the woods.*
unter	Es waren einige Ausländer **unter den Studenten.**	*There were several foreigners among the students.*
	Das soll **unter uns** bleiben.	*That is to remain between us.*

ACCUSATIVE

an	Ich denke oft **an die Heimat.**	*I often think of my homeland.*
	Erinnern Sie sich **an das Volksfest?**	*Do you remember the carnival?*
	Schreibst du oft **an deine Eltern?**	*Do you often write to your parents?*
auf	Wir fahren heute **aufs Land.**	*We are driving to the country today.*
	Er geht jeden Tag **aufs Rathaus.**	*He goes to the city hall every day.*
	Auf diese Weise kommt man nicht weit.	*One doesn't get very far this way.*
	Wir mußten zehn Minuten **auf die Straßenbahn** warten.	*We had to wait ten minutes for the streetcar.*
	Ich habe nicht **auf die Frage** geantwortet.	*I didn't answer the question.*
	Sie zeigte **auf die Leute** auf dem Bahnsteig.	*She pointed to the people on the railway platform.*
über	**Übers Wochenende** fuhren wir nach Bonn.	*Over the weekend we went to Bonn.*
	Er spricht heute **über das Defizit.**	*He is speaking today about the deficit.*
	Ich lebte **über zwei Jahre** in Düsseldorf.	*I lived in Düsseldorf for more than two years.*
	Wir haben uns **über Ihre neue Stellung** gefreut.	*We were happy about your new position.*

4. Prepositions with the Genitive Case

anstatt	*instead of*	statt	*instead of*
außerhalb	*outside*	trotz	*in spite of*
diesseits	*this side of*	um . . . willen	*for the sake of*
innerhalb	*within, inside*	unterhalb	*below, under*
jenseits	*that side of*	während	*during*
oberhalb	*above*	wegen	*because of, on account of, due to*

Der Bauernhof liegt **außerhalb des Dorfes.**	*The farm lies outside the village.*
Trotz der schweren Arbeit ist sein Lohn oft gering.	*In spite of the hard work his pay is often small.*
Wegen deines Fleißes hast du gute Zensuren bekommen.	*Because of your diligence you received good grades.*

The object of **um . . . willen** is inserted between **um** and **willen.**

um (des) Himmels willen   *for heaven's sake*

G. **Da-** and **Wo-**Compounds

1. *Da-*Compounds

Da in combination with prepositions serves as a substitute for prepositional phrases in which the object is a pronoun with an inanimate antecedent. If the preposition begins with a vowel, **dar-** precedes it in the compound.

dabei   *with, at or near it, them or that*
dadurch   *through it, them or that; thereby*
dafür   *for it, them or that*
dagegen   *against it, them or that*
dahinter   *behind it, them or that*
damit   *with it, them or that; therewith*
danach   *after or according to it, them or that*
daneben   *by or near it, them or that*
daran   *on, to, in, at or about it, them or that*
darauf   *on it, them or that; thereupon*
daraus   *out of or from it, them or that*
darin   *in it, them or that; therein*
darüber   *over or about it, them or that*
darum   *for or about it, them or that; therefore, for that reason*
darunter   *below or beneath it, them or that; among them*
davon   *of, from or about it, them or that*
davor   *in front of it, them or that*
dazu   *to or for it, them or that; in addition to, besides*
dazwischen   *between them*

Liegt sein Buch auf dem Tisch? Ja, es liegt **darauf.**
Sind Sie gegen oder für die neue Politik? Ich bin sehr **dafür.**
Dort steht sein Haus, und **dahinter** liegt ein schöner Blumengarten.
Was hat er zu Ihrem Plan gesagt? Nichts, aber er hat sich **darüber** geärgert.

2. *Wo-*Compounds

The formation of **wo**-compounds is similar to that of **da**-compounds. The former usually are employed in questions that in English often begin with "what" and end with a preposition. If the preposition begins with a vowel, **wor-** precedes it in the compound.

Womit haben Sie das geschrieben?
Woran denkt er eigentlich?
Worüber hat der Ingenieur gesprochen?
Wovon sprechen Sie?

A **wo**-compound may occasionally replace a prepositional phrase in which the object is a relative pronoun with an inanimate antecedent.

Der Zug, **mit dem** ich gefahren bin, kam rechtzeitig an.	=	Der Zug, **womit** ich gefahren bin, kam rechtzeitig an.
Die politischen Ansichten, **gegen die** er geschrieben hat, sind sehr radikal.	=	Die politischen Ansichten, **wogegen** er geschrieben hat, sind sehr radikal.

A **wo**-compound replaces a prepositional phrase in which the object is a relative pronoun whose antecedent is the idea or content of the main clause.

Ich las ein Buch über die Reformation, **wobei** ich viel von der Geschichte Deutschlands lernte.

H. Conjunctions

1. Coordinating Conjunctions

aber	*but*	sondern	*but, but on the contrary*
denn	*for, because*	und	*and*
entweder . . . oder	*either . . . or*	weder . . . noch	*neither . . . nor*
oder	*or*		

Coordinating conjunctions are followed by normal word order. The conjunctions consisting of more than one word take normal word order when they connect two subjects of the same verb; they take inverted word order in the first clause when they connect independent clauses.

Entweder Karl **oder** Marie wird uns helfen.

Entweder muß er mit dem Zug fahren, **oder** er wird zu spät ankommen.

Sondern introduces a correction of a preceding negative statement.

Nicht die Kinder, **sondern** die Eltern verstehen das.

Nicht Brot, **sondern** Kuchen sollen sie essen.

Ich fahre nicht nach Bonn, **sondern** nach Hamburg.

2. Subordinating Conjunctions

als	*as; than; when*	damit	*in order that*
als ob	*as if*	daß	*that*
bevor	*before*	ehe	*before*
bis	*until*	indem	*while, while at the same time*
da	*since, inasmuch as*	nachdem	*after*

ob *whether*	während *while*
obwohl *although*	weil *because*
seitdem *since*	wenn *if, when, whenever*
sobald *as soon as*	wie *as, like*

Subordinating conjunctions are followed by transposed word order.

The distinctions between **als** and **wenn** are not always readily apparent. **Als** is used in comparisons and contrasts.

> Er ist größer **als** ich.
> Die Reise war viel kürzer, **als** ich erwartet hatte.

Als is used to introduce statements referring to a single event in the past.

> **Als** er nach Hause kam, war niemand da.

Wenn introduces statements referring to repeated or customary events in the present, past, and future.

> **Wenn** der Onkel uns Kinder besuchte, brachte er uns immer etwas Gutes.
> Meine Eltern freuten sich immer, **wenn** ich ein Wochenende bei Ihnen verbrachte.
> **Wenn** es warm ist, gehe ich gern schwimmen.

Wenn introduces clauses referring to a single event in the present or future.

> **Wenn** er nach Hause kommt, wird er den Brief lesen.

Wenn introduces "if" clauses.

> **Wenn** Sie nicht bald zum Arzt gehen, werden Sie sehr krank.

3. Interrogative Adverbs and *Wo*-Compounds Used as Subordinating Conjunctions

Interrogative adverbs and **wo**-compounds, when used to introduce indirect questions, function as subordinating conjunctions and are followed by transposed word order. The following are common interrogative adverbs:

wann *when*	woher *from where*
warum *why*	wohin *where to*
wo *where*	

> Ich weiß nicht, **wann** er abgefahren ist.
> Er kann es mir nicht sagen, **warum** das unmöglich ist.
> Ich möchte wissen, **wohin** er gestern gefahren ist.
> Sagen Sie mir, **woran** Sie eigentlich denken.
> Wir wissen nicht, **worüber** er gesprochen hat.

I. Verbs (Conjugations)

1. Weak Verbs

a. *Indicative Mood*

(1) Active Voice

INFINITIVE

hören	erwarten	kritisieren	anreden	reisen

PRESENT TENSE

ich höre	erwarte	kritisiere	rede . . . an	reise
du hörst	erwartest	kritisierst	redest . . . an	reist
er hört	erwartet	kritisiert	redet . . . an	reist
wir hören	erwarten	kritisieren	reden . . . an	reisen
ihr hört	erwartet	kritisiert	redet . . . an	reist
sie hören	erwarten	kritisieren	reden . . . an	reisen
Sie hören	erwarten	kritisieren	reden . . . an	reisen

PAST (IMPERFECT) TENSE

ich hörte	erwartete	kritisierte	redete . . . an	reiste
du hörtest	erwartetest	kritisiertest	redetest . . . an	reistest
er hörte	erwartete	kritisierte	redete . . . an	reiste
wir hörten	erwarteten	kritisierten	redeten . . . an	reisen
ihr hörtet	erwartetet	kritisiertet	redetet . . . an	reistet
sie hörten	erwarteten	kritisierten	redeten . . . an	reisten
Sie hörten	erwarteten	kritisierten	redeten . . . an	reisten

PRESENT PERFECT TENSE

ich habe		ich bin	
du hast		du bist	
er hat	gehört	er ist	
wir haben	erwartet	wir sind	gereist
ihr habt	kritisiert	ihr seid	
sie haben	angeredet	sie sind	
Sie haben		Sie sind	

PAST PERFECT (PLUPERFECT) TENSE

ich hatte		ich war	
du hattest		du warst	
er hatte	gehört	er war	
wir hatten	erwartet	wir waren	gereist
ihr hattet	kritisiert	ihr wart	
sie hatten	angeredet	sie waren	
Sie hatten		Sie waren	

FUTURE TENSE

ich werde	
du wirst	hören
er wird	erwarten
wir werden	kritisieren
ihr werdet	anreden
sie werden	reisen
Sie werden	

FUTURE PERFECT TENSE

ich werde			ich werde		
du wirst			du wirst		
er wird	gehört		er wird		
wir werden	erwartet	haben	wir werden	gereist sein	
ihr werdet	kritisiert		ihr werdet		
sie werden	angeredet		sie werden		
Sie werden			Sie werden		

(2) Passive Voice

PRESENT TENSE		PAST (IMPERFECT) TENSE	
ich werde		ich wurde	
du wirst	gehört	du wurdest	gehört
er wird	erwartet	er wurde	erwartet
wir werden	kritisiert	wir wurden	kritisiert
ihr werdet	angeredet	ihr wurdet	angeredet
sie werden		sie wurden	
Sie werden		Sie wurden	

PRESENT PERFECT TENSE		PAST PERFECT (PLUPERFECT) TENSE	
ich bin		ich war	
du bist	gehört	du warst	gehört
er ist	erwartet	er war	erwartet
wir sind	kritisiert worden	wir waren	kritisiert worden
ihr seid	angeredet	ihr wart	angeredet
sie sind		sie waren	
Sie sind		Sie waren	

FUTURE TENSE		FUTURE PERFECT TENSE	
ich werde		ich werde	
du wirst	gehört	du wirst	gehört
er wird	erwartet	er wird	erwartet
wir werden	kritisiert werden	wir werden	kritisiert worden sein
ihr werdet	angeredet	ihr werdet	angeredet
sie werden		sie werden	
Sie werden		Sie werden	

b. *Subjunctive Mood*

(1) **Active Voice**

PRESENT SUBJUNCTIVE I

ich höre	erwarte	kritisiere	rede . . . an	reise
du hörest	erwartest	kritisierest	redest . . . an	reisest
er höre	erwarte	kritisiere	rede . . . an	reise
wir hören	erwarten	kritisieren	reden . . . an	reisen
ihr höret	erwartet	kritisieret	redet . . . an	reiset
sie hören	erwarten	kritisieren	reden . . . an	reisen
Sie hören	erwarten	kritisieren	reden . . . an	reisen

PRESENT SUBJUNCTIVE II

ich hörte	erwartete	kritisierte	redete . . . an	reiste
du hörtest	erwartetest	kritisiertest	redetest . . . an	reistest
er hörte	erwartete	kritisierte	redete . . . an	reiste
wir hörten	erwarteten	kritisierten	redeten . . . an	reisten
ihr hörtet	erwartetet	kritisiertet	redetet . . . an	reistet
sie hörten	erwarteten	kritisierten	redeten . . . an	reisten
Sie hörten	erwarteten	kritisierten	redeten . . . an	reisten

PAST SUBJUNCTIVE I

ich habe		ich sei	
du habest		du seiest	
er habe	gehört	er sei	
wir haben	erwartet	wir seien	gereist
ihr habet	kritisiert	ihr seiet	
sie haben	angeredet	sie seien	
Sie haben		Sie seien	

PAST SUBJUNCTIVE II

ich hätte		ich wäre	
du hättest		du wärest	
er hätte	gehört	er wäre	
wir hätten	erwartet	wir wären	gereist
ihr hättet	kritisiert	ihr wäret	
sie hätten	angeredet	sie wären	
Sie hätten		Sie wären	

FUTURE SUBJUNCTIVE I   FUTURE SUBJUNCTIVE II

ich werde			ich würde	
du werdest	hören		du würdest	hören
er werde	erwarten		er würde	erwarten
wir werden	kritisieren		wir würden	kritisieren
ihr werdet	anreden		ihr würdet	anreden
sie werden	reisen		sie würden	reisen
Sie werden			Sie würden	

FUTURE PERFECT SUBJUNCTIVE I

ich werde			ich werde	
du werdest			du werdest	
er werde	gehört		er werde	
wir werden	erwartet	haben	wir werden	gereist sein
ihr werdet	kritisiert		ihr werdet	
sie werden	angeredet		sie werden	
Sie werden			Sie werden	

FUTURE PERFECT SUBJUNCTIVE II

ich würde			ich würde	
du würdest			du würdest	
er würde	gehört		er würde	
wir würden	erwartet	haben	wir würden	gereist sein
ihr würdet	kritisiert		ihr würdet	
sie würden	angeredet		sie würden	
Sie würden			Sie würden	

(2) Passive Voice

PRESENT SUBJUNCTIVE I   PRESENT SUBJUNCTIVE II

ich werde			ich würde	
du werdest			du würdest	
er werde	gehört		er würde	gehört
wir werden	erwartet		wir würden	erwartet
ihr werdet	kritisiert		ihr würdet	kritisiert
sie werden	angeredet		sie würden	angeredet
Sie werden			Sie würden	

PAST SUBJUNCTIVE I

ich sei
du seiest
er sei
wir seien   gehört
ihr seiet   erwartet
sie seien   kritisiert   worden
Sie seien   angeredet

PAST SUBJUNCTIVE II

ich wäre
du wärest
er wäre
wir wären   gehört
ihr wäret   erwartet
sie wären   kritisiert   worden
Sie wären   angeredet

FUTURE SUBJUNCTIVE I

ich werde
du werdest
er werde
wir werden   gehört
ihr werdet   erwartet
sie werden   kritisiert   werden
Sie werden   angeredet

FUTURE SUBJUNCTIVE II

ich würde
du würdest
er würde
wir würden   gehört
ihr würdet   erwartet
sie würden   kritisiert   werden
Sie würden   angeredet

FUTURE PERFECT SUBJUNCTIVE I

ich werde
du werdest
er werde
wir werden   gehört
ihr werdet   erwartet   worden
sie werden   kritisiert   sein
Sie werden   angeredet

FUTURE PERFECT SUBJUNCTIVE II

ich würde
du würdest
er würde
wir würden   gehört
ihr würdet   erwartet   worden
sie würden   kritisiert   sein
Sie würden   angeredet

c. *Imperative Mood*

| ***Second Person Familiar*** | | ***Second Person Formal*** |
SINGULAR	PLURAL	SINGULAR AND PLURAL
höre!	hört!	hören Sie!
erwarte!	erwartet!	erwarten Sie!
kritisiere!	kritisiert!	kritisieren Sie!
rede . . . an!	redet . . . an!	reden Sie . . . an!
reise!	reist!	reisen Sie!

2. Strong Verbs

a. *Indicative Mood*

(1) Active Voice

INFINITIVE

fangen	finden	treffen	verstehen	ansehen	bleiben

PRESENT TENSE

ich fange	finde	treffe	verstehe	sehe . . . an	bleibe
du fängst	findest	triffst	verstehst	siehst . . . an	bleibst
er fängt	findet	trifft	versteht	sieht . . . an	bleibt
wir fangen	finden	treffen	verstehen	sehen . . . an	bleiben
ihr fangt	findet	trefft	versteht	seht . . . an	bleibt
sie fangen	finden	treffen	verstehen	sehen . . . an	bleiben
Sie fangen	finden	treffen	verstehen	sehen . . . an	bleiben

PAST (IMPERFECT) TENSE

ich fing	fand	traf	verstand	sah . . . an	blieb
du fingst	fandest	trafst	verstandest	sahst . . . an	bliebst
er fing	fand	traf	verstand	sah . . . an	blieb
wir fingen	fanden	trafen	verstanden	sahen . . . an	blieben
ihr fingt	fandet	traft	verstandet	saht . . . an	bliebt
sie fingen	fanden	trafen	verstanden	sahen . . . an	blieben
Sie fingen	fanden	trafen	verstanden	sahen . . . an	blieben

PRESENT PERFECT TENSE

ich habe		ich bin	
du hast	gefangen	du bist	
er hat	gefunden	er ist	
wir haben	getroffen	wir sind	geblieben
ihr habt	verstanden	ihr seid	
sie haben	angesehen	sie sind	
Sie haben		Sie sind	

PAST PERFECT (PLUPERFECT) TENSE

ich hatte		ich war	
du hattest	gefangen	du warst	
er hatte	gefunden	er war	
wir hatten	getroffen	wir waren	geblieben
ihr hattet	verstanden	ihr wart	
sie hatten	angesehen	sie waren	
Sie hatten		Sie waren	

FUTURE TENSE

ich werde	
du wirst	fangen
er wird	finden
wir werden	treffen
ihr werdet	verstehen
sie werden	ansehen
Sie werden	bleiben

FUTURE PERFECT TENSE

ich werde				ich werde	
du wirst	gefangen			du wirst	
er wird	gefunden			er wird	
wir werden	getroffen	haben		wir werden	geblieben sein
ihr werdet	verstanden			ihr werdet	
sie werden	angesehen			sie werden	
Sie werden				Sie werden	

(2) Passive Voice

PRESENT TENSE

ich werde	
du wirst	gefangen
er wird	gefunden
wir werden	getroffen
ihr werdet	verstanden
sie werden	angesehen
Sie werden	

PAST (IMPERFECT) TENSE

ich wurde	
du wurdest	gefangen
er wurde	gefunden
wir wurden	getroffen
ihr wurdet	verstanden
sie wurden	angesehen
Sie wurden	

PRESENT PERFECT TENSE

ich bin		
du bist	gefangen	
er ist	gefunden	
wir sind	getroffen	worden
ihr seid	verstanden	
sie sind	angesehen	
Sie sind		

PAST PERFECT (PLUPERFECT) TENSE

ich war		
du warst	gefangen	
er war	gefunden	
wir waren	getroffen	worden
ihr wart	verstanden	
sie waren	angesehen	
Sie waren		

FUTURE TENSE

ich werde ⎫
du wirst ⎪ gefangen ⎫
er wird ⎪ gefunden ⎪
wir werden ⎬ getroffen ⎬ werden
ihr werdet ⎪ verstanden ⎪
sie werden ⎪ angesehen ⎭
Sie werden ⎭

FUTURE PERFECT TENSE

ich werde ⎫
du wirst ⎪ gefangen ⎫
er wird ⎪ gefunden ⎪
wir werden ⎬ getroffen ⎬ worden sein
ihr werdet ⎪ verstanden ⎪
sie werden ⎪ angesehen ⎭
Sie werden ⎭

b. *Subjunctive Mood*

(1) Active Voice

PRESENT SUBJUNCTIVE I

ich fange	finde	treffe	verstehe	sehe . . . an	bleibe
du fangest	findest	treffest	verstehest	sehest . . . an	bleibest
er fange	finde	treffe	verstehe	sehe . . . an	bleibe
wir fangen	finden	treffen	verstehen	sehen . . . an	bleiben
ihr fanget	findet	treffet	verstehet	sehet . . . an	bleibet
sie fangen	finden	treffen	verstehen	sehen . . . an	bleiben
Sie fangen	finden	treffen	verstehen	sehen . . . an	bleiben

PRESENT SUBJUNCTIVE II

ich finge	fände	träfe	verstände	sähe . . . an	bliebe
du fingest	fändest	träfest	verständest	sähest . . . an	bliebest
er finge	fände	träfe	verstände	sähe . . . an	bliebe
wir fingen	fänden	träfen	verständen	sähen . . . an	blieben
ihr finget	fändet	träfet	verständet	sähet . . . an	bliebet
sie fingen	fänden	träfen	verständen	sähen . . . an	blieben
Sie fingen	fänden	träfen	verständen	sähen . . . an	blieben

PAST SUBJUNCTIVE I

ich habe ⎫
du habest ⎪ gefangen
er habe ⎪ gefunden
wir haben ⎬ getroffen
ihr habet ⎪ verstanden
sie haben ⎪ angesehen
Sie haben ⎭

ich sei ⎫
du seiest ⎪
er sei ⎪
wir seien ⎬ geblieben
ihr seiet ⎪
sie seien ⎪
Sie seien ⎭

PAST SUBJUNCTIVE II

ich hätte		ich wäre	
du hättest	gefangen	du wärest	
er hätte	gefunden	er wäre	
wir hätten	getroffen	wir wären	geblieben
ihr hättet	verstanden	ihr wäret	
sie hätten	angesehen	sie wären	
Sie hätten		Sie wären	

FUTURE SUBJUNCTIVE I   FUTURE SUBJUNCTIVE II

ich werde		ich würde	
du werdest	fangen	du würdest	fangen
er werde	finden	er würde	finden
wir werden	treffen	wir würden	treffen
ihr werdet	verstehen	ihr würdet	verstehen
sie werden	ansehen	sie würden	ansehen
Sie werden	bleiben	Sie würden	bleiben

FUTURE PERFECT SUBJUNCTIVE I

ich werde			ich werde	
du werdest	gefangen		du werdest	
er werde	gefunden		er werde	
wir werden	getroffen	haben	wir werden	geblieben sein
ihr werdet	verstanden		ihr werdet	
sie werden	angesehen		sie werden	
Sie werden			Sie werden	

FUTURE PERFECT SUBJUNCTIVE II

ich würde			ich würde	
du würdest	gefangen		du würdest	
er würde	gefunden		er würde	
wir würden	getroffen	haben	wir würden	geblieben sein
ihr würdet	verstanden		ihr würdet	
sie würden	angesehen		sie würden	
Sie würden			Sie würden	

(2) Passive Voice

PRESENT SUBJUNCTIVE I   PRESENT SUBJUNCTIVE II

ich werde		ich würde	
du werdest	gefangen	du würdest	gefangen
er werde	gefunden	er würde	gefunden
wir werden	getroffen	wir würden	getroffen
ihr werdet	verstanden	ihr würdet	verstanden
sie werden	angesehen	sie würden	angesehen
Sie werden		Sie würden	

PAST SUBJUNCTIVE I

ich sei		
du seiest	gefangen	
er sei	gefunden	
wir seien	getroffen	worden
ihr seiet	verstanden	
sie seien	angesehen	
Sie seien		

PAST SUBJUNCTIVE II

ich wäre		
du wärest	gefangen	
er wäre	gefunden	
wir wären	getroffen	worden
ihr wäret	verstanden	
sie wären	angesehen	
Sie wären		

FUTURE SUBJUNCTIVE I

ich werde		
du werdest	gefangen	
er werde	gefunden	
wir werden	getroffen	werden
ihr werdet	verstanden	
sie werden	angesehen	
Sie werden		

FUTURE SUBJUNCTIVE II

ich würde		
du würdest	gefangen	
er würde	gefunden	
wir würden	getroffen	werden
ihr würdet	verstanden	
sie würden	angesehen	
Sie würden		

FUTURE PERFECT SUBJUNCTIVE I

ich werde		
du werdest	gefangen	
er werde	gefunden	
wir werden	getroffen	worden sein
ihr werdet	verstanden	
sie werden	angesehen	
Sie werden		

FUTURE PERFECT SUBJUNCTIVE II

ich würde		
du würdest	gefangen	
er würde	gefunden	
wir würden	getroffen	worden sein
ihr würdet	verstanden	
sie würden	angesehen	
Sie würden		

c. *Imperative Mood*

Second Person Familiar		*Second Person Formal*
SINGULAR	PLURAL	SINGULAR AND PLURAL
fang(e)!	fangt!	fangen Sie!
finde!	findet!	finden Sie!
triff!	trefft!	treffen Sie!
versteh(e)!	versteht!	verstehen Sie!
sieh . . . an!	seht . . . an!	sehen Sie . . . an!
bleib(e)!	bleibt!	bleiben Sie!

3. Auxiliary Verbs *Haben*, *Sein*, and *Werden*

a.   *Indicative Mood*

	PRESENT TENSE				PAST (IMPERFECT) TENSE	
ich habe	bin	werde		ich hatte	war	wurde
du hast	bist	wirst		du hattest	warst	wurdest
er hat	ist	wird		er hatte	war	wurde
wir haben	sind	werden		wir hatten	waren	wurden
ihr habt	seid	werdet		ihr hattet	wart	wurdet
sie haben	sind	werden		sie hatten	waren	wurden
Sie haben	sind	werden		Sie hatten	waren	wurden

PRESENT PERFECT TENSE

ich habe		ich bin	
du hast		du bist	
er hat		er ist	
wir haben	} gehabt	wir sind	} gewesen
ihr habt		ihr seid	geworden
sie haben		sie sind	
Sie haben		Sie sind	

PAST PERFECT (PLUPERFECT) TENSE

ich hatte		ich war	
du hattest		du warst	
er hatte		er war	
wir hatten	} gehabt	wir waren	} gewesen
ihr hattet		ihr wart	geworden
sie hatten		sie waren	
Sie hatten		Sie waren	

FUTURE TENSE

ich werde		ich werde	
du wirst		du wirst	
er wird	haben	er wird	
wir werden	} sein	wir werden	} gehabt haben
ihr werdet	werden	ihr werdet	
sie werden		sie werden	
Sie werden		Sie werden	

FUTURE PERFECT TENSE

ich werde		
du wirst		
er wird		
wir werden	} gewesen	} sein
ihr werdet	geworden	
sie werden		
Sie werden		

b. *Subjunctive Mood*

PRESENT SUBJUNCTIVE I PRESENT SUBJUNCTIVE II

ich habe	sei	werde	ich hätte	wäre	würde
du habest	seiest	werdest	du hättest	wärest	würdest
er habe	sei	werde	er hätte	wäre	würde
wir haben	seien	werden	wir hätten	wären	würden
ihr habet	seiet	werdet	ihr hättet	wäret	würdet
sie haben	seien	werden	sie hätten	wären	würden
Sie haben	seien	werden	Sie hätten	wären	würden

PAST SUBJUNCTIVE I

ich habe		ich sei	
du habest		du seiest	
er habe		er sei	
wir haben	gehabt	wir seien	gewesen
ihr habet		ihr seiet	geworden
sie haben		sie seien	
Sie haben		Sie seien	

PAST SUBJUNCTIVE II

ich hätte		ich wäre	
du hättest		du wärest	
er hätte		er wäre	
wir hätten	gehabt	wir wären	gewesen
ihr hättet		ihr wäret	geworden
sie hätten		sie wären	
Sie hätten		Sie wären	

FUTURE SUBJUNCTIVE I FUTURE SUBJUNCTIVE II

ich werde		ich würde	
du werdest		du würdest	
er werde	haben	er würde	haben
wir werden	sein	wir würden	sein
ihr werdet	werden	ihr würdet	werden
sie werden		sie würden	
Sie werden		Sie würden	

FUTURE PERFECT SUBJUNCTIVE I

ich werde		ich werde
du werdest		du werdest
er werde		er werde
wir werden	gehabt haben	wir werden	gewesen / geworden	sein
ihr werdet		ihr werdet
sie werden		sie werden
Sie werden		Sie werden

FUTURE PERFECT SUBJUNCTIVE II

ich würde		ich würde
du würdest		du würdest
er würde		er würde
wir würden	gehabt haben	wir würden	gewesen / geworden	sein
ihr würdet		ihr würdet
sie würden		sie würden
Sie würden		Sie würden

c. *Imperative Mood*

Second Person Familiar		*Second Person Formal*
SINGULAR	PLURAL	SINGULAR AND PLURAL
hab(e)!	habt!	haben Sie!
sei!	seid!	seien Sie!
werde!	werdet!	werden Sie!

4. Modal Auxiliary Verbs and *Wissen*

a. *Indicative Mood*

INFINITIVE

dürfen	können	mögen	müssen	sollen	wollen	wissen

PRESENT TENSE

	dürfen	können	mögen	müssen	sollen	wollen	wissen
ich	darf	kann	mag	muß	soll	will	weiß
du	darfst	kannst	magst	mußt	sollst	willst	weißt
er	darf	kann	mag	muß	soll	will	weiß
wir	dürfen	können	mögen	müssen	sollen	wollen	wissen
ihr	dürft	könnt	mögt	müßt	sollt	wollt	wißt
sie	dürfen	können	mögen	müssen	sollen	wollen	wissen
Sie	dürfen	können	mögen	müssen	sollen	wollen	wissen

PAST (IMPERFECT) TENSE

ich durfte	konnte	mochte	mußte	sollte	wollte	wußte
du durftest	konntest	mochtest	mußtest	solltest	wolltest	wußtest
er durfte	konnte	mochte	mußte	sollte	wollte	wußte
wir durften	konnten	mochten	mußten	sollten	wollten	wußten
ihr durftet	konntet	mochtet	mußtet	solltet	wolltet	wußtet
sie durften	konnten	mochten	mußten	sollten	wollten	wußten
Sie durften	konnten	mochten	mußten	sollten	wollten	wußten

PRESENT PERFECT TENSE

MODAL AUXILIARIES WITH DEPENDENT INFINITIVE

ich habe	gedurft	ich habe		dürfen
du hast	gekonnt	du hast		können
er hat	gemocht	er hat		mögen
wir haben	gemußt	wir haben	bleiben	müssen
ihr habt	gesollt	ihr habt		sollen
sie haben	gewollt	sie haben		wollen
Sie haben	gewußt	Sie haben		

PAST PERFECT (PLUPERFECT) TENSE

MODAL AUXILIARIES WITH DEPENDENT INFINITIVE

ich hatte	gedurft	ich hatte		dürfen
du hattest	gekonnt	du hattest		können
er hatte	gemocht	er hatte		mögen
wir hatten	gemußt	wir hatten	bleiben	müssen
ihr hattet	gesollt	ihr hattet		sollen
sie hatten	gewollt	sie hatten		wollen
Sie hatten	gewußt	Sie hatten		

FUTURE TENSE

MODAL AUXILIARIES WITH DEPENDENT INFINITIVE

ich werde	dürfen	ich werde		dürfen
du wirst	können	du wirst		können
er wird	mögen	er wird		mögen
wir werden	müssen	wir werden	bleiben	müssen
ihr werdet	sollen	ihr werdet		sollen
sie werden	wollen	sie werden		wollen
Sie werden	wissen	Sie werden		

FUTURE PERFECT TENSE

ich werde ⎫ gedurft ⎫
du wirst | gekonnt |
er wird | gemocht |
wir werden ⎬ gemußt ⎬ haben
ihr werdet | gesollt |
sie werden | gewollt |
Sie werden ⎭ gewußt ⎭

b. *Subjunctive Mood*

PRESENT SUBJUNCTIVE I

ich dürfe	könne	möge	müsse	solle	wolle	wisse
du dürfest	könnest	mögest	müssest	sollest	wollest	wissest
er dürfe	könne	möge	müsse	solle	wolle	wisse
wir dürfen	können	mögen	müssen	sollen	wollen	wissen
ihr dürfet	könnet	möget	müsset	sollet	wollet	wisset
sie dürfen	können	mögen	müssen	sollen	wollen	wissen
Sie dürfen	können	mögen	müssen	sollen	wollen	wissen

PRESENT SUBJUNCTIVE II

ich dürfte	könnte	möchte	müßte	sollte	wollte	wüßte
du dürftest	könntest	möchtest	müßtest	solltest	wolltest	wüßtest
er dürfte	könnte	möchte	müßte	sollte	wollte	wüßte
wir dürften	könnten	möchten	müßten	sollten	wollten	wüßten
ihr dürftet	könntet	möchtet	müßtet	solltet	wolltet	wüßtet
sie dürften	könnten	möchten	müßten	sollten	wollten	wüßten
Sie dürften	könnten	möchten	müßten	sollten	wollten	wüßten

PAST SUBJUNCTIVE I

MODAL AUXILIARIES WITH DEPENDENT INFINITIVE

ich habe ⎫ gedurft   ich habe ⎫   ⎧ dürfen
du habest | gekonnt   du habest | | können
er habe | gemocht   er habe | | mögen
wir haben ⎬ gemußt   wir haben ⎬ bleiben ⎨ müssen
ihr habet | gesollt   ihr habet | | sollen
sie haben | gewollt   sie haben | ⎩ wollen
Sie haben ⎭ gewußt   Sie haben ⎭

PAST SUBJUNCTIVE II

MODAL AUXILIARIES WITH DEPENDENT INFINITIVE

ich hätte	⎫ gedurft	ich hätte	⎫		⎧ dürfen
du hättest	⎪ gekonnt	du hättest	⎪		⎪ können
er hätte	⎪ gemocht	er hätte	⎪		⎪ mögen
wir hätten	⎬ gemußt	wir hätten	⎬ bleiben	⎨ müssen
ihr hättet	⎪ gesollt	ihr hättet	⎪		⎪ sollen
sie hätten	⎪ gewollt	sie hätten	⎪		⎪ wollen
Sie hätten	⎭ gewußt	Sie hätten	⎭		⎩

FUTURE SUBJUNCTIVE I

MODAL AUXILIARIES WITH DEPENDENT INFINITIVE

ich werde	⎫ dürfen	ich werde	⎫		⎧ dürfen
du werdest	⎪ können	du werdest	⎪		⎪ können
er werde	⎪ mögen	er werde	⎪		⎪ mögen
wir werden	⎬ müssen	wir werden	⎬ bleiben	⎨ müssen
ihr werdet	⎪ sollen	ihr werdet	⎪		⎪ sollen
sie werden	⎪ wollen	sie werden	⎪		⎪ wollen
Sie werden	⎭ wissen	Sie werden	⎭		⎩

FUTURE SUBJUNCTIVE II

MODAL AUXILIARIES WITH DEPENDENT INFINITIVE

ich würde	⎫ dürfen	ich würde	⎫		⎧ dürfen
du würdest	⎪ können	du würdest	⎪		⎪ können
er würde	⎪ mögen	er würde	⎪		⎪ mögen
wir würden	⎬ müssen	wir würden	⎬ bleiben	⎨ müssen
ihr würdet	⎪ sollen	ihr würdet	⎪		⎪ sollen
sie würden	⎪ wollen	sie würden	⎪		⎪ wollen
Sie würden	⎭ wissen	Sie würden	⎭		⎩

FUTURE PERFECT SUBJUNCTIVE I   FUTURE PERFECT SUBJUNCTIVE II

ich werde	⎫ gedurft		ich würde	⎫ gedurft	
du werdest	⎪ gekonnt		du würdest	⎪ gekonnt	
er werde	⎪ gemocht		er würde	⎪ gemocht	
wir werden	⎬ gemußt ⎬ haben		wir würden	⎬ gemußt ⎬ haben	
ihr werdet	⎪ gesollt		ihr würdet	⎪ gesollt	
sie werden	⎪ gewollt		sie würden	⎪ gewollt	
Sie werden	⎭ gewußt		Sie würden	⎭ gewußt	

5. Synopsis of Irregular Weak Verbs *Bringen* and *Kennen*

a. *Indicative Mood*

PRESENT TENSE

er bringt   er kennt

PAST (IMPERFECT) TENSE

er brachte   er kannte

PRESENT PERFECT TENSE

er hat gebracht   er hat gekannt

PAST PERFECT (PLUPERFECT) TENSE

er hatte gebracht   er hatte gekannt

FUTURE TENSE

er wird bringen   er wird kennen

FUTURE PERFECT TENSE

er wird gebracht haben   er wird gekannt haben

b. *Subjunctive Mood*

PRESENT SUBJUNCTIVE I

er bringe   er kenne

PRESENT SUBJUNCTIVE II

er brächte   er kennte

PAST SUBJUNCTIVE I

er habe gebracht   er habe gekannt

PAST SUBJUNCTIVE II

er hätte gebracht   er hätte gekannt

FUTURE SUBJUNCTIVE I

er werde bringen   er werde kennen

FUTURE SUBJUNCTIVE II

er würde bringen   er würde kennen

FUTURE PERFECT SUBJUNCTIVE I

er werde gebracht haben   er werde gekannt haben

FUTURE PERFECT SUBJUNCTIVE II

er würde gebracht haben   er würde gekannt haben

6. Principal Parts of Strong Verbs

INFINITIVE	PRESENT, THIRD PERSON SINGULAR	PAST, FIRST AND THIRD PERSON SINGULAR	PAST PARTICIPLE	PRESENT SUBJUNCTIVE II, FIRST AND THIRD PERSON SINGULAR	
beginnen	beginnt	begann	begonnen	begönne (begänne)	*to begin*
bieten	bietet	bot	geboten	böte	*to offer*
bitten	bittet	bat	gebeten	bäte	*to request*
bleiben	bleibt	blieb	ist geblieben	bliebe	*to remain*
brechen	bricht	brach	gebrochen	bräche	*to break*
empfehlen	empfiehlt	empfahl	empfohlen	empföhle (empfähle)	*to recommend*
erschrecken	erschrickt	erschrak	ist erschrocken	erschräke	*to be startled, frightened*
erwerben	erwirbt	erwarb	erworben	erwürbe	*to acquire, gain, earn*
essen	ißt	aß	gegessen	äße	*to eat*
fahren	fährt	fuhr	ist | hat | gefahren	führe	*to ride, travel, go; drive*
fallen	fällt	fiel	ist gefallen	fiele	*to fall*
fangen	fängt	fing	gefangen	finge	*to catch*
finden	findet	fand	gefunden	fände	*to find*
fliegen	fliegt	flog	ist | hat | geflogen	flöge	*to fly*
fliehen	flieht	floh	ist geflohen	flöhe	*to flee*
fließen	fließt	floß	ist geflossen	flösse	*to flow*
gebären	gebärt	gebar	geboren	gebäre	*to give birth to*
geben	gibt	gab	gegeben	gäbe	*to give*
gehen	geht	ging	ist gegangen	ginge	*to go*

INFINITIVE	PRESENT, THIRD PERSON SINGULAR	PAST, FIRST AND THIRD PERSON SINGULAR	PAST PARTICIPLE	PRESENT SUBJUNCTIVE II, FIRST AND THIRD PERSON SINGULAR	
gelten	gilt	galt	gegolten	gälte (gölte)	to apply to, be valid for; prevail
geschehen	geschieht	geschah	ist geschehen	geschähe	to happen
gewinnen	gewinnt	gewann	gewonnen	gewönne (gewänne)	to obtain, win
greifen	greift	griff	gegriffen	griffe	to seize
halten	hält	hielt	gehalten	hielte	to stop, halt; hold
hängen	hängt	hing	gehangen	hinge	to hang
heben	hebt	hob	gehoben	höbe	to lift
heißen	heißt	hieß	geheißen	hieße	to be called, named
helfen	hilft	half	geholfen	hülfe (hälfe)	to help
kommen	kommt	kam	ist gekommen	käme	to come
laden	lädt	lud	geladen	lüde	to load
lassen	läßt	ließ	gelassen	ließe	to leave, let, cause
leiden	leidet	litt	gelitten	litte	to suffer
lesen	liest	las	gelesen	läse	to read
liegen	liegt	lag	gelegen	läge	to lie, be situated
nehmen	nimmt	nahm	genommen	nähme	to take
raten	rät	riet	geraten	riete	to advise
reiten	reitet	ritt	ist\hat geritten	ritte	to ride
rufen	ruft	rief	gerufen	riefe	to call
scheinen	scheint	schien	geschienen	schiene	to seem, appear
schlafen	schläft	schlief	geschlafen	schliefe	to sleep
schlagen	schlägt	schlug	geschlagen	schlüge	to hit, strike
schließen	schließt	schloß	geschlossen	schlösse	to close
schreiben	schreibt	schrieb	geschrieben	schriebe	to write
schwimmen	schwimmt	schwamm	ist\hat geschwommen	schwömme (schwämme)	to swim
sehen	sieht	sah	gesehen	sähe	to see
sitzen	sitzt	saß	gesessen	säße	to sit
sprechen	spricht	sprach	gesprochen	spräche	to speak

INFINITIVE	PRESENT, THIRD PERSON SINGULAR	PAST, FIRST AND THIRD PERSON SINGULAR	PAST PARTICIPLE	PRESENT SUBJUNCTIVE II, FIRST AND THIRD PERSON SINGULAR	
stehen	steht	stand	gestanden	stände	to stand
steigen	steigt	stieg	ist gestiegen	stiege	to climb
sterben	stirbt	starb	ist gestorben	stürbe	to die
streiten	streitet	stritt	gestritten	stritte	to quarrel
tragen	trägt	trug	getragen	trüge	to carry; wear
treffen	trifft	traf	getroffen	träfe	to meet
treten	tritt	trat	ist getreten	träte	to step, walk
trinken	trinkt	trank	getrunken	tränke	to drink
tun	tut	tat	getan	täte	to do
verbergen	verbirgt	verbarg	verborgen	verbärge	to hide
vergessen	vergißt	vergaß	vergessen	vergäße	to forget
vergleichen	vergleicht	verglich	verglichen	vergliche	to compare
verlieren	verliert	verlor	verloren	verlöre	to lose
verschwinden	verschwindet	verschwand	ist verschwunden	verschwände	to disappear
wachsen	wächst	wuchs	ist gewachsen	wüchse	to grow
weisen	weist	wies	gewiesen	wiese	to indicate, point out
werfen	wirft	warf	geworfen	würfe	to throw
ziehen	zieht	zog	ist|hat| gezogen	zöge	to move; pull, draw

7. Principal Parts of Irregular Weak Verbs

INFINITIVE	PRESENT, THIRD PERSON SINGULAR	PAST, FIRST AND THIRD PERSON SINGULAR	PAST PARTICIPLE	PRESENT SUBJUNCTIVE II, FIRST AND THIRD PERSON SINGULAR	
bringen	bringt	brachte	gebracht	brächte	to bring
denken	denkt	dachte	gedacht	dächte	to think
brennen	brennt	brannte	gebrannt	brennte	to burn
kennen	kennt	kannte	gekannt	kennte	to know
nennen	nennt	nannte	genannt	nennte	to name
rennen	rennt	rannte	ist gerannt	rennte	to run
senden	sendet	sandte	gesandt	sendete	to send
wenden	wendet	wandte	gewandt	wendete	to turn

8. Principal Parts of the Verbs *Haben*, *Sein*, and *Werden*

INFINITIVE	PRESENT, THIRD PERSON SINGULAR	PAST, FIRST AND THIRD PERSON SINGULAR	PAST PARTICIPLE	PRESENT SUBJUNCTIVE II, FIRST AND THIRD PERSON SINGULAR	
haben	hat	hatte	gehabt	hätte	*to have*
sein	ist	war	ist gewesen	wäre	*to be*
werden	wird	wurde	ist geworden	würde	*to become*

J. Verbs (Functions)

1. Tenses

a. *Present Tense*

The present tense of a verb denotes present action. In German, the present tense with an adverb of future time is frequently used instead of the future tense to denote future action.

PRESENT TENSE—FUTURE ACTION	FUTURE TENSE—FUTURE ACTION
Ich fahre morgen nach Frankfurt.	Ich werde morgen nach Frankfurt fahren.

The present tense is occasionally used instead of the past tense to achieve the effect of vivid narration.

In English, the present perfect tense is often used to express an action that began in the past and continues into the present and future.

> *I **have lived** here for thirty years.*

In German, actions that continue into the present are usually expressed in the present tense, the verb being accompanied by **schon, seit,** or **schon seit.**

> Ich **wohne schon** dreißig Jahre hier.
> Ich **wohne seit** dreißig Jahren hier.
> Ich **wohne schon seit** dreißig Jahren hier.

b. *Past (Imperfect) Tense*

The past tense relates an action that began and ended in the past. In everyday speech, no consistent distinction is made between the past tense and the present perfect tense.

PAST TENSE	PRESENT PERFECT TENSE
Ich **machte** das gestern.	Ich **habe** das gestern **gemacht.**
Wir **fuhren** am Samstag nach München.	Wir **sind** am Samstag nach München **gefahren.**

In formal speech and in writing, these tenses are not freely interchangeable; the past tense is usually preferred in narratives and in accounts of past events that have no particular connection with the present.

c. *Present Perfect Tense*

The present perfect tense is frequently used conversationally instead of the past tense to relate a past action. It is also used to describe past events that have a connection with the present or that happened in the immediate past.

> Ich kenne die Werke von Shakespeare; wir **haben** sie in der Schule **gelesen.**
> Ich **habe** Ihren Brief **gefunden.**

d. *Past Perfect (Pluperfect) Tense*

The past perfect tense is used to relate events that occurred before a specific reference point or action in the past.

> Ich **hatte** meine Schularbeit schon **gemacht,** ehe ich ins Kino ging.

e. *Future Tense*

The future tense is used to express an action expected to occur in the future.

> Wir **werden** morgen nach Köln **fahren.**

The future tense is also used with the adverbs **wohl, vielleicht, sicher,** and **wahrscheinlich** to express probability in the present or future.

> Sie **werden** wohl Geld bei sich **haben.**
> Er **wird** es wohl morgen **tun.**

f. *Future Perfect Tense*

The future perfect tense relates events expected to occur in the future but prior to a specific reference point or action in the future.

> Ich **werde** meine Arbeit schon **gemacht haben,** ehe er heute abend nach Hause kommt.

The future perfect tense is also used with the adverbs **wohl, vielleicht, sicher,** and **wahrscheinlich** to express probability in the future and in the past.

> Er **wird** es wohl **getan haben,** ehe er heute abend zu mir kommt.
> Der Zug **wird** wohl rechtzeitig **angekommen sein,** da Karl schon da ist.

2. Voice

a. *Active Voice*

A verb is in the active voice when its subject performs the action.

Ich **schließe** die Tür.
Er **hat** das Fenster **geschlossen.**

b. *Passive Voice*

(1) Formation of the Passive

A verb is in the passive voice when its subject is the recipient of the action. The passive is formed by using the auxiliary verb **werden** with the past participle of the action verb. The tense of **werden** determines the tense of the passive.

PRESENT TENSE

Das Fenster **wird** geschlossen.   *The window is being closed.*

PAST (IMPERFECT) TENSE

Das Fenster **wurde** geschlossen.   *The window was being closed.*

In the passive, the past participle **geworden** is shortened to **worden.**

Er ist zugelassen **worden.**   *He has been admitted.*

Only transitive verbs are used in the passive.

(2) Statal Passive

A careful distinction must be made between the type of passive that denotes action and the so-called statal passive. The latter expresses a condition, often the result of action expressed in the passive voice. The statal passive is formed by using the auxiliary verb **sein** with the past participle.

PASSIVE	Die Tür **wird** geschlossen.	*The door is being closed.*
STATAL PASSIVE	Die Tür **ist** geschlossen.	*The door is closed.*

(3) Agent

The agent—that is, the performer—of an action expressed in the passive voice is introduced by **von.**

Die Tür wurde **von mir** geschlossen.	*The door was closed by me.*
Diese Brücke ist **von meiner Firma** errichtet worden.	*This bridge was erected by my firm.*

(4) Means

The means or instrumentality by which an action in the passive is carried out is expressed with **durch.**

Durch strenge Maßnahmen wurden die Flüchtlinge verhaftet.

The refugees were arrested by (the use or application of) stern measures.

Durch Bismarck wurden die deutschen Länder vereinigt.

Through Bismarck the German states were united.

(5) Substitutes for the Passive Voice

Man with an active verb is frequently used as a substitute for the passive.

PASSIVE	man AS SUBSTITUTE FOR PASSIVE
Das Museum **wurde geschlossen.**	**Man schloß** das Museum.

Reflexive verbs may replace the passive.

PASSIVE	REFLEXIVE VERB AS SUBSTITUTE FOR PASSIVE
Die Zonen **wurden** bald **vereinigt.**	Die Zonen **vereinigten sich** bald.

An active infinitive construction may be used to express passive action.

Diese Übungen sind für morgen **zu schreiben.**

These exercises are to be written for tomorrow.

3. Mood

a. *Indicative Mood*

The indicative mood indicates an action or condition to be reality or fact.

Das Haus **steht** in der Blumenstraße.

b. *Subjunctive Mood*

(1) General Functions of the Subjunctive

The subjunctive mood usually indicates that an action or condition is unreal, contrary to fact, hypothetical, or only possibly true. Such conditions are often expressed in a clause introduced by the subordinating conjunction **wenn.**

Each tense of the subjunctive mood is related to, and based on, a tense of the indicative mood; however, the tense of the subjunctive does not always express the same time (present, past, future) as the corresponding tense of the indicative.

In an effort to indicate more accurately the function of the subjunctive tenses, the descriptive terms "present subjunctive I," "present subjunctive II," and so forth, are frequently assigned to them.

TRADITIONAL GRAMMATICAL TERM		FUNCTIONAL TERM	TIME OF ACTION
present subjunctive	=	present subjunctive I	present and future
past subjunctive	=	present subjunctive II	
present perfect subjunctive	=	past subjunctive I	past
past perfect subjunctive	=	past subjunctive II	
future subjunctive	=	future subjunctive I	future
future perfect subjunctive	=	future subjunctive II	

(2) Formation of the Subjunctive

(a) *Endings*

The subjunctive endings for all verbs in all tenses (except the present subjunctive I of **sein**) are as follows:

ich	-e
du	-est
er	-e
wir	-en
ihr	-et
sie	-en
Sie	-en

(b) *Tense Formation*

In the present subjunctive I, the endings are affixed to the stem of the infinitive. **Sein** is an exception; its first and third person singular form is **sei.**

The present subjunctive II of strong verbs is usually formed by affixing the endings to the stem of the past indicative. If the stem vowel is **-a-, -o-,** or **-u-,** the vowel takes an umlaut.

The present subjunctive II of weak verbs is identical in form to the past indicative; that is, the endings are affixed to the past indicative stem.

The present subjunctive II of irregular weak verbs is formed by affixing their past indicative endings to the infinitive stem. **Bringen** and **denken** are exceptions; they use the past indicative stem with an umlaut on the stem vowel.

Modal auxiliaries and **wissen** follow the pattern of weak verbs in the present subjunctive II by adding the subjunctive endings to the past indicative stem. All, except **sollen** and **wollen,** add an umlaut to the stem vowel.

The past subjunctive I and II use the subjunctive forms of the auxiliary verbs **haben** and **sein.**

The future subjunctive I and II use the subjunctive forms of the future auxiliary verb **werden.**

(3) Function of Tenses in the Subjunctive

(a) *Present Subjunctive I*

The present subjunctive I is used in expressing wishes whose fulfillment is possible.

Es **lebe** der König!	*Long live the king!*
Gott **helfe** uns!	*May God help us!*

The present subjunctive I may be used to express a requirement or demand; it has the function of a third person imperative.

Diese Medizin **nehme** man alle vier Stunden.	*One should take this medicine every four hours,* or: *This medicine is to be taken every four hours.*
Man **lache** nicht.	*One is not to laugh,* or: *There is to be no laughing.*

The present subjunctive I may be used in concessive statements.

Was er auch immer **wünsche,** von mir bekommt er kein Geld mehr.	*Whatever he may wish, he won't get any more money from me.*

The present subjunctive I is often used in a clause introduced by the subordinate conjunction **damit.**

Mein Freund bekam Geld von zu Hause, **damit** er die Reise **mache.**	*My friend received money from home in order that he might take the trip.*

(b) *Present Subjunctive II*

The present subjunctive II is used frequently in contrary-to-fact statements referring to present or future actions; such statements are usually expressed by **wenn**-clauses.

Wenn ich Geld **hätte, würde** ich eine Reise machen.	*If I had money, I would take a trip.*
Wenn wir mehr Zeit **hätten, könnten** wir eine längere Reise machen.	*If we had more time, we could take a longer trip.*
Wenn er mir alles **erklärte, würde** ich wissen, was ich machen **sollte.**	*If he were to explain everything to me, I would know what I should do.*
Wenn es heute schön **wäre, ginge** ich spazieren.	*If it were nice today, I would go for a walk.*

The present subjunctive II occurs in contrary-to-fact comparisons. Such statements are introduced by the conjunctions **als, als ob,** or **als wenn.**

Er tut immer, als **wäre** er sehr reich.	*He always acts as if he were very rich.*
Ihr Freund sieht aus, als ob er krank **wäre.**	*Your friend looks as if he were sick.*
Sie antwortete ruhig, als wenn nichts **geschähe.**	*She answered calmly, as if nothing were happening.*

The present subjunctive II is used in expressing unfulfilled or unfulfillable wishes.

Wenn er nur hier **wäre!**	*If he were only here!*
Wenn wir alle doch einmal Berlin besuchen **könnten!**	*If only we could all visit Berlin someday!*
Wenn er doch immer rechtzeitig **aufstände!**	*If only he would always get up on time!*
Käme sie doch zu mir mit ihren Problemen!	*If she would only come to me with her problems!*

The present subjunctive II is used to make requests appear more courteous.

Ich **möchte** eine Tasse Kaffee, bitte.	*I should like a cup of coffee, please.*
Wir **hätten** gerne Vanilleeis und Kaffee.	*We should like to have some vanilla ice cream and coffee.*

The present subjunctive II occurs frequently in indirect discourse.

Er sagte, daß er morgen zu mir **käme,** wenn ich Zeit **hätte.**	*He said that he would come to (see) me tomorrow if I had time.*
Sie **hätte** kein Geld mehr, hat sie geantwortet.	*She didn't have any more money, she replied.*
Er hat uns geschrieben, er **bliebe** nur einen Tag in München.	*He wrote us that he would remain only a day in Munich.*
Man hat mir gesagt, daß meine Freunde schon hier **wären.**	*I was told that my friends were already here.*

(c) *Past Subjunctive I*

The past subjunctive I is restricted to past events; it occurs less frequently than the past subjunctive II. It may be used in indirect discourse.

Er erklärte, daß er zu müde **gewesen sei,** um die Arbeit zu machen.	*He explained that he had been too tired to do the work.*

(d) *Past Subjunctive II*

The past subjunctive II is also restricted to past events and is used frequently in **wenn**-clauses to express contrary-to-fact conditions.

Wenn er schon hier **gewesen wäre, hätten** Sie es ganz sicher **gewußt.**	*If he had already been here, you would certainly have known it.*
Wenn die Eltern meinen Brief **bekommen hätten, hätte** ich schon von ihnen **gehört.**	*If my parents had received my letter, I would already have heard from them.*
Hätte ich mehr Geld bei mir **gehabt,** so **wäre** ich noch eine Woche in Italien **geblieben.**	*If I had had more money with me, I would have stayed another week in Italy.*
Wenn Deutschland von den Siegermächten nicht **aufgeteilt worden wäre,** wäre heute die politische Lage ganz anders.	*If Germany had not been divided by the victorious powers, the political situation today would be quite different.*

The past subjunctive II is used in expressing unfulfilled or unfulfillable wishes, the fulfillment of which should have taken place in the past.

Wenn er doch hier **gewesen wäre!**	*If he had only been here!*
Wenn ich das nur vorher **gewußt hätte!**	*If I had only known that before!*

The past subjunctive II is used in concessive statements referring to the past.

Wenn du mir auch das Geld **gegeben hättest, hätte** ich mir die Jacke doch nicht **kaufen können.**	*Even if you had given me the money, I still would not have been able to buy the coat.*

The past subjunctive II is used frequently in indirect discourse.

Er sagte, er **hätte** schwer **gearbeitet.**	*He said he had worked hard.*
Alles **wäre** anders **gewesen,** wenn die Deutschen den Krieg **gewonnen hätten,** hat er oft gesagt.	*Everything would have been different if the Germans had won the war, he often said.*

(e) *Future Subjunctive I and Future Perfect Subjunctive I*

The future subjunctive I and future perfect subjunctive I are limited chiefly to indirect discourse.

Sie sagte, sie **werde** morgen nach Köln **fliegen.**	*She said she would fly to Cologne tomorrow.*
Er antwortete, der Zug **werde** schon **abgefahren sein,** ehe wir den Bahnhof erreichen würden.	*He answered (that) the train would already have departed before we would reach the railway station.*

(f) *Future Subjunctive II and Future Perfect Subjunctive II*

(1) Formation

The future subjunctive II consists of the conjugational forms of **würden** in combination with the infinitive of the main verb. The forms of **würden** can usually be translated as "would."

Ich **würde . . . sehen.**	*I would see . . .*

The future perfect subjunctive II consists of the conjugational forms of **würden** in combination with the perfect infinitive of the main verb.

Ich **würde . . . gesehen haben.**	*I would have seen . . .*
Ich **würde . . . gefahren sein.**	*I would have traveled . . .*

(2) Function

The future subjunctive II and future perfect subjunctive II are alternative forms of the future subjunctive I and future perfect subjunctive I and sometimes replace them in indirect discourse.

Sie sagte, sie **werde** morgen nach Köln **fliegen.**	=	Sie sagte, sie **würde** morgen nach Köln **fliegen.**
Er antwortete, der Zug **werde** schon **abgefahren sein,** ehe wir den Bahnhof erreichen würden.	=	Er antwortete, der Zug **würde** schon **abgefahren sein,** ehe wir den Bahnhof erreichen würden.

The future subjunctive II and future perfect subjunctive II are used in the main clause of a sentence with a **wenn**-clause. The main clause states the result, that is, what would happen if the hypothetical or contrary-to-fact situation should become a reality.

Wenn er hier wäre, **würde** er selber die Arbeit **tun.**	*If he were here, he would do the work himself.*
Wenn ich das gewußt hätte, **würde** ich es ihm nicht **gesagt haben.**	*If I had known that, I would not have told him.*

In sentences containing a **wenn**-clause with a subjunctive, the future subjunctive II and the future perfect subjunctive II may be replaced by the present subjunctive II and the past subjunctive II.

Wenn er hier wäre, **würde** er selber die Arbeit **tun.**	=	Wenn er hier wäre, **täte** er selber die Arbeit.
Wenn ich das gewußt hätte, **würde** ich es ihm nicht **gesagt haben.**	=	Wenn ich das gewußt hätte, **hätte** ich es ihm nicht **gesagt.**

c.   *Imperative Mood*

(1) Function of the Imperative

The imperative mood is used for commands, requests, and instructions.

(2) Imperative of Formal Address

The **Sie**-form of the imperative of all verbs except **sein** is identical to the **Sie**-form of the present indicative. The pronoun **Sie** always accompanies the imperative, and inverted word order is used.

> **Kommen Sie** mit mir!
> **Steigen Sie** dann am Karlsplatz **um.**

(3) First Person Plural Imperative

The **wir**-form of the imperative of all verbs except **sein** is identical to the **wir**-form of the present indicative. The pronoun **wir** always accompanies the imperative, and inverted word order is used.

> **Gehen wir** ins Kino!

(4) Imperative of Familiar Address

(a) *Singular*

The **du**-form of the imperative of all weak and most strong verbs is composed of the infinitive stem with the suffix **-e.** The pronoun **du** is normally not used with the imperative. The final **-e** is occasionally omitted or replaced by an apostrophe.

> **Frage** deinen Lehrer darüber!
> **Bringe** den Bruder auch mit!
> **Geh'** (**geh**) ins Haus!
> **Komm'** (**komm**) doch zu uns!

Strong verbs that change the infinitive stem vowel **-e-** to **-i-** or **-ie-** in the second and third person singular of the present indicative have the same vowel change in the **du**-form of the imperative. Such verbs omit the suffix **-e.**

INFINITIVE	PRESENT INDICATIVE	SINGULAR FAMILIAR IMPERATIVE
nehmen	du nimmst	nimm!
	er nimmt	
lesen	du liest	lies!
	er liest	

(b) *Plural*

The **ihr**-form of the imperative of all verbs is identical to the **ihr**-form of the present indicative. The pronoun **ihr** is normally omitted.

> **Macht** eure Schularbeiten!
> **Geht** in die Schule!

(5) Imperative of *Sein*

The imperative forms of **sein** are as follows:

Sie	**Seien Sie** bitte nicht böse!
wir	**Seien wir** froh!
du	**Sei** doch nett zu ihm!
ihr	**Seid** doch froh, daß es nicht zu schlimm ist!

K. Reflexive Verbs

1. Function of Reflexive Verbs

In reflexive verb construction, the subject is the antecedent of the reflexive pronoun object. Only transitive verbs can be reflexive. Some verbs, such as **sich erkälten,** are always reflexive, because the verb and the reflexive pronoun together constitute a single unit whose meaning cannot be derived from the meaning of the separate components. Other verbs, such as **vereinigen,** can be either reflexive or nonreflexive without significant change of meaning.

NONREFLEXIVE	REFLEXIVE
Bismarck **vereinigte** Deutschland.	Die Westzonen haben **sich** später **vereinigt.**
Bismarck united Germany.	*The West Zones united later.*

Some verbs may be either reflexive or nonreflexive, but their meaning changes.

NONREFLEXIVE	REFLEXIVE
erinnern *to remind*	sich erinnern *to remember*
unterhalten *to maintain, support*	sich unterhalten *to converse; entertain oneself*

The case of the reflexive pronoun may be either dative or accusative, depending on the verb.

DATIVE

Durch seinen Fleiß hat er **sich** geholfen, eine bessere Stellung zu finden.
Ich mache **mir** keine Sorgen darum.
Haben Sie **sich** einen neuen Wagen gekauft?

ACCUSATIVE

Ich befand **mich** in einer komischen Lage.
Erinnerst du **dich** noch an unseren letzten Tag in Wien?
Sie hat **sich** darüber gefreut.

2. List of Reflexive Verbs

The following reflexive verbs appear in this text:

DATIVE REFLEXIVE PRONOUN

(sich) ansehen   *to look at*   (sich) mieten   *to rent*

ACCUSATIVE REFLEXIVE PRONOUN

sich ärgern   *to become annoyed, irritated*
sich ausbreiten   *to spread out*
sich befinden   *to be, be situated*
sich entschließen   *to decide*
sich erholen   *to recover*
sich erkälten   *to catch cold*
sich erstrecken   *to extend*
sich festsetzen   *to become permanent*
sich freuen (über)   *to be happy (about)*

sich immatrikulieren lassen   *to register, matriculate*
sich setzen   *to sit down*
(sich) spalten   *to split*
(sich) streiten   *to quarrel*
sich unterhalten (mit)   *to converse (with); entertain oneself*
(sich) verbreiten   *to spread*
(sich) vereinigen   *to unite*

L. Impersonal Verbs

Impersonal verbs characteristically have as their subject the pronoun **es,** which functions without a specific antecedent.

Es gibt Sauerbraten mit Kartoffelklößen zu Mittag.
Es gibt viele gute Menschen in der Welt.
Es sind drei Kirchen in unserem Dorfe.
Wie geht es dir?
Es wurde viel getanzt und getrunken.
Es klingelt, und die Wirtin geht an die Tür.
Es wird bald kalt.
Es ist Dienstag.
Es ist zehn Uhr.
Es freut mich sehr, Sie kennenzulernen.

M. Verbs with Separable Prefixes

Some German verbs have stressed prefixes that are often separated from the main part of the verb. The following common prefixes are separable:

ab	fort	vor
an	her	weg
auf	hin	zu
aus	mit	zurück
bei	nach	zusammen
ein	nieder	

The prefix **hin** denotes motion away from the speaker or the reference point of the action. **Her** denotes motion toward the speaker or toward the reference point of the action. Combinations with **hin** and **her,** such as **hinauf, heraus, herein,** and **hervor,** are separable prefixes.

In normal and inverted word order, the separable prefix is placed at the end of the clause in the present and past tenses. However, in transposed word order, the prefix is attached to the verb.

NORMAL WORD ORDER	Ich stehe immer sehr früh **auf.**
INVERTED WORD ORDER	Am Samstag stehe ich um neun Uhr **auf.**
TRANSPOSED WORD ORDER	Ich hoffe, daß er morgen sehr früh **auf**steht.

The infinitive of a separable verb is written as one word.

Ich muß morgen früh aufstehen.

If the sentence construction requires **zu** with the infinitive, **zu** is placed between the separable prefix and the stem of the infinitive.

Sie brauchen morgen nicht früh aufzustehen.

The separable prefix is always attached to the past participle.

Er ist eben aufgestanden.

N. Verbs with Inseparable Prefixes

Some German verbs have unstressed prefixes that are never separated from any form of the verb. The past participles of such verbs do not take the participial prefix **ge-.** The following are common inseparable prefixes:

be-	beschreiben, beschrieb, beschrieben
emp-	empfehlen, empfahl, empfohlen
ent-	entdecken, entdeckte, entdeckt
er-	erheben, erhob, erhoben
ge-	gefallen, gefiel, gefallen
miß-	mißverstehen, mißverstand, mißverstanden
ver-	verstehen, verstand, verstanden
zer-	zerstören, zerstörte, zerstört

If the sentence construction requires **zu** with the infinitive of an inseparable verb, the two are written separately.

Ich hoffe, Ihren Brief bald zu erhalten.
Sie brauchen es mir nicht zu versprechen.

O. Verbs Ending in **-ieren**

Verbs ending in **-ieren** are of foreign origin and are stressed on **-ier-**. They are always weak verbs; the prefix **ge-** is not added to the past participle.

studieren, studierte, studiert

P. Transitive and Intransitive Verbs

1. Transitive Verbs

Like English, German has transitive verbs, which may be accompanied by a direct object. Such verbs as **bekommen, bringen, haben, nehmen. sehen,** and **verstehen** are transitive. All transitive verbs require **haben** as the auxiliary verb in the formation of the present perfect, past perfect, and future perfect tenses.

Er **hat** kein Geld mehr.
Wir **nehmen** ein Taxi nach Hause.
Ich **habe** deinen Brief **bekommen.**

2. Intransitive Verbs

Intransitive verbs cannot be accompanied by a direct object. Such verbs as **bleiben, gehen,** and **sein** are intransitive. Most intransitive verbs are accompanied by the auxiliary verb **sein** in the present perfect, past perfect, and future perfect tenses. Intransitive verbs accompanied by **sein** may be classified as follows:

(a) Verbs of motion, that is, change of position

Der TEE-Zug **ist** schon **abgefahren.**
An der Ecke **sind** wir **eingestiegen.**
Sie **ist** gestern nach Frankfurt **gefahren.**
Das Kind **ist** auf die Straße **gerannt.**
Meine Freunde **sind** letzte Woche in die Schweiz **gereist.**

(b) Verbs denoting being or existence

Wir **sind** gestern bei der Arbeit **gewesen.**
Ich **bin** nur zwei Stunden bei ihm **geblieben.**

(c) Verbs denoting change of condition

Goethe **ist** im Jahre 1832 in Weimar **gestorben.**
Gestern **ist** es viel wärmer **geworden.**
Das Kind **ist** im letzten Jahre sehr **gewachsen.**

(d) Several common verbs denoting occurrence or happening

Das **ist** schon oft **geschehen.**

A few intransitive verbs require **haben** as the auxiliary verb.

> Ich **habe** früher in diesem Hause **gewohnt.**
> Er **hat** lange dort **gesessen.**
> Wir **haben** zehn Jahre auf dem Lande **gelebt,** ehe wir in die Stadt zogen.

Several verbs such as **fahren, fliegen, reiten,** and **ziehen** may function either as transitive or as intransitive verbs.

INTRANSITIVE	TRANSITIVE
Er **ist** gestern dorthin **gefahren.**	Er **hat** gestern meinen Wagen **gefahren.**
He went there yesterday.	*He drove my car yesterday.*
Mein Freund **ist** letzte Woche nach Hannover **geflogen.**	Mein Freund **hat** sein eigenes Flugzeug nach Hannover **geflogen.**
My friend flew to Hanover last week.	*My friend flew his own plane to Hanover.*
Er **ist** durch den Park **geritten.**	Er **hat** das Pferd **geritten.**
He rode through the park.	*He rode the horse.*
Ich **bin** im Herbst nach Bonn **gezogen.**	Er **hat** den Brief aus der Tasche **gezogen.**
I moved to Bonn in the fall.	*He pulled the letter out of his pocket.*

Q. Verbs Accompanied by Objects in the Dative Case

Some verbs are accompanied by objects in the dative case, even though these objects may appear to be analogous to direct objects in English. The following common verbs are in this group:

angehören	*to belong to, be a member of*	gefallen	*to please*
antworten	*to answer*	gehören	*to belong to*
befehlen	*to command*	gelingen	*to succeed*
begegnen	*to meet*	geschehen	*to happen*
danken	*to thank*	glauben	*to believe*
dienen	*to serve*	helfen	*to help*
drohen	*to threaten*	schaden	*to injure, damage*
fehlen	*to lack, be wanting*	vergeben	*to forgive*
folgen	*to follow*		

> Ich helfe **ihm** bei der Arbeit.
> Das Buch gehört **mir.**
> Wir gehören **einem Jazzklub** an.
> Er ist **mir** nicht gefolgt.
> Wie hat **Ihnen** das Drama gefallen?
> Es ist **mir** schließlich gelungen, eine Wohnung in der Stadt zu finden.
> Wissen Sie, was **uns** geschehen ist?
> Es fehlt **ihr** an Geld und Zeit.
> Er wird **dir** für die Arbeit nicht danken.

Begegnen, folgen, gelingen, and **geschehen** are accompanied by **sein** as the auxiliary verb in the present perfect, past perfect, and future perfect tenses.

Glauben occurs with the dative if the object is a person, but the accusative is used if the object is inanimate. "To believe in" is expressed by **glauben** with the preposition **an** followed by the accusative.

DATIVE WITH PERSON   Er glaubt **mir** gar nicht.
ACCUSATIVE WITH INANIMATE OBJECT   Wir haben **es** geglaubt.
an WITH ACCUSATIVE   Die meisten Menschen glauben **an die Lehre** der Kirche.

Antworten is accompanied by the dative if the object is a person; otherwise it is used in combination with the preposition **auf** followed by the accusative.

DATIVE WITH PERSON   Er hat **mir** nicht geantwortet.

auf WITH ACCUSATIVE   Er hat **auf alle Fragen** geantwortet.

R. Infinitives and Participles

1. Infinitives

The infinitive is formed by adding **-en** to the verb stem.

fahr- + -en = fahren

If the stem ends in **-el** or **-er, -n** is added.

klingel- + -n = klingeln
erinner- + -n = erinnern

The perfect infinitive is formed by the past participle of the main verb in combination with the infinitive of the auxiliary verb **haben** or **sein.**

gesehen haben
gefahren sein

The perfect infinitive occurs in the future perfect tense, the future perfect subjunctive I, and the future perfect subjunctive II.

The passive infinitive is formed by the past participle of the main verb combined with the passive auxiliary **werden.**

gesehen werden
errichtet werden

The passive infinitive is used in the future passive.

Infinitives dependent on modal auxiliaries or on the verbs **lassen, hören,** or **sehen** are not preceded by **zu.**

INFINITIVE WITH MODAL	Ich will heute hier **bleiben.**
	Meine Freunde mußten bei uns **übernachten.**
	Wir möchten heute abend ins Kino **gehen.**
	Hier darf man keine Aufnahmen **machen.**
INFINITIVE WITH **lassen**	Ich ließ den Arzt **kommen.**
INFINITIVE WITH **hören** AND **sehen**	Wir hörten ihn einmal Cello **spielen.**
	Er sah mich heute morgen **kommen.**

Infinitives dependent on verbs other than modal auxiliaries, **lassen, hören,** and **sehen** are preceded by **zu.**

Er wünschte hier **zu bleiben.**
Sie brauchen das heute nicht **zu tun.**

Objects and modifiers of an infinitive precede **zu** and the infinitive.

Wir wünschten, **in Berlin das Schillertheater** zu besuchen.

The infinitive with **zu** is used in combination with **anstatt, um,** and **ohne,** which in this usage do not have the function of prepositions.

Anstatt in die Oper **zu gehen,** blieben wir zu Hause.	*Instead of going to the opera, we stayed at home.*
Ich ging auf mein Zimmer, **um** die Schularbeit **zu machen.**	*I went to my room in order to do the lesson.*
Er ist nach Berlin gefahren, **um** dort Freunde **zu besuchen.**	*He went to Berlin to visit friends.*
Um eine gute Stellung **zu finden,** muß man oft lange suchen.	*In order to find a good position, one must often look a long time.*
Ohne ein Wort **zu sagen,** verließ er das Zimmer.	*Without saying a word, he left the room.*
Wir haben alles gemacht, **ohne** es ihm **zu sagen.**	*We did everything without telling him.*

The double infinitive is composed of the infinitive of the main verb in combination with the infinitive of modal auxiliaries, **lassen, hören,** or **sehen.** Double infinitives may be used in the indicative and subjunctive compound tenses.

WITHOUT DOUBLE INFINITIVE	WITH DOUBLE INFINITIVE
Ich habe es nicht gekonnt.	Ich habe es nicht **tun können.**
I wasn't able (to do) it.	*I wasn't able to do it.*
Wir haben den Wagen auf der Straße gelassen.	Wir haben den Wagen auf der Straße **stehen lassen.**
We left the car in the street.	*We left the car standing in the street.*
Er wird einige Tage hier bleiben.	Er wird einige Tage hier **bleiben müssen.**
He will stay here several days.	*He will have to stay here several days.*
Ich habe ihn oft gehört.	Ich habe ihn oft **spielen hören.**
I have often heard him.	*I have often heard him play.*

2. Participles

The past participle of a weak verb is formed by adding the prefix **ge-** and the suffix **-t** to the infinitive stem.

$$\text{ge- } + \text{ -reis- } + \text{ -t } = \text{gereist}$$

The past participle of a strong verb is formed by adding the prefix **ge-** and the suffix **-en** to the participial stem.

$$\text{ge- } + \text{ -stand- } + \text{ -en } = \text{gestanden}$$

The past participles of the modal auxiliaries, **wissen,** and the irregular weak verbs are formed by adding the **ge-** prefix and the **-t** suffix to the stem of the past indicative.

	PAST INDICATIVE STEM	PAST PARTICIPLE
MODAL AUXILIARY	**dur**fte	gedurft
wissen	**wuß**te	gewußt
IRREGULAR WEAK VERB	**kann**te	gekannt

The participial prefix **ge-** is omitted in all verbs with an inseparable prefix.

INFINITIVE	PAST PARTICIPLE
begleiten	begleitet
verstehen	verstanden
zerstören	zerstört

The participial prefix **ge-** is retained in all verbs with a separable prefix.

INFINITIVE	PAST PARTICIPLE
abfahren	ab**ge**fahren
ankommen	an**ge**kommen
hervorbringen	hervor**ge**bracht

The present participle is formed by adding the suffix **-d** to the infinitive.

fahren**d**

tanzen**d**

The present participle is used principally as a modifying adjective and takes adjective endings.

der fahrend**e** Schüler   *the traveling scholar*

die tanzend**en** Gestalten   *the dancing figures*

The present participle is used occasionally as an adverb.

Die Gestalten gingen **tanzend** durch die   *The figures went dancing through the*
Straßen des Dorfes.   *streets of the village.*

The passive participle is formed by the past participle of the main verb combined with **worden.**

gesehen worden

verhaftet worden

S. Word Order

1. Normal Word Order

Normal word order has the following sequence: (1) subject and its modifiers, (2) conjugated verb, (3) all other elements of the predicate.

1	2	3
Ich	sehe	ihn selten.
Wir	haben	den Beamten darüber gefragt.

Normal word order occurs in simple sentences and independent clauses. Certain elements, such as an expletive, an independent clause, an interjection, or a coordinating conjunction, may precede the subject.

EXPLETIVE	**Ja,** ich gehe im Herbst auf die Universität.
	Nein, wir haben das Volksfest nicht gesehen.
INDEPENDENT CLAUSE	**Ich weiß,** du hast nichts davon verstanden.
INTERJECTION	**Au!** Der Kaffee ist aber heiß.
COORDINATING CONJUNCTION	Ich bleibe in der Stadt, **aber** die Eltern verbringen die Ferien auf dem Lande.

2. Inverted Word Order

In inverted word order, the conjugated verb precedes the subject. Inversion occurs when a predicate element precedes the subject of a simple sentence or an independent clause. If a subordinate clause precedes, the main clause has inverted word order. The sequence is the following: (1) predicate element or subordinate clause, (2) conjugated verb, (3) subject, (4) all other predicate elements.

	1	2	3	4
	Heute	gehen	wir	in die Schule.
	Ob er das macht,	kann	ich	Ihnen nicht sagen.

PREDICATE ELEMENT PRECEDING SUBJECT

Den Brief hatte er nicht erwartet.
Mir haben sie nichts gegeben.
Heute sind die Geschäfte geschlossen.
Am nächsten Tag fuhren wir in die Berge.
In München gibt es viel zu sehen.

SUBORDINATE CLAUSE PRECEDING MAIN CLAUSE   **Als er gestern in der Stadt war,** kaufte er sich eine neue Jacke.

Questions and the imperative of **Sie** and **wir** have inverted order.

QUESTION

In welchem Jahre wurde Amerika entdeckt?
Haben Sie dieses Buch gelesen?
Wann kommen Sie auf Besuch?
Was wird er damit tun?

IMPERATIVE OF
Sie AND **wir**

Sagen Sie das nicht!
Steigen wir jetzt ein!

A preceding quotation is followed by inverted word order.

QUOTATION

„**Ja**", sagte er, „Sie haben recht."
„**Wohin gehen wir jetzt?**" hat das Kind gefragt.

In inverted word order, a pronoun object usually precedes a noun subject.

PRONOUN OBJECT/NOUN SUBJECT   Wie gefällt **Ihnen** das Leben in Deutschland?

3. Transposed Word Order

Transposed word order is used only in subordinate clauses. The conjugated verb is placed at the end of the clause. The sequence is the following: (1) subordinating conjunction or relative pronoun, (2) subject, if other than a relative pronoun, (3) predicate elements, (4) conjugated verb.

	1	2	3	4
	. . . als	wir	gestern abend nach Hause	kamen
	. . . der		uns oft besucht	hat
	. . . den	ich	sehr gut	kenne

SUBORDINATING CONJUNCTION	Ich weiß, **daß** du wenig Zeit hast.
	Wir haben ihm geholfen, **weil** er zu viel Arbeit gehabt hat.
	Da er schon gestern nach Köln gefahren ist, wird er wohl morgen zurückkehren.
RELATIVE PRONOUN	Der Mann, von **dem** wir so oft gesprochen haben, war natürlich nicht da.
	Der Wagen, **den** wir gekauft haben, ist ein VW.

In subordinate clauses containing a double infinitive, the conjugated verb is placed immediately in front of the double infinitive.

> Ich weiß, daß er gestern abend nach Köln **hat** fahren müssen.
> Glaubst du, daß ich die ganze Aufgabe **werde** lesen können?

4. Order of Objects in the Predicate

The order of the direct and indirect objects varies according to the combination of nouns and pronouns used. The direct object precedes if it is a pronoun; it follows if it is a noun.

DIRECT OBJECT/INDIRECT OBJECT	Er hat **es dem Mann** gegeben.
	(*pron.*) (*noun*)
	Er hat **es ihm** gegeben.
	(*pron.*)(*pron.*)
INDIRECT OBJECT/DIRECT OBJECT	Er hat **dem Mann das Geld** gegeben.
	(*noun*) (*noun*)
	Er hat **ihm das Geld** gegeben.
	(*pron.*) (*noun*)

5. Order of Adverbial Elements in the Predicate

Although the word order of adverbial elements in the predicate is somewhat flexible, this sequence often prevails: (1) time, (2) manner, (3) place.

TIME BEFORE MANNER	Ich bin **um sieben Uhr** rechtzeitig angekommen.
TIME BEFORE PLACE	Wir haben ihn **gestern** im Gasthaus gesehen.
MANNER BEFORE PLACE	Er fuhr **schnell** nach Hause.

An adverbial element of the predicate may precede the subject.

> **Gestern** haben wir ihn im Gasthaus gesehen.
> **Im Büro** muß man schwer arbeiten.
> **Um sieben Uhr** gingen wir ins Kino.

6. Order of Objects and Adverbial Elements

When objects and adverbs appear in the predicate, the shorter element usually precedes the longer one.

OBJECT PRECEDING LONGER ADVERB	Ich habe **es** gestern gekauft.
ADVERB PRECEDING LONGER OBJECT	Wir trafen **gestern** unseren alten Freund aus Zürich.

7. Position of Negatives

A negative tends to precede the element it negates.

> **Nicht** der Vater war da, sondern der Onkel.
> Ich fahre **nicht** am Montag nach Rosenheim, sondern am Dienstag.

When the negation applies to the whole clause, the negative is placed at or near the end of the clause, but just before verb prefixes, infinitives, past participles, some prepositional phrases, predicate adjectives, predicate nominatives, **da**-compounds, and the adverbs **hier, dort,** and **da.**

AT THE END OF CLAUSE	Ich kenne ihn **nicht.**
	Wir besuchten sie **nicht.**
BEFORE VERB PREFIX	Ich stand an jenem Morgen gar **nicht** auf.
BEFORE INFINITIVE	Wir werden das **nicht** verstehen.
BEFORE PAST PARTICIPLE	Er hat das gestern **nicht** gemacht.
BEFORE PREPOSITIONAL PHRASE	Wir gingen gestern abend **nicht** ins Kino.
BEFORE PREDICATE ADJECTIVE	Es war in den letzten Tagen gar **nicht** schön.
BEFORE PREDICATE NOMINATIVE	Er ist **nicht** der richtige Mann für diese Stellung.
BEFORE **da**-COMPOUND	Ich gehe heute abend zu einer Sitzung. Er wird aber **nicht** dabei sein.
BEFORE **hier, dort, da**	Er war **nicht** da, als ich vorbeiging.

8. Position of Infinitives and Past Participles

Infinitives and past participles are placed at the end of simple sentences and independent clauses. In dependent clauses, infinitives and past participles are usually followed by the conjugated verb.

SIMPLE SENTENCE	Werden Sie morgen in die Stadt **gehen?**
	Ich möchte einmal Berlin **besuchen.**
	Wir haben den Film schon **gesehen.**
	Er ist am Karlsplatz **ausgestiegen.**

INDEPENDENT CLAUSE	Sobald das geschieht, werde ich es ihm **sagen.**
	Er hat bei einer Firma in Mainz **gearbeitet,** ehe er nach Frankfurt zog.
DEPENDENT CLAUSE	Er weiß, daß ich nichts **sagen** kann.
	Ich fuhr nach Köln, weil ich dort mein Geschäft **verkauft** habe.
	Kennst du die Frau, die an uns **vorbeigegangen** ist?

Interpunktion

A. Comma

1. Subordinate Clauses

a. *Clauses Introduced by Subordinating Conjunctions*

Clauses introduced by subordinating conjunctions are separated from the rest of the sentence by commas.

> Ich weiß, **daß er morgen zu mir kommt.**
> Wir haben es geglaubt, **weil Sie es uns gesagt haben.**
> **Da er noch nicht hier ist,** können wir nichts anfangen.

b. *Relative Clauses*

A relative clause is separated from the rest of the sentence by a comma (or commas).

> Kennen Sie die Frau, **die eben eingestiegen ist?**
> Der Mann, **der das Geld verloren hatte,** war der Wirt.

2. Clauses Introduced by *Und* or *Oder*

A comma separates two coordinate clauses connected by **und** or **oder** if the clauses have different subjects.

> Die Felder sind jetzt so grün, **und** die Landschaft sieht so schön aus.

3. Expressions of the Same Order

A comma separates two expressions of the same order if they are not connected by **und** or **oder.**

> Er arbeitete in seinem **großen, schönen** Garten.

4. Appositions

An apposition is usually separated from the rest of the clause by a comma (or commas).

Friedrich, **der große König von Preußen,** starb im Jahre 1786.
Kennen Sie den Professor, **Herrn Dr. Wangel?**

5. Infinitive Phrases

An infinitive phrase with **zu, um . . . zu, ohne . . . zu,** or **anstatt . . . zu** is set off by a comma if it contains modifiers or objects. The comma may be omitted if the phrase is very short.

Er wünschte, **einen Besuch bei den Verwandten auf dem Lande zu machen.**
Er ist nach Köln gefahren, **um eine neue Stellung zu suchen.**
Ohne ein Wort zu sagen, ging sie an mir vorbei.
Anstatt es mir zu sagen, hat er es im ganzen Dorf verbreitet.

6. Expletives

Words such as **ach, also, doch, ja, nein, nun,** and **oh** are normally set off by a comma. When given special emphasis, as in an ejaculation, they are followed by an exclamation point.

Ach, das habe ich gar nicht gewußt.
Also, da haben wir es.
Doch, das hat sie mir gesagt.
Ja, ich kenne ihn schon.
Nein, das habe ich nicht gehört.
Nun, was willst du machen?
Oh! Das glaube ich nicht!

7. Quotations

A quotation, direct or indirect, beginning a sentence is followed by a comma.

„Ich fahre morgen in die Stadt", sagte er.
Er wäre schon einmal in Köln gewesen, erklärte er.

8. Enumerations

Items of an enumeration are separated by commas with the exception of the last two items listed.

Hier kann man **Getränke, Eis, Würste** und **belegtes Brot** bekommen.

9. Dates

In dates, a comma separates the name of the day of the week from the rest of the date.

Sonntag, den 7. Oktober 1979

10. Decimals

A comma is usually used as the decimal point.

8,8
976 543,91

11. Salutations

In modern usage, a comma may follow the salutation of a letter.

Lieber Hans,
Sehr geehrter Herr Dr. Ranke,

12. Closing of Letters

There is no comma after the closing of a letter.

FRIENDLY LETTER   Alles Gute wünscht Euch
                              Eure Hedi

BUSINESS LETTER   Mit freundlichen Grüßen
                              Ihr
                                   Dr. A. Kluge

B. Exclamation Point

1. Imperatives

Emphatic imperatives are followed by an exclamation point.

Steigen Sie ein!
Vorsicht bei der Abfahrt!

2. Exclamations

An exclamation point usually follows any exclamation or emphatic expression.

Wenn wir doch zu Hause wären!
Au!

3. Salutations

An exclamation point may follow the salutation of a letter.

Sehr geehrter Herr Dr. Rotpfennig!

C. Colon

1. Direct Discourse

A colon precedes a direct quotation.

Dann sagte er: „**Ich weiß jetzt, was wir machen müssen.**"

2. Enumerations

A colon precedes an enumeration of items.

Das Jahr hat zwölf Monate: **Januar, Februar, März** . . .

3. Sentences

A colon frequently precedes a sentence closely related to the preceding sentence.

Ich konnte es schon an seinem Gesicht sehen: **er hatte große Sorgen.**

D. Quotation Marks

1. Direct Discourse

Quotation marks enclose direct discourse. A quotation mark precedes a comma but follows a period and a question mark.

„**Hier darf man keine Aufnahmen machen**", sagte der Polizist.
Der Polizist sagte: „**Hier darf man keine Aufnahmen machen.**"

2. Titles

Quotation marks enclose the title of a book, the name of a poem, and the title of any prose writing or musical composition.

Goethes „**Faust**"
Wagners „**Parsifal**"
„**Joseph in Ägypten**" von Thomas Mann

3. Special Names

Quotation marks enclose the names of inns, hotels, restaurants, trains, and ships.

das Gasthaus „**Zum Schwarzen Roß**"
der „**Rheingold-Expreß**"
die „**Esso Deutschland**"

Groß-Schreibung

All nouns are capitalized.

The pronoun **ich** is not capitalized except as the first word of a sentence.

The declensional forms of **Sie,** pronoun of formal address, are capitalized.

The possessive adjective of formal address is capitalized.

In letters, all pronouns and possessive adjectives referring to the recipient are capitalized.

In the titles of articles, musical compositions, and literary works, the first word, nouns, the pronouns of formal address, and adjectives derived from the names of cities are capitalized.

Adjectives derived from the names of cities are capitalized.

die Berliner Mauer, im Münchener Hauptbahnhof

The names of languages are capitalized unless preceded by the preposition **auf.**

Deutsch, Englisch, im Französischen

Adjectives denoting nationality are not capitalized.

die deutsche Sprache, der amerikanische Geist, die bayrische Hauptstadt

Zahlen

A. Cardinal Numbers

The cardinal number **eins** is used in calculations and counting. The indefinite article replaces it before a noun. The other cardinal numbers usually appear as limiting adjectives when they precede a noun, but have no adjective endings.

Die **drei** jungen Leute sind Studenten.
Fünfundzwanzig Bücher lagen auf dem Tisch.

Starting with **eine Million,** the cardinal numbers are treated as nouns.

The cardinal numbers are as follows:

1	eins	22	zweiundzwanzig
2	zwei	30	dreißig
3	drei	31	einunddreißig
4	vier	32	zweiunddreißig
5	fünf	40	vierzig
6	sechs	50	fünfzig
7	sieben	60	sechzig
8	acht	70	siebzig
9	neun	80	achtzig
10	zehn	90	neunzig
11	elf	100	hundert
12	zwölf	101	hunderteins
13	dreizehn	102	hundertzwei
14	vierzehn	999	neunhundertneunundneunzig
15	fünfzehn	1 000	tausend
16	sechzehn	8 888	achttausendachthundertachtundachtzig
17	siebzehn	976 543,91	neunhundertsechsundsiebzigtausend-
18	achtzehn		fünfhundertdreiundvierzig Komma ein-
19	neunzehn		undneunzig (*or* Komma neun eins)
20	zwanzig	1 000 000	eine Million
21	einundzwanzig	1 000 000 000	eine Milliarde

B. Ordinal Numbers

Except for **erst-** and **dritt-,** the ordinal numbers below **zwanzigst-** are formed by adding **-t** to the cardinal number. From **zwanzigst-** on, **-st** is added to the cardinal number. The ordinal form of **sieben** can be either **siebt-** or **siebent-.** The ordinal numbers are used as adjectives and require adjective endings.

> Der erste Mann in der Reihe war immer Schulz.
> Am dritten Tag wurde es wieder kalt.
> Montag ist der vierte Januar.
> Sein zwanzigstes Lebensjahr verbrachte er in Amerika.

Ordinal numbers may be written with a period.

> der 8. Januar = der achte Januar
> am 19. April = am neunzehnten April

C. Mathematical Expressions

The fraction 1/2, expressed as **ein halb,** takes adjective endings if it precedes a noun.

> Er hat ein halbes Stück Kuchen gegessen.

Other fractions with denominators from three through nineteen are expressed as neuter nouns with the suffix **-tel** added to the cardinal numbers; fractions with denominators above nineteen add the suffix **-stel** to the cardinal numbers.

1/4   ein Vier**tel**
3/4   drei Vier**tel**
7/8   sieben Ach**tel**
4/21   vier Einundzwanzig**stel**

In decimal fractions, the decimal point is usually written as a comma.

8,8   acht Komma acht

Simple arithmetic calculations are expressed as follows (the colon is the symbol for division in German):

$2 + 3 = 5$ Zwei und drei ist fünf.
$7 - 4 = 3$ Sieben weniger (*or* minus) vier ist drei.
$6 \times 8 = 48$ Sechs mal acht ist achtundvierzig.
$27 : 3 = 9$ Siebenundzwanzig geteilt durch drei ist neun.

Das Alphabet in Fraktur

Fraktur type was used in most German printing until 1945. Since then it has rarely been used.

𝔄	a	𝔍	j	𝔖	ſ s
𝔅	b	𝔎	k	—	ß*
ℭ	c	𝔏	l	𝔗	t
𝔇	d	𝔐	m	𝔘	u
𝔈	e	𝔑	n	𝔙	v
𝔉	f	𝔒	o	𝔚	w
𝔊	g	𝔓	p	𝔛	x
ℌ	h	𝔔	q	𝔜	y
ℑ	i	ℜ	r	ℨ	z

* Digraph s (ß) is used in both **Fraktur** and Roman type; it is not capitalized. It is used instead of double s (ss) after a long vowel or diphthong, before a consonant, and in final position. Double s occurs only between short vowels.

After long vowel	schließen, fließen
After diphthong	außer, Preußen
Before consonant	mußte, gewußt
Final position	Fuß, muß, Schloß
Between short vowels	verfassen, geschlossen, müssen, wissen

Der fahrende Schüler im Paradies

Einmal wanderte ein Student von der Universität in die Heimat. Er hatte großen Hunger und kein Geld. Unterwegs erblickte er eine Bäuerin in ihrem Garten. Er ging zu ihr und bat sie um etwas zum Essen. Sie wollte wissen, woher er kam. „Aus Paris", antwortete er, aber die Frau, die wenige Kenntnisse in der Geographie hatte, hörte „Paradies" anstatt „Paris". Dann fragte sie, ob er ihren verstorbenen Mann im Paradies kannte, und beschrieb, wie er aussah. Natürlich antwortete der Student „ja" darauf.

„Es geht ihm sehr schlecht im Paradies", fuhr er fort, „weil er Hunger leidet und schlechte Kleidung hat. Die anderen Seelen helfen ihm nur wenig."

Bei diesen Worten ging die Bäuerin ins Haus und brachte dem Studenten ein Bündel mit Lebensmitteln und Kleidern, das er ihrem verstorbenen Mann bringen sollte.

„Das wird Ihrem verstorbenen Mann ganz gewiß eine große Freude machen", bemerkte der Student.

Nach gegenseitigen Ausdrücken der Dankbarkeit machte sich der Student schnell auf den Weg ins „Paradies". Bald kam der zweite Mann der gescheiten Frau nach Hause. Als er von seiner Frau hörte, was eben geschehen war, stieg er zornig auf sein Pferd und ritt dem Studenten nach, um seine Kleider und Lebensmittel zurückzubekommen. Dieser hörte bald das Trapp-Trapp des Pferdes hinter sich, verbarg das Bündel unter einem Busch und wartete auf den Bauern. Als der Bauer den Studenten erblickte, fragte er nach einem Studenten mit einem Bündel. Der hilfsbereite Student zeigte auf den nahen Wald und sagte: „Ich habe einen Studenten gesehen, der eben in dem Wald verschwunden ist. Er wird wohl noch da sein."

Nun bat ihn der Bauer darum, sein Pferd zu halten, und damit verschwand er auch im Wald. Ohne weiteres holte der Student das verborgene Bündel hervor, stieg auf das Pferd und ritt schnell davon. Als der Bauer ohne Studenten und ohne Bündel zurückkam und fand, daß jetzt auch sein Pferd verschwunden war, ging ihm plötzlich ein Licht auf. Langsam ging er zu Fuß nach Hause und sagte zu seiner Frau, die gespannt auf ihn ge=wartet hatte: „Ich habe den Studenten gefunden und ihm mein Pferd gegeben, damit er schneller ins Paradies kommt."

WÖRTERVERZEICHNIS

Nouns

Masculine and neuter nouns are listed with (1) the definite article, (2) the genitive singular ending, and (3) the formation of the plural:

> der **Brief,** –(e)s, –e   das **Fenster,** –s, –
> der **Platz,** –es, ̈e   das **Kind,** –(e)s, –er

(e) indicates that **e** may be omitted. **–e, ̈e,** and **–er** indicate the plural formation: **Briefe, Plätze, Kinder.** – indicates no change in forming the plural: **Fenster.**

Masculine nouns followed by **–n, –n** or **–en, –en** take those endings in all cases, singular and plural, except in the nominative singular:

> der **Bayer,** –n, –n
> der **Student,** –en, –en

Feminine nouns are listed only with the definite article and the plural formation:

> die **Maschine,** –n
> die **Mutter,** ̈

A few feminine nouns derived from adjectives are followed by **–n, –n.** Such nouns take **–n** in the genitive and dative singular as well as in all cases of the plural:

> die **Illustrierte,** –n, –n

Neuter nouns followed by **–n** or **–en** take those endings in the genitive and dative singular:

das **Gute, –n**
das **Deutsch(e), –en**

No plural exists in normal usage for some nouns:

der **Nationalismus, –**	die **Armut**	das **Denken, –s**
der **Maschinenbau, –(e)s**	die **Musik**	das **Irrationelle, –n**
der **Schwarzwald, –(e)s**		das **Schulwesen, –s**

Verbs

The principal parts of strong verbs are listed as follows:

beginnen, begann, begonnen
sprechen (spricht), sprach, gesprochen

The infinitive is given first. If the stem vowel changes in the second person familiar singular and the third person singular present, the third person singular form is given in parentheses. The first and third person singular of the past tense is given next; this is followed by the past participle.

Only the infinitive of weak verbs is listed.

Ist occurs with the past participle of verbs requiring **sein** as the auxiliary in the perfect tenses:

fahren (fährt), fuhr, ist gefahren
reisen, ist gereist

Adjectives and Adverbs

Adjectives and adverbs with irregular comparison are listed with the positive, comparative, and superlative forms:

schwarz, schwärzer, schwärzest-
gern, lieber, am liebsten

Adjectives followed by a hyphen do not stand alone and can be used only with an ending:

hoh-, meist-

Abbreviations

The following abbreviations are used:

acc.	accusative	math.	mathematical
adj.	adjective	neut.	neuter
adv.	adverb	nom.	nominative
arch.	archaic	num.	number, numerical
art.	article	obj.	object
card.	cardinal	plur.	plural
conj.	conjunction	poet.	poetic
coord.	coordinating	poss.	possessive
dat.	dative	pred.	predicate
def.	definite	pref.	prefix
demonstr.	demonstrative	prep.	preposition
fam.	familiar	pron.	pronoun
fem.	feminine	refl.	reflexive
gen.	genitive	rel.	relative
indecl.	indeclinable	sep.	separable
indef.	indefinite	sing.	singular
inf.	infinitive	subord.	subordinate
interrog.	interrogative	superlat.	superlative
intrans.	intransitive	trans.	transitive
masc.	masculine		

Deutsch-Englisch

A

abbauen to reduce

der **Abend, –s, –e** evening; **am Abend** in the evening; **eines Abends** one evening; **guten Abend** good evening; **zu Abend** in the evening; **zu Abend essen** to eat the evening meal; **gestern abend** yesterday evening, last night; **heute abend** this evening

das **Abendessen, –s, –** evening meal

abends in the evening

aber (*coord. conj.*) but, however

abfahren (fährt ab), fuhr ab, ist abgefahren to depart, leave

die **Abfahrt, –en** departure

das **Abitur, –s –e** examination given at the end of the secondary school qualifying for graduation from the **Gymnasium** and for admission to the university; **das Abitur machen, bestehen** to take, pass the qualifying examination

ablehnen to refuse, reject

das **Abnehmen, –s** reducing

der **Abschied, –(e)s, –e** departure, farewell; **Abschied nehmen** to take leave

die **Abstammung, –en** origin, descent, ancestry; **er ist deutscher Abstammung** he is of German descent

ach oh, ah; **ach so** oh yes; oh, I see

acht eight; **acht-** eighth

das **Achtel, –s, –** (an) eighth

achtundfünfzig fifty-eight

achtundzwanzig twenty-eight

achtzehn eighteen; **achtzehnt-** eighteenth

achtzehnhundertachtundvierzig 1848

achtzig eighty

die **Adaptationsschwierigkeit, –en** difficulty in adjusting

der **Adelstand, –(e)s** nobility, rank of nobility

das **Adjektiv, –s, –e** adjective

der **Adler, –s, –** eagle

die **Adresse, –n** address

das **Adverb, –s, –ien** adverb

der **Affe, –n, –n** monkey

(das) **Afrika, –s** Africa

(das) **Ägypten, –s** Egypt

ähnlich (*as pred. adj. with dat.*) similar, resembling, like

das **Akademische Auslandsamt, –(e)s** academic foreign office

der **Akkusativ, –s, –e** accusative case

der **Akzent, –s, –e** accent

akzeptieren to accept

alias alias

der **Alkohol, –s, –e** alcohol

all- all; **alles,** (*plur.*) **alle** all, everything; everyone; **alles Neue** everything new; **in allem** in everything; **vor allem** above all

allein (*pred. adj. and adv.*) alone; only

allerdings to be sure, of course

allerlei (*indecl. adj. and pron.*) all sorts of things, a variety

allgemein general, universal

alliiert allied

die **Alp(e), –en** mountain pasture

die **Alpen** (*plur.*) Alps

die **Alpenblume, –n** Alpine flower

das **Alphabet, –(e)s, –e** alphabet

das **Alphorn, –s, ¨er** Alpine horn

als (*subord. conj.*) as, than; when; **als das Fest begann** when the festival began; **als Kind** as a child; **als ob** (*subord. conj.*) as if

also so, thus; **also bis später** well, see you later

alt, älter, ältest- old

das **Alter, –s, –** age

am = an dem

der **Amazonas, –** Amazon River

(das) **Amerika, –s** America

der **Amerikaner, –s, – / die Amerikanerin, –nen** American

amerikanisch (*adj.*) American

an (*with dat.*) at, by, near, on; (*with acc.*) to

anbieten, bot an, angeboten to offer

ander- other; **und andere mehr** and many others

ändern to change, alter

anders (*pred. adj. and adv.*) different

der **Anfang, –(e)s, ¨e** beginning; **am Anfang** in the beginning

anfangen (fängt an), fing an, angefangen to begin

angehören (*with dat. obj.*) to belong to, be a member of

die **Angelegenheit, –en** affair, matter

angenehm (*as pred. adj. with dat.*) pleasant, nice

der **Anhang, –s, ¨e** appendix

ankommen, kam an, ist angekommen to arrive

die **Ankunft, ¨e** arrival

annehmen (nimmt an), nahm an, angenommen to accept, assume

die **Anredeform, –en** form of address

anreden to address, speak to

anrufen, rief an, angerufen to telephone

ans = an das

die **Anschauung, –en** philosophy, attitude, view

das **Anschauungsmaterial, –s, –ien** visual aid(s)

anschlagen (schlägt an), schlug an, angeschlagen to affix, post, nail

ansehen (sieht an), sah an, angesehen to look at; (**sich**) **etwas ansehen** to look at something

die **Ansicht, –en** view, sight

der **Anspruch, –(e)s, ¨e** claim; **viel Zeit in Anspruch nehmen** to take much time

anstatt (*with gen.*) instead of; **anstatt . . . zu** (*with inf.*) instead of

anstellen to employ (usually refers to employment in clerical, professional, and business positions)

die **Antike** classical antiquity

antipolitisch antipolitical

antworten (*with dat. obj.*) (**auf**) (*with acc.*) to answer; **wir antworten ihm auf seine Frage** we answer his question

der **Anzug, –s, ¨e** suit

der **Apotheker, –s, – / die Apothekerin, –nen** pharmacist

der **April, –(s)** April

der **Araber, –s, –** Arab

die **Arbeit, –en** work

arbeiten (an) (*with dat.*) to work (on)

der **Arbeiter, –s, –** worker

der **Arbeitnehmer, –s, –** employee

der **Arbeitskollege, –n, –n** fellow worker

die **Arbeitskräfte** (*plur.*) labor, labor force

arbeitslos unemployed

die **Arbeitslosigkeit** unemployment

der **Architekt, –en –en / die Architektin, –nen** architect

die **Architektur** architecture

sich **ärgern** to become annoyed, irritated

der **Arm, –(e)s, –e** arm

arm, ärmer, ärmst- poor

die **Armut** poverty

die **Art, –en** kind, sort; **aller Art** of all kinds

der **Artikel, –s, –** article

der **Arzt, –es, ̈e / die Ärztin, –nen** physician

ärztlich medical

(das) **Asien, –s** Asia

asphaltiert asphalted, paved

atemberaubend breath-taking

das **Attribut, –(e)s, –e** adjective, attribute

au! ouch!

auch also, too; **auch nicht** not (either); **auch noch nicht** not yet either

auf (*with dat. and acc.*) on, upon; (*with dat.*) at; (*with acc.*) to; **auf der Suche nach** in search of; **auf der Welt** in the world; **auf deutsch** in German; **auf kurze Zeit** for a short time; **auf Wiedersehen** goodbye

aufbauen to build up, structure; to arrange

aufbewahren to preserve, store

aufführen to perform, produce (a play)

die **Aufführung, –en** performance

die **Aufgabe, –n** lesson, assignment

aufgeben (gibt auf), gab auf, aufgegeben to assign

aufgehen, ging auf, ist aufgegangen to dawn; **es ging ihm ein Licht auf** it dawned on him

aufhören to cease, stop

die **Aufnahme, –n** photograph; **Aufnahmen machen** to take photographs

aufnehmen (nimmt auf), nahm auf, aufgenommen to accept, assimilate

aufpassen (auf) (*with acc.*) to take care of, look after

aufrechterhalten (erhält aufrecht), erhielt aufrecht, aufrechterhalten to maintain, support

aufs = auf das

der **Aufstand, –(e)s, ̈e** revolt, uprising

aufstehen, stand auf, ist aufgestanden to get up

aufstellen to formulate, set up

aufteilen to divide

aufwachen, ist aufgewacht to awaken

das **Auge, –s, –n** eye

der **Augenblick, –(e)s, –e** moment

die **Augenbraue, –n** eyebrow

der **August, –(e)s** *or* – August

aus (*with dat.*) out, out of, from

ausbilden to train, educate; **sich ausbilden lassen** to be educated, get an education

die **Ausbildung, –en** training, education

die **Ausbildungsmöglichkeit, –en** educational opportunity

sich **ausbreiten** to spread out

der **Ausdruck, –(e)s, ̈e** expression

ausdrücken to express

ausflippen (*slang*) to flip out

ausführlich detailed, extensive

die **Auskunft, ̈e** information

das **Ausland, –(e)s** foreign country (countries); **aus dem Ausland** from foreign countries; **ins Ausland fahren** to go abroad

der **Ausländer, –s, – / die Ausländerin, –nen** foreigner

der **Ausländerkurs, –es, –e** course for foreigners

ausländisch foreign, from abroad

die **Ausnahme, –n** exception

ausnutzen to take advantage of (an opportunity), exploit

aussehen (sieht aus), sah aus,
ausgesehen to look, appear

das Außenministerium, –s, (*plur.*)
-ministerien foreign ministry, state
department

außer (*with dat.*) besides, except

außerhalb (*with gen.*) outside

außerordentlich extraordinary

die Aussicht, –en view, prospect

die Aussprache, –n pronunciation

die Ausspracheübung, –en pronunciation
drill

aussteigen, stieg aus, ist ausgestiegen
to get off or out of a vehicle

der Austauschstudent, –en, –en exchange
student

ausüben to exert

die Auswahl, –en selection, choice

die Autobahn, –en autobahn,
superhighway

die Autobahnbrücke, –n autobahn bridge

die Autofirma, (*plur.*) -firmen
automobile company

B

der Bach, –(e)s, ⸚e brook, creek

baden to bathe

der Bahnhof, –(e)s, ⸚e railway station

der Bahnsteig, –(e)s, –e railway platform

bald, eher, ehest- soon

die Ballade, –n ballad

die Bank, ⸚e bench, seat

die Bank, –en bank, banking
establishment

bankrott bankrupt

die Bärenhöhle, –n bear's den

barock (*adj.*) baroque

die Barockkirche, –n baroque church

der Barockstil, –(e)s baroque style

die Barrikade, –n barricade

der Bau, –(e)s, (*plur.*) Bauten building,
structure

der Bauch, –(e)s, ⸚e abdomen

bauen to build; (sich) bauen lassen

to have built; das Bauen, –s
building, construction

der Bauer, –n, –n peasant, farmer; die
Bäuerin, –nen peasant woman

das Bauernfest, –(e)s, –e rural festival

das Bauernhaus, –es, ⸚er farm house

der Bauernhof, –(e)s, ⸚e farm

die Baufirma, (*plur.*) -firmen
construction firm

die Bauindustrie, –n construction
industry

die Bauleitung construction supervision

der Baum, –(e)s, ⸚e tree

der Bayer, –n, –n native of Bavaria

(das) Bayern, –s Bavaria, a federal state

bayrisch (*adj.*) Bavarian; das
Bayrisch(e), –en Bavarian, dialect
spoken in Bavaria

der Beamte, –n, –n employee, official

beantworten to answer

bearbeiten to rework, revise

bedeuten to mean, signify; bedeutend
significant

die Bedeutung, –en significance, meaning

befehlen (befiehlt), befahl, befohlen
(*with dat. obj.*) to command

die Befehlsform, –en imperative

sich befinden, befand sich, sich befunden
to be, be situated

befreien to free

die Befreiung liberation

befreundet sein (mit) to be a friend
(of), be friends

begegnen, ist begegnet (*with dat. obj.*)
to meet

begeistert (von) inspired, enraptured
(by)

beginnen, begann, begonnen to begin

begleiten to accompany

der Begleiter, –s, – companion, escort

begnadigen to pardon

begreifen, begriff, begriffen to
comprehend, understand, conceive
of

die Behandlung, –en treatment

bei (*with dat.*) with; at the house of,
at the business of, at; near; by; bei

dem Bericht helfen   to help with
the report; **bei der Familie
Neumann**   with the Neumann
family

beides (*sing.*)   both, the two (things);
beide (*plur.*)   both; **die beiden**
(*plur.*)   the two, both

beifügen   to add to

beim = bei dem

das **Bein, –(e)s, –e**   leg

beinahe   almost, nearly

das **Beispiel, –(e)s, –e**   example; **zum
Beispiel (z.B.)**   for example

bekannt (*as pred. adj. with dat.*)
known, well-known; **bekannt
machen**   to introduce, acquaint

die **Bekanntschaft, –en**   acquaintance

bekommen, bekam, bekommen   to
receive, obtain, get

belegt   spread; **belegtes Brot**
open-faced sandwich

beliebt   popular

bemerken   to observe, remark

das **Benehmen, –s**   behavior, conduct

beobachten   to observe

die **Beobachtung, –en**   observation

bereit   ready

der **Berg –(e)s, –e**   hill, mountain

der **Bergbau, –(e)s**   mining

bergig   hilly, mountainous

die **Bergweide, –n**   mountain pasture

die **Bergwiese, –n**   mountain meadow

der **Bericht, –(e)s, –e**   report

Berliner (*adj.*)   Berlin

der **Beruf, –(e)s, –e**   profession, vocation;
zu vielen anderen Berufen   for
many other professions

die **Berufsausbildung**   vocational training

das **Berufsinteresse, –s, –n**   vocational
interest

die **Berufsschule, –n**   trade school,
vocational school

der **Berufssoldat, –en, –en**   professional
soldier

berühmt   famous

die **Besatzungszone, –n**   occupation zone

beschäftigt   busy, occupied

die **Beschießung, –en**   bombardment

beschränkt   limited

beschreiben, beschrieb, beschrieben
to describe

besetzen   to occupy

besichtigen   to see, survey, do
sightseeing

der **Besitzer, –s, –**   owner

besonder-   special, particular

die **Besonderheiten** (*plur.*)   details,
particulars

besonders   especially

**besprechen (bespricht), besprach,
besprochen**   to discuss

besser   better (*see also* **gut**)

best-   best (*see also* **gut**)

bestehen, bestand, bestanden   to pass
(a test); to exist; **bestehen (aus)**   to
consist (of); **eine Prüfung bestehen**
to pass a test

bestellen   to order

bestimmt   definite

der **Besuch, –(e)s, –e**   visit; visitor(s); **auf
Besuch**   on a visit; **bei einer
Familie einen Besuch machen**   to
pay a family a visit

besuchen   to visit; to attend (a
school)

betonen   to emphasize

das **Betreten, –s**   entering, stepping into

der **Betrieb, –(e)s, –e**   operation; **in
Betrieb**   in operation

das **Bett, –(e)s, –en**   bed; **zu Bett**   to bed

das **Bettelgeld, –(e)s**   alms

das **Betteln, –s**   begging

der **Bettler, –s, –**   beggar

die **Beugung, –en**   declension

die **Bevölkerung, –en**   population

bevor (*subord. conj.*)   before

die **Bewegung, –en**   motion, movement

der **Beweis, –es, –e**   proof, evidence

beweisen, bewies, bewiesen   to prove

bewohnen   to inhabit

bewundern   to admire

bezeichnen   to mark, designate

der **Bezirk, –(e)s, –e**   district, borough,
county

der **Bezug, –s, ⸚e** cover, slipcover for furniture

die **Bibel, –n** Bible

die **Bibliothek, –en** library

der **Bibliothekar, –s, –e** / die **Bibliothekarin, –nen** librarian

das **Bier, –(e)s, –e** beer

die **Bierwirtschaft, –en** tavern

bieten, bot, geboten to offer

das **Bild, –(e)s, –er** picture

bilden to form

billig cheap, inexpensive

bis (*prep. with acc. and subord. conj.*) until, up to, as far as; **also bis später** well, see you later; **bis an** as far as; **bis dahin** up to that time; **bis zu** up to, until

die **Bischofsstadt, ⸚e** seat of a bishopric, episcopal city

die **Bismarckzeit** era of Bismarck

bißchen: ein bißchen a little

die **Bitte, –n** request; **bitte** please; **bitte sehr** you're very welcome

bitten, bat, gebeten (um) to ask for, request

das **Blatt, –(e)s, ⸚er** leaf

blau blue

bleiben, blieb, ist geblieben to remain, stay; **sitzen bleiben** to remain seated

der **Bleistift, –(e)s, –e** pencil

blond blond

die **Blume, –n** flower

der **Blumengarten, –s, ⸚** flower garden

die **Blumenstraße** name of a street

das **Blut, –(e)s** blood

die **Bodenschätze** (*plur.*) mineral resources

der **Bodensee, –s** Lake Constance

die **Bodenverseuchung** soil pollution

böse (*as pred. adj. with dat.*) bad, evil; angry

der **Brand, –(e)s, ⸚e** fire, conflagration

das **Brandenburger Tor, –(e)s** Brandenburg Gate, Berlin

die **Bratkartoffel, –n** fried potato

brauchen to need

braun brown

braunhaarig brunette

die **BRD = die Bundesrepublik Deutschland** Federal Republic of Germany

brechen (bricht), brach, gebrochen to break

breit broad, wide

brennen, brannte, gebrannt to burn

die **Brezel, –n** pretzel

der **Brief, –(e)s, –e** letter

der **Briefträger, –s, –** mailman

bringen, brachte, gebracht to bring

das **Brot, –(e)s, –e** bread; **belegtes Brot** open-faced sandwich

das **Brötchen, –s, –** roll

die **Brücke, –n** bridge

der **Bruder, –s, ⸚** brother

der **Brunnen, –s, –** well, fountain

die **Brust, ⸚e** breast, chest

das **Buch, –(e)s, ⸚er** book

der **Buchstabe, –n, –n** letter of the alphabet

die **Bude, –n** booth

die **Bühne, –n** stage

das **Bündel, –s, –** bundle, parcel

die **Bundesbahn** Federal Railway

die **Bundesrepublik Deutschland (BRD)** Federal Republic of Germany

der **Bundesstaat, –en, –en** federal state, state belonging to a federation

bunt colorful, multicolored; spotted

die **Burg, –en** fortress, castle

der **Bürger, –s, –** member of the middle class, bourgeois; citizen

die **Bürgerarmee, –n** citizens' army

bürgerlich bourgeois

das **Bürgertum, –s** bourgeoisie, middle class

das **Büro, –s, –s** office

der **Busch, –es, ⸚e** bush

byzantinisch Byzantine

C

das **Cello, –s, –s** cello

das **Cembalo, –s, –s** harpsichord

der **Charakter, –s, –e** character

charmant (*also* **scharmant**)   charming

die **Chemiefirma,** (*plur.*) **-firmen** chemical firm

die **Chemikalien** (*plur.*)   chemicals

die **Cholera**   cholera

der **Christ, –en, –en**   Christian

das **Christentum, –(e)s**   Christianity

christlich (*adj.*)   Christian

Christus: (*nom.* **Jesus Christus,** *gen.* **Jesu Christi,** *dat.* **Jesu Christo,** *acc.* **Jesum Christum**)   Jesus Christ; **zur Zeit Christi**   at the time of Christ

das **Coca-Cola, –(s)**   Coca-Cola

D

da (*adv.*) there; here; (*subord. conj.*) since, inasmuch as

dabei   with, at or near it, them or that

dadurch   through it, them or that; thereby

dafür   for it, them or that

dagegen   against it, them or that

daher   thus, hence, therefore

dahin   to that time; to that place; **bis dahin**   until that time

dahinter   behind it, them or that

damals (*adv.*)   at that time, in those days

die **Dame, –n**   lady

damit   with it, them or that; therewith; (*subord. conj.*)   in order that

dämmen   to stem, restrain

danach   after or according to it, them or that

daneben   by or near it, them or that

(das) **Dänemark, –s**   Denmark

das **Dänisch(e), –en**   Danish language

der **Dank, –(e)s**   thanks, gratitude; **vielen Dank**   thank you very much

die **Dankbarkeit**   gratitude

danke   thank you; **danke schön** thank you; **danke sehr**   thank you very much

danken (*with dat. obj.*) (**für**)   to thank (for)

dann   then, thereupon

daran   on, to, in, at or about it, them or that

darauf   on it, them or that; thereupon

daraus   out of or from it, them or that

darf (*see* **dürfen**)

darin   in it, them or that; therein

darstellen   to represent, portray

darüber   over or about it, them or that

darum   for or about it, them or that; therefore, for that reason

darunter   below or beneath it, them or that; among them

das (*demonst. pron.*)   that

das **Dasein, –s**   existence

daß (*subord. conj.*)   that

der **Dativ, –s**   dative case

dauern   to last

der **Daumen, –s, –**   thumb

die **Da-Verbindung, –en**   da-compound

davon   of, from or about it, them or that

davonreiten, ritt davon, ist davongeritten   to ride away

davor   in front of it, them or that

dazu   to or for it, them or that; in addition to, besides, with it

dazwischen   between them

die **DDR = die Deutsche Demokratische Republik**   German Democratic Republic (East Germany)

das **Defizit, –s, –e**   deficit

dein (*poss. adj.*) (*fam. sing.*)   your

die **Demokratie, –n**   democracy

demokratisch   democratic

denken, dachte, gedacht (**an**) (*with acc.*)   to think (of); **das Denken, –s** thinking, thought

denn (*adv.*)   anyway (In interrogative statements, **denn** adds emphasis and implies active interest and concern on the part of the person asking the question); **woher kommen Sie denn?**

Where do you come from?; (*coord. conj.*) for, because

der, die, das (*def. art.*) the; (*rel. pron.*) who, which, that; (*demonst. pron.*) he, she, it, they, that one, these

derselbe, dieselbe, dasselbe, (*plur.*) **dieselben** the same

deswegen for that reason, for that purpose

deutsch (*adj.*) German; **das Deutsch(e), –en** German language; **auf deutsch** in German; **der Deutsche, –n, –n / die Deutsche, –n** native of Germany; **die Deutsche Demokratische Republik (DDR)** German Democratic Republic (East Germany); **das Deutsche Museum, –s** German Museum (museum of science and industry, Munich); **das Deutsche Reich, –(e)s** German Empire

die **Deutschaufgabe, –n** German lesson

das **Deutschbuch, –(e)s, ⸚er** German book, German textbook

(das) **Deutschland, –s** Germany

die **Deutschlandreise, –n** trip to Germany

deutschsprachig German-speaking

das **Deutschstudium, –s,** (*plur.*) **-studien** study of German

der **Deutschunterricht, –(e)s** German course, German class

der **Dezember, –(s)** December

d.h. = das heißt that is, i.e.

der **Dialekt, –(e)s, –e** dialect

der **Dialog, –(e)s, –e** dialogue

dich (*acc.*) (*fam. sing.*) you; yourself (*see also* **du**)

der **Dichter, –s, – / die Dichterin, –nen** poet

die **Dichtung, –en** poetry, literature

dienen (*with dat. obj.*) to serve

der **Dienst, –es, –e** service

der **Dienstag, –(e)s, –e** Tuesday

dies(–er, –e, –es) this, these, this one; the latter

diesmal this time

diesseits (*with gen.*) (on) this side of

das **Ding, –(e)s, –e** thing

diplomatisch diplomatic

dir (*dat.*) (*fam. sing.*) you, to you; yourself (*see also* **du**)

direkt direct

die **Dirndltracht, –en** Bavarian and Austrian costume for women

die **Disputation, –en** debate

disputieren to debate

die **Disziplin** discipline

doch (*adv. and coord. conj.*) (term lending emphasis) after all, anyway, certainly, nevertheless, however, though, yet; **er spricht doch jeden Tag etwas besser** he does speak somewhat better every day

der **Doktor, –s, –en** Dr., doctor, physician; **den Doktor machen** to earn a doctorate

die **Doktorarbeit, –en** doctoral dissertation

die **Doktorprüfung, –en** doctoral examination

das **Dokument, –(e)s, –e** document

der **Dom, –(e)s, –e** cathedral

der „**Dompfeil**", **–(e)s** name of a train

die **Donau** Danube River

der **Donnerstag, –(e)s, –e** Thursday

das **Dorf, –(e)s, ⸚er** village

dort there; **dort drüben** over there; **von dort aus** from there, from that vantage point

der **Dozent, –en, –en** instructor, lecturer at the university

Dr. = Doktor doctor

das **Drama, –s,** (*plur.*) **Dramen** drama

dramatisch dramatic

der **Drang, –(e)s, ⸚e** pressure, stress; **der Sturm und Drang** Storm and Stress, German literary movement in the eighteenth century

drauf = darauf

drei three

„Die Dreigroschenoper" *The Threepenny Opera*

dreimal three times

dreißig thirty

der **Dreißigjährige Krieg, –(e)s** Thirty Years' War

dreiundzwanzig twenty-three

dreizehn thirteen; **dreizehnt-** thirteenth

dritt- third

drohen (*with dat. obj.*) to threaten

drüben over there, on the other side

du (*dat.* **dir,** *acc.* **dich**) (*fam. sing.*) you

durch (*with acc.*) through, by means of, by; because of

durcharbeiten to review, work through

durchführen to carry out, accomplish

der **Durchgangszug, –(e)s, ⁓e** express train

der **Durchschnitt, –(e)s, –e** average; **im Durchschnitt** on the average

dürfen (**darf**), **durfte, gedurft** to be allowed to, be permitted to

der **Durst, –es** thirst; **Durst haben** to be thirsty

der **D-Zug, –(e)s, ⁓e = der Durchgangszug, Schnellzug** express train

E

eben now, just now, just; simply; **eben kommt der Kellner** there comes the waiter now; **sie waren eben schwach** they were simply weak

die **Ecke, –n** corner

ehe (*subord. conj.*) before

ehemalig former

eher rather, preferably

ehren to honor; **Sehr geehrter Herr . . .** Dear Mr. . . .

der **Eidgenosse, –n, –n** confederate, citizen of a confederation

eigentlich really, actually

die **Eile** haste, hurry; **in Eile** in a hurry

der **Eilzug, –(e)s, ⁓e** ordinary passenger train

ein, eine, ein (*indef. art.*) a, an; (*num. adj.*) one

ein(–er, –e, –es) (*pron.*) one; **einer der Studenten** one of the students; **einen kenne ich gut** I know one well

einander one another, each other

der **Einblick, –(e)s, –e** insight

der **Eindruck, –(e)s, ⁓e** impression

eindrucksvoll impressive

einfach simple

einfallen (**fällt ein**), **fiel ein, ist eingefallen** (*with dat. obj.*) to occur (in thought)

der **Einfluß,** (*gen.*) **-flusses,** (*plur.*) **-flüsse** influence

einführen to introduce; **einführend** introductory

die **Einführung, –en** introduction

einheitlich unified

einholen to overtake

einig- some, several, a few; **in einiger Entfernung** at some distance

die **Einigung, –en** union, unification

das **Einkommen, –s,** (*plur.*) **Einkünfte** income

einladen (**lädt ein**), **lud ein, eingeladen** to invite

einmal once, one time, sometime, someday

einpacken to pack

die **Einrichtung, –en** arrangement, establishment

eins (*card. num.*) one

einschicken to send in

einsteigen, stieg ein, ist eingestiegen to get into a vehicle, board; **bitte einsteigen!** all aboard!

einstellen to employ, hire (usually refers to the hiring of industrial and agricultural workers)

einteilen to divide into

eintragen (trägt ein), trug ein, eingetragen to record, make an entry

eintreten (tritt ein), trat ein, ist eingetreten to occur

einundzwanzig twenty-one; **einundzwanzigst-** twenty-first

das **Einundzwanzigstel, –s, –** (a) twenty-first

der **Einwohner, –s, –** inhabitant

einzig single, only

das **Eis, –es** ice cream; ice

die **Eisenbahn, –en** railway

die **Eisenbahnlinie, –n** railway line

die **Elbe** Elbe River

elegant elegant

elektrifizieren to electrify

die **Elektrizität** electricity

das **Element, –(e)s, –e** element

elend wretched, miserable

elf eleven; **elft-** eleventh

der **Ellbogen, –s, –** elbow

die **Eltern** (*plur. only*) parents

elternlos without parents, orphaned

empfehlen (empfiehlt), empfahl, empfohlen to recommend

das **Ende, –s, –n** end; **Ende Oktober** at the end of October; **zu Ende gehen** to end; **zu Ende sein** to be at an end, be finished

endlich finally

die **Endstellung** end position

(das) **England, –s** England

der **Engländer, –s, –** Englishman; **die Engländerin, –nen** Englishwoman

englisch (*adj.*) English; **das Englisch(e), –en** English language

entdecken to discover

entfernen to remove; **entfernt** distant; **von Rosenheim entfernt** (away) from Rosenheim

die **Entfernung, –en** distance; **in einiger Entfernung** at some distance

entfliehen, entfloh, ist entflohen (*with dat. obj.*) to escape

entlang along; **am Rhein entlang** along the Rhine

sich **entschließen, entschloß sich, sich entschlossen** to decide

entschuldigen to excuse, pardon

entsprechen (entspricht), entsprach, entsprochen (*with dat. obj.*) to correspond to

entstehen, entstand, ist entstanden to arise, originate

die **Entstehung, –en** origin

entweder . . . oder (*coord. conj.*) either . . . or

entwickeln to develop

die **Entwicklung, –en** development

er (*dat.* **ihm,** *acc.* **ihn**) he, it

erblicken to see, catch sight of

die **Erde** earth, land

erfahren (erfährt), erfuhr, erfahren to find out; to experience

der **Erfolg, –(e)s, –e** success

die **Erfrischungsbude, –n** refreshment booth

erfüllen to fulfill

die **Ergänzung, –en** completion

das **Ergebnis, –ses, –se** result

erhalten (erhält), erhielt, erhalten to receive, obtain

erheben, erhob, erhoben to raise, elevate

erhöhen to raise, increase

sich **erholen** to recover

erinnern to remind; **sich erinnern (an)** (*with acc.*) to remember

die **Erinnerung, –en** reminder, remembrance

sich **erkälten** to catch cold

erkennen, erkannte, erkannt to recognize

erklären to explain

erlernen to learn, learn thoroughly; **ein Handwerk erlernen** to learn a trade

ernst serious

die **Ernte, –n** harvest

erreichen to attain, reach

errichten to erect, construct

erscheinen, erschien, ist erschienen
to appear, make an appearance
**erschrecken (erschrickt), erschrak, ist
erschrocken** to be startled
erst (*adv.*) only, not until, just; **erst
vor einer Woche** just a week ago;
erst wenn not until
erst- (*adj.*) first
die **Erstaufführung, –en** premiere
erstaunlich astonishing, surprising
erstaunt astonished, surprised
sich **erstrecken** to extend
erteilen to give, grant
erwarten to expect, await
erwerben (erwirbt), erwarb, erworben
to acquire, gain, earn
erzählen to narrate, tell
erzeugen to produce
es (*dat.* ihm, *acc.* es) it; **es geht mir
sehr gut** I am just fine; **es gibt**
there is, there are; **es heißt** they
say; **es sind (waren) viele Leute da**
there are (were) many people there;
wie geht es Ihnen? how are you?
essen (ißt), aß, gegessen to eat; **zu
Abend, zu Mittag essen** to eat the
evening, noon meal; **das Essen, –s,
–** meal; **etwas zum Essen**
something to eat
die **„Esso Deutschland"** name of a ship
das **Eßzimmer, –s, –** dining room
etwa approximately, about,
somewhat
etwas (*adv.*) somewhat, rather;
(*pron.*) some, something; **etwas
Neues** something new; **etwas zum
Essen** something to eat
euch (*dat. and acc.*) (*fam. plur.*)
you, to you; yourselves (*see also*
ihr)
euer (*poss. adj.*) (*fam. plur.*) your
(das) **Europa, –s** Europe
europäisch (*adj.*) European
existieren to exist
das **Experiment, –(e)s, –e** experiment
exportieren to export

F

die **Fabrik, –en** factory
das **Fach, –(e)s, ⸚er** subject, specialty,
major area of study
der **Fachausdruck, –(e)s, ⸚e** technical
expression
die **Fachleute** (*plur.*) skilled workers,
specialists
die **Fachschule, –n** technical school
das **Fachwerkhaus, –es, ⸚er**
half-timbered house
die **Fähigkeit, –en** capability, ability
fahren (fährt), fuhr, ist gefahren
(*intrans.*) to ride, travel, go by
vehicle; **hat gefahren** (*trans.*) to
drive; **fahrend** traveling, wandering
die **Fahrkarte, –n** ticket
der **Fahrkartenschalter, –s, –** ticket
window
der **Fahrplan, –(e)s, ⸚e** timetable
das **Fahrrad, –(e)s, ⸚er** bicycle; **Fahrrad
zum Abnehmen** bicycle for
reducing
die **Fahrt, –en** trip, drive
die **Fakultät, –en** school or college
within a university
der **Fall, –(e)s, ⸚e** case
fallen (fällt), fiel, ist gefallen to fall
falsch false, wrong
die **Familie, –n** family; **die Familie
Neumann** the Neumann family
das **Familienleben, –s** family life
fangen (fängt), fing, gefangen to
catch
die **Farbe, –n** color
der **Fasching, –s** Shrovetide festival
fast almost, nearly
die **Fastenzeit** time of fasting, Lent
die **Fastnacht** Shrove Tuesday
das **Fastnachtspiel, –(e)s, –e** Shrovetide
play or farce
der **Fasttag, –(e)s, –e** day of fasting; **die
vierzig Fasttage vor Ostern** Lent
der **Februar, –(s)** February
fehlen (*with dat. obj.*) to lack, be
wanting

feiern   to celebrate

der **Feind, –(e)s, –e**   enemy

das **Feld, –(e)s, –er**   field

das **Fenster, –s, –**   window

die **Ferien** (*plur. only*)   vacation

das **Ferienland, –(e)s, ⁼er**   vacation land

der **Ferienort, –(e)s, –e**   vacation spot

die **Ferne, –n**   distance

das **Fernsehgerät, –(e)s, –e**   television set

die **Ferse, –n**   heel

die **Fertigware, –n**   finished product

fest   firm, fixed

das **Fest, –es, –e**   festival, celebration

sich **festsetzen**   to become permanent

das **Festspiel, –(e)s, –e**   festival play, performance

das **Festspielhaus, –es, ⁼er**   festival theater

der **Festtag, –(e)s, –e**   holiday

die **Festungsstadt, ⁼e**   fortified city

der **Festwagen, –s, –**   festival wagon, float

der **Festzug, –(e)s, ⁼e**   festival parade

das **Feuer, –s, –**   fire

das **Fieber, –s, –**   fever

die **Filiale, –n**   branch office, affiliate

der **Film, –(e)s, –e**   film, movie

finden, fand, gefunden   to find

der **Finger, –s, –**   finger

(das) **Finnland, –s**   Finland

die **Firma,** (*plur.*) **Firmen**   firm, business, company

der **Fisch, –es, –e**   fish

die **Fläche, –n**   surface, area

die **Fleischwalze, –n**   roller for tenderizing meat

der **Fleiß, –es**   diligence, industry

fleißig   diligent, industrious

fliegen, flog, ist geflogen (*intrans.*), **hat geflogen** (*trans.*)   to fly

fliehen, floh, ist geflohen   to flee

fließen, floß, ist geflossen   to flow; **fließend**   fluent

die **Flosse, –n**   fin

der **Flüchtling, –s, –e**   refugee

das **Flüchtlingslager, –s, –**   refugee camp

der **Flüchtlingsstrom, –(e)s, ⁼e**   stream of refugees

der **Flughafen, –s, ⁼**   airport

das **Flugzeug, –(e)s, –e**   airplane

der **Fluß,** (*gen.*) **Flusses,** (*plur.*) **Flüsse**   river

die **Flut, –en**   tide, flood

folgen, ist gefolgt (*with dat. obj.*)   to follow; **folgend-**   following; **folgendes**   the following

die **Ford-Stiftung**   Ford Foundation

die **Form, –en**   form

formell   formal

forschen (nach)   to do research, search (for)

der **Forscher, –s, –**   researcher

die **Forschung, –en**   research

die **Forstwirtschaft**   forestry

fortfahren (fährt fort), fuhr fort, ist fortgefahren   to continue

der **Fortschritt, –(e)s, –e**   progress

die **Frage, –n**   question; **eine Frage stellen** (*with dat. obj.*) (**über**) (*with acc.*)   to ask a question (about)

fragen   to ask; **fragen nach**   to inquire about

die **Fraktur**   German Gothic type, blackletter type

(das) **Frankfurt/Main = Frankfurt am Main**   Frankfurt on the Main

(das) **Frankreich, –s**   France

der **Franzose, –n, –n**   Frenchman; **die Französin, –nen**   Frenchwoman **französisch** (*adj.*)   French; **das Französisch(e), –en**   French language

die **Frau, –en**   woman; wife; Mrs.

die **Frauenkirche**   Church of Our Lady, Munich

das **Frauenstimmrecht, –(e)s, –e**   woman suffrage

das **Fräulein, –s, –**   Miss; young lady

frei   free; not reserved, vacant; **im Freien**   in the open

die **Freiheit, –en**   freedom

der **Freitag**, –(e)s, –e   Friday

der **Freitagabend**, –s, –e   Friday evening

der **Freitagnachmittag**, –(e)s, –e   Friday afternoon

fremd (*as pred. adj. with dat.*) foreign, strange; der **Fremde**, –n, –n stranger

die **Fremdsprache**, –n   foreign language

das **Fremdwort**, –(e)s, ¨er   foreign word

das **Fressen**, –s   eating (refers to animals eating; vulgar when applied to human beings)

die **Freude**, –n   joy, pleasure, enjoyment; **das macht Großmutter Freude** that makes grandmother happy

das **Freudenmädchen**, –s, –   prostitute

sich **freuen (über)** (*with acc.*)   to be happy (about)

der **Freund**, –(e)s, –e   friend; die **Freundin**, –nen   friend, girl friend

freundlich   friendly

die **Freundlichkeit**   friendliness

friedlich   peaceful

froh (*as pred. adj. with gen.*)   glad, happy

fröhlich   joyous

die **Fruchtbarkeit**   fertility

früh   early; **früher**   earlier; former(ly)

der **Frühling**, –s, –e   spring

das **Frühlingsfest**, –(e)s, –e   spring festival

das **Frühmittelalter**, –s   early Middle Ages

das **Frühstück**, –(e)s, –e   breakfast

frühstücken   to eat breakfast

die **Frustration**, –en   frustration

führen   to lead, guide; **ein Verzeichnis führen**   to keep a record; **führend**   leading

der **Fuhrherr**, –n, –en   drayman

fünf   five; **fünft-**   fifth

die **Fünferreihe**   (counting by) fives; **sagen Sie die Fünferreihe!**   count by fives!

fünfhundert   five hundred

fünftausend   five thousand

fünfunddreißig   thirty-five

fünfundneunzig   ninety-five

fünfundvierzig   forty-five

fünfundzwanzig   twenty-five

fünfzehn   fifteen; **fünfzehnt-** fifteenth

fünfzehnhundertsiebzehn   1517

fünfzig   fifty

die **Funktion**, –en   function

funktionieren   to function

für (*with acc.*)   for; **für sich**   to himself, herself, yourself, themselves

der **Fürst**, –en, –en   prince

das **Fürstentum**, –s, ¨er   principality

der **Fuß**, –es, ¨e   foot; **zu Fuß**   on foot

das **Fußballspiel**, –s, –e   soccer game

das **Futur**, –s, –e   future tense

G

ganz   entire, whole, quite, completely; **ganz allein**   all alone; **ganz gewiß** most certainly; **ganz in der Nähe von Rosenheim**   quite close to Rosenheim; **ganz wenig**   very little; **im großen und ganzen**   in general

gar   even; **gar nicht**   not at all

die **Garage**, –n   garage

die **Garnitur**, –en   set, accessories

der **Garten**, –s, ¨   garden

die **Gartenstraße**   name of a street

die **Gasse**, –n   narrow street, alley

der **Gast**, –es, ¨e   guest; customer

der **Gastarbeiter**, –s, –   foreign worker, guest worker

die **Gastarbeiterfamilie**, –n   foreign worker family

das **Gasthaus**, –es, ¨er   inn

der **Gasthof**, –(e)s, ¨e   hotel, inn

die **Gaststätte**, –n   eating establishment, inn

der **Gastwirt**, –(e)s, –e   innkeeper

geb. = **geboren**   born.

gebären, gebar, geboren to give birth
to; er ist in Amerika geboren he
was born in America

das Gebäude, –s, – building

geben (gibt), gab, gegeben to give; es
gibt there is, there are; sie gibt
ihm die Hand she shakes hands
with him

das Gebiet, –(e)s, –e district, territory,
area

geboren born (see also gebären)

der Gebrauch, –(e)s, ⸚e custom, usage

das Geburtshaus, –es, ⸚er birthplace

der Gedanke, –ns, –n thought

der Gedankenkreis, –es, –e range of
ideas

die Gefahr, –en danger

gefährlich dangerous

gefallen (gefällt), gefiel, gefallen (with
dat. obj.) to please; wie gefällt
Ihnen Herr Brown? how do you
like Mr. Brown?

das Gefängnis, –ses, –se prison

das Gefühl, –(e)s, –e feeling

gegen (with acc.) against, contrary
to; toward

die Gegend, –en region

der Gegensatz, –es, ⸚e contrast

gegenseitig mutual, reciprocal

das Gegenteil, –(e)s, –e opposite; im
Gegenteil on the contrary

gegenüber (with dat.) opposite,
across from

gehen, ging, ist gegangen to go; die
Uhr geht richtig the clock is right;
wie geht es Ihnen? how are you?;
es geht mir sehr gut I am just
fine, I am getting along fine; zu
Ende gehen to end

gehören (with dat. obj.) to belong to

der Geist, –es, –er spirit, mind, intellect

geisteskrank mentally ill

die Geistesströmung, –en intellectual
current

der Geistliche, –n, –n clergyman

gelb yellow

das Geld, –(e)s, –er money

das Geldstück, –(e)s, –e coin

die Gelegenheit, –en opportunity,
occasion

der Gelehrte, –n, –n scholar

der Geliebte, –n, –n / die Geliebte, –n
lover, sweetheart; (fem.) girl friend

gelingen, gelang, ist gelungen (with
dat. obj.) to succeed

gelten (gilt), galt, gegolten (für) to
apply (to), be valid (for); to prevail

die Gemeinde, –n community, parish

das Gemeindehaus, –es, ⸚er community
house

gemeinsam common, in common

die Gemüsesuppe vegetable soup

die Gemütlichkeit congeniality

genau exact, precise

die Generation, –en generation

der Genitiv, –s, –e genitive case

genug enough

genügend sufficient, adequate,
satisfactory

die Geographie geography

das Gepäck, –(e)s luggage

geradeaus straight ahead

geraten (gerät), geriet, ist geraten to
get into, fall into; in Gefahr geraten
to run into danger

das Gericht, –(e)s, –e court of justice;
dish, course

gering small, slight

der Germane, –n, –n Teuton, member of
an ancient Germanic tribe

die Germanistik German studies,
German philology

gern(e), lieber, am liebsten gladly;
gern(e) haben to like; hat er Sie
gern? does he like you?; ich
möchte gern I would like very
much; ich spreche gern Englisch I
like to speak English

das Geschäft, –(e)s, –e store, business

die Geschäftsleute (plur.) businessmen

der Geschäftsmann, –(e)s, (plur.)
Geschäftsleute businessman

die Geschäftsreise, –n business trip

geschehen (geschieht), geschah, ist

geschehen (*with dat. obj.*) to happen

gescheit clever

die Geschichte, –n history; story

das Geschlecht, –(e)s, –er sex, gender

das Geschriebene, –n that which is written

das Geschwätz, –es gossip

die Geschwister (*plur. only*) brothers and sisters, siblings

die Gesellschaft, –en society

gesellschaftlich social; **des gesellschaftlichen Lebens** of social life

das Gesetz, –es, –e law

das Gesicht, –(e)s, –er face

gespannt in suspense, tense

das Gespräch, –(e)s, –e conversation

die Gestalt, –en figure, form

gestern yesterday; **gestern abend** yesterday evening, last night; **gestern morgen** yesterday morning

gesund, gesünder, gesündest- healthy, well

die Gesundheit health

das Gesundheitsverhältnis, –ses, –se condition(s) of sanitation

das Getränk, –(e)s, –e drink, beverage

die Getreidegasse name of a street

die Gewalttat, –en act of violence

gewinnen, gewann, gewonnen to obtain, win, acquire

gewiß certain, definite; **ganz gewiß** most certainly; **ja, gewiß** yes, certainly

gewöhnlich usual, customary

der Gipfel, –s, – peak, summit

glänzend brilliant, splendid

das Glas, –es, ⁻er glass; **ein Glas Wasser** a glass of water

glauben (*with dat. obj.*) to believe

gleich (*as pred. adj. with dat.*) same; equal; similar; at once, immediately; **das gleiche** the same; **zur gleichen Zeit** at the same time, simultaneously

gleichgültig indifferent

gleichzeitig simultaneous

das Gleis, –es, –e track

die Glocke, –n bell

glücklich fortunate, happy, lucky

das Glücksrad, –(e)s, ⁻er wheel of fortune

golden golden

gotisch Gothic

der Gott, –es, ⁻er God; god

die Grammatik, –en grammar

grammatisch grammatical

grau gray; **die grauen vergangenen Zeiten** the dim ages of the past

die Grausamkeit cruelty, brutality

greifen, griff, gegriffen to seize

der Greis, –es, –e old man

die Grenze, –n border, boundary, frontier

grenzen (an) (*with acc.*) to adjoin, border (on)

(das) Griechenland, –s Greece

groß, größer, größt- large, big, tall, great; **eine große Auswahl** a wide choice; **Friedrich der Große** Frederick the Great; **im großen und ganzen** in general

die Größe, –n size

die Großeltern (*plur. only*) grandparents

die Großmutter, ⁻ grandmother

die Großschreibung capitalization

die Großstadt, ⁻e metropolis

der Großvater, –s, ⁻ grandfather

grotesk grotesque

grün green; **etwas Grünes** something green

der Grund, –(e)s, ⁻e reason, basis; **im Grunde** basically

gründen to found, establish

das Grundgesetz, –es Basic Law (constitution) of the Federal Republic of Germany

gründlich thoroughly

die Grundschule, –n elementary school

grünen to become green; **grünend** becoming green

die Gruppe, –n group

der Gruß, –es, ⁻e greeting; **mit**

freundlichen Grüßen sincerely
gut, besser, best- good, well, fine;
gute Nacht good night; **guten
Abend** good evening; **guten
Morgen** good morning; **guten Tag**
hello; **das Gute, –n** good; **etwas
Gutes** something good; **nichts
Gutes** nothing good
der **Gymnasiast, –en, –en** pupil in a
Gymnasium
das **Gymnasium, –s,** (*plur.*) **Gymnasien**
university preparatory school,
secondary school

H

das **Haar, –(e)s, –e** hair
haben (hat), hatte, gehabt to have;
gern haben to like; **recht haben**
to be right
der **Hafen, –s, ≃** harbor
der **Haifisch, –es, –e** shark
halb half; **halb acht** seven-thirty;
ein halb one-half
halblaut in an undertone
halbzerstört half-destroyed
der **Hals, –es, ≃e** throat
die **Halsentzündung, –en** inflammation
of the throat
halten (hält), hielt, gehalten to stop,
halt, hold; **halten für** to consider,
regard; **er hält es für kompliziert**
he considers it complicated; **halten
von** to consider, regard; **was
würdest du davon halten?** what
would you think of it?
die **Haltestelle, –n** car stop
die **Haltung, –en** attitude; conduct
die **Hand, ≃e** hand; **in der Hand** in
one's hand; **sie gibt ihm die Hand**
she shakes hands with him
der **Handel, –s** commerce
die **Handelsstraße, –n** trade route
die **Handlung, –en** plot, action
der **Handschuh, –(e)s, –e** glove
das **Handwerk, –(e)s, –e** trade, craft; **ein**

Handwerk erlernen to learn a
trade
der **Handwerksmeister, –s, –** master
craftsman, artisan
hängen, hing, gehangen to hang
der **Hauptbahnhof, –(e)s, ≃e** main
railway station
die **Hauptquelle, –n** main source
hauptsächlich principal, main, chief
die **Hauptstadt, ≃e** capital (city)
die **Hauptstraße, –n** main street
das **Haus, –es, ≃er** house; **nach Hause
gehen** to go home; **zu Hause** at
home
die **Hausarbeit** housework
die **Hausaufgaben** (*plur.*) homework
die **Havel** Havel River
heben, hob, gehoben to lift
das **Heer, –(e)s, –e** army
das **Heft, –(e)s, –e** notebook
heidnisch pagan
heilig holy; **das Heilige Römische
Reich, –(e)s** Holy Roman Empire
die **Heilquelle –n** mineral spring
die **Heimat** homeland, native region,
hometown
heimatlos homeless
das **Heimatmuseum, –s** (*plur.*) **-museen**
regional museum
die **Heimatstadt, ≃e** hometown
das **Heimweh, –s** homesickness
die **Heirat, –en** marriage
heiraten to marry
heiß hot
heißen, hieß, geheißen to be called,
named; **ich heiße Schmidt** my
name is Schmidt; **es heißt** they
say
helfen (hilft), half, geholfen (*with dat.
obj.*) **(bei)** to help (with)
der **„Helvetia", –** name of a train
her (*denotes direction toward the
speaker*) here, to this place, this
way; **hin und her** back and forth,
to and fro
**herauslassen (läßt heraus), ließ
heraus, herausgelassen** to let out

der **Herbst, –es, –e**   fall, autumn
die **Herde, –n**   herd
hereinkommen, kam herein, ist hereingekommen   to come in
hereinkönnen (kann herein), konnte herein, hereingekonnt   to be able to enter
herkommen, kam her, ist hergekommen   to come here or to this place
der **Herr, –n –en**   Mr.; man, gentleman; sir; **Herr Dr. Lüdeke**   Dr. Lüdeke; **Herr Professor**   Professor
herrlich   splendid, fine, magnificent
herrschen   to prevail, rule, predominate
hervorbringen, brachte hervor, hervorgebracht   to produce, bring forth
hervorholen   to bring forth, fetch
das **Herz, (**_gen._**) Herzens, (**_dat._**) Herzen, (**_acc._**) Herz, (**_plur._**) –en**   heart
die **Herzkrankheit, –en**   heart disease
das **Herzogtum, –s, ⁀er**   duchy
(das) **Hessen, –s**   Hesse, a federal state
heute   today; **heute abend**   this evening, tonight; **heute morgen**   this morning
heutig-   present, present-day
hier   here
hilfsbereit   helpful
das **Hilfsverb, –s, –en**   auxiliary verb
der **Himmel, –s, –**   heaven; **um Himmels willen!**   for heaven's sake!
hin (_denotes direction away from speaker_)   there, to that place, that way; **hin und her**   back and forth, to and fro; **hin und zurück**   there and back again; **eine Fahrkarte hin und zurück**   round-trip ticket
hinaufsteigen, stieg hinauf, ist hinaufgestiegen   to climb up, go up
hinfahren (fährt hin), fuhr hin, ist hingefahren   to travel there or to that place
hingehen, ging hin, ist hingegangen
to go there or to that place
die **Hinsicht, –en**   respect; **in manchen Hinsichten**   in some respects
hinter (_with dat. and acc._)   behind
der **Hintergrund, –(e)s**   background
die **Hippie-Welt**   world of the hippies
der **Hirt, –en, –en**   herdsman, shepherd
historisch   historic(al)
hoch (_pred. adj. and adv._), **hoh-** (_preceding noun_), **höher, höchst-**   high; **höchste Zeit**   high time; **höchst** (_adv._)   highly, extremely
das **Hochdeutsch(e), –en**   High German, standard German
hochgeschätzt   esteemed, highly valued
das **Hochhaus, –es, ⁀er**   high rise building
die **Hochschule, –n**   university, institution of higher learning (_not_ high school)
höchst (_adv._)   highly, extremely
höchst-   highest (_see also_ **hoch**)
die **Hochzeit, –en**   wedding; „Die Hochzeit des Figaro"   _The Marriage of Figaro_
das **Hofbräuhaus, –es**   name of well-known beer hall in Munich
hoffen   to hope
hoffentlich   I hope, it is hoped
höflich   courteous
hoh-   high (_see also_ **hoch**)
die **Höhe, –n**   height, summit
die **Hohensalzburg**   name of medieval fortress in Salzburg
der **Höhepunkt, –(e)s, –e**   high point, peak
höher   higher (_see also_ **hoch**)
die **Holzfigur, –en**   wooden figure
hören   to hear; **das kann ich an Ihrer Aussprache hören**   I can tell that by your pronunciation
das **Hotel, –s, –s**   hotel
das **Hotelzimmer, –s, –**   hotel room
die **Hüfte, –n**   hip
der **Hügel, –s, –**   hill
der **Humanismus, –**   humanism

humanistisch humanistic

der **Humor, –s** humor, wit

der **Hund, –(e)s, –e** dog

hundert hundred

hunderteins one hundred one

hunderteinundzwanzig one hundred twenty-one

der **Hunger, –s** hunger; **Hunger leiden** to suffer from hunger

hygienisch hygienic

I

ich (*dat.* **mir,** *acc.* **mich**) I

ideal ideal

die **Idee, –n** idea

ihm (*dat.*) him, to him; it, to it (*see also* **er** *and* **es**)

ihn (*acc.*) him; it (*see also* **er**)

Ihnen (*dat.*) (*formal, sing. and plur.*) you, to you (*see also* **Sie**)

ihnen (*dat.*) them, to them (*see also* **sie** [*plur.*])

Ihr (*poss. adj.*) (*formal, sing. and plur.*) your

ihr (*dat.*) her, to her; it, to it (*see also* **sie** [*she*])

ihr (*dat.* **euch,** *acc.* **euch**) (*fam. plur.*) you

ihr (*poss. adj.*) her; their; its

die **Illustrierte, –n, –n** illustrated magazine

im = in dem

sich **immatrikulieren lassen** to register, matriculate

immer always; **immer mehr** more and more; **immer noch, noch immer** still (continuing); **immer wieder** again and again

immerhin nevertheless, anyway

das **Imperfekt, –(e)s, –e** imperfect tense, past tense

importieren to import

in (*with dat. and acc.*) in, into; to

indem (*subord. conj.*) while, while at the same time

indirekt indirect

die **Industrie, –n** industry

die **Industriewelt** industrial world

die **Information, –en** information

der **Ingenieur, –s, –e** engineer

der **Inn, –s** Inn River

innerhalb (*with gen.*) within, inside

ins = in das

die **Insel, –n** island

insgesamt total, collectively

das **Institut, –(e)s, –e** institute

die **Institution, –en** institution

die **Inszenierung** staging, sets

die **Integration** integration

integrieren to integrate

intellektuell intellectual

intelligent intelligent

interessant interesting

das **Interesse, –s, –n** interest, **Interesse für** interest in; **Interesse nehmen (an)** (*with dat.*) to take an interest (in)

die **Interpunktion** punctuation

intransitiv intransitive

inzwischen meanwhile

das **Irrationelle, –n** the irrational

(das) **Italien, –s** Italy

italienisch (*adj.*) Italian; **das Italienisch(e), –en** Italian language

J

ja yes; indeed

die **Jacke, –n** jacket, coat

der **Jägerhut, –(e)s, ⸚e** hunting hat

das **Jahr, –(e)s, –e** year

jahraus, jahrein year in, year out

die **Jahreszeit, –en** season (of the year)

das **Jahrhundert, –s, –e** century

die **Jahrhundertwende, –n** turn of the century

der **Jahrmarkt, –(e)s, ⸚e** annual fair

das **Jahrzehnt, –(e)s, –e** decade

der **Januar, –(s)** January

der **Jazz, –** jazz

der **Jazzklub, –s, –s** jazz club

die **Jazzmusik** jazz music

je ever; **je nach** according to

jed(–er, –e, –es) each, every

„**Jedermann**" *Everyman*

jedoch however

jemand (*dat.* **jemandem,** *acc.*
jemanden) someone

jen(–er, –e, –es) that, that one,
those; the former

jenseits (*with gen.*) (on) that side of,
beyond

jetzt now; **jetzt schon** already; **von
jetzt an** from now on

(das) **Jordanien, –s** Jordan

der **Journalismus, –** journalism

die **Jugend** youth, young people

die **Jugendbewegung, –en** youth
movement

die **Jugendbildung** education of youth

die **Jugendkriminalität** juvenile crime

jugendlich (*adj.*) youth; **der
Jugendliche, –n, –n** young person
from fourteen to eighteen

(das) **Jugoslawien, –s** Yugoslavia

der **Juli, –(s)** July

jung, jünger, jüngst- young

der **Junge, –n, –n** boy

der **Juni, –(s)** June

der **Jurist, –en, –en** / die **Juristin, –nen**
lawyer

K

der **Kaffee, –s** coffee

das **Kaffeehaus, –es, ̈er** coffeehouse

der **Kaffeetisch, –es, –e** coffee table

der **Kai, –s, –s** quay

der **Kaiser, –s, –** kaiser, emperor

die **Kaiser-Wilhelm-Gedächtniskirche**
Kaiser William Memorial Church,
West Berlin

(das) **Kalifornien, –s** California

kalt, kälter, kältest- cold

der **Kampf, –(e)s, ̈e** struggle, combat

kämpfen (für, um) to fight (for),
struggle, combat

kann (*see* **können**)

der **Kanton, –s, –e** canton

die **Kapelle, –n** band

der **Kapitalismus, –** capitalism

kapitalistisch capitalistic

der **Karlsplatz, –es** Karl's Square,
Munich

das **Karlstor, –(e)s** Karl's Gate, Munich

der **Karneval, –s, –e** *or* **–s** Shrovetide
festival

das **Karnevalspiel, –(e)s, –e** Shrovetide
play

die **Karte, –n** card

das **Kartenspielen, –s** card playing

der **Kartoffelkloß, –es, ̈e** potato
dumpling

die **Kartoffelsuppe** potato soup

das **Karussell, –s, –e** *or* **–s**
merry-go-round

der **Karzer, –s, –** university jail

die **Katakombe, –n** catacomb

kaufen to buy

kaum scarcely; **kaum zu glauben!**
hard to believe!

kein (*adj. taking* **ein-***word endings*)
no, not a, not any; **keine Zeit mehr**
no more time; **keiner** (*pron.*) no
one

der **Keller, –s, –** cellar

der **Kellner, –s, –** waiter; **die Kellnerin,
–nen** waitress

kennen, kannte, gekannt to know, be
acquainted with (a person, place, or
object)

**kennenlernen, lernte kennen,
kennengelernt** to become
acquainted with, get to know

die **Kenntnis, –se** knowledge; **wenige
Kenntnisse** little knowledge

das **Kerzenlicht, –(e)s** candlelight

das **Kilometer, –s, –** kilometer (0.6 mile)

das **Kind, –(e)s, –er** child

der **Kindergarten, –s, ̈** kindergarten

das **Kinn, –(e)s, –e** chin

das **Kino, –s, –s** movie theater; **ins Kino
gehen** to go to a movie

die **Kirche, –n** church

die **Klasse, –n** class, grade; **zweiter
Klasse** second class

das **Klassenzimmer, –s, –** classroom
klassisch classical
das **Kleid, –(e)s, –er** dress; *also* **die Kleider** (*plur.*) clothes
die **Kleidung** clothing
klein small
das **Klima, –s, –s** climate
klingeln to ring; **es klingelt** the doorbell is ringing
die **Klinik, –en** clinic
klinisch clinical
klopfen to knock
das **Kloster, –s, ∺** cloister, monastery
km² = das Quadratkilometer, –s, – square kilometer
die **Kneipe, –n** tavern
das **Knie, –s, –** knee
der **Knopf, –(e)s, ∺e** button
der **Kollege, –n, –n** colleague
(das) **Köln, –s** Cologne
komisch funny, comical
das **Komma, –s, –s** comma, decimal point
kommen, kam, ist gekommen to come
kommunistisch communist
kompliziert complicated
komponieren to compose
der **Komponist, –en, –en** composer
die **Komposition, –en** musical composition
die **Konditorei, –en** confectioner's shop, type of café or pastry shop specializing in fine pastries
der **Konflikt, –(e)s, –e** conflict
der **Kongo, –s** Congo River
die **Kongreßhalle** Convention Hall, West Berlin
der **König, –(e)s, –e** king; **die Königin, –nen** queen
das **Königreich, –(e)s, –e** kingdom
das **Königtum, –s, ∺er** kingdom
die **Konjunktion, –en** conjunction
der **Konjunktiv, –s, –e** subjunctive mood
können (kann), konnte, gekonnt to be able to, can, may; **er kann Deutsch** he knows German

der **Kontakt, –(e)s, –e** contact
konventionell conventional
das **Konzert, –(e)s, –e** concert; **ins Konzert gehen** to go to the concert
der **Kopf, –(e)s, ∺e** head
der **Korb, –(e)s, ∺e** basket
das **Kornfeld, –(e)s, –er** grainfield
der **Körper –s, –** body
die **Kosten** (*plur.*) cost(s), expenses
krank, kränker, kränkst- sick, ill
das **Krankenhaus, –es, ∺er** hospital
die **Krankenschwester, –n** nurse
die **Krankheit, –en** disease
die **Kreide, –n** chalk
die **Kreisstadt, ∺e** county seat
kreuzen to cross
der **Kreuzzug, –(e)s, ∺e** crusade
der **Krieg, –(e)s, –e** war
das **Kriegsende, –s** end of war, war's end
der **Kriegsfilm, –(e)s, –e** war film
die **Kritik (an)** (*with dat.*) criticism (of)
der **Kritiker, –s, –** critic
kritisieren to criticize
der **Kroate, –n, –n** Croat
(das) **Kroatien, –s** Croatia
der **Kronprinz, –en, –en** crown prince
der **Krug, –(e)s, ∺e** mug, pitcher
die **Küche, –n** kitchen
der **Kuchen, –s, –** cake
der **Kudamm, –(e)s = der Kurfürstendamm** name of famous boulevard in West Berlin
der **Kugelschreiber, –s, –** ballpoint pen
die **Kuh, ∺e** cow
die **Kultur, –en** culture
kulturell cultural
die **Kunst, ∺e** art
die **Kunststadt, ∺e** city of the arts
der **Kurfürstendamm, –(e)s** name of famous boulevard in West Berlin
der **Kurgast, –(e)s, ∺e** patient, guest at a spa hotel
das **Kurhotel, –s, –s** spa hotel
der **Kurort, –(e)s, –e** spa
kurz, kürzer, kürzest- short
die **Kusine, –n** female cousin

L

das **Laboratorium, –s,** (*plur.*)
  Laboratorien laboratory
  lachen (über) (*with acc.*) to laugh
    (at); **er lacht über ihre Neugierde**
    he laughs at her curiosity
der **Lack, –(e)s, –e** lacquer
  laden (lädt), lud, geladen to load
die **Lage, –n** situation, position
das **Land, –(e)s, ̈er** land, country; **auf**
    dem Lande in the country; **aufs**
    Land to the country
  landen, ist gelandet to land
die **Landeshauptstadt, ̈e** state capital
    (city)
die **Landkarte, –n** map
die **Landschaft, –en** landscape
die **Landwirtschaft** agriculture
  lang, länger, längst- long; **einen**
    Sommer lang an entire summer;
    lange long, for a long time
  langsam slow
der **Lärm, –(e)s** noise
  lassen (läßt), ließ, gelassen to leave,
    let, cause; **sich ausbilden lassen** to
    be educated, get an education; **(sich)**
    bauen lassen to have built; **stehen**
    lassen to leave standing
das **Latein, –s** Latin
  lateinisch (*adj.*) Latin
der **Lauf, –(e)s, ̈e** course
der **Lautsprecher, –s, –** loudspeaker
  leben to live
das **Leben, –s** life
  lebendig alive, living
die **Lebensanschauung** philosophy of life
das **Lebensjahr, –(e)s, –e** year of life
die **Lebenskraft, ̈e** vitality
die **Lebensmittel** (*plur.*) food, foodstuffs
das **Lebensproblem, –s, –e** problem of
    life
der **Lebensstil, –(e)s, –e** life style
der **Lech, –s** Lech River
die **Lederhose, –n** leather pants
  ledig unmarried, single

  legen to put, place, lay
das **Lehrbuch, –(e)s, ̈er** textbook
die **Lehre, –n** apprenticeship; **in die**
    Lehre treten to enter
    apprenticeship, become an
    apprentice
der **Lehrer, –s, –** / die **Lehrerin, –nen**
    teacher
der **Lehrgang, –(e)s, ̈e** course
der **Lehrgangsleiter, –s, –** course director
  lehrreich instructive
der **Lehrsatz, –es, ̈e** proposition, topic
    for debate, thesis
die **Lehrstätte, –n** place of instruction,
    school
  leicht (*as pred. adj. with dat.*) easy;
    light
  leid: es tut mir leid I am sorry
  leiden, litt, gelitten to suffer; **Hunger**
    leiden to suffer from hunger
  leider unfortunately
  leisten to perform, do
der **Leiter, –s, –** head, manager
die **Leitkuh, ̈e** lead cow
die **Leitung** direction
die **Lektion, –en** lesson
die **Lektüre, –n** reading material
  lernen to learn, study
  lesen (liest), las, gelesen to read
das **Lesestück, –(e)s, –e** reading selection
  letzt- last
die **Leute** (*plur. only*) people
der **Libanon, –s** Lebanon
das **Licht, –(e)s, –er** light; **es ging ihm**
    ein Licht auf it dawned on him
  lieb dear
  lieben to love
  lieber rather, preferably (*see also*
    gern); **gehen wir lieber in den**
    „Weltspiegel" let's go instead to the
    World Mirror
das **Lied, –(e)s, –er** song
  liegen, lag, gelegen to lie, be situated
die **Linie, –n** railway or streetcar line;
    Linie vierzehn number 14
  links left, on the left
die **Lippe, –n** lip

die **Liste, –n** list

die **Literatur, –en** literature

die **Litfaßsäule, –n** advertising pillar

logisch logical

der **Lohn, –(e)s, ⸚e** pay, wage(s)

das **Lokal, –(e)s, –e** tavern, restaurant, night club

lösen to solve

die **Lösung, –en** solution

die **Ludwigsbrücke** Ludwig Bridge, Munich

die **Ludwigsstraße** name of a street, Munich

die **Lufthansa** name of German airline

der **Luftkrieg, –(e)s, –e** aerial warfare

die **Luftverseuchung** air pollution

M

machen to do, make; **Aufnahmen machen** to take photographs; **bei einer Familie einen Besuch machen** to pay a family a visit; **das Abitur machen** to take the examination given at the end of the secondary school qualifying for graduation from the **Gymnasium** and for admission to the university; **bekannt machen** to introduce, acquaint; **den Doktor machen** to earn a doctorate; **eine Reise machen** to take a trip; **Mittagspause machen** to take a noon break; **sich auf den Weg machen** to start out; **sich Sorgen machen** to worry; **das macht Großmutter Freude** that makes grandmother happy

die **Macht, ⸚e** power

die **Machtübernahme** seizure of power

das **Mädchen, –s, –** girl

die **Mädchenschule, –n** girls' school

das **Mahnmal, –(e)s, –e** memorial, reminder

der **Mai, –(e)s** *or* **–** May

das **Maifest, –(e)s, –e** May festival

der **Main, –(e)s** Main River

das **Maisfeld, –(e)s, –er** cornfield

das **Mal, –(e)s, –e** time (point in time); **zum ersten Mal** for the first time

mal (*adv.*) just, once; **lies mal den Brief** just read the letter; times (*math.*); **zwei mal drei ist sechs** two times three is six

malerisch picturesque

man (*dat.* **einem,** *acc.* **einen**) one, they, someone

manch(–er, –e, –es) many a, many a one, some

manchmal sometimes

der **Mann, –(e)s, ⸚er** man; husband

der **Märchenprinz, –en, –en** fairy-tale prince

der **Marienplatz, –es** St. Mary's Square, Munich

die **Mark, –en** boundary province; **die Mark Brandenburg** Province of Brandenburg

der **Marktplatz, –es, ⸚e** marketplace, town square

der **Marshall-Plan, –(e)s** Marshall Plan

der **März, –(e)s** March

die **Maschine, –n** machine

der **Maschinenbau, –(e)s** mechanical engineering

die **Maske, –n** mask

maskulin masculine

die **Maßnahme, –n** measure

das **Material, –s, –ien** material

die **Mathematik** mathematics

die **Mauer, –n** wall (of masonry)

das **Medikament, –(e)s, –e** drug, medicine

die **Medizin, –en** medicine

medizinisch medical

mehr more (*see also* **viel**); **immer mehr** more and more; **keine Zeit mehr** no more time; **nicht mehr** no longer; **und andere mehr** and many others

mehrere (*plur. only*) several, a number of

mein (*poss. adj.*) my; **meine Damen und Herren** ladies and gentlemen

meinen to mean, be of the opinion

meist- most (*see also* **viel**)

meistens usually, generally

der **Meister, –s, –** master

die **Menge, –n** mass, large number, large quantity, crowd

der **Mensch, –en, –en** man, person, human being

menschlich human

der **Mercedes, –, –** German automobile

die **Messe, –n** fair

das **Messer, –s, –** knife

die **Methode, –n** method

(das) **Mexiko, –s** Mexico

mich (*acc.*) me; myself (*see also* **ich**)

(sich) **mieten** to rent

die **Milch** milk

der **Militärdienst, –es** military service

militaristisch military, militaristic

die **Milizarmee, –n** militia

die **Milliarde, –n** billion

die **Million, –en** million

die **Minderheit, –en** minority

minderjährig minor, not of age

minus minus

die **Minute, –n** minute

mir (*dat.*) me, to me (*see also* **ich**)

mischen to mix

der **Mississippi, –s** Mississippi River

der **Missouri, –s** Missouri River

das **Mißtrauen, –s** distrust

mißverstehen, mißverstand, mißverstanden to misunderstand

mit (*with dat.*) with; by; **mit dem Zug** by train

mitbringen, brachte mit, mitgebracht to bring along

miteinander with one another, with each other

mitfahren (fährt mit), fuhr mit, ist mitgefahren to accompany, travel with someone

mitkommen, kam mit, ist mitgekommen to accompany

mitnehmen (nimmt mit), nahm mit, mitgenommen to take along

der **Mittag, –(e)s, –e** noon; **zu Mittag** at noon; **zu Mittag essen** to eat the noon meal

das **Mittagessen, –s, –** noon meal, lunch

mittags at noon

die **Mittagspause, –n** noon break; **Mittagspause machen** to take a noon break

die **Mitte, –n** middle, midst

mitteilen to inform

das **Mittelalter, –s** Middle Ages

mittelalterlich medieval

(das) **Mitteleuropa, –s** Central Europe

das **Mittelmeer, –(e)s** Mediterranean Sea

der **Mittelpunkt, –(e)s, –e** center, midpoint

die **Mittelschule, –n** type of secondary school

die **Mittelstufe, –n** intermediate class or level

der **Mittelwesten, –s** Middle West

mitten in the midst of; **mitten in den Bergen** surrounded by mountains

die **Mitternacht** midnight

der **Mittwoch, –(e)s, –e** Wednesday

das **Möbel, –s, –** furniture

die **Möbelfabrik, –en** furniture factory

möchte, möchten would like, should like (*see also* **mögen**); **ich möchte gern** I would like very much

das **Modalverb, –s, –en** modal auxiliary verb

die **Mode, –n** fashion, style; **Mode sein, werden** to be, become the fashion

modern modern

modisch stylish

mögen (mag), mochte, gemocht to desire, want, like; **möchte, möchten** would like, should like

möglich possible

die **Möglichkeit, –en** possibility

die **Monarchie, –n** monarchy

der **Monat, –(e)s, –e** month

der **Mönch, –(e)s, –e** monk

das **Mondlicht, –(e)s** moonlight

der **Montag, –(e)s, –e** Monday

der **Montagmorgen, –s, –** Monday morning

die **Moral** moral(s)

der **Mörder, –s, –** murderer

der **Morgen, –s, –** morning; **guten**

Morgen good morning

morgen tomorrow; **gestern morgen**
yesterday morning; **heute morgen**
this morning

morgens mornings, in the morning

die **Moritat, –en** ballad about murder
and other forms of violence

die **Mosel** Mosel River

das **Mozartkonzert, –(e)s, –e** concert of
Mozart's music

müde (*as pred. adj. with gen.*) tired

(das) **München, –s** Munich, capital of
Bavaria; **München-Ost** Munich
East Station

der **Münchener, –s, –** native of Munich;
Münch(e)ner (*adj.*) Munich; **der
Münchener Hauptbahnhof, –(e)s**
main railway station, Munich

der **Mund, –(e)s, ⸚er** mouth

mündlich oral

das **Murmeltier, –(e)s, –e** marmot,
dormouse

das **Museum, –s,** (*plur.*) **Museen**
museum

die **Musik** music

das **Musikdrama, –s,** (*plur.*) **-dramen**
opera, music drama

der **Musiker, –s, –** musician

die **Musikstadt, ⸚e** music center, city of
music

müssen (muß), mußte, gemußt to
have to, must

der **Mustersatz, –es, ⸚e** pattern sentence

die **Mutter, ⸚er** mother

die **Muttersprache, –n** mother tongue,
native language

N

nach (*with dat.*) to, toward; after;
(*usually following its object*)
according to; **ich fahre nach
Rosenheim** I am going to
Rosenheim; **je nach** according to;
nach Hause gehen to go home;
fragen nach to inquire about;

suchen nach to seek, look for

der **Nachbar, –s, –n** *or* **–n, –n / die
Nachbarin, –nen** neighbor

die **Nachbarschaft, –en** neighborhood

das **Nachbarskind, –(e)s, –er** neighbor's
child, child nextdoor

nachdem (*subord. conj.*) after

nachdenken, dachte nach, nachgedacht
(**über**) (*with acc.*) to reflect (on),
contemplate, think (about)

nachher afterward

**nachkommen, kam nach, ist
nachgekommen** to come after,
follow

der **Nachmittag, –(e)s, –e** afternoon; **am
Nachmittag** in the afternoon

nachreiten, ritt nach, ist nachgeritten
(*with dat. obj.*) to ride after

das **Nachrichten-Magazin, –s, –e** news
magazine

nächst- next, nearest, closest (*see also*
nahe)

die **Nacht, ⸚e** night; **gute Nacht** good
night

der **Nachtisch, –es, –e** dessert; **zum
Nachtisch** for dessert

nah(e), näher, nächst- (*as pred. adj.
with dat.*) near, close; (*superlat.*)
next; **nächsten Montag** next
Monday

die **Nähe** nearness, proximity; **in der
Nähe von** close to, in the vicinity
of

nahestehen, stand nahe, nahegestanden
(*with dat. obj.*) to be close to, to
be on very friendly terms with

die **Nähmaschine, –n** sewing machine

der **Name, –ns, –n** name

namens by the name of

nämlich namely, that is, of course,
you see, you know

der **Narr, –en, –en** fool

die **Nase, –n** nose

nationalistisch nationalistic

die **Natur, –en** nature

das **Naturgebiet, –(e)s, –e** natural area
(land, lakes, streams, etc.)

natürlich naturally, of course

die **Naturschönheit, –en** natural beauty

der **Natursymbolismus, –** nature symbolism

die **Naturwissenschaft, –en** natural science

der **Naturwissenschaftler, –s, –** / die **Naturwissenschaftlerin, –nen** scientist

der **Nazi, –s, –s** Nazi

die **Nazi-Partei** Nazi Party

das **Nazi-Regime, –(s)** Nazi regime

neben (*with dat. and acc.*) beside, next to, near, close to

die **Nebenkultur, –en** subculture

der **Neckar, –s** Neckar River

nehmen (nimmt), nahm, genommen to take; **Abschied nehmen** to take leave; **Interesse nehmen (an)** (*with dat.*) to take an interest (in); **Platz nehmen** to sit down; **viel Zeit in Anspruch nehmen** to take much time

neigen to incline

nein no

nennen, nannte, genannt to name, call

nett nice, pleasant, amiable

neu, neuer, neu(e)st- new; **alles Neue** everything new; **etwas Neues** something new; **in neuster Zeit** recently

der **Neubau, –(e)s, (***plur.***) -bauten** building under construction, new structure

neuerwacht newly awakened

die **Neugierde** curiosity

neugierig inquisitive, curious

der **Neujahrstag, –(e)s, –e** New Year's Day

neun nine; **neunt-** ninth

neunundneunzig ninety-nine

neunzehn nineteen; **neunzehnt-** nineteenth

neunzehnhundert 1900

neunzehnhundertfünfundfünfzig 1955

neunzig ninety

nicht not; **auch nicht** not (either); **auch noch nicht** not yet either; **gar nicht** not at all; **nicht mehr** no longer; **nicht nur . . . sondern auch** not only . . . but also; **nicht wahr?** don't you?, isn't that so?, don't you think so?, isn't it?; **noch nicht** not yet

nichts nothing; **nichts Gutes** nothing good

niederbrennen, brannte nieder, ist niedergebrannt (*intrans.*), **hat niedergebrannt** (*trans.*) to burn down

die **Niederlage, –n** defeat

niemand, (*dat.* **niemandem,** *acc.* **niemanden**) no one

der **Nil, –** *or* **–s** Nile River

noch still, yet; **noch immer, immer noch** still (continuing); **Deutsch findet er noch immer schwer** he continues to find German difficult; **noch nicht** not yet

der **Nominativ, –s, –e** nominative case

(das) **Norddeutschland, –s** North Germany

der **Norden, –s** north

normal normal

nötig necessary

die **Novelle, –n** novella

der **November, –(s)** November

Nr. = die Nummer, –n number

null zero

nun now, at present; well, now

nur only

nützlich (*as pred. adj. with dat.*) useful

(die) **Nymphenburg** name of eighteenth-century palace in Munich

O

o oh (**O** usually occurs in combinations with other expressions, particularly exclamations: **o nein!**)

ob (*subord. conj.*) whether; **als ob** (*subord. conj.*) as if oben up, above

oberdeutsch Upper German, South German

oberhalb (*with gen.*) above

der **Ober(kellner), –s, –** headwaiter, waiter; **Herr Ober!** waiter!

(das) **Oberschlesien, –s** Upper Silesia

das **Objekt, –(e)s, –e** object

der **Obstbaum, –(e)s, ⸚e** fruit tree

obwohl (*subord. conj.*) although

oder (*coord. conj.*) or; **entweder . . . oder** (*coord. conj.*) either . . . or

die **Oder** Oder River

offen open

offenstehen, stand offen, offenge-standen to be open, stand open

öffentlich public

öffnen to open

oft, öfter, öftest- often

oh oh (**Oh** is usually separated from the expression with which it is associated by a comma: **oh, ich weiß es.**)

ohne (*with acc.*) without; **ohne weiteres** without further ado; **ohne . . . zu** (*with inf.*) without

ohnehin anyway, moreover

das **Ohr, –(e)s, –en** ear

der **Oktober, –(s)** October

das **Oktoberfest, –es** October festival

die **Ölkrise, –n** oil crisis

der **Omnibus, –ses, –se** bus, omnibus

der **Onkel, –s, –** uncle

der **Opel, –s, –** German automobile

die **Oper, –n** opera; opera house; **in die Oper gehen** to go to the opera

die **Ordnung, –en** order

die **Ortsmundart, –en** local dialect

(das) **Ostberlin, –s** East Berlin, communist sector of Berlin

Ostberliner (*adj.*) East Berlin

ostdeutsch (*adj.*) East German

der **Ostdeutsche, –n, –n** East German

(das) **Ostdeutschland, –s** East Germany

der **Osten, –s** east

das *or* die (*plur.*) **Ostern** Easter

(das) **Österreich, –s** Austria

östlich east, easterly, eastern

(das) **Ostpreußen, –s** East Prussia

der **Ostsektor, –s** East Sector of Berlin

die **Ostzone** East Zone

P

der **Palast, –es, ⸚e** palace

(das) **Palästina, –s** Palestine

das **„Palast-Kino", –s** the Palace (movie theater)

die **Pantomime, –n** pantomime

der **Papierkorb, –(e)s, ⸚e** wastepaper basket

das **Paradies, –es** paradise

der **Pariser, –s, –** / die **Pariserin, –nen** native of Paris

der **Park, –(e)s, –s** park

das **Parken, –s** parking

die **Partei, –en** political party

das **Passiv, –s, –e** passive voice

die **Paßkontrolle, –n** passport inspection

die **Pathologie** pathology

der **Patient, –en, –en** patient

die **Pause, –n** pause, recess

der **Pazifik, –s** Pacific Ocean

die **Pension, –en** boardinghouse

die **Perchtengestalt, –en** mummer's figure

das **Perfekt, –(e)s, –e** present perfect tense

die **Person, –en** person

der **Personaldirektor, –s, –en** personnel director

der **Personenzug, –(e)s, ⸚e** local train

persönlich personal

die **Pest** plague

das **Pfeifen, –s** whistling

das **Pferd, –(e)s, –e** horse

die **Physikstunde, –n** physics class

der **Plan, –(e)s, ⸚e** plan

die **Platte, –n** record

der **Plattenspieler, –s, –** record player

der **Platz, –es, ⸚e** seat, place; square, marketplace; **Platz nehmen** to sit down

plötzlich sudden

die **Pluralform, –en** plural form
plus plus
das **Plusquamperfekt, –(e)s, –e** pluperfect
tense, past perfect tense
(das) **Polen, –s** Poland
die **Politik** politics
politisch political
die **Polizei** police
der **Polizist, –en, –en** policeman
(das) **Portugal, –s** Portugal
das **Possessivattribut, –(e)s, –e** possessive
adjective
die **Post** mail; post office
die **Postkarte, –n** postcard
prächtig fine, grand
das **Prädikat, –(e)s, –e** evaluation, grade
(mark) in school
(das) **Prag, –s** Prague
praktisch practical
die **Präposition, –en** preposition
das **Präsens, –, (*plur.*) Präsentia** present
tense
die **Praxis** practice
predigen to preach
der **Preis, –es, –e** price; prize
(das) **Preußen, –s** Prussia
der **Priester, –s, –** priest
das **Prinzregententheater, –s** Prince
Regent Theater, Munich
privat private
die **Privatgruppe, –n** private group
pro per
das **Problem, –s, –e** problem
der **Professor, –s, –en** professor
das **Pronomen, –s, –** *or* **Pronomina**
pronoun
die **Propaganda** propaganda
das **Prosit, –s, –s** toast (to someone's
health)
provisorisch provisional, temporary
das **Prozent, –(e)s, –e** percent
der **Prozentsatz, –es, ⁼e** percentage
die **Prüfung, –en** test, examination; **eine
Prüfung bestehen** to pass a test
der **Prüfungsausschuß, (*gen.*) –schusses,
(*plur.*) -schüsse** examination
committee

psychisch psychological, emotional
pünktlich punctual
das **Puppentheater, –s, –** puppet theater

Q

das **Quadratkilometer, –s, –** square
kilometer
die **Quelle, –n** source

R

die **Rache** revenge
das **Rad, –(e)s, ⁼er** wheel; bicycle
radikal radical
das **Radrennen, –s** bicycle race
ragen to tower, rise
der **Rand, –(e)s, ⁼er** edge, border,
outskirts
der **Rang, –(e)s, ⁼e** rank
rasen to rave, rage, participate in
frenzied activity
raten (rät), riet, geraten (*with dat.
obj.*) to advise, give counsel
das **Rathaus, –es, ⁼er** city hall
der **Rationalismus, –** rationalism
die **Ratschläge** (*plur.*) advice, counsel
der **Räuber, –s, –** robber
rauschend murmuring, rushing
(sound of flowing water)
realistisch realistic
die **Realschule, –n** type of secondary
school
rebellisch rebellious
recht very, quite; **recht haben** to be
right
rechts right, on the right
rechtzeitig on time, punctual, at the
right time
reden to speak, talk
reflexiv reflexive
die **Reformation** Reformation
die **Regel, –n** rule; **in der Regel** as a
rule
regelmäßig regular

der **Regenschirm, –(e)s, –e** umbrella

die **Regierung, –en** government, administration

der **Regierungssitz, –es, –e** seat of government, capital

das **Reh, –(e)s, –e** deer

das **Reich, –(e)s, –e** empire

reich rich, wealthy; bountiful

die **Reichskanzlei** Imperial Chancellery

das **Reichstagsgebäude, –s** Parliament Building, West Berlin

die **Reihe, –n** row, series

die **Reise, –n** trip, journey; **eine Reise machen** to take a trip

reisen, ist gereist to travel

reiten, ritt, ist geritten (*intrans.*), **hat geritten** (*trans.*) to ride (on animals)

die **Reklame, –n** advertisement

das **Relativpronomen, –s, –** *or* **-pronomina** relative pronoun

die **Religion, –en** religion

die **Renaissance** Renaissance

rennen, rannte, ist gerannt to run

der **Rentner, –s, –** pensioner

die **Reparatur, –en** repair(s); **mein Wagen muß in die Reparatur** my car needs repairs

die **Republik, –en** republic

die **Residenz, –en** residence of an ecclesiastical or temporal prince, seat of the court

das **Restaurant, –s, –s** restaurant

die **Revolution, –en** revolution

revolutionär revolutionary; **der Revolutionär, –s, –e** revolutionist

der **Rhein, –(e)s** Rhine River

der **„Rheingold-Expreß"**, (*gen.*) **-Expresses** name of a train

richtig right, correct

das **Riesenrad, –(e)s, ̈er** Ferris wheel

ringsherum around (it)

der **Ritter, –s, –** knight

der **Rittersaal, –(e)s,** (*plur.*) **-säle** Knights' Hall

der **Rock, –(e)s** rock music

der **Rock, –(e)s, ̈e** skirt; coat

die **Rohstoffe** (*plur.*) raw materials

die **Rolle, –n** role; **eine Rolle spielen** to play a role, be a factor

(das) **Rom, –s** Rome

die **Romantik** romanticism, romantic period

romantisch romantic

das **Romantsch, –** Romansh language

der **Römer, –s, –** Roman

die **Römerzeit** Roman period

römisch (*adj.*) Roman

die **Rose, –n** rose

der **Rosenfestzug, –(e)s, ̈e** Tournament of Roses Parade

der **Rosenmontag, –(e)s** festival in Cologne and in other regions along the Rhine on Monday before Lent; **rosen** is dialect for **rasen** to rave

das **Roß**, (*gen.*) **Rosses**, (*plur.*) **Rosse** horse, steed; **das Gasthaus „Zum Schwarzen Roß"** Black Horse Inn

rot, röter, rötest- red

der **Rotkohl, –(e)s** red cabbage

der **Rücken, –s, –** back

rufen, rief, gerufen to call

ruhig calm, quiet, tranquil

ruhmlos infamous, inglorious

die **Ruine, –n** ruin(s)

(das) **Rumänien, –s** Rumania

der **Rummelplatz, –es, ̈e** amusement park

der **Russe, –n, –n** native of Russia

(das) **Rußland, –s** Russia

S

der **Saal, –(e)s,** (*plur.*) **Säle** hall, assembly room

die **Saar** Saar River

das **Sachregister, –s, –** index

sagen to say, speak

die **Saison, –s** season (theater season, tourist season, etc.)

Salzburger (*adj.*) Salzburg

das **Sammelwort, –(e)s, ̈er** collective noun

der **Samstag,** –(e)s, –e Saturday

der **Samstagabend,** –s, –e Saturday evening

der **Sankt Bernhard,** –s St. Bernhard Pass

(das) **Sankt Gallen,** –s St. Gall

(das) **Sankt Moritz,** – St. Moritz

satirisch satirical

sauber clean

der **Sauerbraten,** –s sauerbraten (beef marinated in vinegar or wine and spices and then braised)

die **S-Bahn,** –en = die **Stadtbahn** municipal railway

die **S-Bahnstation,** –en municipal railway station

das **Schachspiel,** –s, –e chess game

schaden (*with dat. obj.*) to injure, damage

schänden to dishonor, violate

scharf, schärfer, schärfst- sharp

der **Schatten,** –s, – shadow

der **Schauspieler,** –s, – actor

der **Scheck,** –s, –s check

der **Schein,** –(e)s, –e paper money, certificate

scheinen, schien, geschienen to seem, appear

die **Schenke,** –n tavern

schick chic

schicken to send

das **Schicksal,** –(e)s, –e fate

die **Schießbude,** –n shooting gallery

das **Schiff,** –(e)s, –e ship, boat; float

der **Schiffbauerdamm,** –(e)s name of street in East Berlin

das **Schillertheater,** –s Schiller Theater, West Berlin

schlafen (schläft), schlief, geschlafen to sleep; **schlafen Sie wohl!** sleep well!

schläfrig sleepy

schlagen (schlägt), schlug, geschlagen to hit, strike, beat

der **Schlager,** –s, – popular song, hit

die **Schlagsahne** whipped cream

die **Schlauheit** slyness, cunning

schlecht bad

(das) **Schlesien,** –s Silesia

schließen, schloß, geschlossen to close

schließlich finally, at last, in conclusion

schlimm bad

das **Schloß,** (*gen.*) **Schlosses,** (*plur.*) **Schlösser** castle

der **Schluß,** (*gen.*) **Schlusses,** (*plur.*) **Schlüsse** conclusion, end; **am Schluß** at the end

schmal, schmäler, schmälst- narrow, slender

schmecken to taste

schmücken to decorate

schmuggeln to smuggle

schmutzig dirty

schneebedeckt snow-clad

schnell fast, quick

der **Schnellzug,** –(e)s, ⸚e express train

das **Schnitzel,** –s, – cutlet; **das Wiener Schnitzel** veal cutlet

die **Schnitzerei,** –en (wood) carving

der **Schock,** –(e)s, –e *or* –s shock

schon already

schön beautiful, pretty, lovely; **die Schöne,** –n beautiful girl or woman

die **Schönheit,** –en beauty

schreiben, schrieb, geschrieben to write; **das Geschriebene,** –n that which is written

schriftlich written, in writing; **Schriftliches** written material, material to be written

der **Schriftsteller,** –s, – writer, author

der **Schuh,** –(e)s, –e shoe

der **Schuhmachermeister,** –s, – master cobbler

die **Schularbeiten** (*plur.*) schoolwork

der **Schulaufbau,** –(e)s school structure and organization die **Schulaufgabe, –n** lesson, schoolwork

die **Schule, –n** school; **in der Schule** in school

der **Schüler, –s, –** pupil, student (below university level)

das **Schuljahr, –(e)s, –e** school year

die **Schulpflicht, –en** obligation or requirement to attend school

die **Schulter, –n** shoulder

das **Schulwesen, –s** school system

die **Schulwoche, –n** school week

die **Schulzeit, –en** schooling, school days

schützen to protect

schwach, schwächer, schwächst- weak

der **Schwan, –(e)s, –̈e** swan

schwarz, schwärzer, schwärzest- black

der **Schwarzhandel, –s** black market

der **Schwarzwald, –(e)s** Black Forest

(das) **Schweden, –s** Sweden

die **Schweiz** (*always accompanied by def. art.*) Switzerland

der **Schweizer, –s, –** native of Switzerland

schweizerisch (*adj.*) Swiss

schwer difficult, hard

die **Schwerindustrie, –n** heavy industry

die **Schwester, –n** sister

schwierig difficult

die **Schwierigkeit, –en** difficulty

schwimmen, schwamm, ist *or* **hat geschwommen** (*intrans.*) to swim; **schwimmen gehen** to go swimming

das **Schwyzerdütsch, –(s)** Swiss German

sechs six; **sechst-** sixth

sechshunderttausend six-hundred thousand

sechzehn sixteen; **sechzehnt-** sixteenth

sechzig sixty; **in den sechziger Jahren** in the sixties

der **See, –s, –n** lake

die **Seele, –n** soul

das **Segelboot, –(e)s, –e** sailboat

sehen (sieht), sah, gesehen to see

sehenswert worth seeing

sehr very, very much; **es geht mir sehr gut** I am just fine

der **Seiltänzer, –s, –** tightrope walker

sein (ist), war, ist gewesen to be; **es sind** there are; **zu Ende sein** to be at the end, be finished

sein (*poss. adj.*) his, its

die **Seine** Seine River

seit (*with dat.*) since, for (with expressions of time); **ich bin seit zwei Jahren in Deutschland** I have been in Germany for two years

seitdem (*subord. conj.*) since

die **Seite, –n** page; side

der **Sektor, –s, –en** sector

die **Sektorengrenze, –n** sector boundary

die **Sekunde, –n** second (time)

selb- same; **am selben Abend** on the same evening

selber self, myself, yourself, himself, herself, itself, ourselves, yourselves, themselves

selbst myself, yourself, himself, herself, itself, ourselves, yourselves, themselves; **er selbst** he himself

selbstverständlich of course, naturally

selten seldom, infrequent

das **Semester, –s, –** semester

senden, sandte, gesandt to send

der **Senn, –s, –e** Alpine herdsman

der **September, –(s)** September

sich **setzen** to sit down; **die beiden setzen sich auf das Sofa** the two sit down on the sofa

(das) **Sibirien, –s** Siberia

sich (*refl. pron., dat. and acc.*) himself, herself, itself, oneself, yourself, yourselves, themselves

sicher (*as pred. adj. with gen.*) certain, sure

Sie (*dat.* **Ihnen,** *acc.* **Sie**) (*formal sing. and plur.*) you

sie (*dat.* **ihr,** *acc.* **sie**) she; it

sie (*dat.* **ihnen,** *acc.* **sie**) they

sieben seven; **siebt-** seventh

siebzehn seventeen; **siebzehnt-** seventeenth

siebzig seventy; **in den siebziger Jahren** in the seventies

die **Sie-Form** formal, polite form of address

der **Sieger, –s, –** / die **Siegerin, –nen** victor, conqueror

die **Siegermacht, ⁼e** victorious power

die **Siegesparade, –n** victory parade

das **Siegessymbol, –s, –e** symbol of victory

das **Siegestor, –(e)s** Victory Gate, Munich

das **Signal, –s, –e** signal

silbern silver, of silver

der **Singular, –s, –e** singular

sitzen, saß, gesessen to sit; **sitzen bleiben** to remain seated

die **Sitzung, –en** meeting, session

skandinavisch (*adj.*) Scandinavian

der **Slang, –s, –s** slang

der **Slangausdruck, –(e)s, ⁼e** slang expression

so so, thus, in this way; as; such; **so?** really?, is that so?; **so . . . wie** as . . . as

sobald (*subord. conj.*) as soon as

die **Socke, –n** sock

das **Sofa, –s, –s** sofa

sofort (*adv.*) immediately

sogar even

sogenannt so-called

der **Sohn, –(e)s, ⁼e** son

das **Söhnchen, –s, –** small son

solch(–er, –e, –es) such, such a

der **Soldat, –en, –en** soldier

sollen (soll), sollte, gesollt to be obligated to, be supposed to; shall, should

der **Sommer, –s, –** summer

sondern (*coord. conj.*) (*used only after a negative statement*) but, but on the contrary; **ich gehe nicht ins Kino, sondern ins Theater** I am not going to the movie but to the

theater; **nicht nur . . . sondern auch** not only . . . but also

der **Sonnabend, –s, –e** Saturday

das **Sonnenlicht, –(e)s** sunlight

die **Sonnenstraße** name of a street

der **Sonntag, –(e)s, –e** Sunday; **am Sonntag** on Sunday

der **Sonntagnachmittag, –(e)s, –e** Sunday afternoon

sonst else, otherwise

die **Sorge, –n** care, worry; **ohne Sorge** without care; **sich Sorgen machen** to worry; **mach dir keine Sorgen** don't worry

soviel (*subord. conj.*) as much as, as far as; **soviel ich weiß** as far as I know

sowie (*subord. conj.*) as well as

sowjetisch Soviet

sozial social

die **Sozialordnung** social order

das **Sozialproblem, –s, –e** social problem

die **Sozialwissenschaft, –en** social science

die **Soziologie** sociology

(sich) **spalten, spaltete (sich), (sich) gespaltet** *or* **gespalten** to split

(das) **Spanien, –s** Spain

das **Spanisch(e), –en** Spanish language

die **Spannung, –en** tension

die **Spannungspolitik** politics of tension

sparen to save

spät late; **also bis später** well, see you later

das **Spätmittelalter, –s** late Middle Ages

spätmittelalterlich late medieval

spazierengehen, ging spazieren, ist spazierengegangen to go for a walk

der **Spaziergang, –(e)s, ⁼e** walk, stroll

die **Speisekarte, –n** menu

die **Speisewirtschaft, –en** restaurant, eating establishment

der **Spezialist, –en, –en** specialist

spielen to play; **der Film spielt in Jugoslawien** the setting of the film is in Yugoslavia

der **Sport, –(e)s, –e** sport(s)

die **Sprache, –n**   language

das **Sprachgebiet, –(e)s, –e**   linguistic area, region where a language is spoken

die **Sprachkenntnis, –se**   language skill, knowledge of a language

die **Sprachlehre**   language study, grammar

die **Sprachschwierigkeit, –en**   language difficulty

sprechen (spricht), sprach, gesprochen (über) (*with acc.*)   to speak, talk (about)

die **Sprechübung, –en**   oral drill

der **Springbrunnen, –s, –**   fountain

der **Staat, –(e)s, –en**   state

staatlich   state, governmental

das **Staatshaupt, –(e)s, "er**   head of state

die **Staatsuniversität, –en**   state university

der **Stachus, –**   popular name for Karl's Square, Munich

die **Stadt, "e**   city, town

die **Stadtbahn, –en**   municipal railway

das **Städtchen, –s, –**   small town

das **Stadtleben, –s**   city life

der **Stadtrand, –(e)s, "er**   city limits, edge of town

die **Stadtregierung, –en**   municipal government

der **Stadtstaat, –(e)s, –en**   city-state

die **Stadtverwaltung, –en**   municipal administration

das **Stadtviertel, –s, –**   section of a city

die **Stahlfabrik, –en**   steel mill

stammen, ist gestammt (aus)   to come from, originate; **ich stamme aus Ostpreußen**   I came originally from East Prussia

der **Stammgast, –es, "e**   regular customer of an inn

der **Stammtisch, –es, –e**   table reserved for regular customers of an inn

das **Stammtischschild, –(e)s, –er**   sign on the table of an inn reserving it for regular customers

der **Stand, –(e)s, "e**   status, condition; stand, booth

ständig   steady, constant

der **Standpunkt, –(e)s, –e**   standpoint; **vom Standpunkt . . . aus**   from the standpoint of

stark, stärker, stärkst-   strong

statt (*with gen.*)   instead of

stattfinden, fand statt, stattgefunden   to take place, occur

staunen   to be astonished, surprised

stehen, stand, gestanden   to stand, be situated; **stehen lassen**   to leave standing

stehenbleiben, blieb stehen, ist stehengeblieben   to stop

steigen, stieg, ist gestiegen   to climb

die **Steigerung, –en**   comparison (of adjectives and adverbs)

der **Stein, –(e)s, –e**   stone

stellen   to put, place, locate; **eine Frage stellen (über)** (*with acc.*)   to ask a question (about); **sich stellen**   to place oneself, take a position

die **Stellung, –en**   position

die **Stenotypistin, –nen**   stenographer

sterben (stirbt), starb, ist gestorben   to die

stereotyp   stereotypic

die **Stiftsbibliothek, –en**   cloister library

die **Stiftskirche, –n**   cloister church, chapel

der **Stil, –(e)s, –e**   style

der **Stillstand, –(e)s**   stop, standstill; **zum Stillstand bringen**   to bring to a stop

die **Stimme, –n**   voice

stimmen: das stimmt   that's true

das **Stimmrecht, –(e)s, –e**   right to vote, suffrage

die **Stimmung, –en**   mood, atmosphere

die **Stirn, –en**   forehead

der **Stoff, –(e)s, –e**   fabric, material

stolz proud

die **Strafanstalt, –en** penal institution

der **Strand, –(e)s** name of a street in London

die **Straße, –n** street, road; **acht Straßen** eight blocks

die **Straßenbahn, –en** streetcar, street railway

der **Straßenbettler, –s, –** street beggar

(sich) **streiten, stritt (sich), (sich) gestritten** to quarrel

streng stern, severe, strict

strömen to stream

der **Strumpf, –(e)s, ⁼e** stocking

die **Stube, –n** room, chamber

das **Stück, –(e)s, –e** piece; play, drama; **ein Stück Kreide** a piece of chalk

der **Student, –en, –en / die Studentin, –nen** university student

das **Studentenleben, –s** student life

das **Studienbuch, –(e)s, ⁼er** course book

das **Studienjahr, –(e)s, –e** year of study

studieren to study at an institution of higher learning

das **Studium, –s, (**plur.**) Studien** course, studies

die **Stufe, –n** grade, level, class

der **Stuhl, –(e)s, ⁼e** chair

die **Stunde, –n** hour

der **Sturm, –(e)s, ⁼e** storm; **der Sturm und Drang** Storm and Stress, German literary movement in the eighteenth century

der **Stürmer und Dränger, –s, –** Storm and Stress poet

das **Substantiv, –s, –e** noun

die **Suche** search; **auf der Suche nach** in search of

suchen (nach) to seek, look for

süddeutsch (adj.) South German

(das) **Süddeutschland, –s** South Germany

der **Süden, –s** south

das **Symbol, –s, –e** symbol

(das) **Syrien, –s** Syria

das **System, –s, –e** system

systematisch systematic

die **Szene, –n** scene

T

der **Tag, –(e)s, –e** day; **guten Tag** hello

die **Taille, –n** waist, waistline

der **Talboden, –s, ⁼** valley floor, bottom

die **Tante, –n** aunt

der **Tanz, –es, ⁼e** dance

der **Tanzabend, –s, –e** dance, evening of dancing

tanzen to dance; **tanzend** dancing; **tanzen gehen** to go dancing; **das Tanzen, –s** dancing

der **Tänzer, –s, –** dancer

die **Tasche, –n** pocket

die **Tasse, –n** cup

tätig active, busy

die **Tatsache, –n** fact

das **Tausend, –s, –e** thousand; **tausend** thousand

das **Taxi, –s, –s** taxi

der **Techniker, –s, – / die Technikerin, –nen** technician

technisch technical

der **Tee, –s** tea

der **TEE-Zug, –(e)s, ⁼e = der Trans-Europ-Expreß** TEE-train, Trans-Europe-Express

der **Teil, –(e)s, –e** part

teilen to divide, separate; **geteilt durch** divided by

die **Teilnahme, –n (an)** (with dat.) participation (in)

teilnehmen (nimmt teil), nahm teil, teilgenommen (an) (with dat.) to take part, participate (in)

der **Teilnehmer, –s, –** participant

die **Tendenz, –en** trend, tendency

der **Teppich, –s, –e** carpet

terroristisch terrorist

das **Theater, –s, –** theater

die **Themse** Thames River

die **Theorie, –n** theory
die **These, –n** thesis, proposition, topic
tief deep
das **Tier, –(e)s, –e** animal, creature
der **Tierarzt, –es, ⸚e** / die **Tierärztin, –nen** veterinarian
der **Tisch, –es, –e** table
die **Tochter, ⸚** daughter
der **Tod, –(e)s, –e** death
das **Tor, –(e)s, –e** gate
die **Torte, –n** torte (type of rich cake with fruit, nuts, chocolate, or custard between layers)
tot dead
total total
die **Tour, –en** tour
der **Tourismus, –** tourism
der **Tourist, –en, –en** tourist
die **Tracht, –en** costume
die **Tradition, –en** tradition
tragen (trägt), trug, getragen to carry; wear
das **Trapp-Trapp** clip-clop
der **Traum, –(e)s, ⸚e** dream
traurig sad
treffen (trifft), traf, getroffen to meet
trennbar separable
trennen to separate
treten (tritt), trat, ist getreten to step, walk; enter; **in die Lehre treten** to enter apprenticeship, become an apprentice
trinken, trank, getrunken to drink
trotz (*with gen.*) in spite of
trotzdem nevertheless, in spite of that
die **Tschechoslowakei** (*always accompanied by def. art.*) Czechoslovakia
tüchtig efficient, capable
tun, tat, getan to do, make; **es tut mir leid** I am sorry
die **Tür, –en** door
die **Türkei** (*always accompanied by def. art.*) Turkey
der **Turm, –(e)s, ⸚e** tower, spire
die **Typhusepidemie, –n** typhus epidemic

typisch typical
die **Tyrannei** tyranny

U

u.a.m. = **und andere mehr** and many others
das **Übel, –s** evil
(sich) **üben** to practice
über (*with dat. and acc.*) over, above; about, concerning; via, by way of; at; **er ist über die Auswahl erstaunt** he is surprised at the selection
überall everywhere
das **Überbleibsel, –s, –** remainder, relic
überhaupt at all
übernachten to stay overnight
übernehmen (übernimmt), übernahm, übernommen to assume control of, take over
überraschen to surprise
überreichen to hand over
übers = **über das**
übersetzen to translate
überstehen, überstand, überstanden to survive
die **Überstunde, –n** overtime
übrig left, leftover, remaining
übrigens by the way
die **Übung, –en** exercise, drill, practice
das **Ufer, –s, –** bank, shore
die **Uhr, –en** clock, watch; **wieviel Uhr ist es?** what time is it?; **es ist neun Uhr** it is nine o'clock; **um neun Uhr** at nine o'clock
die **Uhrenfabrik, –en** clock or watch factory
um (*with acc.*) at (with expressions of time); **um neun Uhr** at nine o'clock; **um wieviel Uhr?** at what time?; around; for; **bitten um** to ask for, request; **um . . . willen** (*with gen.*) for the sake of; **um . . . zu** (*with inf.*) in order to
umfallen (fällt um), fiel um, ist

umgefallen to fall over

umfassen to include

umgeben (umgibt), umgab, umgeben
to surround

umgehen, ging um, ist umgegangen
to circulate, make the rounds

**umkommen, kam um, ist
umgekommen** to perish, die

der **Umlaut, –(e)s, –e** umlaut,
modification of a vowel

umliegend surrounding

umsteigen, stieg um, ist umgestiegen
to transfer from one vehicle to
another

umstürzen to overthrow

unabhängig independent

unbestimmt indefinite

und (*coord. conj.*) and

unentbehrlich indispensable

(das) **Ungarn, –s** Hungary

ungefähr approximately

ungern(e) unwillingly, reluctantly;
ich sehe das ungern I don't like to
see that

ungeschickt awkward, unskilled

unglaublich unbelievable

das **Unglück, –(e)s, –e** misfortune

die **Universität, –en** university

die **Universitätsbibliothek, –en** university
library

unmöglich impossible

unregelmäßig irregular

unruhig restless

uns (*dat. and acc.*) us, to us;
ourselves; each other (*see also* **wir**)

unser (*poss. adj.*) our

die **Untat, –en** crime, outrage

unter (*with dat. and acc.*) under;
between, among

**unterbrechen (unterbricht),
unterbrach, unterbrochen** to
interrupt

unterentwickelt underdeveloped

unterhalb (*with gen.*) below, beneath,
under

**unterhalten (unterhält), unterhielt,
unterhalten** to maintain, support;

sich unterhalten (mit) to converse
(with); to entertain oneself

die **Unterhaltung, –en** conversation

das **Unternehmen, –s, –** undertaking,
enterprise

unterordnend subordinating

der **Unterricht, –(e)s** class, course work,
instruction

unterrichten to instruct

die **Unterrichtsstätte, –n** place of
instruction

die **Unterrichtsstunde, –n** class

der **Unterschied, –(e)s, –e** difference

untersuchen to investigate, examine

unterwegs en route, on the way

der **Ursprung, –(e)s** origin

ursprünglich original

usw. = und so weiter and so forth,
etc.

V

das **Vanilleeis, –es** vanilla ice cream

der **Vater, –s, –̈** father

verantwortlich responsible

das **Verb, –s, –en** verb

**verbergen (verbirgt), verbarg,
verborgen** to hide

die **Verbesserung, –en** improvement

verbieten, verbot, verboten to forbid

der **Verbrecher, –s, –** criminal

(sich) **verbreiten** to spread

verbringen, verbrachte, verbracht to
spend (time)

verdienen to earn

verehren to admire

der **Verehrer, –s, –** admirer

(sich) **vereinigen** to unite

die **Vereinigten Staaten** (*plur. only*)
United States

verfassen to write (a book, an
article, etc.)

verfolgen to persecute, pursue

verfügen (über) to have at one's

disposal, make use (of), put to use

vergangen past

die **Vergangenheit** past

vergeben (vergibt), vergab, vergeben
to forgive

vergessen (vergißt), vergaß, vergessen
to forget

vergießen, vergoß, vergossen to spill;
Blut vergießen to shed blood

der **Vergleich, –(e)s, –e** comparison; **im
Vergleich zu** in comparison to

vergleichbar comparable

vergleichen, verglich, verglichen to
compare

verhaften to arrest

die **Verhaftungsliste, –n** list of people to
be arrested

das **Verhältnis, –ses, –se** condition,
circumstance, relationship

verheiratet married

verhungert starved

verkaufen to sell

die **Verkleidung, –en** disguise

verlassen (verläßt), verließ, verlassen
to leave, abandon, forsake

verlieren, verlor, verloren to lose

vermummt masked, disguised; **der
Vermummte, –n, –n** mummer,
person in masquerade costume

verpflichten to obligate

verraten (verrät), verriet, verraten to
betray

verschieden various, different;
Verschiedenes various things,
miscellany

die **Verschiedenheit, –en** variety,
diversity

verschlafen sleepy, not fully awake

verschmutzen to soil, pollute

die **Verschmutzung** pollution

**verschwinden, verschwand, ist
verschwunden** to disappear

**versprechen (verspricht), versprach,
versprochen** to promise

verstehen, verstand, verstanden to
understand

verstorben deceased

versuchen to try, attempt

verteidigen to defend

vertraulich familiar

vertraut familiar

verurteilen to condemn

die **Verwaltung, –en** administration

verwandeln to change, transform

der **Verwandte, –n, –n** relative

verwenden to use

die **Verwirklichung** realization,
materialization

das **Verzeichnis, –ses, –se** record, index;
ein Verzeichnis führen to keep a
record

der **Vetter, –s, –n** male cousin

viel (*sing.*), **mehr, meist-** much; **viele**
(*plur.*), **mehr, meist-** many; **vielen
Dank** thank you very much

vielleicht perhaps, maybe

vier four; **viert-** fourth

viertägig four-day, of four days'
duration

das **Viertel, –s, –** quarter; section of a
city; **ein Viertel** one-fourth; **ein
Viertel vor acht** a quarter to eight

vierundzwanzig twenty-four

vierzehn fourteen; **vierzehnt-**
fourteenth

vierzig forty

die **Violine, –n** violin

das **Volk, –(e)s, ̈er** people, nation; the
common people, lower classes

die **Völkerwanderung, –en** migration

die **Volksdichtung** folk literature

das **Volksfest, –es, –e** carnival, festival

die **Volksmusik** folk music

der **Volkstanz, –es, ̈e** folk dance

der **Volkswagen, –s, – (VW)** German
automobile

die **Volkswirtschaft** national economy

voll full, entire

völlig complete, entire

vom = von dem

von (*with dat.*) of, from; by; about;
ein Drama von Schiller a drama
by Schiller; **von dort aus** from
there, from that vantage point; **von
jetzt an** from now on

voneinander   from one another

vor (*with dat. and acc.*)   before, prior to; ago; in front of, ahead of; **fünf Minuten vor neun**   five minutes to nine; **vor allem**   above all; **vor dem Unterricht**   before (the) class; **vor der Klasse**   in front of the class; **vor einer Woche**   a week ago

vorbei   by, over, past

vorbeifahren (fährt vorbei), fuhr vorbei, ist vorbeigefahren   to drive past, ride past

vorbeigehen, ging vorbei, ist vorbeigegangen   to go past, go by; **er geht an mir vorbei**   he is going past me

vorbeikommen, kam vorbei, ist vorbeigekommen   to come past, stop in

vorher   before, previously, in advance

vorig- (*adj. only*)   previous, former

die Vorlesung, –en   lecture

vormittags   in the morning, in the forenoon

der Vorort, –(e)s, –e   suburb

die Vorsicht   caution; **Vorsicht bei der Abfahrt**   watch out when the train starts

das Vorspiel, –(e)s, –e   prologue

die Vorstellung, –en   concept, notion

W

wachsen (wächst), wuchs, ist gewachsen   to grow

der Wagen, –s, –   car, automobile, wagon, vehicle, railway car

wahr   true, real; **nicht wahr?**   don't you?, isn't that so?, don't you think so?, isn't it?

während (*with gen.*)   during; (*subord. conj.*)   while

wahrscheinlich   probable, likely

der Wald, –(e)s, ⁼er   forest, woods

wandern, ist gewandert   to wander, travel on foot; **das Wandern, –s**   hiking

der Wandervogel, –s, ⁼   migratory bird; name given to members of a German youth movement

die Wandtafel, –n   blackboard

die Wange, –n   cheek

wann (*interrog. adv. and subord. conj.*)   when

ward (*arch. and poet.*) = **wurde** (*see* **werden**)

die Ware, –n   ware, product

warm, wärmer, wärmst-   warm

warten (auf) (*with acc.*)   to wait (for)

warum (*interrog. adv. and subord. conj.*)   why

was (*interrog. pron.*)   what; (*rel. pron.*)   what, that, which; **sie erzählt, was sie gemacht hat**   she tells what she has done

das Wasser, –s, –   water

die Wasserkraft   water power

die Wasserverseuchung   water pollution

der Weber, –s, –   weaver

die Weberei, –en   textile mill

der Webstuhl, –(e)s, ⁼e   loom

wechseln   to change

der Wecker, –s, –   alarm clock

weder . . . noch (*coord. conj.*)   neither . . . nor

der Weg, –(e)s, –e   way, path; **sich auf den Weg machen**   to start out

weg (*sep. pref.*)   away

wegen (*with gen.*)   because of, on account of, due to

weiblich   female, feminine

weiden   to graze

weil (*subord. conj.*)   because

die Weile, –n   while, short time

die Weimarer Republik   Weimar Republic

der Wein, –(e)s, –e   wine

das Weinfest, –es, –e   wine festival

die Weinkarte, –n   wine list

die Weinsorte, –n   kind or variety of wine

die Weise, –n   way, manner; **auf diese Weise**   in this way

weisen, wies, gewiesen (auf) (*with acc.*)   to indicate, point out

die **Weisheit** wisdom
weiß white
weit, weiter, weitest- far, distant;
  weitere Übungen further exercises;
  ohne weiteres without further ado
weiterhin furthermore, moreover
weiterleben to continue to live
welch(–er, –e, –es) which, what
die **Welt, –en** world; **auf der Welt** in
  the world
die **Weltanschauung, –en** philosophy of
  life
weltberühmt world-famous
der **Weltkrieg, –(e)s, –e** World War; **der
  Zweite Weltkrieg** World War II
die **Weltpolitik** world politics
der **„Weltspiegel", –s** World Mirror
  (movie theater)
die **Weltstadt, ⸚e** metropolis
der **Weltteil, –(e)s, –e** part of the world
wem (*dat.*) whom, to or for whom
  (*see also* **wer**)
wen (*acc.*) whom (*see also* **wer**)
wenden, wandte, gewandt to turn
wenig (a) little, slight; (*plur.*) **wenige**
  few, a few; **ein wenig** a little; **ganz
  wenig** very little; **weniger** less,
  minus
wenigstens at least, in any case
wenn (*subord. conj.*) if, when,
  whenever
wer (*interrog. pron.*) (*gen.* **wessen**,
  dat. **wem**, *acc.* **wen**) who
die **Werbung, –en** advertising; **Werbung
  einer politischen Partei**
  campaigning by a political party
werden (wird), wurde, ist geworden
  to become, get; **es wird spät** it is
  getting late
werfen (wirft), warf, geworfen to
  throw
das **Werk, –(e)s, –e** (artistic, literary)
  work
die **Weser** Weser River
wessen (*gen.*) whose (*see also* **wer**)
(das) **Westberlin, –s,** *also* **West-Berlin**
  West Berlin, a federal city-state

Westberliner (*adj.*) West Berlin
(das) **Westdeutschland, –s** West Germany,
  Federal Republic of Germany
der **Westen, –s** west, West
(das) **Westeuropa, –s** Western Europe
westeuropäisch West-European
westlich west, westerly, western
die **Westzone, –n** West Zone
wichtig important
wie (*interrog. adv.*) how; **wie geht es
  Ihnen?** how are you?; **wie heißen
  Sie?** what is your name?; **wie viele**
  how many; (*subord. conj.*) as, like;
  such as; **so . . . wie** as . . . as
wieder again, once more; **sie kommt
  nicht wieder** she doesn't come
  back; **immer wieder** again and
  again
das **Wiederaufleben, –s** revival
wiederherstellen to restore
wiederholen to repeat, do again
die **Wiederholung, –en** repetition
wiederkehren, ist wiedergekehrt to
  return; **wiederkehrend** returning
Wiedersehen: auf Wiedersehen
  goodbye
(das) **Wien, –s** Vienna
Wiener (*adj.*) Viennese; **das Wiener
  Schnitzel, –s, –** veal cutlet
die **Wiese, –n** meadow
wieso why, why is that
wieviel how much, how many;
  wieviel Uhr ist es? what time is it?
wild wild
will (*see* **wollen**)
willen: um Himmels willen for
  heaven's sake
wimmeln (von) to teem (with)
der **Winter, –s, –** winter
wir (*dat.* **uns,** *acc.* **uns**) we
wirklich real, genuine
die **Wirklichkeit** reality
der **Wirt, –(e)s, –e** innkeeper, host,
  landlord; **die Wirtin, –nen**
  landlady, hostess, innkeeper
die **Wirtschaft, –en** inn, tavern;

economy, economic system

wirtschaftlich economic

der **Wirtschaftsberater, –s, –** / die
Wirtschaftsberaterin, –nen
economic advisor

das **Wirtschaftsleben, –s** business world

das **Wirtshaus, –es, ̈er** inn

wissen (weiß), wußte, gewußt to
know (a fact, but not in the sense
of knowing a person, place or
object)

die **Wissenschaft, –en** science;
knowledge

der **Wissenschaftler, –s, –** scientist

wissenschaftlich scientific

Wittenberger (*adj.*) Wittenberg

die **Witwe, –n** widow

der **Witz, –es, –e** joke

wo (*interrog. adv. and subord. conj.*)
where

wobei at which, at what

die **Woche, –n** week

das **Wochenende, –s, –n** weekend

das **Wochenendhaus, –es, ̈er** weekend
house

wodurch through what, through
which, by what means

wofür for what, for which

wogegen against what, against which

woher from where, from what place,
whence; **woher wußten Sie das?**
how did you know that?

wohin where, where to, to what
place, whither

wohl well; indeed; probably

der **Wohlstand, –(e)s** prosperity

wohnen to live, reside

die **Wohnung, –en** residence, apartment

das **Wohnungsproblem, –s, –e** housing
problem

der **Wohnwagen, –s, –** trailer, mobile
home

das **Wohnzimmer, –s, –** living room

die **Wolga** Volga River

wollen (will), wollte, gewollt to want

womit with what, with which, by
what means

woran at what, at which; about
what; **woran denken Sie?** what are
you thinking about?

worauf on what, on which

woraus out of what, out of which

das **Wort, –(e)s** word; (*plur.*) **Wörter**
unrelated words, words in a list;
(*plur.*) **Worte** words of a sentence,
clause or phrase

das **Wörterverzeichnis, –ses, –se**
vocabulary list

der **Wortschatz, –es, ̈e** vocabulary

die **Wortstellung** word order (of a
sentence, clause)

worüber about what, concerning
what

die **Wo-Verbindung, –en** wo-compound

wovon of what, of which; **wovon
sprechen Sie?** what are you
talking about?

das **Wunder, –s, –** wonder, surprise

wünschen to wish, desire

würde, würden would (*see also*
werden)

die **Wurst, ̈e** sausage

Z

die **Zahl, –en** number

zählen to count

zahlreich numerous

der **Zahn, –(e)s, ̈e** tooth

die **Zahnbürste, –n** toothbrush

der **Zauber, –s** charm, magic

z.B. = zum Beispiel for example

die **Zehe, –n** toe

zehn ten; **zehnt-** tenth

die **Zehnerreihe** (counting by) tens;
sagen Sie die Zehnerreihe! count
by tens!

der **Zeigefinger, –s, –** index finger

zeigen to show, indicate; **zeigen auf**
(*with acc.*) to point at, point to

die **Zeit, –en** time; **auf kurze Zeit** for a short time; **mit der Zeit** in time; **von Zeit zu Zeit** from time to time; **zu jener Zeit** at that time; **zur gleichen Zeit** at the same time, simultaneously; **zur Zeit** at the time

das **Zeitalter, –s, –** era

die **Zeitschrift, –en** journal, magazine

das **Zeitsubstantiv, –s, –e** noun expressing time

der **Zeitungskiosk, –(e)s, –e** newspaper stand

die **Zelle, –n** cell

die **Zellentheorie, –n** cell theory

das **Zellgewebe, –s, –** cell tissue

zellular cellular

das **Zelt, –(e)s, –e** tent

die **Zensur, –en** grade (mark) in school

das **Zentrum, –s,** (*plur.*) **Zentren** center, downtown area

zerstören to destroy

die **Zerstörung, –en** destruction

das **Zeugnis, –ses, –se** certificate, transcript

ziehen, zog, ist gezogen (*intrans.*) to move; **hat gezogen** (*trans.*) to pull, draw

das **Ziel, –(e)s, –e** goal, objective

ziemlich rather, somewhat

die **Zigarettenpause, –n** cigarette break

das **Zimmer, –s, –** room

das **Zisterzienserkloster, –s, ˵** Cistercian monastery

der **Zivilisationsschock, –(e)s, –s** *or* **–e** culture shock

die **Zollkontrolle, –n** customs inspection

die **Zone, –n** zone

zornig angry

zu (*with dat.*) to; at; for; too; **das Gasthaus „Zum Schwarzen Roß"** Black Horse Inn; **zu Abend** in the evening; **zu Bett** to bed; **zu Fuß** on foot; **zu Hause** at home; **zu jener Zeit** at that time; **zu Mittag** at noon; **zum Beispiel (z.B.)** for example; **zum ersten Mal** for the first time; **zur gleichen Zeit** at the same time

die **Zuchtperle, –n** cultured pearl

zuerst (*adv.*) first, at first

die **Zuflucht** refuge, shelter

der **Zug, –(e)s, ˵e** train; **mit dem Zug** by train

zugleich at the same time

zuhören (*with dat. obj.*) to listen (to)

die **Zukunft** future

zulassen (läßt zu), ließ zu, zugelassen to admit, permit entry

die **Zulassung, –en** admission

das **Zulassungsgesuch, –(e)s, –e** application for admission

zum = zu dem

zur = zu der

(das) **Zürich, –s** Zurich

der **Zürichsee, –s** Lake Zurich

zurück (*sep. pref.*) back

zurückbekommen, bekam zurück, zurückbekommen to receive, get back

zurückfahren (fährt zurück), fuhr zurück, ist zurückgefahren to return by vehicle

zurückkehren, ist zurückgekehrt to return

zurückkommen, kam zurück, ist zurückgekommen to return, come back

zusammen together

zusammenbrechen (bricht zusammen), brach zusammen, ist zusammengebrochen to break down, collapse

der **Zusammenbruch, –(e)s, ˵e** collapse

zusammensitzen, saß zusammen, zusammengesessen to sit together

der **Zuschauer, –s, –** spectator

das **Zustandspassiv, –s, –e** statal passive

zustimmen to agree, approve

die **Zustimmung, –en** approval

zwanzig twenty; **zwanzigst-** twentieth

zwar   indeed, to be sure, certainly, of course, in fact, specifically

zwei   two; **die Zwei**   two (noun); **zweit-**   second; **der Zweite Weltkrieg, —(e)s**   World War II

zweihunderteins   two hundred one

zweijährig   two-year-old

zweimal   twice

zweitausend   two thousand

die **Zweitstellung**   second place or position

zweiundzwanzig   twenty-two

der **Zwiebelturm, —(e)s, ∸e**   onion-shaped tower

zwischen (*with dat. and acc.*)   between, among

zwölf   twelve; **zwölft-**   twelfth

zynisch   cynical

Englisch-Deutsch

The English-German vocabulary includes only those lexical items used in drills containing English cues and in English sentences to be translated into German.

A

a, an   ein, eine, ein
about   über (*with acc.*); **about it**
danach, darüber; **to ask about**   fragen
nach (*with dat.*)
address   die Adresse, –n
admirer   der Verehrer, –s, –
advantage: to take advantage of
ausnutzen
after   nach (*with dat.*)
afternoon: on Saturday afternoon   am
Samstagnachmittag
against   gegen (*with acc.*); **against it**
dagegen
ago   vor (*with dat.*); **a week ago**   vor
einer Woche; **three years ago**   vor drei
Jahren
air pollution   die Luftverseuchung
all   all(e)
allowed: to be allowed to   dürfen (darf),
durfte, gedurft
almost   fast, beinahe
alone   allein

along: to bring along   mitbringen,
brachte mit, mitgebracht
Alps   die Alpen (*plur.*)
already   schon
also   auch
although   obwohl (*subord. conj.*)
always   immer
am: I am to   ich soll
America   (das) Amerika, –s
American   der Amerikaner, –s, – / die
Amerikanerin, –nen
among   unter (*with dat. and acc.*)
and   und
annoyed: to be annoyed   sich ärgern
any: not . . . any   kein, keine, kein
are   sind; **are you a student?**   sind Sie
Student?
area   das Gebiet, –(e)s, –e
army   das Heer, –(e)s, –e
around   um (*with acc.*)
to **arrive**   ankommen, kam an, ist
angekommen
as . . . as   so . . . wie
to **ask**   fragen; **to ask for**   bitten, bat,

gebeten um (*with acc.*); **to ask about** fragen nach (*with dat.*)

to **assign**   aufgeben (gibt auf), gab auf, aufgegeben; **to assign much**   viel aufgeben

at   an, auf (*with dat.*); um (*with acc.*); **at home**   zu Hause; **at one end**   an einem Ende; **at 7:30**   um halb acht, um sieben Uhr dreißig; **at that time** zu jener Zeit; **at the institute**   am Institut; **at the university**   auf, an der Universität; **to look at**   ansehen (sieht an), sah an, angesehen

to **attend** (school)   besuchen

August   der August, –(e)s, *or* –; **in August**   im August

Austria   (das) Österreich, –s

B

band   die Kapelle, –n

bank   die Bank, –en; **bank** (of a stream or lake)   das Ufer, –s, –

baroque church   die Barockkirche, –n

Bavarian   der Bayer, –n, –n; bayrisch (*adj.*)

to **be**   sein (ist), war, ist gewesen; **is supposed to be**   soll . . . sein; **there are, were**   es sind, waren

because   denn (*coord. conj.*); weil (*subord. conj.*)

to **become**   werden (wird), wurde, ist geworden

beer   das Bier, –(e)s, –e

before   bevor (*subord. conj.*), ehe (*subord. conj.*)

to **begin**   beginnen, begann, begonnen

behind   hinter (*with dat. and acc.*)

beside   neben (*with dat. and acc.*)

between   zwischen (*with dat. and acc.*); **between them**   dazwischen

big   groß, größer, größt-

blackboard   die Wandtafel, –n

book   das Buch, –(e)s, –er; **German book** das Deutschbuch, –(e)s, –er

booth   die Bude, –n

born   geboren; **I was born in 1960**   Ich bin 1960 geboren

boundary: sector boundary   die Sektorengrenze, –n

break: cigarette break   die Zigarettenpause, –n

to **break down**   zusammenbrechen (bricht zusammen), brach zusammen, ist zusammengebrochen

breakfast   das Frühstück, –(e)s, –e; **to eat breakfast**   frühstücken

to **bring**   bringen, brachte, gebracht; **to bring along**   mitbringen, brachte mit, mitgebracht; **to bring to a stop**   zum Stillstand bringen

brother   der Bruder, –s, ⁻

building   das Gebäude, –s, –; **Parliament Building**   das Reichstagsgebäude, –s; **high rise building**   das Hochhaus, –es, ⁻er

business   das Geschäft, –(e)s, –e; **business people**   die Geschäftsleute (*plur.*)

busy   beschäftigt

to **buy**   kaufen; **in order to buy**   um . . . zu kaufen

by   bei, mit, von (*with dat.*); **by car**   mit dem Wagen; **by (means) of**   durch (*with acc.*); **by moonlight**   bei Mondlicht; **by train**   mit dem Zug; **invited by a friend**   von einem Freund eingeladen

C

can (to be able)   können (kann), konnte, gekonnt; **we can't**   wir können nicht

canton   der Kanton, –s, –e

car   der Wagen, –s, –; **by car**   mit dem Wagen; **car stop**   die Haltestelle, –n

carnival   das Volksfest, –es, –e

carving   die Schnitzerei, –en

castle   das Schloß, (*gen.*) Schlosses, (*plur.*) Schlösser

to **catch a cold**   sich erkälten

to **celebrate**   feiern

cell   die Zelle, –n; **cell tissue**   das
  Zellgewebe, –s, –
century   das Jahrhundert, –s, –e
chemical firm   die Chemiefirma, (*plur.*)
  -firmen
chemicals   die Chemikalien (*plur.*)
child   das Kind, –(e)s, –er
church   die Kirche, –n; **baroque church**
  die Barockkirche; **cloister church**   die
  Stiftskirche
cigarette break   die Zigarettenpause, –n
city   die Stadt, ⸚e; **city hall**   das
  Rathaus, –es, ⸚er; **city of the arts**   die
  Kunststadt
class   der Unterricht, –(e)s; die Klasse,
  –n; **German class**   der Deutschunterricht, –(e)s
classroom   das Klassenzimmer, –s, –
cloister church   die Stiftskirche, –n
coffee   der Kaffee, –s; **a cup of coffee**
  eine Tasse Kaffee
cold   kalt, kälter, kältest-; **to catch a cold**
  sich erkälten
colorful   bunt
to **come**   kommen, kam, ist gekommen; **to
  come from**   kommen aus (*with dat.*),
  stammen aus (*with dat.*); **where do you
  come from?**   woher kommen Sie?;
  comes to see me   kommt zu mir; **to
  come into conflict with**   mit . . . in
  Konflikt kommen
commerce   der Handel, –s
company   die Firma, (*plur.*) Firmen
to **comprehend**   verstehen, verstand,
  verstanden
concert   das Konzert, –(e)s, –e; **to go to
  a (the) concert**   ins Konzert gehen
conflict   der Konflikt, –(e)s, –e; **to come
  into conflict with**   mit . . . in Konflikt
  kommen
construction firm   die Baufirma, (*plur.*)
  -firmen
contact   der Kontakt, –(e)s, –e
to **converse**   sprechen (spricht), sprach,
  gesprochen
costume   die Tracht, –en

country   das Land, –(e)s, ⸚er; **to go,
  drive to the country**   aufs Land gehen,
  fahren; **from foreign countries**   aus
  dem Ausland
cousin   der Vetter, –s, –n / die Kusine,
  –n
culture shock   der Zivilisationsschock,
  -(e)s, –s *or* –e
cup   die Tasse, –n; **a cup of coffee**   eine
  Tasse Kaffee
customer   der Gast, –es, ⸚e

D

dancing: there was dancing   es wurde
  getanzt
daughter   die Tochter, ⸚
day   der Tag, –(e)s, –e; **every day**   jeden
  Tag
to **decide**   sich entschließen, entschloß sich,
  sich entschlossen
to **decorate**   schmücken
to **depart**   abfahren (fährt ab), fuhr ab, ist
  abgefahren
to **describe**   beschreiben, beschrieb,
  beschrieben
dessert   der Nachtisch, –es, –e; **for
  dessert**   zum Nachtisch
dialect   der Dialekt, –(e)s, –e
difficult   schwer
to **discuss**   besprechen (bespricht), besprach,
  besprochen
to **do**   tun, tat, getan; machen; (*never used
  as an auxiliary verb in German*) **she
  doesn't like to see . . .**   sie sieht
  ungern (nicht gern) . . . ; **do you want
  . . . ?**   wollen Sie . . . ?; **did you forget
  . . . ?**   haben Sie . . . vergessen?; **did
  the professor assign . . . ?**   hat der
  Professor . . . aufgegeben?; **did you
  look . . . ?**   haben Sie . . . angesehen?;
  don't you?   nicht wahr?; **to do
  homework**   die Hausaufgaben machen;
  when does class begin?   wann beginnt
  der Unterricht?
doctor   der Arzt, –es, ⸚e

door die Tür, –en

drama das Drama, –s, (*plur.*) Dramen

to **drink** trinken, trank, getrunken

drinking: there is drinking es wird getrunken; **without drinking** ohne . . . zu trinken

to **drive** fahren (fährt), fuhr, ist gefahren (*intrans.*); hat gefahren (*trans.*); **to drive past** vorbeifahren (an) (*with dat.*); **we are driving past the market place** wir fahren an dem Marktplatz vorbei

drug das Medikament, –(e)s, –e

during während (*with gen.*); **during a cigarette break** während einer Zigarettenpause

E

each jed(–er, –e, –es)

early früh; **earlier** früher

earth die Erde, –n

easily leicht

east der Osten, –s; **East German** der Ostdeutsche, –n, –n; **East Zone** die Ostzone

easy leicht

to **eat** essen (ißt), aß, gegessen; **to eat breakfast** frühstücken

eating: there was eating es wurde gegessen

edge of town der Stadtrand, –(e)s, –er

educational opportunity die Ausbildungsmöglichkeit, –en

eighth acht-

either: not . . . either auch nicht

electricity die Elektrizität

to **employ** anstellen (*usually for clerical, professional, and business positions*); **is employed** ist . . . angestellt

end das Ende, –s, –n; **at one end** an einem Ende

to **end** zu Ende gehen

English (language) das Englisch(e), –en

enough genug

to **erect** errichten

evening: this evening heute abend; **yesterday evening** gestern abend; **on Friday evening** am Freitagabend; **evening meal** das Abendessen, –s

every jed(–er, –e, –es); **every day** jeden Tag

everything alles

exact genau

exercise die Übung, –en; **to do the exercises** die Übungen machen

experiment das Experiment, –(e)s, –e

expression der Ausdruck, –(e)s, –e

F

factory die Fabrik, –en; **furniture factory** die Möbelfabrik

family die Familie, –n

fast schnell

fate das Schicksal, –s, –e

father der Vater, –s, –

fertility die Fruchtbarkeit

festival: festival play das Festspiel, –(e)s, –e; **Shrovetide festival** der Fasching, –s, –e

fifth fünft-

to **fight (for)** kämpfen (um, für) (*with acc.*)

film der Film, –(e)s, –e; **war film** der Kriegsfilm; **in the film** im Film

to **find** finden, fand, gefunden; **to find out** erfahren (erfährt), erfuhr, erfahren

firm die Firma, (*plur.*) Firmen; **chemical firm** die Chemiefirma; **construction firm** die Baufirma

first erst-

five fünf; **five thousand** fünftausend

to **flee** fliehen, floh, ist geflohen

to **fly** fliegen, flog, ist geflogen

for für (*with acc.*); **for a year** ein Jahr; **for it** dafür; **for today** für heute; **to ask for** bitten, bat, gebeten um (*with acc.*)

foreign ausländisch; **foreign worker** der Gastarbeiter, –s, –; **from foreign countries** aus dem Ausland

foreigner der Ausländer, –s, –

forest der Wald, –(e)s, ⸚er

to **forget** vergessen (vergißt), vergaß, vergessen

form die Form, –en

formerly früher

to **formulate** aufstellen

freedom die Freiheit, –en

French (language) das Französisch(e), –en

French(man) der Franzose, –n, –n

frequent(ly) oft, öfter, öftest-

Friday: on Friday evening am Freitagabend

friend der Freund, –(e)s, –e / die Freundin, –nen

from aus, von (*with dat*); **from foreign countries** aus dem Ausland; **where . . . from** woher

front: in front of vor (*with dat. and acc.*); **in front of the house** vor dem Haus(e)

frontier die Grenze, –n

frustration die Frustration, –en

furniture factory die Möbelfabrik, –en

G

German deutsch (*adj.*) **German book** das Deutschbuch, –(e)s, ⸚er; **German** (language) das Deutsch(e), –en; **German class** der Deutschunterricht, –(e)s; **German school system** das deutsche Schulwesen, –s; (native of Germany) der Deutsche, –n, –n; **East German** der Ostdeutsche, –n, –n

Germany (das) Deutschland, –s

to **get** (become) werden (wird), wurde, ist geworden; (obtain) bekommen, bekam, bekommen; **to get off or out of a vehicle** aussteigen, stieg aus, ist ausgestiegen; **to get up** aufstehen, stand auf, ist aufgestanden

to **give** geben (gibt), gab, gegeben

to **go** (usually on foot) gehen, ging, ist gegangen; (by vehicle) fahren (fährt), fuhr, ist gefahren; **I am going to see**

ich sehe; **we are going to have** wir werden . . . haben; **to go for a walk** spazierengehen, ging spazieren, ist spazierengegangen; **to go to a (the) concert** ins Konzert gehen; **to go to a (the) movie** ins Kino gehen

going: without going ohne . . . zu gehen

good gut

grade (mark in school) die Zensur, –en

great groß, größer, größt-

H

hall: city hall das Rathaus, –es, ⸚er

hard schwer

has hat; **has to** muß

to **have** haben (hat), hatte, gehabt; **have you studied the lesson?** haben Sie die Aufgabe gelernt?; **to have to** müssen (muß), mußte, gemußt

he er (*dat.* ihm, *acc.* ihn)

to **hear** hören; **we are going to hear** wir hören

heavy industry die Schwerindustrie, –n

to **help** helfen (hilft), half, geholfen (*with dat. obj.*)

her ihr (*dat.*), sie (*acc.*)

her (*poss. adj.*) ihr

here hier

high hoch (hoh-), höher, höchst-; **high rise building** das Hochhaus, –es, ⸚er

him ihm (*dat.*), ihn (*acc.*)

hippie world die Hippie-Welt

to **hire** einstellen

his sein

home nach Hause; **at home** zu Hause

homework die Hausaufgaben (*plur.*); **to do homework** die Hausaufgaben machen

hotel das Hotel, –s, –s

hour die Stunde, –n; **long hours** lange Stunden

house das Haus, –es, ⸚er; **in front of the house** vor dem Haus(e)

housing problem das Wohnungsproblem, –s, –e

how wie; **how are you?** wie geht es
Ihnen?; **how do you like...?** wie gefällt dir, euch, Ihnen...?; **how long**
wie lange; **how many** wieviel, wie
viele
hurry: in a hurry in Eile

I

I ich (*dat.* mir, *acc.* mich)
if wenn (*subord. conj.*)
important wichtig
in in (*with dat. and acc.*); **in a hurry**
in Eile; **in front of** vor (*with dat. and
acc.*); **in 1961** im Jahre 1961; **in order
to buy, understand** um . . . zu kaufen,
verstehen; **in school** in der Schule; **in
spite of** trotz (*with gen.*)
industrial world die Industriewelt, –en
industry: heavy industry die
Schwerindustrie, –n
influence der Einfluß, (*gen.*) Einflusses,
(*plur.*) Einflüsse; **influence on** der
Einfluß auf (*with acc.*)
information die Auskunft, ‥e; **(some)
information** Auskunft
inhabitant der Einwohner, –s, –
inn das Gasthaus, –es, ‥er
innkeeper der Wirt, –(e)s, –e
instead of anstatt (*with gen.*)
institute das Institute, –s, –e; **at the
institute** am Institut
instructor der Lehrer, –s, –; der
Professor, –s, –en
interested: to be interested in Interesse
haben (für) (*with acc.*); Interesse
nehmen (an) (*with dat.*)
interesting interessant
into in (*with acc.*)
to invite einladen (lädt ein), lud ein,
eingeladen
is ist; **isn't it?** nicht wahr?
it er (*dat.* ihm, *acc.* ihn); sie (*dat.* ihr,
acc. sie); es (*dat.* ihm, *acc.* es); **about it**
danach; **against it** dagegen; **for it** dafür
its sein (*masc.*), ihr (*fem.*), sein (*neut.*)

J

jazz der Jazz, –
just erst; eben

K

Kaiser William Memorial Church die
Kaiser-Wilhelm-Gedächtniskirche
king der König, –(e)s, –e; **the king of**
der König von
Knights' Hall der Rittersaal, –(e)s
to know (a person, place, or object)
kennen, kannte, gekannt; (a fact)
wissen (weiß), wußte, gewußt
Kurfürstendamm: on the Kurfürstendamm
auf dem Kurfürstendamm

L

laboratory das Laboratorium, –s, (*plur.*)
Laboratorien
lake der See, –s, –n
landlady die Wirtin, –nen
language die Sprache, –n
large groß, größer, größt-
last letzt; **last night** gestern abend; **last
summer** letzten Sommer
late spät; **later** später
law das Gesetz, –es, –e
to learn lernen
to leave (a person or place) verlassen
(verläßt), verließ, verlassen
less weniger; **more or less** mehr oder
weniger
lesson die Aufgabe, –n
letter der Brief, –(e)s, –e
life das Leben, –s; **life style** der
Lebensstil, –(e)s, –e
like wie; **to look like** aussehen wie
to like gern(e) haben; **does he like you?**
hat er dich, euch, Sie gern?; **how do
you like . . . ?** wie gefällt dir, euch,
Ihnen . . . ?; **to like to travel** gern
fahren; **to like to visit** gern besuchen;

would like   möchte, möchten

to **listen**   hören; **to listen to jazz**   Jazz
hören

to **live**   wohnen

long   lang(e), länger, längst-; **(for) a long
time**   lange; **how long**   wie lange

to **look (at)**   ansehen (sieht an), sah an,
angesehen; **to look at the car**   den
Wagen ansehen; **to look like**   aussehen
(sieht aus), sah aus, ausgesehen wie

to **lose**   verlieren, verlor, verloren

M

mail   die Post

mailman   der Briefträger, –s, –

to **maintain**   unterhalten (unterhält),
unterhielt, unterhalten

man   der Mann, –(e)s, ̈-er

many   viele; **how many**   wieviel, wie
viele; **as many as**   so viel . . . wie

marketplace   der Marktplatz, –es, ̈-e

me   mir (*dat.*), mich (*acc.*); **with me**
mit mir

meal: evening meal   das Abendessen,
–s, –

means: by means of   durch (*with acc.*)

Mediterranean (Sea)   das Mittelmeer,
–(e)s

to **meet**   treffen (trifft), traf, getroffen

million   die Million, –en

Miss   das Fräulein, –s, –; **Miss Moreau**
Fräulein Moreau

monastery   das Kloster, –s, ̈- ~

Monday   der Montag, –(e)s, –e

money   das Geld, –(e)s, –er

month   der Monat, –(e)s, –e

moonlight   das Mondlicht, –(e)s; **by
moonlight**   bei Mondlicht

more   mehr; **more or less**   mehr oder
weniger; **more slowly**   langsamer (*see
also* **much**)

morning: this morning   heute morgen

most   meist-; **most scientists**   die
meisten Wissenschaftler (*see also*
much)

mountain   der Berg, –(e)s, –e

movement: youth movement   die
Jugendbewegung, –en

movie   der Film, –(e)s, –e; **to see a
movie**   einen Film sehen; **movie
theater**   das Kino, –s, –s; **to go to a
movie**   ins Kino gehen

Mr.   der Herr, –n, –en; **Mr. Jones**
Herr Jones

much   viel, mehr, meist-

Munich   (das) München, –s; (*adj.*)
Münch(e)ner; **University of Munich**
die Universität München

museum   das Museum, –s, (*plur.*)
Museen

music   die Musik

must   müssen (muß), mußte, gemußt

my   mein

N

name: what is your name?   wie heißen
Sie?; **his name is**   er heißt

native region   die Heimat

naturally   natürlich

near   nicht weit von (*with dat.*); neben
(*with dat. and acc.*)

new   neu

next   nächst-; **next summer**   nächsten
Sommer; **next to**   neben (*with dat.*);
next to it   daneben

night: last night   gestern abend

nine   neun; **for nine years**   neun Jahre

nineteenth   neunzehnt-

no   nein; (*adj.*) kein; **no other city**
keine andere Stadt

noise   der Lärm, –(e)s

not   nicht; **not yet**   noch nicht

notebook   das Heft, –(e)s, –e

now   jetzt

O

observation   die Beobachtung, –en

o'clock   Uhr; **at seven o'clock**   um sieben Uhr

of   von (*with dat.*); **instead of**   anstatt (*with gen.*); **to think of**   denken an (*with acc.*)

off: to get off or out of a vehicle   aussteigen, stieg aus, ist ausgestiegen

to **offer**   anbieten, bot an, angeboten

office   das Büro, –s, –s; **to the office**   ins Büro

often   oft

old   alt, älter, ältest-

on   an, auf (*with dat. and acc.*); **influence on**   der Einfluß auf (*with acc.*); **on Friday evening**   am Freitagabend; **on the table**   auf dem Tisch; **on the train**   mit dem Zug

once   einmal

one   (*num.*) ein; (*indef. pron.*) man (*dat.* einem, *acc.* einen)

only   nur

opera   die Oper, –n; *The Threepenny Opera*   „Die Dreigroschenoper"

operation   der Betrieb, –(e)s, –e;   in operation   in Betrieb

opportunity   die Gelegenheit, –en; **educational opportunity**   die Ausbildungsmöglichkeit, –en

or   oder (*coord. conj.*)

order: in order to buy   um . . . zu kaufen

original   ursprünglich; **originally I came from . . .**   ich stamme aus (*with dat.*) . . .

other   ander-; **no other city**   keine andere Stadt

our   unser

out: to get out of a vehicle   aussteigen, stieg aus, ist ausgestiegen

over   über (*with dat. and acc.*); (past) vorbei

P

page   die Seite, –n

palace   der Palast, –es, ⁀e

parents   die Eltern (*plur. only*)

Parliament Building   das Reichstagsgebäude, –s

part   der Teil, –(e)s, –e; **to take part (in)**   teilnehmen (nimmt teil), nahm teil, teilgenommen (an) (*with dat.*)

passage: reading passage   das Lesestück, –(e)s, –e

past   vorbei; **to drive past**   vorbeifahren (fährt vorbei), fuhr vorbei, ist vorbeigefahren (an) (*with dat.*); **we are driving past the marketplace**   wir fahren am Marktplatz vorbei

people   die Leute (*plur. only*); die Menschen; **business people**   die Geschäftsleute

performance   die Aufführung, –en

permitted: to be permitted   dürfen (darf), durfte, gedurft

photograph   die Aufnahme, –n; **to take photographs**   Aufnahmen machen

place: to take place   stattfinden, fand statt, stattgefunden

play: festival play   das Festspiel, –(e)s, –e

to **play**   spielen

to **please**   gefallen (gefällt), gefiel, gefallen (*with dat. obj.*)

poet   der Dichter, –s, –

politics   die Politik

to **pollute**   verschmutzen

pollution: air and water pollution   die Luft- und Wasserverseuchung

poor   arm

position   die Stellung, –en

possibility   die Möglichkeit, –en; **every possibility**   jede Möglichkeit, alle Möglichkeiten

post office   die Post

power: water power   die Wasserkraft

probably   wahrscheinlich

problem   das Problem, –s, –e; **housing**

problem das Wohnungsproblem
to **produce** herstellen
professor der Professor, –s, –en
prosperity der Wohlstand, –(e)s
to **prove** beweisen, bewies, bewiesen
Prussia (das) Preußen, –s
psychologically psychisch

R

railway: railway station der Bahnhof, –(e)s, –e
to **read** lesen (liest), las, gelesen
reading passage das Lesestück, –(e)s, –e
to **receive** bekommen, bekam, bekommen
to **reflect (on)** nachdenken, dachte nach, nachgedacht (über) (*with acc.*)
refugee der Flüchtling, –s, –e; **stream of refugees** der Flüchtlingsstrom, –(e)s, –e
region: native region die Heimat
to **remain** bleiben, blieb, ist geblieben
report der Bericht, –(e)s, –e
research die Forschung, –en
restaurant das Restaurant, –s, –s
to **return** zurückkehren, ist zurückgekehrt; **returning** wiederkehrend
to **review** durcharbeiten
revolution die Revolution, –en
Romansh (language) das Romantsch, –
room das Zimmer, –s, –

S

sad traurig
Saturday afternoon der Samstagnachmittag, –(e)s, –e; **on Saturday afternoon** am Samstagnachmittag
to **say** sagen
Schiller Theater das Schillertheater, –s
school die Schule, –n; **in school** in der Schule; **to attend school** die Schule besuchen; **to school** zur Schule; **school system** das Schulwesen, –s

schoolwork die Schularbeiten (*plur.*)
scientific wissenschaftlich
scientist der Wissenschaftler, –s, –
second zweit-
sector boundary die Sektorengrenze, –n
to **see** sehen (sieht), sah, gesehen; **I am going to see** ich sehe; **she doesn't like to see** sie sieht ungern
selection: wide selection große Auswahl
to **sell** verkaufen
seven sieben; **at seven o'clock** um sieben Uhr; **seven-thirty** halb acht, sieben Uhr dreißig
several einig-
shall: shall we do the exercises now? machen wir jetzt die Übungen?
she sie (*dat.* ihr, *acc.* sie)
shock: culture shock der Zivilisationsschock, –s, –s *or* –e
Shrovetide festival der Fasching, –s, –e
sick krank
simply einfach
since da (*subord. conj.*)
sister die Schwester, –n
to **sit down** Platz nehmen, sich setzen
slow(ly) langsam; **more slowly** langsamer
small klein
so so
some manch(–er, –e, –es); einig- (*plur.*)
sometime einmal
sometimes manchmal
son der Sohn, –(e)s, –e
song das Lied, –(e)s, –er
soon bald
South Germany (das) Süddeutschland, –s
to **speak** sprechen (spricht), sprach, gesprochen
spite: in spite of trotz (*with gen.*)
square der Platz, –es, –e; **in the square** auf dem Platz
to **stand** stehen, stand, gestanden
station der Bahnhof, –(e)s, –e
to **stay** bleiben, blieb, ist geblieben
stop der Stillstand, –(e)s; **car stop** die Haltestelle, –n; **to bring to a stop** zum Stillstand bringen

store das Geschäft, –(e)s, ⸚e

stranger der Fremde, –n, –n

stream of refugees der Flüchtlingsstrom, –(e)s, ⸚e

street die Straße, –n

strong stark, stärker, stärkst-

student der Student, –en, –en / die Studentin, –nen

to **study** (a lesson) lernen

style: life style der Lebensstil, –(e)s, –e

subculture die Nebenkultur, –en

such solch(–er, –e, –es)

suddenly plötzlich

summer der Sommer, –s, –; **in the summer** im Sommer; **last summer** letzten Sommer; **next summer** nächsten Sommer

supposed: to be supposed to sollen (soll), sollte, gesollt; **you aren't supposed to take photographs** du sollst, ihr sollt, Sie sollen keine Aufnahmen machen

Switzerland die Schweiz (*always accompanied by the def. art.*)

system: school system das Schulwesen, –s

T

table der Tisch, –es, –e

to **take** nehmen (nimmt), nahm, genommen; **to take advantage of** ausnutzen; **to take much time** viel Zeit in Anspruch nehmen; **to take part (in)** teilnehmen (nimmt teil), nahm teil, teilgenommen (an) (*with dat.*); **to take photographs** Aufnahmen machen; **to take place** stattfinden, fand statt, stattgefunden

to **talk (about)** sprechen (spricht), sprach, gesprochen (über) (*with acc.*)

to **teach** lehren

teacher der Lehrer, –s, – / die Lehrerin, –nen

technical technisch

tent das Zelt, –(e)s, –e

textbook das Lehrbuch, –(e)s, ⸚er

that das (*demonst. pron.*); daß (*subord. conj.*); jen(–er, –e, –es) (*adj.*); (*nom. sing.*) der, die, das, (*nom. plur.*) die (*rel. pron.*)

the der, die, das, (*plur.*) die

theater das Theater, –s, –

their ihr

them ihnen (*dat.*), sie (*acc.*); **between them** dazwischen

then dann

theory die Theorie, –n

there dort; **there are, were** es sind, waren

these diese

they sie (*dat.* ihnen, *acc.* sie)

to **think (of)** denken, dachte, gedacht (an) (*with acc.*)

Thirty Years' War der Dreißigjährige Krieg, –(e)s

this dies(–er, –e, –es); **this morning** heute morgen; **this evening** heute abend

thousand: five thousand fünftausend

three drei; *The Threepenny Opera* „Die Dreigroschenoper"

through durch (*with acc.*)

ticket die Fahrkarte, –n

time die Zeit, –en; **at that time** zu jener Zeit; **(for) a long time** lange; **to take much time** viel Zeit in Anspruch nehmen; **what time is it?** wieviel Uhr ist es?, wie spät ist es?

tissue: cell tissue das Zellgewebe, –s, –

to zu, nach (*with dat.*); an, auf, in (*with acc.*); **comes to see me** kommt zu mir; **to a company** einer Firma (*dat.*); **to a movie** ins Kino; **to go, drive to the country** aufs Land gehen, fahren; **to Salzburg** nach Salzburg; **to school** zur Schule; **to the door** an die Tür; **to the office** ins Büro; **to the store** ins Geschäft

today heute

tomorrow morgen

tonight heute abend

too auch; zu; **too much time** zu viel Zeit

tourist   der Tourist, –en, –en
tower   der Turm, –(e)s, ⁓e
train   der Zug, –(e)s, ⁓e; **by train, on the train**   mit dem Zug
to **travel**   fahren (fährt), fuhr, ist gefahren
twentieth   zwanzigst-
two   zwei
typical   typisch

U

uncle   der Onkel, –s, –
under   unter (*with dat. and acc.*)
underdeveloped   unterentwickelt
to **understand**   verstehen, verstand, verstanden; **did you understand?** haben Sie . . . verstanden?
United States   die Vereinigten Staaten (*plur. only*)
university   die Universität, –en; **at the university**   an, auf der Universität; **University of Munich**   die Universität München
us   uns (*dat. and acc.*)

V

very   sehr
via   über
village   das Dorf, –(e)s, ⁓er
to **visit**   besuchen
visiting: without visiting   ohne . . . zu besuchen
visitors   der Besuch, –(e)s; **to have visitors**   Besuch haben
Volkswagen   der Volkswagen, –s, –

W

to **wait (for)**   warten (auf) (*with acc.*)
waiter   der Kellner, –s, –
waitress   die Kellnerin, –nen
walk: to go for a walk   spazierengehen, ging spazieren, ist spazierengegangen

wall   die Mauer, –n
to **want**   wollen (will), wollte, gewollt
war   der Krieg, –(e)s, –e; **Thirty Years' War**   der Dreißigjährige Krieg, (*gen.*) des Dreißigjährigen Krieg(e)s; **war film**   der Kriegsfilm, –(e)s, –e
water: water pollution   die Wasserverseuchung; **water power**   die Wasserkraft
we   wir (*dat,* uns, *acc.* uns); **we'll study** wir lernen; **won't we?**   nicht wahr?
weak   schwach
to **wear**   tragen (trägt), trug, getragen
weaver   der Weber, –s, –
week   die Woche, –n; **a week ago**   vor einer Woche
weekend   das Wochenende, –s, –n; **this weekend**   dieses Wochenende
well   gut; **do you speak German well?** sprechen Sie gut Deutsch?; **well-known** bekannt
what   was (*interrog. and rel. pron.*); **what is your name?**   wie heißen Sie?; **what time is it?**   wieviel Uhr ist es?, wie spät ist es?
when   wann (*interrog. adv. and subord. conj.*); als (*subord. conj.*)
where   wo (*interrog. adv. and subord. conj.*) (*with verbs of rest*); **where (from)** woher; **where (to)**   wohin
which   welch(–er, –e, –es) (*interrog. pron.*); (*nom.*) der, die, das, (*plur.*) die (*rel. pron.*)
while   während (*subord. conj.*)
who   wer (*gen.* wessen, *dat.* wem, *acc.* wen) (*interrog. pron. and rel. pron.*)
whole   ganz
whom   dem, der, dem, (*plur.*) denen (*dat.*); den, die, das, (*plur.*) die (*acc.*) (*rel. pron.*)
whose   dessen, deren, dessen, (*plur.*) deren (*gen.*) (*rel. pron.*)
wide: wide selection   große Auswahl
window   das Fenster, –s, –
wine   der Wein, –(e)s, –e
with   bei, mit (*with dat.*); **with a construction firm**   bei einer Baufirma

without   ohne (*with acc.*); **without drinking**   ohne . . . zu trinken

won't we?   nicht wahr?

work (artistic, literary)   das Werk, –(e)s, –e

to **work**   arbeiten

worker   der Arbeiter, –s, –; **foreign worker**   der Gastarbeiter

world   die Welt, –en; **hippie world**   die Hippie-Welt; **industrial world**   die Industriewelt; **world-famous** weltberühmt

would like   möchte, möchten

to **write**   schreiben, schrieb, geschrieben

wrong   falsch

Y

year   das Jahr, –(e)s, –e; **for a year**   ein Jahr

yes   ja

yesterday   gestern; **yesterday evening** gestern abend

yet   noch; **not yet**   noch nicht

you   Sie (*dat.* Ihnen, *acc.* Sie) (*formal sing. and plur.*); du (*dat.* dir, *acc.* dich) (*fam. sing.*); ihr (*dat.* euch, *acc.* euch) (*fam. plur.*)

young   jung, jünger, jüngst-

your   Ihr (*formal*); dein (*fam. sing.*); euer (*fam. plur.*)

youth   die Jugend; **youth movement**   die Jugendbewegung, –en

SACHREGISTER

accusative case, 58, 496
  definite article in, 65, 82
  indefinite article in, 47
  possessive adjectives in, 147, 165, 169
  preposition **in** with dative and accusative,
    121, 140
  prepositions with, 419, 433, 516
  prepositions with dative and accusative, 243,
    259, 516
  pronouns in, 85
active voice, 544
  see also verbs, conjugations of
address, forms of, 162
  familiar, 147, 162, 551
  formal, 8, 162, 551
adjectives, 511–514
  alle, 350
  comparative degree of, 375
  comparison of, 353, 374, 375, 512
    irregular, 376, 514
    normal, 512
    with umlaut, 376, 513
  declension of, 353
  demonstrative **derselbe,** 512
  der-words, 335, 348, 497
  descriptive, derived from city names, 512
  einige, 350
  ein-words, 147, 165, 169, 371, 498
  endings
    after **ein-**words, 371
    after indefinite article, 371
    strong, 372, 511
    use of, 369
    weak, 370, 511
  nouns derived from, 501
  numbers used as, 373
  positive degree of, 374
  possessive, 147, 165, 169

predicate, 372
  pronouns as, 335, 348
  superlative degree of, 375
  umlaut and irregularities in comparative
    and superlative degrees of, 376
  viele, 350
adverbs, 511–514
  comparative degree of, 375
  comparison of, 353, 374, 375, 512
    irregular, 376, 514
    normal, 512
    with umlaut, 376, 513
  interrogative, used as subordinating con-
    junctions, 521
  order of adverbial elements in predicate,
    562
  order of objects and adverbial elements, 563
  positive degree of, 374
  superlative degree of, 375
agent (passive voice), 458, 544
alle, 350
alphabet, 236, 570
article
  definite, 25, 39, 65, 82, 139, 497
  indefinite, 47, 58, 139, 165, 498
    adjective endings after, 371
auxiliary verb(s)
  haben, sein, werden, conjugation of, 289,
    532
  modal, 105, 117, 193, 210, 293, 310, 534
  sein as, 381, 394

bringen, synopsis of, 538

capitalization, 568
cardinal numbers, 193, 215, 568

[631]

CONTRIBUTORS TO PHOTOGRAPHY

We gratefully acknowledge the following for their contributions to our photography program in this edition: Editorial Photo Archives, Inc. (photographs appearing on pages 29, 33, 114, 125, 178, 213, 216, 234, 242, 251, 255, 292, 311, 334, 340, 343, 351, 425, 461, 466, 468); the German Information Service/EPA, Inc. (80, 226, 330, 377, 380, 393, 398, 434); George Holton/Photo Researchers, Inc. (192); Klaus A. Mueller (18, 50, 76, 112, 135, 290, 318); Robert F. Rapelye/EPA, Inc. (38, 46, 53, 70, 90, 99, 156, 182, 220, 284, 229, 326, 352, 374, 440, 446, 449, 453, 464, 479, 486); Andrew Sacks/EPA, Inc. (24, 64, 84, 104, 120, 129, 161, 168, 189, 200, 239, 261, 266, 308, 314, 438); and George Whiteley/Photo Researchers, Inc. (146). We also would like to thank the Austrian State Tourist Department, Chicago, and the Austrian National Tourist Office; the German Tourist Information Office, New York; the German Consulate General, Chicago; Inter Nationes and the Press- und Informationsamt, Bonn; Deutsche Bundespost; Lufthansa Archiv; Georges Viollon from Rapho Guillumette, Dagmar, Werner Stuhler, D. Hauswald and O. Heckenroth, James Matthews from Rapho Guillumette, and Martin A. Schreiber.

F. ALAN DUVAL is Professor of German and Chairman of the Department of Classical and Modern Languages, Cornell College, Mt. Vernon, Iowa. He is joint author of *Wiederholung und Fortsetzung* and was editor of the *Iowa Foreign Language Bulletin*. He received a summer Fulbright grant for study in Germany in 1957, has served on the Fulbright Selection Committee for the Midwest, and has taught in the Iowa Regents Universities Austrian Summer Program. He is past president of the German Section of the Iowa Foreign Language Association, is a member of Phi Beta Kappa and of Delta Phi Alpha, and was elected to "Outstanding Educators of America" in 1974.

LOUISE MILLER DUVAL is joint author of *Wiederholung und Fortsetzung* with F. Alan DuVal. She was born in one of the villages of the Amana Society—a German community in Iowa that traces its origins to 1716 in Germany—which represented a unique experiment in communal living in America from 1843 to 1932. She grew up bilingually and graduated summa cum laude from the University of Iowa with a major in German. She is a member of Phi Beta Kappa and Delta Phi Alpha.

KLAUS A. MUELLER is Senior Lecturer in German at the University of California at Berkeley. He is currently a consultant to the Modern Language Association of America, to the U.S. Office of Education, and to the American Association of Teachers of German. He has been Chairman of the German Department and Director of Romance and Germanic Languages at the U.S. Defense Language Institute and is a former Coordinator of Foreign Language Programs and Director of Research at the Associated Colleges of the Midwest. His publications include textbooks in German and in Spanish.

HERBERT F. WIESE became interested in German in the Army Specialized Training Program in German Language and Area Studies. He received his B.A. from the University of Utah and his Ph.D. from the University of Washington. He has taught at Purdue University and is now Professor of German and Chairman of the Department of Foreign Languages at Coe College. He has directed four N.D.E.A. Foreign Language Institutes and has been a visiting professor of German Literature at Schiller College in Germany. He has published articles on twentieth-century German literature and on German dialects.